順治 — 嘉慶朝

清實錄經濟史資料

商業手工業編·叁

《〈清實錄〉經濟史資料》課題組成員：

陳振漢　熊正文　蕭國亮

李　湛　殷漢章　葉明勇

武玉梅　羅熙寧

北京大學出版社
PEKING UNIVERSITY PRESS

第五節　外國對華貿易和入貢

一、清政府的對外關係和貿易政策

（一）對外通商政策

（順治四、二、癸未） 以浙東、福建平定，頒詔天下，詔曰：……所有地方合行恩例，具列於後。……一、東南海外琉球、安南、暹邏、日本諸國，附近浙閩，有慕義投誠、納款來朝者，地方官即爲奏達，與朝鮮等國一體優待，用普懷柔。（世祖三〇、一）

（順治四、七、癸亥） 以廣東初定，特頒恩詔。詔曰：……所有該省合行恩例，開列於後。……一、南海諸國、暹邏、安南附近廣地，明初皆遣使朝貢，各國有能傾心向化，稱臣入貢者，朝廷一矢不加，與朝鮮一體優待。貢使往來，悉從正道，直達京師，以示懷柔。（世祖三三、六）

（康熙六、一〇、辛巳） 戶部題：請敕下福建、廣東、江南三省，採買香料。得旨：採買香料，恐地方官借端下海貿易，且苦累百姓，著該督撫不時嚴察。（聖祖二四、一〇）

（二）有關疆界問題的交涉議定和商民出國境的管理法令

1. 對疆界問題的議定通商

（1）東北疆界

（康熙二一、八、庚寅） 初鄂羅斯所屬羅刹，時肆掠黑龍江邊境，又侵入净溪里烏喇諸處，築室盤踞，上命大理寺卿明愛等諭令撤回，猶遷延不去，而恃雅克薩城爲巢穴，於其四旁耕種漁獵，數擾索倫、赫哲、飛牙喀、奇勒爾居民，掠奪人口。上遣副都統郎談、公彭春等率兵往打虎兒、索倫，聲言捕鹿，以覘其情形。將行，上面諭之曰：羅刹犯我黑龍江一帶，侵擾虞人，戕害居民。昔發兵進討，未獲剿除，歷年已久。近聞蔓延益甚，過牛滿、恒滾諸處，至赫哲、飛牙喀虞人住所，殺掠不已。爾等此行，除自京遣往參領、侍衛、護軍外，令畢力克圖等五台吉率科爾沁兵百人，寧古塔副都統薩布素等率烏喇寧古塔兵八十人，至打虎兒、索倫一面遣人赴尼布潮，諭以捕鹿之故，一面詳視陸路近遠，沿黑龍江行圍，徑薄雅克薩城下，勘其居址形勢。度羅刹斷不敢出戰，若以食物來餽，其受而量答之。萬一出戰，姑勿交鋒，但率衆引還，朕別有區畫。爾等還時，須詳視自黑龍江至額蘇里舟行水路，及已至額蘇里，其路直通寧古塔者，更擇隨行之參領、侍衛，同薩布素往視之。賜郎談、彭春、御衣、弓矢，隨行者亦量加賞賚。（聖祖一〇四、八）

（康熙二一、一二、甲午）副都統郎談等，自打虎兒、索倫還，以羅刹情形具奏。上諭議政王大臣等：據郎談等奏，攻取羅刹甚易，發兵三千足矣。朕意亦以爲然。第兵非善事，宜暫停攻取，調烏喇寧古塔兵一千五百，並置造船艦，發紅衣礮、鳥鎗及演習之人，於黑龍江、呼馬爾二處，建立木城，與之對壘，相機舉行。所需軍糧，取諸科爾沁十旗及席北烏喇之官屯，約可得一萬二千石，可支三年。且我兵一至，即行耕種，不至匱乏。黑龍江城距索倫村不遠，五宿可到，其間設一驛，俟我兵將至净溪里烏喇，令索倫接濟牛羊，甚有裨益。如此，則羅刹不得納我逋逃，而彼之逋逃者，且絡繹來歸，自不能久存矣。其命寧古塔將軍巴海、副都統薩布素，統兵往駐黑龍江、呼馬爾。（聖祖一〇六、二三）

（康熙二三、五、甲申）阿達哈哈番馬喇等奏：臣至索倫，屢行密詢羅刹情形，皆云見在雅克薩、尼布潮二城，各止五六百人。其得以盤踞多年者，惟賴額爾古納口至雅克薩十餘處，雅克薩至布爾馬大河口十餘處，築室散居，耕種自給，因以捕貂。尼布潮田畝不登，但取資納米雅爾諸姓貢賦，喀爾喀巴爾虎人，時販牲畜等物至尼布潮，尼布潮人亦捕貂與之交易，得以生存。臣請敕喀爾喀車臣汗，收其所部附近尼布潮者，兼禁止交易，再請敕黑龍江軍水陸並進，作攻取雅克薩狀，因取其田禾，則羅刹不久自困，量遣輕騎勦滅似易。上諭：兵部據馬喇等奏，取羅刹田禾，當不久自困。又侍衛關保來奏，將軍薩布素等亦以取羅刹田禾爲然。則羅刹盤踞雅克薩、尼布潮，惟賴耕種，若田禾爲我所取，誠難久存。其令薩布素等酌議，或由陸路進或水陸並進，盡刈其田禾，不令收穫。由陸路進，以所刈之禾投江下流，水陸並進，以所刈之禾船載以歸。於未進兵時，先遣人傳示羅刹云，爾等據我雅克薩、尼布潮多歷年所，屢令撤還，遷延不去，且收我逃人，侵我邊民。今大兵水陸進勦，爾其遠退，以保餘生。并將馬喇等奏，移文車臣汗知之。（聖祖一一五、一九）

（康熙二四、一、癸未）先是，上因將軍薩布素等不能及時進取羅刹田禾，坐失機宜，降旨責之，薩布素等上疏引罪。上命都統公瓦山、侍郎郭丕往黑龍江，與薩布素等詳議，應否攻取雅克薩城，并作何舉行，擇其有裨於事者奏聞。至是，瓦山等與薩布素會奏，我兵於四月杪水陸並進，抵雅克薩招撫，不行納款，則攻其城，倘萬難克取，即遵前旨，毀其田禾以歸。議政王大臣等議如所奏，復請敕直隸、山東、山西、河南巡撫，每省派熟習火器兵二百五十人，并選賢能官各四員，豫備火器送京師，至日，增發薩布素軍前，協攻雅克薩城。上諭議政王大臣等：疏內不請發禁旅，良是。但直隸各省綠旗兵，未歷戰陣，且黑龍江火器甚多，不須增用。朕意選福建投誠善用籐牌官兵，見在八旗及安插山東、山西、河南者五百人，付臺灣投誠左都督何佑等率往。薩布素一應咨題，多屬支吾，藉端延滯，度四月進兵，不過刈取田禾，事必無成。此皆謫遣黑龍江狂悖之人，從中沮議，不欲成事，而薩布素出身微賤，高視若輩，毋敢有違。用兵所關甚鉅，宜周詳籌畫，期於必克。倘謀事草率，復似明安達禮等退兵，羅刹將益肆披猖。今自京城遣一賢能大臣，總領軍事，俟克取雅克薩之日班師。又發盛京兵五百人，代黑龍江兵守城種地，出徵兵還，亦令還盛京。種地事宜，遣戶部大臣一員督理。所云早熟之穀即內地春麥，今我兵亦多種春麥及大麥、油麥，於隕霜之前，六月皆可收穫，則不以出師之故，致曠一年耕作矣。又籐牌兵給馬二千匹，帶往盛京，盛京各佐領亦派馬二千，照舊制嚴督飼秣，候京城馬到，更代北行。至馬喇等所養馬，皆豫備於齊齊哈爾屯，此間催趕，月杪可到。聞此路間有缺水處，不免貽悞，今自盛京抵烏喇，自烏喇經新設驛站，路直且近，當從此徑抵黑龍江，沿途馬匹或有倒斃，馬喇以所備者足數補送。如此，則我軍之馬不致缺乏矣。籐牌兵各帶礟彈或十圓或二十圓以行，其餉銀，兵月給二兩，官月給三兩。(聖祖一一九、四)

（康熙二四、一、癸未）又諭議政王大臣等：兵非善事，不得已而用之。向者羅刹無故犯邊，收我逋逃，後漸越界而來，擾害索倫、赫哲、飛牙喀、奇勒爾諸地，不遑寧處，剝刮人口，搶擄村莊，攘奪貂皮，肆惡多端。是以屢遣人宣諭，復移文來使，羅刹竟不報命，及深入赫哲、飛牙喀一帶，擾害益甚。爰發兵黑龍江，扼其來往之路。羅刹又竊據如故，不送還逋逃，應即剪滅。今仰副天心，大兵逼臨雅克薩城，姑再以朕諭旨遣人宣布羅刹。諭之曰，前屢經遣人移文，命爾等撤回人衆，以逋逃歸我。數年不報，反深入內地，縱掠民間子女，搆亂不休，乃發兵截爾等路，招撫恒滾諸地羅刹，赦而不誅。因爾等仍不去雅克薩，特遣勁旅徂征，以此兵威何難滅爾。但率土之民，朕無不惻然垂憫，欲其得所，故不忍遽加殲除，反復告誡。爾等欲相安無事，可速回雅庫，於彼爲界，捕貂收賦，毋復入內地搆亂，歸我逋逃，我亦歸爾逃來之羅刹。果爾則界上得以貿易，彼此晏居，兵戈不興。倘執迷不悟，仍然拒命，大兵必攻破雅克薩城，殲除爾眾矣。如此宣諭後，羅刹果能遵旨即回，以雅庫爲界，我兵即駐劄於黑龍江，設斥堠於雅克薩，令疆圉帖然。倘仍行抗拒，則大兵相機而行。若不如此周詳區畫，今縱克取雅克薩城，我進則彼退，我退則彼進，用兵無已，邊民不安。可否舉行，爾等其詳議之。於是議政王大臣等奏言：上諭周詳，遵此奉行甚裨於事。統兵督耕大臣恭候欽簡。上命都統公彭春統兵，副都統班達爾沙偕佟寶等參贊、户部侍郎薩海，仍令督耕。彭春等抵黑龍江後，有移會雅克薩城文書，用黑龍江將軍印。（聖祖一一九、六）

（**康熙二四、六、癸卯**）諭大學士勒德洪、學士麻爾圖、圖納：鄂羅斯入我邊塞，擾害鄂羅春、索倫、赫哲、飛牙喀等處人民，搶掠其家口，雖屢肆兇暴，朕不忍遽興兵革，故未即遣發大兵征討，數遣使曉諭。鄂羅斯恃其遼遠，仍復抗拒，益侵犯我邊鄙之人，肆虐不止，用是遣大兵直抵雅克薩城。彼因困迫已甚，而後歸降，爰遵朕命，宥其困而後降之罪，釋之使還。大兵迅速征行，破四十年盤踞之鄂羅斯於數日之間，獲雅克薩之城，克奏厥績。薩布素向來逗遛不進兵之罪，應概從寬免。又雅齊納、鄂山本獲罪發遣之人，其所互告之事，仍行察議。今進剿官兵，殊屬勞苦，令伊等暫回吉林烏喇地方，於盛京打虎兒之兵，酌量派往防守。至雅克薩城，雖已克取，防禦決不可疎，應於何地永駐官兵彈壓此時即當定議。著大學士勒德洪、學士麻爾圖、圖納同郎談、關保與議政王大臣等會議具奏。（聖祖一二一、一五）

（**康熙二五、七、己酉**）諭議政王大臣等：向者羅刹侵犯雅克薩、尼布潮諸地，戕我居民，邊境騷然。曾諭鄂羅斯察漢汗來使尼果賚等，撤回其衆。自後竟不覆奏，反在在侵犯，肆行擾害。意尼果賚未達前旨於察漢汗，復令被擒羅刹持書從喀爾喀地宣諭之，亦不覆奏。因遣發官兵往雅克薩招撫羅刹，不戮一人，令其頭目額禮克謝等持書歸去。羅刹聞我師言，旋復回雅克薩，築城以居。朕思本朝頻行宣諭，曾未一答，而雅克薩羅刹又死守不去，或尼布潮諸地阻隔，前書未達，或雅克薩羅刹皆彼有罪之徒，不便歸國俱未可知。今問荷蘭國貢使，稱伊國與鄂羅斯接壤，語言亦通，其以屢諭情節，備悉作書，用兵部印，付荷蘭國使臣轉發鄂羅斯察漢汗處，收回雅克薩、尼布潮。羅刹於何處分立疆界，各毋得踰越，則兩界人民均得寧居，不失永相和好之意。察漢汗覆奏時，令其使由陸路直來，若陸路難通，即以來疏付荷蘭國代奏，再依此作書，發西洋國轉達之。（聖祖一二七、一〇）

（**康熙二五、九、己酉**）鄂羅斯察漢汗遣使上疏言：皇帝所賜之書，下國無通解者，及尼果賚歸問之，述天朝大臣以不還逋逃根特木爾等，騷擾邊境爲辭。近者下國邊民搆釁作亂，皇帝遣師辱臨境上，恭請察明作亂之人，發回正法。除遣使議定邊界外，先令米起佛兒、魏牛高、宜番、法俄羅瓦等星馳齎書以行，乞撤雅克薩之圍，仍詳悉作書曉諭下國。上諭大學士等曰：鄂羅斯察漢汗以禮通好，馳使請解雅克薩之圍，朕本無屠城之意，欲從寬釋，其令薩布素等撤回雅克薩之兵，收集一所，近戰艦立營，并曉諭城內羅剎，聽其出入，毋得妄行攘奪，俟鄂羅斯後使至，定議。（聖祖一二七、二三）

（康熙二七、三、丙子）時鄂羅斯察漢汗遣使費岳多羅等，至色稜額地方，期我使至彼集議定界。上命領侍衛內大臣索額圖、都統公舅舅佟國綱及尚書阿喇尼、左都御史馬齊、護軍統領馬喇等往主其議，并率八旗前鋒兵二百、護軍四百、火器營兵二百偕往。又命理藩院侍郎文達、副都統阿毓璽等設站運米至喀爾喀地方，接濟大軍，以我軍經行喀爾喀之地，恐驚其衆，差阿喇尼往澤卜尊丹巴胡土克圖處，令曉諭喀爾喀等照常安居貿易。（聖祖一三四、三）

（康熙二八、一一、丙子）先是，令侍衛內大臣索額圖等奏：臣等抵尼布潮城，與鄂羅斯國來使費要多羅、額禮克謝會議。彼初猶以尼布潮、雅克薩爲所拓之地，固執爭辨，臣等以鄂嫩、尼布潮係我國所屬毛明安諸部落舊址，雅克薩係我國虞人阿爾巴西等故居，後爲所竊據，細述其原委，開示之，因斥其侵犯之非。復宣諭皇上好生德意，於是費要多羅等及鄂羅斯國人衆，皆歡呼誠服，遂出其地圖，議分界事宜，共相盟誓，永歸和好。疏入。上命議政王大臣集議，議政王大臣等奏言：羅剎潛據雅克薩諸地，擾我虞人三十餘年矣。皇上念其冥頑無知，不忍興師剿滅，發官兵駐黑龍江，待其悔罪。因執迷不悟，乃命攻取雅克薩城，所俘概行釋放。未幾，羅剎重至雅克薩，築城盤踞。復令官兵圍困，勢極窮蹙，會其主遣使乞和，皇上即許撤圍，兼令大臣以義理曉譬之。鄂羅斯國人，始感戴覆載洪恩，傾心歸化，悉遵往議大臣指示，定其邊界。此皆我皇上睿慮周詳，德威遐播之所致也。應於議定格爾必齊河諸地，立碑以垂永久，勒滿、漢字及鄂羅斯、喇第訥、蒙古字於上。今雖與鄂羅斯和好，邊界已定，但各省有官兵駐防例，應仍照前議，於墨勒根、黑龍江設官兵駐防。至是，遣官立碑於界，碑曰：大清國遣大臣與鄂羅斯國議定邊界之碑。一、將由北流入黑龍江之綽爾納，即烏倫穆河相近格爾必齊河爲界。循此河上流不毛之地，有石大興安以至於海，凡山南一帶，流入黑龍江之溪河，盡屬中國，山北一帶之溪河，盡屬鄂羅斯。一、將流入黑龍江之額爾古納河爲界。河之南岸，屬於中國，河之北岸，屬於鄂羅斯。其南岸之眉勒爾客河口，所有鄂羅斯房舍，遷移北岸。一、將雅克薩地方鄂羅斯所修之城，盡行除毀。雅克薩所居鄂羅斯人民及諸物，盡行撤往察漢汗之地。一、凡獵戶人等斷不許越界，如有一二小人，擅自越界捕獵偷盜者，即行擒拏，送各地方該管官，照所犯輕重懲處。或十人或十五人相聚持械捕獵、殺人搶掠者，必奏聞，即行正法。不以小故沮壞大事，仍與中國和好，毋起爭端。一、從前一切舊事不議外，中國所有鄂羅斯之人，鄂羅斯所有中國之人，仍留不必遣還。一、今既永相和好，以後一切行旅，有准令往來文票者，許其貿易不禁。一、和好會盟之後，有逃亡者，不許收留，即行送還。（聖祖一四三、一四）

　　（康熙三九、七、乙卯）上又諭：鄂羅斯地方遥遠，僻處西北海隅，然甚誠敬。噶爾丹窘迫求救，彼曾拒而不答。曩者遣人分畫邊界，即獻尼布潮地以東爲界。尼布潮等處原係布拉忒、吳梁海諸部落之地，彼皆林居，以捕貂爲業，人稱爲樹中人，後鄂羅斯强盛，遂并吞之，已五六十年矣。即此允當軫念也。（聖祖二〇〇、九）

　　（康熙三九、一一、丁酉）理藩院題：將軍薩布素奏報，達賴諾爾台吉等擄掠鄂羅斯貿易人等馬匹，議俟明春草生時，差遣大臣官員，會同鄂羅斯尼布潮城守尉伊縶定立邊界。上諭：大學士等曰：明歲草生時，可差一侍郎查立邊界。（聖祖二〇二、三）

　　（康熙四八、一二、壬子）諭大學士溫達曰：從前鄂羅斯事務俱交原任大學士馬齊管理，今鄂羅斯來京貿易，著將馬齊釋放，管理鄂羅斯事務。（聖祖二四〇、一九）

　　（雍正五、八、乙巳）議政王大臣等議覆：郡王額駙策凌等奏稱，臣等與鄂羅斯使臣薩瓦等相見，議定疆界事宜。臣以應爲界地址之處，詳告薩瓦云，東邊額爾古納等處，昔年内大臣索額圖等與爾使臣費耀多爾等，議歸爾國，無庸再議。今自額爾古納河岸，以至阿魯哈當蘇、阿魯奇都勒齊克大、奇林，俱係我處斥候，應以相對之楚庫河爲界，自此往西，沿布爾古特山等處，以博木、沙畢竈嶺爲界。定界之後，不得混雜居住及容留逃盜人等，犯者互相查拏。隨與伯四格、侍郎喦理琛等，以應立界石地方，繕寫給與薩瓦，薩瓦及布里雅特、吳梁海等，俱皆心服。據薩瓦云，此次幸爲使臣，瞻仰天顏，既優賜我察罕汗，復賞賫奉使人衆，皇恩優渥。今即秉公辦理，即可永爲定界。臣等隨派侍衛胡畢圖、郎中納延泰等，與鄂羅斯副使一番一番諾費池等，指定東西界址，議立界石，俟其回時，即將界址山河地名繕寫繪圖，恭呈御覽。應照策凌等所議，立石定界，曉諭喀爾喀汗、王、各扎薩克、黑龍江將軍等，令其約束屬人，不得越界生事，違者從重治罪。至恰克圖口，定爲貿易之所，應派理藩院司官一員管理，貿易人數，照例不得過二百。其京城鄂羅斯館，應爲修整，令使臣居住。其來京讀書幼童及教習等，亦令同居，官給養贍，如願回者，聽其歸國。至領侍衛、內大臣克什圖，前派往代隆科多辦事，今疆界已定，應令其來京。從之。（世宗六〇、二二）

（**乾隆二二、三、戊午**）諭軍機大臣等：據桑寨多爾濟奏稱，俄羅斯邊界事務，每年照例派員會辦。前所派侍郎瑚圖靈阿，未經會辦而歸。今准彼處畢爾噶底爾、雅古畢文稱，今年會辦時，仍否出派官員，上年前來之大員仍來與否等因，或由桑寨多爾濟派本部落扎薩克等，或另出派大臣官員，請旨定奪等語。上年徹底請理俄羅斯邊界事宜，特派瑚圖靈阿、多爾濟等前往，至恰克圖，因畢爾噶底爾、雅古畢未奉薩納特衙門交派，未得會辦，自不便在彼守候。今伊等既復咨請前來，仍往辦理爲是。桑寨多爾濟，乃喀爾喀副將軍，且係承辦俄羅斯事務人員，著即派伊前往會辦，不必另行出派。奉到此旨，即行知畢爾噶底爾、雅古畢等，並詳悉曉諭。俟俄羅斯等到來，會同妥協辦理。（高宗五三五、一八）

（**乾隆二二、八、庚申朔**）諭軍機大臣等：俄羅斯驛遞來人，在理藩院呈遞薩納特衙門文書，內稱，伊國東北邊界居人被災，現造船挽運口糧，必由東路尼布楚地方陰葛達河、額爾衮河及黑龍江行走，求勿攔阻等語。初與俄羅斯議定十一條內，並無踰界遣人運送什物一項，已交該院行文飭駁矣。但外夷不識事體，或以已在理藩院呈遞文書，遂不俟回文，即向臺站人等求其放過，亦事所必有。將軍綽勒多即令臺站官員曉諭伊等云，爾薩納特衙門，雖已行文理藩院，我等並未接准理藩院文書，豈敢據爾一面之詞，私放入境？假令我等口稱，曾行文爾薩納特衙門，即欲進爾邊界行走，爾等信乎？務須加意防守卡座，勿令私過。倘不聽阻止，恃強前行，臺站官員報到時，綽勒多即酌派官兵擒拏，照私越邊界辦理。可寄信綽勒多知之。（高宗五四四、一）

（**乾隆二三、一、丁未**）黑龍江將年綽勒多奏：前議俄羅斯邊界，添設卡座防範，經咨商喀爾喀親王，據覆酌於車臣汗部范三十三卡，適中分駐，托索克內七十七卡，派土謝圖汗部落兵安設，托索克外十六卡，派索倫巴爾虎兵安設。應如所請，分兵駐卡。仍令彼此委員巡查，日一會哨，對換執照。從之。（高宗五五五、八）

（**乾隆二五、八、癸酉**）又諭：前據成衮扎布奏稱，俄羅斯人等在克木克木齊等處駐兵，在烏衣喀喇齊潦等處立標等語。當經降旨令車布登扎布、車木扎克扎布於明年選派扎哈沁杜爾伯特兵一千名，由阿爾台至額爾齊斯，與阿桂會合前往巡查。今覽車布登扎布等所奏，俄羅斯駐兵立標，俱係濟喇那克旗布嚕特人等捏造之言，實無此事。其扎哈沁杜爾伯特兵丁，著不必派遣。至阿桂明年既係領兵前往巡查塔爾巴哈台等處，著順便領兵一千餘名，前往額爾齊斯等處巡查，相機妥辦。（高宗六一八、二）

（乾隆二七、一、癸亥） 諭軍機大臣等：俄羅斯薩納特衙門咨稱，接准令伊等清查邊界咨文，請派大臣與其畢爾噶底爾會同辦理等語。著行文俄羅斯薩納特衙門外，並傳諭桑寨多爾濟等，此事著派三都布多爾濟，隨諾木琿前往，務照原定疆界圖樣，視俄羅斯現立木柵，如在彼界內，即聽照舊設立，如踰越侵占，宜照彼來文所稱，即行拆毀，不必游移。再查看卡座、收納稅務等事，亦著諾木琿順便清查辦理。（高宗六五三、一六）

（乾隆二八、八、乙酉朔） 諭：據成衮扎布等奏，俄羅斯等在衛滿河源、布克圖爾瑪庫克烏蘇地方，造屋樹柵。朕交軍機大臣，將瑪木特提問，據稱，實有其事，并色畢地方，亦曾造屋樹柵。布克圖爾瑪庫克烏蘇係果勒卓輝舊游牧，色畢係呼圖克舊游牧，俱係準噶爾地方。俄羅斯雖已造屋樹柵，並未有人居住等語。準噶爾地方，此時均以內附，與俄羅斯無干，伊等豈可擅自造屋樹柵。觀此，足見俄羅斯，漸有侵占準部地方之意。著傳諭成衮扎布、車凌烏巴什等，派厄魯特兵一百名，察達克等，派烏梁海兵一百名，令副都統扎拉豐阿帶領莫尼扎布、察達克二人，前往庫克烏蘇、色畢等地方，將俄羅斯木柵屋宇，盡行拆毀。再瑪木特現在所居游牧，與色畢相距不遠，瑪木特投誠之意甚篤，因諭令前往，與察達克商酌。成衮扎布，將此密諭令扎拉豐阿等，俟瑪木特到時，伊等公同定議，留心妥協辦理。（高宗六九二、一）

（乾隆三〇、八、癸亥） 黑龍江將軍富僧阿等奏：據往探格爾畢齊河源之副都統瑚爾起稟稱，自黑龍江至格爾畢齊河口，計水程一千六百九十七里，自河口行陸路二百四十七里，至興堪山，其間並無人烟蹤跡。又往探精奇哩江源之協領納林布稱，自黑龍江入精奇哩江，北行至托克河口，計水程一千五百八十七里，自河口行陸路二百四十里，至興堪山，其地苦寒，無水草禽獸。又往探西里木第河源之協領偉保稱，自黑龍江經精奇哩江，入西里木第河口，復過英肯河，計水程一千三百五里，自英肯河口，行陸路一百八十里，至興堪山，地亦苦寒，無水草禽獸。又往探鈕曼河源之協領阿迪木保稱，自黑龍江入鈕曼河，復經西里木第河，入烏默勒河口，計水程一千六百十五里，自河口行陸路四百五十六里，至興堪山，各處俱無俄羅斯偷越等語。查呼倫貝爾與俄羅斯接壤之額爾古訥河，西岸係俄羅斯地界，東岸俱我國地界，處處設有卡座，直至珠爾特地方。現復自珠爾特至莫哩勒克河口添設二卡，於索博爾罕、添立鄂博，逐日巡查，俄羅斯鼐瑪爾斷難偷越。其黑龍江城與俄羅斯接壤處，有興堪山綿亘至海，亦斷難乘馬偷越。第自康熙二十九年，與俄羅斯定界，查勘各河源後，從未往查。嗣後請飭打牲總管，每年派章京、驍騎校、兵丁，六月由水路與捕貂人同至托克、英肯兩河口，及鄂勒希、西里木第兩河間徧查，回報總管，轉報將軍。三年，派副總管、佐領、驍騎校於冰解後，由水路至河源興堪山巡查一次，回時呈報。其黑龍江官兵，每年巡查格爾畢齊河口照此，三年亦至河源興堪山，巡查一次，年終報部。得旨：如所議行。（高宗七四三、四）

（乾隆三八、二、癸酉）理藩院覆奏：黑龍江將軍傅玉奏稱，俄羅斯邊界去黑龍江甚遠，遇有事件，該總管兩處通詳，恐有掩飾遲誤之弊。請嗣後令黑龍江將軍與辦理俄羅斯邊務官員，札商具奏。又稱，呼倫貝爾向說卡四十七處，內珠爾特等十二處一年一換，原爲愼守邊防起見，恐日久惰生，且與俄羅斯熟習，易滋事端。請將各官兵挑年力强壯者，分作三班，三月一換，每日仍派總管一員巡察。俱應所請行。從之。（高宗九二六、二八）

（乾隆五八、二、丁丑）諭軍機大臣等：據照亮奏，查明尼布楚城、雅克薩城原委一摺。該處境地，既經松鄂托與俄羅斯使臣議，以雅克薩城內屬，尼布楚城屬俄羅斯，並令將向住雅克薩之俄羅斯，盡徹回伊察罕汗地方。現在雅克薩曾否設卡，撥人駐守？著傳諭照亮等，查明遇便奏聞。（高宗一四二二、二一）

（嘉慶七、八、己酉）又諭：俄囉斯交界四十七處卡倫，向來未定巡察之例。今蘊端多爾濟奏稱，明年四月，親察哈克圖西十九處卡倫，後年再察恰克圖東二十八處卡倫，逾十年興庫倫辦事大臣輪流一次往察，亦屬嚴肅邊界之意，著照所請行。但俄囉斯人等多疑，著蘊端多爾濟於巡察卡倫以前，明白曉諭，使俄羅斯固畢爾納托爾等知，巡察原欲永清二處交界，並無別故，自不至心生疑懼也。（仁宗一○二、二○）

(2) 西南疆界

（康熙三六、一一、甲午）安南國王黎維正疏言：臣國牛羊、蝴蝶、普園等三處爲隣界土司侵占，請敕地方官給還。時雲南巡撫石文晟來京陛見，上問以安南邊境事，石文晟奏曰，牛羊、蝴蝶、普園等三處，明時內屬。自我朝開闢雲南，即在蒙自縣徵糧，至康熙五年，改歸開化府屬，已三十餘年，並非安南之地，伊輕聽妄言，擅行具奏，而又遣兵到邊，是時臣同督臣仰，體皇上柔遠至意，令防守人等不得輕動，臣思此地久入版圖，且在內境，斷不宜給還。上命大學士等詳議。尋議：安南國王黎維正不察本末，輕聽妄言，邃遣兵於邊疆駐扎，生事妄行。應行文申飭。從之。（聖祖一八六、三）

（**雍正三、四、己丑**）先是雲貴總督高其倬奏言，雲南開化府與交阯接壤，有內地舊境失入交阯。今因開銅礦，經布政使李衛詳報，臣隨委開化總兵馮允中勘查。今查出都龍廠之對過鉛廠山下一百二十九里，又南狼猛康南丁等三四十寨，皆被交阯占去。伏查雲南通志，載開化府南二百四十里至交阯賭呪河為界，今交阯呼為安邊河是也。後明季因其地曠遠，將塘汛移入內地，另指鉛廠山下一小溪，強名為賭呪河，已失去一百二十里。本朝康熙二十二年，鉛廠下小溪內斜路村六寨，復入於交阯，以見在之馬伯汛為界，較明季又失去四十里。若論舊界，應將二百四十里之境，徹底取回。臣見在移咨安南國王，交阯之都龍、南丹二廠，皆在此內，交阯倚為大利，必支吾抗拒，捏辭瀆陳，為此詳奏。得旨：覽奏。交阯舊界有遠近互異等情。朕思柔遠之道，分疆與睦鄰論，則睦鄰為美，畏威與懷德較，則懷德為上。據雲都龍、南丹等處，在明季已為安南所有，是侵占非始於我朝也。安南自我朝以來，累世恭順，深屬可嘉，方當獎勵是務。寧與爭尺寸之地，況係明季久失之區乎？其地果有利耶，則天朝豈宜與小邦爭利？如無利耶，則又何必與之爭？朕居心惟以大公至正為期，視中外皆赤子。且兩地接壤連境，最易生釁，尤須善處，以綏懷之，非徒安彼民，正所以安吾民耳。即以小溪為界，庸何傷？貪利倖功之舉，皆不可為訓。悉朕此意，斟酌行之。至是，安南國王黎維祹奏稱：臣國渭川州向與雲南開化府接壤，以賭呪河為界。河之西歸開化府，河之東歸渭川州聚龍社。忽接雲貴總督移咨臣國，聚龍斜路村等六寨，皆係開化府屬內地，向為都龍土目占侵，至今四十餘年，合行清立疆界。臣已具文回覆。隨有開化總鎮親來斜路村之鞍馬山，去賭呪河一百二十里，就立界牌，設立房屋，分兵防守。臣備錄情由，謹具奏聞。得旨：此事王未奏之先，雲貴總督高其倬方差員勘界之時，即已摺奏矣。朕念安南累世恭順，王能恪繼職守可嘉。且此地乃棄自明朝，安南之民居住既久，安土重遷，恐有流離之苦，朕心存柔遠，中外一視，甚為不認。已批諭將斜路村等處人員撤回，別議立界之地，務期允當。諒茲時所批已到，必另料理矣。王但自供厥職，以綏爾民，靜候可也。（世宗三一、二八）

（**雍正六、一、己卯**）先是，雍正三年四月，原任雲貴總督高其倬查奏安南國疆界，有內地舊境一百二十里，應加清理，於賭咒河立界。安南國王具奏陳請，上命雲貴總督鄂爾泰復行清查，給還八十里，於鉛廠山下小河以內四十里立界。安南國王復激切陳訴，五年五月初四日，上頒敕諭一道，諭安南國王，朕令內外地方官清理疆界，據原任雲貴總督高其倬遵旨詳考誌書，知開化府與安南國渭川州之界，當在開化府逢春里賭咒河，是以於斜路村等處，設立防汛，以肅邊境。比因該國王具奏前來，情詞懇切，朕以懷遠爲心，勉從所請，諭令該督撤回防汛人員，別議立界，此朕委曲保全之特恩也。嗣據新任總督鄂爾泰奏稱，查得鉛廠山下地方，山川形勢，中外截然，且誌書可憑，糧冊可據，塘汛舊基可查，居民服飾可驗，實係內地，應於此立界，誠爲仁至義盡等語。朕允其所奏，頒諭該國王遵奉施行，料王祇承之下，定當鼓舞歡欣，戴朕錫土寧人之德，踴躍拜命。乃該國王仍復具奏辯訴，是王以執迷之心，蓄無厭之望，忘先世恭順之悃忱，負朕懷柔之渥澤也。高其倬、鄂爾泰皆公平鎮靜之臣，非喜事邀功之輩，祇以官守所在，不敢曲徇私情。朕統御寰區，凡兹臣服之邦，莫非吾土，何必較論此區區四十里之地？但分疆定界，政所當先，侯甸要荒，事同一體。目今遠藩蒙古，奉朕諭旨，莫不欽承恐後，豈該國素稱禮義之鄉，獨違越於德化之外哉？王不必以從前侵占內地爲嫌，中心疑懼，必欲拳拳申辯，此乃前人之誤，非王之過也。王惟祇遵朕諭，朕不深求其既往，仍加惠於將來，倘意或遲回，有失從前恭順之義，則朕亦無從施懷遠之仁矣。朕怙冒遠方，至誠至切，用是諄諄曉諭，思之思之。復於九月二十六日，命副都御史杭奕祿、內閣學士任蘭枝，往安南國宣諭。杭奕祿等尚未至安南，安南國王接領五月初四日敕諭，感恩悔過。至是，雲貴總督鄂爾泰以其陳謝表文奏呈，表文曰：安南國王臣黎維祹謹奏，十二月初二日，臣接領敕諭，焚香披閱，喜懼交并。竊臣國渭川州，與雲南開化府接壤，原以賭咒河爲界，即馬伯汛下之小河。臣國邊目世遵守土，臣罔知侵占內地爲何等事，且未奉詔書，是以備因陳奏，旋奉敕諭，令撤回斜路村等處人員，別議立界之地，仰蒙慈照，欣幸無涯。今復奉敕諭，安於鉛廠山小河立界，諭臣勿恃優待之恩，懷無厭之望，自干國典，臣咫尺天威，彌深木谷。目今鉛廠山，經廣南知府，先已設關門，築房屋立界碑，臣國邊目土目，遵臣嚴飭，帖然無言。臣竭誠累世，向化聖朝，蒙聖祖仁皇帝柔懷六十餘年，今恭逢皇帝陛下新膺景命，如日方升，且薄海敷天，莫非臣土，此四十里地，臣何敢介意有所觖望也。兹荷綸音，曉諭誠切，臣感戴聖恩，欣躍歡忭，惟願萬方拱命，聖壽無疆，聖朝千萬年太平，臣國千萬年奉貢。謹奏。得旨：覽王奏，感恩悔過，詞意虔恭，朕特沛殊恩，將雲南督臣等查出之地四十里，賞賜該國王。尋頒敕諭，齎送雲南，即令杭奕祿、任蘭枝前往安南，宣讀聖諭，敕諭曰：朕前令守土各官，清立疆界，原屬行之於内地，未令清查及於安南也。督臣高其倬以職任封疆，詳考誌書，兼訪輿論，知開化府與安南分界之處，當在逢春里之賭咒河，於是一面設立防汛，一面奏聞。比因該國王陳奏，朕特降諭旨，令該督另議立界，又恐高其倬固執己見，復命接任總督鄂爾泰秉公辦理。鄂爾泰體朕懷遠之心，定界於鉛廠山下小河，一面設立防汛，一面奏聞。較之舊界，已縮減八十里，誠爲仁至義盡，此皆地方大臣經理邊疆，職分所當爲者也。朕統馭寰區，凡屬臣服之邦，皆隸版籍，安南既列藩封，尺地莫非吾土，何必較論此區區四十里之壤？若該國王以至情懇求，朕亦何難開恩賜與？祇以該督臣兩次定界之時，該國王激切奏請，過於覬望，種種陳訴，甚爲不恭，該國王既失事上之道，朕亦無從施惠下之恩，此天地之常經，上下之定體，乃王之自取，非朕初心也。項鄂爾泰將該國王上年十二月内本章呈奏，知該國王深感朝廷怙冒之仁，自悔從前執迷之誤，踴躍拜命，詞意虔恭，朕覽閱之餘，甚爲嘉悦。在王既知盡禮，在朕便可加恩，況此四十里之地，在雲南爲朕之内地，在安南仍爲朕之外藩，一毫無所分別。著將此地仍賞賜該國王世守之，並遣大臣等，前至該國，宣諭朕衷。朕念已加惠藩王，亦當俯從民便，倘此地居住民人，有情願遷入内地者，已令督臣鄂爾泰酌量料理，并諭該國王知之。（世宗六五、一二）

（**雍正六、一、辛巳**）諭雲貴總督鄂爾泰：覽安南國王陳謝本章，感恩悔過，踴躍拜命，情詞甚屬恭順。該王既知盡禮，朕亦便可加恩，著將此四十里之地，仍舊賞賜該國王，特頒敕諭一道，仍令杭奕祿、任蘭枝齎往彼國，宣諭朕意。但思朕既加恩外藩，亦當俯從民便，此四十里内所居人民，若有情願遷移内地居住者，可加意資助安插。目今滇省現有開墾地土之事，即令伊等受田耕種，務使得所，其情願仍居外地，屬安南管轄者，亦聽其意。（世宗六五、一八）

（**雍正六、一〇、戊子**）安南國王黎維祹，疏謝賞賜賜鉛廠山地四十里恩，下部知之。（世宗七四、一三）

（**乾隆九、一〇、丙午**）大學士鄂爾泰等，議覆調任兩廣總督馬爾泰奏稱：廣西省明江土思州地方，新太協右營龍峗等營撥防之權相等隘，及鎮安協撥防之榮勞等隘，共五十餘，逼近交阯。所設關隘，或據險要，或扼總路，或於商民出入貿易之所設立，官弁兼同土勇，防範巡查。即間罅散漫之處，已俱壘石建栅。遷隆土峝之板蒙等隘，思陵土州之叫荒等隘，下雷土州之下骨等隘，共三十餘，緊連交阯，各土司等自設隘目，帶土勇巡查。應行捍蔽處所，木石堵塞，已爲詳慎。土思州之那陶等六隘，及小鎮安地方之那蒿等卡，官兵星羅碁布，俱屬得宜。至南、太、鎮三府沿邊關隘，自建卡撥守以來，奉行尚未周密，應令各該地方官相其險易，及時增培。每年冬月，沿邊查勘一次。壘石坍塌者修之，建柵朽壞者補之，濠溝淤積者濬之。再鎮安協與鎮安府，因交阯保樂地方，匪徒滋擾，請於原設隘卡外，多設新卡安兵。查右江一鎮三營，兵制原屬單薄，即通省標營，亦未便更議抽撥。惟於平却魁勞等六卡，似應添設。鎮安協原制兵七百五名，酌量險易緩急，足資防守。將來果有不敷，再於右江鎮標酌撥彈壓。再由村一隘，當年題定封禁，原以平而、水口兩關既開，商民得出入貿易，殊不知交阯驅驢地方，爲貨物聚集之所，距由隘不遠，徑捷利倍，寧明商販多願從由口出入。況明江汛，近設新太協右營守備駐防，客商尤爲輳集。即明江五十三寨，無業貧民，挑擔營生，亦藉就近爲商雇覓。由隘一開，誠屬便商利民，惟是邊民非比齊民，若不立法防範，使出入有數可稽，恐奸匪隱混竄逸。查寧明州向置會館，設立客長，以爲由隘出入之公所，應令該州慎選老成殷實數人充當，凡客貨出隘，許客長將客人姓名、籍貫、貨物及發往何處，一一註册，報該州查實，給與印票。并刊立木榜，不許客長藉端需索。其五十三寨挑夫，亦令該州將姓名住址，造册取結，給與印票，令理土同知，於該隘查明印票，給腰牌放行。有印票腰牌者，方許放入。其入關客人姓名，從何處賣貨入內，令該同知註册，報寧明州查對，倘有濫給印票者，責在寧明州，濫給腰牌私放出入者，責在理土同知。凡客人在外貿易者，彼處若有回頭客貨，自應略爲等待，應酌給半月限期，過期即飭頭人、保人，嚴詢究處。是由村一隘，實因便商養民起見，應請嗣後開放，責地方官慎密稽查。其平而、水口兩關，俱屬河道，雖設弁兵防守，當夏秋水發之時，夜深人靜，一槎飛渡，應設立鐵練，橫江攔截，每月逢五逢十開放，夜則鎖截。至商販由平而、水口出關貿易者，止許在太源、牧馬附近之處交易。從由隘出口貿易者，止許在諒山、驅驢附近處交易，不得逗遛交境。倘冒險遠出，許夷官攔回責處。又現在逗遛番地者，給半年限期，概令夷官查明，陸續驅回，安插原籍。如無籍可歸者，分撥梧、潯、平、柳等府安插。又從前在彼已娶番婦，生有子女，與夷人結有姻婭，並廬墓田業，情甘異域者，照例安插彼處，永不許進口。嗣後如有商民在彼私娶番婦者，應令該夷官查明離異，驅逐進口，押回原籍，交地方官照例杖責。以上各條，如果實力奉行有效，三年之後，請將現任辦理之文武邊員、督撫提臣秉公核實，分別奏請交部議敘。倘有因循怠

忽，貽誤邊防者，即參。查該督等所議條款，已經勘驗明確，因地制宜，均應如所請，遵照辦理。從之。(高宗二二六、三)

（**乾隆一五、八、己亥**）广西巡撫舒輅奏：查南、太、鎮三府所屬州縣，與安南接壤者二千餘里，其間設三關、百隘、一百二十餘卡。原止隨地布置防守，非如西北邊墻，劃然分定中外，故有雖在隘外而仍係内地者，距夷界遠則二三十里，近則數里不等。向來無業貧民，因屬内地，俱赴彼搭蓋草房，就地耕種。現在安南臣順，自無釁端。但此等貧民，既居隘外，外無盤阻之人，内無稽察之員，保無藏匿内奸，勾引外匪，及私至交地生釁之事。惟是若輩耕種已久，未便驟令遷回失業，而所種地畝若干、村落何處及離夷界遠近，俱須逐一查明。隘外向無員役至彼，若忽遣人查勘，易啟驚疑。現諭令南、太、鎮三府知府，各將所屬隘外情形密查，不得稍有矜張。到日熟籌另奏。報聞。(高宗三七一、一八)

（**乾隆四〇、六、甲辰**）諭軍機大臣曰：熊學鵬奏，據太平府稟報，安南送星厰有内地民人張德裕、李喬光在彼生嫌械鬥，聞有夷官帶兵，並經督臣李侍堯知會此事，現在加緊查辦等語。此案前據李侍堯奏到，業經傳諭該督，將如何設法禁防之處，確查妥辦矣。内地民人，擅越外夷地界，呼朋引類，日積日多，其始不過趨覓微利，久之滋釁生事，無所不至，最爲邊境之患。從前任其往來，毫無限制，原屬歷任地方官，辦理不善所致。即如滇省騰越等處，與緬匪接壤，向聽商販往來，以致奸民尹士賓、李萬全等輩，潛留該處，轉爲緬逆所用，暗通消息，不可不引以爲戒。安南久奉正朔，誠心嚮化，固與蠻陬逆匪不同，然撫馭外夷，凡事當豫防其漸。粵西與安南接壤，近邊游手之輩，出入自由，恬不爲怪，亦由向無禁約之故。自當立法嚴防，俾無竄越。除從前往安南之人在外已久，毋庸追辦外，嗣後凡一應商民，概不許其擅越邊境貿易，以弭患於未然。蓋内地百姓，不過圖便尋覓蠅頭，並非必須取給於外國。若安南地方或有仰藉中國貨物，原不妨准其來至邊界，與内地民人彼此交易。但須酌定通市日期，派官在彼彈壓稽查，毋許滋事。既可俯順夷情，不改通商之例，並可杜絕奸宄，永嚴中外之防。是在該督撫不動聲色，悉心措置，切勿因循玩忽，視爲具文，亦不得稍涉張皇，致滋紛擾。李侍堯並當行文安南國王，諭以該國服事天朝，最爲恭順，是以向來商民出口貿易，以濟該國之用，原所不禁。第此輩無知之徒，往往不安本分，藉端搆釁，轉不免在外生事。本閣部院現已飭禁内地民人，不許仍前擅越邊境，并酌於關口適中之地，仍聽内外民人，在彼交易商貨。該國王酌定日期，豫行呈報，本閣部院酌定每月通市日期，即令彼此商民齎貨會集該處市易，中國仍派官在彼，彈壓稽查，事畢，即仍令百姓入口，毋許潛留滋事。在該國需用貨物，仍可照舊流通，而內地奸民，不能潛越肌法，於該國更有裨益等因。如此明切諭知，使曉然天朝立法周詳，實爲利庇屬國起見，自必益知感戴，方爲妥善。著傳諭李侍堯，會同熊學鵬妥協熟商，善爲經理。仍將如何籌辦之處，即行覆奏。尋奏：安南僻處遐荒，不無仰藉內地貨物，是以恩准定地互市，原爲俯順夷情起見。但查該國貨物，海道久通，毋須再於邊關交易。現將臣李侍堯己意，行文該國王，彼似無可藉口。但奸民貪利，恐尚不免偷越出口，必須明定章程，責成地方官嚴行稽察。請嗣後再有偷出口隘，究明由何關口，將專管文武，該管上司，照例參處，督察不力之道員、將領，一併嚴參。偷越出口之人，一名至五名，罰俸一年，六名以上，降一級留任，十名以上，降一級調用。庶各員自顧考成，不敢玩縱。下部議行。（高宗九八五、一七）

（**乾隆四〇、一一、乙未**）諭軍機大臣等：據李侍堯奏，接准安南國咨覆，以毗連西省地方，實無土物可以互市，現在照覆停止等語。奸民出境貿易，易致滋生事端，例本宜禁。況近有張德裕等在安南開礦戕殺之案，逃回民人甚多，尤不可不整飭邊防，盤詰禁止。至定期互市之說，原恐安南或有仰藉中國貨物之處，難以概行杜絕，因令以該督之意，行知該國王，酌議呈報覆辦。今該國王既以互市爲未便，則奸商更無從藉詞偷越。邊境尤爲肅清，惟當嚴飭沿途文武員弁，實力稽查，毋許一人竄逸。並宜令該國王一體留心。如有內地商民潛處彼國者，即令其拘拏，呈送該督辦理，更爲周妥。因令軍機大臣代擬檄稿，寄交該督，諭以該國送星廠，有內地民人張德裕等聚眾滋事一案，除該國拏獲解審，並有陸續投回者甚多，均經本閣部堂奏明，分別嚴懲。內地民人，原不許私越邊境，況該國王素稱恭順，此輩不安本分之徒，尤不便聽其在爾境滋擾。業經嚴飭沿邊各員，禁止民人出口，第恐爾國或有仰藉中國貨物之處，若概行禁絕，恐於爾生計有礙，是以本閣部堂擬令民人在近邊互市，俾爾國懋遷有資，於整飭之中，仍寓體卹之意。因行文該國王，查詢該處情形，酌擬呈覆。近據該國王覆稱，以邊地民俗樸陋，無需中州重貨，互市之法，恐爲虛設，細籌良有未便等語。爾國既無需內地貨物，互市之法原可不行，則邊境更得肅清，於爾國尤爲有益。因即檄行照覆，今已嚴飭沿邊文武員弁，實力巡察稽查，毋許一人出口，並飭永遠遵行。此次查禁之後，設有匪徒潛行偷越，仍至爾國逗留者，該國王即行查拏，呈送本閣部堂，按法處治。奸民自必益凜條教，爾境亦得永臻寧輯，該國王其遵奉毋忽。將此傳諭李侍堯知之。併即照繕發往。（高宗九九七、

一五）

　　（**乾隆五四、一二、丁卯**）諭曰：福康安等奏，成林自安南宣封進關後，於途次接見，福康安詢悉安南一切情形。摺內稱，阮光平以安南僻處炎荒，籲請天朝頒示正朔，又以該國物產本微，加以連年兵燹，物力衰耗，懇恩將水口關，准令商販出入，則全境生靈俱獲利用等語。阮光平膺受封爵，得備藩服，感激歡忭，具見肫誠。前經遣使進貢，並再三籲懇於明春親自赴京，瞻覲祝釐，忱悃可嘉，業已俯允所請。今又以交南僻處荒陬，懇頒正朔。該國王於締造之初，即能崇奉天朝，以定時正朔為急務，朕心深為嘉慰，自應即為頒發，俾得敬受正朔，永遠遵循。但向來朝鮮國係遣使臣先期赴京，於十月朔日祇領憲書。今安南遠在南交，若每年照朝鮮國之例，遣陪臣到京謹領，返國時已逾春正元旦之期，該國臣民轉未能及時遵奉，殊非體念遠人之道。今諭該部即將五十五年時憲書發往，交該督等即委員齎至鎮南關，令該國鎮目轉交國王祇領。嗣後每年即著該部照朝鮮國請領數目，將時憲書發交廣西，令該撫照此次之例，屆期頒給，無庸該國遣使赴京，以示體卹。至安南向通貿易，自設禁以來，罕有內地貨物，該國民用所需，諒必日形短絀。今該國王抒誠効悃，已就藩封，其境內黎元皆吾赤子，自應准其開關貿易，早一日即民受一日之利。況安南甫經兵燹之餘，閭閻凋敝，物力維艱，尤須亟為通市，俾得有無懋遷，漸致饒裕。並著該督撫將水口等關，即令照常貿易，以副朕胞與為懷，一視同仁至意。（高宗一三四四、四）

　　（**乾隆五四、一二、丁卯**）諭軍機大臣曰：阮光平祇受封爵，撫有安南，知敬奉天朝正朔，籲求頒給時憲書，自應准其所請，由報先行發給五十五年時憲書二十本。嗣後著禮部每年查照朝鮮國之例，頒發時憲書，令廣西巡撫發交左江道，知照該國差官到關祇領。至粵西水口等關通市之處，若不即允所請，恐該國貨物罕至，民用有關，轉非體卹外藩一視同仁之意。現已明降諭旨，准其開關通市，不必俟該國王來京，面為奏懇，再行允准。著傳諭福康安等，接奉此旨後，即行照會該國王，以安南與內地通市。前經設禁，未便擅開，本部堂已據實奏明，並令國王於入覲時自行奏懇。今大皇帝俯念安南連歲被兵，物產衰耗，該國夷民俱係天朝赤子，若待明年國王入覲奏懇，回國後始准開關，為期將及一載，通國日用所需，未免短絀。是以不俟國王面奏，先已特降恩旨准行，以示體卹。如此明白宣諭，庶使安南通國夷民，益仰天朝撫育深仁，倍加感戴也。又福康安等奏稱，安南所建陣亡提鎮廟宇、供祀許世亨等牌位，極為整齊，並據吳文楚面稟成林，以大兵在黎城傷亡官員不知姓名官職，無從立位，祈開示銜名，以便補祀等語，亦應准其所請。著福康安等即查明陣亡副參遊等員，職分較大應行列祀者，發交該國王，令其按照官銜名姓，一體設牌供祀，用慰忠魂。至該國欲為福康安建立生祠，固屬愛敬之心，業經福康安照會該國王，令其毋庸建立，所見亦為得體。又據福康安另摺奏稱，阮光平所遣貢使，現已催令起身，計算程期，必能於鐙節前趕到。本應令湯雄業護送入京，但阮光平明春入覲，必需熟諳大員，在關照料，請令候補道黃符綵同德克精額，伴送來京等語。該貢使久已進關，若即令起身前來，此時已抵豫省，年內儘可從容趕到。今甫自寧明起身，不能年底到京，皆由孫永清拘泥遲誤所致。至湯雄業熟悉夷情，留在鎮南關一帶，照料阮光平入覲事宜，較他員自為妥協。所有此次貢使來京，即令黃符綵與德克精額伴送，迅速起程，務於燈節前到京，勿再遲緩。將由此六百里傳諭知之。（高宗一三四四、五）

（**乾隆五六、一〇、丙辰**）吏部議奏：協辦大學士兩廣總督公福康安奏稱，廣西太平府龍州，緊接安南地界，現在開關通市，稽查商民，所關尤重。通判職分較小，難資彈壓。查潯州府同知，附郡事簡，應請改通判，龍州通判改同知，一切廉俸役食倚役仍舊。再龍州向設吏目一員，為州屬管獄官，歸通判轄。今通判改廳屬，應對品將吏目改為照磨，以協丞倅所屬體制。潯州府通判，缺歸部選。龍州同知，應於本省揀補，改鑄關防鈐記，分別咨辦。均應如所請行。從之。（高宗一三八八、二八）

（**乾隆五八、八、辛酉朔**）署兩廣總督廣東巡撫郭世勳奏：安南通市前經奏准，平而、水口兩關商人在該國之高憑鎮牧馬庯立市，由村隘來商在諒山鎮之駈驢庯立市，分設太和、豐盛二號，並置廠長、市長各一人，保護、監當各一員。嗣據署龍州同知王撫棠稟稱，該國另於諒山鎮屬之花山地方添設鋪店，招徠平而關出口之商，覈與原咨互異，當即札飭該同知就近行查。旋准該國王咨覆，因從平而關出口之商，必由水路先抵花山，計程僅二百餘里，且花山附近村莊稠密，添設行鋪，商民更兩便，其市長、監當各員即由駈驢額內派往。客民中有由陸路前赴牧馬者，仍聽其便。臣等查覈情形，實係因地制宜，現已照會，准其添設。報聞。（高宗一四三四、一）

2. 管理中外商民出入國境的法令

（**康熙二二、一一、戊寅**）諭理藩院：羅剎增發人衆亦未可料，其移文馬喇，令加意防禦，不時偵探，應奏事宜，速行奏聞。（聖祖一一三、七）

（**康熙二三、一、乙酉**）黑龍江將軍薩布素等疏言：牛滿羅剎抵恒滾，同來自北海之羅剎與飛牙喀戰，退居河洲。若不速計剿撫，則赫哲、飛牙喀、奇勒爾人民，必被殘害。且恐羅剎復增發前來，宜乘四月冰解時，即遣夸蘭大二員率官兵三百人，并發紅衣礮四具，令附近恒滾口飛牙喀噶克當阿等嚮導，抵羅緊剎所據地，先行招撫，不即歸降，則進兵剿滅。如羅剎聞風先遁，所發之兵，即乘機安輯，赫哲等处人民未經來附者，亦招撫之。報聞。（聖祖一一四、三）

（雍正五、一一、癸酉）兵部議覆：盛京偷採衆犯，私越邊口，往朝鮮地方，行兇不法。據該國王李昑咨報，皆由守口官弁廢弛徇縱所致，除將失察之該管官革職拏審外，嗣後應嚴行查禁。儻守口官不驗明印票，任其出入者，該將軍、督撫、提鎮題參，交刑部嚴行治罪。得旨：依議。著該管之將軍、督撫、提鎮等，實力奉行，嗣後儻有越境生事者，定將該管各官從重議處。再者，昔年聖祖仁皇帝頒諭朝鮮國王，儻有盜賊前往伊國劫掠，著該國王即行追拏殺戮，生擒解送。自朕即位以來，又降諭旨，若飄風船隻人內，有無票妄行生事者，該國王即照伊國律例，懲戒治罪，屢次諭旨甚明。今内地盜竊之輩，因各處捕緝禁約甚嚴，無處可以藏匿，是以潛逃外國，苟且偷生。該國王既列藩封，當爲朝廷盡捕盜安民之職，乃柔懦不能遵奉，轉使内地犯法之人，恃朝鮮人以爲潛踪避罪之地，此風斷不可長。嗣後儻有匪類越境生事，而朝鮮不能擒獲，以致漏網者，著該國王將伊國防汛之員，題參治罪，該部將該國王一併議處，以爲藩王不能遵旨奉行捕盜安民者之戒。著將此行文與朝鮮國王知之。（世宗六三、二二）

（雍正九、七、戊子）又諭：廣西道通交趾，聞該地方有無知愚民，抛棄家業，潛往交趾地方開礦。更有姦匪之徒，潛逃異域，以致追緝無踪者，似此違禁妄行，漸不可長。著廣西巡撫、提鎮悉心商酌，於往來隘口及山僻可通之處，撥兵添汛，飭令該管官弁加謹巡查。儻有私行出口之人，務押解原籍，照例治罪，庶愚民不至流離異地，而姦徒不致遠颺漏網矣。（世宗一〇八、三六）

（乾隆七、一一、乙酉）［廣西巡撫楊錫紱］又奏：安南數年以來，地方不靖，匪徒每每竊發。兹在保樂滋事之兵者臘，與在洋面行刦之兆曉等，一近雲南之廣南開化，一近廣東之欽州，雖與粵西交界尚遠，然沿邊關隘，總宜嚴謹。已飭地方文武，實力稽查防守，毋許一人出入，以肅邊防。得旨：知道了。謹守邊疆，以安地方。慎之。（高宗一七九、三六）

（乾隆八、一〇、癸亥）理藩院奏：前據管理恰克圖事務員外郎增保呈稱，俄囉斯兵謝哩萬等二人，醉後在恰克圖界上，毆死商人金成禮、李萬興一事，經俄囉斯楚庫拜星首領雅固布咨稱，伊處醉後殺人者，向無擬斬之例。喀屯汗因念兩國和好，欲將謝哩萬等，即於恰克圖梟首示儆等因。查臣衙門原定十一條內，兩國之人，執持軍器越境殺人者抵償。今謝哩萬等係醉後殺人，遽議斬首，未免過重。請行文增保，會同俄囉斯首領等，看視絞決。並飭知土謝圖汗敦丹多爾濟等，曉諭蒙古商人等，嗣後如遇爭毆致死人命者，俱照此絞決，著爲例。從之。（高宗二〇二、三二）

（乾隆一一、六、辛卯）軍機大臣議奏：定邊副將軍額駙策凌，將自準噶爾投來之俄羅斯人伊番解京。查雍正十二年，俄羅斯婦人伊納博克來投，因向與俄羅斯定議，不相容留逃人，仍命送還。今應照此例，令理藩院行文俄羅斯，並派員將伊番解送至恰克圖地方，交俄羅斯守邊頭目。從之。（高宗二六九、二七）

（乾隆一六、一一、甲子朔）署兩廣總督廣東巡撫蘇昌等奏：照會安南國王接領夷人阮玉漢等，該夷官回文認領。附稱有莫氏餘孽，聚徒爲匪，捕獲渠首莫成陳，供稱伊祖父等現僑內地泗城，請爲查訪。查莫氏後裔，於乾隆六年在泗城滋事，移安徽省安插。今恐泗城尚有遺種，越界搆釁，應密行查明。奏入。諭軍機大臣等：蘇昌、定長等奏，安南夷官請查募氏人口一摺，意欲即爲查辦，所見非是。莫氏既居泗城，即屬內地百姓。前此據伊來文辦理，已屬一之爲甚，今又據夷官來文，爲之查辦。此端一開，竟成常例。設或輾轉移查，將沿邊州縣，日爲屬藩查拏人犯，既於天朝體制未協，且恐從此漸開邊釁。應明白曉諭，以乾隆六年將莫氏後裔遷徙安插，此乃撫字小邦格外恩典。現在邊圉寧謐，該國陪臣，惟應安靜自保，不得借募氏遺裔爲詞，屢向內地查訪，啓悻恩滋事之漸。如此則明白正大，自足折服其心。至嚴飭邊防，不令內地匪徒偷越搆釁，自是封疆大吏分內所應辦，又不當因有屬國文移，始行整頓也。將此諭令蘇昌、定長知之。（高宗四〇二、一）

（乾隆一九、閏四、戊寅）軍機大臣議覆：福建巡撫陳宏謀奏稱，福州、漳、泉等府，地狹民稠，半藉海船爲生計。查康熙五十六年定例，出洋之人，勒限三年，准回原籍，逾限不准復回。至雍正五年以後，洋禁已開，似不應仍拘舊例。況出洋之人，或因貨物未清，守候愆期，不能依限回籍，情有可原。且此等人稽留外洋，保無滋事生釁。今請久稽番地人等，果因貨物拖欠等事以致逾限不歸，及本身已故，遺留妻妾子女，願歸本籍者，無論例前例後，均准回籍等語。臣等酌量，似此辦理，於洋面既無妨礙，而貿易良民，不致屛之番地，事屬可行。至所奏向後販洋之人，仍定以三年爲限，三年後不聽再歸等語。竊思海洋風信不常，帳目守候非易，此番定例之後，或仍有逾限之人，既不認悉行擯棄，勢必又須籌辦，轉滋煩瑣。請交該督撫妥定章程，俾此等出洋之人，得以均歸故土。并請飭下廣東督撫，一體遵行。從之。(高宗四六三、一七)

(乾隆二一、九、己未) 諭軍機大臣等：據喀爾吉善奏，安南送回廣東民人李文光等十六名一摺，其事在十有餘年以前。況李文光等在安南貿易，不安本分，與其聽差人等，爭鬧相殺，無論是非曲直，其非良民可知。今將李文光等送回，其供情但係一面之詞，遠隔重洋，無從致詰，若更追究其擅殺之罪，文移往返，徒滋煩擾，且似於内地民人，曲為庇護，亦非所以昭示大公。此事不過照例完結，嗣後惟當嚴飭該地方官於出洋時實力稽查，明切曉諭，務當安分貿易，毋得在外騷擾，致開釁端。著將此傳諭喀爾吉善，其粵東督撫，一併傳諭知之。(高宗五一九、一一)

(乾隆二一、一一、丁巳) 諭軍機大臣等：據瑚圖靈阿等奏，會同俄羅斯畢爾噶底爾、雅古畢等，定議邊界事務，業經辦竣。其俄羅斯奈瑪爾等，入巴爾虎等界内偷盜馬匹一事，應俟俄羅斯薩納特衙門查辦等語。瑚圖靈阿等，守候伊等薩納特衙門查辦盜賊，為日尚久，毋庸在彼久待。即著曉諭伊等薩納特衙門，查辦明白後，行文理藩院，再行辦理。瑚圖靈阿、多爾濟即會同集福，查辦齊木齊格特人等事務。至俄羅斯奈瑪爾等越境偷竊，前降旨伊柱，領呼倫貝爾兵丁五百名，駐劄邊卡，聽候調遣。即著伊柱加意稽查，並著傳諭黑龍江將軍綽勒多，派兵巡防，嚴緝匪竊人等治罪，毋得任其脫逃。(高宗五二七、一五)

(乾隆二三、一、丙午) 俄羅斯向為和好之部，定議彼此不許容留逃人。(高宗五五五、五)

(乾隆二三、七、庚戌) 諭軍機大臣等：據李侍堯奏稱，准安南國咨，有内地人張甫能、王布督流入伊國，為賊黨羽，占撓地方。現已拏獲，謹押解内地，聽候國法。尚有夥犯三十人，亦内地流出，審係脅從，已薄懲放還等語。該二犯以内地民人，潛出外境，煽惑莠民，滋事不法，最邊地之蠹。該國王不即處治，押解内地，聽候國法，恭順可嘉。著傳諭李侍堯，俟二犯解到，審訊明確，即委員面同該國解員，於邊界處正法。其夥犯三十人，雖據該國已薄懲放還，但此等匪徒，所在不能安分，未便仍留本處。並著行查該國，逐一提解到粵，嚴加審訊，照新例改發巴里坤等處。仍應嚴飭緣邊地方官，不時設法查禁，毋任匪類出外生事，以重邊防。(高宗五六七、一七)

(乾隆二七、三、辛丑) 禮部奏：准朝鮮國王李昑，遣同知中樞府事边憲，齎咨到部。内稱，該國三水府加乙坡鎮，奸民金順丁等七人，出没江邊，現在拏獲六人按治，其在逃李元三一人，嚴飭搜緝等語。事關越邊，其有無在內地滋事，並逸犯逗遛之處，應行文盛京將軍清保、吉林將軍恒祿，一體查報。從之。(高宗六五六、一一)

(乾隆二九、一、庚午) 又諭：從前朝鮮國人，有在內地強刼故殺等事，將伊等審明定罪，解回監禁，勾到後，即在彼處正法。但彼處實係正法與否，無憑可查，著傳諭舍圖肯等，嗣後朝鮮國人，如有強刼故殺等案，罪應斬決者，不必解回本國，即於內地正法，但行知該國可也。(高宗七〇三、二)

(乾隆三〇、二、丁酉) 諭軍機大臣等：據桑寨多爾濟奏稱，准俄羅斯畢爾噶底爾，咨索彼處逃出之厄魯特巴達克山等。桑寨多爾濟等，擬回伊文內，有並未收納俄羅斯逃人，諒俄羅斯出於逆料等語。語意太遜。從前議彼此不得容納逃人，已屬錯誤，況俄羅斯現屢納我逃人。伊既背約，我何為株守前議？即將收留巴達克山等明告俄羅斯，亦無不可。乃桑寨多爾飾詞咨稱咨覆，所見過小，又奏稱，准畢爾噶底爾咨稱，理藩院咨行彼處薩納特衙門，文詞侮慢，伊等難以措詞等語。此亦無關緊要。桑寨多爾濟等，視同大事密奏，尤屬不曉事體。可將桑寨多爾濟等原文改正，另代辦一咨文，寄與照例咨行。至丑達，乃特旨派往，協同桑寨多爾濟辦事之人，俄羅斯有何能，彼即滋事，我自有待之之策。看此情形，丑達不惟不能協助桑寨多爾濟，反形怯懦，致桑寨多爾濟張皇失措。朕即另派妥員前往更換。(高宗七二九、六)

(乾隆三〇、四、辛酉) 又諭：據桑寨多爾濟等奏稱，俄羅斯畢爾噶底爾奉到移文覆稱，向云薩納特衙門不肯回文大部之事，並非薩納特衙門所交，乃出於伊之意見。又定界以來，彼處交回之人，計四千餘名，並未容納一人。舍楞等之事，薩納特衙門業經咨行大部，請免索取。惟祈將塔噶巴齊、喀勒瑪克遣回。其應否給與回文之處，請旨等語。畢爾噶底爾既捏辭訛索塔噶巴齊、喀勒瑪克，行文前來，合給與回文。著該院代作一回文寄發桑寨多爾濟等，令其照例譯出，咨行畢爾噶底爾。(高宗七三五、二)

(乾隆三七、八、丙寅) 諭軍機大臣等：去歲土爾扈特渥巴錫人等，自俄羅斯來投，朕念其窮困，施恩指賞游牧，俾得資生，并飭理藩院行文知會俄羅斯。今俄羅斯薩納特衙門遞到咨覆內稱，渥巴錫人等俱係悖教匪人，不當收留。又稱，其來時將伊噶必丹官名都瑞之人，並一百五十多名俄羅斯帶來，懇求發回等語。閱咨文所稱，雖不敢顯然索取渥巴錫人等，要其駕辭妄扳，灼然可見，不惟渥巴錫人等斷無給伊之理，即實有帶來之人，亦不必查給。勅下理藩院另行咨復俄羅斯薩納特衙門外，并將此情節傳諭舒赫德，令其曉諭渥巴錫等云，去歲爾等來投，經理藩院遵旨咨明俄羅斯，今據覆稱，爾等係悖教匪人，不當施恩收留，又懇將爾等帶來之都瑠，並俄羅斯人發回。大皇帝察其誣妄，并念爾等窮困，不令發回，已勅理藩院咨覆矣。曉諭後，便詢渥巴錫等來時果否攜帶噶必丹官、名都瑠之人，及俄羅斯人若干之處奏聞。所譯俄羅斯咨文，及咨覆薩納特衙門回文，一併鈔寄舒赫德等看。理藩院咨覆俄羅斯薩納特衙門回文曰：奉大皇帝諭，覽俄羅斯覆文，甚屬非理，著該院詳明曉諭。查文內稱，鄰境各邦，向無容留屬人之例，大國不應收納等語。土爾扈特渥巴錫人等，與爾別一部落，原非屬人，自準部入居爾境，爾國征調煩苛，不堪其苦，率衆來投，我皇上爲天下共主，撫馭衆生，豈有將願臣僕之人，拒而不納之理？又稱，此等逃人內有悖教惑衆匪人，叛服不常，日後必再投回等語。試思數十萬戶來投，其中即有匪人，豈能悉爲所惑？顯係力不能支，任其自去，亦豈得謂之脫逸。我皇上賞賚優渥，俾各得生，諒不至冒死投回，縱有一二仍竄入爾境，亦即棄之，何足輕重。再文內有不守和好，恐兵戈不息，人無寧居之語。總之，或以兵戈、或守和好，我天朝惟視爾之自取而已。再稱，向來並未收受我蒙古部落一人。我四部落四十九旗內扎薩克蒙古等，受國重恩，錫封汗爵，豈土爾扈特被迫竄入爾地可比？以必無之事，徒駕空言，誰其信之。至云土爾扈特來時，將爾噶必丹官、名都瑠，併一百五十餘名俄羅斯帶出，懇求給還。爾等明知土爾扈特必不可復得，冀得俄羅斯數人，以全顏面，爲此取巧之詞。但果否帶出多人，當時未據報部，今亦無從稽查。前以爾等故違定議，停止貿易後，因再三祈請，奏聞大皇帝恩准復行，爲時未久，何復肆言無狀如此？揣爾等之意，一則不能措詞，不得已爲此粉飾；一則以土爾扈特深知爾處北鄙搆釁情形，恐我用伊等圖爾疆土耳。大皇帝惟欲安撫衆生，必不肯輕信人言，即廢和好，如爾等欲背棄前議，則亦聽之。爾等接到回文後，其熟籌利害。毋忽。（高宗九一四、五）

（**乾隆三八、一〇、丙戌**）又諭：據薩哈岱、鐘音奏，分給駐防爲奴之俄羅斯費約多爾、色爾基、密葉掄庫素爾操三犯，先後脫逃，嗣於閩縣地方拏獲色爾基、費約多爾，於德化縣地方拏獲密葉掄庫素爾操，俱已正法一摺。此等脫逃重犯，該地方官即時留心緝獲，尚屬能事。著傳諭鐘音，即查此二縣獲犯之員，若平日居官尚好，即奏聞出具考語，定部引見，倘不過循分供職，即奏請交部議敘。（高宗九四四、六）

（**乾隆四〇、四、乙未**）諭：昨據伊勒圖解送由俄羅斯逃出投誠之綽羅斯台吉色凌、土爾扈特台吉敦多克車琳到京時,朕曾降旨將伊等屬人,一併令在察哈爾安插。但伊等由俄羅斯逃出時,並未攜帶家口,其妻子仍留在俄羅斯,恐伊等乘便逃回。著傳諭常青,安插色凌、敦多克車琳後,留心密防,毋任逃脫。再此二人俱無妻室,察哈爾地方安插厄魯特頗多,若酌准伊等有妻室,亦可牽制其心。將此一併傳諭常青遵照辦理。(高宗九八一、三)

　　(乾隆四○、五、辛酉)大學士伯兩廣總督李侍堯奏:查安南國與廣西之南寧、太平、鎮安等府土司地方毗連。乾隆九年,前督臣馬爾泰奏請開放由村隘口,以通商旅。自此內地人民,得以出入貨販。惟是愚民趨利如鶩,往往滋生事端,若不立法防閑,內地匪徒頻往外藩滋事。請嗣後給照出入,止許殷實良民挾有貲本者,由平而、水口兩關,驗照放出。其由村一隘,照舊封禁。至小販及挑夫人等,仍禁止出關。得旨:是。依議。諭軍機大臣曰:李侍堯請定安南邊禁一摺,所奏尚是,已批示依議矣。外夷邊界,本不應容內地人民擅出,此等奸徒,越境潛往,每每滋生事端。已往者,固難以追求,未然者,當嚴為申禁。至屬國動輒用兵勤補,雖屬奸民自取,於理究屬非宜,而編氓牟利異域,久假不歸,亦覺非體。前此由村隘口給票,聽民出入一事,原係馬爾泰辦理之誤,至今三十餘年,日積日多,致內外界限不清,奸良相混,甚有關係。今李侍堯請將由村一隘,仍行封禁,其單身小販、挑擡腳夫,停止給照驗放之處,固屬去其太甚。而於殷實良民,挾有貨本者,尚准其給照出入,意在使民通商。但此等挾貲殷實之人,必有同行夥伴,難保其中無夾帶偷越者。且既云貿易,自必有去有來,亦當如海口洋船,往近皆行稽覈。若僅驗照放出,而不言如何定限驗回,仍恐有去無還,逗留外地,其弊尚未能盡除。又聞粵東西與交趾接壤之處,除正口關隘外,其餘並未設有藩籬,出入無從攔阻,果爾亦未妥協。此等私越邊界之眾,大都無業遊民,該督所云,如果安分謀生,內地儘堪營趁,自屬正理。皆由歷任督撫,不以邊地情形為重,遂爾日就因循。李侍堯堪以任事之人,其經畫必能周到。著傳諭該督,將如何設法禁防之處,確實妥辦。但其事弛懈日久,今整飭伊始,若稍涉張皇紛擾,恐愚民易致驚疑,惟當不動聲色,善為措置,施之以漸,而要之以久,於事方有實濟。(高宗九八二、二三)

　　(乾隆四○、一一、癸巳)諭軍機大臣等:據李侍堯等奏,發往廣東披甲之俄羅斯伊宛,年六十六歲,與本年閏十月初九日潛逃。所有管束不嚴之協領二達色、佐領德克精額等,請交部議處。伊宛俟拏獲日即行正法等語。除管束不嚴之協領二達色等交部嚴加議處之處,另降諭旨外,俄羅斯伊宛,係發往廣州披甲之人,支食錢糧有年,膽敢潛逃,情實可惡。自應嚴行查拏，一面具奏，一面即行正法。至伊宛與內地語言不通，形貌亦異，伊又能往何處逃走？著傳諭李侍堯等嚴飭廣東、廣西上緊查拏務獲，一面具奏，一面即行正法。仍傳諭各省督撫一體嚴行查拏，於何處拏獲，即於何處正法，斷不其兔脫。(高宗九九七、九)

(乾隆四三、七、丙辰) 又諭：據桑齋多爾濟奏，俄羅斯固畢爾納托爾文稱，有內地數千人入彼邊境，並未往尋等語。此不過俄羅斯狡賴之詞，或章京巴達爾呼等畏罪，匿不呈報，而桑齋多爾濟、索琳等亦遂扶同徇隱，不可不嚴行查辦。(高宗一〇六三、二五)

(乾隆四六、一一、丁卯) 諭軍機大臣等：劉秉恬奏，接據安南王來咨，酌擬照會文稿檄飭一摺，所辦是，已於摺內批示。安南臣事本朝，素稱恭順。該國沿途一帶隘口，雖許內地民人往來貿易，但其中難保無匪徒在彼滋擾之處，惟在該督撫隨時嚴飭沿邊鎮將。及地方各官留查察，按驗牌照籍貫，毋許游民私越。倘有不安本分之徒，潛竄彼境滋事，即嚴拏究辦，自可以綏屬國而靖邊隅。劉秉恬所奏，現在飛飭文武各屬，巡防偵探，遇有並無牌照竄回游民，即行截拏解省嚴審，所辦甚屬妥協。至其所擬該國照會文稿，措詞亦尚屬得體。其中稍有字句應行刪節者，已令軍機大臣酌改發回，該署督即遵照繕寫發往。將此由五百里諭令知之。(高宗一一四五、二〇)

(乾隆四八、九、己丑朔) 諭軍機大臣等：昨據海寧奏，由科布多所屬昌吉斯臺卡，來投之俄羅斯五十餘人，請收留安置一摺。朕見其斷不可行，曾降諭旨開導，令其以理曉諭，酌賞路費遣回。此事，海寧若因從前土爾扈特來投，皆蒙收留，賞給游牧安插，有此奏請，則可，若遇事而無主張，試爲之請，實屬取巧。朕思辦理俄羅斯事，定例內，即有不得隱匿逃人一款，今若照海寧所請，又若自我破例，何能服俄羅斯之心？況此五十餘人，意欲來投，即爲彼背叛罪人，豈有天朝容納之理？著再速諭海寧，遵照前後所降諭旨辦理。伊等若不願去，則諭以大皇帝因憐憫衆生，不忍照例拏交爾國之人，是以賞給路費遣回。若不遵旨，即將爾等拏送。如此仍不肯行，或別有舉動，科布多現在兵丁，儘可擒縛，送至恰克圖，交與俄羅斯，斷不可稍事姑息。將此由六百里傳諭海寧知之。海寧接奉此旨，如何辦理之處，仍由六百里馳奏，尋海寧奏，接奉諭旨，令將投誠之俄羅斯，酌量賞給盤費遣回，每人各賞穀一石，差人護送出卡。得旨：俄羅斯人，既知感恩，自應多加賞齎，著速傳諭海寧，此時伊等如已出卡，遠離邊境，則已，如未出境，可速派幹員，每人加賞米二石，以宣諭朕憫恤遠人至意。(高宗一一八八、一)

(三）海上商民往來和對外貿易

1. 開海貿易和口岸設關

（康熙七、三、丁卯） 兵部題：前奉上諭，凡外國之人，除進貢方物外，將貨物在邊界處所貿易，有無定例，命臣等會同禮部詳察具奏。查外國非係貢期，竟來貿易者，會典並未開載。惟康熙二年，准荷蘭國貿易一次，康熙三年，准暹羅國貿易一次，隨於康熙五年，永行停止。請嗣後非係貢期，概不准其貿易。從之。（聖祖二五、二二）

（康熙二三、七、乙亥） 奉差福建、廣東展界內閣學士席柱復命，奏曰：臣奉命往海展界，福建、廣東兩省沿海居民群集跪迎，皆云我等離舊土二十餘年，已無歸鄉之望，幸皇上威德，削平寇盜，海不揚波。今衆民得還故土，保有家室，各安生業，仰戴皇仁於世世矣。上曰：百姓樂於沿海居住，原因海上可以貿易、捕魚。爾等明知其故，前此何以不議准行？席柱奏曰：海上貿易，自明季以來，原未曾開，故議不准行。上曰：先因海寇，故海禁不開為是，今海氛廓清，更何所待？席柱奏曰：據彼處總督、巡撫云，臺灣、金門、廈門等處，雖設官兵防守，但係新得之地，應俟一二年後，相其機宜，然後再開。上曰：邊疆大臣當以國計民生為念。向雖嚴海禁，其私自貿易者何嘗斷絕。凡議海上貿易不行者，皆總督巡撫自圖射利故也。席柱奏曰：皇上所諭極是。（聖祖一一六、三）

（康熙二三、七、甲子朔） 諭大學士等：向令開海貿易，謂於閩粵邊海民生有益。若此二省民用充阜，財貨流通，各省俱有裨益。且出海貿易非貧民所能，富商大賈懋遷有無，薄徵其稅，不致累民，可充閩粵兵餉，以免腹裡省分轉輸協濟之勞。腹裡省分錢糧有餘，小民又獲安養，故令開海貿易。今若照奉差郎中伊爾格圖所奏，給與各關定例款項，於橋道渡口等處概行徵稅，何以異於原無稅課之地反增設一關科斂乎。此事恐致擾害民生，爾等傳諭九卿詹事科道會議具奏。（聖祖一一六、一八）

（康熙二四、三、癸巳） 議政王大臣會議：今海內一統，寰宇寧謐，滿漢人民俱同一體，應令出洋貿易，以彰庶富之治。得旨：開海貿易，原欲令滿漢人民各遂生息，倘有無藉棍徒倚勢橫行，藉端生事，貽害地方，反為不便。應嚴加禁飭，如有違法者，該督撫即指名題參。（聖祖一二○、一五）

（康熙五○、一、乙卯） 諭吏部、兵部：給事中王懿奏請禁止海洋商賈，不知海洋盜劫，與內地江湖盜案無異。該管地方文武官，能加意稽察，盡力

搜緝，匪類自無所容。豈可因海洋偶有失事，遂禁絶商賈貿易？王懿所奏無益。下所司知之。(聖祖二四五、六)

（康熙五二、二、甲寅）諭大學士等：朕昨問投誠海賊陳尚義，伊等出洋行刼，遇西洋船隻，懼其火器，不敢逼近，惟遇東洋商船，則掠取其銀米，亦不盡取，以此商船仍往來不絶也。中國與西洋地方，俱在赤道北四十度内，海洋行船，中國人多論更次，西洋人多論度數，自彼國南行八十度，至大狼山，始復北行入廣東界，常六閲月在海中，不見一山。又自西洋至中國，有陸路可通，因隔鄂羅斯諸國，行人不便，故皆從水路而行。鄂羅斯距京師約萬二千里，西洋及土兒虎特地方，皆與鄂羅斯接界，鄂羅斯倚土兒虎特馬匹，土兒虎特用鄂羅斯皮張。往年鄂羅斯與雪西洋戰，土兒虎特助鄂羅斯，大敗雪西洋。又回子温都斯坦、布海兒、夜兒根等處産綿，製甲四十層，可敵浙江綿八十層，曾以鳥鎗試驗知之。又過哈密六百里，有吐魯番地方，去雪山百餘里，其人晝伏，至夜始出耕種。其地甚熱而多石。若日出時耕種，輒熱死。又哈薩克，即古陽關地，其人性好鬭，常結隊以殺擄爲事，人心亦齊，若婦女被人擄去，其擄去之婦女必乘間手刃其人而回。此地亦熱，草極肥盛，馬皆汗血，所産蘋果、葡萄、梨等物，皆大而美。又西北回子種類極多，皆元太祖後裔。又有一支在小西洋，約十萬人，皆住帳房。惟北極下爲最寒。往時曾有人築室而居，明年人往視之其人已無復存者，但見林間雪深數丈而已。昔人云，北海有積冰數百丈，向以爲荒誕，以此觀之，信不誣也。總之，西北地方極大，其風土亦各不同。朕曾詳悉訪問，是以周知也。(聖祖二五三、一〇)

（康熙五六、一、庚辰）兵部等衙門遵旨會同陛見來京之廣東將軍管源忠、福建浙江總督覺羅滿保、廣東廣西總督楊琳議覆：凡商船照舊東洋貿易外，其南洋呂宋、噶囉吧等處，不許商船前往貿易，於南澳等地方截住。令廣東、福建沿海一帶水師各營巡查，違禁者嚴拏治罪。其外國夾板船照舊准來貿易，令地方文武官嚴加防範。(聖祖二七一、六)

（康熙五七、二、丁亥）兵部議覆：廣東廣西總督楊琳疏言，據原任碣石總兵官陳昂條奏，臣詳察海上日本、暹羅、廣南、噶囉吧、呂宋諸國形勢，東海惟日本爲大，其次則琉球，西則暹羅爲最。東南番族最多，如文萊等數十國盡皆小邦，惟噶囉吧、呂宋最强。噶囉吧爲紅毛市泊之所，呂宋爲西洋市泊之所，而紅毛一種，奸宄莫測，其中有英圭黎、干絲蠟、和蘭西、荷蘭大小西洋各國，名目雖殊，氣類則一。惟有和蘭西一族，兇狠異常，且澳門一種是其同派，熟習廣省情形。請敕督、撫關差諸臣，設法防備，或於未入港之先，查取其火礮，方許進口，或另設一所，關束彝人，每年不許多船並集，祇許輪流貿易。臣查外國彝商，利與中國貿易，而彝商慴服有素，數十年來，沿習相安，應聽其照常貿易。將該鎮所請查取火礮，另設一所關束，輪流貿易之處，無庸議。請於彝船一到之時，令沿海文武官弁晝夜防衛，使其慴服，無致失所。至於西洋人立堂設教，仍照康熙五十六年九卿原議禁止，再行嚴飭。均應如所請。得旨：依議。西洋人之處，著俟數年，候旨再行禁止。（聖祖二七七、二〇）

（雍正五、三、辛丑）兵部議覆：福建總督高其倬疏言，閩省福、興、漳、泉、汀五府地狹人稠，自平定臺灣以來，生齒日增，本地所產，不敷食用。惟開洋一途，藉貿易之贏餘，佐耕耘之不足，貧富均有裨益。從前暫議禁止，或慮盜米出洋。查外國皆產米之地，不藉資於中國；且洋盜多在沿海直洋，而商船皆在橫洋，道路並不相同。又慮有逗漏消息之處，現今外國之船，許至中國，廣東之船，許至外國，彼來此往，歷年守法安靜。又慮有私販船料之事，外國船大，中國船小，所有板片桅柁，不足資彼處之用。應請復開洋禁，以惠商民。并令出洋之船，酌量帶米回閩，實爲便益。應如所請。令該督詳立規條，嚴加防範。從之。（世宗五四、二〇）

（雍正七、五、辛酉）兵部議覆：浙江總督李衛疏言，內地商民船隻，向例禁止出洋，嗣因閩省產米，不敷食用，准督臣高其倬奏，令該省與南洋貿易，他省仍行禁止。但查浙江洋面，接連閩省，恐姦商趨利，冒險前往，而沿途洋汛，以非閩船，反致稽查不及。請照閩省准其一體貿易，其洋船向無買米裝回之事，仍循舊例，毋庸與閩省相同。應如所請。從之。（世宗八一、二〇）

（乾隆七、一〇、庚寅）王大臣等議覆：兩廣總督公慶復奏稱，廣東地窄民稠，雍正五年，援閩省之例，開趁南洋，閱久相安。茲以噶喇吧番目，戕害漢人，署閩督策楞恐番性貪殘，並有擾及商船，請禁南洋貿易，固防微杜漸。但聞番目此舉，伊地賀蘭國土，責其太過，欲將鎮守噶喇吧番目更換，再三安慰商船，照舊生理，則該番並無擾及客商之意，請毋庸禁止南洋貿易等語。復據閩浙總督那蘇圖奏稱，商船出洋者十之七八，其中有至暹羅、柔佛等國者，宜加分別。請將噶喇吧暫禁，其暹羅、柔佛等國，仍准往來等語。復據兩江總督宗室德沛奏稱，外番肆橫，固當禁止以俟革心，而議禁南洋，不能不弛禁諸國。且該番因禁止通商，必致窮乏，是以商船回棹，加意撫慰周旋，是番性雖殘，亦知畏懼。況其所害者，原係彼地土生，實與番民無異。南洋商販，仍聽經營爲便等語。查各督撫所議，或請毋庸禁止南洋，或請暫禁噶喇吧往來，雖所議不同，其意皆以仰體皇上懷柔至意。今海外遠夷，悔過自新，均霑德澤，應請將南洋一帶諸番，仍准照舊通商。其洋船進口帶米一節，既據江廣閩浙督撫等查明，或經奏准聽從商便，或食米餘剩，糶賣多寡不一，或向無買米裝回，應令各該督撫等，遵照原議辦理。再據閩浙總督那蘇圖奏稱，外洋貿易，或至壓冬，又遇颶風，難以逆料，然亦不過三年內定可回棹。查海疆立法，自宜嚴密，但內地外洋，情形各別，今內地貿易，定以二年爲限，其重洋風信難定，限期太促，恐有未便。應如所請。商船往販諸番者，以三年爲限，如逾期始歸，即將舵、水、人等不許再行出洋。其外洋汛地，如有停泊洋船，查驗船照，已閱多年者，將該船勒令入口，交地方官查訊詳報。從之。（高宗一七六、六）

（乾隆一一、一、丙申）廣東巡撫準泰奏：粵省逼近海洋，山多田少，全藉外洋內港商船以資民間生計。但番衆來廣貿易者，亦間有生事之徒，臣酌立條示，於撫循之中加意防範，其行商通事人等，果能盡心約束，分別獎賞。至沿海一帶，東連福建，西界交夷，尤其嚴飭文武員弁，慎密巡防。再廉州所屬之欽州，與安南接壤，該國近因奸臣竊柄，自相戕害，雖未敢侵犯內地，然亦應慎固邊陲，並查察漢奸，毋許透入彼地，教誘生事。其連界隘口，前經議設關柵，以時啟閉，一切交易民番，總歸柵口出入，界限井然，兼有龍門協副將帶兵彈壓，廉州府同知移駐龍門稽查。得旨：一切實力爲之。（高宗二五七、二二）

2. 對中外商民與船隻出入海口的管理

(1) 關於商民和船隻的出進口的規定

（康熙三三、四、庚寅）九卿會議：浙江巡撫張鵬翮疏言，出洋貿易船隻，地方官印烙，給以票照，許帶軍器出洋。乃有內地商人在外國打造船隻，帶有軍器，出入關口，既無印烙可據，又無票照可憑，地方官難以稽查，請一概禁止。其暗帶外國之人，偷買犯禁之物者，并嚴加治罪。應如所請。從之。（聖祖一六三、六）

（乾隆二、二、戊子）兩廣總督鄂彌達覆奏：查向例夷船到廈貿易，進口之日，將所帶軍火礮械一概收貯公所，俟貿易事竣，再行給還。惟礮位係做就在船，難以移動，請照從前，免令起貯。得旨：昨據楊永斌奏摺，朕揣其意，亦以起礮難行，而未明言。今據卿奏，則朕所見不差矣。著照卿奏行。應咨部者，咨部可也。（高宗三七、二四）

（乾隆二四、一二、戊子）軍機大臣等議覆：兩廣總督李侍堯奏防範外夷規條。一、禁止夷商在省住冬。查粵東貿易夷船，自進口以至歸棹，原有定期，本不許潛留內地。近因行商等或有掛欠未清，以致該夷商等藉詞留寓省會，難免勾結生事。今該督請於銷貨歸本後，依期回國，即有行欠未清，亦令在澳門居住，將貨物交行代售，下年順搭歸國等語。係爲立法制防起見，應如所請辦理。但恐不肖行商，知夷商勢難久待，有意揞留壓滯，嗣後遇有此等情弊，一經告發，地方官將奸商按律處治毋貸。一、夷人到粵，宜令寓居行商，管束稽查。查夷商到粵，寓歇行商館內，原不許任意出入。若非官充行商，招誘投寓，不獨勾引出入，無從覺察，而交易貨物，多不經行商通事之手，更滋弊竇。應如該督所請，嗣後令夷商歇寓，責成現充行商，加謹管約。房屋或有不敷，並令行商自行租賃，撥人照看，毋許出入漢奸，私相交易。但行商等不得以摻縱在己，有意把持，短價勒揞。並令地方官留心訪察，嚴加查禁。一、借領外夷資本及雇倩漢人役使，並應查禁。查向來夷商到粵，祇許將帶來貨物售賣，置買別貨回國，其一應禁止出洋之貨，不得私販。近來內地行店民人，多有向夷商借本貿販，冀沾餘潤。應如該督所請，令借領資本之行商人等，據實首明，勒限清還，免其提究。嗣後倘有違禁借貸勾結者，照交結外國。借貨誆騙財物例問擬。借銀查追入官。至夷商所帶番廝人等足供役使，原不得多雇內地民人，此後除設立通事買辦外，如有無賴民人，貪財受雇者，交地方官嚴禁，倘有徇縱，一併懲治。一、嚴禁外夷雇人傳遞信息積弊。查外來夷商，投行交易，自不得任其藉詞探聽，雇倩脚夫，傳遞消耗，以致與內地奸商往來結交。應如該督所請，嚴諭行商脚夫人等，嗣後一切事務，俱呈明地方官。聽其酌量查辦。倘有不遵禁約，即將代爲覓雇及遞送之人，一併嚴治。至西洋人寄住澳門，遇有公務，轉達欽天監，飭令夷目呈明海防同知，轉詳督臣，分別咨奏之處，亦應如該督所請辦理。一、夷船泊處，請酌撥營員，彈壓稽查。查夷船收泊，所帶夷梢衆多，種類各別，性多暴悍，既易滋事行兇，而內地奸民蜑户，復潛爲勾引。今該督奏稱，向派廣協外委一員，帶兵十二名，不足彈壓，應准於督標內，揀派候補守備一員，專駐該處，督同守寮弁官，防范稽查。從之。（高宗六〇二、一九）

（**乾隆三一、八、甲戌**）軍機大臣等議覆：兩廣總督楊廷璋奏稱，西洋人在京効力者，其鄉信往來，向係粵門夷目，或在省行商，雇人代爲傳遞。嗣經奏准，嚴禁行商脚夫等私行代遞，遇有公務，飭令夷目，呈明海防同知，轉詳督臣，分別咨奏，原未嘗阻其轉達，但自定例以來，閱今六七年，未見有西洋人呈請轉達奏咨之事。此係該夷等未能明白例義，中懷疑畏，自行隔越。應請嗣後西洋人來廣,遇有願進土物及習天文醫科丹青鐘表等技,情願赴京効力者,在嶴門,則令其告知夷目,呈明海防同知,在省行,則令其告知行商,呈明南海縣,隨時詳報,代爲具奏,請旨護送進京等語。應如所請,俾得共効惆忱。至該夷人等通達鄉信之處,詢問傅作霖、劉松齡等,據稱,向來西洋人所有書信,在廣東嶴門者,俱由提塘遞至京城,交與欽天監收拆,其從京城寄至廣東者,亦由提塘遞送等語。查該夷人等,從前往來書信,俱經提塘轉遞,已歷有年,並未見有違礙之處,似應循照舊例,交與提塘寄遞,並令其在廣省者,呈報海防同知,及南海縣查收,將原封交與該省提塘,遞至京城,送欽天監轉付本人。其在京夷人,亦令其將所寄書信,交與提塘遞至廣省,仍由同知知縣查收,將原封轉寄行商夷目。該同知知縣,亦隨時詳報總督衙門,以備查覈。從之。(高宗七六八、四)

(乾隆三七、八、己丑) 諭軍機大臣等:據李侍堯奏,暹羅國鄭昭,稟送粵省海豐縣民陳俊卿等眷口回籍,并據河仙鎮莫士麟,差人齎送文稟。李侍堯擬以己意,檄覆兩人,俟鄭昭處送到内地民人,量爲獎勵,示以羈縻。亦祗可如此辦理。但梁上選等係内地民人,輒敢糾伴挈眷,潛赴外國港口居住,甚屬不成事體。此等民人,於送到時,均應訊明,按例懲治。沿海居民出口,例禁綦嚴,守口地方官弁,何得任其攜家擅出,漫無稽查,則平日海禁之廢弛,已可概見。著李侍堯查明失察梁上選等出口之該管地方員弁,據實參處。嗣後仍須嚴飭沿海各口,實力稽查,毋得稍有疎縱。將此傳諭知之。(高宗九一五、一五)

(嘉慶一〇、七、甲子) 又諭[内閣]:給事中永祚奏稱,廣東福建兩省洋盜,屢被擊勦窮蹙,恐竄至奉省錦州各海口,潛蹤登岸,溷跡商賈民人雲集之際,潛入大營肆竊等語。實不成話。閩粵洋匪,不過在外海劫掠商船,從未有上岸滋擾之事。日前據玉德奏稱,李長庚等督率舟師圍捕,匪船皆畏懼官兵,竄匿無蹤,難以找尋。是該匪方逃命之不暇,何敢公然登岸?況洋匪原恃在海面遊弈,得以逞其伎倆,若該匪果肯登岸,則一旦失所憑藉,官兵無難立行撲捕净盡。且目下秋令已深,西北風漸作,匪船即欲由粵閩竄入浙洋,已苦風色不利,焉能遠竄至奉省錦州各海口乎?該給事中於海洋道路情形,全未明曉,矢口妄談,紕繆已極。至所稱將海船商販舵丁等,開具年貌履歷,登載號簿,並取具該商等所販貨物清單,祗許正商上岸售兌,貨物賣完後,報知旗民地方官出口日期各等語。海船商販,原聽其隨時赴各海口售賣貨物。若如該給事中所奏辦理,勢必紛紛滋擾,是以謁陵省方大典,轉爲累商病民之事,尚復成何政體乎?永祚所見不獨愚昧,且其説傳播,徒滋

搖惑，当將伊摺交本日在園之王大臣閱看，無不以爲所奏謬妄。永祚著交部議處。（仁宗一四七、一二）

（**嘉慶一四、五、丁丑**）又諭：軍機大臣會同長麟議覆百齡等酌籌民夷交易章程，分別應准應駁具奏。所議甚是。嗣後各國護貨兵船，俱不許駛入內港。夷商銷貨，令即依限回國，並令洋商早清夷欠。其澳內西洋人不准再行添屋，民人眷口亦不准再有增添，引水船户給照銷照，俱責成澳門同知辦理，夷商買辦，選擇殷實之人始准承充。至向來夷貨到粤，皆由該國自行投行，公平交易，以順夷情。今該督等請由監督，不論殷商乏商，按股籤掣，竟似以外夷貨財爲調劑乏商之計，事不可行。著仍查明舊例，妥協辦理。（仁宗二一二、六）

（2）關於沿海遭風遇難洋船的撫卹

（**順治二、一一、己酉朔**）諭朝鮮國王李倧曰：今中外一統，四海爲家，各國人民，皆朕赤子，務令得所，以廣同仁。前有日本國民人一十三名，泛舟海中，飄泊至此，已敕所司，周給衣糧，但念其父母妻子遠隔天涯，深用憫惻。茲命隨使臣前往朝鮮，至日，爾可備船隻，轉送還鄉。仍移文宣示，俾該國君民共知朕意。（世祖二一、一一）

（**康熙三二、九、辛亥**）兵部議覆：廣東廣西總督石琳疏言，風飄日本國船隻至陽江縣地方，計十二人，請發回伊國。應如所請。得旨：外國之人船隻被風飄至廣東，情殊可憫，著該督撫量給衣食，護送浙省，令其歸國。（聖祖一六〇、一〇）

（**康熙六一、一二、辛未**）禮部遵旨議覆：嗣後山東等處沿海地方人民，被風飄至朝鮮國境內，若有票文未生事者，仍令遵照舊例送回。其並无票文，私自越境生事之匪類，許該國王緝拏，照伊國之法審擬，咨明禮部具題請旨，命下之日，行文該國王於伊處完結，仍報部存案。從之。（世宗二、三四）

（**雍正七、八、丁未**）福建巡撫劉世明奏報：呂宋夷船，被風飄入閩廣地方。得旨：呂宋被風夷船，既已開往廣東佛山，著廣東督撫，查照給與口糧，加意撫卹，聽其候風回國。嗣後凡有外國船隻，遭風飄入內地者，俱著該地方官，查明緣由，悉心照料，動支公項，給與口糧，修補船隻，俾得安全回其本國，以副朕恩卹遠人之至意。（世宗八五、四）

（**乾隆二、閏九、庚午**）命恩卹難夷。……朕思沿海地方，常有外國船隻遭風飄至境內者。朕胞與爲懷，內外並無歧視。外邦民人，既到中華，豈可令一夫之失所。嗣後如有似此被風飄泊之人船，著該督撫率有司加意撫卹，動用存公銀兩，賞給衣糧，修理舟楫，並將貨物查還，遣歸本國，以示朕懷柔遠人之至意。將此永著爲例。（高宗五二、二六）

（乾隆四、八、甲辰）〔閩浙總督郝玉麟、署福建巡撫布政使王士任〕又奏：琉球中山國夷民順天西表、首里大屋子等三十六人，又新垣仁等十人，在洋遇風進口，加恩安插，賞卹養贍。併撥項修理原船，於乾隆三年八月，令其隨貢船歸國。因船小難行，仍行進口。今分配各難夷，令附貢船歸國，所存原船，不能變價，僅堪拆作柴薪之用，得價無幾。仰懇免其歸補，俾夷民以爲還鄉盤費。得旨：此亦可行之事，但必使難夷得實惠則可。若地方猾吏，有通同作弊之處，則汝將來亦不能免咎也。（高宗九九、三一）

（乾隆四、八、甲辰）〔閩浙總督郝玉麟、署福建巡撫布政使王士任〕又奏：呂宋國番民物勝氏等十四人，遭風飄入廈門港内。又呂宋國番民武牢哖耙洛等十八人，遭風飄入臺灣淡水蓬山社，俱令安頓居住，給與食米寒衣。得旨：辦理甚妥，知道了。（高宗九九、三二）

（乾隆四、九、庚申）兩廣總督馬爾泰題報：乾隆三年分，安南國番鄧興等，因在海洋地面駕船採釣，行駛之際，陡遇颶風猝起，勢甚猛烈。時當倉卒，人力實無可施，雖極力救護，僅未至於覆溺，而風狂浪大，不能擇地收泊，任風吹駛，幸於乾隆三年五月初四日，被風漂入文昌縣清瀾港口。又安南番令奉等，因駕船裝穀，於乾隆三年五月十三日，被風漂至崖州保平港。又暹羅國船商柯汗來廣貿易，在香山洋面被風沉船，逃活水手郭斌使等。又暹羅國商船郭意公來廣貿易，在香山洋面遭風沉船，逃活番民門派哆呢，俱於三年八月初一日到省。又安南國番阮文雄，因裝貨於三年七月初八日，被風漂至大鑊洋面。又外夷若哥等，因運米於三年二月二十八日，被風漂至澳門海面。又呂宋國番弗浪西咕等，因貿易被風壞船，於三年八月初八日漂至澳門海面。節據各該地方官詳報，俱經前督臣鄂彌達先後批行布政使飭給口糧撫卹，發遣回國。得旨：該部知道。（高宗一〇一、一）

（乾隆四、一〇、戊子）署福建巡撫布政使王士任疏報：遣回琉球國颶風難夷男婦等一百九名口。下部知之。（高宗一〇二、二〇）

（乾隆五、五、庚子朔）兩廣總督馬爾泰題報：乾隆四年分，外夷呂宋國難番西巴郎麥子鐵釘船，於廣東電白縣暗鏡洋，被風損壞。又新安國難番没所椰玉船，於文昌縣地方被風飄没，請照例撫卹。下部知之。（高宗一一六、二）

（乾隆五、一〇、庚子）奉天將軍額爾圖奏報：拏獲高麗越境男婦，訊

係沿江捕魚貧民，遭風船壞，上岸覓食者。當辦給冬衣等物，即交盛京禮部，轉送該國。得旨：所辦是。（高宗一二八、二）

（**乾隆六、九、壬午**）禮部奏：據閩省咨，將朝鮮國飄風難民文隆章等二十名，委員伴送至京。除金赤一名，在途病故外，應令朝鮮通事一名，將文隆章等十九名，伴送至朝鮮國交界地方，轉交該國收領。所用車輛，護送官兵，沿途口糧食物，照例撥給。從之。（高宗一五一、八）

（**乾隆七、七、己未**）福州將軍、署閩浙總督策楞疏報：浙江定海縣地方，飄到日本國遭風難彝仲兵衙等二十人，照例給與米鹽衣服，遣歸本國。下部知之。（高宗一七〇、四）

（**乾隆一一、七、己未**）福建巡撫周學健奏：琉球國難夷多良間、親雲上等，船隻遭風漂流，照例撫卹安插。下部知之。（高宗二七一、二〇）

（**乾隆一八、六、癸丑**）浙江巡撫雅爾哈善奏：永嘉縣南龍外洋，有遭風番船一隻，頭目一人，查係呂宋國職官，應照例撫卹。現咨閩省，並派巡船護送至廈門，遇便附送歸國。報聞。（高宗四四一、一九）

（**乾隆三九、八、壬辰**）福建巡撫餘文儀疏報：琉球國難番崎山等二十一人，船隻遭風漂泊連江粵內港，安插撫卹如例。（高宗九六四、二四）

（**乾隆四三、二、庚申**）禮部奏：朝鮮國護送遭風民人回籍之齎咨官役，應照例賞給。得旨：依議。本內稱，商民趙永禮等七十五名，漂至朝鮮，船隻破壞，經該國王逐一詢明情由，專差金鴻喆等管護前去等語。該國咨稱前去，理所宜然，其後則爲該部出語。既由朝鮮送至中國，自應稱爲前來方合，乃復沿該國原咨，亦去差官管護前去，依樣葫蘆，豈去來字義亦不能解乎？（高宗一〇五一、三二）

（**乾隆四五、六、庚申**）予朝鮮國在洋遭風，漂入閩省難民李再晟等二十人，撫卹資送回國如例。（高宗一一〇八、一三）

（**嘉慶一、一〇、丁酉**）撫卹日本國遭風難夷如例。（仁宗一〇、一八）

3. 對進出口貨物購銷及價款收付的規定

（**乾隆七、九、丁丑**）兵部議准：雲南巡撫張允隨疏稱，黑鉛一項，原係製備鉛彈，以供鎗礮之用，當嚴禁出口。而馬白界連交趾，與都竜廠地僅隔一河。該廠五方雜處，奸宄潛藏，現在交地未寧，若任黑鉛出口，不無滋釁。應請仍照原議，將馬白稅口黑鉛，禁止販運出口。所抽稅銀，請照乾隆三年抽收商販貨稅之數，以一千一百九十六兩三錢四分釐五毫作爲定額，飭令經管之員，據實抽收報解。如有侵隱，查實嚴參。從之。（高

宗一七五、八)

（乾隆一四、四、丙午）諭軍機大臣等：據尹繼善奏稱，王鐺……承辦夷使交易，積欠陝甘庫帑。……著傳諭尹繼善，准其分限三年交清庫帑。至此後辦理夷貨之處……該督可查照舊例，或另行招商承辦，或應官辦，妥酌奏聞。（高宗三三九、三一)

（乾隆一四、四、辛卯）户部等部議覆：浙江巡撫方觀承奏稱，南洋地不產銅，現查浙海關出洋紅黃銅貨，以準江南、廣東、福建各海口所出，每年不下十餘萬觔，積年所耗實多。應如所請。嗣后一應銅器銅觔，俱嚴禁出洋，不許携售，并將各海口通禁。如圖利私販為首者，照奸民潛將鐵貨出洋貨賣例，百觔以下者，杖一百，徒三年。百觔以上者，發邊衛充軍，為從及船户減等，貨物船隻入官。其不行搜查之關汛文武官弁，均照出洋漁船夾帶硝磺等物，將汛口官員革職例革職。若止失察者，照內地商人貿易外國偷帶禁物，守口官不行查出例，降一級調用。從之。（高宗三三八、四一)

（乾隆一六、七、癸巳）[福建巡撫潘思榘]又奏：閩省遠控外番，南洋諸國商販時相往來。近聞吕宋、噶喇叭等處，彼此搆釁，恐沿海一帶，聲息相聞，貿易者或乘外夷多事，客艘夾帶違禁物件，并奸徒混雜進口，尤宜密為防範。現因六月初旬，福州、福寧所屬，颶風大雨，人民間有淹没。乘此察勘之便，即與水陸提臣，閱視海外情形，將一切海防事宜，密商辦理。得旨：好，知道了。至外番搆釁，乃蠻觸常事，不過慎我邊防而已。（高宗三九五、三三）

（乾隆二四、九、辛亥）兩廣總督李侍堯奏：現准部咨嚴絲出外洋之禁，文到之日為始，實力稽查，俾無透漏。惟是外洋夷船，向係五、六月收泊進港，至九、十月出口回帆。本年陸續進口夷船，計二十三隻，除喊噠呱一船，原係上年壓冬之船，已於五月內出口外，其餘二十二船，各夷商已將出口貨物買齊，或已搬運下船，或貯行館。請將外洋夷船絲禁，以乾隆庚辰年為始，其本年各夷商已買絲貨，准其載運出口，不致守候變售。得旨：如所議行。（高宗五九六、八)

（乾隆二五、八、乙亥）諭軍機大臣等：舒赫德奏，內地所用銀兩，攜至外藩交易，有發無收，將來恐致耗散，請將綢緞多為解送，較原價酌增運費，則銀兩亦可漸次收回等語，所見甚是。著傳諭楊應琚等，籌酌辦理。但所估價值，祇增運費，則未免太廉。即如綢緞，亦內地所貴重。行至外藩，自當酌量物情，以定價值。若初次價賤，則奸商回人等，私行興販，徒為伊等之利。著舒赫德隨時籌畫，酌量定價，行之數年，再為平減亦可。惟不得

任商販私行攜帶，減價售賣，內地商販無多，亦易於稽查禁止也。（高宗六一八、三）

（乾隆二七、五、甲辰）諭曰：蘇昌等奏，英咭唎夷商波蘭等，以絲觔禁止出洋，夷貨艱於成造，籲懇代奏，酌量准其配買，情詞迫切一摺。前因出洋絲觔過多，內地市值翔踴，是以申明限制，俾裕官民織紝。然自禁止出洋以來，並未見絲觔價平，亦猶朕施恩特免米豆稅，而米豆仍然價踴也。此蓋由於生齒日繁，物件不得不貴，有司恪守成規，不敢通融調劑，致遠夷生計無資，亦堪軫念。著照該督等所請，循照東洋辦銅商船搭配綢緞之例，每船准其配買土絲五千觔，二蠶湖絲三千觔，以示加惠外洋至意。其頭蠶湖絲及綢綾緞疋，仍禁止如舊，不得影射取戾。（高宗六六〇、一三）

（乾隆二八、一二、戊戌）又諭：琉球國疏請購買絲觔，部臣議駮，自屬遵循例禁。第念該國爲海澨遠藩，織紝無資，不足以供章服，據奏情詞懇切，著加恩照英咭唎國例，准其歲買土絲五千觔，二蠶湖絲三千觔，用示嘉惠外洋至意。餘悉飭禁如舊。所有稽察各關口岸及出入地方，仍加意覈查，以杜影射。（高宗七〇一、二）

（乾隆二九、三、辛未）諭：據尹繼善等奏覆，議弛洋禁絲觔，以便民情一摺。前因內地絲觔綢緞等物，價值漸昂，經御史李兆鵬等先後條奏，請定出洋之禁，以裕民用。乃行之日久，而內地絲價仍未見減，且有更貴者。可見生齒繁衍，取多用宏，蓋物情自然之勢，非盡關出洋之故，曾降旨江浙閩廣各督撫，令其各就該省情形，悉心體察，將應否即行開禁之處，詳悉妥議具奏。今尹繼善等籌酌定議，奏請弛禁，而莊有恭並稱前撫浙時，體察杭嘉湖三府民情，以絲觔弛禁爲便等語。江浙之情形如此，則餘省亦可概見。蓋緣出洋絲觔，本係土絲，及二三蠶粗糙之絲，非腹地綢緞，必須精好物料可比。徒立出洋之禁，則江浙所產粗絲，轉不得利，是無益於外洋，而更有損於民計。又何如照舊弛禁，以天下之物，供天下之用，尤爲通商便民乎？況所產粗絲既不准出洋，勢不得不充雜於頭蠶好絲之內，一體售賣，於民間組織，尤多未便。且英咭唎、伽喇巴等國，俱先後以織紝不供，懇請賞給貨買，俱已特旨准其酌帶配用。是外洋諸國，取給於蠶絲者，正復不少，亦宜一視同仁，曲爲體卹。現在新絲將屆收成，所有出洋絲觔，即著弛禁，仍遵照舊例行。其中各省情形，或微有不同，應作何酌定章程及設法稽查之處，俟各該督撫奏齊時，該部詳悉妥議具奏。尹繼善等摺並發。（高宗七〇七、五）

（乾隆三四、一、丁酉）又諭：聞藥材內有阿魏一種，善能避瘴，番舶多有售者，粵東省自易於購覓。但假造亂真者不少，該督可即悉心傋辦真正阿魏，務在多多益善，就近委員送往雲南，交與該督明德，收貯傋用。著將此傳諭李侍堯知之。（高宗八二六、二八）

（**乾隆三四、二、壬午**）又諭：向來硫磺出入海口，俱有例禁。原因磺觔係火藥所需，自不便令其私販。若奸商以内地硫磺偷載出洋，或外來洋船私買内地硫磺載歸者，必當實力盤詰治罪。乃定例於洋船進口時，亦不許其私帶，殊屬無謂。海外硫磺運至内地，並無干礙，遇有壓艙所帶，自可隨時收買備用，於軍資亦屬有益。何必於洋舶初來，多此一番詰禁乎？嗣後惟於海船出口時，切實稽查，不許仍帶磺觔，以防偷漏之弊，違者照例究治。其各省洋船入口，禁止壓帶硫磺之例，概行停止。著爲例。（高宗八二九、二四）

（**乾隆四一、一一、甲午**）諭軍機大臣等曰：據刑部奏駁李質穎咨稱，革監倪宏文，賒欠英咭唎國夷商嘮等貨銀萬餘兩無還，問擬杖責未協，議將倪宏文改擬杖流監追一案，已依議行，並明降諭旨，將李侍堯申飭，李質穎交部察議。令將倪宏文家產變抵，仍勒限一年監追，再照部議發遣。如該犯限滿不完，即令該省督、撫、司道及承辦此案之府、州、縣於養廉内照數攤出，并傳朕旨，賞給該夷商收領歸國，以示體卹矣。此等夷商估舶，冒越重洋，本因覓利而至，自應與之公平交易，使其捆載而歸，方得中華大體。若遇内地奸民設局賒騙，致令貨本兩虧，尤當如法訊究。乃李質穎僅將該犯擬以薄懲，而欠項則聽其自行清結，所謂有斷無追，竟令外洋孤客，負屈無伸，豈封疆大臣懲惡綏遠之道？幸而刑部奏駁，朕始得知其詳，爲之更正，若部臣亦依樣葫蘆照覆，其錯謬尚可問乎？中國撫馭遠人，全在秉公持正，令其感而生畏，方合政經。若平日視之如草芥，任聽地棍欺凌，而有事鳴官，又復袒護民人，不爲清理，彼既不能赴京控訴，徒令蓄怨於心，歸而傳語島夷，豈不輕視督撫，鄙而笑之？且或慮粵商奸惡，致呼籲仍復成空，將來皆裹足不前，洋船稀至，又復成何事體？且朕此番處置，非祇爲此事，蓋有深慮。漢、唐、宋、明之末季，多昧於柔遠之經。當其弱而不振，則藐忽而虐侮之，及其強而有事，則又畏懼而調停之，姑息因循，卒至釀成大釁而不可救。宋之敗，明之亡，皆坐此病，更不可不引爲殷鑒也。方今國家全盛，諸屬國震懾威棱，自不敢稍生異志。然思患豫防，不可不早杜其漸。英咭唎夷商一事，該督撫皆以爲錢債細故，輕心掉之，而不知其關係甚大。所謂涓涓不息，將成江河者也。朕統御中外，一視同仁。如内扎薩克諸藩，恭順誠服，其輩行本小，朕皆撫若兒孫，每至必歡欣踴躍，與舊滿洲、蒙古之執役無異。即新附之準夷回部,年班來者,朕亦必聯之以情,待之以禮,厚其餼賚而遣之,衆亦莫不懷德感恩,幾與內扎薩克相等。此皆內外臣工所共知者。即如伊犂與哈薩克易馬一節,辦理亦須妥善。或哈薩克所驅至者,本不皆善馬,原不妨如法擇而取之,若既是可用之馬,即當按其所值,與之市易,始能經久無弊。設或所給緞匹輕薄,暗減其價,致所得不償所售,哈薩克貿易已非一日,皆能悉其底裏。口即不言,而心豈能允服?既違立法通市之本意,其流弊且無所底止。朕每以此厪懷。該伊犂將軍不可不實力妥辦,以裕永遠之規。若聽其日趨日下而不知返,朕一有所聞,惟該將軍是問,恐不能任其咎也。又如朝鮮、安南、琉球、日本、南掌及東洋、西洋諸國,凡沿邊沿海等省分,夷商貿易之事,皆所常有。各該將軍、督撫等,並當體朕此意,實心籌辦。遇有交涉詞訟之事,斷不可徇民人以抑外夷。即苗疆番境諸省,亦當推廣此意妥行。若仍視爲具文,再有此等事件,一經發覺,或經朕訪聞,及爲言官糾劾,必將該將軍、督撫重治其罪。不能似此案之僅予議處也。將軍、督撫皆朕委任之人,惟當善體朕意,毋怠毋違,自可寓久安長治之計。即我世世子孫,敬體朕訓,守而勿失,億萬年無疆之慶,詎不在是耶?此旨著傳諭各將軍督撫,一體遵照,並著入於交代,令各後任永遠遵行,勿稍玩忽。并另錄一分交尚書房,俾皆恪循罔懈。(高宗一〇二一、一一)

(乾隆四四、七、乙巳) 又諭曰:薩載參奏,廣西桂林府通判歐陽鑰,護送安南國貢使,自京回國。先據該員在蕪湖稟稱,貢使船戶,夾帶私鹽,經蕪湖道委驗屬虛,該員即懇請免查完案。嗣又會同守備積廣具稟稱,販私被獲,曾經畫供存據,私鹽傾入江中。及接據積廣清字稟帖,查前稟,係歐陽鑰捏名聯銜。并據司道等詰訊船戶,係該委員挾折價不遂之嫌,捏詞混稟,請旨革審等語。歐陽鑰著革職,沿途截拏,押解江寧,交與薩載,提集案內犯證,嚴審定擬具奏。積廣亦著解任赴江質訊。(高宗一〇八七、一七)

(乾隆五四、一、辛巳) 諭軍機大臣等:現在恰克圖閉關,不准與俄羅斯貿易,而大黃一種,尤爲俄羅斯必需之物。昨因新疆一帶,有可通俄羅斯處所,恐致透漏,已傳諭各該處駐劄大臣,嚴密查禁,毋許有私販大黃、違禁透漏之事。現據明亮、福崧奏,各在喀什噶爾、阿克蘇等處,查出私販大黃竟有數千餘觔之多,是奸商惟利是圖,而俄羅斯仍得收買禁物,則斷與不斷等耳,究屬有名無實。是以降旨分別從重治罪,並令實力查禁矣。因思西洋等處,與俄羅斯境壤毗連,常通交易,恐奸商等見新疆業經嚴禁,難以偷越,又思從廣東海道,將大黃私販出洋,偷賣與俄羅斯,希圖厚利,亦未可定。孫士毅目下尚未回省，著傳諭圖薩布與佛寧，務嚴飭各關口，實力稽查。不特内地奸商，毋許有私販大黃出洋之事，即在澳門貿易洋行，亦不得任其透漏夾帶。將此由四百里傳諭圖薩布、佛寧，並諭令孫士毅知之。（高宗一三二一、一四）

（乾隆五四、二、癸丑）諭：據伊桑阿等奏，查出哈密等處商民，由肅州私販大黃五千餘觔，前赴烏嚕木齊等語。看來哈密地方，四、五日之間，即有三起商民内查出大黃五千餘觔，明係奸猾商民希圖厚利，運至新疆，由回子布嚕特處轉賣與俄羅斯，不可不嚴行懲儆。著伊桑阿將此三起商民貨物盡行入官，其係烏嚕木齊商民，交尚安審明，拏解勒保處治罪。肅州商民，亦交勒保審辦。伊桑阿前已交部議處，其餘失察各官，著勒保、伊桑阿查明，開送議處。再著駐劄各回城大臣曉諭各處回子云，從前準噶爾侵擾爾等回子，種種虐害，爾等困苦難堪，仰賴皇朝威福，蕩平準噶爾，盡革其舊時苛政，輕徭薄賦，令爾等安居樂業，家給人足，迥勝三十餘年前矣。大黃在回疆無關緊要，惟俄羅斯需用甚殷，緣彼弗遵從前定制，是以停止恰克圖通商，飭禁販賣大黃。今安集延回子等，轉賣與俄羅斯，即應重治違禁之罪，仍恐爾等向未通曉例禁，是以不即加重定罪，止將大黃入官，從輕發落。嗣後爾等販賣内地別項貨物，頗可獲利，在所不禁，若私賣大黃，一經拏獲，不惟大黃入官，他物一概抄沒，人犯拏解内地，加倍從重治罪，斷不輕貸。著通行曉諭各回城知之。（高宗一三二三、三〇）

（乾隆五四、二、癸丑）諭軍機大臣等：本日據伊桑阿奏，於哈密地方，查出私販大黃五千餘觔，已將各犯解交勒保等審辦等語。已另降清字諭旨，令勒保等審辦。因思各省地方，不特廣東瀕臨洋面，即盛京、江南、閩浙、直隸、山東等省，俱有沿海口岸，現在粵省雖已經飭禁，而奸商等或又從各該省海道將大黃私販出洋，偷賣與俄羅斯附近番地，希圖轉售獲利，亦未可定。著傳諭盛京將軍，直隸、江南、閩浙、山東各督撫，各於沿海口岸，飭屬實力稽查，毋許内地奸商私將大黃偷賣與番船，夾帶出洋，並著廣東督撫，務宜遵照前旨，嚴行查禁，毋使稍有偷漏。（高宗一三二三、三二）

（乾隆五四、四、丁未）諭軍機大臣等：前因内地大黃一種，為俄羅斯必需之物，恐致透漏，節次傳諭新疆駐劄大臣，嚴密查禁，並諭令瀕臨海口各省一體實力稽查，毋許奸商私行偷販。本日據伍拉納等覆奏，每年令興泉道官買五百觔，帶交臺灣鎮道，配發各舖，繳價領售。其琉球貢使回國購買藥料時，所需大黃每歲不得逾三五百觔之數，無許官伴人等夾帶等語。所辦甚是。自此沿海關口查禁森嚴，各省實力奉行，奸商私販之弊可期杜絶。第思大黃一種，爲內地藥餌所必需，若設禁過嚴，以致販運不前，於民間亦有未便。即如臺灣一郡，雖遠在海外，究屬內地，該處向多瘴疫，民間療治，常用大黃，是此種藥物更不可缺。總須飭令員弁等，妥爲經理，既不使商販暗漏外洋，復令民人得資療疾，無虞缺乏，方不致因噎而廢食也。至回部地方，與內地氣候不同，本可無需大黃之處，況安集延與俄羅斯道路可通，如運販回地，難保無輾轉偷漏情弊。著傳諭勒保於嘉峪等處緊要關隘，必須嚴行飭禁，不准絲毫夾帶，方爲妥善。將此各傳諭知之。（高宗一三二七、一八）

（乾隆五四、四、壬子）又諭：前因恰克圖業經閉關，不准與俄羅斯貿易，而大黃藥料尤爲俄羅斯必需之物，恐商販私行透漏，節次傳諭新疆駐劄大臣，嚴加查禁。並因各省地方，不特廣東瀕臨洋面，即盛京、江南、閩浙、直隸、山東等處，俱有沿海口岸，諭令各督撫等，飭屬實力稽查，毋許奸商偷販出洋，致轉售與俄羅斯，希圖厚利。復因內地需用大黃療治疾病，不可查辦過當，以致因噎廢食，續經降旨，令該督撫等妥協酌辦矣。本日閆正祥等奏，據古北口防守尉達孟阿等稟報，到關藥車三輛，搜出大黃一百四十九觔，將販賣藥料之王禮廉、劉克仁委派弁兵，押送刑部嚴審等語。大黃一種，不特內地民人，用資療疾，即口外地方，如熱河八溝等處，人煙輻輳，亦與內地無異。若查禁過嚴，致商販裹足不前，於民間亦多未便。此次在古北口盤獲之王禮廉等，所有販運大黃，尚在未定章程飭禁之前，且爲數無多，著即從寬釋放，不必解交刑部。第各省查禁私販，固不可有意從嚴，亦不可漫無稽察。著該督撫等，各就地方情形妥立給票章程，定以限制觔兩，酌議每處需用大黃若干，發給官票。於經過各關隘時，將票呈驗。如無官票可憑，即係私行販運，查拏治罪。飭令地方官妥爲經理，毋任不肖吏胥，藉端需索。有票者不禁，無票者即係私販，並於通衢僻壤，出示曉諭，以現與俄羅斯不通貿易，是以不准大黃出口，俟將來俄羅斯送出賊犯後，仍可開關通市，則大黃一種，原應照常販運，自無庸給與官票，有累經商。各督撫一面酌議奏聞，即一面遍行出示，不必俟部覆到時始行辦理，免致往返稽遲，有誤閭閻需用。（高宗一三二七、二五）

（乾隆五四、五、丙子）諭軍機大臣等：據勒保奏，審明李生貴等，向客民宋世烈買大黃一千三百七十餘觔，運至喀什噶爾，將李生貴從重照竊盜贓例，定擬絞候。又回子玉素普，在阿克蘇地方，私賣大黃二千一百六十觔，共得普兒錢三十四千五百餘文，將玉素普亦照竊盜贓例，定擬絞候。又另案販賣大黃回子邁瑪第敏，俟解到另結等語。細閱摺內聲叙情節，各案頭緒牽混，殊未明晰，不盡其情，任其飾供，並未盡心嚴問，必須確加研究，方足以成信讞。著傳諭勒保，即將李生貴、玉素普等二案，派委妥員解京，毋致脱逃，交軍機大臣會同刑部，另行質訊，定擬具奏。其未到之邁瑪第敏一案，俟解到蘭州，亦即解京歸案審辦。至督另片奏稱，俄羅斯迤北，即係北海，由大洋可通廣東，請勅下沿海廣東各省，一體禁止出洋等語。俄羅斯有海道可通，朕已早經慮及。屢次傳諭沿海各該督撫，嚴行飭禁，以杜透漏。若待勒保陳奏，始行查辦防範，豈不遲誤耶？此諭令知之。（高宗一三二九、八）

（乾隆五四、閏五、乙巳）又諭：據長麟奏查辦大黄一摺。内稱東省各州縣鋪户人等有赴濟寧、濟南二處，採買大黄者，俱令先赴本州縣呈明起票，注明數目。其河南商人轉發山東販賣時，亦先赴懷慶府起票。無票者均即查拏究治等語。大黄藥料，爲民間療疾所必需。前因不准與俄羅斯交通貿易，恐奸商私行透漏，是以諭令沿海各省督撫，飭屬實力稽查。旋經續降諭旨，不可查辦過當，以致因噎廢食。並令各就地方情形，妥立章程，發給官票，以憑查驗。原恐各處海口地方偷販出洋，轉售俄羅斯，希圖厚利，必須嚴加查禁。至内地各州縣，本可任其商販流通，若一概請領官票，始准採買行運，恐地方官辦理不善。非特胥吏藉端勒索，擾累商人，而各州縣不肖官員，亦難保無從中染指之弊，以致商販裹足，藥材短缺，於民間多有未便，殊非朕惠愛閭閻之意。嗣後大黄一種，止須於各省沿海口岸及直隸之山海等關口，近邊地方，嚴行飭禁，毋許絲毫透漏。即陝甘兩省，亦只當於嘉峪關、榆林等處，加意查察。其内地省分。如臺灣、瓊州、崇明等處，地懸海外，仍著各該地方官酌定限制，給與官票呈驗，以防私販偷漏。其餘各州縣，均聽其照常販運，毋庸發給官票，以免紛擾而便民用。將此通諭知之。（高宗一三三一、八）

（乾隆五四、七、癸巳）軍機大臣等議覆：四川總督李世傑奏稱，川省並無海岸，各商販買大黄，無庸定以限制等語。應如所奏。浙江巡撫覺羅琅玕奏稱，江廣客商販運大黄來浙，並浙商赴川，俱應官爲給票等語。查内地州縣，定例毋庸領票，惟乍浦、寧波、温州各海口應飭查，毋許偷漏。其定海一縣，地處海外，應照臺灣、瓊州、崇明等處例，地方官給與官票。從之。（高宗一三三四、二五）

（乾隆五四、九、壬子）兩江總督書麟、江蘇巡撫閔鶚元奏：崇明縣孤懸海澨，應買大黄，由本縣起票，准於鎮洋縣之劉河鎮購買。買回出口時，責令松太道海關驗放。得旨：妥實爲之。（高宗一三三九、三一）

（乾隆五四、一〇、庚午）軍機大臣議准：兩廣總督公福康安奏稱，粵東地處海疆，若大黃任其出洋，勢必轉入俄羅斯境。瓊州一府緊接外洋，應准商民等，由省城佛山，每年販賣五百觔往售，官爲給票，如無官票，及多買夾帶者，即嚴拏治罪。其西洋各國，每年每國，不得過五百觔。飭令省城洋行及澳門商人，將售賣大黃數目，並賣與何國夷人，均於洋船啟椗之先，分晰列册呈繳。南海、香山二縣，一面通詳，移行守口文武員弁，按册稽查。如查有夾帶多買，嚴拏行商通事，從重治罪。仍將大黃變價歸官，於保商夷商名下，各追十倍價銀充公。其暹羅、安南二國，遇該國進貢之年，每次准買帶五百觔，俟俄羅斯通市後，仍照常賣運。從之。（高宗一三四一、三）

（乾隆五六、四、癸酉）又諭：據福康安等奏，行商拖欠番夷貨價，嚴審定擬，分別追還一摺。內稱，該查豐泰行商吳昭平，有拖欠夷商銀兩之事，嚴切飭查。當據喝吔唎哈等呈控，該商欠交番銀四十萬一千六百餘圓，合銀二十八萬九千一百餘兩。請將吳昭平革去職銜，從重發往伊犁當差，家產業經查封，共估值銀五萬九千三百餘兩，除抵該商名下所欠關餉銀兩外，餘銀五千八百餘兩，先給夷人收領，尚欠貨價銀二十八萬三千三百餘兩，現據原保各行商蔡世文等，情願限五年內，分作六次代還等語。行商吳昭平於乾隆五十四年，揭買夷商貨物，價值久未清還，欠銀至二十八萬餘兩之多，情殊可惡，自應照所擬撥遣示懲。至所欠銀兩，雖據福康安等。將估變家產餘銀，先給夷商收領，不敷之數亦經各商呈請分限代還。但內地商人，拖欠夷商銀兩，既據該夷商呈控到官，若不即爲清欠，轉致貽笑外夷。著福康安等，即於關稅盈餘銀兩內，照所欠之數，先行給與夷商收領，再令各商分限繳還歸款。至粵海關監督，徵收商稅，管理洋行，於洋商拖欠物價，不能早爲清釐，亦難辭咎。所有五十四年以後監督等，俱著福康安等查明，咨送該衙門議處。（高宗一三七七、二五）

（乾隆五六、一一、癸未）諭：本日勾到朝審情實人犯內……一起絞犯，李生貴、邁瑪第敏因在烏嚕木齊收買大黃，賣與俄羅斯，圖利至千觔以上。大黃久經例禁，該犯違例夥買，私販出境，情罪甚重。但念究係愚民圖利，是以免其勾訣。……以上各犯，情罪俱屬重大，雖經免其予決，俱著永遠監禁，遇赦不赦。嗣後刑部不必入於朝審秋審情實人犯册內進呈。（高宗一三九〇、二三）

（乾隆六〇、七、丁卯）諭軍機大臣曰：朱珪等奏，洋商石中和拖欠夷貨價銀，審擬具奏一摺，已批該部議奏矣。粵省洋商承售夷貨，先將價值議定，俟轉售後陸續給價。其未售之貨，俟下次洋船到時，一面歸清舊欠，一面又交新貨，不能年清年款，固屬實在情形。但洋商等承售洋貨，即新舊牽算，每有拖欠，亦應予以限制。此案石中和積欠夷商貨銀，除變產抵還外，尚欠五十九萬八千餘兩，爲數實屬過多。現據該夷商呈控，業經照例懲辦，將無著銀兩，令通行分限代還，自可依限清理。但此後各行商等，似此拖欠過多，或該國王聞知，以內地行商拖欠夷人賬目，多至數十萬兩，或竟具表上聞，實屬不成事體。著傳諭粵東督撫及粵海關監督，嗣後洋商拖欠夷人貨價，每年結算，不得過十餘萬兩。如有拖欠過多者，隨時勒令清還，即自今歲爲始，通飭各洋商，一體遵照辦理。（高宗一四八三、七）

（嘉慶四、一、戊子）〔浙江巡撫玉德〕又奏：閩浙兩省遇盜合捕，不分畛域，海口陸路，毋庸添設重兵，商船出洋，不宜禁止。得旨：覽奏俱悉。……至於洋盜尤其嚴緝，總當力禁海口出洋，販船內如米、豆、鐵器等項，洋盜無所接濟，自然渙散矣。（仁宗三八、三二）

（嘉慶四、一、戊子）〔浙江巡撫玉德〕又奏：浙省緝盜章程，繕單呈覽。一、水師三鎮，酌定船隻兵數，擇要停泊巡緝。一、嚴禁米石出洋。一、嚴禁奸徒偷漏硝黃火藥出洋濟匪。一、嚴禁私販鐵斤鐵器出洋。一、設立甲長、鄉長稽查通盜匪犯私販違禁食物。一、酌擬兵船乘便護送商船，以免盜劫。得旨：所辦甚是。惟應實心實力，莫作空談。（仁宗三八、三三）

（嘉慶四、一一、癸未）是月，兩廣總督吉慶等遵旨覆奏：西洋夷商來粵貿易，向係以貨易貨，或有不敷價值，亦係互用番銀，尚無攜帶紋銀出洋之事。惟販來鐘錶玻璃等物，以無用易有用，未免稍損玩氣。若內地不以此等爲要物，夷商自無從巧取。得旨：朕從來不貴珍奇，不愛玩好，乃天性所稟，非矯情虛飾。粟米布帛，乃天地養人之物，家所必需，至於鐘錶，不過爲考察時辰之用，小民無此物者甚多，又何曾廢其曉起晚息之恒業乎？尚有自鳴鳥等物，更如糞土矣。當知此意，勿令外夷巧取，漸希淳樸之俗，汝等大吏共相勸勉，佐成朕治。（仁宗五五、三〇）

（嘉慶一二、一二、甲戌）諭軍機大臣等：吳熊光等奏，查照御史鄭士超陳奏粵東吏治情形各款，分別覆奏一摺。……鴉片烟一項，亟應嚴禁，現在閩粵等有私行販銷者甚多，近並有攜至京師售賣者，最爲風俗之害。該督等現已通行飭禁，惟當嚴密稽查杜絕，毋任透漏。……又據〔吳熊光〕另摺奏請飭禁洋錢一摺，江浙閩廣等省行使洋錢，相沿已久，民間稱便，若遽紛紛飭禁，概令傾鎔，無論勢有難行，且恐徒滋擾累，激生事端，所奏不可行。至所稱出洋鉛觔予以定限，或暫行停止一節，白鉛爲鼓鑄所需，向例未禁出洋，自當定以限制。已另降諭旨，交該督會同監督常顯體察情形，妥議章程具奏。其諭粵兩關，並著吳熊光，一併查覈具奏。將此諭令知之。（仁宗一八九、一七）

（嘉慶一四、五、丁丑）又諭：刑部將福建、奉天二省緩決一二次人犯分別准減不准減開單具奏。朕詳加披閱，福建省擬准單內，……其擬不准減單內，絞犯陳振茂一名，因見洋船停泊海口，詢知帶有鴉片土，該犯用番銀王圓買土三塊，煎成鴉片烟一罐，陸續招人買食，自二月初至三月初止，除本銀外，共賺番銀六圓，經房主查知斥逐，旋被訪獲。鴉片烟本干例禁，但該犯買土煎賣僅一月有餘，非經年累月私開鴉片烟館爲害地方者可比，且所得餘利亦止番銀六圓，其情節尚有可原。陳振茂，著准其援減。（仁宗二一二、三）

（嘉慶一五、三、丙辰）諭內閣：慶桂等奏，據廣寧門巡役人等，盤獲楊姓身藏鴉片烟六盒，請交刑部審辦一摺。鴉片烟性最酷烈，食此者能驟長精神，恣其所欲，久之遂致戕賊軀命，大爲風俗人心之害，本干例禁。該犯楊姓膽敢攜帶進城，實屬藐法，著即交刑部嚴審辦理。惟此項烟斤，近聞購食者頗多，奸商牟利販賣，接踵而來。崇文門專理稅務，僅於所屬口岸地方稽察，恐尚未能周到。仍著步軍統領、五城御史，於各門禁嚴密查訪，一有緝獲，即當按律懲治，並將其烟物燬棄。至閩粵出產之地，並著該督撫關差查禁，斷其來源，毋得視爲具文，任其偷漏。（仁宗二二七、四）

（嘉慶一六、三、己酉朔）諭內閣：錢楷奏，外洋鴉片烟透入內地，貽害多端，請飭嚴禁一摺，所奏甚是。鴉片烟一項流毒無窮，無賴匪徒沈迷癖嗜，刻不可離，至不惜以衣食之資恣爲邪僻，非特自甘鴆毒、伐性戕生，而類聚朋從，其蹤跡殆不可問，大爲人心風俗之害。前經降旨飭禁，而奸商販鬻如故，流行浸廣，皆由濱海各關查禁不力，縱容偷越所致。著責成各處海關監督嚴加禁遏，並交廣東、福建、浙江、江蘇沿海各督撫認真查察，嗣後海船有夾帶鴉片烟者，立行查拏，按律懲辦。如委員胥吏有賣放情弊，均予重懲。儻竟透入內地貨賣，一經發覺，著窮究來從何處，買自何人，不得以買自不識姓名商船搪塞朦混，當將失察賣放之監督及委員吏役人等，一併懲辦不貸。（仁宗二四〇、一）

（嘉慶一八、六、己酉）諭內閣：自鴉片烟流入內地，深爲風俗人心之害。從前市井無賴之徒，私藏服食，仍近日侍衛官員等，頗有食之者，甚屬可惡。沈湎荒淫，自趨死路，大有關擊，深惑人心，不可不嚴行飭禁。著刑部定立科條，凡商販售賣鴉片烟者，應作何治罪，侍衛官員等買食者，應議

以何等罪名，軍民人等買食者，應議以何等罪名，區分輕重，奏定後通行頒示，俾群知警戒，以挽澆風。（仁宗二七〇、一二）

（嘉慶一八、七、甲戌）又諭：刑部議奏，侍衛官員買食鴉片烟者，革職，仗一百，加枷號兩箇月。軍民人等杖一百，枷號一箇月，均著照所議辦理。近日侍衛官員中，朕風聞即有違禁買食者，姑因事未發覺，免其查究，若不知悛改，將來或經舉發，即照新例懲辦，不能寬貸。再太監供役内廷，聞亦有買食者，其情節尤爲可惡，著總管内務府大臣先通行曉諭，如有違禁故犯者，立即查拏，枷號兩箇月，發往黑龍江給該處官員爲奴。至鴉片烟一項，由外洋流入内地，蠱惑人心，戕害生命，其禍與鴆毒無異，奸商嗜利販運，陷溺多人，皆由各處海關私縱偷越。前曾降旨各省海關監督等嚴行查禁，乃數年來迄未遏止，並聞各海關竟有私徵鴉片烟稅銀者，是竟導奸民以販鬻之路，無怪乎流毒愈熾也。著再嚴飭廣東、福建、浙江、江蘇等省沿海各關，如查有奸民私販鴉片烟冒禁過關，一經拏獲，將鴉片烟立即抛棄入海，奸商按律治罪。儻管關監督等陽奉陰違，并私收稅課，著該省督撫實力查參，將該監督先行革職，由驛具奏，朕必從重懲治。其各處輾轉營販之徒，並著五城、順天府、步軍統領衙門及各直省督撫等，一體嚴查，按律究辦。（仁宗二七一、一五）

（嘉慶一九、一、丁亥）諭軍機大臣等：蘇楞額奏嚴禁海洋私運一摺。據稱，近年以來，夷商賄通洋行商人，藉護回夷兵盤費爲名，每年將内地銀兩偷運出洋至百數十萬之多，該夷商已將内地足色銀兩私運出洋，復將低潮洋錢運進，任意欺矇商賈，以致内地銀兩漸形短絀，請旨飭禁等語。夷商交易，原令彼此以貨物相準，俾中外通易有無，以便民用，若將内地銀兩每年偷運出洋百數十萬，歲積月累，於國計民生均有關繫。著蔣攸銛、祥紹查明每歲夷商等偷運足色銀兩出洋，實有若干，應如何酌定章程嚴密禁止，會同妥議具奏。（仁宗二八三、一七）

（嘉慶一九、五、甲午）諭軍機大臣等：本日崇祿等奏，盤獲廣東貢生盧贊跟隨僕人張四攜帶鴉片烟一案，已交刑部審辦矣。鴉片烟一物，其性至爲毒烈，服之者皆邪慝之人，恣意妄爲，無所不至，久之氣血耗竭，必且促其壽命，實與自餌鴆毒無異，輾轉流傳，最爲人心民俗之害。其來由於番舶，先至廣東，進關後以漸販往各省。若粤海各口查禁認真，不許絲毫透入内地，則外夷商人，皆知鴉片烟爲中國厲禁之物，不能售賣獲利，自必不復攜帶。如仍有違禁私與中國商民交易者，查出按例治罪。杜其來源，較之内地紛紛查拏，實爲事半功倍。……將此諭令知之。（仁宗二九〇、八）

（嘉慶一九、一二、戊午）諭軍機大臣等：蔣攸銛等奏，密陳夷商貿易情形及酌籌整飭洋行事宜一摺，所奏俱是。粵省地方瀕海，向准各國夷船前來貿易，該夷商遠涉重洋，懋遷有無，實天朝體卹之恩，然懷柔之中仍應隱寓防閑之意。近來英咭唎國護貨兵部，不遵定製停泊外洋，竟敢駛至虎門，其詭詐情形甚爲叵測，蔣攸銛示以兵威，派員詰責，該大班始遞稟謝罪。此後不可不嚴申禁令，該夷船所販貨物，全藉內地銷售，如呢羽、鐘表等物，中華儘可不需，而茶葉、土絲在彼國斷不可少，儻一經停止貿易，則其生計立窮。書云不寶遠物則遠人格，該督等當深明此意，謹守定制，內固藩籬，不可使外夷輕視，嗣後所有各國護貨兵船，仍遵舊製，不許駛近內洋，貨船出口，亦不許逗遛。如敢闌入禁地，即嚴加驅逐，儻敢抗拒，即行施放鎗礮，懾以兵威，使知畏懼。所有該督等請嚴禁民人私爲夷人服役，及洋行不得搭蓋夷式房屋，舖戶不得用夷字店號，及清查商欠不得濫保身家淺薄之人承充洋商，並不准內地民人私往夷館之處，均照所議行。將此諭令知之。（仁宗三〇〇、五）

（嘉慶二〇、三、己酉）又諭：蔣攸銛等奏酌定查禁鴉片烟章程，請於西洋貨船到澳門時先行查驗，並明立賞罰，使地方官知所懲勸等語。鴉片烟一項流毒甚熾，多由夷船夾帶而來。嗣後西洋貨船至澳門時，自應按船查驗，杜絕來源。至粵省行銷鴉片烟，積弊已久，地方官皆有失察處分，恐伊等瞻顧因循，查拏不力，嗣後有拏獲鴉片烟之案，除查明地方委員等有得規故縱情事，應嚴參辦理外，其僅止失察者，竟當概行寬免處分，至所請拏獲興販烟斤自二百斤至五千斤以上，分別紀錄加級，及送部引見，並軍民人等拏獲獎賞，以及誣良治罪之處，俱著照該督等所請行。（仁宗三〇四、一八）

（嘉慶二〇、一一、己丑）諭軍機大臣等：蔣攸銛等奏，查明洋商拖欠夷人貨帳銀兩，業經停利歸本、請飭限分年清還一摺。此項洋商節年拖欠夷人貨帳銀兩，據該督等查明各行欠項，自嘉慶十七年至十九年，共還過銀一百三十萬兩零，現尚欠夷帳一百六萬零，按照欠數多寡，分定年限歸還。該商等經此次清釐之後，自遵照定限一律清還，毋令再有拖欠。惟是該夷人以貨易貨，乃壟斷盤剝，任令疲商賒欠，即明知亦有不得過十萬之舊章，朦朧匿報，亦應嚴行飭禁。近年內地銀兩爲外夷貿易攜去者，動逾百萬，日久幾同漏卮。著該督撫及該監督留心稽察，如外夷有以奇巧貨物攜至洋行重價求售者，該監督斷不准用重價購買呈貢，亦不許私行留用此等物件。飢不可食，寒不可衣，令其將中土財貝潛就消耗，太覺不值，殊爲可惜。果能實力禁絕，該夷人等知內地不寶異物，不能行銷，則來者漸少，易去銀兩亦必日

減，亦節財流之一道也。將此諭令知之。(仁宗三一二、八)

(嘉慶二四、一一、戊辰) 又諭：御史黄大名條陳粤東積弊一摺。……稱粤省夷船帶來鴉片烟泥，一至海口，輒有餽送海關監督家人銀兩，每歲約十餘萬或二三十萬不等，名曰私稅。鴉片流毒，爲害甚鉅，而私稅之風，尤不可長。若有私稅，阿爾邦阿及前任祥紹，必有入已之項，不可因係常福之子稍存迴護。著該督嚴行查察，如有前項情弊，據實嚴參，毋稍徇隱。……將此諭令知之。(仁宗三六四、一五)

(嘉慶二四、一二、丙午) 諭軍機大臣等：董教增奏，閩省廈門洋船請仍販運茶葉一摺，所奏甚屬非是。前此閩浙等省販粤茶葉，多由海道運往，經蔣攸銛以洋面遼闊、漫無稽查，恐有違禁夾帶等弊，奏請仍照舊例改由内河行走，業經明降諭旨通行飭禁。自諭禁之後，洋面日見肅清，海口無從偷漏。即黠夷如英咭唎，不能串通奸商，私相售買，亦皆遵奉禁令，虔受約束，爲法甚善，必應永遠遵行。今董教增忽請准廈門洋船仍販茶葉，則與由海販粤何異？明係受奸商慫慂，冒昧陳請，董教增著傳旨申飭，所奏不准行。將此諭令知之。(仁宗三六五、二四)

(嘉慶二五、二、乙卯) 是月，兩廣總督阮元奏覆廣東積弊。得旨：覽奏俱悉。時刻留心，查拏盜匪，嚴禁鴉片，其餘諸事，有弊即參。(仁宗三六七、二二)

4. 有關進出口關稅的則例

(乾隆一、一、甲子) [閩浙總督] 郝玉麟又奏：出洋商船桅木鐵箍，應填明牌照，永爲定規。得旨：辦理頗屬妥協。尤當時時訓飭地方，令其不可藉此擾害商民也。總之有治人無治法。即如洋船一事，過於嚴，則商民必受其害，過於寬，則私販亦所必然。惟在地方有司之秉公去私，執兩用中，方爲有益，而能此者蓋寡。即如關稅勸墾諸事，無不皆然。故寬非縱弛之謂，嚴非刻薄之謂。朕惡刻薄之流之有害於民生，復惡縱弛之輩之無益於國計。汝等督撫大員，不可不時存此心，以御屬員。不然，鮮不被人欺者矣。將此並令盧焯觀之。(高宗一一、二四)

(乾隆一、一〇、甲子) 除外夷貨船額外銀稅。諭總理事務王大臣曰：朕聞外洋紅毛夾板船到廣時，泊於黄埔地方起其所帶礮位，然後交易，俟交易事竣再行給還。至輸稅之法，每船按樑頭徵銀二千兩左右，再照則抽其貨物之稅，此向來之例也。乃近來夷人所帶礮位，聽其安放船中，而於額稅之外，將伊所攜置貨現銀另抽加一之稅，名曰繳送，亦與舊例不符。朕思從前洋船到廣既有起駁之例，此時仍當遵行，何得改易？至於加添繳送銀兩，尤非朕加惠遠人之意。著該督查照舊例，按數裁減，並將朕旨宣諭各夷人知之。（高宗二八、六）

（乾隆二一、閏九、乙巳）又諭：據楊應琚奏，粵海關自六月以來，共到洋船十四隻。向來洋船至廣東者甚多，今歲特爲稀少。查前次喀爾吉善等，兩次奏有紅毛船至寧波收口，曾經降旨飭禁，並令查明勾引之船户牙行通事人等，嚴加懲治。今思小人惟利是視，廣省海關，設有監督專員，而寧波稅額較輕，稽查亦未能嚴密，恐將來赴浙之洋船日衆，則寧波又多一洋人市集之所，日久慮生他弊。著喀爾吉善會同楊應琚，照廣省海關現行則例，再爲酌量加重，俾至浙者獲利甚微，庶商船仍俱歸鼇門一帶，而小人不得勾串滋事，且於稽查亦便。其廣東洋商，至浙省勾引夷商者，亦著兩省關會，嚴加治罪。喀爾吉善、楊應琚，著即遵諭行。（高宗五二二、一二）

（乾隆二一、一〇、癸巳）閩浙總督喀爾吉善奏：紅毛番船向收鼇門，忽自上年來浙，臣遵旨與廣督楊應琚商辦。現將徵收稅課及稽查事宜比較則例，設立條約，並嚴禁勾引夷商從中漁利。得旨：浙省只有較粵省重定稅例一法，彼不期禁而自不來矣，此非言利，宜知之。（高宗五二五、一九）

（乾隆二二、一、庚子）又諭曰：喀爾吉善等會奏浙海關更定洋船稅則一摺，已交部議奏矣。洋船向例，悉抵廣東澳門收口，歷久相安。浙省寧波，雖有海關，與廣省迥異，且浙民習俗易嚻，洋商錯處，必致滋事。若不立法杜絕，恐將來到浙者衆，寧波又成一洋船市集之所，內地海疆，關係緊要。原其致此之由，皆因小人貪利，避重就輕，兼有奸牙勾串之故。但使浙省稅額，重於廣東，令番商無利可圖，自必仍歸廣東貿易，此不禁自除之道，初非藉以加賦也。前降諭旨甚明，喀爾吉善等俱未見及此。伊等身任封疆，皆當深體此意，并時加察訪。如有奸民串通勾引，即行嚴拏治罪。若云勸諭開導，冀其不來，則以法繩之，尚恐其扞法漁利，豈勸諭所能止耶？著將此傳諭喀爾吉善知之。（高宗五三〇、一六）

（乾隆二二、二、甲申）户部議准：閩浙總督喀爾吉善、兩廣總督楊應琚會奏，外洋紅毛等國番船，向俱收泊廣東，近年收泊定海，運貨寧波。請將粵海、浙海兩關稅則更定章程，嗣後除照例科徵之比例規例二項，彼此均無增減，無從議外，至正稅一項，如向來由浙赴粵之貨，今就浙置買，稅餉脚費俱輕，而外洋進口之貨，分撥蘇杭亦易，獲利加多。請將浙海關徵收外洋正稅，照粵海關則例酌議加徵，其中有貨物產自粵東，原無規避韶贛等關稅課者，概不議加。又粵海關估價一項，係按貨物估計徵收，如貨本一兩，徵銀四分九釐，但浙省貨值，有與粵省原例不符者，應照時值增估更定，其價同貨物，仍循其舊。至船隻樑頭之丈尺，及貨物進口出口之擔頭，悉照粵海關稅則，不准減免。得旨：依議。此摺內所稱，若不更定章程，必致私扣暗扣，課額有虧，與商無補等語，尚未深悉更定稅額本意。向來洋船，俱由廣東收口，經粵海關稽察徵稅。其浙省之寧波，不過偶然一至。近年奸牙勾串漁利，洋船至寧波者甚多，將來番船雲集，留住日久，將又成一粵省之澳門矣，於海疆重地，民風土俗，均有關係，是以更定章程，視粵稍重，則洋商無所利而不來，以示限制，意並不在增稅也。將此明白曉喻該督撫知之。（高宗五三三、一一）

（**乾隆二二、八、丁卯**）諭軍機大臣等：據楊廷璋奏稱，紅毛番船一隻，來浙貿易，願照新定則例輸稅等語。前因外番船隻，陸續到浙，恐定海又成一市集之所，是以令該督撫等，酌增稅額，俾牟利既微，不致紛紛輻湊。乃增稅之後，番商猶復樂從，蓋其所欲置辦之物，多係浙省所產，就近置買，較之粵東價減。且粵東牙儈，狎習年久，把持留難，致番商不願前赴，亦係實情。今番舶既已來浙，自不必強之回棹，惟多增稅額。將來定海一關，即照粵關之例，用內府司員補授寧台道，督理關務。約計該商等所獲之利，在廣在浙，輕重適均，則赴浙粵，皆可惟其所適。此非楊廷璋所能辦理。該督楊應琚，於粵關事例，素所熟悉，著傳諭楊應琚於抵閩後，料理一切就緒，即赴浙親往該關察勘情形。並酌定則例，詳悉定議，奏聞辦理。（高宗五四四、二三）

（**乾隆二二、一〇、戊子**）閩浙總督楊應琚奏：臣奉諭旨赴浙，查辦海關貿易事宜，伏查粵省現有洋行二十六家，遇有番人貿易，無不力圖招致，辦理維謹，並無嫌隙。惟番商希圖避重就輕，收泊寧波，就近交易，便易良多，若不設法限制，勢必漸皆舍粵趨浙，再四籌度，不便聽其兩省貿易。現議浙關稅則，照粵關酌增，該番商無利可圖，必歸粵省，庶稽查較爲嚴密。得旨：所見甚是。本意原在令其不來浙省而已，非爲加錢糧起見也。且來浙者多，則廣東洋商失利，而百姓生計亦屬有礙也。（高宗五四九、三七）

（**乾隆二二、一一、戊戌**）諭軍機大臣等：楊應琚所奏，勘定浙海關徵收洋船貨物，酌補贛船關稅及樑頭等款，并請用內府司員督理關稅一摺，已批部議奏。及觀另摺所奏，所見甚是，前摺竟不必交議。從前令浙省加定稅則，原非爲增添稅額起見，不過以洋船意在圖利，使其無利可圖，則自歸粵省收泊，乃不禁之禁耳。今浙省出洋之貨，價值既賤於廣東，而廣東收口之路，稽查又加嚴密，即使補徵關稅樑頭，而官辦只能得其大概，商人計析分毫，但予以可乘，終不能强其舍浙而就廣也。粵省地窄人稠，沿海居民，大半藉洋船謀生，不獨洋行之二十六家而已。且虎門黃埔，在在設有官兵，較之寧波之可以揚帆直至者，形勢亦異，自以仍令赴粵貿易爲正。本年來船，雖已照上年則例辦理，而明歲赴浙之船，必當嚴行禁絕，但此等貿易細故，無煩重以綸音。可傳諭楊應琚，令以己意曉諭番商，以該督前任廣東總督時，兼管關務，深悉爾等情形，凡番船至廣，即嚴飭行户，善爲料理，並無與爾等不便之處，此該商等所素知。今經調任閩浙，在粵在浙，均所管轄，原無分彼此。但此地向非洋船聚集之所，將來只許在廣東收泊交易，不得再赴寧波，如或再來，必令原船迫棹至廣，不准入浙江海口，豫令粵關傳諭該商等知悉。若可如此辦理，該督即以此意爲咨文，並將此旨加封寄示李侍堯，今行文該國悉商，遍諭番商。嗣後口岸定於廣東，不得再赴浙省，此於粵民生計，並贛韶等關，均有裨益，而浙省海防，亦得肅清。來番船連年至浙，不但番商洪任等，利於避重就輕，而寧波地方，必有奸牙串誘，並當留心查察。如市儈設有洋行，及圖謀設立天主堂等，皆當嚴行禁逐，則番商無所依託，爲可斷其來路耳。如或有難行之處，該督亦即據實具奏，再將前摺隨奏，交部議覆，可一併傳諭知之。尋覆奏：臣已遵旨曉諭番商洪任等回帆，并咨移李侍堯，及札行寧波定海各官，一體遵照。現在尚無設立洋行及天主堂等情弊。報聞。（高宗五〇、二三）

（四）對外國聘問使節的宴賞禮遇

（順治一八、四、甲申）禮部題：安南國王黎維祺傾心向化，有協力討賊之勞，應照例賞銀一百兩、錦四端、紵絲十二表裏，令兵部撰給敕書。得旨：交趾傾心向化，復協助剿賊，深可嘉尚。爾部以故明卑視外國之禮議覆，殊不合禮。著另議。尋議：應賜銀五百兩、大蟒緞二疋、粧緞二疋、錦二疋、綵緞表裏各十二，仍令兵部撰給敕書，付差官齎歸。從之。（聖祖二、一二）

（順治一八、四、癸卯）敕諭安南國王黎維祺曰：朕惟修德來遠，盛代之弘謨，納款歸仁，人臣之正誼。既輸誠而向化，用錫命以宣恩，褒忠勸良，典甚重也。爾安南國王黎維祺，僻處炎荒，保有厥衆，乃能被服聲教，特先遣使來歸，循覽表文，忱悃具見。古稱識時俊傑，王庶幾有之，朕心深爲嘉尚。用賜敕獎諭，仍賫爾差官鈜仁根銀幣、衣服等物，遣安南館通事序班一員，伴送至廣西境上。並敕廣西巡撫，沿途撥發兵馬，導之出疆，昭朕嘉與懷柔至意。爾受茲寵命，其益勵忠勤，永作藩屏，恪修職貢，丕承無

歟。欽哉！特諭。(聖祖二、二〇)

(康熙二四、一二、辛卯) 內閣、禮部遵旨議覆：賞賚外國例，朝鮮、西洋、荷蘭、賜物素厚不必復增，及暹羅王妃賞賜亦仍如常遵行。嗣後琉球國王應增緞三十疋，安南國王增緞二十疋，暹羅國王增緞十六疋，凡表裏各五十疋，吐魯番亦增緞六疋。從之。(聖祖一二三、一八)

(乾隆三六、五、丙寅) 又諭：據諾穆親奏，南掌國遣使貢象到滇，即照向例派員伴送起程。復檢查乾隆三十五年部議，嗣後外國入貢，俱令按省派員伴送，更換交代，毋許一人長送。乃並未詳查新例，仍照上屆辦理，實屬錯誤。請交部嚴加議處等語。已批該部議奏矣。此事禮部新定之例，未爲妥協。該部因福建伴送琉球貢使到京逾期，議定派出伴送之員，按省更替，毋許一人長送，意在防其沿途稽滯，而未能切當事情。如福建之於琉球，雲南之於南掌，貢使初至，該省皆有應行照料事宜。既派有承辦伴送之員，即當始終其事，而派員與貢使伴行日久，一切與之相習，途中屢易生手，亦覺非宜。若慮派員在路託故遷延，止須於經過各省，添派妥員護送趲行，自不虞其任意遲緩。若以此而議停長送專員，何異因噎廢食。所有外國貢使來京，及由京歸國，派員伴送及各省添員護送之例，著該部另行定議具奏。諾穆親雖未照禮部新例，而辦理未爲錯誤，毋庸交部議處。尋奏：嗣後各省貢使到境，該撫即於同知通判內遴委一員護送趲行。惟伴行長送，酌派守備一員，回國時，仍令委員長送。經過各省，仍遴員護送。再查朝鮮國貢使回，現派鳳凰城防禦一員伴送，毋庸更換。至琉球、蘇祿、安南等貢使回國，向例臣部揀派司員引見。嗣後司員伴送，應請停止。從之。(高宗八八五、一七)

(乾隆五五、六、己未) 又諭：昨因熱河道府，面稟軍機大臣，接到沿途傳單，供應阮光平等尖宿，一日約用銀四千兩，阮光平到熱河後，一切供支是否照沿途辦給？軍機大臣以阮藩到此瞻覲，已奉旨令膳房供給飯食，務須豐盛，若沿途已格外加豐，此處似不便從簡，又難再有加增，面奏請旨。阮光平以新附外藩，籲請親自祝釐，情詞肫懇。是以俯准所請，並令於經過省會地方酌加宴賚，豐儉適中，以示體卹。乃入江西境後，每日尖宿供應即需用銀四千兩之多，則其餘宴賚舟車夫馬等費，更無所底止矣。前據福康安奏，阮光平於廣西寧明州坐船前進，給與米麵肉觔等物，令其自爲烹飪，則經由陸路，每日亦不過供應肉菜，又何需一日用銀四千兩？即遇省城筵宴，亦不至如此多費。即如每年朕宴賚蒙古王公大臣及各國使臣等，所用宴桌，每次皆需一百上下，用銀亦不過在一千兩之內。福康安曾任內務府大臣，久侍內廷，素所深知，此番筵宴阮藩，自未必如年節宴賚之豐。此必不曉事之督撫，張大其事，任聽屬員慫恿，踵事增華，而地方官亦借此浮冒侵漁，將來即不便開銷，亦係通省攤賠，與己無涉。朕思此事，總由福康安籌辦之初，未能通盤斟酌，又復心存高興，以外藩親身入觀，爲史冊罕覯之事，遂爾稍事鋪張，以致江西等省督撫，望風承意，漸次加增，並欲將道路橋梁途間屋宇，俱爲修葺粉飾，甚至路旁枯木，皆行伐去，竟如隋朝外藩來觀，草木皆衣被文繡，而其途中仍不免有凍餒之民，爲外夷所笑。況省會鎭集地方，固屬盈寧繁庶，而經過道路綿長，亦有鄉野偏僻之處，豈能概爲修飾？若被彼窺破，轉致貽笑外夷。福康安素稱曉事，豈見不及此？且內地如此逾格優待，過事繁華，竟似於阮光平有所幸冀，故爾不惜多糜國帑，極爲優崇，於體制大有關係。豈有堂堂天朝，爲一二荒徼藩臣作誇多鬭靡供應之舉乎？阮光平此次赴闕後，自必定以朝覲之期，源源而至，若俱似此費用浩繁，則極盛難繼，國家經費有常，伊於何底。再以每日用銀四千兩而計，則往來幾及二百餘日，需銀八十餘萬，轉不若以此項作軍興之費，爲許世亨等復仇大舉矣。朕之所以不用兵於安南者，原惜爲帑愛民起見，福康安豈尚不知仰體朕意乎？倘此項繁費起自粵西，則其過在福康安，若起自江西，則其過在何裕城。但即不由粵西而起，福康安見沿途如此糜費，亦當一面據實參奏，一面密爲曉諭節減，方不失爲公正曉事之大臣。計此時，阮光平已將抵楚境，何以該督漫不加察，竟未奏聞耶？且此項虛糜銀兩，大半地方官花費冒銷，或係護送員弁，從中勒索，於福康安、阮光平皆無實惠。況所用之銀，既難於例外開銷，自必在通省官員養廉內攤扣，地方官辦公竭蹶，勢必仍取之閭閻，更不可不防其漸，將來衆怨歸福康安矣。著福康安即查明似此過事糜費之舉，從何處而起，即行據實查參，毋稍迴護。福康安受恩深重，亦不致稍有隱飾也。(高宗一三五六、二一)

(**乾隆五七、一、癸未**) 上御山高水長，賜王公大臣，蒙古王、貝勒、貝子、公額駙台吉及回部、番部並朝鮮、琉球、安南、緬甸國使臣等食，至乙酉皆如之。(高宗一三九四、一六)

二、歐洲各國對華貿易

(一) 俄國

(**順治一七、五、丁巳**) 先是鄂羅斯國察罕汗，於順治十二年，遣使請安，貢方物，不具表文。因其始行貢禮，賚而遣之，并賜敕命每歲入貢。後於十三年，又有使至，雖具表文，但行其國禮，立而授表，不跪拜。於是部議，來使不諳朝禮，不宜令朝見，却其貢物，遣之還。後閱歲，察罕汗復遣使齎表進貢，途經三載，至是始至。表內不遵正朔，稱一千一百六十五年，又自稱大汗，語多不遜，下諸王大臣議，僉謂宜逐其使，却其貢物。奏入，得旨：察罕汗雖恃為酋長，表文矜誇不遜，然外邦從化，宜加涵容，以示懷柔。鄂羅斯遠處西陲，未沾教化，乃能遣使奉表而來，亦見慕義之忱。來使著該部與宴，貢物察收。察罕汗及其使，量加恩賞，但不必遣使報書。爾衙門可即以表文矜誇不遜，不令陛見之故，諭其使而遣之。（世祖一三五、二）

（康熙八、一〇、壬戌）鄂羅斯察漢汗遣使進貢，宴賚如例。（聖祖三一、一三）

（康熙一五、五、丙戌）鄂羅斯察漢汗遣其臣尼果賴罕伯理爾鄂維策，入貢方物。奏稱，鄂羅斯僻處遠方，從古未通中國，不識中國文義，不諳奏疏儀式，今特向化輸誠，願通貢使。得旨：鄂羅斯國所處甚遠，誠心向化，特遣其臣貢獻方物，甚屬可嘉。所奏之處，議政王大臣等議奏。（聖祖六一、三）

（康熙一五、七、辛巳）議政王大臣等遵諭議覆：鄂羅斯察漢汗向化入貢，應行賞賚。其使臣尼果賴不嫻典禮，不便給與敕書。應令理藩院諭來使云，爾主欲通和好，應將本朝逋逃根忒木爾遣還，另簡使臣，遵中國禮行，方許照常貿易。從之。（聖祖六二、三）

（康熙三二、一〇、丁酉）鄂羅斯察漢汗遣使進貢，大學士等將鄂羅斯進貢奏章翻譯進呈。上曰：鄂羅斯國，人材頗健，但其性偏執，論理亦多膠滯，從古未通中國。其國距京師甚遠，然從陸路可直達彼處。自嘉峪關行十一二日至哈密，自哈密行十二三日至吐魯番，吐魯番有五種部落，過吐魯番即鄂羅斯之境。聞其國遼濶，有二萬餘里，漢時張騫曾出使西域，或即彼處地方。明永樂曾經出塞，彼時以爲甚遠，按其所至之地，離此亦不過千餘里。史書所載，霍去病曾出塞五千里，想或有之，今塞外尚有碑記可考。至外藩朝貢雖屬盛事，恐傳至後世未必不因此反生事端。總之中國安寧，則外釁不作，故當以培養元氣為根本要務耳。（聖祖一六〇、二六）

（康熙三三、一、丙寅）鄂羅斯察罕汗遣使進貢，賞賚如例。（聖祖一六二、一一）

（康熙五六、七、壬申）上召理藩院尚書赫壽、侍郎特古忒協理理藩院事一等侍衛色楞等入。諭曰：鄂羅斯尼布潮城頭目爭逃人之事，部議非矣。此並非爲逃人，特借此來通交易耳。將軍托留即宜駁回。今爾等當代托留作文云，爾邊城頭目，因欲交易，故以爭逃人爲名，藉以行私，原係小事。乃爾所呈之文，輒寫兩國講和以來等大言，由此觀之，爾惟知圖利，以交易爲重也。前爾察罕汗之臣噶噶林呈文云，我察罕汗交易之外，凡一應物件，無我印記者，概不交易等語。又前兩國議定疆界，後因定議喀爾喀事，曾行文於察罕汗。今十餘年未嘗回文。和議在先，喀爾喀之事在後，爾何得妄言及此？且喀爾喀之人，既入爾鄂羅斯後，澤卜尊丹巴胡土克圖、土謝圖汗將金銀緞疋等物贖回，爾乃稱將所賣之人已死，欺誑爾察罕汗，若察罕汗索人，爾能以骸骨示之乎？爾邊方頭目，任意行私之處，我皆深知。我大國待爾交易，來使數百人，俱令乘驛，送至京城，留住數月，給以廩食，飼餵馬匹，諸事應付，所費錢糧甚多。聖主此恩，爾自宜感戴，倘我國如是多人，到爾地方久住，所食所乘，如此煩擾，爾其何以堪？我乃聖朝鎭守北藩等處將軍，爾乃邊塞一小頭目，如有察罕汗之言，噶噶林之文，始聽。若爾頭目之言，我皆不聽。此後察罕汗之言，噶噶林之文，呈於大部，我亦將爾行私之處，行文知會於噶噶林，因此將爾帶來貨物，不許交易，一併駁回，爾等可會同將此文交與托留發往鄂羅斯。（聖祖二七三、六）

（**雍正五、三、丙午**）鄂羅斯察罕汗遣使臣薩瓦表賀登極，進貢方物，賞賚如例。（世宗五四、二三）

（**雍正五、一〇、丁亥**）理藩院奏：鄂羅斯頭目郎喀呈請將商人之馬匹牛羊留在張家口外牧放，應如所請。令張家口察哈爾總管嚴行稽查盜賊，禁止鬪毆。得旨，鄂羅斯既欲將伊等馬匹牲畜牧放邊外，著照所請行。即派司官一員前去，稽查盜賊，禁止鬪毆，並曉諭鄂羅斯郎喀，爾等留住之人，必須揀選善能管轄者爲首，使約束爾等之人，毋令生事。再行文與就近居住之總管等，著各屬下人，加意約束，防禁盜賊。鄂羅斯係外藩小國，如伊等馬匹牲畜，被人偷竊遺失，查係何處地方，即著該地方總管等，查緝交付，若不能查獲，著該地方總管等照數賠償。（世宗六二、一〇）

（**雍正九、九、戊辰**）諭理藩院：邊疆地方，報稱鄂羅斯之郎喀前來，鄂羅斯近來甚屬恭順，伊等貨物至楚庫拜姓處，即行申報，而邊疆地方遲延，致使伊等久候，時值隆冬，其盤費馬畜未免困苦，朕特施恩，著理藩院派官一員，于戶部庫內領銀一萬兩，前往賞給，以爲途中買換馬畜之資。（世宗一一〇、九）

（**乾隆二四、二、丙辰**）喀爾喀親王桑寨多爾濟奏，查內地商民於恰克圖購買俄羅斯皮張等物，於布哩雅特購易俄羅斯馬匹，於軍需有益，或以官銀令商民承辦，或仍令商民置買。每年可得一二千匹。得旨：軍機大臣議奏。尋議：收買俄羅斯馬匹，必須遴選幹員，訪確實價，雖支官銀購買，仍不露官辦形迹。俟交易後，派員送張家口，將騸馬彌補牧群欠數，騍馬、兒馬交總管等歸入牧群孳生。從之。（高宗五八〇、一二）

（**乾隆二八、五、庚午**）又諭：據桑寨多爾濟奏稱，伯德爾格回人等在哈克圖貿易，有商民小院子、京張暗中挑唆俄羅斯阻滯買賣。而恰克圖辦事主事巴永泰不諳事務，與俄羅斯買賣停止後，反屢次催喚商人，且卡上呈報私出買賣並偷竊馬匹等案，巴永泰並不辦理，其隨去之領催富珠理復不安分等語。著交該部，另選賢能司員，帶同領催，前往更換。巴永泰、富珠理著交與桑寨多爾濟、福德等就近與案內人犯帶往庫倫，審明具奏。至商民小院子、京張乃內地民人，反從中挑唆俄羅斯，阻滯內地差往之伯德爾格回人買賣，情屬可惡，亦著交與桑寨多爾濟、福德等嚴行拏獲，派員沿途用心看守，解送京城，交刑部嚴審，從重治罪，勿致疎脫。（高宗六八六、二七）

（**乾隆二八、六、壬辰**）諭軍機大臣等：前因恰克圖奸商小院子、京張等，教唆俄羅斯阻撓伯德爾格回人貿易，隨降旨桑寨多爾濟等，令其查拏解赴熱河治罪。續據桑寨多爾濟等奏稱，小院子、京張已回張家口，復降旨巴爾品嚴緝務獲。今據奏到，張家口商民內，並無小院子、京張其人。惟查有萬盛永記舖內，商民趙越，人皆稱爲小院子，訊供係汾州府汾陽縣人，伊並不出口貿易。惟伊夥計張宗烜、田昌，於去年七月九日間，先後往恰克圖貿易，舖中亦稱爲小院子等語。再查恆裕玉記舖內張朝元向在京城貿易，係昌平州人，是以人俱稱爲京張。隨訊據伊弟張朝相、夥計李逢春稱張朝元於去年七月往恰克圖，其夥計李勝敬亦於十一月前往貿易，至今未回各等語。小院子、京張等俱係內地商民，乃敢教唆俄羅斯阻撓回人貿易，其奸詭不法情罪，甚屬可惡。現據巴爾品查訊緝拏，尚無著落。該犯等行蹤詭秘，今或聞風匿蹟，若非潛留恰克圖地面，即在口內外沿邊一帶，或竄回本籍，均未可定。著傳諭方觀承、明德等，迅即遴選妥幹員弁，密速緝拏務獲，解送行在，交軍機大臣嚴審究擬，毋致漏網。（高宗六八八、七）

（**乾隆二八、九、丁戌**）又諭：據福德奏稱，明年徹回恰克圖貿易之人，請將彼處閒房，令喀爾喀兵丁居住，並密諭俄羅斯之布里雅特奈瑪爾、烏梁海人等，令其招徠特古斯懇至依瑻地方閒房，由烏里雅蘇台運米一萬石，前往存貯等語。俄羅斯生性卑鄙，兼懷譎詐，徹回貿易，令喀爾喀兵丁居住，福德所辦尚屬留心。但今年既已令伯德爾格回子前往，莫若俟貿易完畢，回去之後，將彼處留看房屋商民盡行徹回，派喀爾喀兵丁四五百名酌令居住，如此辦理之後，奈瑪爾、烏梁海如有前來歸附者，收納亦無不可，今且不必示意於衆。再依瑅地方既有現成閒房，將米運往收貯，頗爲近便。且貿易一開之後，賣給商民亦屬便益。著交成衮扎布、福德等於烏里雅蘇台現有米內，用現成牛駝運往一二萬石。伊等辦理此事往返札商，務須不動聲色，亦不必忽邊趕辦。（高宗六九四、一五）

（乾隆三〇、四、己未）諭軍機大臣等：據成衮扎布等奏稱，來自庫倫貿易之民人趙立裝載俄羅斯氈皮等貨二十車，任長源裝載五車，詢之則云買自庫倫之蒙古。又喇嘛垂党駝載十四駄前來，詢之則云係伊等舊存物件。勘驗所駄之物，俱係俄羅斯氈皮、海龍各項。恰克圖貿易旣已停止，而蒙古等仍有貿易之人，於理未合等語。恰克圖停止貿易，特爲俄羅斯等背原定價值，加增貨稅，一切諸事推託支吾，不肯簡速辦理。今旣將民人貿易停止，而蒙古等豈可私行？桑寨多爾濟等所司何事，不識知此事否？若知而不禁，殊屬不合。著傳諭桑寨多爾濟、索琳將向烏里雅蘇台貿易之民人趙立、喇嘛垂党等，究訊何以與俄羅斯私行貿易之處，徹底查明具奏。（高宗七三四、一七）

（乾隆三〇、六、庚戌）又諭：據成衮扎布等奏稱，恰克圖往來之人及恰克圖居住人等，皆言俄羅斯尚通貿易。而協理台吉沙克都爾亦告稱，曾見桑寨多爾濟屬下官員達賴等，齎有王大臣等文書，帶領商人連次赴俄羅斯貿易等語。俄羅斯貿易之處已經停止，桑寨爾濟豈可潛行貿易？著阿里衮馳驛前往庫倫查辦此事。索琳係新去之人，未及與聞，阿里衮卽帶領索琳一同辦理。步軍統領印務，著交與傅恒署理。傅恒赴木蘭後，交與舒赫德署理。伊雖不能出門，在家坐辦可也。（高宗七三八、一一）

（乾隆三〇、六、庚戌）又諭：據成衮扎布等奏稱，桑寨多爾濟等遣喀爾喀副都統索諾木丕勒，往捉烏里雅蘇台貿易民人趙立、任長源、喇嘛垂党等。聞恰克圖往來行人及恰克圖居住人等，俱稱恰克圖仍有貿易，而自恰克圖換回之協理台吉沙克都爾亦告稱桑寨多爾濟屬下官員達賴等，齎執王大臣執照，帶領衆人，連次往俄羅斯處貿易等語。從前成衮扎布等奏稱，趙立、垂党等攜有俄羅斯貨物，朕卽降旨，以民人貿易業經停止，而蒙古等又何得私行牟利？桑寨多爾濟未識知情否？究係何以與俄羅斯私行貿易之處，令其查明具奏。今成衮扎布等旣云衆口一詞，而沙克都爾又係目覩，證據鑿鑿，寧屬子虛？小民干法，尚屬不可，桑寨多爾濟等發票遣往，益覺錯謬。若云成衮扎布素與桑寨多爾濟不睦，參奏出於搆陷，究係桑寨多爾濟確有此事，伊方能指摘其非。若將毫無影響之事具奏，伊亦有罪，成衮扎布寧復不知。儻因素日不和，卽避嫌不奏，則成衮扎布有負朕恩，其過大矣。成衮扎布不存避嫌之見，據實陳奏，甚是。但此事大有關繫，必須查明根究，因遣阿里衮前往，即令起程，並傳諭成衮扎布，凡案内干涉一切人犯及協理台吉沙克都爾等，於阿里衮到庫倫時，派人盡數解至，交與阿里衮查辦，不得於阿里衮未到之前先行解到。（高宗七三八、一二）

（乾隆三〇、六、丁巳）又諭：據成衮扎布奏稱，桑寨多爾濟、丑達私遣人於恰克圖貿易牟利等語。丑達係特旨派往庫倫辦事之人，恰克圖貿易久經停止，寧復不知，乃伊敢私行遣人貿易，殊屬目無法紀。現在丑達前往和闐辦事，著傳諭將伊應經過之巴里坤、阿克蘇、葉爾羌各城及駐劄和闐大臣等，此際丑達行至何處，即於該處拏問，派妥員押解進京，並將伊所有物件，查送前來。（高宗七三八、一九）

（乾隆三〇、六、庚午）諭軍機大臣等：前因喀爾喀與俄羅斯交易，朕曾遣軍機章京前往張家口稽查具報。本年正月間，有桑寨多爾濟駝馱經過，約計三四十馱，俱係水獺、灰鼠等物，差役恐此内有商人物件，索取稅銀，伊屬人曾與差役角口等語。看來桑寨多爾濟私與俄羅斯交易，已屬顯然。所有伊掩飾具奏之處，朕已令鈔寄阿里衮、瑚圖靈阿矣。將此著仍鈔寄阿里衮等，令其嚴行審辦。（高宗七三九、一二）

（乾隆三〇、七、己卯）又諭：昨據成衮扎布奏稱，桑寨多爾濟私與俄羅斯貿易，朕命阿里衮查辦。去後並派軍機章京，往張家口稽查。陸續據報，桑寨多爾濟將皮張物件於張家口等處售賣，因命大臣等將桑寨多爾濟、丑達家人提訊，並據供吐實情，看來私行貿易屬實。桑寨多爾濟自幼養育内廷，受恩深重，於停止俄羅斯貿易後，理宜嚴加查禁，今乃首先給票射利，深負朕恩。阿里衮、瑚圖靈阿審訊外，自應將伊彼處什物入官。但伊家產係伊祖丹津多爾濟所遺，若一併入官，朕心不忍，今桑寨多爾濟雖獲重譴，朕必擇丹津多爾濟子孫，量賞官爵，給予舊產。著傳諭阿里衮等，除伊祖父舊產外，俱著入官。至額爾景額係派往庫倫辦事之人，大臣等如此骫法，既不阻勸，又不報部。且昨據桑寨多爾濟之護衛等供稱，伊係知情，則其罪更難寬宥。索琳身受朕恩，特旨令其協同桑寨多爾濟辦事，理應留心詳察。當成衮扎布初奏此事時，朕即著伊查奏，乃竟扶同捏稱並無此事，諒伊甫到庫倫，未必即與桑寨多爾濟合夥，但無論果否知情，即其含糊具奏，罪亦難寬。將此傳諭阿里衮等，一併查辦。（高宗七四〇、一〇）

（乾隆三〇、一一、庚寅）又諭：恰克圖貿易一事，近因俄羅斯不遵舊制，違背禁約，甚且多收貨稅，苦累商人，是以降旨停止。原以俟其自知悔過，抒誠祈請，再准其通商貿易。恐桑寨多爾濟身係蒙古，未能深曉事宜，復派大臣往稽查彈壓，協同辦理。其所以責成者甚重，當桑寨多爾濟起意私通交易時，丑達係特派大臣，理應正言阻止，阻之不從，即應據實參奏，乃不惟不行阻止參奏，並且通同舞弊，貿易多次，聚其贓私，竟至數千兩之多。蔑法營私，殊出情理之外。及經拏解來京，尚敢冀稽顯戮，在途延捱，負恩喪心，實屬可惡，此斷不可以一日容留，丑達已依議正法。至額爾經額，係隨往司員，若丑達等恪遵禁令，嚴絕貿易，則額爾經額決不敢自行罔利，其情罪較丑達稍輕，是以改應斬監候。此中輕重權衡，朕惟一秉至公，毫無成見，期協乎情罪之至當而已。可將此曉諭中外，並軍營辦事大臣知之。（高宗七四九、三）

（**乾隆三〇、一二、庚申**）又諭：據瑚圖靈阿奏稱，車臣汗部落扎薩克鎮國公格勒克巴木丕勒，拏獲私向俄羅斯貿易兵丁玉木玉爾等五人，解送前來。訊據伊等前隨協理台吉噶勒桑，在恰克圖駐劄時，噶勒桑曾受商人圖庫哩克布帛等物，准其私行貿易，因行知瑪尼巴達喇令將噶勒桑等解送質審，并將貿易民人蒙古等嚴行緝拏等語。公格勒克巴木丕勒拏獲私行貿易之人，甚屬可嘉，著賞給大緞四疋，以示獎勵。協理台吉噶勒桑，係專在恰克圖駐劄之人，竟敢受商人貨物，准其貿易。商人等違禁行賄，均屬可惡。著傳諭瑚圖靈阿審明，從重治罪。再此項人等，恐此時有回至張家口者，著將瑚圖靈阿摺鈔寄巴爾品，令其嚴行拏獲治罪。如有應行質審者，解往庫倫交瑚圖靈阿審辦。（高宗七五一、八）

（**乾隆三二、一、乙亥**）諭軍機大臣等：據富僧阿奏，准瑚圖靈阿等咨稱，俄羅斯吉那喇勒，請將巡邊大臣拏獲伊處屯田之鄂什巴等三人，查明放回，當將本處大臣並未拏獲人口回覆等語。前據瑚爾起奏稱，巡邊時，拏獲越界偷盜之鄂什巴等三人，業已解京。乃瑚圖靈阿接到索取來書，遽以並未巡卡拏獲人口為辭，殊屬非是。俄羅斯數年來，屢違原定章程，勒增商稅，於特固斯懇之事，肆行狡詐，因將內地商人徹回，諸是豫為曉諭，俱已行知薩納特衙門，乃並無回文。而於此等事件，借端索取，惟應將前此曉諭之事，責令趕緊妥辦。如能諸事恭順，遵照奉行，此是再行酌議，著傳諭瑚圖靈阿等，儻吉那喇勒再行索取，即遵此旨回覆。（高宗七七六、九）

（**乾隆三二、一〇、庚辰**）又諭：據富僧阿奏稱，俄羅斯狡黠不可深信，現在恰克圖停止貿易，請嗣後巡邊兵丁，均不准帶貨與俄羅斯交易等語。從前黑龍江原未有貿易之事，偶或有之，亦不過卡座人等交易零星物件。若概行禁止，既與內地無益，且轉啟俄羅斯之疑慮。著傳諭富僧阿，如有奸猾人等知恰克圖已停貿易，多帶貨物來黑龍江貿易者，自當嚴懲，若卡座人等照

舊與俄羅斯交易零星物件，不必禁止。（高宗七九七、五）

（**乾隆三三、七、丁酉**）理藩院議覆：辦理俄羅斯邊境事務貝子瑚圖靈阿等奏，俄羅斯哈屯汗來使廓密薩爾，呈請通商各事宜。一、請仍前通好，凡貿易悉循法令，不敢狡賴。一、通商後，經過邊界地方，謹遵原議罷稅。一、請在京之俄羅斯，聽彼處附便寄銀。一、請在京之俄羅斯，彼此遇便通信。一、來年另派彼處喇嘛，隨貿易人等來京，將在京者換回。一、文移事件，若照舊行知薩納特衙門，未免路遠，請即交廓密薩爾承辦。一、照舊派學生四人，隨貿易人等來京，學習文字。一、嗣後邊界逃竊等事，詳定章程，嚴查速辦。俱應如所請。一、彼處商人赴京，經過地方，請任其貿易等語。恐外夷罔知法禁，轉多未便，仍照舊例辦理。一、常遵舊約，不敢妄起爭端。自應如所請。至所請稱謂一事，查彼處哈屯汗，曩無別稱，應毋庸議。一、稱此次特派大臣內，孰可專辦事件，共相商定，應即令與瑚圖靈阿等會議。一、請將在內地之俄羅斯，照彼處從前來文，悉行給回。查此項人，現無蹤跡，礙難代捕，亦毋庸議。一、請將各條議准，著為定例。查邊界事務業派瑚圖靈阿等辦理，廓密薩爾果知恭順，一切遵照交辦，俟定議後，入於舊定款內。從之。（高宗八一四、三五）

（**乾隆三三、八、丁卯**）又諭曰：瑚圖靈阿等奏，恰克圖通商一事，業將理藩院議定十三條，行知俄羅斯廓密薩爾，廓密薩爾一一欽遵辦理等語。俄羅斯既知遵照章程，著准其通商。其由內地前往貿易人等，交理藩院辦理遣往。（高宗八一六、三〇）

（**乾隆三三、八、壬申**）諭軍機大臣等：瑚圖靈阿等奏，與俄羅斯廓密薩爾會議通商一摺，已降旨允行矣。此次通商，特因俄羅斯恭順誠切，一切遵奉章程，是以俯准所請。瑚圖靈阿等當妥協辦理。從前俄羅斯漸欲增稅，亦因內地商人圖利，私增價值之故，以致停止貿易。今復行通商，毋得仍蹈故轍。著傳諭瑚圖靈阿等，明白曉示商眾，如有前項情弊，嚴查治罪。即勒保所帶回人，亦令與商人一體貿易，不得以官價爭買。再索琳在恰克圖年久，派留保住前往更換。留保住未到任以前，一切事宜仍交索琳辦理。（高宗八一七、二）

（**乾隆四三、五、丁卯**）又諭曰：桑齋多爾濟奏稱，拏獲俄羅斯斐岳托爾私行進口賣馬，章京巴達爾呼遣人知會瑪玉爾，令其前來會審。瑪玉爾自謂銜大，不肯同章京辦事，僅遣其屬人頗羅楚克前來，章京巴達爾呼飭令回歸等語。俄羅斯邊界有事，向係內地章京，會同該處瑪玉爾辦理。今新任瑪玉爾自謂銜大，遣屬人頗羅楚克前來，其屬非是。巴達爾呼飭令回歸，令瑪玉爾自來，甚是。但瑪玉爾既未來，即不應見其來使，巴達爾呼於此節未免姑息。桑齋多爾濟暫停其貿易，咨示固畢爾納托爾，所辦甚是。看來瑪玉爾不來會審，蓋知其屬人私行進口非是，難以同内地之人辦理。恐固畢爾納托爾治罪，意存迴護，桑齋多爾濟行文时，即應將此事添入。則雖欲迴護亦不能矣。再索琳欲親自前往辦理此事，甚善。但伊至彼處，瑪玉爾若欲求見，斷不可見。一切事宜，俱通知巴達爾呼，令其會同瑪玉爾辦理。著傳諭桑齋多爾濟等遵辦。（高宗一〇五六、一三）

（乾隆四三、七、丁未）諭軍機大臣等：前據索琳奏，請將内地商人所欠俄羅斯貨物先行給還，經朕諭令彼此同時交給，方爲得體。兹復據奏稱，已將貨物盡數交還，俄羅斯託詞尚未查檔，反不收納等語。顯係伊等有心訛賴内地商貨，所辦實屬不成事體。索琳本屬庸材，桑齋多爾濟亦不曉事，致令伊等輕視，均不可信任。昨已遣博清額前往，俟其到時，著桑齋多爾濟會同商辦。將此諭令博清額知之。（高宗一〇六三、一〇）

（乾隆四三、七、丁巳）吏部議奏：庫倫辦事大臣革職留任理藩院右侍郎索琳，於俄羅斯與商人貿易事宜辦理未協，應請革任。得旨：索琳著革任。（高宗一〇六三、二八）

（乾隆四四、二、甲申）又諭：前據博清額等奏稱，將回商穆金福等，暫留庫倫，如開貿易，只賞六個月口糧，不開貿易，再給往返十四個月口糧等因，已批發准行矣。今詳察俄羅斯情形，難與交易，若久令穆金福等在庫倫守候，亦無常給口糧之例。著傳諭博清額等，即照前奏酌賞口糧，遣回本地。此項賞銀，在庫倫所存呼圖克圖商上動用。俟索琳應賠款項交部時，再發庫倫還項。（高宗一〇七七、四一）

（乾隆四四、三、庚子）又諭曰：傅玉等奏稱，本年齊齊哈爾、黑龍江副都統，派三城官兵，巡查俄羅斯邊境，不准帶貨物。並曉諭官兵，如俄羅斯問時，不必説恰克圖停止交易，祇言去歲爾處失馬十一匹，混稱十三匹冒昧索取，故未帶貨交易，以辱俄羅斯等語。所見甚小。恰克圖現既停止交易，齊齊哈爾等處，自不准帶貨私易。即俄羅斯詢問，宜直告以前因爾俄羅斯妄自尊大，奏聞大皇帝，停止恰克圖交易，經駐劄恰克圖大臣咨會，凡齊齊哈爾與俄羅斯接壤地方，一體停止。其混索馬匹一節，祇須帶説。若專以此爲詞，其事甚小，安能窮詰俄羅斯耶？著傳諭傅玉，遵照辦理。（高宗一〇七九、三）

（乾隆四四、五、丙午）又諭：昨俄羅斯薩納特衙門，將舊設固畢爾納托爾、瑪玉爾俱皆徹回，另行更換。嗣因恭順籲懇，准照舊開通交易。該衙門撰擬回文，發與博清額，博清額接到此文，即遣人送往。因念從前停止恰克圖貿易時，並停止黑龍江交易，今既准恰克圖貿易，黑龍江亦應一體開通，著行知傅玉遵辦。並傳諭博清額等，將俄羅斯薩納特衙門接到咨文，如何咨覆，并何時開通貿易，著即奏聞。(高宗一〇八三、一〇)

（乾隆四四、八、己巳）理藩院侍郎申博清額奏：俄羅斯固畢爾納托爾請開貿易，臣業經咨覆准否。總俟爾薩納特衙門行文內部，奏聞後，奉旨辦理，非我等所得擅便代奏。今又懇請云，天朝若恩准貿易，降有諭旨，商人隨至。察其來意，尚無別情，臣擬乘此機會，可將邊境未完之事，要其盡行完結。咨覆後，如果恭順，再准貿易。得旨嘉獎。(高宗一〇八九、七)

（乾隆四四、九、壬午朔）諭：昨據傅玉等參奏，有俄羅斯十七人執持器械，趕馬五十餘匹越入我境，被卡上官兵拏獲，訊係貿易之人，並非行刼。竟不報明將軍，遂將伊等馬匹皮張等物，私留縱放。請將守卡官員治罪等語。所辦甚屬舛謬。邊疆處所安設卡座，原爲稽查私行出入之人。今俄羅斯多人，執持器械，越入我境，即非行刼之徒，既經擒獲，自當解送將軍，訊明來歷。若果非盜賊，再聽將軍交伊頭人，治以應得之罪。乃佐領衮布等擒獲越境之俄羅斯多人，並不解送將軍，轉勒留伊等馬匹皮張等物，私行縱放，不法已極。因特降諭旨，將衮布等押赴卡上，眼同俄羅斯頭人，立行正法。仍飭諭該頭人，務將越境之俄羅斯盡行查出，拏交卡上，亦眼同我處之人懲治外，並將失於查察之將軍總管，俱從重治罪。邊境禁例，向屬森嚴，乃日久怠生，遂至衮布等不肖之徒，藐視王章，恣意妄爲，若不及今嚴行禁飭，將來何所底止。著通諭伊犁、塔爾巴哈台、烏里雅蘇台、科布多、庫倫等處將軍參贊辦事大臣，及與外國連境之盛京、吉林、江南、浙江、雲南、廣東、廣西、福建、四川等省將軍督撫等，轉行嚴飭各邊卡及交界地方官，嗣後如有外國人等私越我境，無論是否賊匪，即行擒拏，有將軍參贊駐劄者，報明將軍參贊，有督撫駐劄者，報明督撫，聽候辦理。倘敢如衮布等任意賄縱，查出即行正法。若該管之將軍參贊督撫等，不遵照此旨妥辦，亦一並從重治罪。(高宗一〇九〇、一)

（乾隆四四、一二、乙丑）又諭曰：博清額等奏稱，俄羅斯固畢爾那托爾遵檄將越境之犯十七名，俱擒向交界處，與天朝人當面治罪矣。其滿濟等案內，應治罪之俄羅斯人伊什提納卜，俟拏獲時再行治罪。籲請遵照從前諭旨，開通貿易。又再四懇求，將伊處人費約托爾放還，咨呈前來等語。前因固畢爾那托爾恭順，懇請貿易，朕曾降旨准行，因尚有未完結之事，暫行停止。今固畢爾那托爾俱遵照完結，再四懇求開通貿易，並請放還費約托爾，著傳諭博清額等即遵前旨開通貿易，並飭該部將費約托爾派員護送，由驛站遞交常青，轉送庫倫交博清額等。其於何時貿易，費約托爾何時交與俄羅斯，著傳博清額等即行奏聞。（高宗一〇九六、一七）

（**乾隆五四、一、辛酉**）又諭：據福崧奏，接准保寧等行令悉心稽查大黃一事。查出阿克蘇地方原存並新到安集延回子喇哈默特等九人，所販之大黃七千零八十觔。商民馬成孝等五人，所販之大黃八百七十餘觔，將安集延回子之大黃，二十分內給回一分，其餘入官等語。大黃乃俄羅斯必需要物。恰克圖地方，禁止貿易以後，伊犁、喀什噶爾等處新疆地方，與布嚕特、安集延地方接壤，由彼處即可通俄羅斯。如不行禁止，勢必由彼處販與俄羅斯，前已勅諭新疆地方，將大黃嚴行禁止矣。昨據明亮等查出大黃一千餘觔，今福崧查出大黃七千餘觔，此皆奸商希圖重利，特從內地販出，售與安集延回子，轉售俄羅斯等地方。若不諭令嚴行禁止，則俄羅斯等仍舊可得大黃，與不禁止恰克圖貿易何異？此等安集延回子商民，均係犯禁，所有現在查出之大黃，著不必計算安集延回子商民給回分數，俱行入官。若仍在彼存貯，倘有稽查不周，必致私售別處。著俱令順便陸續解至內地，將安集延回子等，令福崧斟酌治罪，逐回內地，以示炯戒外，其商民俱解至勒保處，嚴加治罪。從前喀什噶爾地方查出商民，著交與尚安，亦行解送勒保處，一併治罪。此項大黃藥物，皆從內地販去者，而哈密、吐魯番、喀喇沙爾、庫車、烏嚕木齊等處，均未經查出，皆屬疏忽，自應議處。明亮等既首先查出，著加恩寬免。其餘經過地方失察之各城大臣等，俱著交部議處。福崧係獲罪之人，經朕施恩令伊往阿克蘇辦事，因何亦慮不及此，著嚴行申飭，仍一併交部議處。（高宗一三二〇、七）

（**乾隆五四、一、己卯**）諭軍機大臣等：據明亮等奏稱，伊犁解到安集延回子沙哈林達爾等，至喀什噶爾，將伊等所帶俄羅斯貨物封錮，明白曉諭，逐出卡外等語。自恰克圖停止貿易以來，因大黃為俄羅斯必需之物，屢經嚴禁，乃商人等冀圖厚利，知新疆伊犁、喀什噶爾等處，與哈薩克、布嚕特、安集延較近，此等之人，常在俄羅斯地方貿易往來，將大黃帶往新疆，轉售與俄羅斯，不惟可得重利，且將俄羅斯之布勒噶爾哦噔綢等物換來，又賣與伊犁、喀什噶爾等處。所關緊要，已經降旨禁止。並據明亮、福崧各查出商民回子私販大黃數千觔，亦降旨令其從重治罪矣。前此據蘊端多爾濟奏，風聞恰克圖自停止貿易以來，俄羅斯等因不得稅銀，伊等屬下增派差務等語。看此情形，俄羅斯等既不能得必需之大黃，且稅銀短少，即增添屬下差使，亦於伊等無益。情急勢迫，自不得不恭順天朝，請開貿易。但不行嚴禁密察，俄羅斯等仍得大黃，則與不停貿易何異。著傳諭伊犁、塔爾巴哈台、喀什噶爾、葉爾羌等處，通俄羅斯邊界之將軍大臣等，飭各卡座，嚴行搜查，斷不得將大黃透漏與哈薩克、布嚕特、安集延人等，并不得將俄羅斯所出貨物帶回。至烏里雅蘇台、科布多、庫倫地方，俱與哈薩克、俄羅斯接壤，將軍大臣等駐劄之地，雖易於稽察，各卡人等惟利是圖，潛以大黃與俄羅斯易物，亦未可定。著傳諭復興、保泰、蘊端多爾濟，務須嚴飭各卡遵行外，仍留心稽查，果有貪利違禁者，一經發覺，即從重治罪，以示懲儆。并傳諭直隸陝甘總督、山西巡撫，實力嚴飭張家口等處，不得將大黃令其出口，並飭烏爾圖納遜一體嚴查。（高宗一三二一、一二）

（乾隆五四、二、丁酉）諭軍機大臣曰：勒保奏，於正月二十九日起程來京陛見，所有總督印務，遵旨交巴延三署理等語。甘省地方寧謐，近亦無緊要之事，惟前據明亮、福崧奏，於喀什噶爾、阿克蘇等處，查出私販大黃數千餘觔之多。新疆一帶，與俄羅斯道路可通，現在恰克圖不准與俄羅斯貿易，而大黃一種，尤爲俄羅斯必需之物，乃奸商等違例私販，膽敢繞道透漏，不可不嚴密查辦。昨已有旨令明亮等，於審明後，將人犯解交勒保，從嚴治罪。起獲大黃，一併送至內地。勒保現既來京，不及辦理，著傳諭該督，即將此事詳細交代與巴延三，令其遵照妥辦。並嚴飭內各關口，一體實力查禁，毋許稍有透漏。將此並諭巴延三知之。（高宗一三二二、二〇）

（乾隆五五、一一、壬午）諭：據秀林奏，查獲商民張子敬等私販灰鼠、水獺、海龍、香龜貂等皮張，除皮張入官外，將張子敬等解送原籍等語。商民張子敬等六人，膽敢違例私販俄羅斯土產海龍、水獺、灰鼠等皮，實干法紀。秀林查獲，尚屬留心事體，著交部議敘。餘照所請行。但此案商民所販灰鼠皮二萬餘張，水獺、海龍皮二百餘張，香龜貂一千餘張，明係由喀什噶爾、葉爾羌、烏什入境，各該處大臣所司何事？若私販無多，情猶可恕，今至二萬餘張，直行偷越，該大臣毫無覺察，實屬玩誤。著將明亮等嚴行申飭外，仍將此項皮張究由何處販來，令其查明覆奏。（高宗一三六六、八）

（乾隆五六、一〇、丁巳）又諭：前土爾扈特喇嘛薩邁林所供各款，令理藩院行文俄羅斯薩納特衙門查詢。今據該衙門覆稱，……從前恰克圖貿易通商，於俄羅斯大有裨益，敢乞施恩復准開市等語。……至所懇求通貿易，措詞恭順，已降旨准其通市矣。（高宗一三八九、三）

（乾隆五七、四、庚申）戶部議准：署兩廣總督郭世勳奏稱，內地大黃爲西洋各國治病要藥。前因不准俄羅斯通市，每年每國販買不許過五百觔。現在已准俄羅斯通市，該處洋商呈請照前買運，不必限以五百觔之數。其海

龍、黑狐皮張，並准進口售買。從之。(高宗一四〇一、一七)

（嘉慶一〇、一二、甲午）諭內閣：昨因延豐於咶臣國商船至粵擅令交易一事，辦理粗率，已降旨申飭。並因延豐摺內，有札商那彥成及會商孫玉庭之語，是以將延豐交部議處，那彥成、孫玉庭，交部察議。本日據那彥成奏稱，於陸豐途次接准延豐咨稱，咶臣國即俄囉斯，商船二隻來廣，懇請貿易，咨商會銜具奏。那彥成正在議駁間，適接延豐來字，以新任監督阿克當阿抵粵，延豐即日交卸，已將此案事宜會銜具奏。那彥成接信後，已阻止不及，因飛札新任監督暫止開艙卸貨，以免日後滋弊等語。那彥成所見甚是，與朕意適相符合。而前此延豐具奏摺尾後，聲敘督臣那彥成現在出省巡閱，與之札商，並與撫臣孫玉庭面商，意見相同，合詞具奏。是延豐於辦理此事，既經札商督臣，並不候那彥成札覆是否准其貿易之處，熟商妥辦，輒將意見相同之語，誑詞入奏，實屬專擅乖謬。前僅交部議處，尚覺太輕，延豐，著交部嚴加議處。那彥成於俄羅斯商船來粵通市，接延豐札商時，即欲議駁，原無不合，所有前次交部察議之處，著即行寬免。至孫玉庭現駐省城，於延豐會商時，未經阻止，亦隨同准令卸貨輸稅，實屬錯誤。孫玉庭，仍著交部察議。(仁宗一五四、二七)

（嘉慶一一、一、戊辰）又諭：據吳熊光等奏，查明咶臣國來廣貿易情形一摺。咶臣國即俄羅斯國，向例祇准在恰克圖地方通市貿易，本有一定界限。今該國商船駛至粵東，懇請赴關卸貨，自應照例駁回，乃延豐擅准進浦卸貨，實屬冒昧。且該國商船於十月初八、十七等日，先後進口，延豐於二十九日，始行具奏，又於咨商總督後，並不候那彥成回咨，輒以意見相同之語，揑詞入告，其咎甚重。前經降旨，將延豐降七品筆帖式，尚不足以示懲，延豐著即革職，仍令在萬年吉地工程處効力行走。接任監督阿克當阿，因延豐已准該夷商起卸一船貨物，亦即不候那彥成移知，率准後船進浦卸載。吳熊光、孫玉庭，未經詳查明確，遽准開船回國，均屬辦理未協，不能無咎。吳熊光、孫玉庭、阿克當阿均著交部議處。嗣後遇有該國商船來廣貿易者，惟當嚴行駁回，毋得擅准起卸貨物，以昭定制。(仁宗一五六、二五)

（嘉慶一四、九、癸未）諭軍機大臣等：繃武布奏，俄囉斯固畢爾納托爾遣使齎書，請於明年冬令冰凍時，在恰克圖地方來會，講辦一切事宜一摺。前俄囉斯汗懇請遣使進貢，曾經庫倫，辦事大臣蘊端多爾濟因來使不肯叩拜，竟行斥回，稍覺嚴厲，是以來使即行回去。今固畢爾納托爾復行差人齎書懇請和會，看來此次俄囉斯汗或係尚欲遣使進貢。著傳諭繃武布，告知伊等，此事已奏知大皇帝，施恩准其來會，即撥給咨文，但明年來會時，若提及仍照前次遣使進貢，亦不必過於拘泥斥駁，若其懇請之詞恭順，即可據實陳奏，准其所請，諒俄囉斯人等來京，斷無膽敢不行叩拜之禮，屆時若與來使同來之人過多，量加裁減，尚屬可行。除寄諭蘊端多爾濟外，一併傳諭綳武布知之。(仁宗二一八、三〇)

（**嘉慶一五、三、辛酉**）諭軍機大臣等：據蘊端多爾濟等奏，伊等在恰克圖交界會見俄羅斯固畢爾納托爾，據云俄囉斯人等欲遣使納貢，仍請答使，伊等已置之不問，蘊端多爾濟即回庫倫等語。俄囉斯人等性情詭詐，不可深信，是以節次降旨，令蘊端多爾濟等，於遣使之事斷不可俯就。今閱蘊端多爾濟等所奏會見俄囉斯固畢爾納托爾情形，不特現在暫不遣使，仍希冀天朝先遣使臣前往，此事斷不可行。蘊端多爾濟等既已置之不問，自應聽伊等如何呈請。至此時固畢爾納托爾，若遣人探問蘊端多爾濟等，即云爾俄囉斯國若遣使納貢，儘可呈請大部轉奏，大皇帝亦必恩准，不惟爾來使往返，妥爲照料，中國亦必格外俯賜爾來使佳品。今來會時甚屬恭順，爾使臣入京瞻覲，自必尤爲恭順，爾使臣至庫倫時亦不筵宴，亦不令行三跪九叩謝恩禮。爾等若不遣使呈請，我等不敢冒昧具奏。俄羅斯等若言及天朝遣使赴該國之事，蘊端多爾濟即云天朝入觀納貢屬國甚多，從無遣使赴外國之例，此等邊疆之事，王大臣等斷不敢瀆請。如此曉示徑行駁飭，俄囉斯等如果恭順呈請納貢遣使入覲，蘊端多爾濟等一面斟酌具奏，一面仍遵前旨辦理。儻呈請文內仍有答使之語，即以不敢具奏飭駁，再行奏聞，斷不可令其遣使也。將此諭令知之。(仁宗二二七、九)

（二）英國

1. 對英商務交涉

（**康熙三九、一〇、丙寅**）福建浙江總督郭世隆疏奏：紅毛國英圭黎被風飄至夾板船一隻，據船戶甲必單角等、商人罕實答等供，係伊國護商哨船，請將甲必單角遣回本國。得旨：英圭黎船隻遭風飄來，甚爲可憫，著該地方官善加撫卹，酌量捐資，給足衣食，即乘時發還，以副朕柔遠之意。(聖祖二〇一、二三)

（**乾隆八、八、甲寅**）又諭：據署廣東總督策楞等奏，上年十一月內，英咭唎國巡哨船隻，遭風壞船，飄至澳門海面，并遣夷目撐駕三板小船，徑至省城，懇求接濟水米。沿途水塘泛弁，絕無盤詰稽查。後經督撫准令灣泊內海，接濟口糧，採買木料，修理船隻，俟風信便時，飭令出口。策楞隨將海口毫無查察之副將王璋,並不早爲揭報之總兵焦景竑題參。夫題參固當,然亦該省向來因循之所致也。馬爾泰到任後,當亟力整頓之。至王安國,雖無節制總兵之責,但地方公務,皆職守所關,必協力同心,諸凡商酌,於事乃克有濟。若撫臣於海疆諸務,推諉武職,而肩承不力,或鎮臣玩視巡撫,而呼應不靈,不但失和衷之道,且於地方公務,必致貽誤,豈朕委任之意。用是特降諭旨,著該部即行文該省督撫鎮臣等知之。(高宗一九八、七)

(乾隆四九、一一、壬戌)諭軍機大臣等:……又據〔孫士毅〕奏,英咭唎噲嗛船因送洋船出口,在艙眼放礮,轟傷內地民船水手吳亞科、王運發,身死。隨派員將該國大班吐蔑鎖拏進城,據供出礮手啲些嘩係無心斃命,可否發還該國自行懲治等語。所辦甚屬錯謬。尋常鬥毆斃命案犯,尚應擬抵,此案啲些嘩放礮致斃二命,況現在正當查辦西洋人傳教之時,尤當法在必懲,示以嚴肅。且該國大班吐蔑,未果係委員鎖拏進城,啲些嘩亦不必果係應抵正兇。既據吐蔑供出,即應傳集該國人衆,將該犯勒斃正法,俾共知懲儆,何得仍請發還該國。試思發還後,該國辦與不辦,孫士毅何由而知乎?(高宗一二一八、一八)

(嘉慶七、三、庚子)是月,協辦大學士兩廣總督吉慶奏:住居澳門之大西洋夷人禀稱,有英咭唎夷船灣泊零丁洋,距澳甚近,欲登岸借居夷房,恐其滋事,懇求保護。當即飭諭英咭唎夷船回國,毋許登岸,澳門夷人情形安靜。得旨:有犯必懲,切勿姑息,無隙莫擾,亦勿輕率。(仁宗九六、二五)

(嘉慶一三、九、己丑)諭軍機大臣等:吳熊光等奏英咭唎國夷兵擅入澳門一事。英咭唎國夷人藉稱大西洋國地方,被法嘣哂占踞,該國因與大西洋鄰好,恐西洋人之在澳門者被法嘣哂欺阻貿易,輒派夷目帶領兵船前來幫護。所言全不可信,而且斷無此理。現在先後到船九隻,皆帶有礮械火藥等物,竟敢灣泊香山縣屬雞頸洋面,並有夷兵三百名公然登岸,住居澳門三巴寺、龍嵩廟,分守東西雄礮臺,實屬桀驁可惡。該督等現將該國夷船停止開艙,派員剴切曉諭,俟夷兵退出澳門,方准起貨。並稱該夷人若再延挨,即封禁進澳水路,絕其糧食,所辦尚是。但究竟如何嚴切曉諭及現在作何準備之處,全未奏及,所辦太軟。邊疆重地,外夷敢心存覬覦,飾詞嘗試,不可稍示以弱。此時如該國兵船業經退出澳門則已,尚未退出,吳熊光即著遴派曉事文武大員前往澳門,嚴加詰責,以天朝禁令綦嚴,不容稍有越犯。大西洋與法嘣哂彼此搆釁,自相争殺,原屬外夷情事之常,中國並不過問。即如近年緬甸、暹羅二國互相仇殺,節經敏關求援,大皇帝一視同仁,毫無偏向。至於中國外藩，自有一定疆界，試思中國兵船，從无遠涉外洋，向爾國地方屯劄之事，而爾國兵船輒敢駛進澳門，登岸居住，冒昧已極。若之因恐法嘣哂欺侮西洋，前來幫護，殊不知西洋夷人既在中國地方居住，法嘣哂焉敢前來侵奪，以致冒犯天朝？即使法嘣哂果有此事，天朝法令具在，斷不能稍有姑容，必當立調勁兵，大加勦殺，申明海禁，又何必爾國派兵前來代爲防護？若云洋匪示净，欲思効力天朝，尤屬無謂，海洋盜匪屢經勦辦，不過東竄西逃，既經兵船四路擒拏，不日即可殲盡餘孽，又何藉爾國兵力乎？看來竟係爾國夷人見西洋人在澳門貿易，趁其微弱之時，意圖占住，大干天朝厲禁矣。爾國臣事天朝，平素遣使進貢，尚稱恭順。乃此次無知冒犯，實出情理之外。本當即行拏究，姑先明白曉諭，爾若自知悚懼，即速徹兵開帆，不敢立刻逗遛，尚可曲恕爾罪，仍准爾國貿易。若再有延挨，不遵法度，則不但目前停止開艙，一面即當封禁進澳水路，絕爾糧食，並當調集大兵前來圍捕，爾等後悔無及。如此逐層曉諭，義正詞嚴，該夷人自當畏懼凛遵。吳熊光等仍當密速調派得力將弁，統領水陸官兵，整頓預備，設該夷人一有不遵，竟當統兵勦辦，不可畏葸姑息，庶足以伸國威而清海澨。此於邊務夷情大有關繫，該督撫不此之慮，而唯鰓鰓於數十萬稅銀往復籌計，其於防備機宜全未辦及。吳熊光、孫玉庭均懦弱不知大體，且吳熊光充當軍機章京有年，曾經擢用軍機大臣，尤不應如此憒憒。吳熊光、孫玉庭，著傳旨嚴行申飭。伊等此次來摺，僅由馬上飛遞，亦屬遲緩。此旨著由五百里發往，著吳熊光等即速遵照辦理，並傳諭常顯知之。(仁宗二〇一、三〇)

（嘉慶一三、一〇、癸巳）諭軍機大臣等：前因吳熊光等奏，英咭唎國夷兵擅入澳門，吳熊光等僅令停止開艙，若延挨不退，即封禁進澳水路，絕其糧食。所辦懦弱，不知大體，當經降旨嚴飭。並令軍機大臣將奏到英咭唎國所遞原禀繙譯進呈，朕詳加披閱，禀內所敘之詞，多不恭順，如所稱該國王多派戰船兵丁赴中國海面，若法嘣哂國人來至澳門，豫備防堵等語，殊不成話。該國王既知爲中國海面，即不應派兵擅入，況法嘣哂國夷人並未來至澳門，何得藉詞越進？天朝兵精糧足，即使外藩部落或敢桀驁思逞，不難聲罪致討。若蠻觸相争，敲關求救，天朝一視同仁，亦斷無偏護，何須該國王豫籌防堵耶？又稱法嘣哂係各國仇人，該國王派兵作敵，以期保護中國、博勒都雅、英咭唎三國買賣等語，尤屬謬妄。試思天朝臣服中外，夷夏咸賓，蕞爾夷邦，何得與中國並論？又稱天朝海面盗案甚多，商販被劫，該國王派備兵船，情願効力勦捕等語，竟係意存輕視。現在海洋水師兵船梭織巡緝，沿海各口岸斷絕接濟，盜匪日形窮蹙，豈轉待外夷相助？種種措詞背謬，於邊務夷情大有關繫，該督等接閱夷禀，早當驅逐駁飭，乃衹以停止開艙、封禁進澳水路、絕其糧食虛言，由尋常馬遞入告。且該督等具奏後，該國夷船曾否退去，亦未續行馳報。吳熊光不應如此糊塗懈怠，實出意想之外。試思邊防重地，任令外夷帶兵闌入，占據礮臺，視爲無關緊要，不知有何事大於此事者？該督等奉此旨，即著將夷船現在情形及如何密飭籌備之處，速行奏聞。將此諭令知之。無論退去未退去，即由五百里具奏。（仁宗二〇二、二）

（嘉慶一三、一〇、甲辰）諭軍機大臣等：粵東有英咭唎國夷兵擅入澳門一事，特降諭旨，將永保簡調廣東巡撫，俾資協理。永保接奉此旨，著即由驛馳赴就任。此事先據吳熊光等奏稱，該國夷船九隻，駛至雞頸洋面，計有夷兵三百名登岸居住，佔據東西礮臺。本日又據稱，該國夷船續到四隻，夷兵連前共有七百餘人，一任逗遛觀望，並未嚴行驅逐，竟不調兵防守，所辦錯謬已極，疊經降旨嚴飭。雖據該國夷人禀稱，係因法嘓哂占踞西洋，該國與大西洋鄰好，派兵前來幫護，殊不可信。永保曾經從事戎行，到粵後，如該國夷兵尚未退去，即應示以軍威，俾知震懾。惟當酌量情形，熟籌妥辦，以期綏靖海疆。至該撫職任封圻，於一切地方事務，固應實心整飭，而緝捕洋匪，尤爲該省要務，所有水陸營伍，並著協同總督認真整頓，用副委任。（仁宗二〇二、八）

（嘉慶一三、一〇、庚申）諭軍機大臣等：吳熊光奏，英咭唎夷兵進入澳門，佔據礮臺，已有旨將永保調任廣東巡撫，本日據吳熊光五百里奏報英咭唎夷人現在情形，仍係一派空言，並未能將該夷人逐去，亦未見有調度。看來吳熊光一味輭弱，全不可靠。永保接奉此旨，即著晝夜加緊馳赴廣東，徑赴澳門督辦。朕專派永保前往，即係欽差，永保到省後，且無庸接管巡撫印務，惟專心辦理此事。諭知該夷人等，以爾等此次擅自帶兵進澳，占據礮臺，大屬冒昧。原應立加懲辦，姑念爾國向來臣事天朝，尚爲恭順，是以不肯遽爾勦除，現在大皇帝派我前來督辦，業將水陸各路官兵調集若干，如果斂兵早退，將來尚可准令貿易，儻遲迴觀望，即當統領大兵，分路勦捕，爾等不但身被誅夷，並將來永遠不准朝貢貿易。中國物產富饒，豈藉爾等區區貨物，爾等愼勿自貽後悔。如此義正詞嚴，剀切曉諭，該夷人能早退去，固屬甚善，如必須示以兵威，其應如何酌籌調遣，已諭知吳熊光不得掣肘。永保當悉心經理，一面調派，一面速行馳奏。（仁宗二〇二、三〇）

（嘉慶一三、一一、壬午）諭軍機大臣等：昨據吳熊光等奏英咭唎夷兵全數退出澳門一摺。此次該國夷人自七月來至澳門，住守數月有餘，夷情叵測，必有所而來，何以又無故而去。且所稱見聖諭嚴明，兵威壯盛，業已不敢抗違之語，所見係何諭旨，所派係屬何兵，並未一一聲敘。況夷稟尚未呈遞，吳熊光輒稱夷船風信一過，即不能開行，如果切實懇求，即准其開艙，俾夷船不致遲留等語。竟欲以開艙見好於夷人，豈非示之以弱乎？外夷來至內地貿易，輸納稅課，原因其恪守藩服，用示懷柔，並非利其財貨。若沾沾以徵權爲重，無怪該夷人肆意居奇，意存輕視也。永保馳抵粵東，即會同韓對詳查英咭唎夷船，因何擅入內地，自七月至今，呈遞夷稟幾次，吳熊光如何批示，所稱水陸兩途嚴密布置官兵，所派係屬何兵，節次奏稱派員剴切曉諭，並聖諭嚴明之語，所見係何諭旨，所派係屬何員，因何全行退出，有無豫准開艙貿易之事，逐一奏聞。仍嚴切曉諭英咭唎夷人，以爾等擅入澳門，實屬冒昧，斷不能仍准貿易。儻自知悔罪畏服，倍加恭順，於二三年後再行懇請。彼時爾國貨船亦祇准在澳門以外停泊。俟奏聞大皇帝，候旨遵行。設再欲攜帶兵船，即當永斷貿易，聲罪致討。儻永保到彼後，吳熊光等業已准令開艙，即當查明因何允准，是否係該國夷具稟懇求，抑係吳熊光先行准令開艙，該夷始行退出之處，一併據實具奏，不可稍有隱飾。（仁宗二〇三、二九）

（嘉慶一三、一二、辛亥）諭軍機大臣等：本日吳熊光覆奏前此降旨詢問各情。據稱，此次英咭唎貨船開艙，係在夷兵開帆之後。該夷商等央懇洋商，轉求常顯告知，吳熊光始派員前赴黃埔察看情形，見該夷商數百人情詞迫切，至於淚下，是以始知會常顯查驗開艙等語。但閱其進呈夷稟內，吳熊光批詞，有俟夷兵退後仍准照常貿易之言，看來開艙雖在夷兵既退之後，而吳熊光之許其開艙則在夷兵未退之先。該夷兵見許其開艙，然後揚帆始去。如此光景，恐難保其不乘閒復來。永保到粵後，著遵照節次諭旨，訪查明確據實具奏，毋稍徇隱。設或該夷兵竟敢復來，應作何豫行准備之處，並著悉心籌畫，妥協經理，不可稍涉大意。（仁宗二〇五、七）

（嘉慶一四、四、戊午）諭內閣：各省封疆大吏，守土是其專責，遇有關涉外夷之事，尤當立時親往勘辦，務臻妥協，方爲無忝厥職。前此吳熊光在兩廣總督任內，英咭唎國商船帶兵入澳，占據東望洋、娘媽閣、伽思蘭三處礮臺，雖向係西洋商人防守所設，但究在中國地面，即與闌入內境無異。吳熊光身任封圻，其咎已無可辭。本日據百齡查奏，上年七月二十一二等日，該夷兵船來至雞頸洋面，八月初二日抵澳上岸，占據西洋礮臺。地方文武節次稟報，吳熊光批令照常防範，至十六日，見該夷不退，諭令封艙。復經遊擊祁世和、香山縣彭昭麟請兵堵逐，吳熊光亦俱批以鎮靜，不可張皇。彼時香山縣澳內居民四散、澳夷乏食之稟，吳熊光總未親往查辦。該夷兵見無準備，將兵船三隻駛進虎門，停泊黃埔。吳熊光因於九月初四日具奏，始派兵防範，並令碣石鎮黃飛鵬管帶師船，在省河一帶輓泊。至二十三日，該夷兵目又駕坐三板艇船，由黃埔至省城外十三行停住，求見總督，懇請代奏在澳寓住。吳熊光總未見面，祇令其回至黃埔候旨，並飭禁買辦火食。該夷人謊急駕船，欲向十三行裝取火食，官兵喝阻不理，總兵黃飛鵬開礮轟斃夷兵一名，帶傷三名，該夷兵即行退回。至十月初奉到諭旨，吳熊光僅檄調各標兵丁，在黃埔澳門駐劄防守，並未攻擊。至十六日，恭宣諭旨，夷兵當即畏懼，情願撤兵，復求開艙。吳熊光諭令全行退去，始准貿易。該夷兵陸續退至外洋等語。英咭唎夷船帶兵入澳，藉名保護西洋，陰圖占地謀利，情殊詭譎，即應立時驅逐。況此次該夷兵官遇兵開礮，並不敢稍有抗拒，及奉有嚴飭諭旨，亦即畏懼開帆遠去。是該夷兵尚知震懾天威，無他伎倆。設吳熊光於該夷兵登岸之初，即親往彈壓，曉以大義，一面調集官兵防守，該夷兵自必知所畏憚，即時退出，庶足宣示國威。吳熊光於此等要事，遲至月餘，始行具奏，既未親往查辦，該夷兵目求見，又祇派員往諭，並不面詢斥逐。雖開艙在夷兵既退之後，而許其開艙，究在夷兵未退之先，是奏報既屬遲延，辦理又形畏葸。且屢次夷人具稟及吳熊光批示，並轟斃夷兵等事，俱未入奏，亦屬含糊。吳熊光由軍機章京，蒙皇考高宗純皇帝不次超擢，用至軍機大臣，復經朕簡用歷任三省總督，非新進不曉事者可比，乃種種錯謬，實屬辜負委任。吳熊光前已革職，著拏問交軍機大臣會同刑部審訊，定擬具奏。至孫玉庭前在廣東巡撫時，並不將前後情形據實陳奏，又不會同吳熊光迅速妥辦，顢弱無能，豈可復勝巡撫之任？孫玉庭著革職回藉，所遺貴州巡撫員缺，著初彭齡補授。伊現屆大祥，到任時已將服闋，其未到以前，著章煦將雲南巡撫印務，交伯麟兼署，章煦即赴貴州署理巡撫事務。本年章煦已派祝釐，屆期應由黔赴京，若彼時初彭齡尚未到任，即著藩司陳預暫行護理。尋奏上。得旨：吳熊光辦理此事，示弱失體，其咎實無可辭，著照擬撥往伊犁効力贖罪。（仁宗二一〇、二六）

（嘉慶一四、四、戊午）諭軍機大臣等：百齡奏，俟本年英咭唎國貨船到時，先期偵探各情形。所見甚是。該國夷人素性強橫奸詐，雖現據夷商喇咈所稟，夷兵不敢再來之語，亦未可深信。上年該夷兵來澳時，吳熊光等不立行查辦，既失之於寬，此時自應濟之以猛。著傳諭百齡，於本年該國貨船到時，先期留心偵探。如再敢多帶夷兵，欲圖進口，即行調集官兵，相機堵勦。儻止係貿易船隻，並投遞謝罪哀懇稟件，亦應飭令停泊港外。該督一面奏聞，候朕降旨遵行。（仁宗二一〇、三一）

(**嘉慶一九、一一、乙卯**) 諭軍機大臣等：朕聞本年八九月間，有英咭唎護貨兵船違例闖入虎門。又有英咭唎夷人啊嘣東，前於該國入貢時曾隨入京師，年幼狡點，回國時將沿途山川形勢俱一一繪成圖册。到粤後又不回本國，留住澳門已二十年，通曉漢語。定例澳門所住夷人不准進省，啊嘣東在粤既久，夷人來粤者大率聽其教誘，日久恐致滋生事端。著蔣攸銛等查明啊嘣東有無教唆勾通款蹟，如查有實據，或遷徙安置，奏明妥辦。將此諭令知之。(仁宗二九九、三〇)

2. 對英貿易情況

(**乾隆二一、七、乙亥**) 諭軍機大臣等：據武進陞奏，六月十五日，寧波頭洋有紅毛船一隻收泊等語。其一切驗放交易，自應照舊例辦理。顧向來洋船進口，俱由廣東之澳門等處，其至浙江之寧波者甚少，間有遭風漂泊之船，自不得不爲經理。近年乃多有專爲貿易而至者，將來熟悉此路，進口船隻，不免日增，是又成一市集之所。在國家綏遠通商，寧波原與澳門無異，但於此復多一市場，恐積久留居內地者益衆，海濱要地，殊非防微杜漸之道。其如何稽查巡察，俾不致日久弊生，不可不豫爲留意。如奏內所稱船户噶喇吩至噶喇吧地方，同來過夷商咪啊、通事洪任駕船來寧等語。蓋本地牙行及通事人等，因夷商入口，得從中取利，往往有私爲招致者。此輩因緣覓利，無有已時，即巡邏兵役人等，亦樂於夷船進口，抽肥獲利，在此時固不過小人逐利之常，然不加禁止，誠恐別滋事端，尤當時加體察。可傳諭該督撫等，令其留心。(高宗五一六、一六)

(**乾隆二四、六、丙子**) 諭軍機大臣等：據莊有恭奏，本年五月有紅毛英咭唎夷商船隻，欲開往寧波貿易，現飭文武員弁，嚴諭該商船仍回廣東貿易，不許逗遛等語。番舶向在粤東貿易，不許任意赴浙，屢行申禁。洒夷商既往廣東，藉稱生意平常，復欲赴寧波，爲試探之計，自不可不嚴行約束，示之節制。著將原摺鈔寄李侍堯閱看，令其傳集夷商等，申明示禁，庶夷情自肅，而權政益清。至其中或更有浙省奸牙潛爲勾引，及該商希冀攜帶浙貨情事，應並諭莊有恭委妥員留心察訪，以杜積弊，但不必張皇從事可耳。(高宗五八九、一九)

(**乾隆二四、六、戊寅**) 諭軍機大臣等：據官著等奏，英咭唎國商人，以邇年在粤貿易，有負屈之處，特赴天津呈訴，並將列款呈詞，鈔錄進呈一摺。已差給事中朝銓帶同該商馳驛往粤，會同將軍新柱審訊。新柱奉到此旨，即速前往，伊二人到省，諒先後不過數日之間，毋論何人先到，即傳旨將李永標解任，其稅務暫令李侍堯兼管。仍會同該督審訊。事涉外夷，關係國體，務須徹底根究，以彰天朝憲典。李永標如果款蹟屬實，即應在彼正法，俾衆知懲創。如其中有浙省奸牙潛爲勾引，代夷商捏砌款蹟，慫恿控告情事，此奸宄之尤，亦當即行正法示衆。或彼此問擬得實，亦應各按律盡法治罪，毋得稍存偏徇之見，爲息事之舉。新柱爲御前侍衛，又將軍大員，當思國體所繫，秉公爲之。官著摺並原呈款單，一併鈔寄閱看。（高宗五八九、二二）

（乾隆二四、閏六、壬午）又諭：據官著等奏，英咭唎商人，以邇年在粵省貿易，有負屈之處，列款呈訴該關監督李永標等因一摺。已差給事中朝銓，帶同該夷商馳驛前往，並令福州將軍新柱來粵，會同該督李侍堯秉公審訊矣。李侍堯在粵，歷任將軍總督，皆兼管關務。然本任事務繁多，其一應權政，則係監督專司。從前阿里袞、楊應琚在任時，亦不過總持大綱，歷任皆如此辦理。今夷商控告李永標各款，在該督固不能辭其失察之咎，但其咎非有心自作，猶在可諒。若因而稍存迴護之見，或於會勘時不處心確審，則重自取戾，斷非公罪可比，恐該督難以任受，想李侍堯斷不出此也。再如採買貨物，原有官價，如監督僅以賤價節斂，爲節省討好之計，已屬卑鄙器小者所爲。若因官辦剋扣，而又從中夾帶自辦，全不酬價，且橫滋需索，則情罪又迥不相同。況夷船到粵，內地本有各行商人接買，關差雖間有官買之事，亦應買之行商，與夷商何與？監督雖有短發賠累之苦，亦應先在粵商，何至該夷商拖累，不得歸國？又歷任管關之員，因何向俱相安，而至李永標遂嘵嘵多事乎？該督既係兼管，其中詳細端委，可平心確訪，將所有情事，據實逐一奏聞。毋得稍涉含混。若稍有爲李永標之心，是自取罪戾也。（高宗五九〇、四）

（乾隆二四、閏六、乙未）諭軍機大臣等：李永標進貢船隻，已經到京，查其船內附帶銀物，有伊在廣家人七十三所寄番銀四百餘兩，兼有皮衣綢緞等物。據內務府訊據來京家人供稱，七十三在廣經管關口一切事務，今計其寄京銀物，非尋常安分家人所應有，是其在關辦事，必不能無需索肥橐情事。著傳諭新柱等，於所控告各款內嚴行究訊，無任漏網。（高宗五九一、二）

（乾隆二四、閏六、戊申）兩廣總督李侍堯奏：英咭唎商人控告監督李永標各款，查因官辦尅扣及自買貨物全不酬價之事，李永標實不至此。惟聞該家人遇洋船進口，置買貨物，不以實價給發，各行未免賠累。再向來夷商到粵，不能豫定銷售之難易，勢必交行商代售，粵商力難豫墊，夷商急欲回國，亦願聽其掛欠。近年各行那新補舊，夷商索取難清，頓覺視爲拖累，日久相沿，未便另立科條，轉有格礙。惟上年九月内法囒哂夷商，有貯頓黎光華行内貨物，嗣光華病故，李永標因其有虧官帑，將伊家產貨物，概爲封貯，致該商控禀。其餘各夷商，惟恐日後照此封貯，以致欠項無著，疑慮因循，亦未可定。此外或另有負屈之處，惟俟欽差新柱、朝銓等到粤會勘，斷不敢稍存瞻顧。得旨：看此李永標不能免罪矣。（高宗五九一、三〇）

（乾隆二四、七、壬戌） 諭軍機大臣等：據楊廷璋奏，接定海總兵羅英笏劄送番商洪任呈詞一紙，稱係委押番船之署守備陳兆龍，於押送番船出境時，交令帶投。詞語字蹟，似非出自番人之手，恐有内地奸人，爲之商謀。即陳兆龍之接回呈詞，亦不無情弊。現在飛提陳兆龍到閩，面訊實情，并詳悉告知將軍新柱等語。此案前經天津鹽政官著等奏聞，已令新柱赴粤，并差朝銓帶同番商，會同李侍堯查辦。楊廷璋接閱該番商呈詞，即往根究實情，所見甚是，看其情形，必有内地奸民潛爲勾引。事關海疆，自應徹底根究，以戢刁風。而該商等在浙、閩、天津，處處呈控，亦不無挾制居奇之意。不知外洋貨物，内地何一不有，豈必藉伊來貿易，始可足用。是在内地奸人，果有爲之商謀者，審出固當按法嚴治，而番商立意把持，必欲去粤向浙，情理亦屬可惡，不可不申明國憲，示以限制。新柱到粤，著逐一嚴訊，務得實情，妥協辦理。但不可因有此旨，惟歸罪洋商，而置李永標於不問，曲爲開脱。必使剝商貪婪者抵罪，内地勾引者，亦不得免罰，則辦理允當，洋夷允服矣。並傳諭楊廷璋，令其將提到陳兆龍面訊情形，並應行解往人犯，速行知會新柱，併案審理。尋楊廷璋覆奏：洪任呈詞，先期宿構，備帶來浙，於官弁雲集時，出呈掯交守備陳兆龍，該備於護送出境後呈繳，並無情弊。至番船泊雙歧港大洋，距定海尚隔洋面二百里，民人不能前往，該船寄椗僅止一日，官員耳目衆多，亦無内地牙棍，附近番船實無應行解質之人。報聞。（高宗五九二、二一）

（乾隆二四、七、甲戌） 又諭：據李侍堯奏，李永標在監督任内，尚無因官辦尅扣及自買貨物全不酬價之事。惟訪聞該家人，每遇洋船進口，置買絨呢羽紗等項，順帶至京售賣，以圖重利。而此地不以實價給發，各行未免賠累等語。觀此，則李永標平日之不能遵守權政，徇縱滋弊，已屬顯然。監督專司關務，非督撫公務殷繁，一時耳目難周者可比。若家人漁利不法，不爲整頓，則所辦更有何事，而可以尋常失察家人之罪，爲之開脱乎？看來海關積習，番商因貨居奇固所不免，然洋船貨到，多係發行多售。其中官買者，原屬無幾。且内地何所不有，與其多購之洋船，而番商得乘機挾制，其下又因緣爲奸，不如嗣後量從減辦，尤爲正本清源之計也。此時司榷者辦理不善，家人種種生事，以致行商短扣，累及番商。朝廷體制，惟當執法懲治司事之人，以明憲典，斷不得遷就含糊，草草完局。至此案番商三處呈控，覈其情節，必有內地奸牙爲之唆使，亦不可不嚴行根究，按法治罪，以絕釁端。著傳諭新柱、朝銓、李侍堯等，悉心研鞫，務將短價需索情由，徹底究審。固不得僅援失察之條，爲李永標寬縱，而奸牙從中挑搆者，亦當審明重治示儆，不得謂咎有所歸，逐稍存姑息。其李永標徇從情事，已有實蹟，伊任內家產，即應嚴查入官。將此一併諭令知之。（高宗五九三、二二）

（乾隆二四、八、丙戌）福州將軍新柱、給事中朝銓、兩廣總督李侍堯等奏：臣新柱、朝銓抵粵，同李侍堯會審番人洪任輝即洪任呈控粵海關監督李永標一案。據李永標供，家人等勒索陋規，伊實不知，其餘各款，供吐游移。請將李永標革職究擬。其家人七十三婪索多贓，亦應逐款嚴鞫。至洪任輝呈詞，詢係在噶爾吧地方，煩內地人代寫。得旨：依議。惟應秉公存國體爲要。管關之人，非督撫可比，一應稅物，勢不得不用家人，家人勒索，即主人勒索也。不可以失察開脫其罪。至外夷擡價居奇，亦不可以開其端，而內地人代寫呈詞者，尤應嚴其處分。諸凡持平酌中辦理，以防將來。爾等其勉之。（高宗五九四、一四）

（乾隆二四、八、己丑）諭軍機大臣等：據羅英笏奏，七月十二日，有英咭唎洋船一隻，欲來寧波貿易，隨經嚴諭，令其回棹粵東。復據該商因要修補篷帆，懇求暫停幾天等語。夷商不准赴浙貿易，例禁甚嚴。乃近日該商等，各據控告滋事，現在徹底查辦。今復有夷船徑往寧波，又懇求停泊，看其情形，未必不明知內地禁約，特欲借染病修篷，爲希圖嘗試之計。雖據該鎮稱現在嚴催，但向來武弁習氣，專工捏飾彌縫，難以憑信，焉知非名爲催促，而本地奸牙，有潛爲串通售貨者，必當加意制防，毋得稍開其漸。著傳諭莊有恭，令其申明定例，實力嚴行察禁。並查此次夷船，有無藉詞遷延滋弊之處，即速據實奏聞。尋奏：番商味嘀，船泊定洋，遷延日久，經地方文武再三催押回棹，始供稱係洪任後船。臣即檄飭員弁等，將不准在浙貿易之禁，嚴切曉示，並諭以洪任已回粵東，即有帶來貨物，應往粵面交，此處毋許絲毫偷漏。並飭寧守親赴定邑查防，如有弁兵及商牙，串通滋弊，即行拏究。得旨：所辦好。（高宗五九四、一六）

（乾隆二四、八、庚子）浙江巡撫莊有恭奏：英咭唎大班味嘀一船，駛至雙嶼港，意欲停泊。查番商洪任，於五月重乘坐空船，來浙探聽，本有貨物俱在後船之語。自應查詢明確，並飭內地商民，毋許一人私往交接，

俾無利可圖。得旨：正恐未必，應嚴察禁止，外省何事無私弊耶？（高宗五九五、八）

（**乾隆二四、九、乙丑**）又諭：據莊有恭奏，英咭唎番商於七月間駛船至定海洋面，已將不准來浙之例禁，嚴切曉諭，并查其有無作弊形蹟，即行懲治等語。所辦甚爲合宜。現在該番商等呈控滋事，不可不嚴示節制。至該船所帶玻璃，雖查明係户部郎中范清注，託該商定辦，但番船狡獪，正欲借此爲赴浙貿易之端。在浙省惟當申明禁令，令其回粵，方爲妥協。其託辦玻璃之事，竟可付之不知，自有范清注通融辦理，不得少有假借。著將此傳諭莊有恭知之。（高宗五九七、九）

（**乾隆二四、一〇、庚辰**）諭軍機大臣等：新柱等奏，查審英咭唎商人具呈訐控一案，詳細究詰，其中果有代作呈詞之四川人劉亞匾，現今供認相符等語。劉亞匾爲外夷商謀砌款，情罪確鑿，即當明正典刑，不得以杖斃完結。而夷商洪任輝，潛倩内地奸民，挾詞干禁，質訊得實，亦應重示懲創，俾識天朝節制。著傳諭李侍堯，一面提出劉亞匾，並傳集在廣洋商及該處保商人等，一面密傳洪任輝，毋令先期聞信潛逃。當衆傳宣諭旨，以該商從前所告情節，在監督等既審有辦理不善之處，即按法秉公處治，念爾外夷無知，雖各處呈控，尚無別情，可以從寬曲宥。現在審出勾串内地奸民，代爲列款，希冀違例別通海口，則情罪難以寬貸。繩以國法，雖罪不至死，亦當竄處遠方，因係夷人，不便他遣，姑從寬在澳門圈禁三年，滿日逐回本國，不許逗遛生事。論内地物産富饒，豈需遠洋些微不急之貨？特以爾等自願懋遷，柔遠之仁，原所不禁。今爾不能安分奉法，向後即准他商貿易，爾亦不許前來。該督等傳諭畢，將劉亞匾即行正法示衆，俾内地棍徒。知所儆懼，而夷商等共識朝廷威德。詭計固難倖售，權政益以肅清，庶執法平情，均歸允協。將此詳悉傳諭朝銓等知之。（高宗五九八、五）

（**乾隆二六、一一、辛亥**）諭軍機大臣等：蘇昌等奏酌辦夷情一摺，其於英咭唎夷商投遞番文，懇求釋放洪任輝，及請免歸公規例等事，該督持正駁回，辦理甚當。第不准夷人進見，及擬發回文，詞語未免跡涉遷懦，尚失嚴正剴切駕馭外夷之道。夷商來粵貿易，惟在該監督等飭令行商公平交易，不可圖占便益，俾得速爲銷售，早整歸棹。若該商等稍有不知安分之處，仍宜嚴加約束，示之體制。至國家四海之大，内地所産，何所不有，所以准通洋船者，特係懷柔遠人之道則然。乃該夷來文内有與天朝有益之語。該督等不但當行文籠統駁飭，并宜明切曉諭，使知來廣貿易，實爲夷衆有益起見，天朝並不藉此些微遠物也。若伊果有面稟監督之事，原不妨令其進見，以通夷情，若拒而不納，轉似有所顧忌，並致行商通事人等得以乘間滋事，殊多未協。該督等既欲俟夷船歸國給發回文，著將此詳悉傳諭蘇昌、託恩多、尤拔世，令將回文改寫得體，再行給發。（高宗六四九、二）

（乾隆五七、一〇、乙酉）諭軍機大臣曰：郭世勳等奏，據洋商蔡世文等稟，有英咭唎國夷人啵嘲啞唤嗱臣等來廣稟稱，該國王因前年大皇帝八旬萬壽，未及叩祝，今遣使至嗎嘎爾呢進貢，由海道至天津赴京等語。並譯出原稟進呈。閱其情詞，極為恭順懇摯，自應准其所請，以遂其航海嚮化之誠，即在天津進口赴京。但海洋風帆無定，或於浙閩、江蘇、山東等處近海口岸收泊亦未可知。該督撫等，如遇該國貢船到口，即將該貢使及貢物等項，派委妥員，迅速護送進京，毋得稍有遲誤。至該國貢船，雖據該夷人稟稱，約於明年二三月可到天津，但海船行走風信靡常，或遲到數月，或早到數月，難以預定。該督撫等應飭屬隨時稟報，遵照妥辦。再該貢船到天津時，若大船難於進口，著穆騰額豫備小船，即將貢物撥運起岸，並派員同貢使先行進京，不可因大船難於進口，守候需時，致有躭延也。將此傳諭各督撫，並諭郭世勳、盛住知之。（高宗一四一五、三）

（乾隆五八、一、辛亥）諭軍機大臣等：上年據郭世勳奏，英咭唎國夷人啵嘲啞唤嗱臣等來廣稟稱，該國王因前年大皇帝八旬萬壽，未及叩祝，今遣使臣嗎嘎爾呢進貢，由海道至天津赴京等語。並譯出原稟進呈。閱其情詞，極為恭順懇摯，因俯允所請，以遂其航海向化之忱。並以海洋風信靡常，該貢使船隻或於閩、浙、江南、山東等處，近海口岸收泊，亦未可定，因降旨海疆各督撫，如遇該國貢船進口，即委員照料護送進京。因思乾隆十八年，西洋博爾都噶爾國遣使進貢，係由廣東澳門收泊，其時兩廣總督阿里袞，曾於海岸處所調派員弁，帶領兵丁，擺齊隊伍，旗幟甲仗等項，皆一體鮮明，以昭嚴肅。此次英咭唎國貢船進口泊岸時，自應仿照辦理。此等外夷，輸誠慕化，航海而來，豈轉虞有他意，但天朝體制，觀瞻所繫，不可不整肅威嚴，俾外夷知所敬畏。現在海疆寧靖，各該督撫皆未免意存玩忽，近海一帶營伍，可想而知。著傳諭各該督撫等，如遇該國貢船進口時，務先期派委大員，多帶員弁兵丁，列營站隊，務須旗幟鮮明，甲仗精淬，並將該國使臣及隨從人數，并貢件行李等項，逐一稽查，以肅觀瞻而昭體制。外省習氣，非廢馳因循，即張大其事，甚或存畏事之見，最為陋習。此次承諭辦理，務須經理得宜，固不可意存苟簡，草率從事，亦不可迹涉張皇，方為妥善也。（高宗一四二一、五）

（乾隆五八、一、癸丑）諭軍機大臣等：據蘊端多爾濟等奏稱，俄羅斯固畢爾納托爾遣喀必坦瓦什里口稟，西洋之昂吉凌國王遣使於廣東等處，求地通商等語。上年十月，據郭世勳奏，西洋英咭唎國遣使來京納貢，已允所請矣。今俄羅斯固畢爾納托爾所稟之昂吉凌國，即係英咭唎國，此時固畢爾納托爾因現在恰克圖通商，隨據所聞致信，以圖見好之意，蘊端多爾濟等答覆之語，尚屬合宜。辦理外夷事務，祇宜以理簡明曉諭，倘給回文，固畢爾納托爾又將答稟，若語意文字間稍有未協，轉滋煩擾。著傳諭蘊端多爾濟等，固畢爾納托爾不遣人復來則已，若再遣人口稟事件，祇當據理示以大體，婉詞答諭，總不必給以回文。如伊等或有不得主見之處，即速具奏請旨。（高宗一四二一、八）

（乾隆五八、二、乙酉）又諭：前據郭世勳奏，英咭唎國遣使進貢祝釐，由海道至天津赴京。曾經降旨，以海洋風信靡常，該貢使船隻，或於閩、浙、江南、山東等處近海口岸收泊，亦未可定。而近海一帶營伍，未必一律整肅，特諭令該督撫等，如遇該國貢船進口時，務須派員彈壓稽查，列營擺隊，以示嚴肅。但外省習氣，非失之不及，即失之太過，若該督撫等因有此旨，辦理過當，迹涉張皇，竟似陳兵備禦者然，不特該國使臣心懷疑懼，即地方民人，亦覺驚駭耳目，殊為未便。著再傳諭該督撫等，於該國貢使到口時，總須不動聲色，密加查察防範，以肅觀瞻而昭體制。固不可意存玩忽，亦不可張大其事。務使經理得宜，無過不及，方為妥善。再該國遣使赴京，或於貢船之便，攜帶貨物前來貿易，亦事之所有。若在福建、江浙等省口岸收泊，該處非若澳門地方，向有洋行承攬之人，可為議價交易，且該國來使與內地民人語言不通，礙難辦理。著傳諭福建、浙江、江南三省督撫，先期行文廣東省，令郭世勳將該處行頭通事人等，揀派數人豫備，如該國貢船，於該三省進口時，帶有貿易貨物，即飛速行知廣東，令將豫備之人派員送到，以便為之說合交易。若該貢船在山東、直隸進口，該二省距京甚近，無庸調取澳門之人，即可來京交易。交四堂人代為經紀其事，較為近便。仍著該督撫等諭知來使，以浙江等省向無洋行經紀，誠恐該國使人，不曉內地言語，講論價值，不能諳悉，或有虧折之處，特調取廣東澳門洋行熟手，為之經理，公平交易，俾其得霑餘潤，以示懷柔體卹之意。將此各諭令知之。（高宗一四二三、一一）

（乾隆五八、六、戊寅）諭軍機大臣曰：奇豐額奏，接據長麟咨會英咭唎國貢船，於六月初一日，自浙省青龍港開行，連日南風順利，或可迅抵津門等語。該國貢船笨重，不能收泊內洋，到津後須轉輾起撥，計抵熱河已在七月二十以外，正可與蒙古王公及緬甸等處貢使一併宴賚。即或海洋風信靡常，到津略晚，不能於七月內前抵熱河，即八月初旬到來，亦不爲遲。但應付外夷事宜，必須豐儉適中，方足以符體制。外省習氣，非失之太過，即失之不及。此次英咭唎國貢使到後，一切款待，固不可踵事增華，但該貢使航海遠來，初次觀光上國，非緬甸、安南等處頻年入貢者可比。梁肯堂、徵瑞務宜妥爲照料，不可過於簡略，致爲遠人所輕。再前據長麟奏，英咭唎國船上有官員五十餘人，從人水手八百餘名。將來收泊海口，正副貢使前赴行在瞻覲，除隨從員役外，自有留看船隻之人。著徵瑞即詢明通事，貢使正副幾人，跟隨貢使前赴熱河者共若干員名，開具清單速奏。其留於外洋大船看守員役舵水人等，亦開具人數名單，一併奏聞，以備給賞。將此各諭令知之。（高宗一四三一、一）

（乾隆五八、六、壬午） 諭軍機大臣曰：徵瑞奏，六月十六日有英咭唎國探水船一隻到口，詢據通事稱，該貢使因船身過大，喫水三丈餘尺，恐天津海口不能收泊，令該頭目先來探量。現探得天津內洋水淺，大船不能進口，外洋又無山島可以灣泊。貢物甚大，又極細巧，不敢冒昧撥運，祇好就在登州廟島起旱。該探水船即於十八日開行，仍回廟島。已飛札山東撫臣速爲料理等語。同日又據吉慶奏，六月十日該國貢船正欲開行，適前次全皮囉答探船趕到，情願偕赴熱河，即於是日一同放洋等語。該撫此摺，係六月十七日拜發，自尚未得十八日該探水船隻轉回之信，該國貢船笨重，既因天津內洋水淺，不能收泊，而外洋又無灣泊之所，自應聽其即在山東登州廟島起旱，較爲慎重。但其貢物甚大，且極細巧，撥船尚恐磕碰，則用車拉運，更易顛簸，必須人夫擡運，方爲妥協。吉慶現赴登州一帶，查閱城工營伍，該探水船隻，折回告知貢船後，轉帆收泊廟島，稍需時日，該撫正可乘便迎往，親爲照料，且吉慶辦事細緻，自能料理裕如。著賞給鮮荔枝一個，大荷包一對，小荷包四個，該撫務須妥協經理，以副朕柔遠至意。至登州起旱進京，本有兩路，其小路係從武定取道，經由河間寧津一帶，較爲便捷，其大路仍由濟南一帶行走。著該撫酌量，於何路行走穩便，即飭沿途驛站，並飛咨梁肯堂、徵瑞速爲豫備。所有正副貢使品級較大，酌與肩輿，其隨從員役，止須與車乘。並著吉慶沿途董率照應，送至直隸交界。梁肯堂、徵瑞接到知會後，約計該貢使於何日可以行抵直境，即先赴交界處所，以便接替照應。徵瑞仍遵前旨伴送前來。登州距熱河二千二百餘里，現距八月初旬尚有四十餘日，但計貢船折回起旱，料理縈縛擡運一切事宜，亦須稍爲躭擱，即至八月初十以前抵熱河，亦不爲遲也。至梁肯堂、徵瑞前赴直、東交界後，該國恐尚有小船來往天津，仍著飭令該鎮道一體照料。將此由六百里各諭令

知之。(高宗一四三一、四)

（**乾隆五八、六、丙戌**）諭：英咭唎國遣使航海遠來，情殷祝嘏。茲據徵瑞奏，貢船於六月二十二日已抵天津海口，該鹽政親往照料，甚為妥協。著賞還佐領頂帶，以示獎勵。(高宗一四三一、八)

（**乾隆五八、六、辛卯**）諭軍機大臣等：據梁肯堂等奏，英咭唎國貢單已經貢使譯出漢字，謹將原單進呈一摺。昨已有旨，以該貢使由通州起旱，為期儘屬從容，所有一切貢物，著交徵瑞一併押送前來。至梁肯堂係屬總督，呼應較靈，是以派令前往會同照料。但總督職分較大，若該督與貢使偕赴熱河，轉似徵瑞之外，又添派梁肯堂一同護送，恐該貢使以天朝多派大員照料伊等，禮節優隆，益足以長其矜傲。梁肯堂俟筵宴完竣後，可仍回永定河工次防汛，俟屆八月初旬照例再來熱河未遲。又閱譯出單內所載物件，俱不免張大其詞，此蓋由夷性見小，自為獨得之秘，以誇炫其製造之精奇。現已令選故鍾處好手匠役前來，俟該國匠役安裝時，隨同學習，即可諳悉。著徵瑞於無意之中向彼閒談，以大皇帝因爾等航海來朝，涉萬里之遙，閱一年之久，情殷祝嘏，是以加恩體卹。至爾國所貢之物，天朝原亦有之。如此明白諭知，庶該使臣等不敢居奇自炫，是亦駕馭遠人之道。又閱單內有遣欽差來朝等語。該國遣使入貢，安得謂之欽差？此不過該通事，仿效天朝稱呼，自尊其使臣之詞，原不必與之計較，但恐照料委員人等識見卑鄙，不知輕重，亦稱該使臣為欽差，此大不可。著徵瑞豫為飭知，無論該國正副使臣，總稱為貢使，以符體制。再前因該貢使回國時口食缺乏，令梁肯堂傳旨，賞給來使一年口分米石，即於北倉動給。今思北倉即有餘存，恐不敷用，該國船隻於起卸貢物後，即欲回至浙江寧波停泊，莫若即於浙省就近倉貯米石內給與，更為省便。並著梁肯堂即詢明該使臣，由天津回至寧波，需米若干，先行賞給外，其餘米石，仍遵照前旨，按其等級覈明數目，飛咨長麟，俟該船回抵寧波後，照數撥給，較為省便。將此由六百里傳諭知之。仍即速回奏。(高宗一四三一、一七)

（**乾隆五八、七、丙申**）諭軍機大臣等：昨據梁肯堂等奏，英咭唎國原來船隻未能久泊天津洋面，擬先回浙江寧波珠山地方灣泊。該貢使懇求命浙省地方官指給空地一塊，俾伊等支立帳房，將船內患病之人送至岸上，暫行棲息。並求禁止居民，勿上彼船，伊亦禁止船內之人，不出指給地界之外等語。該國貢船因天津外洋不能久泊，欲先回浙江亦可聽其自便。除該貢使前至行在瞻覲叩祝，諸事完竣後，即令回浙，貢使一到，原船便可開行。其在寧波、珠山地方，不過暫時灣泊。著傳諭長麟即查照梁肯堂等所奏，妥協辦理，並飭地方官留心照料，固不必過於優待，亦不可稍任欺侮。其船內及上岸養病之人並當時加查察，毋許潛越所指地方，滋生事端。沿海居民，亦著禁止前往該處。又前降諭旨，以該船回國時，應賞一年口分米石，於天津酌量賞給外，其餘在浙江就近補給。昨據梁肯堂奏，已在天津兩次傳旨犒賞，並賞給米六百石，麪二千餘觔，儘足敷用，毋庸再於浙江補給等語。並著該撫酌量，若其回洋時，仍需米石，即傳旨賞給。（高宗一四三二、七）

（乾隆五八、八、壬戌）諭軍機大臣等：據長麟奏，籌辦英咭唎貢船回至定海，照料一切事宜，已於摺內批示。至所奏應否准其採買物件等語，該國此次航海遠來，傾心向化，回船之便，欲於該處購買物件，自可准行。但此後不得援以爲例。至商儈等設計勾引，密約商串，私來潛往，貿易交通等事，最爲可惡，向曾查禁。該撫派委道員等，前往留心密辦，使不至交涉滋弊。所辦甚是。如有此等弊端，祇須嚴懲一二，奸儈等自無可施其伎倆也。將此諭令知之。（高宗一四三四、二）

（乾隆五八、八、庚午）上御萬樹園大幄次，英咭唎國正使嗎嘎嚼呢、副使嘶噹東等入觀，並同扈從王公大臣及蒙古王、貝勒、貝子、公、額駙、台吉，暨緬甸國使臣等賜宴，賞賚有差。（高宗一四三四、一一）

（乾隆五八、八、庚午）御製紅毛英咭唎國王差使臣嗎嘎嚼呢等奉表貢至，誌事詩曰：博都雅昔修職貢，英咭唎今效藎誠。豎亥橫章輸近步，祖功宗德逮遙瀛。視如常却心嘉篤，不貴異聽物翊精。懷遠薄來而厚往，衷深保泰以持盈。（高宗一四三四、一一）

（乾隆五八、八、丁丑）又諭：前因英咭唎貢使呈出覆信，令其原船先行回國，業將原信發交長麟轉給該夷官遵照。茲該貢使又稟稱，伊等帶有夷官嗎唻哆嘶一名，因求一同瞻觀，是以帶同前來。但伊係專管船隻之官，若不令其回至船上，恐官役等無人彈壓。欲求令嗎唻哆嘶同一西洋人作爲通事，前往珠山，並欲在浙購買茶葉等物，懇求准令購買等語。嗎唻哆嘶，雖據該貢使稟稱係專管船隻夷官，但船上官役人等甚多，儘可照料管理。況該國船隻自天津行至浙江，嗎唻哆嘶並未同往，豈有自浙回國，又必須嗎唻哆嘶一人前往彈壓之理。所稟並非實情，且亦不值爲嗎唻哆嘶一人，又復派員沿途伴送，致勞繁費，實不可行。著傳諭長麟，前此該貢使寄給該夷官覆信內，若並未提及欲令嗎唻哆嘶回船彈壓之事，固屬甚善，即著長麟於船到齊後作已意，傳知該夷官等，以伊等船隻，業經奉旨准令回國，並有爾貢使覆信，伊等即應遵照辦理，剋日開船，並將其船隻開行日期迅速馳奏。若其覆信內提及欲令等候嗎唻哆嘶回船再行開行之事，該夷官等或稟請在船等候，長麟即當明白曉諭，以伊等船隻，業經奉旨准令先回，不便久泊，且汝之正使已有信令汝等回國，何必在此等候？即勒令剋日放洋，仍即將開行日期迅速具奏，以便曉諭該貢使等知悉。此等夷官不知體制，或不無藉詞延緩等事，長麟務須詞嚴義正，明白諭知，令其凜遵無違，毋任逗留。若該夷官等再四懇求，必欲等候嗎唭哆嘶，即著長麟迅速馳奏。計奏到時，該貢使等在京宴賚各事宜亦經完竣，竟當飭令由京往浙，回其原船，與夷官等一同回國，更爲簡捷。至該貢使求在浙省購買茶葉等物，自可准行。著長麟傳知該夷官速行購買，以便料理起身。仍飭地方官傳知各鋪户，令其公平交易，毋致苛刻。並將所買茶葉等物，已經奉旨加恩免其納稅之處，諭知該夷官，令其倍知感激。再據該貢使稟稱，有附船同行之西洋人，安納、拉彌額特二名，係欲來京當差，現在船上等語。安納等二名，既係情願住京當差之人，並著長麟傳知伊二人，如仍欲由粵赴京，即聽其赴嶴門，由廣東督撫伴送來京。如欲就近由浙江來京，即交長麟派人遇便送京。將此由六百里加緊傳諭知之。並著將該夷船隻於何日到齊，訂期放洋回國之處，迅速六百里馳奏。(高宗一四三五、四)

(**乾隆五八、八、己卯**) 勅諭英咭唎國王曰：咨爾國王，遠在重洋，傾心嚮化，特遣使恭齎表章，航海來庭，叩祝萬壽，並備進方物，用將忱悃。朕披閱表文，詞意肫懇，具見爾國王恭順之誠，深爲嘉許。所有齎到表貢之正副使臣，念其奉使遠涉，推恩加禮，已令大臣帶領瞻覲，錫予筵宴，疊加賞賚，用示懷柔。其已回珠山之管船官役人等六百餘人，雖未來京，朕亦優加賞賜，俾得普霑恩惠，一視同仁。至爾國王表内，懇請派一爾國之人，住居天朝，照管爾國買賣一節，此則與天朝體制不合，斷不可行。向來西洋各國，有願來天朝當差之人，原准其來京。但既來之後，即遵用天朝服色，安置堂内，永遠不准復回本國。此係天朝定制，想爾國王亦所知悉。今爾國王欲求派一爾國之人，住居京城，既不能若來京當差之西洋人，在京居住，不歸本國，又不可聽其往來常通信息，實爲無益之事。且天朝所管地方，至爲廣遠，凡外藩使臣到京，譯館供給，行止出入，俱有一定體制，從無聽其自便之例。今爾國若留人在京，言語不通，服飾殊制，無地可以安置。若必似來京當差之西洋人，令其一例改易服飾，天朝亦從不肯强人以所難。設天朝欲差人常住爾國，亦豈爾國所能遵行？況西洋諸國甚多，非止爾一國，若俱似爾國王懇請派人留京，豈能一一聽許？是此事斷斷難行，豈能因爾國王一人之請，以致更張天朝百餘年法度。若云爾國王爲照料買賣起見，則爾國人在嶴門貿易，非止一日，原無不加以恩視。即如從前博爾都噶里雅、意達哩亞等國，屢次遣使來朝，亦曾以照料貿易爲請，天朝鑒其悃忱，優加體卹，凡遇該國等貿易之事，無不照料周備。前次廣東商人吳昭平，有拖欠洋船價值銀兩者，俱飭令該管總督，由官庫內先行動支帑項，代爲償還，並將拖欠商人重治其罪。想此事爾國亦聞之矣。外國人又何必派人留京，爲此越例斷不可行之請？況留人在京，距嶴門貿易處所幾及萬里，伊亦何能照料耶？若云仰慕天朝，欲其觀習教化，則天朝自有天朝禮法，與爾國各不相同。爾國所留之人即能習學，爾國自有風俗制度，亦斷不能效法中國，即學會亦屬無用。天朝撫有四海，惟勵精圖治，辦理政務，奇珍異寶，並不貴重。爾國王此次齎進各物，念其誠心遠獻，特諭該管衙門收納。其實天朝德威遠被，萬國來王，種種貴重之物，梯航畢集，無所不有，爾之正使等所親見。然從不貴奇巧，並無更需爾國製辦物件。是爾國王所請派人留京一事，於天朝體制，既屬不合，而於爾國亦殊覺無益。特此詳晰開示，遣令貢使等安程回國。爾國王惟當善體朕意，益勵款誠，永矢恭順，以保乂爾有邦，共享太平之福。除正副使以下各官及通事兵役人等，正賞加賞各物件，另單賞給外，茲因爾國使臣歸國，特頒勅諭，並錫賚爾國王文綺珍物，具如常儀，加賜彩緞羅綺文玩器具諸珍，另有清單。王其祗受，悉朕眷懷，特此勅諭。（高宗一四三五、一一）

（乾隆五八、八、己卯）又勅諭曰：爾國王遠慕聲教，嚮化維殷，遣使恭齎表貢，航海祝釐。朕鑒爾國王恭順之誠，令大臣帶領使臣等瞻覲錫之筵宴，賚予駢蕃，業已頒給勅諭，賜爾國王文綺珍玩，用示懷柔。昨據爾使臣以爾國貿易之事，稟請大臣等轉奏，皆係更張定制，不便准行。向來西洋各國及爾國夷商赴天朝貿易，悉於嶴門互市，歷久相沿，已非一日。天朝物產豐盈，無所不有，原不藉外夷貨物以通有無。特因天朝所產茶葉磁器絲觔，爲西洋各國及爾國必需之物，是以加恩體卹，在嶴門開設洋行，俾得日用有資，並霑餘潤。今爾國使臣於定例之外，多有陳乞，大乖仰體天朝加惠遠人撫育四夷之道。且天朝統馭萬國，一視同仁，即在廣東貿易者亦不僅爾英咭唎一國，若俱紛紛效尤以難行之事，妄行干瀆，豈能曲徇所請？念爾國僻居荒遠，間隔重瀛，於天朝體制原未諳悉，是以命大臣等向使臣等詳加開導，遣令回國。恐爾使臣等回國後，稟達未能明晰，復將所請各條，繕勅逐一曉諭，想能領悉。據爾使臣稱，爾國貨船將來或到浙江寧波珠山及天津、廣東地方收泊交易一節。向來西洋各國前赴天朝地方貿易，俱在嶴門設有洋行，收發各貨，由來已久，爾國亦一律遵行多年，並無異語。其浙江寧波、直隸天津等海口，均未設有洋行，爾國船隻到彼亦無從銷賣貨物。況該處並無通事，不能諳曉爾國語言，諸多未便。除廣東嶴門地方，仍准照舊交易外，所有爾使臣懇請向浙江寧波珠山及直隸天津地方泊船貿易之處，皆不可行。又據爾使臣稱，爾國買賣人，要在天朝京城另立一行，收貯貨物發賣，倣照俄羅斯之例一節，更斷不可行。京城爲萬方拱極之區，體制森嚴，法令整肅，從無外藩人等在京開設貨行之事。爾國向在嶴門交易，亦因嶴門與海口較近，且係西洋各國聚會之處，往來便益。若於京城設行發貨，爾國在京城西北地方，相距遼遠，運送貨物，亦甚不便。從前俄羅斯人在京城設館貿易，因未立恰克圖以前，不過暫行給屋居住。嗣因設立恰克圖以後，俄羅斯在該處交易買賣，即不准在京居住，亦已數十年。現在俄羅斯在恰克圖邊界交易，即與爾國在嶴門交易相似。爾國既有嶴門洋行發賣貨物，何必又欲在京城另立一行。天朝疆界嚴明，從不許外藩人等稍有越境攙雜，是爾國欲在京城立行之事，必不可行。又據爾使臣稱，欲求相近珠山地方小海島一處，商人到彼，即在該處停歇，以便收存貨物一節。爾國欲在珠山海島地方居住，原爲發賣貨物而起，今珠山地方既無洋行，又無通事，爾國船隻已不在彼停泊，爾國要此海島地方，亦屬無用。天朝尺土俱歸版籍，疆址森然，即島嶼沙洲，亦必劃界分疆，各有專屬。況外夷向化天朝，交易貨物者，亦不僅爾英咭唎一國。若別國紛紛效尤，懇請賞給地方居住買賣之人，豈能各應所求？且天朝亦無此體制，此事尤不便准行。又據稱，撥給附近廣東省城小地方一處，居住爾國夷商，或准令嶴門居住之人出入自便一節。向來西洋各國夷商居住嶴門貿易，畫定住址地界，不得踰越尺寸。其赴洋行發貨夷商，亦不得擅入省城。原以杜民夷之爭論，立中外之大防。今欲於附近省城地方，另撥一處給爾國夷商居住，已非西洋夷商歷來在嶴門定例。況西洋各國在廣東貿易多年，獲利豐厚，來者日衆，豈能一一撥給地方分住耶？至於夷商等出入往來，悉由地方官督率洋行商人，隨時稽察。若竟毫無限制，恐內地民人與爾國夷人間有爭論，轉非體卹之意。覆之事理，自應仍照定例在嶴門居住，方爲妥善。又據稱，英咭唎國夷商，自廣東下嶴門，由內河行走，貨物或不上稅或少上稅一節。夷商貿易往來，納稅皆有定則，西洋各國均屬相同。此時既不能因爾國船隻較多，徵收稍有溢額，亦不便將爾國上稅之例獨爲減少。惟應照例公平抽收，與別國一體辦理。嗣後爾國夷商販貨赴嶴門，仍當隨時照料，用示體卹。又據稱，爾國船隻請照例上稅一節。粵海關徵收船料，向有定例，今既未便於他處海口設行交易，自應仍在粵海關按例納稅，毋庸另行曉諭。至於爾國所奉之天主教，原係西洋各國向奉之教。天朝自開闢以來，聖帝明王，垂教創法，四方億兆率由有素，不敢惑於異說。即在京當差之西洋人等，居住在堂，亦不准與中國人民交結，妄行傳教，華夷之辯甚嚴。今爾國使臣之意，欲任聽夷人傳教，尤屬不可。以上所諭各條，原因爾使臣之妄説，爾國王或未能深悉天朝體制，並非有意妄干。朕於入貢諸邦，誠心向化者，無不加之體卹，用示懷柔。如有懇求之事，若於體制無妨，無不曲從所請。況爾國王僻處重洋，輸誠納貢，朕之錫予優嘉，倍於他國。今爾使臣所懇各條，不但於天朝法制攸關，即爲爾國代謀，亦俱無益難行之事，茲再明白曉諭。爾國王當仰體朕心，永遠遵奉，共享太平之福。若經此次詳諭後，爾國王或誤聽爾臣下之言，任從夷商將貨船駛至浙江、天津地方，欲求上岸交易，天朝法制森嚴，各處守土文武，恪遵功令。爾國船隻到彼，該處文武必不肯令其停留，定當立時驅逐出洋，未免爾國夷商徒勞往返，勿謂言之不豫也。其凛遵毋忽，特此再諭。（高宗一四三五、一五）

（乾隆五八、八、乙酉）諭軍機大臣等：現在英咭唎貢使瞻覲事竣，擬於九月初三日即令起身，由水路前赴浙江，仍坐原船開洋回國。所有經過水程地方，前已降旨，祇須照常供應，不可過於豐厚。著再傳諭沿途督撫，將來該貢使等經過時，該督撫等祇須派令道將護送，不必親自接見。其水程應需供給及口食等項，俱照例應付，俾無缺乏，不可假以禮貌。倘有藉詞逗留等事，應飭令護送官員嚴詞拒絕，催令按程前進，毋任遷延。並著各該督撫將接待供給及督率催趲各事宜，開寫傳單，行知沿途照料及伴送官員，一體遵照辦理。（高宗一四三五、二八）

（乾隆五八、八、戊子）諭軍機大臣等：英咭唎在西洋諸國中較爲強悍，且聞其向在海洋有刼掠西洋各國商船之事，是以附近西洋一帶夷人，畏其恣橫。今不准其留人在京，該國王奉到勅諭後，或因不遂所欲，藉詞生事，不可不豫爲之防。在西洋各國赴天朝貿易，畏服聲教，由來已久，未必肯爲附從。第恐英咭唎素習桀驚，船多人衆，別夷商等不免被其恫喝。吉慶業於二十一日起程赴浙，山東距浙江甚近，九月初十日内即可抵任。長麟接奉此旨後，即委員將巡撫關防，迎赴嘉興一帶交吉慶接收。長麟即赴粵東新任，以便與郭世勳恪遵節次諭旨，隨時留心，密爲查察。朕又思英咭唎國貢使欲由廣東回國之意，必以此次向天朝進貢，大皇帝十分優待，並妄稱許令總理西洋各國貿易之事，向各夷商等誇大其詞，欲思從中抽分稅銀，以爲漁利之計。西洋各國夷商，本素畏英咭唎強橫，今又假天朝聲勢，捏造諭旨，誆誘夷商，均未可定。長麟到粵，總在該貢使之先，務須會同郭世勳、蘇楞額，先向西洋別國各夷商詳晰曉諭，以英咭唎入貢天朝極爲恭順，但該貢使到京後，有欲駐京經管貿易之事，俱經駁斥。現在伊等由廣東回國，恐有假挫大皇帝聖旨，欲向爾等總理貿易、抽分稅銀等事，斷不可信其謊言，轉於爾等有損無益，特先爲諭知爾等，以免將來爲其所愚。如此明白曉諭，各夷商行頭，自必心懷感激。且其與英咭唎是否和睦情形，亦可知其大概，即行迅速覆奏。再聞嶴門有西洋尼僧在彼焚修，各夷商俱極信奉，遇事聽其指揮剖斷。未知英咭唎夷人是否信奉。如此尼僧向不與英咭唎一氣交結，可將以上曉諭夷商各情節，亦使之聞之，令其暗中作主。若與通同一氣，即不必告知，恐轉有洩漏。總之此事，與其事至而後圖維，不若先時而加防範，俾該夷使不得行其貪利狡謀，方爲妥協。該督等務宜遵照節次諭旨，不動聲色，隨時留心查察，不可稍事張皇。此不過朕思慮所及，豫爲指示，以期有備無患，想亦必無其事。萬一該國有煽惑情弊，該督等當撫別國商人，使其各安生業，不與英咭唎勾合。仍一面據實速奏，候朕裁奪。再該使臣入貢時，沿途海口，曾經降旨飭令該督撫，轉飭各營汛排列隊伍，以壯觀瞻。今該使臣到粵回國時，並著該督等即飭各標營、所有墩臺營汛及旗幟器械，務宜鮮明整肅，俾該夷人等見天朝兵威壯盛，不致稍萌輕忽。並禁止洋行別國夷商與彼往來，致有勾結之事。將此傳諭長麟，並諭郭世勳、蘇楞額知之。以六百里加緊發去，仍六百里加緊迴奏，朕爲此事甚縈念也。（高宗一四三五、二九）

（乾隆五八、九、辛卯） 諭軍機大臣等：前因英咭唎表文內，懇求留人在京居住，未准所請，恐其有勾結煽惑之事，且慮及該使臣等回抵嶴門，捏辭煽惑別國夷商，壟斷謀利。諭令粵省督撫等，禁止勾串，嚴密稽查。昨又據該使臣等向軍機大臣呈稟，欲於直隸天津、浙江寧波等處海口貿易，並懇賞給附近珠山小海島一處，及附近廣東省城地方一處，居住夷商，收存貨物。種種越例干瀆，斷不可行。已發給勅諭，逐條指駁，飭令使臣等迅速回國矣。外夷貪狡好利，心性無常。英咭唎在西洋諸國中較爲強悍，今既未遂所欲，或致稍滋事端。雖天朝法制森嚴，萬方率服，英咭唎僻處海外，過都歷國，斷不敢妄生釁隙。但觀該國如此非分干求，究恐其心懷叵測，不可不留心籌計，豫爲之防。因思各省海疆最關緊要，近來巡哨疏懈，營伍廢弛，必須振作改觀，方可有備無患。前已屢次諭知該督撫等，督飭各營汛，於英咭唎使臣過境時，務宜鎧仗鮮明，隊伍整肅，使知有所畏忌，弭患未萌。今該國有欲撥給近海地方貿易之語，則海疆一帶營汛，不特整飭軍容，併宜豫籌防備。即如寧波之珠山等處海島及附近嶴門島嶼，皆當相度形勢，先事圖維，毋任英咭唎夷人潛行占據。該國夷人雖能諳悉海道，善於駕駛，然便於水而不便於陸，且海船在大洋，亦不能進內洋也。果口岸防守嚴密，主客異勢，亦斷不能施其伎倆。著傳諭各該督撫，飭屬認真巡哨，嚴防海口。若該國將來有夷船駛至天津、寧波等處，妄稱貿易，斷不可令其登岸，即行驅逐出洋。倘竟抗違不遵，不妨儆以兵威，使知畏懼。此外如山東廟島地方，該使臣曾經停泊，福建臺灣洋面，又係自浙至粵海道，亦應一體防範，用杜狡謀。各該督撫惟當仰體朕心，會同該省提督及沿海各鎮等，不動聲色，妥協密辦，不可稍有宣露，致使民情疑懼。如或辦理疎懈，抑或過涉張皇，俱惟該督撫等是問。此係朕思慮所及，先行指示，想來亦不致有此事也。再英咭唎貢使航海來京，雖曾至寧波海口，然衹暫行寄碇，並未躭延多日，所有珠山一帶，何處島嶼可以居住，何處港隩可以停泊，豈能遽悉其詳？諒必有內地漢奸，私行勾引前來，希圖漁利，此等奸民最為可惡。長麟現已赴粵，吉慶到任後，應即嚴切查察，究出勾引奸商數人，從重治罪，以示懲儆。即或一時不能查出，亦須時刻留心，認真訪拏，毋任濱海奸民勾結外夷，此為最要。再粵海關抽收夷商稅課，原應按例徵收，嚴禁吏胥需索。英咭唎商船來粵，較之西洋別國為多，將來該國貨船出入，固不便遽減其稅，亦不得絲毫浮收，致該夷商等得以藉口。並著傳諭蘇楞額督率稽查，公平收納，務與西洋別國相同，不可獨露市惠紅毛之意，轉使驕矜長智也。將此傳諭各該督撫遵照妥辦，並諭沿海各提鎮知之。(高宗一四三六、一)

(乾隆五八、九、丁酉) 諭軍機大臣曰：長麟奏，英咭唎夷船五隻，尚令在定海停候，並查出從前該國夷人，曾在浙江貿易。現已密諭鋪戶，嚴行禁止。所辦甚為周到，可嘉之至。已另降諭旨，加恩將長麟賞給宮銜，並著賞大荷包一對，小荷包四個，以示獎勵。該夷船五隻俱未開行，松筠正可護送該貢使，徑由水路赴浙，到定海上船旋國，實為省便。著松筠於途次面諭該貢使，以原船五隻尚在定海停待，爾等正可仍至定海上船，較之到粵路程，可少大半，並可省行走大江及起岸經過梅嶺之煩。且管船人嗎唛哆嘶，爾原欲懇求令其先赴定海，今與爾等一同行走，豈不更為省事？該貢使等自必感激樂從。但到定海時，想所買茶葉絲觔，不過幾日即可購辦齊集。松筠務須會同長麟、吉慶妥協辦理，即令開船回國，勿任藉辭稍有逗留。松筠俟該貢使開洋後，即可回京覆命。長麟亦即赴粵，遵照節次諭旨，密為妥辦。如該貢使即於定海開船由外洋旋國，不提再到粵門，固屬甚善。若提及欲仍至粵門暫泊，該處係西洋各國夷人貿易口岸，未便禁其前往。長麟務須由內地星速赴粵，自可趕在該貢使到粵門之前，豫為料理。此事係長麟一手經辦，較為熟諳。如此旨到時，長麟未經赴粵則已，若接奉前次令其赴粵諭旨，已將撫篆迎交吉慶，即從衢州一帶赴粵，於何處接奉此旨，即於該處轉回，與松筠、吉慶一同辦理，此爲最要。又搭赴夷船，情願進京當差之安納、拉彌額特二名，是否眞係佛蘭西人，抑係英咭唎國人，假託混入，長麟無從辨識。今詢之在京居住之西洋人羅廣洋等，據稱安納、拉彌額特等二名，久在澳門居住。上年西洋人寶雲山等自粤來京時，安納等即帶口信，欲覓便赴京効力。伊二人實係英咭唎貢使，未來之先即至澳門等語。所言亦難深信。並著長麟確切查訪，據實具奏，再行送京。至長麟查出浙江人郭姓，從前曾經勾結夷商，今已病故，伊子郭傑觀略省夷語，已經嚴行管住一節。郭姓曾有勾結夷商之事，伊子又能略通夷語，雖現無勾串情弊，然此人留於浙江，究不可信。著即派妥員伴送由別路進京備詢。伊係無罪之人，雖不必令帶刑具，但沿途務須留心防範，毋致脫逃。起解時，併不可令英咭唎國人聞知遇見。想該撫等自能妥辦也。將此由六百里加緊各諭令知之。仍將一切情形，隨時迅速覆奏。（高宗一四三六、七）

（**乾隆五八、九、辛丑**）諭軍機大臣曰：松筠奏遵旨傳示該貢使等欣感情形一摺，內稱該貢使向松筠述稱，意欲沿途買物，當經松筠諭以爾等需買茶葉、絲觔，業奉恩旨准在寧波置買。沿途地方，貿易商人，向不與外國交易，若欲在途買物，斷不可行等語，所諭甚當。該貢使等見小貪利，實爲可笑。松筠遵旨嚴辭阻止，諒不敢再行瀆請。至伊等到定海後，購買茶葉、絲觔等物，必須官爲經理，立定價値，公平交易，勿令牙行鋪戶人等經手，致起奸商勾結等弊，想松筠等自能妥協辦理。此等外夷，在內地購買物件，若令其自行交易，誠恐人地生疎，鋪戶等不無居奇苛刻。且奸商市儈，易於暗中勾結，是以不得不派員爲之經理。但伊等貿易之事，若經官爲經手，則似伊等私事官爲承辦，不足以昭體制。惟當令其自行交易，從中彈壓，勿令鋪戶牙行，故爲昂貴，並有私相勾結等事，以昭嚴肅而示體卹。又據松筠奏，經過各處城鄉市鎮，不令該貢使隨從人等上岸，亦不許民人近船觀看，稍滋事端一節。但該貢使等萬里遠來，旋回本國，經由內地，所過城鄉市鎮，自不應令伊等上岸遊觀。至於臨清、濟寧及淮安、鎮江、蘇揚一帶，人煙輻輳，商旅雲集，亦不妨令在船順道觀覽，俾知天朝富庶。祇須留心防範，毋使藉辭登岸逗留，致滋他弊。若竟閉置舟中，亦非體卹遠人之意。但從來內外大小臣工，辦事難得適中，非過即不及，松筠等不可不加意體會。總須於嚴切之中，仍寓懷柔，俾其知感知畏，方爲得當。（高宗一四三六、一一）

（**乾隆五八、九、丁未**）諭軍機大臣曰：松筠奏，英咭唎貢使於十四日行抵德州，並沿途欽遵諭旨，隨時妥辦各摺。諸凡皆妥，覽奏欣慰。此事松筠在軍機處行走，面聆諭旨，其顚末係所深悉。松筠起身時，朕復詳加面諭。今該貢使等沿途行走,甚爲安靜,能知小心畏法,自無虞其耽延。但其人心志詭詐,總宜持之以法,毋任使巧。現據吉慶奏,於初五日已抵浙任事,長麟因其細心,亦已有旨令其回浙同辦。計松筠於十月半間可抵浙江,與長麟、吉慶會晤,松筠將朕面爲指示之處,詳悉告知伊等,三人公同商辦,自然諸事合宜,副朕委任。如該貢使置買茶葉、絲觔即行回國,固屬甚善,倘藉詞逗留,松筠等定能面爲曉諭也。(高宗一四三七、四)

(乾隆五八、九、癸丑)諭軍機大臣曰:松筠奏連日途次泊舟時,該貢使過船求見,款曲稟述,似有冀圖轉達天聽之意等語。該使臣連次過船求見松筠,婉詞稟述,自以松筠係欽差照料伊等之人,可將其感激悔懼之意代爲奏達。但朕此時不值特降諭旨,計該貢使十月望間方可到杭州省城,再由省城前往寧波上船,候風放洋,已在十月底十一月初間。該貢使等應在洋面度歲,著發去御書福字一個,繡蟒袍一件,錦緞五匹,葫蘆大荷包一對,小荷包六個,賜與該國王。又御書福字一個,賞給貢使以下人等,並另賞正使錦緞大緞各一匹,大荷包一對,小荷包四個,副使大錦緞一匹,大荷包一對,小荷包二個。著松筠等於該貢使將次上船時,傳旨賞給。並諭以大皇帝念爾國王誠心効款,遣爾等遠涉重洋進京祝嘏,大皇帝嘉爾等恭順,已優加宴賚,且以爾等沿途安靜,今當旋國之時,新正將近,特賜爾國王御書福字一個,俾爾國王得荷天朝敷錫,永迓新正祥禧,並蟒緞荷包等件,用昭恩眷。又御書福字一個,係賞爾正副貢使及合船人等。因爾等在洋度歲,俾得共仗大皇帝洪福,吉祥如意,安穩涉洋,並另賞爾等緞匹荷包,爾等益當感激大皇帝有加無已之恩。此一節著松筠於到寧波後,屆期會同長麟、吉慶遵照辦理。松筠仍先向該貢使面諭,以爾等前此在京所請各條,不但與天朝體制不符,亦於爾國無益,是以未便准行,已於勅諭內逐條明白曉示,爾國王素屬曉事,斷不因所請未遂,致怪爾等。至天津、寧波等處,向無洋行通事與外夷交易之例,是以未允所請。其粵門貿易已百有餘年,況此次爾國王又遣爾航海遠來,輸誠納費,極爲恭順,豈有不准爾國貿易之理?爾等儘可安心旋國,一一轉告爾國王知悉。將來爾國夷商到粵門貿易者,仍與各國一體公平抽稅,照料體卹,爾等轉不必過慮也。如此詳悉諭知該貢使,自當益知感畏,敬謹遵奉。將此由五百里諭令知之。(高宗一四三七、九)

(乾隆五八、九、乙卯)諭軍機大臣曰:松筠奏,英咭唎貢使祇領恩賞奶餅,感激歡忭,及松筠曉諭該貢使情形一摺。所辦甚是。但松筠所言西洋各國夷商,俱在粵門交易,而紅毛各船,不當在黃埔灣泊一節。今據福康安稱,前在廣東時,即於黃埔地方查勘,本係該國貨船停泊之處,粵門轉無英咭唎船隻。今松筠所言，竟屬知其一不知其二。松筠未曾到過廣東，於彼處情形，自未能熟諳，即長麟亦恐不能知悉。此次該貢使既欲於回國之便，到廣東黃埔地方，看視伊國貿易之人，祇好聽其自便。惟該使臣到黃埔時，著長麟遵照前次諭旨，不動聲色，先爲密諭粤門西洋別國夷商，勿爲夷使所惑，此爲最要。至該貢使到寧波後，乘坐原船由外洋行走，如得順風，較之長麟由內河到粤自爲迅速。今松筠請令長麟在杭州見過使臣後，即馳赴粤省。該使臣由杭城前赴寧波置買茶葉、絲觔，再遲二十餘日，開船放洋。長麟自必先到粤東，會同郭世勳豫爲籌辦，諸事得以從容，自當如此。著傳諭長麟即照松筠所請，於會晤松筠商定一切後，即馳赴粤東先爲料理。將此由六百里諭令知之。（高宗一四三七、一三）

（**乾隆五八、九、己未**）諭軍機大臣等：據松筠奏，英咭唎貢使懇請仍由廣東行走等語。前因吉慶奏，英咭唎夷船已在定海開行四隻，留大船一隻，等候貢使，足敷乘坐。是以諭令松筠，傳諭該貢使等，仍當赴浙乘坐原船歸國。今據松筠奏，遵旨傳諭後，該貢使又稱，現在行李物件甚多，人數亦復不少，海内有極熱之處，若我等都上原船擁擠一處，易生疾病。祇求代奏格外施恩，准將沉重箱件分撥從人照料，由定海上船，我等止帶隨身行李，仍走廣東等語。當經松筠峻辭斥駁，而該貢使等涙隨言下，看來尚係實情，亦祇可准其所請。著松筠再向該貢使等傳諭，以爾國原船現留大船一隻，在浙停泊等候，原可由浙放洋回國，不應紆道廣東。今大皇帝俯念爾等下情，或致擁擠患病，曲加體卹，准爾等攜帶隨身行李，仍由廣東行走。其沉重物件即著爾等分撥從人照料，由定海上船回國。此係大皇帝軫卹遠人，逾格恩施，爾等當倍加感激。但爾國船隻，係爾等乘坐前來，別船雖有頭領，其停泊開行，自應聽爾正副使分付，方爲正理。即如本部堂乘坐之船，令其在何處等候，斷無不凜遵指示。若在船官役兵丁擅自開行，必將官員參究，兵役治罪。今爾等在浙船隻，並不候爾等之信，輒敢先行開洋，可見爾國法度不能嚴肅，任其來去自便。爾等回國後，當告知爾國王，加以懲治。俾該貢使聞知，感激之下益加凜畏也。松筠到浙，會同吉慶，前赴定海，將該貢使分撥從人及沉重物件，照料開船後，松筠即當自浙回京覆命，毋庸再赴廣東。長麟即帶同貢使由水路行走，至江西過嶺赴粤，令其附搭該國貿易便船回國。長麟惟當遵照節次松筠所告訓諭，妥協辦理，以副委任。將此由六百里加緊諭令知之。（高宗一四三七、一九）

（**乾隆五八、九、庚申**）又諭曰：英咭唎國遣使赴京，祝禧納贄。朕因係遠夷所進方物，特命分賞，俾内外大臣共知聲教覃敷之盛。督撫等接奉後，謝恩摺內，自應將所賞物件係英咭唎國呈進之處敘明。昨朱珪奏到摺內，即將此意敘入。乃本日蔣兆奎謝恩之摺，止稱奉到恩賞嗶嘰褂料一件，而於英咭唎所進，並未一字提及，竟似無故而特加賞賚，所奏殊不明晰。(高宗一四三七、二一)

(乾隆五八、一〇、癸亥) 又諭曰：松筠奏，遵旨詳諭英咭唎貢使，欣感悅服情形一摺。諸凡皆妥。至該貢使等又向松筠言及，欲照俄羅斯之例，留人在京學藝，實屬妄行干瀆，總不知足，殊爲可惡。經松筠嚴詞拒絕，所駁甚是。同日據吉慶奏，英咭唎所留大船一隻，即係該貢使原坐之船，極爲寬大，現派員弁等駐宿看守等語。此事前據吉慶奏到後，即令松筠諭知該貢使等，以現留船隻足敷乘坐，仍當赴浙，上其原船歸國。嗣據松筠奏，該貢使等以行李物件甚多，人數不少，若擁擠一處，易生疾病，求將沉重箱件分撥從人照料，由定海上船，貢使等止帶隨身行李，仍由河路前赴廣東行走。經松筠峻詞斥駁，而該貢使等淚隨言下，似係實情，是以姑准所請辦理。今據吉慶奏，現留大船，即係該貢使原坐之船，則該貢使等前向松筠所稱船小人多易生疾病之處，或係托辭。著再傳諭松筠等察看情形，如可設法向貢使等好言開諭，令其乘坐原船，即由定海放洋，及早歸國，豈不更爲省便？倘該貢使等再三陳懇，必欲由廣東行走，有不得已之實情，難以拒絕，亦止可俯從所請，不過沿途稍費供支而已。仍當令長麟帶同貢使，由水路至江西，過嶺赴粵，附搭該國貿易便船回國，以示懷柔。(高宗一四三八、四)

(乾隆五八、一〇、庚午) 諭軍機大臣等：據松筠奏，遵旨傳諭該貢使等，感激凜畏緣由一折。據稱貢使等向松筠告稱，前蒙恩准在寧波置買茶葉、絲觔，但我等所帶銀兩無多，現在浙省停泊之船，原係貨船，不知可否將洋貨兌換等語。前因該貢使懇請在寧波置買茶葉、絲觔，原已降旨允准，今該貢使等又以銀兩無多爲詞，欲將洋貨在彼兌換，總不知足，實爲可鄙。經松筠諭以寧波地方向無洋行，無從交易，應赴粵門黃埔將貨物交易。自應如此辦理，並著長麟於到粵時酌量妥辦。浙江向無洋行，亦不值爲伊等特調粵省洋行之人，遠赴浙省也。同日據吉慶奏稱，寧波地方不產絲觔，客販亦少，現在飭令紹興府購備絲觔，運往海口，以便貢使置買等語。該貢使等欲將貨物兌換茶葉絲觔，業經松筠駁飭。今吉慶已將絲觔購備運往，如該貢使等購買无多，不妨酌量准其交易。倘伊等因松筠飭諭，不復在彼置辦，即聽其前赴粵門黃埔購買，更覺省事。若聽其一事，彼又生法求恩不已矣。將此各五百里傳諭知之。(高宗一四三八、一一)

(乾隆五八、一〇、甲戌) 諭軍機大臣等：據松筠等奏，撥令英咭唎貢使等分道啟程一摺，所辦諸凡皆妥，已於摺內批示。至摺內稱，長麟於初十日管押該貢使等啟程赴粵，松筠、吉慶即於是日督令該夷官等前赴寧波上船等語。該貢使及夷官等，經松筠、長麟等查照派撥，分路起程，可期行走迅速，固屬甚善。但長麟一路，除正副貢使外，尚有隨從夷人幾名，及伊等攜帶隨身行李外，尚有何箱籠。松筠等一路，所帶夷官共若干人，其箱桶等項物件，共計若干，摺內並未聲敘，尚欠明晰。計此旨到日，松筠、長麟等早經分道行走，此事無關緊要，亦不必專摺具奏。著於奏事之便，將夷人名數及箱桶物件等項，兩路如何分撥帶領前往之處，各開清單，隨摺具奏。至該夷官等到寧波後，欲買茶葉絲觔一事。前因吉慶奏寧波地方不產絲觔，已令紹興府購備，運往海口。業經降旨諭令松筠等，如該夷官購買無多，不妨酌量准其交易。倘伊等不復在彼置辦，即令其前赴虎門黃埔購買，更覺省事。想松筠等接奉前旨，自能妥協辦理。將此各諭令知之。尋松筠、覺羅吉慶奏：貢使經臣等駁飭後，不敢再求於寧波貿易。至夷官等行走亦安靜。惟向伴送官言及杭綢，意甚欣羨，臣等酌議略備茶絲賞給。比抵鎮海縣，宣布皇仁，分賜夷官四人各杭綢四匹，茶葉五十觔，絲六觔，隨從兵丁，酌給茶布，皆感激歡忭。並酌備牛羊麪食等項，俟其登原船時，給守船夷官從人。再臣長麟所帶貢使外，副使之子及通事、醫生、家人、兵役共七十四人，行李箱籠百三十一件，臣等所帶夷官四名外，家人、兵役共九人，隨帶箱籠六百六十件。得旨：嘉獎。（高宗一四三八、一九）

（乾隆五八、一〇、丙子）諭軍機大臣曰：郭世勳等奏，英咭唎小貢船二隻，於九月二十七日抵粵，現令其在虎門內蠔墩地方停泊。又據覆奏，英咭唎貢使到粵後，若希圖在黃埔地方蓋屋居住，當嚴行斥飭，並禁止內地奸人指引各等語。所辦均妥。惟所稱現到小船二隻，催令購辦食物後，即開行回國，不任挨延時日一節，所見尚欠周妥。該貢使等現經長麟於十月初十日帶同起身，由內河赴粵。所有該國貢船，自當留於粵省，俾該使臣等乘坐回國豈不省便？若即飭令開行，將來貢使抵粵，無原船可坐，又須搭附商船。倘商船一時乏便，伊等在粵，必更藉口觝延。此次該貢使到浙，原令其乘坐原船旋國，嗣因夷官等擅先開行，止留一隻在彼，該貢使以不敷乘坐為詞，懇請由內河行走，致多紆折。今郭世勳將船隻飭令先開，則該貢使本欲在粵逗留，又可託詞無船，復萌故智，遷延觀望，別有干求。此為最要不可行之事。著傳諭郭世勳等，所有該國先到船隻，務令其在粵停泊等候，其續到之大船二隻，一併飭令灣泊等待貢使。並著長麟於途次接奉此旨，帶同貢使趲程行走，以便及早到粵乘坐原船回國，免致另覓商船，有羈時日。再正副貢使等現係長麟帶同行走，所有一切調度，全在該督隨時酌辦。此摺著速行加緊迴奏。其松筠一路止係從役人等及粗重行李，無關緊要，將來上船開行之後，此船亦必經過廣東與前船會合一處。長麟到時，如該國先到之船尚未開行，而在浙後開之船亦已趕到，固屬甚善。惟當飭令速行，置備物件，於數日內開行，勿任逗留。若原船已經開行，又無商船之便，伊等在黃埔居住等候，止當密爲稽察，毋許勾結滋事。其一切食用，可以不必照内地之例，官爲料理，致令貢使等得以從容坐食，更有耽延。又據蘇楞額奏，凡遇紅毛貨船進口，與各國夷船，一律丈量收稅，不稍露示惠形跡等語。前因英咭唎遣使航海遠來，輸誠納貢，是以格外加恩，將攜帶貨物，免其納稅，係指此次貢船而言。外省辦事，往往膠柱鼓瑟，或因有此旨，意存拘泥，竟將該國別項貿易商船概行免稅，轉致西洋各國，心生冀望，紛紛籲請一體免稅，成何事體！著傳諭蘇楞額，務遵前旨，固不可例外浮收，亦不得於貢船之外，概行減稅。惟當按照定例收納，以昭平允。尋郭世勳、蘇楞額奏：查英咭唎貢船四隻，先後到粵，所泊蠔墩等處，經臣派員彈壓，初到量給酒米等物，餘俱通事代買。再此次貨物免稅，已出曠恩，該國別項船仍舊收稅。報聞。
(高宗一四三九、一)

（乾隆五八、一〇、戊子）諭軍機大臣曰：長麟奏，管帶英咭唎貢使起出浙境日期，及該夷使等悅服恭順情形一摺。覽奏俱悉。又據奏，該貢使向護送之道將等稱，該國王此次進貢，實是至誠。我們未來之前，國王曾向我們商議，此次回去，隔幾年就來進貢一次，是早經議定的。惟道路太遠，不敢定准年月，將來另具表文，再來進獻。若蒙恩准辦理，即將表章貢物，呈送總督衙門轉奏，也不敢強求進京，只求准辦，就是恩典等語。此尚可行。著長麟即傳知該使臣以爾國王此次差爾航海遠來，紓誠納貢，大皇帝原深爲嘉許，賞賚優加。嗣因爾等不諳中國體制，冒昧瀆請，天朝定例綦嚴，應准應駁，無不按例而行，爾等所請於例不合，是以未准。大皇帝並無嗔怪爾等之心，爾等不必害怕。今據爾稟稱，將來尚欲另具表文，再來進貢，大皇帝鑒爾國王恭順悃忱，俯賜允准。但海洋風信靡常，亦不必拘定年限，總聽爾國之便。貢物到粵，天朝規矩，凡外夷具表納貢，督撫等斷無不入告之理。屆時表貢一到，即當據情轉奏。大皇帝自必降旨允准，賞賜優渥，以昭厚往薄來之義。爾等回國時，可將此意告知爾國王，以此次爾國所請，未邀允准，係格於定例，大皇帝並無怪意，爾國王儘可安心。將來具表進呈，亦必恩准，從優賞賚。如此明切曉諭，不特該使臣聞之，益加悅服，將來回國告知該國王，亦必彌深欣感也。至此次該國貢船因其初次効忱，是以將所帶貨物,免其稅課。嗣後該國進貢,除貢船裝載物件外,其餘應納應免,惟在該督等會同監督,查照往例,臨時酌辦。固不可於例外加徵,亦不可越例寬免,使夷人等多得便宜,妄生冀倖也。來使光景,仍即速行回奏。(高宗一四三九、一三)

(乾隆五九、一二、甲寅) 諭軍機大臣等:上年英咭唎遣使來京,恭進表貢,所有經過各省,曾令各該督撫給與筵宴。此次荷蘭國遣使來京,本日據陳淮具奏,未經給宴。但該國慕化輸誠,航海遠至,自因知上年英咭唎使臣到京時,得蒙天朝恩錫優渥,宴賚駢蕃,是以聞風踵至。今該使等在途經過省分,未與筵宴,是同一西洋進貢使臣,轉似區分厚薄,失中國正大之體,該貢使等聞知,未免稍覺觖望。除俟該貢使等到京後一體酌加恩賚外,著傳諭各該督撫,將來該使臣等回程經過時,俱仍仿照英咭唎使臣之例,酌給筵宴。筵宴時,並宣諭該使臣等,此次爾等慕化遠來,大皇帝鑒爾恭順,從前爾等進京時原應筵宴,但因爾等趕於年內到京,沿途行走限期緊迫,恐致躭延時日,是以未經筵宴。今爾等回程紓徐,仍遵旨賞爾筵宴等語,向其明白宣示。該使臣等聞知,自必益臻歡感也。(高宗一四六六、一)

(乾隆五九、一二、丁丑) 諭軍機大臣等:上年英咭唎貢使到京,曾請派該國之人住居內地、照管買賣及該國船隻照例上稅各條,當令軍機大臣面加駁飭。並於該使臣回國時,發給勅諭二道,諭知該國王敬謹遵照。想該國王震懾聲威,接奉勅諭,義正詞嚴,自不敢再行瀆請。但夷性貪得便宜,恐日久復萌故智,所有前發勅諭,雖曾令松筠面向長麟告知,究未必能如繕寫之詳明,而該省又無檔案可查,設將來該國復有仍前瀆請之事,該督撫等一時辦理不能得有把握。著將上年頒給英咭唎勅諭二道,鈔錄發交長麟等密為存記。並令入於交代,以便日後接任之員,遵照妥辦。將此諭令知之。(高宗一四六七、一〇)

(乾隆六〇、一二、壬寅) 諭軍機大臣曰:朱珪奏英咭唎國呈進表貢一摺。該國王因前年貢使進京,賞賚優渥,特具表文土物呈進,具見悃忱。雖未專使來粵,有何不可,已准其賞收,並發給勅書一道,諭以爾國遠隔重洋,上年遣使恭齎表貢,航海祝釐。朕鑒爾國王忱悃,令使臣等瞻覲與宴,錫賚駢蕃,頒發勅諭回國,並賜爾國王文綺珍玩,用示懷柔。茲爾國王復備具表文土物,由夷船寄粵呈進,具見恭順之誠。天朝撫有萬國,琛賮來庭,不貴其物,惟貴其誠。已飭諭疆臣將貢物進收,俾伸虔敬。至天朝從前征勦廓爾喀時,大將軍統領大兵深入,連得要隘,廓爾喀震懾兵威,匍匐乞降,大將軍始據情入奏。天朝仁慈廣被,中外一體,不忍該處生靈,咸就殲除,是以允准投誠。彼時曾據大將軍奏及，爾國王遣使前赴衛藏投稟，有勸令廓爾喀投順之語。其時大功業已告成，並未煩爾國兵力。今爾國王表文內，以此事在從前貢使起身之後，未及奏明，想未詳悉始末。但爾國王能知大義，恭順天朝，深堪嘉尚。茲特頒賜爾國王錦緞等件，爾國王其益勵藎誠，永承恩眷，以副朕綏遠敷仁至意。朱珪接到後，可即交與該國大班啵嘟，轉送回國。俾該國王益加感戴恭順，以示懷柔。至天朝官員例不與外夷交際，其致送前任總督監督禮物，朱珪飭令寄回，所辦亦是。（高宗一四九三、一六）

（**嘉慶一〇、二、辛酉**）諭軍機大臣等：據倭什布等奏，英咭唎國呈進表貢，請旨遵行一摺。該國王重譯輸誠，情詞恭順。從前乾隆六十年間，曾經附進表貢，蒙皇考高宗純皇帝俯賜賞收，加以錫賚，賜之勅書。此次既據該國王備進方物，自應照例賞收。著那彥成等查照辦理，並將貢品齎京呈遞，再行頒給勅書賞件，俾遂忱悃而示懷柔。至所稱該國有護貨兵船四隻來廣一節。近聞外洋貨船到粵，均有兵船護送，亦不獨英咭唎國為然。必係因洋面不能肅清，自為守衛之計。迨駛至澳門，已近內地口岸，或有竊掠之事，豈不貽笑外夷？該督等當嚴飭地方文武，整飭巡防，使澳門一帶商船停泊，得以安靜無虞。至伊等護貨兵船，向來必有灣泊處所，總當循照舊規，勿令任意越進為要。再閱譯出該國原表，內稱有別項事情要我出力，我亦十分歡喜効力等語。此言似非無因，自係聞洋面時有盜警，或需伊國兵力幫同緝捕，是以隱躍其詞。海洋地面，番舶往來，原應內地官兵實力查緝，焉有借助外藩消除奸匪之理？那彥成到任後，惟當遵照節次諭旨，修明武備，整頓營伍，使奸徒聞風自遠，以懾外夷而靖海疆，方為不負委任。將此諭令知之。（仁宗一四〇、八）

（**嘉慶一〇、一〇、丙申**）勅諭英咭唎國王知悉：朕寅承駿命，祗邇鴻圖，求寧觀成，光宅區宇。譯傳風之化，鑒歸善之誠，震疊懷柔，外薄四海，無有遠邇，同我太平，復賚憕琛，梯航鱗集。朕益惟宵旰盰理，兢業萬幾，允冀祉錫無疆，化綏有截。爾邦遠界海域，恪守藩維，遙申向日之忱，載肅來庭之使。循覽陳奏，情詞恪恭，已令將貢品進收，俾遂殷悃。至爾邦民人前來貿易，歷有歲年，天朝一視同仁，無不曲加體卹，亦無需爾邦出力之處。茲國王特狃表抒誠，極陳愛戴，並飭港脚等處地方官員，凡遇天朝兵民人等，倍加敬謹。具見爾國王慕義向化，深所褒嘉。是用頒勅獎勵，並錫賚文綺等物。爾國王其祗承渥眷，彌矢藎懷，長荷天朝之寵靈，益凜友邦之修睦。率職共球，延禧帶礪，以副朕懷遠敷仁至意。（仁宗一五一、一五）

（**嘉慶二一、四、戊申**）諭軍機大臣等：董教增等奏，英咭唎國遣夷官稟稱，該國遣使進貢，於上年十一月起程，由浙江舟山一路水程入都。從前進貢即係由此路行走，約本年五六月間可到天津等語。英咭唎國遣使進貢，由海洋水程至天津入都，業經准其入貢。第洋面風信靡常，該國貢船現在未知行抵何處，著福建、浙江、江蘇、山東各督撫，各飭知沿海州縣，一體查探該國貢船經過之處。如在洋面安静行走，即毋庸過問，儻近岸停泊或欲由彼改道登岸，即以該國遣夷官向兩廣總督具稟後，業經奏明大皇帝，准其由天津登岸。天朝定例綦嚴，不許擅自改道，亦不准私行登岸。仍密飭沿海文武員弁加意防範，毋稍疏懈。將此各諭令知之。（仁宗三一八、二八）

（嘉慶二一、六、丙午）諭軍機大臣等：本年英咭唎國遣使入貢，其貢船於本月初間行抵天津海口。嗣貢使人等陸續登岸赴津。其原貢船五隻，併船内官役水手等五百八十餘人，並未報明，忽於二十日放洋東去，可惡已極。經蘇楞額、廣惠詢問該貢使等，據稱船隻先回粤東等候回國，未將緣故先行告知，是伊等不是等語。該國夷人居心狡詐，雖稱貢船駛往廣東，恐於經過江南、浙江洋面時，又欲乘便在該二省海口收泊，俱不可不防。著百齡、胡克家、額特布豫飭沿海口岸文武員弁，如該貢船駛至，欲行停泊，即諭以該國貢使已奉大皇帝諭旨，令由廣東回國，該貢船應速往廣東等候，此處不准停泊。傳諭後即飭令開行，不准一人上岸，斷不可令其寄椗逗遛，並著蔣攸銛、董教增、祥紹不時差探。一俟該貢船抵粤，即派委妥員將其船隻羈留，先行具奏，飭令安静守候。貢使等到粤，仍乘原船歸國，切勿疎懈，又似在津時縱令私自開行，以致辦理諸多窒礙也。將此各傳諭知之。（仁宗三一九、二〇）

（嘉慶二一、七、乙卯）諭内閣：前因英咭唎國貢船在天津海口私自開行南去，降旨將祥啟革職。昨祥啟到京，經軍機大臣訊問具奏，其過尚有可原，特賞給三等侍衛，前往新疆換班。此次英咭唎國貢使，仍令由天津乘坐原船回國。屢經諭知蘇楞額、廣惠，並未有傳諭祥啟。本日召見祥啟，據奏伊接准蘇楞額等來札，祇令防範夷船進口，並禁止夷人登岸滋事，其貢使等仍乘原船回國之處，蘇楞額等亦未行知。是該貢船私自放洋，非祥啟意料所及。朕於臣工功過賞罰，一秉至公，祥啟之過尚不至於斥革，是以加恩録用，並非曲爲寬貸也。（仁宗三二〇、三）

（嘉慶二一、七、乙卯）勑諭英咭唎國王曰：爾國遠在重洋，輸誠慕化。前於乾隆五十八年，先朝高宗純皇帝御極時，曾遣使航海來庭，維時爾國使臣，恪恭成禮，不愆於儀，用能仰承恩寵，瞻覲筵宴，錫賚便蕃。本年爾國王復遣使齎奉表章，備進方物，朕念爾國王篤於恭順，深爲愉悦。循考舊典，爰飭百司，俟爾使臣至日，瞻覲宴賚，悉倣先朝之禮舉行。爾使臣始達天津，朕飭派官吏在彼賜宴，詎爾使臣於謝宴時，即不遵禮節。朕以遠國小臣未嫻儀度，可從矜恕。特命大臣於爾使臣將次抵京之時，告以乾隆五十八年爾使臣行禮，悉跪叩如儀，此次豈容改異？爾使臣面告我大臣，以臨期遵行跪叩，不致愆儀。我大臣據以入奏，朕乃降旨於七月初七日令爾使臣瞻覲，初八日於正大光明殿賜宴頒賞，再於同樂園賜食；初九日陛辭，並於是日賜遊萬壽山；十一日在太和門頒賞，再赴禮部筵宴；十二日遣行。其行禮日期儀節，我大臣俱已告知爾使臣矣。初七日瞻覲之期，爾使臣已至宮門，朕將御殿，爾正使忽稱急病，不能動履，朕以正使猝病，事或有之，因祇令副使入見。乃副使二人亦同稱患病，其為無禮，莫此之甚。朕不加深責，即日遣令歸國。爾使臣即未瞻覲，則爾國王表文亦不便進呈，仍由爾使臣齎回。但念爾國王數萬里外奉表納貢，爾使臣不能敬恭將事，代達悃忱，乃爾使臣之咎。爾國王恭順之心，朕實鑒之。特將貢物內地理圖畫像、山水人像收納，嘉爾誠心，即同全收。並賜爾國王白玉如意一柄，翡翠玉朝珠一盤，大荷包二對，小荷包八箇，以示懷柔。至爾國距中華過遠，遣使遠涉，良非易事，且來使於中國禮儀不能諳習，重勞脣舌，非所樂聞。天朝不寶遠物，凡爾國奇巧之器，亦不視為珍異。爾國王其輯和爾人民，慎固爾疆土，無閒遠邇，朕實嘉之。嗣後毋庸遣使遠來，徒煩跋涉，但能傾心效順，不必歲時來朝，始稱向化也。俾爾永遵，故茲勅諭。（仁宗三二○、四）

（**嘉慶二一、一○、丙子朔**）諭軍機大臣等：蔣攸銛等遵旨覆奏，辦理英咭唎貢使到粵回國事宜一摺。英咭唎國貢使不能行謝宴禮儀，乾隆五十八年到粵時，並未給與筵宴，此次自無庸強令入宴行禮。該督等所奏頒賞使臣筵席三桌，仍賞給牛羊等物，所辦甚是。至另片所請，再行頒發諭旨，宣明該貢使等失禮之咎，令該國王自行查辦，殊可不必。前該督所奏刊刷告示，發給該國來粵貿易各船，朕即諭以六合之外，存而不論，降旨飭令停止，該督尚未接到，復為此奏。總之此事蘇楞額一誤於前，和世泰再誤於後，朕權衡裁度，恩威並濟，厚往薄來，辦理已為允協，此後無庸多煩詞說。該貢使如此狡詐，即頒發諭旨，伊歸國後，亦豈不能隱匿捏造虛詞以自文其過，竟當置之不論，較為得體。俟該貢使到粵，該督於接見時，當堂堂正正，諭以此次爾等奉國王之命來天朝納貢，不能成禮，即屬爾等之咎，仰荷大皇帝深仁大度，不加譴罰，仍賞收爾國王貢物，頒賞珍品。此乃天高地厚之恩，爾等回國，不可不知感激。至爾國向在粵東貿易，即係爾國一定口岸，儻將來再有進貢之事，總須在粵東收泊，候督撫具奏，請旨遵辦，毋得經往天津，即駛至彼處，該官吏亦必遵旨駁回，爾等豈非徒勞跋涉？如此明白宣諭，伊等自當畏威懷德，不必與之辨論曲直也。朕又思英咭唎國於乾隆五十八年入貢時，懇請在浙江寧波貿易。此次該國貢船來往經過浙洋，並未寄椗，其意似專欲來天津貿易，以遂其壟斷之謀。該督總當設法，將伊國來津之意嚴行杜絕，使之不萌此念，即來亦不能徑達，方爲妥善。至啵臣等五人，既均係夷商，現在仍准該國在粵貿易，自不必全行驅逐，致啟其疑，即聽從其便可也。將此諭令知之。（仁宗三二三、二）

（三）法國

（**順治四、八、丁丑**）户部議覆：兩廣總督佟養甲疏言，佛朗西國人寓居濠鏡澳，以其攜來番島貨物，與粵商互市，蓋已有年。後深入省會，至於激變，遂行禁止。今督臣以通商裕國爲請，然前事可鑒，應仍照故明崇禎十三年禁其入省之例，止令商人載貨下澳貿易可也。從之。（世祖三三、一八）

（**乾隆三五、一〇、庚子**）又諭：據李侍堯等奏稱，咈囒哂夷船來廣，帶來刷印銅板圖二百三十二張，並請應否備帶紙墨油水，及每幅須印若干張之處等語。該處帶來刷印圖幅，所有第一次圖三種内愛玉史詐營圖，現已印有二百張，亦足用矣，毋庸再印。其阿爾楚爾圖止有四張，伊犁人民投降圖止有二十八張，應令其印足二百張。其未經呈樣之十三幅，並著管理造辦處大臣，傳諭李侍堯交該國夷船帶信催令上緊鐫刻，每種俱刷印二百分，連銅板一併送繳。至紙墨油水，毋庸備帶。其彼處帶來書信，著交認識西洋字之人閱看，並令其將此意繕寫回書，一併交與李侍堯寄往，並諭德魁知之。（高宗八七一、三一）

（**乾隆五八、一〇、己丑**）是月，欽差侍郎松筠、浙江巡撫覺羅吉慶奏：臣等於本月二十三日至夷船泊處，頒賜牛羊蒭食。其附夷船願進京當差之安拉、訥彌勒特二人，係佛蘭西人與否，無從辨識。諭以浙江海口，無西洋人進京例，令仍附英咭唎貢船回，於二十七日起碇，計前途得風，十一月初旬內，可抵黃埔，其時長麟帶同貢使，亦可抵粵。該夷已悉寧波不産絲茶，無洋行交易，自不萌來浙之念，奸商亦無從勾結。臣吉慶仍隨時密訪，申嚴海口之禁。得旨：嘉奬。（高宗一四三九、一五）

（四）荷蘭

（**順治一三、六、戊子**）海外荷蘭國墨投爲也甲必丹物馬綏掘，遣使臣杯突高嚙惹諾皆色齋表朝貢，併請貢道以便出入。得旨：覽表奏，慕義輸

誠，航海修貢，深可嘉悅。所請貢道出入，著禮部議奏。(世祖一〇二、五)

（順治一三、七、戊申）禮部奏言：荷蘭國從未入貢，今重譯來朝，誠朝廷德化所致。念其道路險遠，准五年一貢，貢道由廣東入。至海上貿易，已經題明不准，應聽在館交易。照例嚴飭違禁等物。得旨：荷蘭國慕義輸誠，航海修貢，念其道路險遠，著八年一次來朝，以示體卹遠人之意。(世祖一〇二、二一)

（順治一三、八、甲辰）荷蘭國貢使歸國，特降敕諭賜其國王。敕諭曰：惟爾荷蘭國墨投為也甲必丹物馬綏掘，僻在西陲，海洋險遠。歷代以來，聲教不及，乃能緬懷德化，効慕尊親，擇爾貢使杯突高嚙惹諾皆色等，赴闕來朝，虔修職貢，地逾萬里，懷忠抱義，朕甚嘉之。用是優加錫賚大蟒緞二疋、糚緞二疋、倭緞二疋、閃緞四疋、藍花緞四疋、青花緞四疋、藍素緞四疋、帽緞四疋、衣素緞四疋、綾十疋、紡絲十疋、羅十疋、銀三百兩，以報乎忱。至所請朝貢出入，貿易有無，雖灌輸貨貝，利益商民，但念道里悠長，風波險阻，舟車跋涉，閱歷星霜，勞勩可憫。若貢期頻數，猥煩多人，朕皆不忍。著八年一次來朝，員役不過百人，止令二十人到京。所攜貨物，在館交易，不得於廣東海上私自貨賣。爾其體朕懷保之仁，恪恭藩服，慎乃常職，祗承寵命。(世祖一〇三、二〇)

（康熙二、三、壬辰）荷蘭國遣出海王統領兵船，至福建閩安鎮助剿海逆，又遣其戶部官老磨軍士丹鎮總兵官巴連衛林等朝貢，上嘉之，各賜銀幣有差。(聖祖八、二一)

（康熙三、閏六、癸亥）頒賜荷蘭國王緞疋銀兩，以二年冬助兵剿海逆有功也。(聖祖一二、一五)

（康熙三、一〇、丙寅）靖南王耿繼茂疏報：荷蘭國出海王於八月十六日帶領番船十隻，番兵千人抵閩安鎮。約九月二十至圍頭取齊，於十月初旬往澎湖攻賊巢，候風便進取臺灣。下部知之。(聖祖一三、九)

（康熙六、閏四、庚申）荷蘭國噶嘍吧王油煩嗎綏極差陪臣進貢方物，宴賚如例。(聖祖二二、一〇)

（康熙一八、二、乙亥）奉命大將軍和碩康親王傑書等疏言：據福建總督姚啟聖等啟，進取廈門、金門，須發江浙巨艦二百艘，增閩省兵二萬，迅調荷蘭舟師來會，方可大舉。進勦之期，必俟入秋北風起後，彼時戰艦師旅，一切不悞，自能奏功。得旨：勦滅海寇，事縈重要。其令江南浙江總督京口將軍，發江浙戰艦各百艘，於進勦期內，送至福建。仍許福建增兵二萬。大將軍康親王等並檄荷蘭國迅調舟師，務令如期而至。(聖祖七九、

一九）

（康熙一八、三、庚戌）奉命大將軍和碩康親王傑書等疏言：臣等已將徵調舟師敕諭，令荷蘭國人齎往，因趕塘石碑洋諸地，爲海寇所阻，不得行，故未達而還。上諭：項因定海舟師少，已特增兵，今荷蘭國人爲寇所阻，何以不行撲滅，俾得前行？音問既未能通，舟師必不能如期而至。如此，則我兵遇有機會，可不俟荷蘭舟師即進剿耶？抑必俟彼船至日方舉事耶？茲以剿蕩海寇，增調師旅，修理戰艦，糜費軍餉甚多，大將軍王等宜規取廈門、金門，速靖海氛，不必專候荷蘭舟師。（聖祖八〇、七）

（康熙二五、閏四、甲子）荷蘭國王耀漢連氏甘勃氏，遣使賓先吧芝表貢方物，賞賚如例。（聖祖一二六、二六）

（康熙二五、七、丙申）禮部題：荷蘭國王奏，請定進貢限期，五年一次。又貢船例由廣東進路，但廣東路雖稍近，泊船之地甚險，福建路雖稍遠，泊船之處較穩。嗣後進貢，准由福建進路。應如所請。從之。（聖祖一二七、六）

（康熙二五、七、己酉）賜荷蘭國王敕諭曰：朕惟柔遠能邇，盛代之嘉謨，修職獻琛，藩臣之大節。輸誠匪懈，寵賚宜頒，爾荷蘭國王耀漢連氏甘勃氏屬在遐方，克抒丹悃，遣使齎表納貢，忠藎之忱，良可嘉尚。用是降敕獎諭，並賜王文綺、白金等物。王其祇承益勵忠貞，以副朕眷。欽哉。（聖祖一二七、九）

（乾隆五九、九、癸亥）諭軍機大臣曰：長麟等奏荷蘭國遣使齎表納貢，懇求進京叩祝一摺。此係好事，披閱長麟等譯出原表，該國王因明年係朕六十年普天同慶，專差貢使齎表到京叩賀，情詞極爲恭順。長麟等因其表文係公班大臣呢嘧啵等代伊國王出名，與體制稍有不符，復加盤詰，何必如此深論？自應准其來京瞻覲，遂其向慕之忱。著長麟等即傳諭該使臣等知悉，並派委妥員，護送起程，祇須於十二月二十日封印前一二日到京，俾得與蒙古王公及外藩諸國使臣，一體同邀宴賚。並著知會沿途經過省分，令各該督撫一體派員按例照料，以便如期到京。再荷蘭國所進表文，在京西洋人不能認識，並著長麟等於居住內地之西洋人，有認識荷蘭國字體兼通漢語者，酌派一二人隨同來京，以備通譯。將此由六百里諭令知之。（高宗一四六二、一八）

（乾隆五九、一二、庚午）諭曰：長麟等奏，荷蘭國貢使搭坐商船來粵，船商咭時現已裝貨完畢放洋。業據咭時將入口出口船料稅銀等項，全數交納等語。荷蘭國貢使遠來納費，恭順可嘉。所有該貢使搭坐商船，除進口貨物，照例納稅外，其應納船料及出口買帶貨物，著加恩免其交稅。今此項出口船料等稅，業據全交。著長麟等俟該貢使回國時，仍行給還，以示柔遠懷來至意。（高宗一四六七、二）

（乾隆六〇、一、己亥）勅諭荷蘭國王喊㘄嘩囒咥哪嗖曰：……咨爾國重洋遙隔，丹悃克抒，敬齎表章，備進方物，叩祝國慶。……爾邦自貿易粵門，歷有年所。……今來使雖非爾國王所遣，而公班衙等，能體爾國王平時慕化情殷，囑令探聽天朝慶典，具表抒忱。……所有齎到表貢之來使，小心知禮，已令大臣帶領瞻覲，錫予筵宴。……除使臣恩賫疊加及各官通事兵役人等正賞加賞各物件，另單飭知外，茲因爾使臣歸國，特頒勅諭，錫賫爾王文綺珍物如前儀。加賜綵緞羅綺文玩器具諸珍，王其祗受，益篤忠貞，保乂爾邦，永副朕眷。欽哉。（高宗一四六九、一）

（五）其他國家：葡萄牙（澳門）、西班牙（呂宋）、美國

（康熙九、六、甲寅）西洋國王阿豐肅遣使瑪訥撒爾達聶等進貢。得旨：西洋國地居極遠，初次進貢，著從優賞賫。（聖祖三三、二〇）

（康熙九、一〇、壬辰）大西洋國正貢使瑪訥撒爾達聶，道經山陽縣病故，命江南布政使致祭。（聖祖三四、一〇）

（康熙一七、八、庚午）西洋國主阿豐素遣陪臣本多白壘拉進表，貢獅子，表文曰：謹奏請大清皇帝萬安。前次所遣使臣瑪訥撒爾達聶叩蒙皇帝德意鴻恩，同去之員，俱沾柔遠之恩，聞之不勝懔怵，時時感激隆眷，仰瞻巍巍大清國寵光。因諭凡在東洋所屬，永懷尊敬大清國之心，祝萬壽無疆，俾諸國永遠沾恩，等日月之無窮。今特遣本多白壘拉齎獻獅子，天主降生一千六百七十四年三月十七日奏。（聖祖七六、三）

（康熙五七、二、戊戌）兵部議覆：廣東、廣西總督楊琳疏言，澳門彝船往南洋貿易，及內地商船往安南貿易，臣面奏請旨，不在禁例。應如所請。仍行該督嚴飭地方文武巡查。如有澳門彝人夾帶中國之人，并內地商人偷往別國貿易者，查出照例治罪。如該管官盤查不實，徇情疎縱，從重治罪。從之。（聖祖二七七、二八）

（康熙五七、五、辛未）兵部議覆：廣東、廣西總督楊琳疏言，柔佛等國番人唎哈等五十三名，噶囉吧番人吧甘等三名，乘船被風，飄至新安等縣擊碎，隨令各地方官給與口糧，養贍撫卹。但查南洋柔佛等國，俱係應禁地方，無內地商船到彼，閩粵二省，又無彼國船隻前來。原船已遭風擊碎，是唎哈等永無還鄉之日，請給內地船一隻，令難番附合駕歸。嗣後如有飄至內

地難番，驗其原船可修，即與修整發遣，如已破壞難修，又無便船可附者，酌量給發。應如所請。從之。(聖祖二七九、四)

（雍正三、二、己巳朔）兵部議覆：兩廣總督孔毓珣疏言，廣東香山澳，向有西洋人來貿易，居住納租，踰二百年。今戶口日繁，總計男婦多至三千五百六十七名。大小洋船，近年每從外國造船回澳，共有二十五隻。恐致日增，請將現在船數作爲定額，除朽壞重修之外，不許添置。西洋人頭目，自彼處來更換者，許其存留，其無故前來之人，仍令隨船歸國，不許容留居住。俱應如所請。從之。(世宗二九、二)

（雍正三、八、丁丑）西洋教化王伯納地哆，遣使噶噠都易德丰進表，貢獻方物，宴賚如例。(世宗三五、一一)

（雍正五、四、癸丑）西洋博爾都噶爾國王若望，遣使麥德樂表貢方物，宴賚如例。(世宗五六、二八)

（乾隆三、一二、丁未）閩浙總督郝玉麟等奏：外夷呂宋狼萬雷等裝載蘇木各貨來廈貿易船隻，除徵收貨稅外，請照粵省不收分頭之例，一體免收分頭。得旨：自應照粵省之例而行。(高宗八三、三八)

（乾隆四、九、癸酉）閩浙總督郝玉麟奏：洋船戶黃萬興稟繳呂宋國判事書一封，內開去秋敝邑甲板抵廈，一應雜費，概從寬免。我國王報効未能，近因貴治民人名張清，有趕繪船一隻，船戶陳五勝，於丁巳年載木料往臺，配載糧米回廈。押船之人乃陳同、蔣伊、施偉、陳悅等，將米換麥，駕駛來宋，冒稱遭風，撲滅糧米，貽害保船之人。本職偵知此事，立提陳同、施偉訊供，認實無諱。而陳悅、蔣伊逃閩外方。我國王移文拘拏，到日解赴發落。另現追賣船之銀一百大圓奉繳。查陳五勝於乾隆二年閏九月載米赴臺，至今未到，久已提保究追。今據該國查拏，以申報効，理合奏聞。得旨：該國王輸誠報効，甚屬可嘉，可移傳旨嘉獎之。這所奏，知道了。(高宗一〇一、二一)

（乾隆一二、一二、丁丑）軍機大臣等議覆：閩浙總督喀爾吉善奏稱，澳口汛有呂宋夾板船一隻，欲往廈門貿易，不便拒絕。但恐內地奸商行保，或有誆騙滋事，隨檄委興泉道監看貿易。凡領夷本置貨商人，定限交貨，違限者即著落行保賠還，商人從重治罪。其夷商番梢等，俱安頓公所，派委員弁領兵看守防船，如軍器等貯庫，俟明歲開行給發。復密札水師提督就近嚴察。應照所奏。至所稱呂宋爲天主教教長，漳泉風俗澆漓，此等夷船，終不宜使之源源而來。擬俟夷船回棹之日，善爲慰遣，不使復來等語。查此等貿易，原係定例准行。今若不令復來，殊非向來通商之意。至於廈門一帶，風

俗澆漓，惟在責成地方官，加意防範。慰遣之處，可以不必。得旨：依議速行。（高宗三〇五、一三）

（**乾隆一三、一〇、甲申**）諭軍機大臣等：岳濬所奏辦理澳門夷人啞嗎嚧等致死李廷富、簡亞二兩命，問擬杖流，請照夷法安插地滿一摺。李廷富、簡亞二既死無可證，所據僅夷犯一面之詞，觀其始初狡賴情形，必另有致死根由。且夷人來至內地，理宜小心恭順，益知守法。乃連斃內地民人，已屬強橫，又復棄屍入海，希圖滅跡，尤爲兇狡，自應一命一抵。若僅照內地律例擬以杖流，則夷人鷙戾之性，將來益無忌憚，辦理殊屬錯誤。況發回夷地照彼國之法安插，其是否如此辦理，何由得知？設彼國竟置之不問，則李廷富、簡亞二兩命，不幾視同草菅乎？此案已傳諭該部飭駁，另行究擬。如該犯尚未發回，著遵駁辦理。倘已趁船起解，著一面聲明緣由報部，一面曉諭夷人，以示警戒。嗣後如遇民夷重案，務按律定擬，庶使夷人共知畏罪奉法，不致恣橫滋事，地方得以寧謐。岳濬著傳旨申飭。（高宗三二六、一二）

（**乾隆一四、三、甲寅**）諭軍機大臣等：據碩色奏稱，澳門番夷啞嗎嚧等打死民人李廷富、簡亞二一案，尚未審結。夷目唩嚟哆輒將啞嗎嚧等，附搭洋艘，照伊本國夷例，押發地滿地方，安插受罪，理應追回審究。但地滿遠隔重洋，勢難即獲，啞嗎嚧等毆死竊盜，罪不至死，可否邀恩照夷例完結，免其追拏等語。凡外夷久居內地，馭之之道，必當輕重適宜，恩威並濟。如本無大故，而有意刻覈搜求，招怨啓釁，固爲不可。若既干犯國憲，因恐其生事，姑息優容，夷人罔知禮法，由此益加驕縱，必致犯案漸多，是欲圖省事而反以滋事也。今此案辦理，已覺示弱外夷，但既經遠颺，勢難復行追獲，祇可就案完結。嗣後遇有此等案件，必須執法處置，使夷人知所敬畏，不宜稍爲遷就。至碩色平日爲人雖稱安靜，未免流於畏葸，今甫經到任，即爲此奏，其居心之苟且退縮若此，何以伸國紀而戢外夷？並傳諭申飭之。（高宗三三六、一四）

（**乾隆二〇、五、壬寅**）又諭曰：浙江提督武進陞奏，本年四月，有往寧波貿易之紅毛番船一隻到港，船內番梢，并小厮共四十名，係廣東澳門人，俱無髪辮，稱三月二十四日，在澳門開船等語。番人住居澳門，其留辮與否，可置之勿論。若係廣東內地民人，豈有不留髪辮之理？豈并去髪辮，即轉爲蓄髪地步耶？澳門地方僻遠，此等當留心查察，不可不防其漸。著傳諭楊應琚，將此項不留髪辮民人，查明情節，據實具奏。如本係番人，即仍聽其便，亦不必有意深求，致爲滋擾。尋奏：澳門番民雜處，互相貿易，內

地民人，從無剃去髮辮之事。其赴寧波貿易船內番梢等，雖附居澳門，查係番人，故未留髮辮。報聞。（高宗四八九、三三）

（**乾隆二二、一二、乙亥**）又諭：據馬大用奏稱，有呂宋番船一隻，來廈貿易等語。廈門雖原係海口，但是否向有此等番船收泊貿易，抑係如前此寧波海口之紅毛船，舍粵東舊行而自赴浙中，冀開設新行者，原奏並未明晰。著傳諭楊應琚查明。如係向來到廈番船，自可照例准其貿易，否則仍須令其回棹赴粵，不可因已到廈門，遂為遷就。尋奏：廈門向有呂宋番船收泊，應遵旨照例准其貿易。報聞。（高宗五五三、六）

（**乾隆四六、九、丙寅**）又諭：據楊魁奏，向來各國番商，俱有一定口岸。呂宋商船，歷皆趁洋赴廣，從不至閩。今有呂宋商民郎嗎叮等船隻，因遭風收泊廈港，懇請就近貿易，驗無傷損形跡，恐係意存趨避。請嗣後該國商民來閩船隻，並無損壞者，一概不准發賣貨物等語。楊魁此奏，所見轉小。呂宋商民，遭遇風暴，飄至廈門，幸未傷損，亦理情所有，若竟遣回，轉非體卹遠人之意。如因閩海關輸稅定例與粵海關多寡不一，該國商民意圖就輕避重，何不咨查粵海關條例，令其按照輸納。該商民等趨避之弊，不杜自絕。嗣後該國商船，有來閩者，俱著照此辦理。將此諭令知之。（高宗一一四一、二〇）

（**乾隆五九、四、丙戌**）福建巡撫浦霖奏：呂宋番船戶郎安直黎帶番梢四十名，載貨往廣貿易，在洋遭風，收泊廈港。隨飭廳營撥兵役防護，督令牙行交易貨物，俟事竣遣令回國。報聞。（高宗一四五一、二三）

（**嘉慶二二、六、庚子**）諭軍機大臣等：蔣攸銛奏，拏獲詐搶咪唎堅夷船匪犯李奉廣等，分別斬決梟示。並另片奏將噢咃夷人量加賞卹等語。此案咪唎堅國噢咃夷在香山外洋停泊，蜑民李奉廣等，詐搶拒捕，殺傷夷人五命，該督將李奉廣等拏獲，恭請王命分別斬梟，並傳齊該國在粵夷商，環視行刑，俾知天朝法度森嚴，咸知畏服。所辦甚是。至將噢咃夷人量加賞卹一節，則辦理錯誤。噢咃夷船如係裝載該國貨物運赴粵省銷售，被內地奸民搶劫殺傷，除將匪犯正法外，自應優加賞卹，以示懷柔。茲該夷人所帶鴉片煙坭是例禁之物，如該夷人私運入口，即應按律治罪。今因其橫被劫奪，戕害數命，不行究治，已屬恩施，何得再加賞卹？蔣攸銛即通行曉示各夷商，以鴉片煙坭產自外夷，不准私入內地，天朝例禁綦嚴，此次噢咃夷船私販煙坭，因其未經進口又遭劫掠，是以祇將煙坭燒燬，免其治罪。嗣後各夷船黨再有私帶鴉片煙坭者，進口之日，兵役等照例嚴搜，一經搜出，除將煙坭焚燬沈溺外，必將私販之人從重治罪，決不寬貸。如此嚴切曉諭，先令各夷商

一體周知，共知儆懼。將來有犯必懲，更不能託詞未悉例禁也。將此諭令知之。(仁宗三三一、三一)

三、亞洲各國的朝貢與貿易

(一) 朝鮮

（順治一、一、己未）萬壽節，朝鮮國王李倧遣陪臣表賀，貢方物。(世祖三、一六)

（順治一、四、己未）朝鮮國王李倧表謝遣世子歸省恩，附貢方物。宴賚如例。(世祖四、四)

（順治一、四、甲子）朝鮮世子李淏以省親還朝謝恩，並貢方物。(世祖四、八)

（順治一、七、丁酉）朝鮮國王李倧遣陪臣表賀平定燕京，并謝停解瓦爾喀人民，及復用李敬輿等免罪恩，附貢方物。宴賚如例。(世祖六、六)

（順治一、八、庚申）睿親王諭朝鮮國王李倧曰：適軍需孔亟，爾今秋量所得米粟，可運送燕京，以助國用。(世祖七、六)

（順治一、一一、乙未）諭投誠石城島總兵馬登洪：令報所部各島將士人等籍貫，聽候安置。其朝鮮貢米船往來，勿禁。(世祖一一、七)

（順治一、一一、庚戌）朝鮮國王李倧遣陪臣崔惠吉等表賀冬至、元旦、萬壽並進歲貢禮物。宴賚如例。(世祖一一、二〇)

（順治一、一一、庚戌）以中原平定，遣朝鮮國入質世子李淏歸國，賜淏及陪臣鞍馬、貂衣、緞疋。仍頒諭朝鮮國王李倧曰：朕戡定中原，誕登大位，人民愛戴，率土蒙庥。故特渙綸音，大赦天下。爾朝鮮國攄誠效順，歷有歲年，恪共藩服，宜沛隆恩。特遣爾世子李淏歸國，所有一切罪犯，盡行赦除。其永不敘用官李敬遇、李明翰、李敬式、閔性慧四人，爾世子欲求任用，姑如請准從。此外諸員，仍不准敘用。自十月初一日以後，諸罪概不援赦。至每年進貢方物，皆出於民，其額進紵布四百疋，蘇木二百觔，茶一千包，俱著蠲免。再各色棉紬二千疋，著減一千疋；各色細布一萬疋，減五千疋；布一千四百疋，減四百疋；粗布七千疋，減二千疋；順刀二十把，減十把；刀二十把，減十把。餘俱如舊。其元旦、冬至、萬壽慶賀禮物，念道途遙遠，俱著於慶賀元旦時，一並附進。(世祖一一、二〇)

（順治二、一、乙酉）朝鮮國王李倧遣陪臣鄭太啟等表賀元旦，并貢方物。宴賚如例。(世祖一三、一)

（順治二、一〇、壬午）朝鮮國遵諭，解白米五萬七百八十餘石至。(世

祖二一、二)

（順治三、一、乙酉）朝鮮國王李倧遣陪臣李繼祖等，表賀冬至、元旦、萬壽節，附貢方物及歲貢。宴賚如例。（世祖二三、二）

（順治三、二、癸卯）朝鮮國王李倧，以遣其子淏歸國及封爲世子，使陪臣奉表謝恩，貢方物。宴賚如例。（世祖二四、一五）

（順治三、一一、戊午）朝鮮國王李倧遣陪臣劉廷良等奉表謝免貢米及發回林慶業恩，附貢方物。宴賚如例。（世祖二九、五）

（順治四、一、癸卯）朝鮮國王李倧遣陪臣尤贊成等，表賀冬至、元旦、萬壽聖節，附貢方物及歲貢。宴賚如例。（世祖三〇、二）

（順治四、七、癸丑）諭朝鮮國王李倧曰：曩者爾國貢獻不恪，缺遣使臣，故降前敕，非因貢物涼薄，良以草率怠忽也。資物雖微，漫爾從事，殊乖敬慎。比當迎候義州，又不照例特遣爾國大臣，猥以末員代充，是豈敬君之體？外藩事上，道在恪誠，恐爾自今以後，復蹈前愆，茲故特加戒諭。（世祖三三、四）

（順治五、一、丁酉）朝鮮國王李倧遣陪臣洪柱遠等，表賀冬至、元旦、萬壽聖節，附貢方物及歲貢。宴賚如例。（世祖三六、二）

（順治五、一、戊申）遣學士額色黑等齎敕往諭朝鮮國王李倧。敕曰：向來奉使官員，王禮敬太過，今後筵宴、拂椅席、送杯箸儀節，俱不必行，只對坐舉杯，竟席而止。又聞嘉山大定江、安州清川江、坡州臨津江三處，搭橋以渡，人民勞苦，今後悉行停止，只預備堅固船隻，用心濟渡。其義州至王京夜行火把，亦屬煩勞，并行停免。向來使臣先宿碧蹄，次日方進王京，今後亦不必往碧蹄，止在弘濟院住宿，次日清晨，即進王京。所與使臣禮物，皆出自民間，誠恐擾費，先已減免，今復慮仍煩百姓，再行酌減，定爲條例。正使銀五百兩，棉紬二百疋，布二百疋，苧布六十疋，豹皮十張，大紙五十卷，小紙一百卷，水獺皮三十張，青黍皮十五張，花席二十張，鹿皮七張，順刀二口，小刀十把，被褥一副，韃襪各一雙，鞍馬一匹，空馬一匹，此外盡行停止。副使銀四百兩，餘如正使。一等人銀一百兩，棉紬四十疋，布一百疋，小紙八十卷，被褥一副。二等人銀六十兩，棉紬二十六疋，布八十疋，小紙八十卷，被褥一副。三等人銀四十兩，棉紬二十疋，布五十疋，小紙六十卷，被褥一副。以上各款俱永爲定例。（世祖三六、二）

（順治五、五、戊子）朝鮮國王李倧遣使謝恩，表貢方物。宴賚如例。（世祖三八、一二）

（順治六、一、庚申）朝鮮國王李倧遣陪臣吳俊等，表賀冬至、元旦、

萬壽聖節及歲貢方物。宴賚如例。(世祖四二、一)

(順治六、五、癸酉) 朝鮮國王李倧以太祖配天覃恩,遣陪臣鄭太和等表謝兼貢方物。宴賚如例。(世祖四四、四)

(順治七、一、乙丑) 朝鮮國王李淏遣陪臣李士芳,表賀冬至、元旦、萬壽聖節,並謝襲封,附貢方物及歲貢。宴賚如例。(世祖四七、二)

(順治七、八、壬午) 朝鮮國王李淏遣第臨平大君濬、陪臣林譚等,表謝諭祭恩,貢方物。宴賚如例。(世祖五〇、一)

(順治八、一、辛亥) 朝鮮國王李淏遣陪臣臨平大君李濬,表賀冬至、元旦、萬壽聖節,奏謝擅請修理城池罪,並謝恩賜,附貢方物及歲貢。宴賚如例。(世祖五二、一)

(順治九、一、癸酉) 朝鮮國王李淏遣陪臣李濬等,表賀皇太后加上徽號、冬至、元旦、萬壽聖節,並謝恩賜,附貢方物及歲貢。宴賚如例。(世祖六二、一)

(順治一〇、一、戊辰) 朝鮮國王李淏遣陪臣李燠等,表賀冬至、元旦、萬壽聖節,並進歲貢方物。宴賚如例。(世祖七一、二)

(順治一〇、三、庚寅) 先是朝鮮國人違禁越界採參,被獲,遣學士蘇納海等齎敕往諭之。至是朝鮮國王李淏遣陪臣臨平大君李濬等齎表謝罪,附貢方物。(世祖七三、八)

(順治一一、一、壬辰) 朝鮮國王李淏遣陪臣沈之源等,表賀冬至、元旦、萬壽聖節,附貢方物及歲貢,宴賚如例。(聖祖八〇、一)

(順治一二、一、丙戌) 朝鮮國王李淏遣陪臣臨平大君李濬等,表賀冬至、元旦、萬壽聖節,附貢方物及歲貢。宴賚如例。(世祖八八、一)

(順治一二、六、乙丑) 朝鮮國王李淏遣陪臣表謝封世子恩,附貢方物,宴賚如例。(世祖九二、六)

(順治一四、一、甲辰) 朝鮮國王李淏遣陪臣殷江等,表賀冬至、元旦、萬壽節,附貢方物及歲貢,宴賚如例。(世祖一〇六、二)

(順治一四、七、甲辰) 朝鮮國王李淏,以加上皇太后徽號,遣陪臣元斗杓等奉表慶賀,並以宥李時白等罪謝恩,附貢方物。(世祖一一〇、一〇)

(順治一四、八、戊戌) 朝鮮國王李淏遣使表謝免罪,附貢方物,宴賚如例。(世祖一一一、一三)

(順治一四、一〇、辛卯) 朝鮮國王李淏遣太監趙希孟等進鷹,宴賚如例。(世祖一一二、一五)

(順治一五、一、戊戌) 朝鮮國王李淏遣陪臣沈之源表賀冬至、元旦、

萬壽節並謝恩，附貢方物及歲貢，宴賚如例。（世祖一一四、一）

（順治一五、二、丙戌）敕諭朝鮮國王李淏：今羅剎犯我邊境，擾害生民，應行征勦。茲發滿兵前往，需用善使鳥鎗手二百名，王即照數簡發，並將一切應用之物全行備辦，令酌當官員統領，期於五月初間送至寧古塔。（世祖一一五、五）

（順治一五、六、甲午）朝鮮國王李淏遣陪臣全昌君、柳廷亮等上表慶賀，兼謝頒詔恩，附貢方物，宴賚如例。（世祖一一八、一五）

（順治一五、一〇、庚辰）朝鮮國遣陪臣朱希聖等貢鷹，宴賚如例。（世祖一二一、八）

（順治一五、一一、戊申）諭禮部：朕撫御萬方，中外臣民，皆同一視。朝鮮恭順有年，尤廑體卹。聞遣使該國多員，貿易滋擾，朕心殊爲不忍。嗣後凡有事差往使臣，止用正使副使各一員，務擇諳習禮儀、任事謹恪者。其八分人員隨往及貿易，俱行停止。若遇有審察事情，該部酌其事之輕重，奏請選差，以昭朕字愛藩服至意。（世祖一二一、二〇）

（順治一六、一、癸巳）朝鮮國王李淏遣陪臣許積等，表賀冬至、元旦、萬壽聖節，並進歲貢方物，宴賚如例。（世祖一二三、一）

（順治一六、五、甲戌）朝鮮國王李淏遣陪臣李僎、南老星等，奉表謝恩，貢方物，宴賚如例。（世祖一二六、一〇）

（順治一七、一、丁巳）朝鮮國王李棩遣陪臣表賀冬至、元旦、萬壽聖節，並進歲貢方物，宴賚如例。（世祖一三一、一）

（順治一七、三、丁卯）朝鮮國王李棩遣陪臣洪得箕等齎表謝諭祭、賜謚、冊封恩，貢方物，宴賚如例。（世祖一三三、一二）

（順治一八、五、癸酉）朝鮮國進貢使臣盜買硫黃，其民越江刨參，盜買銅、馬，國王李棩上疏引咎云：臣守藩無狀，民各爲心，致令進京從人、邊上頑氓，節次冒犯禁制，臣誠惶悚，無以自容，恭候大朝處分。乃蒙皇上特施寬典，非但不加譴責，亦不許遣官查問，止令該部移咨詳審擬罪。字小之恩，柔遠之德，視古無前，與天同大，臣與一國臣民，不勝感戴。謹將各犯，責供擬罪奏聞。得旨：該部核擬。其本內有不合處，免其察議。（聖祖二、三一）

（康熙一、一、乙亥）朝鮮國王李棩遣陪臣柳慶昌等進世祖章皇帝上尊謚表文曰：世德作求，既孚下土之式，尊親爲大，聿舉上謚之儀，慶同遐邇，歡均內外。欽惟皇帝陛下聖自天縱，孝冠人倫，誕受多方，命維新於邦國，肇稱殷禮，事有光於宗祊。益衍錫類之休，用覃普被之渥。伏念臣叨守先緒，偏荷皇靈，迹滯箕封，莫預虎拜之列，心懸魏闕，第切鰲忭之誠。又表賀冬至、元旦、萬壽節及進歲貢禮物。宴賚如例。（聖祖六、一）

（康熙一、九、辛卯）朝鮮國王李棩遣陪臣鄭太和等，表賀平僞永曆，并貢方物，宴賚如例。（聖祖七、八）

（康熙二、一、庚午）朝鮮國王李棩遣陪臣呂爾載等，表賀冬至、元旦、萬壽節及進貢歲禮物。宴賚如例。（聖祖八、一）

（康熙二、一、壬辰）禮部題：外藩貨物，有該國王印文開送者，准其貿易。今朝鮮國陪臣下人應山等所帶貂皮一百張，印文內並未開載，請敕議罪。得旨：應山、春金免議罪。交易貨物，聽其隨便攜帶。至日報部，於會同館交易。該王印文，著停止。應禁之物，回時令邊關官員詳細嚴察。（聖祖八、四）

（康熙三、一、甲子）朝鮮國王李棩遣陪臣趙璜等，表賀冬至、元旦，萬壽節及進歲貢禮物，宴賚如例。（聖祖一一、一）

（康熙三、二、甲寅）議政王、貝勒、貝子、大臣等遵旨會議：朝鮮人民，不許出界採參伐木。請移文朝鮮國王，令嚴行禁止。從之。（聖祖一一、一三）

（康熙三、四、庚戌）朝鮮國王李棩遣陪臣洪命夏等，齎表謝頒給誥命恩，並貢方物，宴賚如例。（聖祖一一、二五）

（康熙四、一、戊子）朝鮮國王李棩遣陪臣鄭致和等，表賀冬至、元旦、萬壽節，及進歲貢禮物，宴賚如例。（聖祖一四、一）

（康熙五、一、壬午）朝鮮國王李棩遣陪臣金佐明等，表賀冬至、元旦、萬壽節及進歲貢禮物，宴賚如例。（聖祖一八、一）

（康熙五、四、己未）朝鮮國王李棩遣陪臣沈益顯等，表賀大婚禮成，尊上太皇太后、皇太后徽號，并貢方物，宴賚如例。（聖祖一八、一八）

（康熙六、一、丙子）朝鮮國王李棩遣陪臣鄭知和等，表賀冬至、元旦、萬壽節及進歲貢禮物，宴賚如例。（聖祖二一、一）

（康熙七、一、庚子）朝鮮國王李棩遣陪臣鄭致和等，表賀親政，……又表賀冬至、元旦、萬壽節，及進歲貢禮物，宴賚如例。（聖祖二五、一）

（康熙八、一、乙未）朝鮮國王李棩遣陪臣李慶億等，表賀冬至、元旦、萬壽節及進歲貢禮物，宴賚如例。（聖祖二八、一）

（康熙九、一、己丑）朝鮮國王李棩遣陪臣閔鼎重等，表賀冬至、元旦、萬壽節及進歲貢禮物，宴賚如例。（聖祖三二、一）

（康熙一〇、一、癸丑）朝鮮國王李棩遣陪臣李柟等，表賀冬至、元旦、

萬壽節及進歲貢禮物，宴賚如例。（聖祖三五、一）

（**康熙一一、一、戊申**）朝鮮國王李棩遣陪臣鄭致和等表賀冬至、元旦、萬壽節及進歲貢禮物，宴賚如例。（聖祖三八、一）

（**康熙一一、二、丁亥**）禮部題：朝鮮國王貢物與上年品色不符，殊失恭敬之誼，應敕該王將怠忽情由自行回奏。得旨：該王既將伊國困苦預先咨明，從寬免令回奏。（聖祖三八、一一）

（**康熙一二、一、壬申**）朝鮮國王李棩遣陪臣李翮等，表賀冬至、元旦、萬壽節及進歲貢禮物，宴賚如例。（聖祖四一、一）

（**康熙一三、一、丙寅**）朝鮮國李棩遣陪臣金壽恒等，表賀冬至、元旦、萬壽節及進歲貢禮物，宴賚如例。（聖祖四五、一）

（**康熙一三、一二、庚寅**）署朝鮮國事李焞遣陪臣沈益顯等，告其父王李棩喪，並貢方物。得旨：朝鮮國王恪守藩封，忠慎夙著，覽奏遽爾薨逝，朕心深爲軫惻，應得恩卹，著察例議奏。伊所進禮物，俱著使臣帶回，以示朕軫念之意。（聖祖五一、一）

（**康熙一四、一、庚申**）朝鮮國王嗣子李焞遣陪臣李正等，表賀冬至、元旦、萬壽節及進歲貢禮物，宴賚如例。（聖祖五二、一）

（**康熙一四、八、己巳**）朝鮮國王李焞遣陪臣李翮等謝賜伊父祭諡及封王恩，並進貢禮物，命將禮物著交來使帶回，仍宴賚如例。（聖祖五七、六）

（**康熙一五、一、甲申**）朝鮮國王李焞遣陪臣權大運等，表賀冬至、元旦、萬壽節及進歲貢禮物，宴賚如例。（聖祖五九、一）

（**康熙一六、一、戊寅**）朝鮮國王李焞遣陪臣吳挺緯等，表賀冬至、元旦、萬壽節及進歲貢禮物，宴賚如例。（聖祖六五、一）

（**康熙一七、一、癸酉**）朝鮮國王李焞遣陪臣李沉等，表賀冬至、元旦、萬壽節及進歲貢禮物，宴賚如例。（聖祖七一、一）

（**康熙一八、一、丁酉**）朝鮮國王李焞遣陪臣李橝等，表賀冬至、元旦、萬壽節及進歲貢禮物，宴賚如例。（聖祖七九、一）

（**康熙一八、二、己巳**）禮部題：朝鮮貢使失火，燒燬布疋，應行文令該國王察議，其布疋下次補進。得旨：使臣免察議，布疋亦免補進。（聖祖七九、一四）

（**康熙一九、一、辛卯**）朝鮮國王李焞遣陪臣李觀徵等，表賀冬至、元旦、萬壽節及進歲貢禮物，宴賚如例。（聖祖八八、一）

（**康熙二〇、一、乙卯**）朝鮮國王李焞遣陪臣金壽興等，表賀冬至、元旦、萬壽節及進歲貢禮物，宴賚如例。（聖祖九四、一）

（康熙二一、一、乙酉）朝鮮國王李焞遣陪臣李溎等，表賀冬至、元旦、萬壽節及進歲貢禮物，宴賚如例。（聖祖一〇〇、一）

（康熙二二、一、癸卯）朝鮮國王李焞遣陪臣金錫冑等，表賀冬至、元旦、萬壽節及進歲貢禮物，宴賚如例。（聖祖一〇七、一）

（康熙二三、一、丁卯朔）朝鮮國王李焞遣陪臣趙師錫等，表賀冬至、元旦、萬壽節及進歲貢禮物，宴賚如例。（聖祖一一四、一）

（康熙二四、五、甲寅）禮部題：朝鮮國王李焞奏言，國內牛多疫死，民失耕種，請暫停互市。李焞託言妄奏，不合，應令回奏，到日再議。上問扈從兵部侍郎佛倫等曰：爾等云何？佛倫等奏曰：康熙十一年，朝鮮貢物與例不合，曾令其國王回奏，奉旨寬免。臣等思前此進貢違例事大，今請停互市事小，應如部議，俟回奏到日，皇上再行寬免。上曰：撫馭外國之道，不可太嚴，亦不可太寬。朝鮮之人，賦性狡詐，若遂如所請，此後未必不玩忽，其命禮部另議。尋部議：李焞應罰銀一萬兩。得旨：此事本當如議，但係外藩小國，姑宥此一次，仍令照常貿易。（聖祖一二一、一九）

（康熙二五、一、丙辰）朝鮮國王李焞遣陪臣李侢等，表賀冬至、元旦、萬壽節及進歲貢禮物，宴賚如例。（聖祖一二四、一）

（康熙二五、九、己亥）禮部題：朝鮮國王李焞遣使謝罪，進貢方物，應交內務府收貯。上曰：朝鮮國因謝罪進貢，理宜不收，但恐發還不惟齎送人役勞苦，亦且驛遞騷擾，可將此項准作年貢，嗣後謝罪貢物著停止。（聖祖一二七、二一）

（康熙二六、一、庚辰朔）朝鮮國王李焞遣陪臣李俁等，表賀冬至、元旦、萬壽節及進歲貢禮物，宴賚如例（聖祖一二九、一）

（康熙二七、二、戊申）朝鮮國王李焞遣使表貢方物，賞賚如例。（聖祖一三三、一六）

（康熙二八、一、己巳）朝鮮國王李焞遣陪臣洪萬容等，表賀冬至、元旦、萬壽節及進歲貢禮物，宴賚如例。（聖祖一三九、一）

（康熙二九、一、癸巳）朝鮮國王李焞遣陪臣俞夏益等，表賀冬至、元旦、萬壽節及進歲貢禮物，宴賚如例。（聖祖一四四、一）

（康熙二九、八、戊寅）朝鮮國王李焞遣陪臣李濬等，恭進孝懿皇后册諡大典禮物，宴賚如例。（聖祖一四八、一三）

（康熙三〇、一、丁亥）朝鮮國王李焞遣陪臣李沉等，表賀冬至、元旦、萬壽節及進歲貢禮物，宴賚如例。（聖祖一五〇、一）

（康熙三〇、六、己丑）禮部題：朝鮮國進貢使臣違禁私買一統志書。

查一統志，載天下山川輿地，錢糧數目，所關甚重。應將違禁私買一統志書之內通官張燦革職，發伊國邊界充軍。正使李沈、副使徐文重等，失於覺察，並應革職。朝鮮國王李焞，姑免議。得旨：李沈、徐文重從寬免革職。餘如議。（聖祖一五二、九）

（**康熙三一、一、辛亥**）朝鮮國王李焞，遣陪臣閔黯等，表賀冬至、元旦、萬壽節及進歲貢禮物，宴賚如例。（聖祖一五四、一）

（**康熙三二、一、乙巳**）朝鮮國王李焞，遣陪臣李侶等，表賀冬至、元旦、萬壽節及進歲貢禮物，宴賚如例。（聖祖一五八、一）

（**康熙三二、一、甲子**）禮部題：朝鮮國進貢禮物，交該衙門查收。得旨：朝鮮國世篤悃忱，進貢方物，克殫恭順。頃復輸應軍需，捐進鳥鎗三千杆，可嘉。年貢內黃金百兩及藍青紅木棉，嗣後永著停止。（聖祖一五八、三）

（**康熙三二、八、庚子**）朝鮮國王李焞，因免年貢黃金木棉，遣陪臣李桓，上表謝恩，附貢方物，宴賚如例。（聖祖一六〇、七）

（**康熙三三、一、己亥**）朝鮮國王李焞，遣陪臣柳命天等，表賀冬至、元旦、萬壽節，及進歲貢禮物，宴賚如例。（聖祖一六二、一）

（**康熙三四、一、癸亥**）朝鮮國王李焞，遣陪臣申琓等，表賀冬至、元旦、萬壽節及進歲貢禮物，宴賚如例。（聖祖一六六、一）

（**康熙三五、一、戊午**）朝鮮國王李焞，遣陪臣李世等，表賀冬至、元旦、萬壽節及進歲貢禮物，宴賚如例。（聖祖一七〇、一）

（**康熙三六、一、癸丑**）朝鮮國王李焞，遣陪臣李焜等，表賀冬至、元旦、萬壽節及進歲貢禮物，宴賚如例。（聖祖一七九、一）

（**康熙三六、七、壬辰**）朝鮮國王李焞，遣陪臣崔錫鼎，表賀朔漠蕩平，進貢禮物，宴賚如例。（聖祖一八四、一四）

（**康熙三六、一一、戊戌**）禮部議覆：朝鮮國王李焞疏言，請於中江地方，貿易米糧。應不准行。得旨：朕撫馭天下，內外視同一體，並無區別。朝鮮國王世守東藩，盡職奉貢，克効敬慎。今聞連歲荒歉，百姓艱食，朕心深爲憫惻。彼既請糶以救凶荒，見今盛京，積貯甚多，著照該國王所請，於中江地方，令其貿易。（聖祖一八六、六）

（**康熙三六、一一、乙巳**）遣戶部侍郎貝和諾往奉天督理朝鮮糶米事務。（聖祖一八六、六）

（**康熙三六、一二、乙酉**）戶部遵旨議覆：盛京所貯米石，運至中江地方貿易，應令殷實誠信之人，取具地方官印結，前赴盛京領米輓運。其米價銀兩，俱照盛京時價交與盛京戶部。所賣米石，不許過倉石二萬石。其朝鮮進貢來使，有貿穀帶去者，聽其糴去。又鹽商張行等，呈稱情願前往朝鮮貿易，應令將銀買倉米二萬石，運至貿易，俟朝鮮國歲稔之時停止。此時運往米石，令伊國將所產之物，酌量兌換可也。從之。（聖祖一八六、九）

（康熙三七、一、丁丑）朝鮮國王李焞，遣陪臣李桓等，表賀冬至、元旦、萬壽節及進歲貢禮物，宴賚如例。（聖祖一八七、一）

（康熙三七、一、壬寅）諭大學士等：運往朝鮮國米石，著侍郎陶岱，共運致三萬石，以一萬石賞賚朝鮮國，以二萬石平糶。（聖祖一八七、七）

（康熙三七、五、甲申）戶部議覆：倉場總督德珠等疏言，直隸朝鮮等處米貴，將各省漕糧，截留一十五萬石賑濟，請令有漕各省督撫，於本年秋收時，買補帶運還倉。應如所請。得旨：此截留賑濟等項所費米石，若令有漕省分採買帶運，則小民運丁，必致苦累。京倉米石充裕，所用之米無多，採買補額，著停止。（聖祖一八八、一〇）

（康熙三七、七、壬午）……據朝鮮國王李焞奏：皇上創開海道，運米拯救東國，以甦海澨之民，飢者以飽，流者以還。目前二麥熟稔，可以接濟八路生靈，全活無算。下所司知之。（聖祖一八九、三）

（康熙三七、七、壬午）御製海運，賑濟朝鮮。記曰：朕聞救災拯患，王政所亟，是以夙夜求莫，雖在遐荒絕域，猶若痌瘝乃身，矧屬在藩維，苟有疾若，何忍一日置也。康熙三十六年冬，朝鮮國王李焞奏比歲薦饑，廩瘐告匱，公私困窮，八路流殍，相續於道，籲懇中江開市貿穀，以甦溝瘠，俾無殄國祀。朕深爲惻然，立允其請。遂於次年二月，命部臣往天津，截留河南漕米，用商船出大沽海口，至山東登州，更用雞頭船撥運引路。又頒發帑金，廣給運值，緩徵鹽課，以鼓勵商人將盛京所存海運米，平價貿易，共水陸運米三萬石，內加賚者一萬石。朝鮮舉國臣庶，方藜藿不飽，獲此太倉玉粒，如坻如京，人賜之食，莫不忭舞忻悦，凋瘵盡起。該王具表陳謝，感激殊恩，備言民命續於既絕，邦祚延於垂亡，蓋轉運之速，賑貸之周，亦古所未有也。朕念朝鮮自皇祖撫定以來，奠其社稷，綏其疆宇，俾世守東藩，奉職修貢，恩至渥矣。茲者告饑，不憚轉輸數千里之勞，不惜糜費數萬石之粟，環國土而戶給之，非獨一時救災拯患，實所以普澤藩封而光昭先德也。是烏可以無記？（聖祖一八九、三）

（康熙三八、一、辛未）朝鮮國王李焞，遣陪臣李彦綱等，表賀冬至、元旦、萬壽節及進歲貢禮物，宴賚如例。（聖祖一九二、一）

（康熙三九、一、乙未）朝鮮國王李焞，遣陪臣李抗等，表賀冬至、元

旦、萬壽節及進歲貢禮物，宴賚如例。（聖祖一九七、一）

（**康熙四〇、一、乙丑**）朝鮮國王李焞，遣陪臣李光夏等，表賀冬至、元旦、萬壽節及進歲貢禮物，宴賚如例。（聖祖二〇三、一）

（**康熙四一、一、癸未**）朝鮮國王李焞，遣陪臣姜鋧等，表賀冬至、元旦、萬壽節及進歲貢禮物，宴賚如例。（聖祖二〇七、一）

（**康熙四二、一、丁未**）朝鮮國王李焞，遣陪臣李桓等，表賀冬至、元旦、萬壽節及進歲貢禮物，宴賚如例。（聖祖二一一、一）

（**康熙四三、一、辛丑**）朝鮮國王李焞，遣陪臣李枋等，表賀冬至、元旦、萬壽節及進歲貢禮物，宴賚如例。（聖祖二一五、一）

（**康熙四三、一二、乙酉**）禮部題：朝鮮國王李焞，遣使崔希卨等，護送漂到船隻人等來京，應宴賚遣歸。上諭大學士等曰：朝鮮國王，因中國商人王富等一百餘人，船隻遭風，漂至其國，即給與口糧食物，差官護送來京，又將商人王秋等四十人船隻修補，給與口糧食物，待風發回，深爲可嘉。可下諭旨褒美之，餘如議。（聖祖二一八、一〇）

（**康熙四四、一、丙申朔**）朝鮮國王李焞，遣陪臣李頤命等，表賀冬至、元旦、萬壽節及進歲貢禮物，宴賚如例。（聖祖二一九、一）

（**康熙四五、一、庚申**）朝鮮國王李焞，遣陪臣鄭載崙等，表賀冬至、元旦、萬壽節及進歲貢禮物，宴賚如例。（聖祖二二四、一）

（**康熙四六、一、乙卯**）朝鮮國王李焞，遣陪臣俞得一等，表賀冬至、元旦、萬壽節及進歲貢禮物，宴賚如例。（聖祖二二八、一）

（**康熙四七、一、己酉**）朝鮮國王李焞，遣陪臣李澤等，表賀冬至、元旦、萬壽節及進歲貢禮物，宴賚如例。（聖祖二三二、一）

（**康熙四八、一、癸酉**）朝鮮國王李焞，遣陪臣閔敦厚等，表賀冬至、元旦、萬壽節及進歲貢禮物，宴賚如例。（聖祖二三六、一）

（**康熙四九、一、丁卯**）朝鮮國王李焞，遣陪臣趙泰考等，表賀冬至、元旦、萬壽節及進歲貢禮物，宴賚如例。（聖祖二四一、一）

（**康熙四九、五、丙子**）禮部議覆：江蘇巡撫張伯行疏報，朝鮮國商人高道弼等，被風壞船，飄至海州地方，已經救獲，請候朝鮮國使來，交付遣回。應如所請。上曰：若俟朝鮮使來，爲日遲久，著將高道弼等，令高麗通事一人，自部給文，驛送前去。（聖祖二四二、八）

（**康熙五〇、一、庚寅**）朝鮮國王李焞，遣陪臣鄭載崙等，表賀冬至、元旦、萬壽節及進歲貢禮物，宴賚如例。（聖祖二四五、一）

（**康熙五一、一、乙酉**）朝鮮國王李焞，遣陪臣李枋等，表賀冬至、元

旦、萬壽節及進歲貢禮物，宴賚如例。（聖祖二四九、一）

（康熙五一、五、丙申）禮部題：朝鮮國王李焞，爲免年貢内銀兩、豹皮等物謝恩，遣使貢獻禮物。得旨：謝恩禮物准抵冬至、元旦貢獻。該部知道。（聖祖二五〇、一六）

（康熙五二、一、乙卯）朝鮮國王李焞，遣陪臣金昌集等，表賀冬至、元旦、萬壽節及進歲貢禮物，宴賚如例。（聖祖二五三、一）

（康熙五三、一、癸卯）朝鮮國王李焞，遣陪臣趙泰來等，表賀冬至、元旦、萬壽節及進歲貢禮物，宴賚如例。（聖祖二五八、一）

（康熙五四、一、戊戌）朝鮮國王李焞，遣陪臣李澤等，表賀冬至、元旦、萬壽節及進歲貢禮物，宴賚如例。（聖祖二六二、一）

（康熙五五、一、壬辰）朝鮮國王李焞，遣陪臣鄭載崙等，表賀冬至、元旦、萬壽節及進歲貢禮物，宴賚如例。（聖祖二六七、一）

（康熙五六、一、丙辰）朝鮮國王李焞，遣陪臣鄭載崙等，表賀冬至、元旦、萬壽節及進歲貢禮物，宴賚如例。（聖祖二七一、一）

（康熙五七、一、庚戌）朝鮮國王李焞，遣陪臣俞命雄等，表賀冬至、元旦、萬壽節及進歲貢禮物，宴賚如例。（聖祖二七七、一）

（康熙五七、三、丙子）禮部題：朝鮮國王李焞，遣陪臣朴弼成等，表謝賜空青恩，進貢禮物，應照例收受。得旨：朝鮮國王謝恩，進貢禮物，不必收受，此項貢物帶回，路遠艱難，著留抵下次常貢。（聖祖二七八、一七）

（康熙五八、一、甲戌）朝鮮國王李焞，遣陪臣俞集等，表賀冬至、元旦、萬壽節及進歲貢禮物，宴賚如例。（聖祖二八三、一）

（康熙五九、一、戊辰）朝鮮國王李焞，遣陪臣趙道彬等，表賀冬至、元旦、萬壽節及進歲貢禮物，宴賚如例。（聖祖二八七、一）

（康熙六〇、一、癸亥）朝鮮國王李昀，遣陪臣李宜顯等，表賀冬至、元旦、萬壽節及進歲貢禮物，宴賚如例。（聖祖二九一、一）

（康熙六一、一、丁亥）朝鮮國王李昀，遣陪李健命等，表賀冬至、元旦、萬壽及進歲貢禮物，宴賚如例。（聖祖二九六、一）

（雍正一、一、辛巳）朝鮮國王李昀，遣陪臣李混、李萬選，表賀冬至、元旦、萬壽節及歲貢禮物，賞賚如例，停止筵宴。（世宗三、一）

（雍正一、四、戊辰）禮部議：朝鮮國冬至、元旦表文並年貢，仍照舊例行。至恭進萬壽表文貢物，應於九月内來京。得旨：朝鮮國所進萬壽表文貢物，不必於九月内來京，著仍照例，十二月内與年貢同進。（世宗六、二二）

（雍正一、七、辛卯）諭禮部：朝鮮國歸順我朝以來，恪盡藩職，進貢年久，在太宗文皇帝、世祖章皇帝、聖祖仁皇帝時，屢次施恩，將伊國貢物減免。今所貢禮物尚多，此内若有可減去者，爾部會同内務府確議具奏，再加減免，以紓朝鮮民力。尋議：朝鮮貢物，嗣後請酌減布八百匹，獺皮百張，青黍皮三百張，紙二千卷。從之。（世宗九、一五）

（雍正二、一、丙子）朝鮮國王李昑，遣陪臣李橓等，表賀冬至、元旦、萬壽節及進歲貢禮物，賞賚如例。（世宗一五、一）

（雍正二、二、丙午）朝鮮國王李昑，遣使謝頒賜減貢恩，並貢禮物，命停止收受，准作年貢。（世宗一六、八）

（雍正二、五、戊午）禮部議奏：朝鮮國王李昑，恭賀仁皇后尊諡禮物，應遵旨停其收受，交内務府存留，准作年貢。從之。（世宗二〇、一四）

（雍正三、一、庚子）朝鮮國王李昑，遣陪臣李柱等，表賀冬至、元旦、萬壽節及進歲貢禮物，賞賚如例。（世宗二八、一）

（雍正四、一、甲午）朝鮮國王李昑，遣陪臣金興嗣等，表賀冬至、元旦、萬壽節及進歲貢禮物，賞賚如例。（世宗四〇、一）

（雍正四、五、乙酉）朝鮮國王李昑，遣陪臣李橈，齎表謝封世子恩，並貢方物，宴賚如例。（世宗四四、四〇）

（雍正五、一、戊子）朝鮮國王李昑，遣陪臣李坦等，表賀冬至、元旦、萬壽節及進歲貢禮物，賞賚如例。（世宗五二、一）

（雍正五、二、壬戌）朝鮮國王李昑，遣使臣表謝改正伊祖李倧被誣史書恩，并獻方物。得旨：著將方物交内務府，准作五年正貢。（世宗五三、九）

（雍正五、九、戊午）諭戶部：前商人胡嘉佩等，虧欠帑銀，開出朝鮮國人賒欠銀六萬餘兩，以抵公項。朕恐開報不實，或有累及外國之處，故令行文詢問，並令内地貿易之人，與朝鮮賒欠之人，在中江地方，質對明白，使中外之人不得互相推諉，以息擾累。今據盛京禮部奏呈，朝鮮國王李昑，咨文支離巧飾，則該國之人欠銀之處顯然矣。本應照議政所議，按數追還，朕思當日朝鮮已故國王李焞，才幹優長，政令嚴肅，深蒙聖祖仁皇帝眷注嘉獎。李焞曾將伊國負欠之人正法，想見其辦事之公明，向聞李昑柔懦無能，觀此咨文，推託牽強，必其陪臣所爲，非該國王語氣，似此清查積欠之事，該國王不能辦理，今若以不能辦理之事委之，甚非朕柔遠之意。此案不必質對，其朝鮮國人應還之銀，著從寬免追，此朕加恩於外藩，並非疎法於内地也。至從前該國王李焞理民馭下之善，朕至今思之。（世宗六一、四）

（雍正六、一、壬子）朝鮮國王李昑，遣陪臣李橕等，表賀冬至、元旦、

萬壽節及進歲貢禮物，宴賚如例。（世宗六五、一）

（**雍正六、二、甲申**）諭禮部：朝鮮年貢之例，每年貢米百石。朕念該國路程遙遠，運送匪易，著減去稻米三十石，江米三十石，每年止貢江米四十石，足供祭祀之用。永著爲例。（世宗六六、四）

（**雍正六、一一、乙卯**）朝鮮國王李昑，遣使奏謝減免貢米恩，宴賚如例。（世宗七五、八）

（**雍正七、一、丙午**）朝鮮國王李昑，遣陪臣尹淳等，表賀冬至、元旦、萬壽節及進歲貢禮物，宴賚如例。（世宗七七、一）

（**雍正七、一〇、己未**）諭禮部：朝鮮國王，世篤恭順，虔修職貢，昔蒙世祖章皇帝軫念藩封，特頒敕諭，所有應進聖壽、冬至、元旦表儀，俱准於元旦併貢，以彰柔遠之至意。近見該國王於領受賞賚等事，皆特遣使臣齎表奏謝，朕念該國距京三千餘里，貢使往來，未免勞費，嗣後凡屬謝恩本章，俱著與三大節表，一同齎奏，不必特遣使臣，永著爲例。該部即行文該國王知之。（世宗八七、一七）

（**雍正七、一〇、乙丑**）朝鮮國王李昑，遣陪臣李增等，齎表恭謝加賞及賜祭恩，並貢方物。下部知之。（世宗八七、三三）

（**雍正八、一、乙亥**）朝鮮國王李昑，遣陪臣金東弼等，表賀冬至、元旦、萬壽節及歲貢禮物，宴賚如例。（世宗九〇、二）

（**雍正九、一、乙丑**）朝鮮國王李昑，遣陪臣李橈等，表賀冬至、元旦、萬壽節及進歲貢禮物，賞賚如例。（世宗一〇二、一）

（**雍正一〇、一、乙未**）朝鮮國王李昑，遣陪臣李樘等，表賀冬至、元旦、萬壽節及進歲貢禮物，宴賚如例。（世宗一一四、一）

（**雍正一一、一、癸未**）朝鮮國王李昑，遣陪臣李正望等，表賀冬至、元旦、萬壽節及進歲貢禮物，宴賚如例。（世宗一二七、一）

（**雍正一二、一、丙戌**）朝鮮國王李昑，遣陪臣李橶等，表賀冬至、元旦、萬壽節及進歲貢禮物，宴賚如例。（世宗一三九、六）

（**雍正一三、一、壬申**）朝鮮國王李昑，遣陪臣尹游等，表賀冬至、元旦、萬壽節及進歲貢禮物，宴賚如例。（世宗一五一、一）

（**雍正一三、一〇、辛未**）朝鮮國王李昑具奏：審擬擅入內地，搶刼人參之國人等，並進方物。得旨：該部議奏，其進獻禮物，停其收受，仍著存留，准作年貢。（高宗四、二二）

（**雍正一三、一〇、辛未**）又朝鮮國王李昑，以寬免處分，具表謝恩。得旨：覽王奏謝，知道了。所進謝恩儀物，准作正貢。（高宗四、二二）

（雍正一三、一二、己丑）命減朝鮮國餽送詔使儀物，諭禮部曰：朝鮮國感戴我朝之恩，虔修職貢，甚爲恭敬。凡大臣官員之差往彼國者，向有餽送儀物之舊例。朕以厚往等來爲念。若令使臣照例收受，恐該國不免繁費。若概不收受，又恐該國王以使臣遠涉，缺餽贐之禮，有歉於心。著從此次詔使始，凡餽送白金儀物等項，悉按舊例裁減一半，永著爲令。該部即行文該國王遵行。（高宗九、二九）

（乾隆一、二、丁丑）禮部奏：朝鮮國王李昑，補進方物，照例移准三節外，尚餘黃細苧等物，應於今年貢内移准。從之。（高宗一二、二三）

（乾隆一、二、丙戌）禮部奏：朝鮮國恭進萬壽表儀，應特遣使臣於七月内來京恭進。得旨：朝鮮國所進萬壽表文貢物，不必於七月内來京，仍照舊例，於十二月内與年貢同進。（高宗一三、一七）

（乾隆一、五、乙卯）朝鮮國王李昑，慶賀登極，並尊崇崇慶皇太后，恭進禮物。賜國王王妃粧蟒緞匹，及正使咸平君李洸、副使禮曹判書鄭錫五等，緞匹銀兩等物有差。（高宗一九、一一）

（乾隆一、五、戊午）又諭：刑部審訊出差朝鮮國正使兆德、副使釋伽保，知伊等頒詔彼國時，於餽遺正禮外，復照舊日朝鮮陋例，開都請別請兩單，私行授受，自認不諱。朕已降旨，將兆德、釋伽保交部嚴行治罪。因思朝鮮歸順我朝，恪守藩封之職，蒙我列祖皇考怙冒深恩，至優至渥。即如貢獻一節，亦屢經裁減，厚往薄來，無非加惠遠人之至意。朕即位以來，又將該國餽送使臣禮儀，令減半以示體卹。乃兆德等於正禮之外，復受陋規。其罪固不可逭，而該國王即照陋例應付，亦屬不合。若該國王能體朕心，自當以恪遵諭旨爲恭順，不當以私厚使臣爲恭順也。著禮部行文與該國王，嗣後凡有使臣奉差彼國，務宜遵朕前旨，將餽送正禮，如銀兩物件之類，裁減一半。至陋規所有都請別請等項，悉行禁止。不得私與一件，既干功令，復負朕懷遠之恩。（高宗一九、一六）

（乾隆一、一二、丙寅）定朝鮮貿易之制。諭：朝鮮歸順我朝，恪守藩封之職，累世恭謹。向來八旗臺站官兵，於每年二八月間，攜帶貨物前往中江，與朝鮮貿易。朕思旗人等，俱有看守巡查之責，原無暇貿易，且亦不諳貿易之事。遠人到邊，恐致稽遲守候，多有未便。嗣後著内地商民，與朝鮮國人貿易，即令中江稅官實力稽查，務須均平交易，毋得勒掯滋擾，以示朕加惠遠人之至意。該部并將此傳諭朝鮮國王知之。（高宗三二、九）

（乾隆二、一、甲午）禮部題：朝鮮國王李昑，遣使表賀萬壽、冬至、元旦三大節，及進歲貢方物，賞賚如例，停止筵宴。（高宗三四、四）

(**乾隆二、二、癸酉**）禮部議奏：朝鮮國王李昑，恭進三節及年貢禮物，移准外，餘剩禮物，令於今年進貢禮物內移准。又表賀上世宗憲皇帝尊諡、孝敬憲皇后尊諡禮物，及頒恩詔謝恩禮物，應照例停其收受，交總管內務府存留，准作年貢。從之。(高宗三六、一九)

(**乾隆二、四、壬戌**）禮部奏：朝鮮國王咨請，中江每年二八月間貿易，懇仍舊例遵行。得旨：朕前因臺站官兵每年二八月間，攜帶貨物前往中江，與朝鮮貿易，兵丁既不諳貿易之事，且不無需索擾累，誠恐遠人到邊，守候覊遲，殊多未便，是以降旨令內地商民前往，均平交易。內地商民即指附近臺站之百姓而言，並非於京師關內，另有派遣，此朕體卹遠人之意也。今該國王既請仍如舊例，著照所請，仍循舊例，於兵丁等按期交易。可傳諭該國王知之。(高宗四〇、五)

(**乾隆二、一一、丁巳**）禮部以朝鮮國王李昑請封世子李愃，年未及歲，與例不符，應否准其册封。得旨：該王既稱遲暮之年，伊子李愃，知識漸長，輿情所在，願名位早定，情詞懇切，著照所請行。其進獻禮物，不必收受，若仍令其帶回，未免徒滋往返。著暫留收貯，准作來年正貢，以示朕柔遠之意。(高宗五六、四)

(**乾隆三、二、癸未**）禮部彙題：朝鮮國王李昑，恭賀世宗憲皇帝，孝敬憲皇后升祔，世宗憲皇帝升配禮成表文。又恭賀萬壽、冬至、元旦三大節表文。又頒詔賞緞、免貢，及准復中江交易舊制謝恩各表文。均下部知之。(高宗六二、一)

(**乾隆三、一〇、庚子**）朝鮮國王李昑，表賀加上崇慶慈宣皇太后徽號，並賀册封皇后，又表謝恩封世子，賜予有加。所有進方物，並蒙准作年貢。奏入。報聞。(高宗七九、五)

(**乾隆四、五、甲子**）朝鮮國王李昑，遣陪臣李皖等，奉表恭進方物，並謝賜本國列傳。得旨：覽王奏。知道了。所進謝恩儀物，准作正貢。該部知道。(高宗九三、四)

(**乾隆五、一、丁卯**）禮部題：朝鮮國王李昑，遣使表賀萬壽、冬至、元旦三大節，及進歲貢方物，賞賚筵宴如例。(高宗一〇九、一一)

(**乾隆六、一、乙未**）朝鮮國王李昑，因邊民越境潛居，未能先事覺察，蒙恩免議，奏進方物申謝。得旨：覽王奏謝，知道了。所進謝恩儀物，准作正貢。該部知道。(高宗一三五、一一)

(**乾隆六、二、辛丑**）禮部題：朝鮮國王李昑，遣使表賀萬壽、冬至、元旦三大節，及進歲貢方物，賞賚筵宴如例。(高宗一三六、七)

(乾隆七、二、丁酉)禮部題：朝鮮國王李昑，遣使表賀萬壽、冬至、元旦三大節，及進歲貢方物，賞賚筵宴如例。(高宗一六〇、六)

　　(乾隆七、九、乙酉)是月，盛京禮部等部奏：岫巖城楞子溝地方，有朝鮮遭風商船一隻，查明林第興等十一人，照例給與衣糧，遣回本國。奏入。報聞。(高宗一七五、二三)

　　(乾隆八、一、甲申)禮部題：朝鮮國王李昑，遣使表賀萬壽、冬至、元旦三大節及進歲貢方物，賞賚筵宴如例。(高宗一八三、八)

　　(乾隆八、九、癸卯)奉皇太后入盛京，盛京文武官，咸朝服跪迎。朝鮮國王李昑，遣陪臣恭迎，表貢方物。(高宗二〇一、一一)

　　(乾隆九、一、壬寅)禮部題：朝鮮國王李昑，遣使表賀萬壽、冬至、元旦三大節及進歲貢方物，賞賚筵宴如例。(高宗二〇九、一一)

　　(乾隆一〇、二、己酉)禮部題：朝鮮國王李昑，遣使表賀萬壽、冬至、元旦三大節及進歲貢方物，賞賚筵宴如例。(高宗二三四、七)

　　(乾隆一一、一、甲午)禮部題：朝鮮國王李昑，遣使表賀萬壽、冬至、元旦三大節及進歲貢方物，賞賚筵宴如例。(高宗二五七、一一)

　　(乾隆一一、七、乙卯)兵部議覆：朝鮮國王李昑奏稱，近聞熊岳副都統，來中江查閱邊界，欲於莽牛哨添設屯兵，鳳凰城展柵開墾。伏念鳳凰城柵外曠地百餘里，禁人居住，以免混雜，今若墾土設屯，則衣帶之水，不足以限，往來之路，易於相通。查康熙五十四年，上國民人等，有在土門江岸結屋居住者，蒙聖祖仁皇帝徹毀。雍正九年，草糶河匯流，欲設卡防守，蒙世宗憲皇帝停罷。乾隆二年，內地商民，議與中江交市，又蒙皇上諭令中止。今副都統來查之地，即雍正九年停罷防汛之所，而今此設屯墾土之事，比土門中江等事，輕重相懸，仰懇降旨停罷等語。查奉天將軍達勒當阿原議，於莽牛哨添設官兵，原因該處係內地邊界，應駐官兵彈壓。復經查明，江心有石嶼一道，與朝鮮東西分界，所議駐兵處，與該國界址，尚隔巨浸，即開展邊疆，墾闢地畝，亦係內地，不至雜擾。且原議兵船於西岸停泊，不許擅侵東界。惟期查拏奸匪，以爲久遠安全之計，則設汛之議，不特邊境肅清，於外藩亦大有裨益。應將該國王所奏，均無庸議。得旨：莽牛哨添設官兵巡查一案，前據部議，應再令該將軍悉心妥酌。續據達勒當阿奏稱，令熊岳副都統什勒押，親往查看設汛之處，與朝鮮實不相通，無慮混雜滋擾，且於內外俱屬有益。經部覆准，朕已允行。茲據該國王陳奏前來，以墾土設屯，於伊國未便，朕又勅交部議，該部以無庸議覆奏。朕思我朝加恩朝鮮，從來優渥。今莽牛哨添設官兵巡查一事，既經什勒押查明，與該國界址，無慮混雜滋擾，且於內外俱屬有益，而該國王又陳奏其不便，情詞懇切，究未知該地實在情形如何。著兵部尚書班第馳驛前往，率同什勒圖將彼地情形，詳加察勘。如果設汛之處，係中國界內，與彼國毫不相涉，則設兵置汛，以杜奸宄，所以肅靖邊防，自屬應行之事，即該國王懇請，亦不便准行。若其地界，或有犬牙相錯，難免混淆之處，亦即據實奏聞，候朕另降諭旨。至從前議准達勒當阿所奏展邊墾土一案，該國王既稱鳳凰城樹柵之外，向留空地百餘里，務使內外隔截，以免人煙輳集，混雜滋事之患，此奏尚屬可行。著將鳳凰城展柵之處，照該國王所請停止。並令該部傳諭該國王知之。（高宗二七一、七）

（乾隆一一、七、丁巳）又諭：朝鮮國王李昑奏請，停止鳳凰城邊外墾田、莽牛哨地方添設巡察兵丁，表內援引康熙五十四年，奏請拆毀土門江岸所建廬舍，禁止種田，蒙聖祖仁皇帝恩准，雍正九年，奏請停止莽牛哨地方，設立卡座，蒙世宗憲皇帝恩准，乾隆二年，請罷中江互市，亦蒙朕恩准各情節。歷查舊案，實係皆俯准所請行。可知我欲舉行之事，因伊奏請，俱已停止，此固懷柔小邦之意，但屢以難行之事，俯准所請，輒為停止，於國家體制，亦有不合，轉為輕視，曷若不舉行之為愈也。此等情節，著即曉諭達勒當阿，凡事俱遵照舊制辦理，似此有名無實，礙難辦理之事，著勿舉行。其後任將軍大臣不知，復恐有欲如是辦理者，著存記該處檔案，以便永遠遵行。（高宗二七一、一三）

（乾隆一二、二、丁卯）禮部題：朝鮮國王李昑，遣使表賀萬壽、冬至、元旦三大節及進歲貢方物，賞賚筵宴如例。（高宗二八四、一四）

（乾隆一三、二、癸亥）禮部題：朝鮮國王李昑，遣使表賀萬壽、冬至、元旦三大節及進歲貢方物，賞賚筵宴如例。（高宗三〇八、八）

（乾隆一四、一、乙亥）朝鮮國王李昑奏進：奉到冊諡孝賢皇后詔書，賀表貢物。得旨：覽王奏賀，知道了。此次隨表方物，准作正貢。該部知道。又奏進：奉到冊諡孝賢皇后詔書，謝表貢物。得旨：覽王奏謝，知道了。此次隨表方物，准作正貢。該部知道。（高宗三三三、三三）

（乾隆一四、一、甲申）禮部題：朝鮮國王李昑，遣使表賀萬壽、冬至、元旦三大節及進歲貢方物，賞賚如例，停止筵宴。（高宗三三四、七）

（乾隆一五、二、庚辰）禮部奏：朝鮮國王李昑，恭進三大節及年貢方物，其賞收贏餘，應於今年貢內移准。從之。（高宗三五八、一三）

（乾隆一七、一、庚寅）禮部題：朝鮮國王李昑，遣使表賀萬壽、冬至、元旦三大節，及進歲貢方物，賞賚筵宴如例。（高宗四〇七、一八）

（乾隆一八、一、戊寅）禮部題：朝鮮國李昑，遣使表賀萬壽、冬至、元旦三大節及進貢方物，賞賫筵宴如例。(高宗四三一、一三)

（乾隆一九、九、戊子）又諭曰：朝鮮國王李昑，敬遣陪臣前詣，盛京接駕，齎表貢獻，誠悃可嘉。著照乾隆八年之例，加恩賞賫，所遣陪臣，一併照例加賞。(高宗四七二、一七)

（乾隆二〇、二、丙午）禮部題：朝鮮國王李昑，遣使表賀萬壽、冬至、元旦三大節及進歲貢方物，賞賫筵宴如例。(高宗四八二、五)

（乾隆二一、二、癸卯）禮部題：朝鮮國王李昑，遣使表賀萬壽、冬至、元旦三大節及進歲貢方物，賞賫筵宴如例。(高宗五〇六、一四)

（乾隆二二、二、乙丑）禮部題：朝鮮國王李昑，遣使表賀萬壽、冬至、元旦三大節及進歲貢方物，筵宴賞賫如例。(高宗五三二、七)

（乾隆二三、二、辛酉）禮部題：朝鮮國王李昑，遣使表賀萬壽、冬至、元旦三大節及進歲貢方物，賞賫筵宴如例。(高宗五五六、七)

（乾隆二五、一、甲戌）禮部題：朝鮮國王李昑，遣使表賀萬壽、冬至、元旦三大節及進歲貢方物，賞賫筵宴如例。(高宗六〇五、一二)

（乾隆二六、一、庚午）禮部題：朝鮮國王李昑，遣使表賀萬壽、冬至、元旦三大節及進歲貢方物，賞賫筵宴如例。(高宗六二九、一九)

（乾隆二七、二、丙子）禮部題：朝鮮國王李昑，遣使表賀萬壽、冬至、元旦三大節及進歲貢方物，賞賫筵宴如例。(高宗六五四、一五)

（乾隆二八、二、乙未）禮部題：朝鮮國王李昑，遣使表賀加上皇太后徽號、萬壽、冬至、元旦三大節及進歲貢方物，賞賫筵宴如例。(高宗六八〇、一七)

（乾隆二八、五、甲子）禮部議覆：朝鮮國王李昑奏稱，臣世子緯早亡。復蒙天恩，封子愃爲世子，今又身故。臣年及耄，儲嗣久虛，宗祀孤危，且夕傷悼。愃生有子祘，年已十二，國計人心，繫此一線，伏願曲加矜察，頒降封典，小邦君臣，感激無地等語。查李祘年未及歲，與請封之例不符。而其情詞懇摯，殊屬可憫，應否准其請封，其恭進禮物，應否賞收，出自聖裁。得旨：准其請封。所進禮物，著暫留收貯，准作正貢。尋遣散秩大臣弘映充正使，頭等侍衛廣亮充副使，往封。(高宗六八六、一〇)

（乾隆二九、一、己卯）禮部題：朝鮮國王李昑，遣使表賀萬壽、冬至、元旦三大節及進歲貢方物，賞賫筵宴如例。(高宗七〇三、一七)

（乾隆三〇、二、己亥）禮部題：朝鮮國王李昑，遣使表賀萬壽、冬至、元旦三大節及進歲貢方物，賞賫筵宴如例。(高宗七二九、九)

(乾隆三一、一、戊戌)禮部題：朝鮮國王李昑，遣使表賀萬壽、冬至、元旦三大節及進歲貢方物，賞賚筵宴如例。(高宗七五三、二三)

(乾隆三二、一、甲午)禮部題：朝鮮國王李昑，遣使表賀萬壽、冬至、元旦三大節。安南國王黎維瑞，遣使表謝册封恩，並進歲貢方物。均賞賚筵宴如例。(高宗七七七、三一)

(乾隆三三、二、乙丑)禮部題：朝鮮國王李昑，遣使表賀萬壽、冬至、元旦三大節及進歲貢方物，賞賚筵宴如例。(高宗八○四、一九)

(乾隆三四、二、丁卯)禮部題：朝鮮國王李昑，遣使表賀萬壽、冬至、元旦三大節及進歲貢方物，賞賚筵宴如例。(高宗八二八、三二)

(乾隆三五、二、甲寅)禮部題：朝鮮國王李昑，遣使表賀萬壽、冬至、元旦三大節及進歲貢方物，賞賚筵宴如例。(高宗八五二、一二)

(乾隆三六、一、庚午)禮部題：朝鮮國王李昑，遣使表賀萬壽、冬至、元旦三大節及進歲貢方物，賞賚筵宴如例。(高宗八七七、一三)

(乾隆三七、二、癸酉)禮部題：朝鮮國王李昑，遣使表賀萬壽、冬至、元旦三大節及進歲貢物，賞賚筵宴如例。(高宗九○二、二三)

(乾隆三八、一、戊午)禮部題：朝鮮國王李昑，遣使表賀萬壽、冬至、元旦三大節及進歲貢方物，賞賚筵宴如例。(高宗九二五、二○)

(乾隆三九、一、壬午)禮部題：朝鮮國王李昑，遣使表賀萬壽、冬至、元旦三大節及進歲貢方物。琉球國中山王尚穆，遣使表貢方物。均賞賚筵宴如例。(高宗九五一、二二)

(乾隆四○、一、丙子)禮部題：朝鮮國王李昑，遣使表賀萬壽、冬至、元旦三大節及進歲貢方物，賞賚筵宴如例。(高宗九七五、一九)

(乾隆四一、二、丙午)禮部題：朝鮮國王李昑，遣使表賀萬壽、冬至、元旦三大節，及歲進貢方物，賞賚筵宴如例。(高宗一○○二、一一)

(乾隆四二、二、壬戌)禮部題：朝鮮國王李昑，遣使表賀萬壽、冬至、元旦三大節及進歲貢方物，賞賚如例。(高宗一○二七、一九)

(乾隆四三、二、丁酉)禮部題：朝鮮國王李祘遣使恭進萬壽、冬至、元旦三大節歲貢方物。暨琉球國中山王尚穆，遣使恭進歲貢方物。俱賞賚如例，停止筵宴。(高宗一○五○、一○)

(乾隆四三、八、癸酉)朝鮮國王李祘，遣陪臣恭迎，表進方物。得旨：王恪守藩封，因朕恭謁祖陵，遣使遠來，具表進獻方物，具見悃忱。知道了。(高宗一○六五、四)

(乾隆四三、八、壬午)又諭：朝朝列在外藩，世篤忠貞，謹守侯度。

乾隆八年及十九年臨幸盛京，朝鮮並修朝貢之禮，本年以尚在二十七月之內，停止宴禮，曾豫勅朝鮮，毋庸遣使朝賀，而該國王情殷感戴，遣陪臣齎表修貢，迎駕請安，藉抒忱悃，恭順可嘉。並照上兩次之例，加恩賞賚，并御書扁額以賜，用昭優眷。其陪臣亦著一併照例加賞。御書扁曰，東藩濟美。（高宗一〇六五、一九）

（**乾隆四四、二、壬戌**）禮部題：朝鮮國王李祘，遣使表賀萬壽、冬至、元旦三大節及進歲貢方物。賞賚如例，停止筵宴。（高宗一〇七六、二二）

（**乾隆四五、二、乙卯**）禮部題：朝鮮國王李祘，遣使表賀萬壽、冬至、元旦三大節及進歲貢方物，賞賚筵宴如例。（高宗一一〇〇、五）

（**乾隆四五、八、戊午**）諭曰：朝鮮國王世守藩封，素稱恭順，歲時職貢，祗慎可嘉。間遇特頒勅諭，及資送歸國等事。如琉球等國，亦俱奏章陳謝。惟朝鮮國王，必備具土物，附表呈進，藉達悃忱。向因專使遠來，若令齎回，徒滋跋涉。是以歷次例准留作正貢，以示優卹。而該國王恪共職守，屆應正貢時，仍復備物呈獻，往來煩複，轉覺多一儀文。我君臣推誠孚信，中外一體，又何必爲此繁縟之節耶？今歲朕七旬萬壽，該國王具表稱賀，業已宣命來使，前赴行在，隨朝臣一體行禮宴賚。其隨表貢物，此次即行收受，以伸該國王慶祝之誠。嗣後除歲時慶節正貢，仍聽其照例備進外，其餘陳謝表章，所有隨表貢物，概行停止，毋庸備進，副朕柔惠遠人，以實不以文之至意。著禮部傳諭該國王知之。（高宗一一一二、一八）

（**乾隆四六、一、丁酉**）朝鮮國王李祘，遣使表賀冬至、元旦二大節，又奏謝恭奉恩諭，並進貢方物。得旨：覽王奏謝，知道了。前經降旨，所有陳謝表章，隨進貢物，概令停止。今該國王奉到此旨，具奏稱謝，復具表恭謝加賞緞匹，仍各具方物隨進，本不必收受。但既專使遠來，仍令齎回，徒滋往返。若照例留作正貢，該國王屆正貢之期，仍以向年備物呈獻，非所以示推誠而昭體卹。此次貢物著收受，仍加賞鞍馬、綢緞、貂皮等物。嗣後務宜恪遵前旨，毋庸備進。若再進必令齎回。該國王其善體朕柔惠遠人，以實不以文之至意。（高宗一一二三、六）

（**乾隆四七、一、癸亥**）禮部題：朝鮮國王李祘遣使表賀萬壽、冬至、元旦三大節，及進歲貢方物，賞賚筵宴如例。（高宗一一四九、一二）

（**乾隆四八、一、甲寅**）禮部題：朝鮮國王李祘遣使表賀萬壽、冬至、元旦三大節，及進歲貢方物，賞賚筵宴如例。（高宗一一七三、一一）

（**乾隆四九、一、丙辰**）禮部題：朝鮮國王李祘遣使表賀萬壽、冬至、元旦三大節，及進歲貢方物，賞賚筵宴如例。（高宗一一九七、二一）

（乾隆五〇、一、庚申）諭：朝鮮國於藩封中，臣服最久，每遇萬壽、元旦、冬至年節，俱備方物呈進。朕鑒其忱悃，俱令該衙門收存，仍優加賞賚。此外遇有奏賀、奏謝及陳奏等事，亦均有隨表貢物，向例皆稱不收受，准爲下次正貢，並經降旨，令於尋常陳奏事件，不必再具貢物。而該國王仍前備進，以致備抵之物輾轉存積。在該國王恪守成規，固屬恭順之道，但存積日久，轉相抵算，且仍有餘出者，非朕厚往薄來、體卹屬國之意也。所有朝鮮國歷年留存各物，竟著該衙門悉行收受。（高宗一二二二、一五）

（乾隆五〇、二、辛巳）禮部題：朝鮮國王李祘，遣使進表謝恩，并貢方物。得旨：覽王奏謝並隨表貢獻方物，具見悃忱。所有貢物，該衙門知道，仍著加恩賞賚。（高宗一二二四、一）

（乾隆五一、二、丙子）禮部題：朝鮮國王李祘，遣使表賀萬壽、冬至、元旦三大節及進歲貢方物，賞賚筵宴如例。（高宗一二四八、二）

（乾隆五一、一一、戊子）諭：禮部奏，朝鮮國王因賜祭該國世子，具表謝恩，並另進方物等語。向來該國王遇有謝恩事件，隨表備進方物，俱加恩准作正貢。但該國王素稱恭順，誠悃真摯，今業經備物遠來，若不予收受，徒滋往返。該國王意必不安，即循例抵作正貢，亦屬虛文，轉非朕推誠嘉惠之意。所有該國王此次隨表呈進貢物，著該部收受，照例折賞。仍傳諭該國王，嗣後遇有具表謝恩事件，遵朕屢次所降諭旨，俱無庸備進方物，以示體卹。該部即遵諭行。（高宗一二六九、四）

（乾隆五二、一、戊子）禮部題：朝鮮國王李祘，遣使表賀萬壽、冬至、元旦三大節及進歲貢方物，賞賚筵宴如例。（高宗一二七三、九）

（乾隆五三、一、己丑）禮部題：朝鮮國王李祘，遣使表賀萬壽、冬至、元旦三大節及進歲貢方物。琉球國王尚穆，遣使表貢方物。均賞賚筵宴如例。（高宗一二九七、三一）

（乾隆五四、一、癸未）禮部題：朝鮮國王李祘，遣使表賀萬壽、冬至、元旦三大節及進歲貢方物。又暹羅國王鄭華，遣使奉表謝恩，並進方物。賞賚筵宴如例。（高宗一三二一、二八）

（乾隆五五、一、乙巳）禮部題：朝鮮國王李祘，表賀萬壽。得旨：覽王奏賀，知道了。本年朕八旬壽辰，萬國臚歡，凡屬庶邦君長，莫不遠觀來庭，躬親祝嘏。今王特於年例正貢之外，復備物先期呈進，具見恭謹悃忱。著即賞收，並准作爲次年萬壽正貢，以示體卹。該部知道。（高宗一三四七、一三）

（乾隆五五、二、癸丑）禮部題：朝鮮國王李祘，遣使表賀萬壽、冬至、

元旦三大節及進歲貢方物，宴賚如例。(高宗一三四八、一一)

（乾隆五五、五、丁亥）諭曰：朝鮮國王，恪修職貢，恭順可嘉，本年因朕八旬萬壽，普天同慶，特於萬壽正貢之外，另備貢物，輸誠祝嘏。前已命作爲次年正貢，今復咨部懇請轉奏，仍行恭進萬壽貢品，情詞胋懇，具見悃忱。著照所請，准予賞收。屆期自當優加賜賚，以示朕柔懷藩服，加惠遠人至意。該部即遵諭行。(高宗一三五四、一二)

（乾隆五六、一、戊戌）禮部題：朝鮮國王李祘，遣使表賀冬至、元旦及謝恩方物。暹羅國王鄭華遣使，表賀萬壽方物。緬甸國王孟隕，遣使表貢謝恩方物。俱賞賚筵宴如例。(高宗一三七一、一二)

（乾隆五八、一、癸亥）禮部題，朝鮮國王李祘，遣使表賀萬壽、冬至、元旦三大節及進歲貢方物，筵宴賞賚如例。(高宗一四二一、二五)

（乾隆五九、一、甲寅）禮部題：朝鮮國王李祘，遣使表賀萬壽、冬至、元旦三大節及進歲貢方物，賞賚筵宴如例。(高宗一四四五、一〇)

（乾隆六〇、一、己酉）禮部題：朝鮮國王李祘，遣使表賀萬壽、冬至、元旦三大節，並以本年爲皇上國慶六十年，另具表貢稱賀。得旨：覽王所奏，以朕御極六十年，特遣使臣齎表慶賀，進獻方物，具見悃忱可嘉。所有呈進物件，該衙門知道。仍加恩賞賚，以昭優眷。(高宗一四六九、一九)

（嘉慶一、一、癸酉）朝鮮國王李祘，遣使表賀萬壽、冬至、元旦三大節及歲貢方物，賞賚筵宴如例。(仁宗一、二八)

（嘉慶二、一、戊辰）朝鮮國王李祘，遣使表賀萬萬壽、萬壽、冬至、元旦四大節，增貢方物，賞賚筵宴如例。(仁宗一三、一七)

（嘉慶三、一、辛卯）朝鮮國王李祘遣使表賀萬萬壽、萬壽、冬至、元旦四大節及歲貢方物，賞賚筵宴如例。(仁宗二六、一六)

（嘉慶四、一、丁亥）朝鮮國王李祘，遣使表進方物。除年貢照例賞收外，其恭進太行太上皇帝萬萬壽貢一分，並進萬壽、冬至、元旦貢三分，准其留抵下次正貢，賞賚如例。(仁宗三八、三一)

（嘉慶四、九、丙寅）諭內閣：禮部奏，朝鮮國王李祘，因恭上高宗純皇帝尊諡，遣使呈進表文方物，具見該國王恭順悃忱。所進方物，停其收受，著存留准作年貢，以示體卹。(仁宗五一、一六)

（嘉慶五、一、己卯）朝鮮國王李祘，遣使表賀高宗純皇帝、孝賢純皇后、孝儀純皇后升祔禮成，並謝恩及進貢方物。賞賚如例，停止筵宴。(仁宗五八、一五)

（嘉慶六、四、壬申）遣散秩大臣松齡爲正使，內閣學士吉綸爲副使，

往朝鮮國頒册立皇后詔,並齎賞該國王緞五十匹。(仁宗八二、四三)

(嘉慶六、五、辛巳)朝鮮國王李玜,遣使表謝賜祭葬、諡,並封王恩,進獻方物,宴賚如例。(仁宗八三、七)

(嘉慶七、一、辛丑)朝鮮國王李玜,遣使表賀萬壽、冬至、元旦三大節,進貢方物,賞賚筵宴如例。(仁宗九三、三〇)

(嘉慶八、一、甲午)朝鮮國王李玜,遣使表賀萬物、冬至、元旦三大節,進貢方物,賞賚筵宴如例。(仁宗一〇七、一六)

(嘉慶九、一、戊午)朝鮮國王李玜,遣使表賀萬壽、冬至、元旦三大節及歲貢方物,賞賚筵宴如例。(仁宗一二五、二六)

(嘉慶一〇、一、甲寅)朝鮮國王李玜,遣使表賀萬壽、冬至、元旦三大節,進貢方物,賞賚筵宴如例。(仁宗一三九、二二)

(嘉慶一〇、八、庚寅)朝鮮國王李玜,遣陪臣於道旁跪迎,表貢方物。(仁宗一四八、一一)

(嘉慶一〇、一二、丁亥)朝鮮國王李玜,遣使表貢方物。命留抵下次正貢,賞賚如例。(仁宗一五四、二〇)

(嘉慶一一、一、乙亥)朝鮮國王李玜,遣使表賀萬壽、冬至、元旦三大節及歲貢方物,賞賚筵宴如例。(仁宗一五六、三一)

(嘉慶一二、一、己巳)朝鮮國王李玜,遣使表賀萬壽、冬至、元旦三大節及歲貢方物,賞賚筵宴如例。(仁宗一七三、二二)

(嘉慶一二、一一、壬寅)諭內閣:禮部奏,本月初二日,朝鮮國王李玜差官金在洙齎到咨文一角,內稱該國義州商人白大賢、李士楫潛將米石運至獐子島地方,與邊民朱、張兩姓和賣折換違禁各貨物,當將白大賢等拏獲監禁,並將該地方官革職重究。其違禁之錢文銅鐵等物,如數齎解,現復委弁兵在於該島輪替詗守各緣由等語。朝鮮貿易,向有一定年限,在於中江、會寧、慶源等處,豈容商民等私自越疆,違例販賣?今該國商民白大賢等,與邊民朱、張二姓,膽敢攜帶米石銅鐵等件,潛在獐子島,彼此販易,實屬大干厲禁。該國王於本處地方官查明獲犯之後,審問明晰,監禁請示,並自將地方官重處。一面派員將違禁之物星齎呈繳,復嚴飭邊汛加意巡邏。披閱來文,具彰恭順。除敕下盛京將軍督飭沿邊官弁,將朱、張二姓上緊拏獲究辦,並查明內地疏防官員嚴行懲處外,所有該國現在解到銅鐵等件,著飭所司收貯。其該國拏獲之白大賢等五犯,著該國王自行查照定例,分別懲治。至該國王恪守藩封,小心服事,今於商民等違禁私販之事,認真查拏,以清邊界,以杜奸宄,忱悃可嘉。著頒賞該國王大緞四匹、玻璃器四件、雕漆器四件、茶葉四瓶，以示恩獎。嗣後惟當飭知該國沿邊官弁，倍謹巡防，嚴杜私越，以期抑承恩眷勿替。著禮部行文該國王祗遵，其差官即妥行遣回。（仁宗一八七、五）

（嘉慶一二、一二、戊寅）又諭：富俊、伊沖阿奏，拏獲私買朝鮮米石民人，並嚴審坐卡官兵情形一摺。此案趙玉富等以內地民人，膽敢與外國奸商違禁買賣，坐卡官兵等本有查拏之責，乃敢得受錢米，知情賄縱，實屬蔑法。著將坐卡官委驍騎校穆騰額、領催雙柱、兵明山、明喜、達七那、依拉那、諾欽布、都隆太、扎庫那，均行斥革，並將現獲買米民人趙玉富、尤貴之父尤得祿，及在逃之周得明、尤貴嚴行緝獲，一併交伊沖阿會同穆克登額嚴切究訊。將如何勾通販運私買違禁貨物，及是否尚有合夥逸犯，徹底根究，嚴行定擬。並將從前在獐子島私與朝鮮貿易之在逃奸民朱、張兩姓，究出實在下落，嚴拏務獲。研訊彼時坐卡官兵等，有無賄縱脫逃情弊。至此案該管之邊門章京禮部贊禮郎吉蘭圖、署界官驍騎校達芬泰毫無知覺，非尋常失察可比。吉蘭圖、達蘇泰均著革職。城守尉永本，雖屬失於覺察，但此案究係伊查拏，著加恩免其嚴議，仍交部議處。（仁宗一八九、二三）

（嘉慶一三、一、甲子）朝鮮國王李玜，遣使表賀萬壽、冬至、元旦三大節及歲貢方物，賞賚筵宴如例。（仁宗一九一、二一）

（嘉慶一四、一、丙戌）朝鮮國王李玜，遣使表賀萬壽、冬至、元旦三大節，進貢方物。命例外豫進本年萬壽貢物，准作下年正貢，並賞賚筵宴如例。（仁宗二〇六、三四）

（嘉慶一四、五、癸亥）又諭：據禮部奏，朝鮮國齎咨員役等，可否仍照舊例，賞賚筵宴一摺，該国齎咨官員等，向例應賞給銀兩，在部筵宴一次。此次該國王咨報救護內地遭風民人，而收買該民人所帶鐵物至四千三百餘斤之多，殊屬不合。本應將向來賞賚筵宴之處，均行停止，姑念該國員役等齎咨遠來，著加恩減半賞賚，無庸給予筵宴。（仁宗二一一、九）

（嘉慶一五、一、癸未）朝鮮國王李玜，遣使表賀萬壽、冬至、元旦三大節及歲貢方物，賞賚筵宴如例。（仁宗二二四、二八）

（嘉慶一六、一、戊寅）朝鮮國王李玜，遣使表賀萬壽、冬至、元旦三大節進貢方物，賞賚筵宴如例。（仁宗二三八、一五）

（嘉慶一七、一、庚子）朝鮮國王李玜，遣使表賀萬壽、冬至、元旦三大節及歲貢方物，賞賚筵宴如例。（仁宗二五三、一八）

（嘉慶一八、一、乙未）朝鮮國王李玜，遣使表賀萬壽、冬至、元旦三大節及歲貢方物，賞賚筵宴如例。（仁宗二六五、一五）

（嘉慶一九、一、己丑）朝鮮國王李玜，遣使表賀萬壽、冬至、元旦三大節及歲貢方物，賞賚筵宴如例。（仁宗二八三、二二）
　　（嘉慶二〇、一、庚戌）朝鮮國王李玜，遣使表賀萬壽、冬至、元旦三大節及歲貢方物，賞賚筵宴如例。（仁宗三〇二、二八）
　　（嘉慶二一、一、丙午）朝鮮國王李玜，遣使表賀萬壽、冬至、元旦三大節及歲貢方物，賞賚筵宴如例。（仁宗三一五、二〇）
　　（嘉慶二二、一、庚午）朝鮮國王李玜，遣使表賀萬壽、冬至、元旦三大節及歲貢方物，賞賚筵宴如例。（仁宗三二六、二〇）
　　（嘉慶二三、一、甲子）朝鮮國王李玜，遣使表賀萬壽、冬至、元旦三大節及歲貢方物，賞賚筵宴如例。（仁宗三三八、一九）
　　（嘉慶二四、一、己未）朝鮮國王李玜，遣使表賀萬壽、冬至、元旦三大節及歲貢方物。命例外豫進本年萬壽貢物，准作下年正貢，並賞賚筵宴如例。（仁宗三五三、二六）
　　（嘉慶二五、一、癸未）朝鮮國王李玜，遣使表賀萬壽、冬至、元旦三大節及歲貢方物，賞賚筵宴如例。（仁宗三六六、一六）

（二）琉球

　　（順治四、六、丁丑）初，琉球、安南、呂宋三國，各遣使於明季進貢，留閩未還。大兵平閩，執送京師，命賜三國貢使李光耀等衣帽緞布，仍各給敕諭，遣赴本國，招諭國王。諭琉球國王敕曰：朕撫定中原，視天下爲一家。念爾琉球，自古以來，世世臣事中國，遣使朝貢，業有往例，今故遣人敕諭爾國，若能順天循理，可將故明所給封誥印敕，遣使齎送來京，朕亦照舊封錫。諭安南、呂宋二國文同。（世祖三二、一二）
　　（順治八、九、壬午）賜琉球國王敕諭曰：爾國恪承天命，奉表投誠，朕甚嘉焉。奏内有云，獻琛稍寬於來裸，以故館留周國盛等三人在京。隨於七年五月，遣梁庭漢等十九人回諭爾國，迄今故明敕印未繳，併去使亦無消息。意者海道迂遠，風濤險阻，抑有別故，未達爾國耶？來使留京日久，朕甚憫念。今賞賜表裏銀兩遣歸，沿途給與口糧，並增駕船夫役，偕通官謝必振回報爾國，聽爾國便宜復命，用示朕懷柔至意。特諭。（世祖六〇、五）
　　（順治一〇、六、戊子）琉球國中山王世子尚質，遣使表貢方物，兼繳故明勅印。（世祖七六、十八）
　　（順治一一、三、丁酉）琉球國中山王世子尚質，遣使進貢方物，並繳故明敕印，請頒新敕印。命所司議奏。（世祖八二、九）

（順治一一、七、戊子）遣兵科副理事官張學禮、行人司行人王垓，齎敕印，封琉球國中山王世子尚質爲中山王，賜之詔曰：帝王祇德底治，協于上下，靈承于天。時則薄海通道，罔不率俾，爲藩屛臣，朕懋纘鴻緒，奄有中夏，聲教所綏，無間遐邇。雖炎方荒略，亦不忍遺，故使招倈，欲俾仁風暨于海滋。爾琉球國越在南徼，世子尚質，達時識勢，祇奉明綸。即令王舅馬宗毅等，獻方物，稟正朔，抒誠進表，繳上舊詔敕印，朕甚嘉之。故特遣正使兵科副理事官張學禮、副使行人司行人王垓，齎捧詔印，往封爾爲琉球國中山王，仍錫以文幣等物。爾國官僚及爾氓庶，尚其輔乃王，飭乃侯度，協攄乃藎，守乃忠誠，愼乂厥職，以凝休祉，綿于奕世，故茲詔示，咸使聞知。賜尚質蟒色緞十五、片金二，紬、紗、羅十二。妃粧閃色緞十、片金二，紗、羅八。（世祖八五、一）

（順治一七、五、己未）琉球國王舅馬宗毅，初奉其國王之命來貢，歸至福州，以海氛未靖，留閩七年，至是病卒。事聞。命具禮以殮，並賜祭。（世祖一三五、二）

（康熙一、一〇、甲辰）禮部奏請賞琉球國使臣。得旨：琉球使臣前來年久，殊爲可憫，其賞資著比前加一倍，以彼國貴重之物給與。（聖祖七、一六）

（康熙三、七、己亥）琉球國中山王尚質，遣使臣吳國用，謝順治十一年敕封恩，附貢方物。賞賚如例。（聖祖一二、二四）

（康熙四、九、癸巳）琉球國中山王尚質，遣使臣英長春等，進慶賀登極禮物，并世祖章皇帝品香一炷。宴賚如例。（聖祖一六、一九）

（康熙五、七、辛巳）琉球國中山王尚質，遣陪臣英常春等朝貢，并以前次貢舶漂失，補進金銀器皿等物。得旨：尚質恭順可嘉，所補進貢物，俱令齎回。至該國旣稱瑪瑙、烏木等十件原非土產，此後免貢。（聖祖一九、一一）

（康熙八、二、甲戌）琉球國中山王尚質，遣陪臣英常春進貢，宴賚如例。（聖祖二八、一〇）

（康熙一〇、八、戊申）琉球國世子尚貞，遣陪臣富茂昌等進貢，宴賚如例。（聖祖三六、一六）

（康熙一三、二、庚申）琉球國中山王世子尚貞，遣陪臣吳美德進貢，宴賚如例。（聖祖四六、一〇）

（康熙一八、八、庚寅）禮部議准：福建巡撫吳興祚疏言，琉球國王世子尚貞，咨稱康熙十三、十五兩年，正當貢期，聞閩省變亂，未曾入貢。今特進康熙十七年分，所貢方物。至來年冬汛，再遣使補康熙十三、十五兩年之貢。得旨：琉球國康熙十三、十五兩年貢物，免其補進。（聖祖八三、二〇）

（康熙一九、二、甲子）琉球國王嗣尚貞，遣使進貢，宴賚如例。（聖祖八八、一五）

（康熙二〇、一一、癸亥）琉球國中山王世子尚貞，遣陪臣毛見龍等，表貢方物，并疏言：臣父尚質，於康熙七年十一月十七日卒，謹遵舊典，請賜襲封。下禮部議。（聖祖九八、一八）

（康熙二〇、一二、辛丑）禮部題：琉球國中山王世子尚貞，應照例襲封爲中山王，並賜故王尚質卹銀一百兩，絹五十疋，令來使齎去。又查順治十一年，初封尚質，加賜王緞三十疋、妃緞二十疋，曾奉有後不爲例之旨，應無庸議。得旨：琉球國世子尚貞父子世守臣節，忠誠可嘉，王與妃可照前例賞賜。（聖祖九九、二〇）

（康熙二二、一〇、丁巳）琉球國王嗣尚貞，遣陪臣毛文祥等進貢，宴賚如例。（聖祖一一二、二四）

（康熙二三、八、丙午）琉球國中山王尚貞，遣陪臣王明佐等進貢，并謝册封恩，宴賚如例。（聖祖一一六、一一）

（康熙二七、二、戊申）琉球國中山王尚貞，遣使入貢，請以子弟梁成楫等三人，入監讀書。允之。（聖祖一三三、一六）

（康熙二七、一〇、癸卯）琉球國中山王尚貞，以蒙恩准陪臣子弟入監讀書，遣使入謝，并貢方物，宴賚如例。（聖祖一三七、一二）

（康熙二八、一〇、甲子）琉球國中山王尚貞，遣陪臣毛起龍等進貢，賞賚如例。（聖祖一四二、一一）

（康熙二八、一〇、庚午）琉球國中山王尚貞疏言：舊例外國進貢船，定數三隻，船中貨物，免其收稅。今琉球進貢船止二隻，尚有接貢船一隻，未蒙免稅，請照例免收，以足三隻之數。又人數許帶一百五十人，萬里汪洋，駕船人少，不能遠涉，乞准加增。部議：接貢船准免收稅。其增添人數，不准行。得旨：琉球國誠心進貢年久，該王具疏懇請增添人數，准加增至二百人。（聖祖一四二、一二）

（康熙三〇、九、癸丑）琉球國中山王尚貞，遣陪臣溫允傑等，齎表進貢方物，宴賚如例。（聖祖一五三、一）

（康熙三二、九、丙寅）琉球國中山王尚貞，遣陪臣馬廷器等進貢方物，並請入監讀書官生梁成楫等歸國。宴賚如例。（聖祖一六〇、一三）

（康熙三六、九、己丑）琉球國中山王尚貞，遣陪臣毛天相進貢，宴賚如例。（聖祖一八五、九）

（康熙三八、九、辛丑）琉球國中山王尚貞，遣陪臣毛龍圖等表貢方物，宴賚如例。（聖祖一九五、二）

（康熙四〇、九、癸卯）琉球國王尚貞，遣陪臣鄭職臣等進貢，宴賚如例。（聖祖二〇五、一六）

（康熙四一、九、戊午）浙江巡撫趙申喬題：琉球國進貢來使遭風船壞，救出二人，請旨定奪。上曰：琉球國失水二人，拯救復甦，著該地方官加意贍養，俟便船資給發還。此等船隻損壞，人被溺傷，皆因修造不堅所致。嗣後琉球貢使回國時，該督撫須驗視船隻，務令堅固，以副朕矜恤遠人之意。（聖祖二〇九、一二）

（康熙四二、九、丙辰）琉球國中山王尚貞，遣陪臣毛興龍等進表貢方物，宴賚如例。（聖祖二一三、七）

（康熙四四、九、庚寅）琉球國中山王尚貞，遣陪臣溫開榮等進貢，宴賚如例。（聖祖二二二、一三）

（康熙四八、九、壬戌）琉球國中山王尚貞，遣陪臣白英等表賀貢方物，宴賚如例。（聖祖二三九、一九）

（康熙五〇、一一、辛卯）琉球國中山王世孫尚益，遣陪臣孟命時等進貢，宴賚如例。（聖祖二四八、二〇）

（康熙五二、一一、乙丑）琉球國中山王尚貞，遣陪臣毛九經等進貢方物，宴賚如例。（聖祖二五七、一〇）

（康熙五四、一一、庚子）琉球國中山王世曾孫尚敬，遣使進貢，宴賚如例。（聖祖二六六、五）

（康熙五七、二、庚子）琉球國中山王世子尚敬，遣陪臣夏執中等，訃告故曾祖尚貞、故父尚益喪，并請襲封，表貢方物，賞賚如例。（聖祖二七七、二八）

（康熙五八、一一、丙申）琉球國中山王尚敬，遣陪臣向秉幹等進貢方物，宴賚如例。（聖祖二八六、一四）

（康熙五九、一〇、甲午）琉球國中山王尚敬，遣陪臣向龍翼等進貢方物，宴賚如例。（聖祖二八九、九）

（康熙六〇、一〇、己卯）琉球國中山王尚敬，遣陪臣毛廷輔等表貢方物，宴賚如例。（聖祖二九五、一〇）

（雍正一、三、癸巳）禮部議覆：福建巡撫黃國材疏奏，琉球國進貢頭號船內，貢使、表文及方物，一半沉海。所到二號船內彝目，應准其返國，令補具表文方物進呈。得旨：琉球國進貢使臣毛宏健等，所坐頭號船內人員，俱衝礁覆沒，甚屬可憫，所失表文方物，免其補進。二號船內所存方物，交與來使帶回，仍准作進貢。其賞給之處，著察例具奏。所賞之物，行文該地方官賞給，令其起程。（世宗五、一三）

（**雍正二、三、丁亥**）琉球國王尚敬，遣陪臣翁國柱等，表賀登極，附貢方物，并遵旨遣官生鄭秉哲、鄭繩、蔡宏訓三人，入監讀書。（世宗一七、一五）

（**雍正三、九、辛酉**）琉球國中山王尚敬，遣陪臣毛健元、蔡淵等進貢方物，賞賚如例。（世宗三六、一六）

（**雍正四、一〇、丙戌**）禮部奏：琉球國中山王尚敬，遣陪臣向得功等，進表謝賜匾額、玉器、綵緞等恩，并貢方物，應照例察收。得旨：琉球國王因朕頒賜御書匾額及玉器綵緞等物，特遣使臣進表謝恩，貢獻禮儀，具見誠悃。朕加恩遠藩，不欲收其貢物。但既航海遠來，不忍令其帶回本國，著交內務府存留，准作二年一次正貢，以示朕體卹遠人之至意。（世宗四九、二八）

（**雍正六、二、壬午**）琉球國中山王尚敬，遣使表貢方物，宴賚如例。（世宗六六、一）

（**雍正七、四、甲申**）福建巡撫劉世明疏奏：琉球國中山王尚敬，差耳目官毛鴻基等進貢方物。據稱荷蒙天恩，准停六年正貢，小國因未接到禮部咨文，所以辦齊方物，至期虔申貢典。雖外邦誠敬，殊難固卻，但未合例，不敢冒昧施行。得旨：朕以琉球歷來恪守臣節，不失貢期，而地處重洋之外，使臣遠涉風濤，深可軫念。是以令其以四年進貢方物，准作六年正貢，其六年應進表文，俟八年正貢，一併恭進，所以寬其朝貢之期，與海邦休息之意也。今該國王以未接部文，仍按期遣使，並非有違成例。且其船隻已經進港，行李已經安頓館驛，豈可以其不合例而卻之，使遠島旅臣，空往返於洪濤巨浪中乎？著照例准其入貢，該督撫委員伴送來京，一應廩餼舟楫，從厚辦給。以示朕綏懷遠人之至意。（世宗八〇、一〇）

（**雍正七、一〇、辛亥**）琉球國中山王尚敬，遣陪臣毛鴻基等，表謝賜敕書蟒緞玉器恩，并貢方物。得旨：琉球地處重洋之外，奉表修貢，遠涉風濤，朕心深爲軫念。是以從前降旨，令將雍正四年該國王謝恩所貢儀物，准作雍正六年正貢，以示恩眷。今該國王以六年正貢之期，仍遵定制，遣使航海遠來，奉表進貢，情詞懇切，具見悃忱。著將六年進貢之物，准作八年正

貢，若八年貢物，已經遣使起程，即准作十年正貢，著行文該國王知之。（世宗八七、一三）

（雍正九、五、癸亥）琉球國王尚敬遣陪臣向克濟等，奉表謝恩，進貢方物，宴賞如例。（世宗一○六、二）

（雍正九、一一、己丑）禮部議覆：琉球國中山王尚敬奏請，遵依舊典，嗣後仍二年一貢。應如所請。得旨：朕因琉球地處重洋之外，奉表修貢，遠涉風濤，深爲軫念。曾經降旨，將雍正八年貢物，准作十年正貢。今該國王奏請按期入貢，情詞懇切，具見悃誠。著仍遵前旨。若十年貢物，已經遣使起程，即准作十二年正貢，十一年不必遣使前來。將此行文該國王知之。（世宗一一二、三三）

（雍正一二、一、庚子）琉球國中山王尚敬，遣陪臣溫思明等，上表進貢方物，宴賚如例。（世宗一三九、七）

（乾隆二、閏九、庚午）命恩卹難夷，諭：聞今年夏秋間，有小琉球中山國，裝載粟米棉花船二隻，遭值颶風，斷桅折柁，飄至浙江定海、象山地方。隨經大學士嵇曾筠等查明人數，資給衣糧，將所存貨物，一一交還。其船隻器具，修整完固，咨赴閩省，附伴歸國。朕思沿海地方，常有外國船隻遭風飄至境內者，朕胞與爲懷，內外並無歧視，外邦民人，既到中華，豈可令一夫之失所？嗣後如有似此被風飄泊之人船，著該督撫督率有司，加意撫卹，動用存公銀兩，賞給衣糧，修理舟楫，並將貨物查還，遣歸本國，以示朕懷柔遠人之至意。將此永著爲例。（高宗五二、二六）

（乾隆二、一二、壬寅）琉球國王尚敬，遣使表貢方物，宴賚如例。（高宗五九、八）

（乾隆三、一二、戊戌）琉球國王尚敬，遣陪臣王舅向啓猷、正儀大夫金震等，表賀登極，並貢方物。奏入，報聞。（高宗八三、一一）

（乾隆五、二、壬申）琉球國中山王尚敬，遣陪臣耳目官向維豪、正議大夫蔡墉等，表進方物，宴賚如例。（高宗一一○、二）

（乾隆六、一二、辛亥）琉球國中山王尚敬，使陪臣翁鴻業、蔡其棟，表貢乾隆五年方物。得旨：覽王奏進貢方物，具見悃忱。知道了。該部知道。又表謝賜御書扁額。報聞。（高宗一五七、一二）

（乾隆七、二、己亥）琉球國中山王尚敬，遣紫巾官翁鴻業，表進正貢。賞賚筵宴如例。（高宗一六○、六）

（乾隆八、閏四、丙辰）琉球國王尚敬，遣使表貢方物，賞賚筵宴如例。（高宗一九○、四）

(乾隆八、一一、癸亥) 琉球國中山王尚敬，遣使表貢方物，賞賚筵宴如例。(高宗二〇六、二三)

　　(乾隆九、一、丙午) 禮部題准：琉球國王尚敬，遣耳目官毛文和等，表進七年分貢物，留作九年正貢。從之。(高宗二〇九、一四)

　　(乾隆一〇、四、辛未) 福州將軍兼管閩海關事新柱奏：本年二月，江南吳縣商人游仲謀等，在洋遭風，飄入琉球國境。該國王遣都通事蔡宏謨等護送入閩，足徵恭順。所有都通事及難商附帶貨稅，爲數無多，已飭閩安鎮口委員，一例免徵。得旨：是，知道了。(高宗二三九、三六)

　　(乾隆一〇、八、壬戌) 戶部議准：閩浙總督馬爾泰疏稱，江南吳縣商民游仲謀等八十二人，因在中洋遭風，飄至琉球國地方。彼處官員，多方援救，安頓養贍。復遣通事蔡宏謨等護送來閩，足徵遠藩愛戴之忱。現在員役人等，除照例安插廩給外，並請酌賞緞紗布疋。其解送船隻，亦爲驗勘修葺。從之。(高宗二四七、三)

　　(乾隆一三、二、癸亥) [禮部]又題：琉球國中山王尚敬，遣使表進乾隆十一年正貢，併補進九年表文，賞賚筵宴如例。(高宗三〇八、八)

　　(乾隆一三、七、庚寅) 又議覆：福建巡撫潘思榘奏稱，琉球國額貢硫磺一萬二千六百觔外，夷目水手多帶餘磺，向有奸商代售。臣飭諭該夷使據實報出，官爲收買……應如所請。從之。(高宗三一八、一六)

　　(乾隆一四、三、乙丑) 諭曰：琉球國前屆貢使毛允仁等，事竣回國，在洋遭風壞船，經該督喀爾吉善奏聞，朕已諭令修整。嗣據該貢使呈請，俟十三年貢船到閩，一同回國。此次貢使向永成等呈稱，夷船修理做法，與內地不同，情願購備物料，自行修理等語。琉球素稱恭順，夷使毛允仁等，因進貢回國，遭風壞船，宜加優卹。既據此次夷使向永成等稟懇自行修理，所需工料銀兩，著於司庫存公銀內賞給。俾得修理完竣，駕駛回國，示朕柔遠之意。(高宗三三七、二)

　　(乾隆一五、二、甲申) 琉球國中山王尚敬，遣耳目官向永成，表進乾隆十三年分正貢方物至京。賞賚如例，筵宴二次。(高宗三五八、一五)

　　(乾隆一五、四、庚寅) 又諭：據閩浙總督喀爾吉善、巡撫潘思榘奏稱，乾隆十四年十一、十二兩月，內地出洋船隻遭風，飄至琉球國者，先後共十船。該國王將船身堅固之林仕興等六船，商人水手一百三十名，撥給桅木廩餼回籍。復將被水失舟之吳永盛、陳得昌等四船九十二名，給廩僱舟，遣都通事阮超群等送回福建等語。琉球國中山王尚敬，素稱恭順，內地商船遭風，飄往該國，加意資送回籍，誠款可嘉。著賞賜該國王蟒緞二疋、閃緞二疋、錦二疋、綵緞四疋，以示嘉獎。其伴送之都通事阮超群、東觀旭等，著該督撫優加賞賚。該部行文該國王知之。（高宗三六三、一〇）

（**乾隆一六、九、丁丑**）又諭：據福建巡撫潘思榘奏稱，琉球國使臣毛如苞等，進貢二號船隻，在洋遭風，業經收回本島。該國王將原船修葺完固，并將閩縣遭風船戶蔣長興等、常熟縣商民翟張順等，留養三年，給予口糧，隨船護送來閩等語。中山王尚敬，素稱恭順。今進貢船隻，在洋遭風，堪爲軫念。又將內地遭風商民，留養三年附送至閩，甚屬可嘉。著於進貢常例之外，賞賜該國王蟒緞二疋、閃緞二疋、錦二疋、綵緞四疋、素緞四疋，以示優獎。其在船之官伴水梢人等，著該督撫分別賞賚。該部仍行文該國王知之。（高宗三九八、二四）

（**乾隆一七、五、乙丑**）琉球國中山王尚敬，遣使臣阮爲標表進方物，賞賚筵宴如例。（高宗四一四、一一）

（**乾隆一七、六、癸未**）又諭：據福建巡撫陳宏謀奏稱，同安縣船戶林順泰商船，於上年十一月內在洋遭風，失去篷桅，飄至琉球國宇天港地方。該番目遵依國王之令，代爲修葺船隻，資給口糧，俾得回棹，並稱已報知國王，俟進貢時，自有文書聲說等語。琉球遠隔重洋，該國王等素稱恭順。今番目遵伊王令，將內地遭風商船，代爲修葺，並資送回籍，誠款可嘉。著賞賜該國王蟒緞二疋、閃緞二疋、錦二疋、綵緞四疋、素緞四疋，以示嘉獎。其宇天港番目等，亦著該督撫優加賞賚，交與該國王查明頒給。俱俟貢使回國之便帶往。該部先行文該國王知之。（高宗四一七、一三）

（**乾隆一九、一、丁丑**）琉球國中山王世子尚穆，遣使奉表入貢，頒敕宴賚如例。（高宗四五五、一三）

（**乾隆二二、三、己未**）諭軍機大臣等：鐘音奏，琉球國王咨稱，使臣全魁、周煌在洋遭風，該國王兩次撫卹，隨封人等共計銀五萬一千餘兩等語。全魁等出使海外，隨從之人俱經照例賞賜，自足敷用。即在洋猝遇颶風，貨物衣服或致損失，有需資給，亦酌量動項辦理，詎可因天使冊封，致令小國費至數萬餘兩？且匠役等賞卹，亦何必每名即需百餘兩之多？鐘音即照該國王所咨辦理，殊屬非體。著傳諭該督喀爾吉善，所有該國王用過銀兩，並全魁等駕回彼國之船，自應一併發還。其兵丁匠役，該督查明照例酌量撫卹可也。（高宗五三五、一九）

（**乾隆二二、九、庚子**）琉球國中山王尚穆，遣陪臣馬宣哲等，齎表謝冊封恩，併貢方物。得旨：覽王奏謝，具見悃忱，知道了。其進貢方物，念中國加惠外藩，不欲頻煩貢獻。但航海遠來，又不便令其攜帶回國。著將所

進方物，留作下次正貢。(高宗五四六、二一)

（**乾隆二四、五、甲午**）禮部議奏：福建巡撫吳士功疏稱，琉球國王尚穆，遣使臣表進戊寅年貢物，並請令陪臣子弟梁允治等入監肄業。得旨：前經降旨，令將二十一年所進方物，留作下次正貢。今該國王仍將戊寅年應進貢物奉表恭進，情詞懇摯，且貢物業已到閩，不便令其帶回。著仍照前旨，留作庚辰年正貢，用昭柔遠之意。其所遣陪臣子弟梁允治等，均准其入監肄業。(高宗五八六、二六)

（**乾隆二四、一二、丁酉**）琉球國中山王尚穆，遣使表謝冊封，並進方物。下部知之。(高宗六〇三、一四)

（**乾隆三一、二、丙午**）琉球國中山王尚穆，遣使表貢方物，頒敕宴賚如例。(高宗七五四、一四)

（**乾隆三三、一、乙卯**）琉球國中山王尚穆，遣使表貢方物，頒敕宴賚如例。(高宗八〇三、二九)

（**乾隆三五、二、甲子**）禮部題：琉球國中山王尚穆，遣使表貢方物，賞賚筵宴如例。(高宗八五三、二)

（**乾隆三七、一、乙丑**）琉球國中山王尚穆，遣使表貢方物，頒敕宴賚如例。(高宗九〇一、二二)

（**乾隆四〇、一二、辛亥**）琉球國中山王尚穆奏：謹漢遣陪臣向崇猷、蔡懿等進貢方物。得旨：覽王奏進貢方物，具見悃忱。知道了。該部知道。(高宗九九八、一五)

（**乾隆四一、二、戊午**）又諭：據永德奏，琉球貢船回國，兌買絲綢布匹等物，免過稅銀，共一千二百餘兩，似較向來爲數過多。因薩哈岱現隨行在，令軍機大臣就近詢問。據稱伊前管閩海關任內，所辦琉球免過稅銀，雖不能一律，大概總未出五百兩以外等語。屬國進貢回洋攜帶內地貨物，准予免稅，原屬柔遠之經。然加惠外藩，亦當稍有節制。若向來俱少，此次獨多，恐伊等視以爲常，或且效尤滋甚，勢將何所底止。設或向無定額，其免稅多少，悉由將軍等臨時覈定，更未爲妥協。著交鐘音詳說悉確查，該關於琉球回船免稅有無約略定數，並歷年免稅若干，此次免稅，因何多至如許，逐一據實覆奏，勿稍隱飾。若永德所奏有沽名示寬處，即行參奏，不可又相徇隱，慎之。尋奏：查該國貢船，順治年間准其貿易，康熙年間復予免稅。經前督臣喀爾吉善奏准，以帶銀置貨，並無限額，恐欺隱滋弊。嗣後令據實報明，經官公辦。其入口、出口稅銀若干，向係閩海關之南臺口委員，查照則例覈數，申報將軍照驗，免稅放行。現查歷年免稅底冊，自乾隆三十一年以後，該國進貢船二隻，入口不出三百兩，出口皆在五百兩外。接貢船一隻，入口皆在二百兩內外，出口不出五百兩。至三十六年，入口免稅二百四十九兩，出口八百一十九兩，較之往年，爲數已多。今四十年較前更多，實因來船帶銀及置貨，視歷年加增之故。報聞。（高宗一〇〇三、四）

（乾隆四五、二、乙卯）［禮部］又題：琉球國中山王尚穆，遣使表貢方物，賞賚筵宴如例。（高宗一一〇〇、六）

（乾隆四七、一、癸亥）琉球國中山王尚穆，遣使表貢方物，賞賚筵宴如例。（高宗一一四九、一二）

（乾隆四七、六、丁丑）福建巡撫雅德奏：琉球國難番伊波等二十四人，駕船裝載米布，於上年七月十二日自八重山開行，八月初放洋，遇風吹斷桅篷，漂至浙江寧海縣。經該營救護，照例撫卹，護送來閩。於今年四月初五日進口。當經安插館驛，每人日給米一升，鹽菜銀六釐。回國日，各給行糧一月，並於進貢船內，搭裝原載貨物回國。下部知之。（高宗一一五八、一二）

（乾隆四九、一、丙辰）琉球國中山王尚穆，遣使表貢方物，賞賚筵宴如例。（高宗一一九七、二一）

（乾隆五一、二、丙子）琉球國中山王尚穆，遣使表貢方物。賞賚筵宴如例。（高宗一二四八、二）

（乾隆五五、一、己酉）又諭：琉球國王恪守藩封，素稱恭順，重洋遠隔，職貢維虔。此次於例貢之外，恭進謝恩方物。使臣等恐照向例，留作下次正貢，具呈禮部，請爲代奏，恩准賞收，下次仍請如期入貢，並稱臨行時國王再三諄囑，令使臣具呈籲請，情詞懇切，誠悃可嘉。著照所請。該部即將所進謝恩方物，准予賞收。下次正貢屆期，該國遣使來京，再當優加恩眷，以示朕懷柔藩服之至意。（高宗一三四七、一八）

（乾隆五五、三、丁未）福州將軍魁倫、閩浙總督覺羅伍拉納、福建巡撫徐嗣曾奏：查大黃一種，遵旨嚴禁出洋。惟琉球歲勤貢獻，恪守藩封，前經奏明，移咨該國王，酌計每年准買三五百觔之數。此次夷船回棹，應准其購用。第令自行買運，恐鋪戶以例禁出口，高擡價值，否則任意透漏。臣等酌議，委官代買三百觔，飭夷官繳價領運。批：是。又奏：一體免稅，仍移行該國咨覆備查。得旨：覽。（高宗一三五一、三四）

（乾隆五五、五、壬午）又諭：據勒保奏，搜出由伊犁回歸、私帶玉石之商民李世才等，請旨治罪等語。李世才等膽敢私帶玉石進關，情殊可惡，均照所請辦理。玉石係回地所產，其偷買攜入內地者，雖經南路回城嚴加搜查，究因伊犁等處並不稽察，以致李世才等牟利。於阿克蘇等處採買，由伊犁北路私帶進關。所有沿途地方，若不嚴查，日復一日，皆冀倖由此繞行，亦未可定。著交伊犁、烏魯木齊、巴里坤將軍大臣等，照回城一體嚴查，斷不可忽從事。（高宗一三五四、一）

（乾隆五六、七、乙亥）諭軍機大臣曰：魁倫奏，琉球船隻出口，照例免稅一摺。細閱單內所開，除大黃一項，係遵照奏定章程，官為代買外，其綢緞絲布及川芎、川連紙、涇縣紙等件，俱係內地貨物。而洋蔲蘇木等物，乃外洋所出，又似帶至內地售賣之件。該夷使既置買內地物件，帶回該國，何以外洋之物，復轉向內地購買帶回？魁倫所開單內，殊屬牽混。著該將軍詳晰奏明。又大黃係向何鋪代買，來自何處，即行覆奏。尋奏：洋蔲蘇木俱出西洋暹羅等國，並非琉球所產。大黃一項，據承買藥材行戶等供稱，各樣藥材，俱由江西樟樹鎮販運來閩銷售。但江西亦不產大黃。聞得陝西涇陽縣，為大黃匯集之所，轉發漢口、樟樹等處行銷等語。復詢據琉球國通事魏廷玉稟稱，琉球與西洋暹羅諸國，相距窵遠，向無商賈貿易洋蔲蘇木，故就閩購買。至大黃每歲或買數百觔及數千觔不等。自飭禁後，覈定數目，官為代買，帶運回國，並無轉售他處等情。報聞。（高宗一三八二、六）

（乾隆五六、一〇、辛未）又諭：據魁倫奏琉球國貢船到關，遵例免稅一摺。內稱，此次正副使貢船二隻進口，逐一查驗，與免稅之例相符，隨照例寬免。旋據該通事梁元魯率領來使馬繼謨等，赴闕叩謝天恩等語。琉球國既差使臣，齎進貢物，現在船隻到關，經魁倫驗明免稅，該撫即應將該國貢使到境日期及約計程站何時可以到京，專摺具奏。乃僅照例具題，而於該貢使何時可以到京，並未奏及，殊屬拘泥遲緩。著傳諭浦霖，即將該使臣能否於年內到京之處，據實覆奏。尋奏：琉球國正副使馬繼謨、陳天龍於八月二十、二十一日先後到閩，十月初二日派員伴送啟程，十九日已出閩境。計十二月二十日以前，定可到京。報聞。（高宗一三八九、三五）

（乾隆五八、六、丙子）諭軍機大臣曰：奇豐額奏，據通州知州稟稱，有琉球國遭風夷船一隻，漂至海口，現將該難夷護送至省。其遭風船隻及粟麥等項，該難夷情願變賣，俟料理妥恊，即委員伴送遣歸本國等語。外國遭風難夷，漂至內地，自應加意撫卹，妥為安頓，遣歸本國。該船雖折斷大桅，船身損壞，但此項海舶，置造時價值不輕。今將原船及粟麥等物在內地變價，該督撫司道府縣以至書吏等，遇有地方應行估變物產，尚不及半價，何況此等外夷物件？即少為估變，隨意給予價值，亦無憑考覈，甚而從中染指者，往往有之，殊屬非是。外夷船隻，因失風漂至內地，所有應行估變物件,地方官必當格外體卹,於照值變價外,略予便宜,方爲懷柔遠人之道。此次琉球遭風船隻及粟麥等項,地方官如何估變給予價值,若干之處,著奇豐額逐一查明,迅速覆奏。毋許地方官估變稍有短少,致爲外夷所輕也。將此傳諭知之。(高宗一四三〇、一七)

(乾隆五八、七、甲辰) 諭軍機大臣曰:奇豐額覆奏,從前琉球遭風難夷船隻,漂至崇明,經撫臣長麟委員勘估,計船板變價銀三百餘兩,濕米每石一兩。此次遭風難夷潮濕粟麥,仍照一兩給價。其船料照上次增估銀一百兩等語。各省奏報糧價,原不能盡歸覈實,即如每米一石,估銀一兩,似此價值,京城固無從糴買,即江浙等省出米之鄉,市價亦不能如此平減。至海船船身高大,即係拆板,又豈止值銀三四百兩。此次經奇豐額飭令加估銀兩,尚止有此數,則從前地方官任意少估,短給價值,其弊更不可問。外夷船隻遭風,漂至內地,知當格外矜卹。於照值變價外,再與便宜,方爲懷柔遠人之道。豈可轉有短少?若地方官漫無查察,復任吏胥人等從中剋扣侵漁,日引月長,尤屬不成事體。著傳諭沿海各省分督撫,嗣後遇有此等遭風難夷船隻,應行估變物件,務飭屬寬爲給價,不可復有短估剋減等弊,以副朕施恩遠夷,體卹周詳至意。(高宗一四三二、一九)

(乾隆五八、一〇、庚午) 又諭曰:魁倫奏,琉球國貢船到關,照例免稅一摺。該國進貢船隻到關,所帶貨物,自應照例免稅。但貢船於八月初一、三十等日先後進江,迄今業逾兩月。其貨物俱已查明,經魁倫具奏,該督撫具奏之摺,何以至今未到?浦霖有一奏,亦未明晰。至該國所遣使臣,係屬年例進貢,現距年節兩月有餘,爲期尚寬。著傳諭伍拉納等即飭伴送之員,按程從容行走,並咨會沿途各省,一體遵照。祇須於封篆前,屆期照例到京,以便與年班各外藩,同與宴賚也。(高宗一四三八、一二)

(乾隆五九、一、丙午) 諭:據禮部奏,琉球國使臣呈稱,國王此次恭進謝恩方物,懇照五十五年,准予賞收,免抵下次正貢等語。該國王因前此特賜福字如意等件,專遣使臣呈進方物,向來俱令抵作下次正貢,原以昭體卹,省陪臣之勞往來而示柔懷。今據該使臣呈稱,伊等臨行時,國王再三囑令將所進方物,懇請准予賞收,免抵下次正貢,具見該國王抒忱効悃,誠懇可嘉。所有此次呈進方物,既已賞收,著照所請,下次正貢時,仍當優加錫賚,用彰厚往薄來至意。該部即傳諭該使臣,令於回國時轉告該國王知之。(高宗一四四五、三)

(乾隆六〇、七、癸酉) 諭曰:長麟等奏,琉球國貨船在浙江溫州洋面被刧一摺,實屬不成事體。各省附近洋面地方,近年屢有刧盜之案。節經嚴飭督撫等董率將弁，實力查拏，乃盜風仍未盡熄，竟至外國貨船亦被搶刼。可見地方文武，於捕盜並未認真辦理，以致洋面刼盜肆行無忌。現據長麟等奏，查照該國通事開報失單，著落地方官賠補，所辦尚未允協。目下該國通事如尚未回棹，即著長麟等傳諭該通事，宣示朕旨，以中國洋面盜風未戢，該國貨船竟有被刼之事，朕亦引以爲媿。所有該國被刼貨價即著落失事地方官，加一倍賠償。此案盜犯，並嚴飭地方文武躧緝務獲，勿令遠颺。向來辦理洋盜，罪止斬梟。此等行刼外國船隻盜犯，拏獲之日，竟當凌遲處死，庶盜匪共知畏懼，洋面可期寧謐。其該管督撫及疎防各員，並著查明交部嚴加議處。（高宗一四八三、一六）

（**乾隆六○、一二、甲辰**）勅諭琉球國世孫尚溫曰：朕惟共球翕集，聿昭有截之規，琛賮虔通，用表維藩之節。爾中山國王世孫尚溫，攝領疆隅，恪循世守，值朕紀年周甲，來歲丙辰元旦，傳位皇太子，改爲嘉慶元年，朕稱太上皇帝，國慶駢蕃。適該國貢表遠至，是用降勅嘉諭，並賜世孫文綺等物，爾其敬受，以俟錫封。自丙辰年以後，凡有呈進表文，俱書嘉慶年號。至朕傳位後，凡軍國大政及交涉外藩事件，朕仍訓示嗣皇帝，一切錫賚綏懷，悉循恒典。爾其祗承恩賜，益勵藎誠，以副寵眷。（高宗一四九三、二○）

（**嘉慶二、六、丁酉**）諭軍機大臣等：魁倫等奏，琉球國王世孫尚溫，因傳位大典，於常貢外備物申賀。忱悃可嘉，未便駁回，致阻其向化之誠。（仁宗一八、一九）

（**嘉慶三、一、辛卯**）琉球國中山王尚溫，遣使表貢方物。賞賚筵宴如例。（仁宗二六、一六）

（**嘉慶三、一、癸巳**）上奉太上皇帝勅諭琉球國中山王世孫尚溫：惟昭德懷遠，盛世之良規。修職獻琛，藩臣之大節，輸誠匪懈，寵賚宜頒。爾琉球國中山王世孫尚溫，屬在遐方，克杼丹悃，遣使派齎表納貢，忠藎之忱，良可嘉尚。是用降勅獎諭，並賜文綺等物。再爾世孫以天朝疊慶重釐，倍呈方物，固見輸誠效順，但國家厚往薄來，字小柔遠，自有定制，惟念爾國僻處海陬，梯航遠至，已飭所司將此次貢物俱行收受，格外加賞，嗣後祗須照例呈進一分，毋庸增添，用示體卹。其祗承休命，世勵忠貞，以副恩眷。欽哉故敕。（仁宗二六、一七）

（**嘉慶五、一、己卯**）琉球國中山王世孫尚溫，遣使奉表謝恩，及進貢方物。賞賚如例，停止筵宴。（仁宗五八、一五）

（**嘉慶六、三、甲午**）琉球國王尚溫，以册封王爵，遣使奉表謝恩，恭

進方物。命留抵下次正貢，賞賚如例。(仁宗八一、五)

（嘉慶六、四、壬子）諭內閣：禮部奏，琉球國使臣呈稱，該國此次恭進謝恩方物，懇予賞收，免抵下次正貢。該國王因特賜御書扁額等件，專遣使臣呈進謝恩方物，曾經該部具奏，降旨准作下次正貢，原以昭體卹而示柔懷。今據該使臣呈稱，伊等臨行時，國王再三諄囑，懇請准予賞收，免抵下次正貢，具見該國王抒忱效悃，誠懇可嘉。著照所請，此次所進方物，准予賞收；下次正貢屆期，該國遣使來京時，再當優加賞賚，用昭柔惠遠藩至意。該部即傳諭該使臣，令於回國時轉告該國王知之。(仁宗八二、五)

（嘉慶八、一、乙未）諭內閣：據玉德等奏，查明琉球國二號貢船在洋遭風，漂至臺灣地方衝礁擊碎，救援人口上岸撫卹緣由一摺。外藩尋常貿易船隻，遭風漂至內洋，尚當量加撫卹。此次琉球國在大武崙洋面，衝礁擊碎船隻，係屬遣使入貢裝載貢品之船，尤應加意優卹。其撈救得生之官伴水梢人等，著照常例加倍給賞。至所裝貢物，除常貢各件，業經沉失外，其正貢船隻，據稱既與常貢船同時開駕，至今尚未到閩，自係同時遭風。現經玉德等移知浙粵等省沿海口岸，一體確查。如查無蹤跡，或亦已漂沒沉失，所有正貢常貢物件，均毋庸另備呈進。該督等即繕寫照會，行知該国王，以此次該國遣使入貢船隻，在洋遭風衝礁擊碎，人口幸無傷損，所有貢物行李盡皆沉失，此實人力難施，並非該使臣等不能小心護視所致。現已奏明，特奉恩旨優加撫卹。其沉失貢物遠道申虔，即與齎呈賞收無異，諭令不必另行備進。所有此次齎貢使臣等回國，該國王毋庸加以罪責，以副天朝柔懷遠人至意。嗣後遇有外藩貢船遭風漂沒，沉失貢物之事，均著照此辦理。(仁宗一〇七、一七)

（嘉慶一一、一、乙亥）琉球國中山王尚溫，遣使表貢方物，賞賚筵宴如例。(仁宗一五六、三一)

（嘉慶一二、一、丙午）諭軍機大臣等：賽沖阿奏，琉球國進貢船隻遭風飄至澎湖洋面，其二號船衝礁擊碎，現在查明撫卹一摺。此次琉球貢船航海內渡，在洋陡遇颶風，以致船隻被擊損壞，官伴水梢人等，幸經漁船救濟得生，情殊可憫。現在正貢船已經派員護送，安穩內渡。所有二號船隻沈失貢物，毋庸再令補進。阿林保當即照會該國王，以該貢使等在洋遭風，人力難施，非由奉使不慎所致。業經奏聞，蒙大皇帝恩施，諭令无庸將沈失貢物補行呈進，亦無庸將該貢使等加以咎責，俾知感激，以副懷柔。至該貢使攜帶銀貨行李，均已失水。現經賽沖阿給與卹賞，著阿林保於貢使等內渡時，再行酌量加以賞賚。至該貢使等自閩起程，可令緩程行走，於四月底到京。前據永保等奏，南掌國貢使於上年十月起身，亦已諭令於本年四月二十日以後到京，五月間正可一同錫宴，並邀恩賚也。將此傳諭知之。(仁宗一七三、二)

（嘉慶一二、一一、乙丑）撫卹琉球國接貢船遭風難夷，並賞淹斃夷人家屬銀五百兩。(仁宗一八八、一八)

（嘉慶一三、一、甲子）琉球國中山王尚灝，遣使表貢方物，賞賚筵宴如例。(仁宗一九一、二一)

（嘉慶一四、二、癸丑）琉球國中山尚灝，遣使表謝冊封，並奏該國餽送冊使宴金，請旨勅賜收受。得旨：此項宴金使臣等卻還，原屬仰體朕意，不欲滋擾外藩，今仍不必收受，令來使帶回。(仁宗二〇七、二九)

（嘉慶一四、五、癸亥）又諭：禮部奏，請將新定時憲書，如何發交琉球國祇領之處，勅下福建巡撫詳議章程一摺。琉球久列藩封，極為恭順，惟因地懸海外，不能剋期往來，是以歷來時憲書均未經頒發。今必責令每年專遣使臣遠涉重洋，前來祇領，非所以示體卹。若將時憲書存貯福建巡撫處遇便發交，則節候已過，頒發徒為具文，轉非覈實之道。所有琉球應領之時憲書，竟可毋庸頒給，祇將該國星度節候，詳細推準，增入時憲書，以垂久遠。該部即遵諭行。(仁宗二一一、八)

（嘉慶一六、一〇、丙午）琉球國中山王尚灝，遣使表貢方物，賞賚筵宴如例。(仁宗二四九、三)

（嘉慶一八、一、乙未）琉球國中山王尚灝、暹羅國王鄭佛，遣使表貢方物，賞賚筵宴如例。(仁宗二六五、一五)

（嘉慶二〇、一、庚戌）琉球國中山尚灝，遣使表貢方物，賞賚筵宴如例。(仁宗三〇二、二八)

（嘉慶二二、一、庚午）琉球國中山王尚灝，遣使表貢方物，賞賚筵宴如例。(仁宗三二六、二〇)

（嘉慶二四、一、乙未）琉球國中山王尚灝，遣使表貢方物，賞賚筵宴如例。(仁宗三五三、二六)

（三）安南

（順治一七、九、癸丑）安南國王黎維祺，奉表投誠。附貢方物。得旨：覽王表奏，輸忱嚮化，深可嘉悅。著察例具奏。(世祖一四〇、一)

（順治一八、一〇、丙辰）安南國歸化將軍莫敬耀子莫元清，遣使進貢，並奏偏方褊小，嗣後請免貢獻。從之。宴賚如例。(聖祖五、三)

（康熙二、一二、辛酉）安南國王嗣黎維禧，遣陪臣黎敷等，表謝降敕褒獎恩，附貢方物。（聖祖一〇、一八）

（康熙三、一、戊寅）禮部題：安南國所貢方物，與會典不符，嗣後入貢，請令遵照會典。得旨：外國慕化入貢，所進之物，著即收納，不必遵照會典。（聖祖一一、三）

（康熙三、二、甲寅）命優賞安南國王嗣黎維禧，以初次入貢故也。（聖祖一一、一三）

（康熙五、二、乙卯）禮部題：今歲安南國黎維禧，例當進貢，所受偽永曆敕印，屢諭繳送，遲久未至。始稱無繳送之例，今復欲委官臨關，當面銷毀，殊非尊奉天朝之禮。請敕廣西督撫，移文再行曉諭，速將偽敕印送京，准其入貢，否則絕其來使。從之。（聖祖一八、一二）

（康熙五、五、壬寅）廣東廣西總督盧興祖疏報：安南國黎維禧繳送偽永曆敕命一道，金印一顆。上嘉之，命封黎維禧為安南國王，遣內國史院侍讀學士程芳朝為冊封正使，禮部郎中張易賁為副使。（聖祖一九、五）

（康熙七、五、癸丑）安南國王黎維禧，遣陪臣阮潤等，表謝賜卹冊封恩，并進歲貢禮物，宴賚如例。（聖祖二六、四）

（康熙七、五、甲子）安南國王黎維禧，疏請六年兩貢並進。禮部議：仍照會典定例，三年朝貢。得旨：覽王奏稱，該國僻居禹服之外，道路悠遠，山川阻深，貢役勞苦，三年六年先後雖異，禮意恭敬則一等語。該國遵奉教化，抒誠可嘉，此進貢著照該王所奏行。（聖祖二六、七）

（康熙二一、九、丙寅）安南國王嗣黎維正，遣陪臣申全等，表賀蕩平，并進歲貢方物，宴賚如例。（聖祖一〇四、二八）

（康熙二一、一一、辛亥）禮部題：安南國王嗣黎維正，進貢金銀器皿，與本內數目缺少不符。得旨：外國貢獻其物本無足重，特以傾心向化，誠意可嘉耳。金銀器皿短少，乃是細事。其餘各種物件，爾部亦酌減定例。尋部議：嗣後免其進白絹、降真香、白木香、中黑線香等物。從之。（聖祖一〇六、二）

（康熙二五、三、丁丑）以安南國進貢陪臣阮廷滾中途病故，命地方官致祭如例。（聖祖一二五、九）

（康熙二五、七、辛丑）安南國王黎維禎，遣使奉表謝冊封賜卹恩，并進方物。下所司知之。（聖祖一二七、八）

（康熙三〇、九、丙辰）安南國王黎維禎，遣陪臣阮名儒等，齎表進貢方物，宴賚如例。（聖祖一五三、二）

（**康熙三六、一〇、癸酉**）安南國王黎維正，遣使進貢，宴賚如例。（聖祖一八五、二五）

（**康熙五五、一、壬子**）安南國王黎維正，遣陪臣阮公基等，進獻歲貢方物，宴賚如例。（聖祖二六七、三）

（**康熙五五、二、丙子**）禮部題：安南進貢禮物，請交與內務府察收。上諭大學士等曰：安南國年例進貢犀角、象牙等物，物既沉重，道復遙遠，運送未免勞苦，非所以柔遠之意。嗣後著將犀角、象牙免其進貢。（聖祖二六七、九）

（**康熙五七、一〇、戊辰**）安南國王嗣黎維祹，遣陪臣阮公沆等，訃告故王黎維正喪，并請襲封，表貢方物，宴賚如例。（聖祖二八一、二二）

（**康熙六〇、一〇、己卯**）安南國王黎維祹，遣陪臣胡丕績等，表謝冊封諭祭恩，並貢方物，宴賚如例。（聖祖二九五、一〇）

（**雍正二、五、辛亥**）諭禮部、兵部：安南國王黎維祹，遣陪臣范謙益等，賀登大寶。貢獻方物，並三年歲貢，從廣西桂林府水路進京。朕因向來驛遞供應，多有騷擾，曾諭定例供給之外，不許溢額應付。今安南慶賀大禮，遣使遠來，應加恩卹。其經過地方，供給食物，酌量增加，令其充足，以示朕嘉惠遠人至意。（世宗二〇、七）

（**雍正二、一二、丁丑**）安南國王黎維祹，遣陪臣范謙益等，表賀登極，並貢方物，賞賚如例。（世宗二七、五）

（**雍正一一、一一、乙未**）安南國王嗣黎維祐，遣陪臣范公容等，訃告故王黎維祹喪，並請襲封，表貢方物。（世宗一三七、五）

（**乾隆二、二、丙寅**）安南國王黎維祐故，嗣子黎維禕，遣陪臣阮仲常、武暉、武惟宰等進本告哀，附貢方物。下部知之。（高宗三六、一一）

（**乾隆二、二、丁丑**）安南國嗣子黎維禕，遣陪臣阮仲常、武暉、武維宰等，表進雍正十年、十三年歲貢方物，賞賚如例，停止筵宴。（高宗三七、三）

（**乾隆三、九、甲子**）安南國王黎維禕，遣陪臣阮令儀等，表賀皇上登極，附貢方物。得旨：覽王奏賀，進貢方物，具見悃誠，知道了。該部知道。（高宗七六、二〇）

（**乾隆六、二、乙丑**）兩廣總督馬爾泰奏：安南向例兩貢並進。計自乾隆三年至今六年，又值兩貢之期。例應於本年春夏之交，先行咨報。設有遲逾，移檄詢問。惟是自乾隆四年以來，安南國內匪目韋福瑄等逞逆弄兵，至今未息。貢道或實有梗塞之處。又聞已新立有國王，是該國正在擾攘之際，修貢設或稍遲，似不必即爲催督。得旨：軍機大臣等議奏。尋議：令該督行文該國王，准其暫行寬假。俟道路開通，即修職貢，用示體卹外藩之意。得旨：依議速行。（高宗一三七、一八）

（**乾隆八、一一、庚寅**）安南國王黎維禕，遣陪使表謝賜祭前國王黎維祐，並頒勅襲封國王恩。恭進二次謝恩方物，及乾隆三年六年兩貢儀物。下部知之。（高宗二〇四、一七）

（**乾隆一九、一二、癸亥**）安南國王黎維禕奏：朝鮮十五年、十九年恭進方物，表文二道。又以番兵黃福衛等，堵禦匪黨，誤傷兵練二案，均邀寬典，奏謝。下部知之。（高宗四七九、五）

（**乾隆二〇、一、癸卯**）禮部題：安南國王黎維禕，遣陪臣表貢方物，筵宴賞賚如例。（高宗四八一、二九）

（**乾隆二六、二、乙酉**）安南國王黎維禕故，嗣臣黎維禟遣陪臣陳輝淡、黎貴惇、鄭春澍等進本告哀，附貢方物。下部知之。（高宗六三〇、二三）

（**乾隆二七、四、乙酉**）諭：安南世守藩封，夙昭恭順，朕心素所嘉予。乃者國王黎維禟新嗣，特遣使臣德保、顧汝修持節往封。自受册以迄禮成，該國王深知感戴中朝恩禮，敬謹有加。乃副使顧汝修於起程之後，自行移書詰責，且不與正使聯銜合劄。朕以其見小乖謬，罔知體要，已有旨交部處分。至該國王於使臣莅境時，先請商五拜之儀，必待使臣駁定，始克如禮，未免狃於鄙俗，實爲弗當。但念該國王一經使臣指示，即遵定制，亦可從寬弗論矣。該部可傳諭該國王，俾知永遵三跪九叩之儀，毋再隕越。至其送使臣之物，亦止應用該國土產，如食品布幣之類，已足將敬。所有例備程儀銀兩，究屬非禮，嗣後永行停止。此次雖在未禁以前，亦應發還。俟該國王謝恩使回之便，令其攜往。禮部詳悉行文該國王知之。（高宗六五九、九）

（**乾隆三六、一一、乙卯**）諭軍機大臣等：據李侍堯奏，安南國王移咨，欲將黃公纘一案附貢具奏等語，已令軍機大臣代擬檄稿寄發。該督接到時，即照例繕寫，速爲發往。如該國奏章業已附貢到粵，亦不必復行駁回，聽其自行陳奏，俟奏到時，再爲辦理。至所進金銀各器，若非常貢所應有，專因附奏私事而設，則理不當留。但該督亦不必駁回。已交軍機處存記，俟其奏到，一併交部議駁。將此傳諭李侍堯知之。（高宗八九七、四）

（**乾隆四七、二、甲申**）諭曰：安南國王黎維禟，前因盤獲逃犯周貴，遣使押送入關，賞給緞匹等物，齎奏陳謝，併備具方物，附表進呈。念其專使遠來，不令齎回，即准留充正貢，以示優卹。今據兩廣總督巴延三奏，該國王復行具表奏稱，接奉恩旨，准將此次謝恩儀物充作正貢，下方葵藿，無以將誠，懇將此次奉進方物，仍爲謝儀，洎四十八年歲貢之期，欽遵常例奉貢等語。具見該國王恭順悃忱，深可嘉尚。若復行卻還，轉無以達該國述職輸誠之意，所有此次隨表方物，該部即行收受。其四十八年應進正貢，著減常年所進貢物之半。至嗣後該國王遇有陳謝章奏，一概無庸備物隨表呈進，以副朕柔惠遠人至意。並令該督巴延三，傳知該國王遵諭行。該部知道。（高宗一一五一、三）

（**乾隆五四、五、己未**）諭軍機大臣等：據福康安等奏，阮惠親姪阮光顯，敬齎表貢，進關乞降，並籲懇進京入覲等語。此次阮惠遣伊親姪求降進表，其情詞迫切，實屬出於至誠，已另降勅諭，令福康安宣示，看來此事即可完結。阿桂奉使在外，自必心存懸注，著將本日福康安等奏到各摺，並所降諭旨及阮惠表文，一併鈔寄阿桂閱看，勅諭安南阮光平知悉。據協辦大學士、兩廣總督公福康安等奏，爾遣親姪阮光顯敬齎表貢，抵關乞降等語。將原表呈覽朕閱，爾表內稱，爾先有廣南之地，非與黎氏有上下之分。上年曾遣人叩關，備陳與黎氏構釁緣由。邊臣駁書不即遞達，嗣官兵出關征勦，直抵黎城。爾於今年正月前至黎城，欲向黎維祁詢問籲請大兵之故，不料官兵一見爾眾，奮勇殺戮，爾手下人等猝難束手就縛。又值江橋拆斷，官兵致有損傷，不勝惶懼，已屢次遣人叩關請罪，並送回未出官兵。其戕害提鎮之人，業目覩正法。本應躬詣闕廷，陳情請罪，因國內初罹兵革，人情惶惑，尚未安集，謹遣親姪阮光顯隨表入覲。並據阮光顯稟稱，爾俟國事稍定，尚乞親自到京瞻覲等語。安南黎氏臣事天朝，恪供職貢，百有餘年。爾在廣南，從前並未修朝貢，上年黎維祁母妻赴關控訴，以爾搆亂稱兵，占據其國，籲請救援。此事爲天朝字小存亡，體統攸繫。是以前任督臣孫士毅，自請帶兵出關。爾雖曾遣人叩關辯訴，但守邊之臣，向來祇知安南有黎，不知有阮，駁回原稟，亦經奏聞。所辦甚正。然督臣孫士毅奏，克復黎城之後，朕即以黎氏國內多故，黎維祁又復怯懦無能，看來天心竟有厭棄黎氏之意。朕從來辦理庶務，無不順天而行。隨即諭知孫士毅，黎城既復，當即徹兵。乃孫士毅未能遵旨速徹，在彼尤延。茲爾率眾至黎城，欲向黎維祁詢問。官兵在彼，豈有坐視之理？遂爾奮勇相戰，爾手下人眾，畏死抵拒，致傷我官兵。在提鎮等職司勦禦，其臨陣捐軀，俱堪嘉憫，已從優議卹。將許世亨封以伯爵，總兵二人，皆予世職，並入昭忠祠，以示獎勵。爾以安南頭目，敢於抗拒官兵，戕害提鎮大員，獲罪甚重，是以將福康安調任兩廣總督，原令調集各路大兵，整軍問罪。但念爾屢次遣人叩關請罪，是爾尚知畏懼天朝，朕憐汝誠心悔罪，已往之事，不復深究矣。但非親身詣闕，請罪乞恩，僅遣爾姪阮光顯隨表入覲，邊思仰邀封號，天朝無此體制。爾既未列藩服，所有貢物，亦未便收納，著仍發交領回。如爾必欲輸誠納款，乾隆五十五年八月，屆朕八旬萬壽，維時距今又越年餘，爾國內亦當安集，爾即可稟知督臣，親自赴京籲懇，以遂瞻雲就日之私。再於安南地方，代爲許世亨等建立祠宇，春秋虔祭，庶可稍贖前愆。屆時朕鑒爾畏感悃忱，自必格外加恩，或即封以王爵，世世子孫可以長守安南。彼時再呈進貢物，亦即可賞收，仍當加之厚賜，以示優眷。朕臨御五十餘年，凡庶邦藩部，無不待以誠信，黎維祁柔懦無能，棄印逃竄，若律以天朝擅離職守之條，尚當重治其罪。今念伊係屬外藩，僅止無能，尚無違犯。令在桂林省城安插，斷無乘爾入覲，復將黎維祁送回安南之理。已諭督臣福康安等，轉飭伴送官員同爾姪阮光顯，於經過桂林省城之便，親行看視黎維祁光景，並令爾姪詳悉寄爾知悉，爾更可無所用其疑慮。茲特賜爾珍珠手串一掛，爾當祗承恩命，計程於明年六七月內至京，親詣闕廷懇請，以冀永承渥眷。勉之。欽哉特諭。（高宗一三二八、四）

　　（乾隆五四、六、丙子）兩廣總督公福康安、廣西巡托孫永清奏：本月初五日，阮惠遣人恭齎謝表，並貢物到關，當將貢物令來使齎回諒山聽候。所有遞到阮惠表文二道，恭呈御覽。其隨表呈進貢物，是否賞收，仰候訓示辦理。諭軍機大臣等：朕覽阮惠呈進表文，極爲恭謹，自係出於感激至誠。而於瞻覲祝釐之處，尤屬肫懇殷切。該國鎮撫民人，全仗天朝封爵，況造邦伊始，諸事未定，尤賴正名定分，明示寵榮，以爲綏輯久遠之計。已明降諭旨，將阮惠封爲安南國王，並另降勅諭，先爲詳晰曉示，所有封爵勅印，俟阮光顯入覲返國時，即令齎回。其呈進貢物，亦應收納送京，候朕另加恩賞。再朕因阮惠進表謝恩，特製詩章，御筆親書以賜，著與賞阮惠勅諭，一併發交福康安，令福康安揀派滿洲能事道府一員，齎送安南，面交阮惠祗領。（高宗一三三三、一五）

　　（乾隆五七、五、辛丑）諭：軍機大臣會同禮部議覆，安南國王阮光平請定貢期方物一摺。所稱從前舊例，該國三年一貢者，定爲兩年；六年遣使來朝一次者，定爲四年等語。著依議行。至呈進方物內，金銀器二項，係沿照舊例定議。但任土作貢，原視物產所宜，況此次新定該國貢期，已較前稍密，以表該國王親敬之心。其舊例金銀器，著毋庸呈進．即此外沉香等物，若未能備數，不妨就該國所有，如土紬絹布，均可進奉，不必拘定成例，所謂不以惟其物惟其意也。該國王尚其仰體朕心，欽承無斁，以副朕格外體卹至意。（高宗一四〇四、五）

(乾隆五七、六、丁亥)軍機大臣議覆：署兩廣總督郭世勳奏稱，安南國王阮光平所用袍服，式樣甚多，必需江寧定織，所請給予牌照等事，似不可行。應於下次貢使來時，改由江蘇一帶水道行走。至江寧日，傳集舖戶面議，仍官為經理，俟貢使回寧交收，如無購辦物件之年，仍由舊定貢道進京。得旨：所奏是，依議。(高宗一四○七、八)

(乾隆五八、一○、癸亥)又諭曰：陳用敷奏，恭進安南國王阮光纘謝恩表文摺內，稱該藩請將前此貢品二分，於下屆例貢之期一併呈進，應否准其所請，候旨遵行等語。前因安南道路遙遠，諭令該撫照會阮光纘，不必再遣使赴京謝恩，如已起程，即於途次轉回。其所備貢品，亦即收回不必呈進。茲復據該國王具表謝恩並懇將收回貢品二分，於例貢之期，一併呈進，以表悃忱，情詞極為肫摯，具見恭順。著陳用敷再照會該國王，以前次所備貢品二分，業有旨諭令收回，即一分亦可不必呈進。今大皇帝念該國王再三籲懇，俯准呈進一分，已足表爾誠心。該國王務宜恪遵諭旨，祗將一分隨例貢呈進，不必再行懇請也。(高宗一四三八、五)

(乾隆五八、一一、己未)諭軍機大臣等：向來安南、緬甸、南掌等國，俱有例進象隻，因其遠道抒忱，均予收納。現在鑾儀衛有象三十九隻，為數已多。若年復加增，不但象房不敷豢養，抑且虛糜廩給。著傳諭云貴兩廣督撫等，嗣后外藩所獻方物內，如有象隻一項，該督撫接到咨會，即可檄知該國，以天朝梯航畢集，現有象隻甚多，除別項貢品，俱准其呈進外，所有象隻不必收受送京。在各省既可免長途伴送之費，而該國亦可省購覓之勞，實為兩便。(高宗一四四一、一七)

(乾隆五九、一二、丙辰)又諭：姚棻奏安南遞到呈覆福康安呈文，並備送土儀一摺。據稱閱其呈文，情詞甚屬懇肫，謹將原文進呈。其肉桂、犀角二件暫行收貯，恭候指示等語。阮光纘接到福康安前次照會，能知悅服，復備呈文，兼送土物，实屬通曉大義。但福康安若行收受，又須備物酬答。該藩接到後，自必復備呈文土儀，以伸謝悃。稠疊往來，徒滋繁節，無所底止。所有此次該藩備送物件，竟可毋庸收受。福康安祗須繕寫照會，告知阮光纘，以該藩所遞呈文情詞懇切，並備送土物，足見恭順可嘉。但人臣無境外之交，況與該藩並未接見，其感戴悃忱，已經鑒悉，所有備送物件未便接受。此後亦毋庸再行備送，以免往返之煩。如此明白照會，既可安該藩之心，亦可省酬答之繁，豈不兩便。著福康安遵照辦理。並令姚棻俟福康安照會到日，即同收存原物一併遇便發還。將此諭令知之。(高宗一四六六、八)

(嘉慶四、五、丙戌)諭軍機大臣等，台布奏，代進安南國王阮光纘請進例貢表文一摺。夾片內稱，該國王於三月二十八奉到太上皇帝遺誥，現在繕撰表文，恭遣親臣赴京進香等語。安南國王阮光纘，自襲爵後，疊荷恩施，今因接奉遺誥，欲遣使臣赴京進香，自屬出於感激悃忱。但思高宗純皇帝梓宮，於九月內奉移山陵，若該國王遣使進香，計其到京時，已在永遠奉安之後，徒勞遠涉。著台布行文該國王，令其不必遣使赴京進香。至此次豫進庚申年例貢，若令該國使臣即行齎送到京，現係二十七月之內，不受朝賀並停止宴賚，自未便令其來京。所有此次豫進庚申年例貢，著同上次應行並進例貢，俱於壬戌年應進例貢時一併呈進，以示體卹遠藩至意。（仁宗四五、一七）

（嘉慶四、七、癸酉）諭軍機大臣等：台布奏，安南國王遣使具表進香，遵旨即令貢使齎回儀物，將表文二封進呈。所辦是。朕披閱該國王表文，情詞哀切，具見悃忱。茲發去安南國王勅諭一道，著該撫派員齎至鎮南關，交鎮日轉遞該國王祇領。將此諭令知之。（仁宗四九、四）

（嘉慶六、一〇、庚申）又諭：謝啟昆奏，代進安南國王例貢表奏一摺。該國例貢，前已有旨，諭令將庚申年貢品，與前屆應進之貢，俱於壬戌年一併呈進。此時該國王表奏，不特恭進戊午、庚申等年例貢，並將下次甲子例貢一體呈進，懇准該國陪臣於壬戌年進京瞻覲。該國王自因年來與農耐搆釁，欲豫備職貢，遣使來京，不過表其格外恭順，希冀朕俯加鑒察，或可邀天朝恩助，但此意亦不必明言。該國王既懇將甲子例貢，於壬戌年遣使來京呈遞，若不准其附進，轉非所以示體卹。著謝啟昆傳諭阮光纘，以該國遠處海嶠梯航萬里，甲子貢期距壬戌不遠，分年呈進，未免跋涉爲勞，已奏明大皇帝鑒其忱悃，特加恩准其將戊午、庚申、壬戌、甲子四次例貢，俱於來年一併遣使來京呈進，用昭徠遠懷柔至意。將此諭令知之。（仁宗八九、二）

（嘉慶八、四、庚午）諭軍機大臣等：孫玉庭奏，接到阮福映回稟。請旨遵行一摺，覽奏俱悉。阮福映以前次檄諭，係出孫玉庭之意，未經奏聞，故此次仍以請封南越表文，稟懇代奏。朕閱其稟文，情詞委婉，極爲恭順。所稱該國先有越裳之地，今併有安南，不願忘其世守，襲用安南舊名，自亦係實情。孫玉庭即檄知該國長，諭以前此因來表請封國號，名義未符，未敢冒昧具奏。今來稟詳述建國始未，請錫新封，已據情奏聞大皇帝。奉有諭旨，以該國長前此航海輸誠，恭繳阮光纘遣棄舊頒勅印，並縛獻海洋逋盜，恪恭請命，具鑒悃忱。茲請錫藩封，虔具表貢，特諭嘉納。至所請以南越名國之處，該國先有越裳舊地，後有安南全壤，天朝襃賜國封，著用越南二字。以越字冠於上，仍其先世疆域，以南字列於下，表其新疆錫藩封。且在百越之南，與古所稱南越不致混淆。稱名既正，字義亦屬吉祥，可永承天朝恩澤。現已令陪价等詣闕請封，所頒勅印，即以此二字稱名。該國膺此嘉名，備位藩服，更足顯榮勿替。孫玉庭接奉此旨，一面檄諭阮福映，一面即委員伴送該使臣恭齎表貢進京，諭以天氣漸近暑熱，可緩程行走，以示體卹。約於七月杪到京。彼時朕駐蹕避暑山莊，正值哈薩克入覲，亦可令其一體與宴。仍將該使臣自粵西起程日期，先行奏聞。將此諭令知之。（仁宗一一一、一〇）

（嘉慶八、六、己丑）改安南國爲越南國，封阮福映爲國王。諭內閣：前此農耐國長阮福映，表陳與安南搆兵顛末，係為先世復讐，恭遣陪价齎繳阮光纘遺棄舊頒勅印，並縛獻海洋逋盜，恪恭請命。朕鑒其航海輸誠，特予嘉納，曾經明降諭旨，將安南阮光纘獲罪覆滅及阮福映恭順出力緣由，先行宣示中外。嗣節據該國長請錫新封，陳明該國係先有越裳之地，今併有安南，不願忘其世守，籲懇仍以南越名國，經疆吏據情入告。部臣議駁，以南越命名，與繳外封域未協。特念其夠闕內附，敬抒悃忱，命用越南二字。越字冠於上，仍其先世疆域，以南字列於下，表其新錫藩封。並令廣西撫臣孫玉庭一面檄知阮福映，一面委員伴送齎進表貢使臣赴京。其緩程行走，以示天朝柔遠之意。茲復據孫玉庭奏稱，阮福映接奉欽定越南恩命，倍深感激，情詞歡忭，出於至誠。該使臣業已起程北上，計七月下旬即可到京等語，應即加之寵命，封爲越南國王。所有應行頒給該國王印信勅書等件，著各該衙門查照定例，先期豫備。並著欽天監衙門，於頒行時憲書內，將安南二字改爲越南，永遵正朔。至將來冊封時，著派廣西臬司齊布森，將新頒勅印帶同來使齎捧出關，前往宣示。詔旨俾該國王長承恩眷，世守勿替。將此通諭知之。（仁宗一一五、一四）

（嘉慶九、二、癸酉）命遣送編置佐領及安置各處之安南人回國。諭內閣：前據阮福映具表敏關，籲請錫封，業經加恩封爲越南國王，撫有交南，備位藩服。因思從前隨同黎維祁內投，編置佐領之安南人等，雖經給有廩糈，團聚安居，但遠離鄉土，已閱多年，情殊可憫。著加恩准令回國，以遂其懷歸之志。並可將黎維祁骸骨還葬故壠，俾正首邱。著該旗都統等，按照冊開安南人戶，佐領一員，傳旨賞給銀十兩；驍騎校一員，賞給銀八兩，領催以下男婦大口，每人賞給銀五兩，小口每人賞給銀三兩。均於廣儲司庫支領給發。令其分起行走，沿途資送廣西，交與巡撫百齡遣送出關，知會該國王收領。除江寧安插者，已諭知陳大文遵照辦理外，其在熱河、張家口者，著該都統等，即查照送京，交該旗一例遣送。至前經發往奉天、黑龍江、伊

犂等處之安南人等，並著該將軍等查明釋回，一體賞給，資送粵西，遣令出關。以示格外矜卹至意。(仁宗一二六、一四)

(**嘉慶八、八、丁卯**)越南國王阮福映，遣陪臣表貢方物。降敕褒獎，宴賚如例。(仁宗一一八、二〇)

(**嘉慶一四、一〇、辛卯**)越南國王阮福映，遣使表賀萬壽，並進貢方物，賞賚筵宴如例。(仁宗二一九、三)

(**嘉慶一八、一〇、丁酉**)越南國王阮福映，遣使表貢方物，賞賚筵宴如例。(仁宗二七六、一二)

(**嘉慶二二、一〇、辛未**)越南國王阮福映遣使表貢方物，賞賚筵宴如例。(仁宗三三五、二)

(**嘉慶二四、一〇、庚寅**)越南國王阮福映、暹羅國王鄭佛、南掌國王召蟒塔度腊，各遣使表賀萬壽，並進貢方物，均賞賚筵宴如例。(仁宗三六三、二)

(四) 緬甸

(**乾隆一六、六、丁未**)諭曰：雲貴總督碩色奏報，緬甸遣使入貢。朕思緬甸越在荒裔，自前明嘉靖後職貢不通。我朝定鼎之初，即能擒送朱由榔，傾心効順。茲復專遣陪貳，齎表闕廷，向化奉琛，具昭忱悃。向來蘇祿、南掌等國入貢，筵宴賞賚，俱照各國王貢使之禮。所有緬甸貢使到京，一應接待事宜，亦應照各國王貢使之例，以示綏遠。(高宗三九二、一六)

(**乾隆三一、一一、乙亥**)大學士管雲貴總督楊應琚奏：緬夷大山頭目壘管遣弟壘榮等，猛育頭目坤線遣子坤巖等，猛答頭目衍歌遣子衍轟等，猛音頭目衍界遣子衍宋等，先後至駐劄遮放之總兵烏勒登額軍營投誠，並獻土物。又前次投誠之木邦頭目，呈獻馴象。得旨：覽奏俱悉。(高宗七七二、一五)

(**乾隆三二、一二、戊寅**)又諭：據珠魯訥奏稱，土司擺夷人等，來歸者甚衆，請照甕團所請，於清水河地方，仍設貿易。但內地民人在彼處糾結為匪者頗多，現據坐卡前鋒呼什布等捕獲五十名，均係大邦之人。除脫逃七人外，餘俱正法。並將疎縱該犯官兵，定擬具奏。珠魯訥此奏，所謂祇知其一不知其二。設立貿易，原為多集土司擺夷人等，接濟官兵口糧。前此降旨，命嚴行稽查漢奸，特以此等人歸順緬匪，轉為賊匪，偵探我之消息，深屬可恨。今大兵已自木邦深入，即難保必無奸民，亦祇稽查通賊之莠民而已。至隨我兵之後行走，及於新克地方出口貿易，不妨聽其自便。

著傳諭鄂寧，令其密諭沿旁官員，祇宜佯爲不知，聽其前赴木邦貿易。（高宗八〇一、四）

（乾隆三三、四、丁卯）又諭：蠻暮新街一帶，聞向爲緬夷貿易處所。沿江而下，并有緬夷稅口，則其地交易之貨必多。但彼處所恃以通商者何物？其仰給內地，必於欲得者何物？除與中國交易外，復有何處行商，往彼貨販？前此騰越州等處民人往來貿易，習爲常事，必能備知其詳。今自用兵以來，各關隘久已禁人外出。新街等處，是否尚有貨市？或關口間有奸民偷越，或邊外土司潛赴經商，或緬夷界外，別種番夷往彼市易，抑或市集改徒他處，此等皆宜詢訪而知。且緬匪既藉貨物抽稅，連年貨稅不通，蕞爾邊夷，豈能不稍形缺乏？各土司等，詎竟茫無見聞，似亦無難廣爲體覈，得其底裏。此皆督撫等所當隨時留心探察，據實奏聞者。再近邊各土司，素以耕種爲業，去歲曾向彼購易米糧，此次行軍後，各該土境，是否仍安耕作？今歲若往彼採買，能否照前供應？又大山土司久請內附，昨明瑞至彼。亦曾供饋軍糧，極爲恭順。前諭鄂寧酌加賞賚，曾否辦及？該土司近日動靜若何？我大兵退出後，該土司曾否遣人前來，復申前說？其木邦土司甕團，現在作何下落？俱未見阿里袞等奏及。著傳諭阿里袞、鄂寧將以上各情形，逐一確查，即行切實覆奏。尋奏：查緬夷仰給內地者，鋼鐵、鑼鍋、綢、緞、氊布、磁器、烟、茶等物，至黃絲、針線之類，需用尤亟。彼處所產珀、玉、棉花、牙、角、鹽、魚，爲內地商民所取資，往來俱有稅口。自用兵以來，概行禁止。臣等嚴加防範，商民俱不敢偷越。至該土司等，或有潛往商販，亦所不免。自新街蠻暮一帶，經兵火後，已成廢墟，近亦無人到彼。惟緬夷地界荒裔，或通海洋，或通西藏，番夷貿易，自必尚有市肆。但內地貨販，久經斷絕，緬夷必不能不形缺乏。至近邊土司，每歲秋成，俱有餘糧，足供採買。今歲又雨澤應時，可望豐收，必敷購買。其大山土司，前據差探木邦消息之姚瀾海等回稱，我兵徹回後，緬賊將大山寨子殘毀。該土司兄弟，俱無下落，報聞。（高宗八〇八、一八）

（乾隆三三、五、壬子）諭軍機大臣等：……新街一帶，向爲緬夷貿易之所，自用兵以來，節經飭禁商民外出。昨因詢問緬匪歷來交易情形，旋據阿里袞等奏稱，緬匪向時仰給內地鋼鐵、綢布等物，而黃絲、針線之類尤其必需，現在各口隘俱嚴行查禁，不許商人偷越。隨即降旨令伊等實力稽察申禁，無或始勤終懈，稍任透漏。但沿邊各隘，袤長遼遠，僻險小徑，處處可通，且目今瘴氣方盛，官弁兵役不免憚避遠居，致疏盤詰。而奸民趨利如鶩，無所畏懼，或窺伺禁防稍懈，冒瘴行險，私越外境者，不能保其必無，不可不加意防閑，以杜奸弊。至騰越等處所有馬匹，向聞緬匪以貴價買之，此而不查。是借寇兵而資盜糧也，尤關緊要，更宜不時稽察，毋致偷販出境。或官以厚價買之，收爲我用。阿里袞等其即嚴飭防守官兵，日夜巡邏，不得絲毫疎漏。倘奉行不力，致奸民仍有違禁私出情事，一經發覺，恐阿里袞、明德不能任其咎也。將此傳諭知之。(高宗卷八一一、一一)

（乾隆三三、九、庚寅）諭軍機大臣等：阿里袞等奏，拏獲收買邊外野人貨物之左國興，解赴騰越正法梟示一摺。所辦甚是，已於摺内批示矣。邊外野人，既向與左國興熟識，今復至伊家易換貨物，自必談及該處情形，或假託貿易之名，向左國興探聽内地信息，亦未可定。阿里袞等既將該犯拏至永昌親審，自應訊明此等情節，再行正法。不知阿里袞等當時曾否究問及此，有無確切供詞。至此次野人雖在騰越邊外，或係内地土司所屬，或竟係緬匪界内之人，或係中間擺夷兩無統轄，並著阿里袞等查明附摺詳悉奏聞。再據稱騰越州和順鄉一帶民人，向在緬酋地方貿易者甚多。今左國興既有與野人私換之事，其餘恐尚有類此者，亦當詳加查察，毋使稍有疎縱。至於内地民人，固當嚴其偷越邊境，以防漏洩風聲，並當禁其私帶賊匪需用之物，出外貿易。若旁外野人潛至内地，或可藉以探問彼中消息。但民間私售，既違禁例，且恐彼此交通，妄爲傳布，或可聽野人攜貨入邊，官爲收買。除牛馬、銅鐵、硝磺等項，恐資賊用者不准换給外，其餘綢布各件無關緊要之物，按值與之交易，或可聯絡其情，藉以訪其虛實，似亦籌畫邊防之一法。但此事甚有關係，不可不慎重辦理。著傳諭阿里袞等確按該處現在情形，詳細商酌，是否行之有益，不致別有流弊之處，妥協密籌，據實定議覆奏。尋奏：前拏獲易換野人綿花之左國興，曾經研訊，實係關外野人，並非緬匪假貿易前來探信。至野人，另是一種，非内地土司所屬，亦非緬匪之人。其騰越州和順鄉一帶民人，自嚴禁私販後，實無赴緬貿易者。再野人與緬匪不通，即准其入關貿易，亦不能得彼中消息，轉恐緬匪令擺夷假冒野人，進關探信。報聞。(高宗八一八、一〇)

（乾隆三四、一一、戊申）諭軍機大臣等：據傳恒等奏稱，懵駁遣人呈書，幷諾爾塔叩見哈國興，籲請徹兵解圍等語。前因緬地水土毒惡，官兵不耐瘴氣，曾經降旨徹兵。今懵駁又遣使乞降，自應照所請辦理。但此後須定規模，不可令緬酋驕縱。即如書内懇求通商一事，尚應斟酌。懵駁如願爲臣僕，納貢輸誠，則緬地皆我版籍，貿易無妨相通。倘止求徹兵，未請納貢，通商斷不可行。著傳諭傳恒等，即將此旨明切曉諭。再嚴禁内地商販，不可出關交易。(高宗八四七、二三)

（**乾隆三四、一二、乙卯**）經略大學士公傅恒等奏：大兵圍攻老官屯，緬匪憒駭，遣人致書懇求罷兵，情願繕具表文，十年進貢一次。茲差頭目二人，呈送洋錦呢布等物。臣等堅却不受。經頭目等率夷眾一百八十餘人，負荷陳設營門，再四懇求，即飭令接受。將魚鹽菜蔬等物，分犒軍士，綢緞銀牌，分賞夷眾。並令哈國興諭以納貢時表文，須遵各外藩體例，應恭繕具書緬甸國王臣某，奉表大皇帝陛下，以昭規制。該頭目即書寫存記。察其言詞，似無欺飾。諭軍機大臣等：據傅恒等奏稱，緬酋憒駭，遣人到軍營齎送錦布等物，并見哈國興，當即諭以表文規制等語，所辦甚是。前此憒駭懇求通商，曾經降旨傳諭傅恒，不允所請。今既願奉表稱臣，輸誠納貢，通商自屬可行。但此時且不必曉諭，俟其來京時，再降恩旨。著傳諭傅恒等知之。(高宗八四八、一七)

（**乾隆三四、一二、丁卯**）諭軍機大臣等：滇省現已徹兵，一切善後事宜，自應及此時熟籌妥辦。……至與緬夷貿易一事，前已有旨，如果該酋奉表稱臣，誠心歸順，尚可俯從所請。但商民貨販出入，諸事亦當豫定章程。前此邊務廢弛，聽民往來自便，致多流弊。今若准其交易，自應酌定會集之時。並於新街等處，指定地面，至期選派文職同知、武職守備各一員，酌帶兵役數十名，前往稽察彈壓。事畢督令商民，即回內地，毋許逗留滋事。其非交易之時，各邊隘仍嚴禁奸民偷越，方爲兩得。再如永昌邊外茂隆廠銀礦，向有內地民人，赴彼開挖之事。其地距關口窵遠，稽察有所難周，伊等恃無檢制，與擺夷等雜處牟利，奸弊潛生。緬地漢奸，大率不過奸商及礦丁兩種，自當設法嚴禁，以清其源。此等諒皆遊手無賴之徒，羈棲異域，止圖自贍其身，罔顧利害，甚且漏洩內地事情，實爲沿邊蠹病，設邊內良善貧民，亦有資爲生計之處，似又未便一例禁防。但滇省自用兵以來，邊禁既嚴，編氓自不能輕出，伊等連年日用之需，又何所賴？務須查明實在情形。如果滇民有必資贍給之處，則當另籌妥辦。否則竟宜永遠禁止，此庶净葛藤。……以上各條，皆朕日來偶然籌憶所及，不可不妥善經理，因詳晰諭令知悉。此外如尚有相類之事，亦須此時措辦者，著傅恒等與彰寶再四熟思，悉行酌定，毋致稍有挂漏。(高宗八四九、九)

（**乾隆三五、三、癸未**）又諭：前以緬酋奉表納貢，遲遲未至，情僞殊未可信，而內地之尚足扼其肯綮者，惟貿易一節。業經明切傳諭彰寶，令於沿邊一帶實力嚴查，勿使奸劣商民，絲毫透漏。因思緬酋所以遲疑不至之故，必係我兵昨歲退徹時，彼已窺見端倪。而渾覺一去，更得悉我軍中底裏，未必不悔其前此投誠之舉，故爾觀望遷延，然此兩端。但能得我軍營虛實,而於内地辦理糧馬情形,彼尚未深知也。特恐邊地莠民,視竄入緬地爲常事。如前此尹士賓等,皆係騰越州人,至流爲汗奸,安知無從而效尤者?此等無籍之徒,罔知大義,惟利是圖,倘或逸出邊外,竟將我邇年辦理軍需情形,備細告知,以博其安身牟利。匪酋若更知此間虛實,益復無所顧忌,或致復生事端,所繫非細。此時邊陷官弁,於稽查貨物,自不敢不實力奉行。而於隻身行旅,或不知加意防閑,致容偷越,於邊防大有關礙。彰寶務宜嚴飭各關隘,一體實力查禁,毋使一人得以潛蹤越邊,方爲妥慎。若督察稍有懈弛,仍然有名無實,致奸徒竄匿滋事,惟於彰寶是問。(高宗八五四、一一)

（乾隆三五、三、丁未）署雲貴總督彰寶奏:内地赴緬貿易者,惟騰越及永昌人,先至土司地方,再逸出口。關隘雖設,僻徑可通。現於内地總匯扼要處設總卡,派員弁駐劄巡察,不許一人前赴土司界内。其在土司留寓漢民,俱飭查勒令回藉。並飭府、州、縣,諭所屬,十家連環互保。得旨:有治人,無治法。尚在汝實力督率也。(高宗八五五、二八)

（乾隆三五、四、辛亥）又諭曰:彰寶奏,拏獲販買夷鹽一摺。因波岩違禁出口,私販夷鹽,擬以即行正法,固屬慎重偷越違禁之意。但艾連春同係内地土司,所屬夷民敢於收藏販賣,亦屬不法,杖徒尚覺過輕,著該督另行改擬。波岩同波冉赴木邦買鹽,係上年十二月事,正當邊防嚴密之時,該犯因何得以出入自由?且運鹽至八筐之多,關口何竟漫無盤詰?可見官兵分駐稽查,仍屬有名無實。著該督一併查明具奏。尋奏:艾連春應於本律杖徒上加一等,改擬杖一百,流三千里。波岩等出境買鹽,係偷越僻徑。報聞。(高宗八五六、一〇)

（乾隆三五、四、甲戌）諭軍機大臣等:……彰寶平時尚屬曉事,何以近日頓不如前?即如詢問哈國興去冬在老官屯傳述緬匪語言,有無粉飾,及緬匪索取土司,彼時如何答覆等情節,並非難辦之事。乃自奏聞緬匪差人遞書摺後,幾及二十日,總未提及一字,實不解是何意見。直至四月二十七日,始據將詢問哈國興之處覆奏,已屬遲緩。且摺内所稱,接到哈國興回信日期係三月二十八日,乃又遲半月始行入告。而奏函僅用四百里遞發,全不知事理輕重。且所給老官屯頭目檄槀,又不嚴正飭責,顯有畏縮之意。是彰寶竟已另換肺腸,實可駭異,已於摺内嚴切批飭。看來緬匪種種狡詐,甚爲可惡。跡其索取土司一節,已露不復畏懼内地情形,而彰寶懵然不以爲意,不知邊夷性情狡猾,一切機宜,皆當隨時酌量。若該督將伊等舉動消息,纖悉必以上聞,朕尚可遙爲籌度。今彰寶如此居心,竟漸染外省虛僞惡習,將來匪衆設有蠢動，必將匿不上聞，而不又能示以創懲，復致如前此之養癰貽患，浸漸蠶食土司，侵擾内地，皆所不免。或竟闌入騰越、永昌地面，尚復成何事體？彰寶彼時豈尚能掩諱乎？且楊應琚等覆轍具在，恐彰寶不能當此重戾，實爲彼慮之。彰寶著傳旨嚴行申飭。此等關繫邊情事件，阿桂現在留駐滇省，理應時刻留心。今彰寶既將檄文槀札商阿桂，阿桂自當協同妥酌，不應僅以柔軟言詞，率爲諭覆。且應籌及緬匪，敢向内地索人，其狂悖端倪已露，當思所以豫防之道，詳悉奏聞。即彰寶所詢哈國興之語，是否伊去歲在彼目繫情形，亦當據實具奏。乃竟置若罔聞，既不會銜，又不專奏，是誠何心？阿桂在滇，遇有地方公務，如銅勛等項，自不便越俎干與，至邊境事宜，本其專責，即以軍機大臣而論，亦分當與聞，況伊現帶副將軍印，更屬無可推諉。設或緬匪有滋擾邊境之事，應就近調兵者，尚當與彰寶同辦，乃竟以有關邊夷要務，視爲彰寶獨肩之事，不復過問，並不發一奏函，殊非朕留彼在滇協籌妥辦之意。豈竟安坐省城，靜候緬匪回文，遂爲畢事回京可乎？阿桂大不是，太無良心矣。著傳旨申飭，並著明白回奏。（高宗八五七、一六）

（**乾隆三五、一〇、乙未**）諭軍機大臣等：昨阿桂等奏緬匪差人遞書，隨給與回文一摺。閱其奏摺及文稿，顯有急欲了事之意，甚屬錯謬，已降旨嚴行申飭。但伊等錯謬處甚多，尚有前諭所未盡者。如交易一節，緬匪情形與俄羅斯不同，俄罗斯地雖富庶，而茶布等物，必須仰給内地，且其每年貿易獲利甚厚，不能不求我通市，中國因得就所欲以控制之。若緬匪與畜類蟲蟻無異，茹飲穢惡，迥與人殊，並非急需内地之物。即向來交易，彼亦無大利可圖。且其境與洋通，諸貨尚可購之海舶，雖不通商，實不足以制其死命。前曾詳諭及之阿桂等，因其書詞及蘇爾相稟，均言買賣事，輒信緬匪。此次差人遞書專爲求通交易，所見已左。且視此爲可以敷衍完局之機，遂以柔軟言詞答覆，希圖遷就，尤屬大謬。無論禁絕交易，實非賊人所畏，彼不過藉此爲詞，斷不宜恃爲可操勝算。即使賊人微有通市之望，我之馭彼，亦當詞氣愈嚴，身分愈重，彼或懼而懇求。若稍露餒怯形迹，措詞失體，徒然見輕於賊，彼尚何所忌憚乎？即如近年辦理俄羅斯交易一事，中國行文屢加斥罵，彼仍堅籲通商，始令禀受教約，俯允所請。阿桂前在軍機處皆所目擊，豈竟全不記憶，臨事茫無主宰耶？（高宗八七一、一六）

（**乾隆三五、一二、甲午**）諭軍機大臣等：據阿桂奏，緬匪畏懼天朝，故將楊重英等至今尚留養阿瓦城。且拘留蘇爾相，不送阿瓦，仍置之老官屯，此次復遣人來呈遞書信。看來賊匪料及事無底止，頗有悔心，且自禁止貿易以來，伊處必用之黃絲等物，價增十倍，現在上下莫不需此，而去歲亦頗有苦於兵革之狀等語。緬匪天性狡猾，敢於食言，拘留使人，毫無畏懼之意，阿桂所奏甚謬。至緬地貿易，與俄羅斯不同。俄羅斯每年以數萬金由內地買其必需之物，至若黃絲並非緬匪必需要物，無關輕重，乃謂藉此可以制賊之命乎？且不得黃絲，上下急迫之語，乃緬匪故造流言，殊不可信。阿桂等因存草率完事之見，藉此爲詞，甚屬錯謬。再伊等欲添兵辦理，雖合機宜，乃又稱明年再將賊匪情形察看一年，並未提及進兵之事，一味輾轉支吾，不願大舉，故如此搪塞具奏。緬地險惡難攻，朕豈不知？但今年賊匪遣人送書，因而停止，明年豈可又不攻勦耶？此際必須密行備辦，務期明年進兵。俟瘴氣一退，即行前進，出其不備，痛加勦殺。緬匪拘留我所遣之人，若彼處再遣人來，斷無遣還之理，悉行留下，盡數解京。看來賊匪不將拘留人送還，諒再不遣人復來。著傳諭阿桂等，妥協辦理明年大舉，加意訪察賊匪消息。如遣人再來送書，或訪得一切情形，即速奏聞。（高宗八七五、八）

（**乾隆三七、三、戊午**）又諭：據彰寶奏，拏獲騰越州沿邊居民李葉然等，於關外擺夷地方，販買棉花鹽觔，現在嚴究治罪等語。越界販買，雖係土司所屬地方，但當關禁嚴密之時，輒敢偷越邊口，顯有私通貿易情事，自應嚴行根究，盡法懲治。其逸犯六名，立即嚴拏務獲，一併重治，毋任漏網。再各犯所帶之騾。多至二十餘頭，沿途行走，豈能不稍露蹤跡？何致容其肆意潛越，則關禁之有名無實可知。且銅壁關外，一處如此，各邊口大略相同。著傳諭彰寶，於沿途一帶，實力緝查。如有內地民人在土司地界逗留者，立即嚴拏究治。並飭各邊隘文武員弁加意盤詰防範，毋得仍前疏懈，致干咎戾。將此傳諭知之。（高宗九〇五、二一）

（**乾隆三九、三、辛酉**）又諭：……訊據興得夾供稱，苗溫差伊到芒市頭目秤五猛處，討開關准信等語。所供殊不足信。緬地蕞爾邊夷，貨市有限。其所易內地諸物，亦並非日用所急需。如前次戶部比較永昌等處關稅，額數缺少，不過五六千金，非若俄羅斯與內地通商交易，每年可得利百十萬金，於彼大爲有益者可比。即使閉關嚴拒，亦不足以制其死命。故緬匪視關禁嚴密，貨物不通之事，並無著急畏懼情形。其差人至內地探信，不過打聽是否進兵消息，以便豫備，非真欲通貢乞降也。（高宗九五四、一七）

（**乾隆四一、一二、辛丑**）又諭曰：圖思德奏，探聞緬酋懵駁已死，及關外信息等因一摺。此事非圖思德所能辦，已於摺內批示矣。看來圖思德之意，頗以懵駁之死爲幸，妄冀緬匪一事，即可從此完局，此非曉事之見也。緬甸數年以來，並未實有悔罪輸誠之舉，雖內地嚴守關隘不與貿易，恐亦有名無實，未必能制其死命。總之緬匪若不將拘留內地之人送還，及實在進貢乞恩，斷不能准其開關通市，其局不能完結，轉不擊乎懵駁之死與不死。況緬匪狡詐異常，從前曾經捏報懵駁已死，日久乃知其詐，此次安知非其故智復萌？即或果有其事，而其子不能改父之過，又與懵駁何異？圖思德此時惟當靜聽，並不必遣人向關外探訪彼處信息，爲其所愚，使賦匪從而輕笑。設果得魯蘊親自到關，懇請通貢，圖思德竟當明白開導，諭以汝果出於誠心，竟宜親自進京，朝見大皇帝，如能將楊重英、蘇爾相諸人全行送回，並誠懇納貢，大皇帝不但准汝仍通貿易，并且格外加汝大恩。汝若不親去，本督部堂難以代汝轉奏。至於中國撫馭外夷，全恃威信，從不肯賺其人而置之死。即如秤管猛到京數年，今仍遣令歸巢，皆汝等所深悉者。且使果欲殺汝，亦非難事，汝既已親來，我等總督、提督現在邊境，皆可執汝誅之，又何必俟汝到京再辦？汝當反覆自思，若非親自叩覲大皇帝，此事斷不能完。如汝驚疑顧慮，不敢進京，本督撫亦不相強，即令汝回去，亦不代汝奏聞。如此曉諭，察其神色，即行據實奏聞。候朕定奪。此時緬酋處如差小頭人到關，惟當諭以汝等之言，不足爲憑，如果有誠心懇請之處，可令汝大頭人等自來，本督部堂另有諭示之語。若彼投遞緬字文禀，總須付之不答，仍將原禀馳奏。將此由六百里傳諭知之。（高宗二〇二二、五）

（**乾隆四一、一二、丙辰**）諭軍機大臣等：據圖思德奏，緬目得魯蘊，遣人投遞緬禀，情願送還內地官人，輸誠貢象，懇求賞准開關，已飭該鎮、州給與回文等語。所辦大段尚是。前經該署督奏，探聞緬酋懵駁死信，並得魯蘊欲親來還人納貢，懇通買賣等因，已將辦理此事關鍵，詳悉傳諭圖思德遵辦矣。懵駁之死信，真僞無關緊要，如果匪酋等有悔過輸誠之意，將拘留之蘇爾相、楊重英等盡行送回，並誠懇進貢，原亦可以完局。但此説只可存之於心，斷不可於緬衆前，稍露天朝有趁伊等投誠，速圖了事之意。賦匪狡獪異常，倘窺見内地有欲圖遷就情形，彼必以爲奇貨可居，轉多稽阻。若見督提等不以爲事，處之淡然，彼或具有真誠，必急切懇籲，欲冀俯納。中國撫馭外夷之道，大率如此。圖思德不可不知。即或得魯蘊到關叩懇，亦當遵照前諭，令其親自進京，於大皇帝前誠切懇請，或可邀恩通市，否則難以轉奏。且看其誠僞如何，再行定奪。圖思德如或接見賊目，惟當義正辭嚴，明白開導，勿稍示伊等以將就完事之心，方爲妥協。將此由六百里諭令知之。（高宗一〇二三、五）

（**乾隆四二、一、乙酉**）諭：緬甸自徹兵以來，已經八載，每歲沿邊派人駐守，究屬不成事體。而其地水土惡劣，朕意又不欲用兵，惟嚴令各關隘絶其貿易，稍足使之畏懼耳。但向來雖有禁遏之名，仍恐具文塞責，徒爾因循歲月，總未能完此事之局。原擬令阿桂爲雲貴總督，前往經理邊務，其事庶可早竣。兹據圖思德奏，聞得緬酋懵駁已死，其子贅角牙襲職。前據該處頭目得魯蕴具禀鎮將等稱，情願送還内地之人，輸誠納貢，懇請開關。隨遣諭來人先回，俟其到關再定。今據張鳳街辦事之騰越州知州吳楷禀稱，派送孟矣等出口之擺夷南多木比等回關。據稱，孟矣等至老官屯，向該頭目綻拉機，稱揚大皇帝威德嚴重及地方廣大富庶光景，該頭目甚爲感畏。孟矣等即日登舟赴阿瓦，聞得魯蕴現在阿瓦料理貢物，並將蘇爾相、多朝相接往阿瓦，要同楊重英俱從天馬關送還内地，并欲親自到關叩懇納貢等語。緬匪果知悔罪投誠，還人納貢，自可就此完事。但受降通市及善後章程，必須曉事之重臣相度妥辦，方能合機宜而符體制。著阿桂即速馳驛前往雲南，辦理受降諸事，完竣即行回京。至開關以後，沿邊一切事宜，均關緊要，非圖思德所能經理。所有雲貴總督員缺，著李侍堯調補。兩廣總督員缺，著楊景素補授。山東巡撫員缺，著郝碩補授。圖思德著回貴州巡撫之任，裴宗錫著回雲南巡撫之任。郝碩現在四川辦理軍需奏銷之事，尚未能即赴新任。所有山東巡撫印務，著國泰暫行護理。（高宗一〇二五、五）

　　（乾隆四二、四、戊午）諭軍機大臣曰：李侍堯奏，籌辦緬甸邊務情形所慮亦是，已於摺内批示。據稱，緬匪屢以詭詞欺誑，藉此窺我動静，其反覆已非一次，甚爲可惡。查從前定議閉關禁市，絶其資生之路，原屬制緬要策。現在該酋來禀，亦籲懇開關，使生計果真窘迫，自當力圖完局，因何屢有變更？兹悉心體訪，緬地物産，棉花頗多，次則碧霞玒、翡翠玉。近年以來，彼處玉石等物，雲南、廣東二省售賣頗多，皆由内地。每差土人擺夷出關偵探，兵役因見官差要務，於隨身行李，搜檢未嚴，夾帶勢所不免。究之所偵探者，止在野人地界，摭拾無稽，不但不能得彼真情，轉將内地信息，從而洩漏。至棉花一項，臣在粵省時，見近年外洋脚船進口，全載棉花，頗爲行商之累，因與監督德魁嚴行飭禁。嗣後倘再混裝棉花入口，不許交易，定將原船押逐。初不知緬地多産棉花，今到滇後，聞緬匪之晏共、羊翁等處，爲洋船收泊交易之所，是緬地棉花，悉從海道帶運，似滇省閉關禁市，有名無實等語，所陳悉中緬匪情弊，著傳諭楊景素會同李質穎、德魁於海口嚴行查禁。如有裝載棉花船隻，概不許其進口。務當實力奉行，勿以空言塞責。仍不時留心訪察，如有胥役等受賄私放者，立即重治其罪。至滇省嚴查邊隘，毋許内地民人帶貨偷越，圖思德邇年所辦，似亦不過具文，未必實能禁絶。今李侍堯既見及此，自能設法嚴查，不似從前之虛應故事。惟當實力爲之，要以久而勿懈。……至緬匪求降一事，固由圖思德輕聽屬員慫慂，希圖完事，因適有得魯蘊投稟到邊，遂信以爲眞，據詞入告，其實捏飾詭詐，罪在緬匪，並與圖思德無涉。此時惟嚴飭邊境各員，實力稽查，不許內外貨物偸漏出入。若彼遣人投稟，即設法將來人拘囚，其稟概付之不答。或知著急，亦未可定，舍此更無他法。……其嚴禁洋船棉花進口一節，並著諭令李質穎、德魁一體遵辦。（高宗一〇三一、一一）

　　（乾隆四二、四、庚申）諭軍機大臣等：昨據李侍堯奏稱，在粵省時，見近年外洋腳船進口，全載棉花，頗爲行商之累，因與監督德魁嚴行飭禁。嗣後倘再混裝棉花入口，不許交易，定將原船押逐。初不知緬地出產棉花，今到滇後，問緬地土產棉花最多。而緬匪之晏共、羊翁等處，尤爲洋船收泊交易之所。是緬地棉花，悉從海道帶運，似滇省閉關禁市，有名無實等語。所奏甚是。業經傳諭楊景素會同李質穎、德魁，於海口嚴行查禁矣。外洋海面，處處皆通，恐洋船裝載緬地棉花求售者，因粵省各口查禁，復往他省混行入口，亦未可定。況內地處處出產棉花，供用極爲寬裕，何藉取給外洋，與之交易，致滋弊混？著傳諭凡有海口之將軍、督、撫，設法嚴行查禁。如有裝載棉花船隻，概不許其進口。務令實力奉行，勿以空言塞責。仍不時留心訪察，或有胥役等受賄私放者，立即重治其罪。仍將如何設法查禁之處，具摺覆奏。將此遇各該將軍督撫奏事之便，傳諭知之。（高宗一〇三一、二〇）

　　（乾隆四二、五、辛卯）諭軍機大臣等：今日國泰奏覆，查禁海口棉花一摺，已於摺內批示矣。前因李侍堯稱，緬地產棉花最多，應於粵東海口嚴行查禁。隨傳諭楊景素、李質穎等實力稽查妥辦。並因外洋海面，處處皆通，恐緬地棉花，因粵省查禁，不能進口，復從他省混入，亦未可定。曾降旨傳諭，凡有海口之將軍督撫等，令其設法辦理。現據各督撫陸續奏覆，緬地從前將內地官民扣留不還，情罪可惡，而其地水土惡劣，從前官軍在彼，多有染病及死亡者，斷不可以用兵，惟當嚴查邊隘，不許貨物偸漏出入，以絕其求利之路。因並及各省海口一體查禁，勿令緬地物產混行入口交易。今緬匪已將所留之蘇爾相等遣人送還，其心頗知畏懼。如果悔罪納款，奉表輸誠，自可仍許開關通市。滇省尚可弛禁，則瀕海各省棉花入口，更可無事禁防。並恐地方官辦理不善，或滋紛擾，即粵省海口棉花之禁，亦可不辦。將此遇將軍、督、撫奏事之便，一體傳諭，並令李侍堯知之。（高宗一〇三三、一四）

　　（乾隆四二、六、壬子）欽差大學士阿桂、大學士管雲貴總督李侍堯覆奏：緬匪幼酋新立，又與暹羅等國連歲搆兵。上年聞蕩平金川，因商辦還人貢象，後因檄諭嚴正，屢次擲還稟詞，益加畏懼，此決計送還蘇爾相等實

情。報聞。(高宗一〇三五、二)

(乾隆五三、九、壬戌)上御卷阿勝境,緬甸國使臣細哈覺控、委盧撒亞及小頭目便機位南等四人入覲,並同扈從王公大臣、蒙古王、貝勒、貝子、公、台吉等賜食,翌日如之。(高宗一三一二、一一)

(乾隆五三、九、癸亥)敕諭緬甸國長孟隕曰:朕惟輸誠納賮,炎陬修職貢之儀,舍服招攜。王制重懷柔之典,念荒徼克循舊服,則朝廷宜沛新綸。爾緬甸國長孟隕,本爲支子,暫托釋門,因兄姪梗化而戕殘,爲國人擇親而擁戴。前愆力改,來享情殷,既遣使以將虔,復陳詞之維摯,具昭忱悃,良可褒嘉。是用降勅獎諭,賜國長並國長之妻佛像、文綺、珍玩、器皿等物。國長尚其敬受,益矢恪恭。朕復念爾國長當家庭搆亂之餘,甫掌國事,爲土宇敉寧之計,移建城垣,正宜永戢兵端,修和鄰好,俾爾人庶,咸遂樂生,副朕眷懷,長承寵錫,故茲敕諭。(高宗一三一二、一一)

(乾隆五五、三、乙巳)諭軍機大臣等:據富綱等奏,緬甸國長孟隕,差親信頭目便居未駝等,齎送金葉表文,貢品象隻,叩祝萬壽。於三月初四日至鐵壁關,四月初旬到省後,即派員伴送起身赴京。並據該國長懇請勅賞封號,管理阿瓦地方,求開騰越關禁,俾通市易等語。緬甸國長孟隕敏關內附,劾悃維殷,前已遣使恭進方物,以邀賞賚燕醑。茲以朕八旬壽辰,普天同慶,復敬備表貢,遣使來京祝釐。遠涉萬里,實屬恭順可嘉,自應俯允所請,給予封號,以資綏輯。俟其貢使到時,再將錫封勅書及國王印信,交令齎回。……至該國自禁止通商以來,需用中國物件無從覓購,而該國所產棉花等物,亦不能進關銷售。今既納賮稱藩,列於屬國,應准其照舊開關通市,以資遠夷生計。此事不值寫入勅諭。著傳諭該督等,一面照會孟隕,以該國懇請開關,業經代奏,欽奉大皇帝恩旨准行。即一面飭知沿邊官員,定期開關市易,以示嘉惠遠人之意。再據富綱片奏,南掌國王虔備表文馴象,遣使祝釐,并附進明年例貢,不日即可抵邊等語。南掌素稱恭順,曾經受封進貢,茲復專遣使臣,遠來叩祝萬壽,係屬好事,自應准其所請。著傳諭該督,俟南掌貢使抵關,即派委妥員護送到省,酌加賞賚,與緬甸貢使分起前後起程,俱於七月二十日前後,至熱河行在,與蒙古王公、各外藩貢使同與壽筵,俾得共覩盛典,以遂其瞻覲之忱也。(高宗一三五一、二八)

(乾隆五六、七、甲申)諭軍機大臣曰:富綱奏,據騰越鎮州稟報,有福建民人蔡元媽、方賢二名,從緬甸投出。詢係五十年十二月內前往暹羅貿易,被緬人裹往阿瓦,上年國王孟隕感激恩准開關,查知伊等尚未回籍,各給路費,咨送進關等語。緬甸國王孟隕前因向化投誠,籲請錫封通市。朕俯念該國王恭順悃忱，錫之寵命，並准開關貿易，以示柔懷。今該國王感戴恩施，凡内地人民覊留在彼者，俱給與盤費，遣送進關，其効順輸忱，實可嘉尚。著賞給蟒緞二匹、錦二匹、大緞二匹、紗二匹、大荷包一對、小荷包二對，用昭優奬。著富綱派員齎至關外，交該國頭目孟幹，轉送該國王祗領。並繕寫照會，移知孟隕，以該國王資送内地人民回藉，具見小心敬順，經本督部堂據情奏達，大皇帝垂鑒款誠，特加優賚，國王益當恪守藩封，永承恩眷也。（高宗一三八二、一八）

（**乾隆五八、二、丙子**）諭軍機大臣等：據富綱奏，緬甸國王孟隕，虔備表貢，專差親信大頭目孟幹等，恭齎到關，懇請赴京叩祝萬壽。現在檄令三月間緩行來省，俟奉到諭旨，另派妥幹文武伴送前進等語。緬甸國王自納款輸誠以來，疊加恩錫，該國王情深感激，復遣使陳謝，齎表進貢，懇請赴京祝釐。閱其譯出表文，情詞甚爲恭順，該督等即可於貢使到省時，派員伴送緩程前進，計至七月内到京，爲期尚寬，盡可從容行走。前經郭世勳奏，西洋英咭唎國遣使進貢由海道至天津，赴京叩祝，約計夏秋間亦可到京。適與緬甸貢使，同時並集，正可偕外藩蒙古王公等，共與筵宴，以昭重譯梯航之盛。至該督奏，緬甸國王咨文内稱，進因暹羅又來侵擾，擬親自帶兵，前往堵禦。當經諭知孟幹，以鄰國總要彼此和好，少動兵戈，各安地界等語。所檄尚爲得體。該國與暹羅爭界興兵，由來已久，事關外夷，祇可置之不問也。將此諭令知之。（高宗一四二二、一九）

（**乾隆五八、七、戊午**）上御卷阿勝境，緬甸國正使密渺莽納那牙他、副使密渺南達覺蘇細於、南達梅濟蘇等三人入覲，並同扈從王公大臣，及蒙古王、貝勒、貝子、額駙、台吉等賜食。（高宗一四三三、二〇）

（**乾隆六〇、四、庚寅**）諭軍機大臣曰：福康安等奏，緬甸、南掌遣使祝釐，請由川陝一路進京等語。所辦好。現在辰沅一帶辦理軍務，所有該二國貢使，自應改由川陝一路行走。（高宗一四七六、一二）

（**乾隆六〇、八、癸未**）勅諭緬甸國王孟隕曰：……爾緬甸王孟隕，僻居炎徼，榮並藩封，守職貢以争先。……值予一人八旬開五之辰，情殷就日，鑒兹誠悃，式賁殊恩。今賜王及王妃文綺珍物有差，用副眷懷，王其祗受。……特諭。（高宗一四八四、八）

（**嘉慶一、一二、甲午**）諭内閣：勒保奏，緬甸國王遣使敏關朝貢，勒保以上年該使臣進京叩祝，甫經回國，檄令雲南司道，將原齎表文貢物，仍令來使帶回一摺，所辦實屬大錯。緬甸國王久列藩封，輸忱向化。從前所定十年進貢之期，原示體卹遠人之意，兹該國王以本年恭逢國慶，特遣使臣齎表備物，申虔稱賀，勒保自應據實具奏，請旨遵行。迺率意徑行，遽令該使臣將原齎表文貢物，仍行帶回。該國地居炎徼，遣使遠來，迺於半餘率令回國，致令徒勞跋涉，阻其向化之誠，殊失柔遠綏懷之意。勒保著交部嚴加議處。(仁宗一二、一三)

(嘉慶一、一二、甲午) 諭軍機大臣等。緬甸國王遣使敏關，欲求朝貢。勒保率行截回，未免阻其向化之誠，現令軍機大臣代擬檄諭，明白開導。特頒賞蟒錦四端，交該撫照繕檄知，以釋其向化未伸之念。江蘭接奉此旨，即行遵照檄諭。(仁宗一二、一四)

(嘉慶一一、二、乙巳) 諭軍機大臣等：伯麟等奏稱，緬甸國懇求豫期進貢，密探得該國係因與暹羅連年爭戰，力不能敵，欲藉進貢以壓伏暹羅，並有求助之意。伯麟等因擬定諭稿，諭令緬甸土司將貢物妥爲運回等情一摺。所辦俱是。緬甸國貢期，向經奏准以十年爲度，今該國自嘉慶五年進貢，至今甫及五載，乃因與暹羅搆兵，力蹙勢窮，欲籍進貢以求援助，經伯麟等密飭該鎮州等探悉實情，自應照例駁回。即照所擬諭稿發往。至摺內稱，探知此次進貢之請，係由孟幹慫恿，在該國王前討好，希圖仍作蠻暮土司，實屬巧詐等語。孟幹前因酷虐激變夷民，經該國王將其拏回，今該國王仍欲令伊爲蠻暮土司，總不可置之不問。至該國與暹羅搆兵，強弱勝負，亦祇聽其自爲，斷無天朝代伊等籌畫之事。惟該國此時但求進貢，尚未顯露求援之意，設該國竟遣使前來，明向伯麟等懇請援助，彼時即當直言正辭，諭以天朝撫綏外藩，一視同仁，毫無區別。若因爾國不能禦敵，用兵相助，儻有時爾國勢強，暹羅力弱，前來乞助，天朝又將何以處之？爾國惟當力圖自強，永保國土，無得爲此非分之請。如此明示以大義，該國自不敢復希冀助兵也。將此諭令知之。(仁宗一五七、二四)

(嘉慶一六、一二、壬申) 緬甸國王孟隕，遣使表貢方物，賞賚筵宴如例。(仁宗二五二、二四)

第三章　手工業

第一節　清政府的手工業政策

一、關於器用的崇樸抑奢的詔令

（**康熙一一、八、癸丑**）諭禮部：帝王致治，首在維持風化，辨別等威，崇尚節儉，禁止奢侈，故能使人心淳樸，治化休隆。近見內外官員軍民人等服用奢靡，僭越無度，富者趨尚華麗，貧者互相效尤，以致窘乏爲非，盜竊詐僞，由此而起，人心囂凌，風俗頹壞，其於治化所關匪細，今應作何分別，務行禁止，著九卿科道，會同嚴加確議，定例具奏。（聖祖三九、二五）

（**康熙一八、一〇、丙寅**）戶部等衙門，會議錢法十二條：……八、開採銅鉛，凡一切有銅及白、黑鉛處所，有民具呈願采，該地方督撫即選委能員，監管採取。九、查定例，凡民間必用之銅器，五觔以下者仍許造賣外，其非必用之器不許製造，應再行嚴禁，照例治罪。十、化錢爲銅，已經禁止，定有處分之例，未定有鼓勵拏獲之例，嗣後有出首拏獲者，審實，將所獲之銅一半入官，一半給賞。……從之。（聖祖八五、五）

（**乾隆二、閏九、甲申**）〔湖北布政使安圖〕又奏：制器利用，原貴樸素渾堅。近來非競尚新奇，即從事苟且，器不經久，徒耗民財。又如布帛綢緞，有關衣服之用，市肆貨賣，大率粗薄，不及尺度。應請敕部通行查禁。得旨：此奏固是，但可姑緩之。（高宗五三、一九）

（**乾隆一〇、五、辛丑**）浙江按察使萬國宣奏：浙省俗尚浮靡，山僻小邑，尚知節儉，至浙西之杭、嘉、湖，浙東之紹興等府，皆競尚奢侈，爭奇鬥勝。屢經宣示禁革，而積重難返。請將應禁條款刊訂成帙，遍行給散，庶家喻戶曉，陋習可移。得旨：移風易俗，豈易言之，惟應以不息之心，行如傷之政，久道化成可也。（高宗二四一、二四）

二、對工匠的征役、征銀和雇用

（**順治一、一〇、甲子**）是日，上御皇極門，頒即位詔於天下。……所有合行條例，臚列如左：……一、各直省起存拖欠本摺錢糧，如金花、夏税、秋糧、馬草、人丁、鹽鈔、民屯、牧地、竈課、富户、門攤、商税、魚課、馬價、紫直、棗株、鈔貫、果品及内供顔料、蠟、茶、芝麻、棉花、絹布、絲綿等項，念小民困苦已極，自順治元年五月初一日以前，凡未經徵收者，盡鈔蠲免。……一、直省額解工部四司料銀、匠價銀、磚料銀、檾麻銀、車價銀、葦夫銀、葦課銀、漁課銀、野味銀、翎毛銀、活鹿銀、大鹿銀、小鹿銀、羊皮銀、弓箭撒袋折銀、扣剩水脚銀、牛角牛勒銀、鵝翎銀、天鵝銀、民夫銀、地租銀、匠班銀、缸罈銀、燋炭銀、麻鐵銀、斑竹銀、白猪鬃銀、閘夫銀、梔子銀、藍靛銀、河夫銀、椿草子粒銀、狀元袍服銀、衣糧銀、砍柴夫銀、搬運木柴銀、擡柴夫銀、蘆課等折色銀、盔甲、腰刀、弓箭、弦條、胖襖、褲、鞋、狐麂兔狸皮、山羊毛課、鐵、黄櫨、椰、桑、胭脂、花梨、南棗、紫榆、杉條等木、椴木、桐木、板枋、冰窖物料、葛楷、蘆蓆、蒲草、榜紙、磁罈、槐花、烏梅、梔子、筆管、芒箒、竹掃箒、蓆草、粗細銅絲、鐵綫、鍍白銅絲、鐵條、鍼條、碌子、青花綿、松香、光葉書籍紙、嚴漆、窣漆、桐油、毛、筆、紫、水斑等竹、實心竹、棕毛、白圓藤、翠毛、石磨、川二硃、生漆、沙葉、廣膠、焰硝、螺殼等本色錢糧，自順治元年五月初一日以前，逋欠在民者盡予蠲免，以甦民困，自五月初一日以後，仍照見行事例，分别蠲免。（世祖九、九）

（**順治二、四、丁卯**）頒恩詔於陝西等處，曰：……所有陝西地方合行恩例，開列於後。……一、該省額解工部四司料銀、匠價銀、弓箭撒袋折色銀兩、盔甲腰刀本色錢糧，自順治二年二月爲始，從前逋欠在民者盡與蠲免，以甦民困。自本年二月以後，應徵錢糧俱歸户部。其順治二年額數，准照户部丁地錢糧事例，照分數一體蠲免。（世祖一五、一七）

（**順治四、二、癸未**）以浙東、福建平定，頒詔天下，詔曰：……所有地方合行恩例，具列於後。……一、浙江起解户、禮、兵、工四部金花、果品、菉筍、黄白蠟、富户派剩米、綿、絹、鹽鈔、草束、協濟昌平黄蠟扣價、顔料餘銀、輕齎、藥材牲口折價、會試銀兩、料價、雕填漆匠、羅匠、斑竹、白猪鬃、絶爐鐵課、槐花、梔子、烏梅、漁課、麻鐵、魚膠等料、課鐵、馬站、并新改折盔、甲、腰刀、胖襖、箭、弦等項。福建起解户、禮、工三部金花、料價、厨料、果品、牲口、軍辦、鹽鈔、農桑夏税絹價、翎鰾并新舊改折胖襖、軍器、箭弦、江南鹽鈔、狐皮、麻鐵、協濟昌平馬價等項、各折色錢糧。浙江漕白糧米、綿、絹、黄蠟、葉茶、顔料、黄麻、栗果、藥材、金銀箔、薦新芽茶、弓折牛角、筆管、兔皮、香狸皮、山羊毛、粗細銅絲、鐵絲、鐵條、鍼條、鍍白銅絲、青綿花、碌子、猫竹、紫竹、笙竹、白硝、麂皮、狐皮、槐花、梔子、烏梅、松香、廣膠、書籍紙、桐木、黃白榜紙、歲造緞、窜漆、嚴漆、桐油等項。福建京庫顏料、黃白蠟、芽茶、香料、樟腦、藥味、緞疋、課鐵、建鐵、螺殼、翠毛、白硝、麂皮、鹿皮、斑竹、弓折牛角等項，各本色錢糧，以上併鋪墊水脚，俱照前朝萬曆年間賦役全書徵收，自順治四年正月初一日以前，已徵在官者，起解克餉，拖欠在民者，悉行蠲免。一、浙江起解江南各衙門折色、永福倉米、折絹、折綿、折曆日、直部把門皂隸、獄卒、草折、漕折、山羊、折桐油、折餘絲易銀，并本色漕白糧米、絹疋、合羅絲、荒絲、藥材、金銀箔、芽茶、甘蔗等項，俱照前朝萬曆年間賦役全書徵收，解赴戶部交納。自順治四年正月初一日以前，已徵在官者，起解克餉，拖欠在民者，悉行蠲免。（世祖三〇、一五）

（順治四、七、甲子）以廣東初定特頒恩詔。詔曰：……所有該省合行恩例，開列於後。……一、廣東起解戶、禮、兵、工四部折色錢糧、金花、黃白蠟、烏梅、五棓子、滕黃、黑鉛、桐油、黃熟銅、圓眼、菉筍、荔枝、香簟、木耳、宿砂、核桃、蜂蜜、藥材、四司料價、胖襖、胭脂木、南棗木、紫榆木、紫竹、梨木、翠毛、均一料、魚油料、蔴鐵、鐵稅、會試、會同館、協濟昌平本色錢糧、黃白蠟、芽茶、葉茶、銀硃、貳硃、生漆、錫、生銅、藥材、廣膠并鋪墊水脚銀兩，俱照萬曆四十八年額數，自順治四年正月初一日以前，已徵在官者，起解充餉，拖欠在民者，悉行蠲免。（世祖三三、九）

（順治八、閏二、己未）刑科都給事中袁懋功奏言：江南、浙江等處，巧立機戶名色，僉報富家承充。胥役百端苦索，民多破產求脫。請敕部禁止。下所司察議。（世祖五四、六）

（順治八、八、丙寅）以恭上皇太后徽號禮成，……頒詔天下，詔曰：……所有恩宥事宜，開列於後。……一、臨清燒造，苦累小民，并漕船帶運，已行停止，其造過坯片，已費工本，并民船長短載帶甄納價，俱准一體豁免。一、江南、浙江、福建、江西、山東等處，題派綾紗又三色榜紙，龍瀝紙價，姑念地方初定，通免三分之一，仍分三運起解。一、漕船缺額，已准動輕齎銀兩，責令運官自僱，不得重派地畝，又挙民船，以甦苦累。（世祖五九、一九）

（順治九、四、乙卯）准山西潞紬機戶，照明季例，十年一派，三年一解，以九年爲始，隨時估價。永著爲令。（世祖六四、六）

（順治一一、一、辛丑）諭工部：江寧、蘇、杭等處地方，連年水旱，小民困苦已極。議賑，則勢難周；屢蠲，又恐國用不足。朕用是惻然於中。念織造衙門，原供服御賞賚之用，前此未能遽罷，近聞甚爲民累。夫民既苦賦稅，又苦織役，何由得安民，既不安，朕豈忍被服美麗，不爲之所乎。嗣後織造，除祝帛誥敕等項，著巡撫布政織解外，其餘暫停二年，爾部即行傳諭。其應撤官役，並應解錢糧事宜，作速議奏。（世祖八〇、三）

（**順治一三、六、癸丑**）以乾清宮成，頒詔天下，詔曰：……念臣民之勞瘁，宜恩赦之廣頒，所有事款，條列於後。……一、十二年以前，各省牛角、皮料等項，果有未解完者，工部照例改折，以紓民力。（世祖一〇二、二三）

（**順治一五、一、庚子**）上以皇太后聖體康豫，頒詔大赦天下，詔曰：……宜布非常之恩赦，應行事款，開列於後。……一、順治十四年以前各省牛角、皮料等項，凡有未解完者，工部確察，照例改折，以紓民力。（世祖一一四、一）

（**順治一五、六、辛卯**）工部等衙門奏言：按經制所載，內庭遇有大工，直隸各省，徵諸匠役，解赴京師，每年春秋二班更換。後匠役屢解屢逃，因而折工價解部。於順治二年奉旨除免匠價。今臣部工程尚煩，需用不貲，應將匠價仍照經制徵解。至織造晉紬，查明季每年額止三百疋，至我朝每年額造一千四百七十餘疋。查此紬不係要緊，宜仍照舊例，每歲止派解三百疋，餘銀解部供用。從之。（世祖一一八、一四）

（**康熙九、一、丁亥**）戶科給事中姚文然疏言：各省辦買豆米草料，俱當官發價。其藥材、銅鐵、絹布、絲綿、白蔴、魚膠、顏料等項，俱係民間辦買交官。在豆米等項，價係官發，則部駁核減銀兩，自應追還貯庫。若顏料等項，價銀出自民間，駁減之後，仍追銀貯庫，實爲重困，請嗣後將減價銀兩，概行給還，庶民困得蘇矣。下部議行。（聖祖三二、一一）

（**康熙三九、一、庚午**）命甘肅每年應辦皮張，仍令該撫辦解，停差部員。（聖祖一九七、一一）

（**乾隆五、三、庚午**）河南巡撫雅爾圖奏：現在豫民之累，如上司經臨過往或州縣公事下鄉，一切夫馬草料，皆令鄉保供應，非苦累被事之家，即科派村鎮之內，閭閻殊苦滋擾。再如使用工匠夫役，向有當官名色，每日止給以飯食之資，令其供役，縱堪餬口，何以養家？又如州縣買辦米、薪、布、帛各項什物，不問時值，止給官價，虧短實多，商賈深受其累。再驛站草料，派令承應，僅給半價，復用大斗大秤收量，家人經承，更加需索，小民含怨莫伸。再州縣私給印帖，准人承充牙行，在州縣不過貪得些微帖費，而鄉村之內，雖零星蔬菜，肩挑小販，無不需索牙用，細民受累無窮。……貧民生計日促，種種耗民，難以枚舉，現在力行釐剔，次第禁革。得旨：所辦甚屬妥協，須行之以實而要之以久，則將來必有大起色矣。（高宗一一三、一六）

三、有關手工業的官營與民營的政令

（**康熙四四、六、庚戌**）戶部題：先經陝西道御史景日昣疏言，商民何錫，奉部文在廣東海陽縣之仲坑山，開礦聚衆幾至十餘萬，強梁爭競，時時有之。請敕下督撫，會查此山，見在開採如何。酌議停止，永爲封閉。奉旨：這事情，著該撫察議具奏。今據廣東巡撫石文晟疏言，號牌員堆諸山塲，開礦六十四處，見今在廠之人，約計至二萬有餘。該山開採日久，礦口愈深，所得礦砂價銀，不敷工費，何錫見在具呈懇罷，似宜封禁。應如所題，准其禁止。從之。（聖祖二二一、一一）

（**康熙五一、一一、辛卯**）上諭大學士等曰：前原任四川巡撫能泰，曾具摺奏請開礦，後又奏稱江中有銀，派官監視撈取，以爲兵餉。朕以此二事俱不可行，隨硃筆批發。朕乃人君，豈有令江中撈取銀兩之理？觀此二事，即知能泰必貪，爾等可傳能泰問之。尋大學士等奏：傳問能泰，據云，奏請二次，皇上皆硃筆批不准行，算開礦所用工費價值，亦無大益。上曰：以此觀之，一面奏請，一面即行矣。督撫提鎮奏摺一二次，朕即可知其行事也。（聖祖二五二、二）

（**康熙五二、五、辛巳**）大學士九卿等遵旨議覆：開礦一事，除雲南督撫僱本地人開礦，及商人王綱明等，於湖廣、山西地方，各僱本地人開礦不議外，他省所有之礦，向未經開採者，仍嚴行禁止。其本地窮民，現在開採者，姑免禁止，地方官查明姓名記冊，聽其自開。若別省之人往開，及本處殷實之民有霸占者，即行重處。上曰：有礦地方初開時，即行禁止，乃可。若久經開採，貧民勉辦貲本，爭趨覓利，藉爲衣食之計，而忽然禁止，則已聚之民，毫無所得，恐生事端。總之天地間自然之利，當與民共之，不當以無用棄之。要在地方官，處置得宜，不致生事耳。（聖祖二五五、四）

（**雍正一、七、壬午**）貴州巡撫金世揚疏稱：黔省地僻荒陬，銅鉛原無出聚，間有一二礦廠，久經封閉。若令開採鼓鑄，無論工費浩大，一時難以獲效。且貴州漢苗雜處，每逢塲市貿易，少則易鹽，多則賣銀，令使錢文，漢苗商賈，俱非情願。若以配充兵餉，領運既難，流通無時。黔省用銀，沿習已久，請照舊例停開。下部知之。（世宗九、三）

（雍正二、九、戊申）諭兩廣總督孔毓珣：據奏，請於廣東開採，以濟窮民。朕發廷臣會議，知昔年粵省開礦，聚集多人，以致盜賊漸赴，隣郡戒嚴，是以永行封閉。夫養民之道，惟在勸農務本，若皆捨本逐末，爭趨目前之利，不肯盡力畎畝，殊非經常之道。且各省游手無賴之徒，望風而至，豈能辨其姦良而去留之？勢必至衆聚難容。況礦砂乃天地自然之利，非人力種植可得，焉保其生生不息。今日有利，聚之甚易，他日利絕，則散之甚難。曷可不徹始終而計其利害耶。至於課稅，朕富有四海，何藉於此，原因憫念窮黎起見，諭爾酌量令其開採。蓋爲一二實在無產之民，許於深山窮谷，覓微利以餬口資生耳。爾等揆情度勢，必不至聚衆生事，庶或可行。若招商開廠，設官徵稅，傳聞遠近，以致聚衆藏姦，則斷不可行也。(世宗二四、七)

（雍正五、閏三、戊午）湖南巡撫布蘭泰，摺奏開礦事宜。奉上諭：開採一事，目前不無小利，人聚衆多，爲害甚鉅。從來礦徒，率皆五方匪類，烏合於深山窮谷之中，逐此末利。今聚之甚易，將來散之甚難也。至於利之在公在私，尚屬細事。爾果欲效忠藎，何必諄諄以利爲言。豈不聞有一利必有一害，要當權其利與害之輕重大小而行之耳。(世宗五五、二)

（雍正一三、四、丁巳）諭內閣：廣東開採一事，十數年來，內外臣工奏請者甚多，朕悉未准行。上年總督鄂彌達、巡撫楊永斌奏稱開採以資鼓鑄，於粵民生計大有裨益。言之再三，朕發九卿確議，旋經議覆准行。後復有數人條陳，極言其不應行。今朕再四思維，廣東近年以來，年穀順成，米價平減，盜賊漸少，地方寧謐，與從前風景迥異。今若舉開採之事，聚集多人，其中良頑不一，難以稽察管束，恐爲閭閻之擾累。況本地有司，現在勸民開墾，彼謀生務本之良民，正可用力於南畝，何必爲此僥倖貪得之計，以長喧囂爭競之風，此時正在計議之初，停止甚易。著該部即行文該省督撫，令其遵諭停止。(世宗一五四、九)

（乾隆三、八、癸巳）兩廣總督鄂彌達遵旨議覆：開採銅礦，爲鼓鑄之所必需，且試採之時，原係召募附近民人，分別勘驗，無慮有聚衆滋事及朦蔽冒開等弊。今提督張天駿因橫山礦徒一案，奉旨申飭，遂欲藉海疆安靖之名，禁止開採粵東礦山，以爲將來卸責自全之計。應請飭令協力辦理。得旨：這所奏甚是。地方大吏，原以地方整理，人民樂業爲安靖，豈可以圖便偷安，置朝廷務於膜外，而謂之安靖耶。橫山礦徒一案，張天駿即應處分，而此復藉安靖之名，爲卸責自全之計，甚屬推諉因循，罔顧公事。張天駿著議處具奏。該部知道。(高宗七四、二七)

（乾隆三、一〇、戊子）兵部議覆：調任兩廣總督鄂彌達疏言，廣東提

第三章 手 工 業

督張天駿有意偷安，假名滋事，奏止開礦。查張天駿身爲封疆大吏，應與督撫會商，期濟公事，乃事未舉行，輒借安靜之名，爲卸責之計。請照溺職例革職。得旨：張天駿著來京引見，再降諭旨。（高宗七八、二四）

（乾隆四、三、丙子）署廣東巡撫王謩奏開採銅礦事宜。得旨：所奏俱悉。實力查察，悉心調度，八字甚爲中要，時刻勉之可也。（高宗八九、二三）

（乾隆一〇、六、甲子）工部等部議覆：巡察御史和其衷，條奏盛京事宜，……興紡織以濟民用。奉天各處，地多宜棉，而布價反倍於內地，旗民不知紡織之利，率皆售於商賈，既不獲種棉之用，而又歲有買布之費。請勸喻多置紡織之具等語。應行該將軍、府尹等，妥議具奏辦理。從之。（高宗二四三、一〇）

（乾隆一四、一二、丁亥）諭軍機大臣等；四川總督策楞奏，川省銅礦鉛礦，應行開採。現據王柔呈詳，信其必有成效等語。開採一事，本天地之自然，以資鼓鑄，於民生原有裨益。雖聚集人衆，其滋事之處不可不防。亦在奉行之善，自不難於稽查彈壓。滇省行之既久，其明徵也。向來督撫遇事不敢擔承，若此等便民之處，每以不可輕舉爲詞，其實不過圖省後慮，便於因循，全不以地方爲切己之務。今策楞此奏，能實力擔當，洵屬可嘉。但審時度務，川省尚應少待。目今金川甫平，宜於休息，嘓嚕爲害，須剗根株，且西藏亦當豫爲留心經理防範。應俟諸事停妥，一二年後再議舉行。至開廠之事，妥辦務在得人，雖據策楞奏稱，王柔熟諸礦務，辦事實心，可資任使。但王柔爲人，朕所素知，不免矜才喜事，尚欠誠實，未必盡屬可信。將來若令專辦，恐難勝任。須更揀賢能辦理，方克有濟。俟應辦之時，再行奏聞，此時不過豫爲指示。可傳諭策楞知之。（高宗三五四、二五）

（乾隆二七、八、己亥）葉爾羌辦事都統新柱等奏：臣等與衆伯克議，勸課回人織布，一年可得五萬餘疋，以庫貯餘錢購買，錢法既可流通，回人生計更有裨益。隨飭辦理糧餉之圖桑阿等，凡回人以布易錢，即照時價給發，毋許尅漏。報聞。（高宗六六八、一〇）

（乾隆四四、八、丁巳）諭軍機大臣等，據恒瑞等奏，西藏各廟熬茶大鍋及塔上成造飛簷，均需銅觔，照依乾隆二十三年、三十八年之例，派人給與路票，前往雲南中甸地方，採買廢銅一萬三千觔。行文總督李侍堯據覆稱，現在中甸地方，並無廢銅，且各廠銅觔缺少，嚴禁私賣，未便令西藏採買，致藉端偷漏。所有來人，不便令其入境等語。李侍堯所辦，未免過當。西藏需用銅觔，告之駐藏大臣，查照向例，行文滇省，並給與所派之人路引，赴滇採買，事屬可行。且從前既經買過兩次，今所買不過一萬餘觔，爲數有限，又係廢銅，並無關礙。李侍堯即因查禁私銅起見，止須嚴飭地方官，實力稽查，毋使偷漏官銅。若伊等從商人購買，不但廢銅在所不禁，即商人等以餘銅轉售，亦無庸遏禁。至其價之輕重，地方官并不必過問。倘來人因索價過重不成交易而回，亦可聽之。乃李侍堯將藏內原文駁回，又不准其來人入境，一如待外國非我所屬之例，殊屬不成事體。況達賴喇嘛班禅額爾德尼向來恭敬，若將赴滇買銅緣由，告懇恒瑞等，先行奏聞，朕必降旨，準將官銅賣給，以示體卹。李侍堯辦事，素稱明練，何竟見不及此。具該督即欲如此辦理，亦應據實入奏，何以並未奏及，殊不類平日所爲。著傳諭李侍堯，即遵照妥辦。並即詳悉覆奏，將此由五百里傳諭知之。(高宗一〇八八、一〇)

（嘉慶一一、五、癸亥）諭內閣：前日因工部堂官聯銜具奏，請令外省查明商民販鐵情形適中定額一事。……近來外省咨報商民販鐵過多，著各該撫悉心體察申明例禁。如有私販出洋，及違例製造軍器者，查明按律治罪，但不得委之胥吏等，藉端紛紛查禁，致滋擾累。(仁宗一六一、一)

第二節　官府手工業

一、織造

（一）組織機構的變動

（順治三、四、己亥）罷織造太監。(世祖二五、二二)

（順治三、五、庚午）陞工部啟心郎陳有明爲本部侍郎，督理蘇杭織造事務。(世祖二六、一三)

（順治三、八、癸卯）户部議覆：浙江巡撫蕭起元疏言，杭、嘉、湖三府歲造絹疋，若責成官造，分派民造，俱恐滋弊。請歸併督織工部侍郎兼造進供，公私兩便。從之。(世祖二七、二五)

（順治四、七、丁巳）增織造絨褐價值，因原議價輕，恐累機户也。(世祖三三、七)

（順治八、一、戊午）諭户部：各處織造，所以供朝廷服御賞賫之用，勢不可廢。但江寧、蘇州、杭州三處織造，已有專設官員管理，又差滿洲官并烏林人役催督，不但往來縻費錢糧，抑且騷擾驛遞，朕心深爲不忍。嗣後著停止差催，止令專管官員照發去式樣敬謹織造，解京應用。陝西亦織造絨

第三章 手 工 業 / 953

褐糙蟒，朕思陝西用餉甚多，本省錢糧不敷，每撥別省協濟，此織造絨褐糙蟒殊屬無用，亦著停止，節省冗費，以完兵餉。既於國計有益，且免沿途驛遞夫役轉送之苦。至陝西買辦皮張之處，亦屬煩擾，著一併停止。爾部速行傳諭，以昭朕卹兵愛民至意。（世祖五二、七）

（康熙二、二、庚子朔）停差江寧、蘇州、杭州織造工部，揀選內務府官各一員，久任監造。（聖祖八、七）

（康熙二三、三、丁亥）江寧巡撫余國柱疏言：上用緞疋，皆係寬機織造，請增設機房四十二間。得旨：寬大緞疋亦間時所用，非常用物也，何爲更勞民縻費。余國柱所奏，不准行。（聖祖一一四、二八）

（乾隆六、一〇、辛酉）浙江布政使安寧奏：織造圖拉，監製錯誤，不能照管，愧懼之至。得旨：汝布政司之任更重，若此等小處分心，則大處反有照管不到者矣，愧懼何爲。（高宗一五三、二五）

（乾隆一一、四、庚寅）諭：向來各織造，每歲例應一處押運，今歲係杭州織造押運之年。申祺甫經到任，此次著蘇州織造圖拉，押運來京。（高宗二六五、二二）

（乾隆二〇、五、壬寅）湖廣總督開泰奏：民間生計，耕織並重。查荊州素出綾絹絲布，其所需之絲，皆取給本省。是楚中風土，非不宜蠶，祇緣工匠習業平常，狃於其舊，若令江浙工匠，教以染造，自可馴致改觀，并可仿織綢紗。臣與撫臣，并在省司道公同捐辦，已向江南雇募工匠來楚，復選覓荊州工匠到省，設立機局，使之試織，其仿織之宮綢府紗，頗肖江南，商店聞而購買，得價尚易，察其情形，似堪收效。惟是捐辦不能經久，又未便請動正項。查有惠濟加鑄節省工料錢二千餘串，可以暫借，俟民間學織者衆，即將官局停止，料物變繳完款。報聞。（高宗四八九、三六）

（乾隆二二、二、乙酉）上奉皇太后臨視織造機房。（高宗五三三、一三）

（乾隆三〇、三、壬午）臨視織造機房。（高宗七三二、七）

（乾隆三五、三、戊戌）諭軍機大臣等：薩載現降旨署理江蘇巡撫，其江蘇織造事務，已調舒文管理矣。舒文在蘇州織造司庫年久，其於督催匠役、製辦物件諸務，自所諳習。但蘇州織造應辦之事，較江寧尤繁，而所管滸墅關務，更非龍江關可比，一切清釐查覈，皆須體察周密，方無流弊。恐舒文未能經理裕如，薩載雖不便令其仍兼織造，但近在同城，無難照料。著傳諭薩載，所有織造、榷關、尋常日行事件，聽舒文專辦外，其有應行稽覈酌辦之處，仍令會商督察以總其成。將此併傳諭舒文知之。（高宗八五五、

一六)

(二) 辦差品類、數量、質量與價格

（**順治一五、六、辛卯**）工部等衙門奏言：……至織造晉紬，查明季每年額止三百疋，至我朝每年額造一千四百七十餘疋。查此紬不係要緊，宜仍照舊例，每歲止派解三百疋，餘銀解部供用。從之。（世祖一一八、九）

（**乾隆二三、三、癸丑**）諭軍機大臣等：據織造託庸等奏，乾隆二十二年所辦絲觔，請勅部准照時價覈銷一摺。該織造等前此曾以絲貴奏請加價，已加恩准其所請。絲價既增，則緞疋自應堅緻，乃伊等所辦，但見其日益粗纇。現在方令內務府查辦，而伊等又會銜奏請加價覈銷，其意直欲藉口絲貴，援爲成例，年復一年，何所底止。此次二十二年所辦絲觔，著加恩於所請增加之數，給與一半報銷，嗣後更不得援以爲例。現據楊廷璋奏，各屬春來天氣晴和，於蠶事甚爲有益，則今歲蠶絲收成，諒非往年可比，伊等當不得仍其故智，復以藉口也。將此傳諭託庸等知之。（高宗五五九、一七）

（**乾隆二七、八、丙申**）諭軍機大臣等：據金輝奏，蘇州織造，每年額定辦差銀三萬兩，於滸墅關盈餘銀兩內動支。遇閏月之年，止將十二個月，所取銀三萬兩開銷奏解，餘出一月銀二千五百兩，存貯織造庫內，並不奏解。嗣後請遇閏月之年，即以十三個月計算奏解，毋庸扣留一月銀兩等語。金輝所辦是。著傳諭薩載，照依金輝所奏，將從前所餘閏月銀二萬兩催清解交外，嗣後遇閏月之年，俱照此辦理。（高宗六六八、五）

（**乾隆二七、八、丙申**）又諭：據金輝奏，江寧、蘇州織造，承辦絲觔，每年俱照浙省地方官結報市價，採買報部，經部照額定價值覈減，行令經發經收之織造，照數歸款。乾隆二十六年，江寧織造彰寶，接受託庸交代絲觔，比部價多用銀六千九百四十餘兩，仍於前任織造託庸名下追回歸款。今金輝接受安寧採買絲觔，亦比部價多用銀一萬一百餘兩，除安寧陸續補過銀三千三百余兩，尚應補銀六千七百余兩，應於安寧名下追回歸款等語。歷年絲觔價值，市價與部中所定，原未必盡能畫一，向來織造等採買織紝，必有通融籌辦之法，若盡如金輝所奏，按年賠補若干，該織造等安所得如許銀兩，彌補此項。著傳諭尹繼善將該織造等從前如何設法辦理，不致賠墊，今又因何賠累若干之處，詳細查明具奏。（高宗六六八、七）

（**乾隆二八、七、庚申**）又諭：據楊應琚奏，現在三處織造，辦理烏嚕木齊等處綢緞，已足敷今歲貿易之需。但每歲需用各項綢緞，其應行織辦之色樣，及數目多寡，均難豫定。請嗣後凡下年應需綢緞，於本年將各項數目

色樣，先期奏明，請勅下三處織造，照依辦送等語。著傳諭該織造等，嗣後辦理運送烏嚕木齊等處綢緞，俱俟該督奏聞後，將各項數目及色樣清單，交與該織造等，即行如數照式豫備製造。俾辦理各項綢緞，不致有多寡參差之慮，而於回人貿易，亦有裨益。(高宗六九○、九)

（乾隆二九、六、甲申）諭軍機大臣等：據楊應琚奏，豫籌新疆等處，乙酉年應需各項綢緞，請敕三處織造，照樣織辦解送等語。前經降旨，新疆各處應辦綢緞，下年需用者，但於上年奏聞交辦。著將楊應琚奏單鈔寄三處織造，令照各項數目色樣，豫備製造，解送甘肅應用，毋得粗糙塞責，並延誤干咎。(高宗七一二、四)

（乾隆三三、一、丁酉）又諭：據吳達善奏，己丑年新疆貿易綢緞，共應一萬二千五十疋，請勅下三處織造。照樣織辦等語。此項緞疋，爲數既多，自應先期製備以便解送甘省，分運各處貿易。著傳諭三處織造，即照吳達善所開數目清單，上緊織辦。務期顏色鮮明，質地厚重，毋得草率從事。吳達善摺單，俱著一併鈔寄。(高宗八〇二、一九)

（乾隆三五、一二、甲戌）又諭：據明山奏，新疆壬辰年貿易備賞緞疋，伊犁需用五千疋，葉爾羌需用二百疋，并將綢緞色樣，分晰開單。請飭山東撫臣及三處織造辦解甘省，以便分運各該處應用等語。著傳諭富明安及江寧、蘇州、杭州三處織造，照單內所開名樣數目，加意織辦，依期解送，務使顏色鮮明，質地厚重，不得稍有草率輕減，自甘咎戾。所有明山原摺及清單，一併鈔寄。(高宗八七四、六)

（乾隆四一、七、己亥）又諭：據工部參奏，江寧織造基厚，織辦解部駕衣片一千件內，揀選得堪用者，止八十二件，其餘俱有黴點，應行駁換等語。覽奏殊爲駭異。派織駕衣，係織造分內之事，乃一千件內，尚不及十分之一，而黴壞者，竟至十分之九，即辦理草率，亦不至荒唐若此。果如工部所奏，不但應駁令賠，并當將該織造參奏治罪。況基厚係朕加恩擢用之人，伊父西寧現爲鹽政，伊叔高晉，現爲總督，承受恩眷，至爲優渥，於此等應辦事件，尚不能留心檢點，一任家人胥役，以黴污綢片，苟且搪塞，豈朕用伊爲織造，專令其安享厚禄，及爲欽差榮寵乎？(高宗一〇一三、二七)

（乾隆四一、八、乙巳）大學士舒赫德等奏：查明駕衣黴迹緣由，請將江寧織造基厚交內務府議處。得旨：此項駕衣，經英廉、金簡等會同工部堂官及西寧勘驗，其定爲三等者，雖黴迹較多，並非大片黴汙，尚堪備用，自係工部原奏過於苛求。基厚毋庸交內務府議處，其駁下之三等衣片，亦毋庸另行製造。但基厚派員解送時，將箱封銷，不令委員沿途抖晾，究屬辦理不善。著即將駁爲三等之衣片六百四十二件，不准開銷，以示懲儆。並令該織造嗣後解送駕衣，不必封鎖，務令委員小心啟看，隨時抖晾，勿致黴黫。(高宗一〇一四、六)

(乾隆四二、九、甲戌) 諭軍機大臣等：據佛德等奏，三處織造，織解伊犁本年貿易所需緞絹綾綢，共一萬一千匹，經陝甘總督勒爾謹轉行解到哈密，遂一查驗，內有黴黫不堪應用之各色緞絹四十六匹，仍交原解官領回等語。新疆貿易緞匹，理應質地厚重、顏色鮮明。前經屢降諭旨，令該織造等如式製辦，妥協解送，並令陝甘總督逐一驗明轉解。此次緞匹解到甘省時，該督曾否詳悉點驗？若彼時驗有黴黫不堪用者，至四十餘匹，即應一面駁回，一面奏明，令原辦之織造賠製另解。若點驗並無黴污，已經派員轉解，於解到哈密時，經佛德等檢出，自係委員沿途不能小心照料所致。即應著落該委員賠補。如委員力不能賠，即應在原派之該督等名下，代爲分賠，以清官項。此事必須徹底清查，分別辦理。著傳諭功爾謹，即速查明，據實覆奏。嗣後每年解送貿易綢緞，均照此例辦理，以專責成。將此由四百里諭令知之。(高宗一〇四〇、一四)

(乾隆四二、九、癸未) 諭軍機大臣等：據勒爾謹奏，乾隆己亥年，新疆各處備用綢緞，開明各項色樣數目，請勅江寧、蘇州、杭州織造，暨山東、山西巡撫，照依議定丈尺織辦，解甘分運等語。著傳諭巴延三、國泰、基厚、舒文、福海即照勒爾謹單開所需各項綢緞，如式妥協製辦。務使質地厚重，顏色鮮明，不得稍有粗糙輕減，致滋挑駁。前經佛德等奏，織造織解伊犁本年備用綢緞內，有黴黫不堪應用者四十餘疋等語，業已降旨令勒爾謹詳悉查覈。如係解甘時驗有黴黫，即令原辦之織造賠製，若已經轉解哈密，復檢出黴污，應著落該委員賠補，並令嗣後照此例覈辦。著傳諭該織造等，起運緞疋時，並須遴委幹員，妥協護解，毋得稍致黴污，致干咎戾。至所需秦紗二十疋，著畢沅一併照辦解往。將此諭令知之。(高宗一〇四一、七)

(乾隆四三、一〇、戊寅) 又諭：據勒爾謹奏，四十五年新疆各處備用綢緞，開明顏色丈尺數目清單，請勅交山東、山西巡撫，暨江寧、蘇州、杭州各織造，照數織辦，解送來甘，以便分交各處備用等語。著傳諭國泰、巴延三、穆騰額、全德、徵瑞，即照勒爾謹單開所需各項綢緞，如式妥協制辦，務使質地厚重，顏色鮮明，不得稍有糙輕減。並著遴委妥員，沿途小心護解，毋得稍有黴污，致滋挑駁。所有勒爾謹原摺清單，並著鈔寄閱看。至此項緞匹解到甘省時，即著該督詳悉點驗，派員轉解伊犁等處，並飭接解之員一體小心照料，以專責成。(高宗一〇六九、一八)

（乾隆四四、一〇、庚申）諭軍機大臣等：據勒爾謹奏，乾隆四十六年，新疆各處備用綢緞，開明顏色丈尺數目清單，請勅交山東、山西巡撫，暨江寧、蘇州、杭州各織造，照數織辦，解送來甘，以便分交各該處備用等語。著傳諭國泰、巴延三、穆騰額、全德、徵瑞，即照勒爾謹單開所需各項綢緞，如式妥協製辦，務使質地厚實，顏色鮮明，不得稍有粗糙輕減。並著遴委妥員，沿途小心護解，毋得稍有黴污，致滋挑駁。所有勒爾謹原摺清單，並著鈔寄閱看。至此項緞匹，解到甘省時，即著該督詳細點驗，派員轉解伊犁等處，並飭接解之員，一體小心照料，以專責成。將此傳諭巴延三等，併諭勒爾謹知之。（高宗一〇九二、一〇）

（乾隆四五、八、丁未）諭軍機大臣等：據勒爾謹奏，本年哈薩克售賣牲畜，較往年倍多，現在庫貯各色綢緞，雖尚有八千餘匹，而哈薩克最喜之荊花絹，所存無幾，應趕辦荊花絹二千匹，以資應用。請敕下江寧、蘇州、杭州織造，即為織辦解送，以便轉解備用等語。著傳諭穆騰額、全德、四德即照勒爾謹單開所需絹匹，如式分辦。務使質地厚實，顏色鮮明，不得稍有麤糙輕減，致滋挑駁。并著遴委妥員，小心護解，毋致稍有黴污。所有勒爾謹原摺清單，一併鈔寄。（高宗一一一二、一）

（乾隆四五、一〇、丙辰）諭軍機大臣等：據勒爾謹奏，乾隆四十七年，新疆應需綢緞，按照舊定章程，開明顏色丈尺數目清單，請勅交山東、山西巡撫，江寧、蘇州、杭州各織造，照數織辦，解送來甘，以便分送各該處備用等語。著傳諭國泰、喀寧阿、穆騰額、全德、四德即照勒爾謹單開各項綢緞，如式妥協製辦，務使質地堅實，顏色鮮明，並著遴委妥員，沿途小心護解，毋得稍有黴污，致滋駁換。所有勒爾謹原摺清單，著鈔寄該撫等閱看。至此項緞匹，解到甘省時，即著該督詳細點驗，派員轉解各該處，並飭接解之員，一體小心照料，以專責成。將此傳諭國泰等，并勒爾謹知之。（高宗一一一六、一八）

（乾隆四五、一〇、戊辰）諭軍機大臣等：據勒爾謹奏，准塔爾巴哈台參贊等，咨調廟布，所開長寬丈尺色樣，陝省不能織辦，請勅交湖北巡撫如式織辦，以便轉解該處備用等語。著傳諭鄭大進，即照勒爾謹單開長寬丈尺色樣，如式妥協製辦，遴委妥員，速行解赴甘省，轉發備用。所有勒爾謹原摺清單，俱著鈔寄閱看。（高宗一一一七、七）

（嘉慶一四、二、丙辰）諭內閣：據綿志等奏，查明緞庫正庫現存緞紬數目，先行具奏一摺。緞庫存貯緞紬絹布等項，均應覈較歲用數目，計足敷幾年之需，此內倘何項短缺，再先期行文製備。其支放之時，並應按照存貯年分，先後挨次給發，推陳出新，俱歸適用。今庫内所存織大緞一項，多至三千五百餘匹，杭紬一項，多至六萬五千餘匹，其他亦皆充羨。乃該庫每年仍向内庫領用，並行文外省織造，源源報解，及支發時又不按新舊次序，以致陳陳相因，充牣堆積，日久漸成朽蠹。此不但耗費錢糧，且蠶絲纂組物力，亦屬可惜。至布匹絨斤，雜貯四樓，册籍並未分析開載，難於查覈，以致守庫兵丁生心竊取，此皆由歷年該管大臣及管庫司員等，平日養尊處優，怠忽疲懈，漫不留意，沿習因循。本應自嘉慶四年以後，管庫大臣及司員等俱交部議，但人數衆多，姑免逐一追究。經此次查明之後，應更定章程，覈實稽考。所有錦緞紗羅絲絹等項，某項應俟庫存若干方准行文織解，並每閱幾年盤驗一次之處，著交前次派出會議銀庫章程之滿漢大學士、六部尚書，於香山迴鑾後一併酌議章程，具奏請旨，尋議上。得旨：向來簡派三庫大臣，俱係一年更換，於庫貯利弊未能盡悉。嗣後著定爲三年更代，每届三年之期，即著派出之管庫大臣，奏請簡派大臣數員，將庫貯各項會同盤驗，再行交替，用昭覈實。（仁宗二〇七、三一）

二、鑄幣

（一）鑄錢法規

（**順治一〇、七、乙卯**）户部會同九卿議奏疏通錢法。以後鑄錢，務照定式，每文重一錢二分五釐，精工鑄造，背面鑄一釐兩字，每千文作銀一兩。嚴飭内外上下，畫一通行，如有不遵者，治以重罪。其見行舊錢，原有高低厚薄不等，難以强齊，一切貿易，似應暫從民便。至外省錢法，應責成右布政使專督嚴查。得旨：錢法難行，皆因設爐太多，鑄造不精所致。見今官鑄，該部酌減爐座，務要精工如式，背面添一釐二字，上下通行，有不遵者，依律治罪。已行制錢，姑從民便。各省責成右布政使專理，設法稽察。聞向來官爐夾帶私鑄，尤爲病國。再犯者，照枉法贓坐罪。其私鑄姦民，不時嚴緝，若仍前違犯，事發，並該地方官根究重處。（世祖七七、七）

（**順治一四、九、己巳**）諭户部：鼓鑄之法，原以裕國便民。今在京寶泉局外，各省開爐太多，鑄錢不精，以致姦民乘機盜鑄，錢愈多愈賤，私錢公行，官錢壅滯，官民兩受其病。欲使錢法無弊，再四思維，莫若鼓鑄歸一，各省鑄爐，當一概停止，獨令寶泉局鼓鑄。務比舊錢體質稍加濶厚，磨鑢精工，仍兼用滿漢字，俾私鑄難於僞作。其見行之錢，姑准暫用。三年以後，止用新鑄制錢，舊錢盡行銷毀。著議政王貝勒大臣、九卿詹事科道，會

議具奏。(世祖一一一、十六)

（順治一八、八、乙卯）平西王吳三桂疏言：遵旨鑄行滿漢字制錢，其雲南厘字錢，應請停鑄。下部知之。(聖祖四、一〇)

（順治一八、八、戊辰）戶部題請改鑄康熙字錢，輕重如舊制。從之。(聖祖四、一一)

（順治一八、一〇、丁未朔）戶部進呈寶泉局鑄成康熙錢式。(聖祖五、一)

（康熙二、二、丙辰）先是，順治十八年，戶部請禁厘字錢，上恐不便於民，命俟二年三月收毀。至是，戶部復請嚴禁，本部給價收買，發寶泉局改鑄新錢，暫停各關買解銅觔。從之。(聖祖八、一一)

（康熙一八、九、乙巳）諭大學士等：今聞錢法漸弛，鼓鑄收銅等項，滋生弊端，以致制錢日少，價值騰貴。著戶部、工部、都察院堂官，同詣錢局親察。每鑄錢一文，必重一錢。應作何釐剔弊端，俾制錢充裕，永可遵行，著徹底確察，逐一定議具奏。至於部院衙門各處，所有廢銅器皿、毀壞銅鍾及廢紅衣大小銅礮，並直隸各省所存廢紅衣大小銅礮，著盡行確察，解部鼓鑄。(聖祖八四、一〇)

（康熙一八、一〇、丙寅）戶部等衙門會議錢法十二條：一、順治錢，初重一錢，後改鑄重一錢二分五厘，又改鑄重一錢四分，今應仍鑄一錢四分重之錢行使。……十一、京城錢少價貴，應頒發制錢式樣，行令各省巡撫鼓鑄。……從之。(聖祖八五、五)

（康熙二三、三、丙戌）戶部等衙門議覆錢法，侍郎李仙根將寶泉局康熙二十二年分鼓鑄，用過銅觔具題。得旨：管理錢法，俱應另行選差。將鑄錢事宜并耗費等項，詳加察看，親督鑄造，務期盡除積弊，永爲定式。應差各官，該部開列具奏。尋戶部將各部院堂官列名請旨。上命吏部侍郎陳廷敬、兵部侍郎阿蘭泰、刑部侍郎佛倫、都察院左副都御史馬世濟，管理錢法。(聖祖一一四、二六)

（康熙二三、七、丙寅）九卿等議覆：管理錢法侍郎陳廷敬等疏言，民間所不便者，莫甚於錢價昂貴。定例每錢一串，值銀一兩，今每銀一兩，僅得錢八、九百文不等，錢日少而貴者，皆由奸宄不法之徒，熔錢作銅牟私所致。……欲除熔錢之弊，求制錢之多，莫若鼓鑄稍輕之錢，每錢約重一錢，熔錢为銅既無厚利，則熔錢之弊自絕，錢價平而有利於民。……相應俱照所請，通行各省遵行。得旨：依議。(聖祖一一六、一九)

（康熙四一、一〇、乙巳）大學士等奏：九卿等會議制錢改鑄大式，停止鼓鑄小錢。上曰：私鑄之弊，朕知之甚悉。欲禁止何難。但必洞徹錢法利弊，始可行之。爾等可會同九卿，再加詳議，務使永遠遵行無弊可也。尋議：鑄錢，每文重一錢四分，停止舊式小錢鼓鑄，三年内許大小互用。大錢足用，則小錢可漸次銷燬。從之。（聖祖二一〇、七）

（**康熙六一、一二、戊寅**）户部奏雲南鑄錢事宜。得旨：依議。部議錢上清字，鑄雲泉。京城二局係寶泉、寶源字樣。錢乃國家之寶，其雲南鑄錢清字，著鑄寶雲。四川鑄寶川。此外別省，俱將寶字爲首，次將各本省字樣鼓鑄。（世宗二、四〇）

（**雍正四、一一、辛亥**）户部議覆：甘肅巡撫石文焯疏言，請動支庫銀二萬兩，收買小錢，開爐鼓鑄大錢，即將大錢再收小錢，源源收鑄，收盡停止。應如所請。從之。（世宗五〇、一五）

（**雍正六、一二、辛卯**）户部議覆：西安布政使署甘肅巡撫張廷棟奏言，甘省由前任巡撫石文焯收買小錢，改鑄大錢，擾民已甚，請暫停鼓鑄。應如所請。得旨：從前禁止小錢之時，伊都立曾奏請收買小錢，朕嚴飭伊都立，以民間行使小錢已久，今若將小錢盡收入官，倘一時未能多鑄大錢，則民間市易不敷所用，大有不便。伊都立遵朕諭旨而止。甘肅巡撫石文焯又奏請發帑收買小錢，暫開鼓鑄。朕批諭云，所陳開鑄一事，朕詳細斟酌再諭。若因不能禁止小錢，欲藉此爲良策，恐未必所燬錢銅能敷新鑄之用也。小錢之禁，不可急驟，暫寬候旨。乃石文焯並不遵奉候朕再降諭旨，復具摺懇請收錢開鑄。朕以後文焯身在地方，屢次懇切陳奏，必確有所見，是以允其所請，交部准行。不意收錢開鑄之弊，煩擾驛站，貽累官民，至於如此。是石文焯之屢奏，不過固執己見，文過飾非而已。石文焯身爲封疆大臣，不將所行之事籌畫萬全，遽行屢次陳奏，甚屬草率。著將石文焯交部議處。（世宗七六、六）

（**雍正一〇、七、癸卯**）管理工部果親王允禮條奏：寶源局鼓鑄錢文，事關重大，新派之員，未能諳練。嗣後請於期滿之時，將滿漢人員内，酌保一員，留任一年，新舊輪番更替，庶局務得以諳練。從之。（世宗一二一、一五）

（**雍正一一、一一、癸巳**）諭内閣：鼓鑄錢文，專爲便民利用。銅重則滋銷燬，本輕則多私鑄。原宜隨時更定，籌畫變通，斯可平錢價而杜諸弊。順治元年，每文鑄重一錢，二年改鑄一錢二分，十四年加至一錢四分，康熙二十三年，因銷燬弊多，仍改重一錢。嗣因私鑄競起，於四十一年，仍復一錢四分之制。迨後銅價逐漸加增，以致工本愈重。今寶泉、寶源二局，額鑄錢文，歲計虧折工本約銀三十萬兩。朕思錢重銅多，徒滋銷燬，且奸民不須重本，便可隨時鎔化，晒緝殊難。若照順治二年之例，每文鑄重一錢二分，在銷燬者無利，而私鑄者亦難，似屬權衡得中，可以行之久遠。再現今五省採辦洋銅，三省採辦滇銅。朕思與其令三省辦銅解部，莫若即令滇省就近鑄錢，運至四川永寧縣由水路運赴漢口，搭附漕船解京，可省京鑄之半，其爲便益。至於户工兩局，需用鉛觔，舊係商辦，聞貴州鉛廠甚旺，如酌給水脚，令該撫委員解京，較之商辦，節省尤多。著酌定規條，妥協辦理。（世宗一三七、三）

（雍正一三、九、壬寅）總理事務王大臣等奏：……請開鑄錢文，曰：乾隆通寶。下户部、工部行之。（高宗二、一八）

（乾隆三、八、乙酉）諭曰：御史稽魯……又奏請鑄當十錢，每錢一文，重四錢，當小錢之十。現今制錢之五，大錢四十文，得銅一觔，則錢價浮於銅價，盜銷之弊，可不屛自除，幷請復設錢行經紀等語。錢法一事，屢經條奏定議，自當漸次清楚。若改鑄大錢，銅質輕而獲利厚，盜鑄之源，自此而開，奸民私燬制錢改鑄大錢，盜銷之弊自此益熾，於錢法有益乎，無益乎？至經紀蠹役，經御史條奏革除，稽魯又請招募，此招募之人，能必其即愈於所革之人乎？彼所奏三摺持論悖謬，妄欲變亂成法，今略撮其大要，宣示於衆。稽魯著交部嚴加議處。（高宗七四、九）

（乾隆五、閏六、戊辰）雲南總督慶復、巡撫張允隨奏報：遵照部議，改鑄青錢，以杜私銷之弊。但青錢須搭配點銅，滇省點銅甚貴，赴粵採買，工費頗多，勢不能行。查雲南個舊廠板錫，雖少遜點銅，而色兼青白，堪以配鑄。臣等親至省局，面令爐役試鑄，鑄出錢與青錢無異，並較現鑄黃錢稍有節省。得旨：所辦甚妥。知道了。（高宗一二一、二三）

（乾隆五〇、三、癸亥）河南巡撫畢沅遵旨覆奏：臣前在陝撫任內，查得寶陝局，向定鼓鑄章程，每銅百觔，用高銅七分，低銅三分，復配白鉛九十六觔，點錫四觔。其低銅三分，應加耗銅六觔十四兩有零，此向來辦理定例。今據圖薩布奏稱，滇省低銅未到，請暫行全用高銅，以期不誤鼓鑄。查從前滇省所辦低銅，不敷應用，曾經通融辦理。暫用高銅，配搭鉛錫，以免停鑪歇卯之虞。此項錢文，名爲全用高銅，而每百觔加配鉛錫百觔，則仍屬低銅。且純用高銅，省去低銅加耗之數，折實比較，成本相去無多。即使奸民希圖私銷，覈算亦無甚便宜，可免滋生弊竇。但此不過一時權宜辦法，查第十三運滇銅，目下計程，抵省不遠，將來到局，自應仍照高七低三鼓鑄，以符舊例。報聞。（高宗一二二六、一五）

（乾隆五五、六、庚申）諭曰：姚棻奏，稽查鼓鑄局錢一摺，內稱寶昌局鼓正額錢文，尚屬如式，惟另鑄工料錢文，字畫多有模糊，銅質亦甚麤糙，隨提鑪匠責懲，將此次鑄不如式者盡數發局另鑄，所需火工，著落局員賠補等語。各省設立官局，鼓鑄制錢，其輕重厚薄，原有部頒一定分兩，豈容絲毫偷減草率，致私鑄得以乘機攙雜。今江西省局所鑄工料錢文，每卯皆有額定數目，與正額制錢，隨時解驗，皆係官爲鼓鑄，何以勄兩多有參差不齊？則正額錢文，亦恐不能如式。何裕城久任江西巡撫，未能留心稽查嚴禁，實難辭咎，著交部議處。江西一省如此，各省錢局，亦難保無此弊，前經通諭各督撫，禁止私鑄私銷，實力查辦。若此項官局錢文，字畫模糊，質地麤糙，局員先已滋弊，則私鑄亦得藉此影射，於錢法大有關係。姚棻將鑄不如式之錢，盡數發局另鑄，著落局員賠補，所辦甚是。著即通諭各省督撫，務須督率道府局員，認眞稽察，並令藩司於解收局錢之時，無論正額工料，按卯親加提驗，如所鑄錢文，有偷減銅勄、節省火工，不能遵照部式，以致參差不齊之處，立即撥回另鑄。並將局員鑪匠，參處責懲。俾官錢一律整齊堅實，私鑄自無從攙入弊混，行之日久，則私鑄私銷之弊，更可不禁而自止矣。倘督撫等視爲具文，並不隨時稽察，使官板制錢，不能如式，而私鑄仍未能凈絕，一經查出，必將該督撫一併治罪，決不寬貸。將此通諭知之。（高宗一三五六、二六）

（乾隆五六、四、辛亥）又諭：本日譚尚忠覆奏查辦小錢一摺。內稱欲禁小錢，宜嚴私鑄，現在飭屬訪拏私鑄匪犯，提省審辦等語。民間攙和小錢，節經降旨，令各督撫嚴定章程，通行禁止，並恐官局偷漏舞弊，飭令該督撫等嚴查整飭矣。今譚尚忠奏稱，欲禁小錢，宜嚴私鑄。不知民間私鑄，得以攙雜流行者，皆由局錢不能一律整厚，奸徒得以乘機影射。不得以小錢未能凈絕，悉諉之民間私鑄也。今欲肅清積弊，必先嚴飭局員，將官鑄按照部式分兩，毋得稍有偷減，則局錢輪廓整厚，與私鑄小錢迥別，奸民自無所用其弊混，方爲正本清源之道。此時富綱想已將次回滇，著傳諭該督撫，一面飭屬查拏私鑄，勒限呈繳，一面飭令局員，如式鼓鑄，嚴查鑪戶，毋得稍滋弊竇，致干咎戾。並傳知各省督撫，胥令留心官局，以正其本。（高宗一三七六、一四）

（乾隆五九、一○、癸酉）諭：昨據福康安奏，審擬桐梓縣奸民私鑄一案，並將私鑄錢文進呈，因命取戶、工二局鑄存之錢送閱，輪廓字畫，模糊不眞，不但不及康熙雍正年間錢式，並乾隆初年之不如。所有十年以內，戶、工二部管理錢法堂之侍郎及監督等，俱著查明，按其在任年月久暫，交部分別嚴加議處，以示懲儆。（高宗一四六三、九）

(二) 制錢鑄造管理

(康熙一八、一○、丙寅) 户部等衙門，会議錢法十二條：……七、查户部寶泉局有滿漢侍郎管理，今亦應令滿漢侍郎親身帶領監督等，公同秤收發鑄。……十二、寶泉、寶源二局，土砂煤炭灰内，有滴流之銅，應專差官會同該監督，召人淘取，所得淘取之銅，照部定價收買。從之。(聖祖八五、五)

(康熙二三、七、丙戌) 工部議覆：管理錢法刑部左侍郎佛倫疏言，寶源局每年鼓鑄用銅，六十五萬八十一百觔零，以五萬觔銅爲一卯，每月鼓鑄二卯，此六十五萬餘觔之銅，止可鑄六個月有餘，其五個餘月，匠役無事，各歸鄉村。伊等俱賴手藝爲生，焉能保其不行私鑄？請將蘆課并各關税增買銅觔共一百二十萬觔，一年十二月，每月鑄錢二卯，不令匠役出局，可杜匠役盜鑄之弊。……從之。(聖祖一一六、八)

(康熙三八、七、辛卯) 管理錢法户部右侍郎魯伯赫疏言：寶泉局中，見今收貯廢錢，攙鑄四年，尚屬有餘。且紅銅錢，鉛多銅少，以致折耗甚多。請將紅銅錢、小錢停其交送寶泉局。得旨：著户部堂官親往驗看議奏。尋户部尚書馬齊覆奏：臣等親至寶泉局，將紅銅錢銷燬驗看，果係鉛多銅少。應如所請，停其收買。從之。(聖祖一九四、六)

(康熙三八、一一、丙午) 工部議覆：管理錢法侍郎常綬疏言，寶源局所鑄制錢，每歲用銅一百二十萬觔。各關解送銅觔，於四五月始到，正、二、三月無銅可鑄，每向户部題取制錢應用，請收買民間自行銷燬錢銅一百萬觔，攙和關銅鼓鑄。應如所請。從之。(聖祖一九六、五)

(乾隆四、三、壬戌) 工部右侍郎韓光基奏：寶泉、寶源兩局，每年爐頭應領工料，向例即以所鑄錢給發。請按卯改發銀兩，其局鑄錢文，每月加數放餉。從之。(高宗八九、二)

(乾隆五、一一、辛未) 户部議覆：雲南巡撫張允隨疏稱，滇省改鑄青錢，請用板錫配鑄等語。查該省點銅價貴，赴粤採買亦難，應如所請，以個舊廠板錫，搭配鼓鑄。從之。(高宗一三○、九)

(乾隆六、二、乙丑) [雲南總督公慶復] 又奏：省、臨二局鼓鑄，歲需匠米，因滇米昂貴，額銀不敷，向在府倉兵米内暫支。局員照部價，將錢合成折收兵米之價，每兩一石，交地方官，搭同兵米，派民攤買，民以擾累。現奏請添爐，并東川開鑄，則食米益多，且東川夷境，米糧素貴，更易滋擾。此項派買，先行禁革，令照市價，現錢採買。惟是不敷價銀，無項可動。又山炭稀少，購運繁費，較之舊額，亦難賠補，查鼓鑄黃錢時，銅質麤糙，必須炒煉，自改鑄青錢，搭配鉛錫，鉛錫和軟流走，銅質得以滋潤，與炒銅所鑄無異。則此項炒費銀可省，以抵米炭不敷之價。得旨：所奏俱悉。誠可謂調劑得宜也。（高宗一三七、二〇）

（**乾隆二〇、五、壬寅**）［陞任大學士、吏部尚書、仍管四川總督］黃廷桂又奏：川省銅鉛各廠，向例舊廠，係藩司兼管，其新廠由臬司總理。查前任臬司周琬，經管各廠有年，情形熟悉，今陞授藩司，原管廠務應移交臬司公泰。但一易生手，辦理恐未合宜。且錢局事件，係藩司專政，而銅鉛有關鼓鑄，事本相連。請將新廠統令周琬一手通辦。至建昌一路廠地，距省窵遠，耳目難周，請委寧遠府知府就近兼管。得旨：如所議行。（高宗四八九、四〇）

（**乾隆二二、五、己未**）戶部議覆：湖北巡撫盧焯疏稱，湖北鼓鑄，除洋漢滇三銅總配，每百觔加色耗一觔，毋庸另議外，請漢滇二銅配鑄，每百觔加耗二觔，純用滇銅，每百觔加耗四觔。應如所請。嗣後買回滇銅，每百觔酌加色耗三觔，給委員運回，照現定加耗鼓鑄，餘剩耗銅，作正報銷。從之。（高宗五三九、二六）

（**乾隆二八、八、甲寅**）是月，江蘇巡撫莊有恭議覆：布政使蘇爾德奏，寶蘇局歲給各鑪工料錢一萬六千六百四十餘千，原照京局例，以錢給匠，辦料供鑄。二十六年，經前撫臣陳宏謀奏准，將工料錢照時價給銀收買，不許鑪匠攜錢出局，以杜夾帶私鑄，囤積居奇之弊。所買錢於蘇州官役養廉工食內搭放。今查蘇局鼓鑄，合計成本，每銀一兩鑄出制錢九百四十餘文，收買工料錢，每銀一兩，照時價僅換錢八百七十餘文，公項反致虧折。應如所奏，嗣後工料，仍照舊例，將鑄出錢給發，責成藩、臬兩司，不時到局查察，督委員加謹稽察，如有疎縱夾帶等弊，參處。其收買錢，現存司庫二萬六百餘千，應照例存爲將來差案官局之需。所請搭放官役，養廉工食之處，毋庸議。得旨：允行。（高宗六九三、一六）

（**乾隆三〇、三、庚辰**）戶部議准：雲貴總督劉藻疏稱，雲南省、臨二鑄局，原定米炭價不敷，鑪户賠累。請照東川、大理例，每鑪每卯加錢四串。從之。（高宗七三二、六）

（**乾隆三二、八、丁亥**）諭軍機大臣等：戶部議駁方觀承奏，寶直局各匠工食錢文易銀給發，請將淘洗餘銅，加給鑪頭添補工食一摺。朕初閱之，以爲該督所奏，與高恒等奏辦寶泉局情形相同，其事似屬可行，而該部輒行議駁，或係英廉因與方觀承向日芥蒂，有意苛求，不准所請。及細閱摺內稱，各省鼓鑄，與京局情形不同，其工價原經題明蠲給錢文，每年亦係開造錢數報銷。該督所稱易銀給發之處，部中無案可稽等語。是該部議駁，係照定例辦理，確有根據。方觀承何以將向係覈給錢文之項，照京局易銀之例，爲此陳請？著傳諭該督，將户部指駁情節確實覆奏。朕辦理庶務，總欲得切當實據，從不肯稍存疑義，此方觀承所素知也。户部摺並鈔寄閱看。尋奏：查前督臣高斌具題開鑄原案，内稱，各匠工食，請照京局例給發，並前督臣那蘇圖以保定開鑄，一切略與京城相仿，應俱照京局辦理。經户部議准，支給報銷在案。但查京局令鑪頭將錢易銀給發，所以防夾帶之弊，保局鑪座無多，稽察易周，本無需易銀給發，而鑪頭轉復自行易銀者，緣保局鑪匠雇自京師，而保定錢價又常賤於京師，故各匠援就京局發銀之例，皆不肯領錢。鑪頭因匠役人衆，勢難强雇，而彼時以錢易銀，所賠尚屬無幾，遂爾允從，日久不能復改，此保局密邇京師，難與他省一例之情形也。因係鑪頭自行易銀給發，非由官辦，歲底報銷，仍照官給鑪頭錢數開造，是以並無另有奏報之案。至京局鑪頭易銀不敷之項，已蒙加恩將淘汰餘銅，變價賞給，數至盈萬。臣請將寶直局每年淘汰餘銅，照京局例賞給鑪頭添補工食。報聞。（高宗七九三、一一）

（乾隆三三、二、辛未）諭：前據方觀承奏，寶直局淘洗餘銅，請照京局之例，變價賞給等因。經户部以各省鼓鑄工價，原題給錢並無以銀給發之案，議駁。今念保局開鑄之初，原即與京局相同，且鑪匠雇自京師，而目下錢價又爲較賤，其但願領銀，不肯領錢，亦屬情理所應有。著加恩將寶直局所有淘洗餘銅，准照京局之例，一體變價賞給鑪匠，俾得寬裕辦公，以示體卹。（高宗八〇四、三九）

（乾隆三三、三、丁巳）護理山西巡撫布政使富明安奏：寶晉局積年存貯補色秤頭余銅六萬四千二百餘觔、鉛錫七百九十餘觔，銅多而鉛錫少，不敷配搭，是以未經籌辦。現在採買正案鼓鑄鉛錫陸續運局，請將前項積存銅觔，除動本案積存鉛錫七百餘觔外，其不敷鉛錫六萬三千四百餘觔，即於正案鉛錫項下借動。按卯搭鑄，應補鉛錫，俟下次委員採買時，照數搭還，俾餘銅不致久貯，錢文益覺充裕。得旨：如所議行。（高宗八〇七、一八）

（乾隆三七、二、乙未）護貴州巡撫布政使覺羅圖思德奏：黔省鑄局，向設畢節縣城，鑄錢不無磽薄沙眼，該管官以回鑪折耗，未加整頓。乾隆二十五年，鑄局移省，交錢官驗，質輕沙眼，揀出重鑄，鑪匠等不復敢偷工減料。但界連楚粵，恐往來人等，或便帶小錢入境。現飭屬嚴查，除康熙年間小制錢，仍聽民便外，餘小錢俱令官收買，一觔換制錢一百，令地方官墊給，俟所收小錢解局，另鑄歸款。報聞。（高宗九〇三、四〇）

（乾隆四一、四、癸卯）諭軍機大臣等：據劉浩等奏，寶源局監督鄭源肅呈稱，行用錢文，間有缺邊漏風之弊，查係該局鑪頭任應舉、顧寧及穿錢匠常官等，無心混入，請交刑部嚴審一摺。所奏殊未明悉。京城行使錢文，係寶泉、寶源兩局之錢並用，何以知寶源局有缺邊漏風之錢？即或因錢文清字可辨，是以查辦，但此等錢文，俱經該監督驗明，方能出局，鑪頭等攙和情弊，在局時，鄭源燾尚不能詳悉查明，及出局行使以後，何由知有情弊，遽行查辦？其中必另有發覺別情，鄭源燾知事不可掩，始行檢舉塞責。劉浩等此奏，未免代爲迴護。著該部嚴行查明，據實具奏。再寶泉局錢文，較寶源局多三分之二，今工局既有缺邊漏風之錢，戶局豈能獨無。金簡現管戶部錢法堂事務，曾否辦及？著金簡將實在情形，即行查明，據實覆奏。將此一併傳諭知之。尋刑部奏：此案因鄭源燾在錢鋪換錢，揀出缺邊漏風二十餘文，疑是曾經記過之小匠攙入，其實無可根尋。現貯局錢，亦無此弊。但平日不能細驗，咎實難辭。應將監督鄭源燾徹出寶源局，仍交部嚴議。得旨：此事管理錢法堂侍郎，亦難辭咎，著交部一併察議。餘依議。又金簡奏：寶泉局設四廠，鼓鑄稍不如法，隨時將監督等嚴飭。現無滋弊之處。報聞。(高宗一〇〇六、四)

(乾隆四五、六、戊辰) 諭軍機大臣等：前因滇省採辦銅觔，近年屢形竭蹶，曾降旨傳諭福康安等，將商人開採官銅，全數交完後，其所剩銅觔，聽商買流通貿易之處，熟籌具奏。此時諒已接奉矣。本日復據舒常等奏，該省行用錢文薄小，蓋由奸民開鑪私鑄。私銅易售，官銅益難如額，現飭地方官查拏治罪等語。已於摺内批示。著傳諭福康安等，酌量該處情形，妥協籌辦，如有奸徒私鑄販買，務須實力查拏，從重治罪。又據奏，除省城錢局，親赴盤察，其餘責成各道，就近稽查等語。各省鼓鑄錢文，鑪座俱安設省城，惟滇省，則各府俱有鑪座，此即私鑄弊源。鑪座散安各府，稽查本難周密，且私鑄必有私銷，諸弊易於叢生。何如照各省之例，將滇省各府所有鑪座，俱歸省城辦理，稽查較易，是否可行，著福康安等，悉心籌酌，妥議具奏。務使積弊永除，銅政有裨。舒常等摺，著鈔寄閱看。(高宗一一〇九、七)

(乾隆四九、八、癸卯) 又諭：工部錢法堂奏，寶源局鼓鑄錢文，自乾隆四十四年以來，因滇省解京銅質低潮，每月於應發額銅之外，多發銅觔，交鑪頭鼓鑄。現在統覈銅數，實耗折銅十二萬九千八百餘觔，折價銀一萬六千五百餘兩。請著落歷任監督，及各鑪頭分別著賠。其現存夾雜鐵沙銅塊五十餘萬觔，逐一查驗，成色如有不足之數，著落雲南歷任承辦各員賠補等語。京銅關係鼓鑄，銅觔搭配，絲毫俱有額例，乃因歷年多發銅觔，以致銅數折耗，自係該監督等辦理不善所致。所有此次折耗價銀一萬六千五百餘兩，即著於歷任監督及各鑪頭名下賠補。其現存夾雜鐵沙銅塊五十余萬觔，俟查明成色，覈計虧數若干，著落雲南承辦各員名下賠補。至工部管理錢法堂事務堂官，自四十四年以來，已易數任，所有現存夾雜鐵沙銅塊五十余萬觔，鎔煉工本，並著覈明，即令歷任之錢法堂堂官賠補。（高宗一二一三、六）

（乾隆五一、五、壬申）貴州巡撫李慶棻奏：黔省錢局鼓鑄，因從前銅鉛阻滯，遞壓卯額，積至四五年之久。現在所鑄之錢，尚係四十六年分卯額。請照四川、湖北之例，將寶黔局現在造報之四十五年分卯錢，作為四十九年正額，其四十五、六、七、八等年欠卯，無庸補鑄。以後年清年款，庶不致再有滯壓。下部知之。（高宗一二五五、二九）

（乾隆五四、一二、丙子）諭軍機大臣曰：秦承恩奏，陝西省局內積存洋滇高銅數較多。而現有低銅，不敷配用，請照例暫用高銅，按卯鼓鑄等語。該省局內，現存低銅，不敷鼓鑄。而洋滇高銅，積有一十六萬六千餘觔，自應通融籌辦，俾免停鑪歇卯之虞。但該撫祇知其一，不知其二。如卯錢全用高銅鼓鑄，則成色較高，恐不肖之徒，乘機取利，將此項錢文，多收積私銷，滋生弊端，不可不防其漸。莫若於鼓鑄時，將高銅酌量多用鉛觔配入，其鑄出錢文銅色，與向例高低搭配者一律。是高銅既可不致多費工本，而於私銷之弊。亦可杜絕，豈不一舉兩得。除將該撫原摺，交該部速議具奏外，將此諭令知之。（高宗一三四五、一四）

（乾隆五六、七、乙亥）又諭曰：……又鄂輝奏改鑄小錢，若於額設匠役之外另募人夫，入局幫鑄，恐伊等學成手藝，一經鑄畢出局，或竟舺法鑄私，惟令儘此局中額設之鑪戶砂丁盡力工作，不使稍懈等語。改鑄收到小錢，額外多募人夫一經學習鼓鑄，出局之後，難保其不滋生弊端，此慮甚是。著各督撫即仿照鄂輝所奏，祇須督率局中額設工匠盡力鼓鑄，毋庸另行多募人夫，致滋弊實。將此通諭知之。（高宗一三八二、三）

（乾隆五八、四、辛卯）陝西巡撫秦承恩奏：寶陝局截至本年四月上卯，局存滇銅並本省略陽廠銅，暨官商運到洋銅，共一十五萬九千餘觔，均係高銅，其低銅僅三百九十餘觔。按之高七低三定例，不敷配鑄。應請自下卯起，照上屆於原用銅百觔數內減用銅二觔，加白鉛二觔，搭配鼓鑄。俟採辦滇銅到陝，仍照高七低三舊例辦理。報聞。（高宗一四二七、二九）

（乾隆五九、二、己巳）又諭［軍機大臣等］：戶部議駁孫士毅奏收繳小錢一摺。內稱所發價值及鎔化折耗較之京城及各省定例均屬浮多。且查該省三年以來收買之數多至一千一百餘萬觔，必非盡由民間私鑄。自係從前該省官吏於鼓鑄時偷減工料，並未如式鑄造，以致小錢日積日多等語。所駁俱是。各省收買小錢數目自數萬勄至數十萬勄不等，獨川省有一千一百餘萬勄。雖出產銅、鉛易於鎔鑄，但小民各有本業，必非全以私鑄謀生。即零星挑販，得獲錙銖不過數百文，何至小錢如此充斥？是該省從前官局偷減改小情弊實所不免。在官既未能杜絶弊源，而徒向民間紛紛收繳，是不清其源而僅遏其流，又安能斷絶？況所給價值及鎔鑄數目又與定例不符，殊非覈實之道。著傳諭孫士毅，即遵照部駁及朕將議摺各折角處諸情節逐款登答。仍嚴查管局官員，嗣後務須如法鑄造，毋得絲毫輕短，並將如何設法查禁之處據實覆奏。孫士毅乃能事之人，不可因暫署督篆致涉迴護。（高宗一四四六、二三）

　　（乾隆五九、六、丁卯）又諭〔軍機大臣等〕：昨因近日錢價過賤，酌籌調劑，已降旨各督撫，令其酌量情形，今日適據畢沅等奏請停止鼓鑄一摺，看來各省局錢存積過多，大概皆然。雲、貴兩省係出產銅、鉛省分，每年鼓鑄陳陳相因。……存積之多，自必倍於他省。現在詢之譚尚忠，據稱滇省近年每紋銀一兩換錢至二千四五百文，錢價實爲過賤，……可見該省錢價更賤於他省，而小錢充斥，亦惟雲、貴爲甚。……局錢既不致徒滋擁積。（高宗一四五四、二三）

　　（乾隆五九、八、壬午）又諭〔軍機大臣〕曰：富綱等覆奏停止鼓鑄一摺。内稱近年以來，省局鑄錢務使體質堅厚，每千俱足七勄八兩。現在存局錢文較之舊錢迴别，而官局鼓鑄亦並無盈餘等語。雲、貴爲小錢之藪，不特本省小錢充斥，甚至流行他省，其故總由官局私鑄，上下肥橐分潤。該省從前各屬設鑪甚多，無非爲屬員欲得美缺地步，特因事久不加深問。即富綱將省局改歸臬司管理，亦不過爲見好臬司起見，殊屬可笑。此事非富綱所能辦，是以早將福康安調任雲貴總督。現在邪教一案，四川、陝西兩省共獲犯一百餘名，本日又據畢沅奏，拏獲案犯二十二名。而傳教之宋之清、王占魁、韓隴亦皆就獲，是此事已無難辦理。即桐梓縣私鑄一案，其首夥想亦不過十餘人。秦承恩係屬書生，邪教案犯七十餘名尚能全數捕獲，況私鑄匪犯無多，先經鎮道前往搜拏，福康安又親往督緝，自不難於立時全獲。目下雲、貴錢法關係緊要，著傳諭福康安將邪教、私鑄二案現獲之犯審訊明白具奏。星即馳往雲南，將該省錢法實力整頓，務使弊絶風清，以副委任。所有該省官局已照富綱、費淳所奏即飭停止外，至該處錢文，四十五年和珅到滇審案時，曾將該小錢由驛進呈，每錢百文，積厚不過一二寸許。計和珅到滇距今又十有五年，該省錢法敝壞，小錢自必日積日多，所云該省近年並無小錢行使之事，其誰欺乎？況民間私鑄不過於僻静處所設鑪鎔化，能有幾何？

即福康安現在訪聞桐梓縣私鑄之案諒亦不滿一二十人，何致雲、貴二省小錢充斥，甚至流傳各省？總緣雲、貴爲出產銅觔之所，取攜甚便，而管局官員又視爲美缺，相沿私鑄，減小官式，上下分肥，以致叢生百弊。蓋民間私鑄尚屬鼠竊狗偷，而官局私鑄竟係明目張膽。是小錢到處風行，其弊實由於此。現令軍機大臣將和珅從前奏到之錢查出呈覽。著福康安於到雲南時，即將該省鵞眼、沙眼、剪邊等樣小錢各取百文，附報送京，互相比較，則該省錢法之壞無難立見。富綱等自不復以虛詞卸責。想福康安受恩深重，亦不肯代爲迴護也。將此由六百里諭令知之。（高宗一四五九、五〇）

（乾隆五九、九、辛卯）諭曰：户部議覆江西巡撫陳淮奏請暫停鼓鑄一摺，已依議行矣。其該撫原摺內稱局中匠役一百餘名，習慣鑄錢手藝，一經出局，難保不在外私鑄漁利，現擬發地方官衙門充當水火夫，俾資養贍等語。此等局中原設匠役習熟鑄務，今既暫停鼓鑄，該匠役等養贍無資，恐有在外私鑄漁利情事。該撫議令將此項匠役發交地方官衙門，充當水火夫，既使口食有資，兼得就近稽查約束。所辦頗爲周到。著傳諭各省督撫，一體仿照辦理。（高宗一四六〇、一三）

（乾隆五九、一〇、壬申）諭軍機大臣曰：福康安定擬桐梓縣私鑄人犯一案具奏，並將私鑄錢文隨摺呈覽。朕閱私錢輪廓形模轉勝於外間行使之小錢。可見小錢充斥，總由外省官局鼓鑄。局員等將官錢私行減小，額外多鑄，希圖贏餘分潤。錢法日壞，分兩輕減，形質脆薄，致使奸民轉將小錢改鑄如式之錢，乘機牟利。今福康安所呈私鑄之小錢反勝各省官局之錢，即其明證也。各督撫有稽查錢局之責，任聽局員等如此營私舞弊，以局鑄之錢竟至不如奸民私鑄之錢，寧不自知慚愧？現辦理此案，因小民等牟利作奸犯科，不得不按律治罪。若以此等私錢形製而論，局錢果能如此鑄造，不當予以獎賞耶？著將福康安進呈私鑄錢文分發有錢局各督撫及局員等閱看，令其各知愧悔。嗣後務須隨時稽察，認眞鼓鑄。若再仍前偷減滋弊，恐不能當此重咎也。除就近傳諭户、工二部錢局外，將此各諭令知之。（高宗一四六三、七）

（乾隆五九、一〇、丙子）又諭：據長麟等覆奏遵照部駁停止鼓鑄一摺。內稱廣東省民間行使錢文民禁嚴於官禁。不惟私鑄小錢不能流通，即新舊官板制錢亦必分別挑揀，銅質稍有輕糙，即低賤不能行使，是以有加銅之議等語。各省小錢充斥，總由於局員將官錢私行減小，希圖分潤。朕早經鑒及此弊，節次降旨令各督撫實力查禁，以期錢法肅清。今長麟等奏該省民間行使錢文，凡官板制錢銅質輕糙者，即低賤不能行使，此非官鑄錢小之明證乎？

可見各省官局鼓鑄不免私行偷減，而小錢之弊不在民間而在官局。長麟等欲蓋彌彰，竟不啻自行承認，不出朕之所料，但年久之弊亦不深究耳。各該督撫務須督飭地方官認真查禁，毋任私鑄匪徒潛蹤溷跡，尤不可妄聽屬員捏稱錢貴，慫恿開爐，以清錢法而便商民，方爲妥善。將來各省官局如再有偷鑄減小情弊，必將該督撫及局員等一併治罪。（高宗一四六三、一四）

（乾隆五九、一〇、辛巳） 又諭曰：福康安奏遵旨查辦雲、貴錢法一摺。據稱雲、貴小錢攙雜日多之故，不但私鑄奸民未能淨盡，即官錢偷減分兩，其弊亦屬顯然等語。小錢之弊實不出此，各省錢法日壞一日，若不過商販夾雜使用，爲數能有幾何？即游惰小民於僻靜處所私行鎔化，亦屬有限，何至如此充斥？總由官局偷減分兩，多鑄圖利，而督撫等又以錢局爲美缺，往往將伊信用私人派令管理，使之得有贏餘，以致輾轉效尤，竟成錮弊，節經降旨通行飭諭。而行使小錢尤以雲南、四川爲甚。富綱等所奏近年以來小錢業已淨盡之處，自無此理。即本日蔣兆奎所奏，山西省市集錢文均係局鑄制錢，並無小錢之語，亦不足信。現在查驗戶、工二局所鑄錢文輪廓字畫模糊不眞，不但不及康熙、雍正年間錢式，並乾隆初年之不如，何況各省局錢自必更加偷減，並私鑄之不若矣。若不正本清源，錢法安能整頓？今各省錢局俱已停爐，民間小錢亦屢經飭令實力收繳，各該督撫務須各矢天良，實力督辦，使積弊肅清，小錢淨盡，方爲不負委任。倘視爲具文，仍前玩怠，致行用錢文仍有小錢攙雜，一經查出，惟該督撫是問，恐不能當其咎也。（高宗一四六三、二〇）

（乾隆五九、一一、乙未） 諭軍機大臣曰：蔣兆奎奏赴局親查局鑄錢文一摺。據稱山西省錢局所鑄錢文俱係解赴藩司衙門驗收，巡撫亦時往抽查。今覆加秤驗，並無輕減等語。所奏殊未可信。各省鼓鑄何嘗不稱秤驗抽查？而所鑄錢文率皆私行減小，形質脆薄，致使奸民轉將小錢改鑄如式之錢，乘機牟利。可見各省所稱查驗局錢皆屬虛僞，豈山西省局鑄錢文竟無輕減？即就現在該撫呈進局錢而論，其形模輪廓亦屬粗糙模糊，該省亦安能保無偷減情事？著傳諭蔣兆奎，惟當嚴飭局員認眞鼓鑄，並隨時實力查察，務使弊絕風清，勿任如前玩誤，方爲不負委任。將此傳諭蔣兆奎，並諭有鼓鑄省分督撫知之。若果實力督察，小錢何尚如此之多也？（高宗一四六四、一四）

（嘉慶一、四、癸卯） 勅諭：前因各省小錢充斥，由於各省督撫不實心詳查，不肖局員等鼓鑄時偷減銅觔，將輪廓收小。且以爲好缺，用其所私之人，以致奸民因之私鑄，弊端百出。是以降旨將有鼓鑄省分暫行停止。業將兩年，因念各局匠役人等世業其役，停鑄日久，伊等未免生計維艱。而滇、黔各省照舊開採，並恐銅、鉛積壓過多，致啟偷賣營私之弊，不可不量爲變通。又上年皇帝率同户、工部臣奏請各省開鑄時，乾隆、嘉慶錢文各半分鑄，業經允准。今思朕臨御六十年，而雲南銅廠又值豐旺，遂照數鼓鑄。乾隆錢文各直省流行較多，茲復各半分鑄，則新舊錢文攙雜行使，倘局員等仍復減小鼓鑄，轉致無從稽覈。著有鼓鑄省分各督撫於接奉此旨後，即將嘉慶年號錢文按例全行開鑄，並照户、工二局頒發錢式銅六鉛四配搭試鑄。户、工二局現係乾隆、嘉慶錢文各半鑄造，亦著將乾隆錢文改爲二成，嘉慶錢文改爲八成鼓鑄。使新式錢文廣爲流通。今當開鑄伊始，務須輪廓分明，質地堅實，不得再有偷減收小等弊，以便商民而清圜法。若此次開鑄後，嘉慶錢文内再有未能如式薄小糙脆者，錢上有各省局名可以一望而知。非局員舞弊，即係地方官查察不嚴，致有奸民私鑄，必將該督撫及地方官局員等分别從重治罪。至雲、貴、楚、蜀向爲小錢淵藪，尤應實力稽查。倘陽奉陰違，仍前滋弊，一經查出，必將該督撫等加倍治罪，決不姑貸。伊等身任封圻，從前既未能嚴查小錢，收繳净盡，已屬咎無可辭，倖邀格外寬宥。茲當奉行之初，經朕諄諄訓誨，若再不激發天良，認真查辦，則是始終不悛，恐不能當此重戾也。將此通諭知之。(高宗一四九四、三九)

（嘉慶九、七、甲辰）又諭[内閣]：宗人府會同刑部奏審訊寶泉局虧短銅斤一案，請將監督五靈泰等援照因事在官受財，以不枉法贓論擬絞監候一摺。所辦太覺失之輕縱。此案所短銅斤至七十餘萬之多，該監督各任所得銀兩自三百兩至一千八百兩不等。此等劣員所收之銀，即局内短收之銅，豈非通同舞弊耶？總緣童焕曾業已正法，無可質證，該監督遂堅不承認。殊不知五靈泰等即無授意短收之事，而童焕曾節次所送到任節禮等項累百盈千，伊係下賤經承，按得有如許家貲不時餽送？且伊等果無弊端，又焉用賄賂監督爲耶？五靈泰等前此保送監督時均由各堂官揀選，自因平日辦事尚爲明白，豈於此項銀兩即不問童焕曾從何處得來，徑行收受？顯係任聽書吏等串通舞弊，該監督等佯爲不知。如此尚謂之不枉法，必將局内之銅盡行盜去，始謂之枉法乎？五靈泰等已經革職，不難加以刑訊。即遐齡、鳳麟身係宗室，朕又何難親行訊問？伊等豈尚敢狡飾不吐，朕特不爲已甚耳。但此案所擬罪名僅照不枉法贓論，實屬失出。總因童焕曾死無對證，不肯徹底根究，此乃官官相護惡習，大屬非是。五靈泰、遐齡、董成謙、祁韻士、鳳麟、丁樹本均著照枉法贓問擬絞監候，入於本年秋審情實，届時再降諭旨。所有審擬此案輕縱之各堂官均著交部議處。至歷任管理錢法堂之户部侍郎，自嘉慶四年朱士龍一運起，至上年麟瑞一運止，失察該監督等受賄短銅，均有應得之咎。

著該部詳查在任年月久暫，註明收銅次數，開單進呈，候朕定奪，毋庸部臣議處。餘俱著照所議行。（仁宗一三二、八）

（嘉慶九、七、庚戌）諭內閣：前因查辦戶部寶泉局虧短銅斤一案，自嘉慶四年十月以後，各該監督等均有得贓短銅情事。當經降旨，諭令該部將失察之歷任管理錢法堂滿漢右侍郎按照在任年月之久暫，並收運銅斤次數之多寡，分晰開單呈覽。茲據該部查明繕寫清單具奏。朕閱單內惟額勒布在任幾及三年，收過八運銅斤，共計售賣餘銅十四萬三千餘斤，歷任最久，收銅最多。況額勒布本係戶部司員，於度支事件最爲熟悉，屢經有人密保，稱其諳習部務。是以於兩年中超用副都統，即授爲戶部右侍郎管理錢法堂，並授總管內務府大臣，派管各項差使。額勒布自當隨事黽勉，實心供職，而於戶部事宜尤宜格外剔除弊端，以期仰副委任。乃於寶泉局監督等得受贓私短收銅斤竟爾毫無覺察，任聽營私舞弊，實屬溺職。……看來額勒布竟係器小易盈，不能承受朕恩。本應即予革職，姑念伊在戶部有年，著加恩降補戶部郎中。……其在任一年有餘之原任侍郎周興岱、錢樾雖亦經收銅四運、七運不等，但業於另案降調。初彭齡在任未久，祇收一運，並無餘銅，且已另案革職，均無庸議。那彥成於署任內曾收銅五運，著降三級從寬留任。祿康署理未久，戴衢亨本任及署任十一箇月有零，均曾收銅二運，著降二級從寬留任。其嘉慶四年以後，有曾署理錢法堂之侍郎未曾驗收銅運者，亦有失察之咎，並著該部查明議處具奏。（仁宗一三二、一七）

（嘉慶一四、四、甲午）又諭〔內閣〕：御史何學林奏鼓鑄宜昭畫一一條。據稱京局錢文字畫俱不分明，由鉛多銅少，緩薄不堪。外省則有缺邊漏縫等錢，不能通行垂久，甚或暗減卯數。已發出者復潛歸局中，故逐年鼓鑄，錢不加多，而小錢充斥。現在貴州及湖南之常德，湖北之漢口，以至江省莫不皆然等語。錢法爲國用攸關，原當堅厚明潔，期於通行經久。乃近來京局鼓鑄錢文，其輪郭肉好即有模糊脆薄之弊，無怪外省往往偷減工本，率爲緩薄錢文，不堪使用。甚或奸民嗜利，私鑄小錢攙和行使。種種弊端難以枚舉。自宜申明舊例，加意釐剔。著戶、工二部及各省督撫力除諸弊。鑄局銅、鉛照例配搭，毋任偷減，務期大小輕重適均。其市間小錢設法收銷，庶國寶流通，私鑄自息。（仁宗二〇九、六）

（嘉慶一七、一二、癸亥）諭軍機大臣等：朕聞江蘇寶蘇局近日所鑄錢文多攙和沙子，錢質薄脆，擲地即碎。外省設立錢局鼓鑄錢文，應遵照定式斤重，以期久遠流通。今該省錢質如此薄脆，自係經手官吏匠役人等剋扣銅斤，攙和沙子所致。事關錢法，不可不加以整頓。著百齡、朱理即留心查察，提驗該局現鑄錢文，如實係薄脆不堪行使，即將局內吏役人等嚴行審訊，究出弊端，將該管官員據實嚴參，勿稍迴護。……將此諭令知之。（仁宗二六四、二七）

（嘉慶二一、四、甲子）諭内閣：成格等奏增復鑄錢料價一摺。寶泉局額給爐頭料價，因物值增昂，不敷辦公，加恩著照所請，准其照雍正十二年以前舊價，每卯增復料錢一百四十七串六百文，每年共增復料錢一萬六百二十七串二百文。將局庫現存餘錢内撥出錢十萬串，交蘆商生息。其增復料錢即以此項息錢給發。惟料價既增，務須督飭該爐頭等如式鼓鑄，毋令再有偷減，以肅錢法。（仁宗三一八、七）

（嘉慶二一、四、庚午）諭内閣：佛住等奏請照户局增復料錢一摺。工部寶源局額給爐頭料價，前於雍正年間，與户部寶泉局額給料錢同時酌減。前此户部因該爐頭等辦公不敷，奏請增復料價，業經降旨允准。工局與户局事同一例，加恩著照所請，准其照雍正十二年以前舊價，每卯增錢七十三串八百文，每年共增錢五千一百六十六串文。由户局存貯餘錢内再撥錢五萬串，同户局前請撥錢十萬串一併發交蘆商生息，按年解交户部。其工局每年所增料錢即自奉旨之日為始，按月在於鑄出卯錢内覈給。該侍郎等務督飭該監督等責令各爐頭如式鼓鑄，毋稍偷減，以肅錢法。（仁宗三一八、九）

（嘉慶二五、一、丁丑）諭軍機大臣等：據御史王家相奏近日江省寶蘇局所鑄官錢銅少鉛多，而以官銅偷鑄小樣錢，每錢一千不及四斤，民間號為局私。自蘇、松至浙江、江西流通寖廣，以致銀價日貴，官民商賈胥受其累。其私鑄藏匿之地則於局内深挖地窖，上蓋煤炭，掩人耳目。其搬運之時，則於每日兩次放水，買囑水夫隨身帶出。其私售之人則附近寶蘇局之錢店接受窩藏，輾轉流布。一年之中，惟應解兵餉不得不鑄官錢，此外盡鑄小錢，其火工飯食仍開銷公項銀兩。若藩司到局，則藏匿新鑄之小錢，而以舊存備解兵餉之官錢磨新朦混。寶蘇局監督、協理各委員得受陋規，每開一卯，監督得陋規三百兩，協理得陋規二百兩，以致鑪頭益無忌憚。歷任藩司未必全無見聞，特以因循姑息，流弊愈深等語。錢局鼓鑄，圜法攸關，豈容官局鑄私，致商民胥受其累。陳桂生接奉此旨，即日親赴寶蘇局嚴密查驗該局有無私挖地窖，並搜查有無私鑄小錢。一經查出弊竇，即將該藩司及監督、協理各委員據實嚴參。並究明得受陋規起自何年，務須大破情面，秉公查辦，不可稍涉瞻徇。一面將錢局事宜認真整頓，遴選廉能素著之員赴局監理，按卯鼓鑄。將新鑄錢文照例當堂稱兌，驗收貯庫。如有偷減工料者，立即嚴懲，以除積弊。將此諭令知之。（仁宗三六六、一二）

（三）各省鑄幣的開停增減

（**順治二、二、壬午**）開大同、密雲二鎮鼓鑄。允大同餉司王弘祚請也。（世祖一四、一八）

（**順治二、五、己亥**）開陝西鼓鑄。從總督孟喬芳請也。（世祖一六、一四）

（**順治三、一、庚午**）開湖廣鼓鑄。（世祖二三、一〇）

（**順治三、二、乙巳**）開延綏鎮鼓鑄。（世祖二四、一六）

（**順治三、三、辛亥**）開湖廣荊州鼓鑄。（世祖二五、一）

（**順治四、五、辛丑朔**）開廣東鼓鑄。（世祖三二、一）

（**順治四、五、乙巳**）開河南鼓鑄。（世祖三二、四）

（**順治四、八、庚寅**）開湖廣鼓鑄。（世祖三三，二一）

（**順治四、一〇、辛卯**）開江西鼓鑄。（世祖三四、一七）

（**順治六、一、壬午**）開福建鼓鑄。（世祖四二、一二）

（**順治六、四、壬寅**）開浙江、山東鼓鑄。（世祖四三、一五）

（**順治六、七、己未**）開江西鼓鑄。（世祖四五、一）

（**順治八、一〇、癸亥**）允户部請各省止留鼓鑄爐局一座，餘悉裁去。（世祖六一、五）

（**順治一〇、六、己未**）復設江南、宣府、臨清、薊、密鼓鑄爐共三百四座。（世祖七六、一〇）

（**順治一二、一〇、丙辰**）設山東萊州鼓鑄爐座。（世祖九四、三）

（**順治一三、二、辛未**）停止福建省鼓鑄。（世祖九八、一三）

（**順治一八、七、壬申**）［户部］又議覆：山西巡撫白如梅疏言：太、平、潞、汾四府設爐十座，所造制錢不足搭放。大同僅一府，設爐二十座，錢法必致壅滯。請將大同留爐十座，其餘十座增入省城，共作二十座鼓鑄。應如所請。從之。（聖祖三、二〇）

（**康熙二、五、乙酉**）户部議覆：平西王吳三桂疏言：滇省初定，請開鼓鑄。應頒給康熙錢式。從之。（聖祖九、八）

（**康熙六、一二、癸未**）命各省復開鼓鑄。（聖祖二四、二九）

（**康熙七、九、壬戌**）命江南蘇州府開爐一百座鼓鑄。（聖祖二七、八）

（**康熙一九、一二、乙巳**）福建總督姚啟聖疏言：請於漳州府設爐鼓鑄，錢背用漳字，其民間所用前明小錢，給價收買銷毀。從之。（聖祖九三、一九）

（康熙二四、一〇、戊子）命廣東肇慶府開爐鼓鑄。（聖祖一二二、一六）

（康熙二八、四、壬辰）命臺灣府開爐鼓鑄。（聖祖一四〇、三〇）

（康熙二八、五、丙申朔）停雲南省鼓鑄。（聖祖一四一、一）

（康熙三三、九、壬午）停雲南省鼓鑄。從巡撫王繼文請也。（聖祖一六五、三）

（雍正四、一一、丙午）戶部議覆：雲貴總督鄂爾泰疏言：停止大理、霑益二局鼓鑄。請於雲南、臨安二府共加爐九座，鼓鑄錢文，以四萬串發運湖廣、四川、江西、兩廣等處。應如所請。從之。（世宗五〇、一三）

（雍正七、一、甲戌）戶部議覆：廣西左江鎮總兵官齊元輔疏言：向來京局所鑄新錢從未到粵。民間日用悉係私錢，自非制錢充足，其弊難除。雍正四年，戶部議發雲南所鑄之錢二萬串到粵搭放兵餉，軍民稱便。但數止二萬串，散之通省，寥寥無幾。且粵西所收銅器有限，又不足以資鼓鑄。按廣西水道上通雲南廣南府屬之剝隘，較他省輓運稍易。現今雲南有餘之銅差員由廣西運往漢口、鎮江。若以此存於臨安府添爐鼓鑄，運交粵西，給發官俸役食及驛站錢糧，計可歲銷四萬餘串。再於兵餉搭放十分之一，可銷三萬餘串。如搭放十分之二，可銷六萬餘串。且前此運粵之二萬串係全數解交藩庫，方領銀回滇，未免運費太多。若止令桂林一府運交藩庫，其餘悉於經過之處截留，即不必經過之太、思、柳、慶各府州，亦俱於水道相通之南、潯、梧三府截留，運費更可少省。一切私錢廢錢俱令交官給價，銷化淨銅，以資鄰省採買，或資鄰省鼓鑄，於國計民生均有裨益。應如所請，行令雲貴廣西總督鄂爾泰，將滇省每年所有銅勸餘出若干，臨安一局約可添爐幾座，或鑄錢四萬串，或可多鑄之處，酌量定議。委員解赴廣西。照例每錢一串易銀一兩領回。從之。（世宗七七、二〇）

（雍正七、三、壬子）命江西南昌府開局鼓鑄，從江西巡撫張坦麟請也。（世宗七九、一二）

（雍正七、七、乙巳）命山東省開局鼓鑄，從署撫岳濬請也。（世宗八三、一）

（雍正七、八、丁未）命湖南省開局鼓鑄，從湖南巡撫王國棟請也。（世宗八五、五）

（雍正七、八、庚申）命浙江省開局鑄錢，從署浙江巡撫蔡仕舢請也。（世宗八五、一八）

（雍正八、三、辛未）命江西省開局鼓鑄，從江西巡撫謝旻請也。（世宗

九二、五）

（**雍正九、九、甲申**）命貴州省開局鼓鑄，從雲貴廣西總督鄂爾泰請也。（世宗一一〇、二四）

（**雍正一〇、七、乙未**）命四川省開局鼓鑄，從四川巡撫憲德請也。（世宗一二一、八）

（**雍正一二、九、乙未**）命雲南、廣西府開爐鼓鑄，從雲南巡撫張允隨請也。（世宗一四七、一四）

（**雍正一三、一〇、丙寅朔**）［户部］又議准：雲南巡撫張允隨疏請：鼓鑄運京制錢在廣西府設爐開鑄，需用銅、鉛工本脚費銀二十八萬七千餘兩，暫於司庫封存銀内借支。行令兩淮鹽政，於續收鹽課銀内照數動撥，解滇還款。其錢上清文即篆"寶雲"字樣。從之。（高宗四、七）

（**雍正一三、一〇、己卯**）户部議准：蘇州巡撫高其倬疏言：寶蘇局鼓鑄錢文，前經署巡撫喬世臣以收存銅斤業已鑄完題請暫停。今陸續收買銅器一百二十五萬餘斤，足敷鼓鑄。蘇省商賈雲集，需用較多，仍請開爐鑄錢，以資民用。從之。（高宗四、五五）

（**乾隆一、三、辛亥**）户部議覆：署江蘇巡撫顧琮條奏採辦銅觔事宜。一、八省採辦洋銅、滇銅共四百四十三萬餘觔。今户、工兩局鑄錢每文改重一錢四分爲一錢二分，兩局現有存銅六百余萬觔，已足供丁巳年鼓鑄之用。應如所請，减少數十萬觔，每年以四百萬觔爲率，於滇、洋分辦。……從之。（高宗一五、二）

（**乾隆一、三、甲子**）署湖廣總督史貽直奏：各省新設鼓鑄多因民間繳官黄銅存貯日久，恐致官吏侵欺，是以設爐鼓鑄未便遽停。並請弛各省黄銅之禁。得旨：此議朕嘉悦覽之。户部尚書海望亦爲此奏。部覆以爲應照所奏行。朕猶以爲行之既久，未便更張，今覽卿奏，明晰妥協，情理允當，已準行矣。其議覆崔紀一摺，俟朕再爲酌量。（高宗一五、三二）

（**乾隆一、六、丁亥**）户部議覆：雲南巡撫張允隨疏請：運京錢文統於廣西府建局鼓鑄，東川錢局截至乾隆元年春季停止。從之。（高宗二一、一九）

（**乾隆二、六、己巳**）［户部］又議奏：江西巡撫岳濬覆題，先經陞任巡撫俞兆岳疏請，將江省貯局銅觔照江浙等省之例，開爐鑄錢，搭放兵餉，以裕民用。經九卿議，設爐鑄錢必得銅觔充裕，鑄出錢足敷通省流行，方免錢價昂貴之患。今摺内並未聲明，難以懸議，應令該撫查明具題。今查局貯生熟銅連收私鑄翦邊錢共計二十六萬五千一百三十觔有奇，足資鑄用。每錢重一錢二分，共可出錢三萬二千一百六十串有奇。以之搭放兵餉，自能漸次流通，不致昂貴。應准開鑄，并請頒發樣錢。從之。（高宗四四、一八）

（**乾隆三、六、庚戌**）四川巡撫碩色奏：川省錢文，雍正十年經前撫臣憲德奏請，開爐十五座鼓鑄。嗣恐滇銅不敷，止開八座。今聞滇銅旺盛，請增七座，以副原數。得旨：此係甚有益之舉，速速辦理可也。（高宗七一、二六）

（**乾隆五、閏六、庚申**）雲南巡撫張允隨疏報：滇省鼓鑄運京錢文遵照部文，自乾隆五年停其鑄解，於三月二十九日停止。下部知之。（高宗一二一、一〇）

（**乾隆五、八、丁未**）[戶部] 又議覆：雲南總督公慶復奏：省、臨二局現設爐三十六座，不敷鼓鑄，請添設爐十五座，每年可多鑄錢六萬餘串。所需銅、鉛工料一切事宜，悉照省、臨二局成規辦理，鑄出錢文，搭放兵餉。應如所請。從之。（高宗一二四、一四）

（**乾隆五、九、癸未**）戶部議覆：調任江蘇巡撫張渠奏江省開局鼓鑄青錢應行事宜。一、寶蘇局開鑄錢文，請仍設爐十六座，一年二十八卯。每文重一錢二分，應用銅、鉛八十三萬八千六百餘觔，鑄錢十一萬一千八百二十餘串。一、江省錢價昂貴，民情望鑄甚殷，應用銅、鉛輓運需時。請先開十二爐，俟銅、鉛充裕之時，再開四爐，以利民用。一、鑄出錢文必用磨剉渣末。請按爐分給銅、鉛三百觔永為底火，鑄務告竣，如數歸還。一、開鑄之始，鑄作器具，爐頭無力墊辦，請預先支給銀兩，陸續扣還。一、寶蘇局房屋牆壁多有傾塌，請動項修葺。均應如所請。得旨：依議速行。（高宗一二六、二一）

（**乾隆五、一一、丙申**）[雲南總督公慶] 又奏：東川府湯丹銅廠於乾隆二年停鑪，現在工費浩繁，請酌設鑪二十座，歲可鑄青錢七萬餘串，就近撥用。較之省、臨二局可節運費。奏入，報聞。（高宗一三一、一九）

（**乾隆六、二、乙丑**）刑部尚書署湖廣總督那蘇圖奏：楚省錢少……每千換銀一兩二三錢，軍民苦累。奸徒乘機私鑄，需錢甚亟，鼓鑄刻不容遲。查滇省現有金釵廠銅可酌撥一年，而漢口鉛、錫俱可就近採買，請即開局鼓鑄。……得旨：所議俱屬妥協，竭力辦理可也。（高宗一三七、一四）

（**乾隆六、四、癸亥**）署理湖南巡撫許容奏：湖南各屬制錢缺乏，計惟籌備銅觔，設局鼓鑄。聞滇省各廠產銅甚旺，除解京外，尚多餘剩。本擬一面具奏，一面委員赴買。但究未識滇銅是否足供鼓鑄之需，因咨詢雲南總督慶復，并購取樣銅樣錢。尋據咨覆，滇省金釵廠銅堪以接濟鄰省，其樣銅業已委員齎解湖北等語。旋准督臣那蘇圖札稱，滇銅業已解到，現在試鑄，俟有定局，另行札商。但聞金釵廠銅質不高，應俟湖北試驗明確，會同酌辦。得旨：觀此奏，汝頗有意見，而左右其說，是屬何心？此等伎倆，朕前不可也。（高宗一四一、一八）

（**乾隆六、九、己巳**）署貴州總督雲南巡撫張允隨疏報：東川府設爐二十座，於乾隆六年五月十一日開爐鼓鑄，以濟開河工匠之用。下部知之。（高宗一五〇、九）

（**乾隆六、一二、癸巳**）戶部議覆：湖南巡撫許容疏稱：湖南各屬制錢缺少，價甚昂貴。長沙一帶多使小錢，難以遽禁。設局鼓鑄，已經咨詢雲督慶復，奏明金釵廠銅可以撥鑄。應設爐十二座，每座一年需正耗銅三十一萬八千五百五十觔零，紅銅、白黑鉛如例搭配，委府佐一員、雜職一員往滇採買，並咨滇省將金釵廠每年儲銅三十萬觔留爲楚省源源接濟之用。應如所請，並應行文錢法衙門照式鑄造青錢錢樣，一面"乾隆通寶"漢字，一面"寶南"清字，頒發該省照式鼓鑄。從之。（高宗一五六、二）

（**乾隆六、一二、庚申**）兩江總督那蘇圖奏：江省寶蘇局鼓鑄，先開爐十二座。今銅觔充足，擬於明年正月十五日爲始，再開四座。報聞。（高宗一五七、二六）

（**乾隆七、四、己亥**）戶部議准：署兩廣總督慶復奏稱：粵西向未開爐鼓鑄，惟恃滇省解運。今西省廠銅照配試鑄，與滇錢無異。如開廠添配，搭放兵餉各項，實與民用有濟。請將粵西礦銅留充鼓鑄，俟流通後，再停解滇錢，以省運費。從之。（高宗一六四、二七）

（**乾隆七、一〇、庚子**）戶部議覆：廣西巡撫楊錫紱條奏鼓鑄事宜。……一、銅、鉛、錫一百觔，共鑄錢十三千三百文。除爐頭匠工錢及炭價外，凈得錢十一千二百九十文，計每錢一千，工本不出九錢以外。應請酌撥七年地丁銀四萬五千兩以爲工本，於將來盈餘錢內歸還。查炭價即在工料之內，未便重開，應令將所鑄錢文暨給發工料錢文，查明據實造報。（高宗一七六、一九）

（**乾隆八、五、丙午**）戶部議准：調任湖北巡撫范璨奏：湖北開爐鼓鑄，員役薪水飯食等費，請照浙省之例，分別給予。從之。（高宗一九三、一〇）

（**乾隆九、五、辛丑**）戶部議准：貴州總督張廣泗疏稱：黔省錢價漸貴，

實緣兵民交易便利，即鄉僻苗猓皆知用錢。請於每年額鑄三十六卯外加鑄十卯。從之。（高宗二一七、一七）

（**乾隆九、七、甲申**）户部議覆：廣東按察使張嗣昌奏稱：粵東需錢甚廣，……查粵東存留局銅現有九萬六千餘觔，且與滇省金釵、者囊兩廠相距不遠，尚可採買一二十萬觔。至需用配合之點銅、黑白鉛俱本省出產，採辦亦易。仰懇開爐鼓鑄濟用。應如所請，令該督撫將現貯局銅配搭鉛、錫，先行開鑄，至滇省兩廠有无餘剩銅觔，應咨該省督臣酌辦。得旨：依議速行。（高宗二二〇、一〇）

（**乾隆一〇、六、庚戌**）户部議覆：前署廣東巡撫策楞疏稱：粵東鼓鑄錢文，部議令將現貯局銅照例配搭鉛、錫，先行開鑄。其滇省有無餘銅，可否通融賣給之處，并令咨商辦理。嗣准雲督張允隨咨覆，節省者囊、金釵二廠銅觔，以資粵東鼓鑄。所有粵東開爐鼓鑄青錢所需銅、鉛、錫應照京局配搭，并照雲貴、湖廣、粵西等省加耗，先設爐六座，每百觔於正耗九觔之外，再加補色耗八觔。粵東現貯局銅九萬六千三百九十一觔零，係抽收正課及收買餘銅之項，每百觔作價一十四兩，至白鉛、黑鉛、點錫照部價時價核算，每正耗銅、鉛、錫共一百九觔，該價銀九兩九錢七分零。除耗不算外，每鑄錢一千，需成本銀八錢五分二釐零。照例每錢一千文，作銀一兩，除扣還成本，尚獲盈餘銀一錢四分七釐零。再所需色耗援照湯丹廠銅之例加給，毋庸作價。查現貯局銅每百觔，原給商價銀十兩，今留為鼓鑄每百觔銀十四兩，是每百觔盈餘銀四兩，所有色耗八觔統於此項扣出抵款。於乾隆九年分地丁項內撥鼓鑄工本銀五萬兩，於司庫收貯。其錢局查有裁缺觀風使衙署改爲寶廣局，添蓋爐座，所需工料銀統於乾隆九年分田房稅羨內動支，至需用器具什物，先於工本銀內借給工匠製造，於應得工錢內扣還。責成布政使為總理，糧驛道為協理，再委府佐一員為監鑄，雜職一員為巡查，設書辦小書四名。所需薪水工食一切雜用均於餘息錢內動支。臣部查粵東鼓鑄應給爐匠工料錢應按該省食物時價支給，未便照別省支銷。餘皆應如前署撫所請。從之。（高宗二四二、一九）

（**乾隆一二、九、丁巳**）兩廣總督策楞、署廣西巡撫鄂昌奏：粵西購買滇銅已運到十五萬觔，請先添爐二座，與原爐十座一同開鑄。鑄出錢搭放兵餉。得旨：好。知道了。（高宗二九九、二七）

（**乾隆一三、閏七、乙卯**）户部議覆：山西巡撫準泰疏稱：晉省鑄錢，委冀寧道率同太原府通判經理安爐十座，每座日鎔净銅、鉛、錫九十一觔，鑄錢一十二串一百三十三文。除工料外，實交錢十串三百四十五文。每爐給銅、鉛、點錫三百觔爲底火。鑄竣歸項。撥書役一名，快役五名鑄交開銷各項，由經管通判造報。派佐雜一員在局監視。應如所請。從之。（高宗三二〇、四）

（乾隆一四、八、乙未）大學士等議准廣西巡撫舒輅奏添鑄錢各事宜。一、原議每鑪鑄正銅、鉛、錫六百觔爲一卯，今增添搭配，每鑪以正銅、鉛、錫一千觔爲一卯，每月三卯，設鑪二十座，每年可鑄錢九萬六千串。請將原減八鑪照舊開設，同現開之十二鑪，共二十鑪，即可敷鑄。一、添鑄所需白鉛，委員前赴常德截買黔鉛，除去運漢水脚，鎔化火工，每百觔定價銀三兩四錢八分一釐零，運回供鑄，據實報銷。一、鑄出錢請照向例搭放俸餉錢六萬二千串，併除歲需工料局費錢一萬三千六百八十串外，餘存錢二萬三百十八千零，照湖北之例，於錢價昂貴時隨宜酌辦，以平市價。從之。（高宗三四七、三）

（乾隆一五、三、甲辰朔）兩江總督署江蘇巡撫黃廷桂奏：前准部咨南巡蹕路，量增鑄錢備用。查江省車駕經臨之處共二十三州縣，道路綿長，需錢自廣，寶蘇局存錢不敷，應再暫加八卯應用。其工料價值向係給錢，今應按時價給銀，又可節有存錢分發經臨各州縣，設局官賣，流通平價，有餘留搭下年兵餉。計現存現運銅、鉛、錫足敷添鑄。至此項所添八卯原爲南巡暫時需用，仍於辛未年即停。報聞。（高宗三六〇、二）

（乾隆一五、一一、己巳）江西巡撫阿思哈奏：先因錢價昂貴，經前撫臣陳宏謀奏請開爐鼓鑄，設爐四座，嗣復奏請添爐四座。現在錢價漸平，局貯滇銅止可配至來年夏月，請仍照原議設爐四座。報聞。（高宗三七七、四〇）

（乾隆一六、五、壬戌）戶部議覆：陝甘總督行川陝總督事尹繼善等疏稱：陝省向因銅稀錢貴，領運川錢三萬一千二百餘串搭充兵餉，每串工本銀一兩零。若改撥川銅二十五萬觔運陝，加以鉛、錫，可鑄錢四萬八千餘串，每串工本銀九錢零，較之協陝錢數多一萬六千餘串。請自乾隆壬申年正月川省停鑄陝錢，改撥陝銅二十五萬觔。先於乾隆十六年飭令川省廠員備貯，以待陝員赴領等語，事屬可行，應如所奏辦理。至陝省領運川銅，由廠運嘉定，由嘉定至陝省，水陸脚費令川省布政使給發印簿據實登填，運竣報銷。及員役往返盤費，陝省添設爐座、配用鉛錫、添搭兵餉各事宜，應令該督會同陝撫作速妥議，具題到日再議。得旨：依議行。（高宗三八九、二二）

（乾隆一六、一一、己卯）戶部議覆：調任陝西巡撫陳宏謀議奏添鑪鼓鑄、採買川銅各事宜。一、由川省樂山縣老洞溝廠買銅二十五萬觔，價銀二萬二千五百兩，應照領運川錢例，委官一員，跟役六名運辦，其口食及腳費並於地丁銀內動支，俟鑄錢易銀歸款。一、增爐十座，應添書辦、巡役各二名，并增給外巡官口食。一、新舊爐共二十座，每年銷銅、鉛、點錫七十七萬一千五百八十觔，鑄錢九萬三千六百一十八串三百零，除支銷口食雜費外，存錢八萬六十六串三百零。前經奏准，舊爐所鑄，於錢貴時出售平價，新爐所鑄，搭放在城八旗九營兵餉，但核算尚不足一成之數。請將新舊爐錢通融搭放。向因各兵歲暮費繁，豫支來年正月之餉，今請於正月增支一成，合計放錢六萬八千一百六十九串四百文，餘照市價減售。一、新爐十座，應添建爐房、錢庫，製備器具，所需銀於司庫借給。本年十月朔加爐開鑄，於應領工料內分四季扣還。均應如所請。從之。（高宗四〇三、一）

（乾隆一七、八、丁巳）是月，江西巡撫鄂昌奏：江省鑄錢原設十爐，嗣因庫錢充裕，而滇銅又不能接繼，是以前撫臣阿思哈奏減四座。今庫錢短少，除搭放兵餉外，民間兌換不敷。採買滇銅已到，計現存洋、滇二銅足資配鑄，請仍添四爐，共以十爐鼓鑄。報聞。（高宗四二一、二一）

（乾隆一九、閏四、庚申）湖廣總督開泰、湖南巡撫范時綬條奏寶南局添爐鼓鑄各事宜：一、添鑄五爐，應照乾隆七年題定銅、鉛、錫觔兩配用。一、原設五爐，今添五爐，歲共需正耗銅一十九萬六千餘觔，遇閏加增銅一萬六千餘觔，請將郴、桂兩廠所產銅除抽稅外，餘銅照部定價，動支地丁銀收買。又歲需白鉛一十六萬餘觔，遇閏加增一萬三千餘觔，除郴廠照舊收買稅餘供用外，應令桂廠委員亦於稅餘白鉛內照部定價，請領地丁銀收買，至運局水腳銀，均照例於砂稅內動支報銷。鑄出錢文搭放兵餉，及發局兌易，俱扣除成本，歸還司庫原款。一、寶南局自開鑄以來，配用點錫係動項採買，並郴、桂等處刨試存局稅錫四萬餘觔搭用，皆照每百觔腳價銀一十六兩二錢合計成本，查前項錫將次用完，今有存局郴州柿竹園錫礦，所抽稅錫，應請動用。查稅錫每觔價銀一錢五分七釐，水陸腳費銀一釐九毫零，應照每觔價、腳銀一錢五分八釐零，合計成本造報。一、設爐十座，共歲需黑鉛二萬五千四百餘觔，遇閏加增二千餘觔，應將郴、桂兩廠抽稅黑鉛除領解顏料并搭解京鉛外，儘數解局備用。一、添設五爐，應照前議均攤，安設三爐，尚有二爐，須添蓋房屋六間。又銅、鉛庫房現止大堂東西各一間，不敷堆貯，應添建庫房三間。一、定例每鑄銅、鉛、錫百觔，給工料錢一千六百二十九文，請照例辦理。惟爐匠關係緊要，應飭局員遴選充役。一、鼓鑄器用繁多，工匠無力措置，請照例動項代置，仍於各匠應得火工錢內扣還歸款。一、添設五爐，鑄錢增倍，請按每餉銀一兩搭錢一百文，除本年搭放兵餉外，餘錢俟積有成數，發局兌易。再查局内舊存滇銅一十萬觔，耗銅四百九十五觔十兩，貯久難免鏽蝕，請先行配用。查此項銅原准滇省來咨，每百觔計價銀一十一兩，自尋甸運永寧，脚銀二千一百七十三兩三錢二分零，共價、脚銀一萬三千七百一十三兩零，又自永寧委員接運回楚，水脚等銀四百三十兩七錢六分零。今請配搭供鑄，應照原定每觔價銀一錢一分，脚銀三分一釐零，覈算成本報銷。下部議行。(高宗四六二、一二)

（**乾隆一九、八、丙子**）湖廣總督開泰等奏：湖北寶武局加鑄錢本年應停。但湖北現有應修城工，請仍舊加鑄，所得餘息以為修理城工之用。得旨：如所議行。(高宗四七一、二〇)

（**乾隆二一、閏九、庚申**）諭：朕明春巡幸江浙，所有供宿頓次皆出自帑項，絲毫不以累民。第扈從官兵以及外省接駕人等輻輳雲集，經過地方，錢米價值恐一時或致騰踊，著將運京銅、鉛兩省各截留十萬觔，添鑪鼓鑄，減價發賣。並將該二省應運本年漕糧各截留五萬石，減價平糶，以裕民間食用。……該部即遵諭行。(高宗五二三、一四)

（**乾隆二三、七、辛亥**）陝西巡撫鐘音奏稱：甘、涼、肅軍需總滙用錢孔多，且本省搭放兵餉及現在兵行口糧需錢折給，寬裕備貯，市價庶平。隨於七、八兩月，應鑄四卯外加鑄三卯，分解三府州，以濟民用。得旨：嘉獎。(高宗五六七、二一)

（**乾隆二四、八、乙巳**）又諭[軍機大臣等]曰：陳宏謀奏請撥銅加鑄一摺，經戶部議駁，已降旨依議。但部覆内祇將運京銅觔不便截留一語籠統指駁，而於該撫原奏未明之處轉未詳加剖悉。如原摺内稱，辛未年截留銅十萬觔，因局有餘錢，未曾添鑄。是辛未即使添鑄，所留亦不過十萬觔，何以此次請至五十萬乎？江省鼓鑄錢文，從前每年搭放兵餉外既有餘錢，而此數年間，何以並無積存餘錢？且現據請留銅數至五十萬觔，豈辛未年所有餘錢足抵如許之多？而現在又何至竟無餘錢可抵？該撫原摺内本屬含糊，不過多多益善，博人感頌之為耳。著傳諭陳宏謀，令其將該省額鑄錢文每年除搭放兵餉外，餘錢若干，並因何前贏後絀，應行截銅究竟實需若干各緣由，逐一詳查具奏。(高宗五九五、一七)

（**乾隆二四、九、丁丑**）湖南巡撫馮鈐奏：寶南局現存餘錢二萬串，遵旨委員解甘濟用。查寶南局鑪二十座，餘銅甚多，鉛、錫亦廣，若將每鑪加卯鼓鑄，一年可另得錢八萬四千餘串，陸續解甘，似有裨益。得旨：甚好，如此方見急公。勉為之。(高宗五九七、四五)

（**乾隆二四、一〇、乙未**）諭：據陳宏謀奏請截撥京銅五十萬觔，加鑄備用一摺。部臣以未經分晰聲明，業經議駁。但念錢法關係閭閻日用，前請五十萬之數，原屬過多，若酌量增銅，加卯鼓鑄，於地方亦屬有益。著加恩酌半給撥二十五萬觔，俾官錢流通，以裕民用。該部即遵諭行。（高宗五九九、七）

（**乾隆二四、一一、丙子**）湖南巡撫馮鈐奏：甘省地方遼濶，現值凱旋及屯田事務，需錢尤多。請照湖北協濟錢數，湖南每年加鑄八萬串，分起運甘。從之。（高宗六〇一、三五）

（**乾隆三〇、二、乙巳**）雲貴總督劉藻等奏：滇省湯丹、大碌等廠加銅價後，每年辦銅加多。嗣因積存餘息不敷添價之用，於東川新舊兩局，冬季三個月每旬加鑄半卯。近來湯丹、大碌等廠日見豐旺，東川加卯，仍不敷用。應於東川二局自三十年春季二月爲始，按旬再各加半卯，同湯丹、大碌兩廠鑪戶，每季多辦銅八萬六千七百餘觔，於銅本内借支鑄本，鑄出錢文，照例扣解司庫。得旨：如所議行。（高宗七二九、一五）

（**乾隆三〇、三、戊寅**）户部議准：雲貴總督劉藻疏稱：東川新局五十鑪，每年應支炒銅工費。前因正鑄内已全年支給，題明將加卯項下炒費節省。今正鑄減半，將加卯抵補。所有炒費應按年覈增。從之。（高宗七三二、四）

（**乾隆三二、二、甲子**）陝西巡撫明山奏：西安寶陝局因乾隆三十年改辦滇銅，不能如期接濟，經前撫臣奏准，每鑪每月減鑄銅五百觔，以一年爲率。今已減鑄一年有餘，但局内現存銅如照舊發鑪配鑄，仍屬不敷。續辦銅觔，到需時日，查存局餘錢，除應撥甘省外，尚足敷搭放兵餉，應請再行減鑄一年，統俟滇銅運到，即令照舊增鑄。報聞。（高宗七七九、二四）

（**乾隆三四、一〇、戊寅**）護理廣西巡撫布政使淑寶奏：粵西采辦滇銅，己丑、庚寅兩運尚需守候，現在局鑄須早籌畫。查官錢壅積已六萬餘串，除發各屬換銷小錢外，尚剩三萬錢串。應將乾隆三十五年配搭俸工及出易等錢停鑄，即以壅積之錢補數，可減鑪七座，餘十三座。止需滇銅二十九萬一千餘觔，計各員陸續運到，乾隆三十六年仍可復鑄全鑪。本年應委辛卯運員，並請停止。得旨：似屬可行。（高宗八四五、五九）

（**乾隆三五、八、辛巳**）户部議准：原任雲南巡撫明德奏稱：雲南錢價，每銀一兩易錢一千一二百文，市價已屬太賤。向於六府設鑪一百十六座，歲用銅二百三十餘萬觔，實屬過多。應將東川各設鑪二十五座，大理、廣西各設鑪十五座，臨安、順寧各設鑪八座，暫爲裁減。……（高宗八六六、一二）

（乾隆三六、三、庚午）是月，兩江總督高晉、署江蘇巡撫薩載奏：寶蘇局鼓鑄定額每年十六鑪二十八卯，鑄制錢九萬五千三百三十七串有奇。計節年存剩及小錢改鑄錢文、現在存局各項餘錢共三十七萬二千八百八十四串零，按歲支兵餉七萬六千餘串之數，將敷五年支放。如仍開十六爐，鑄二十八卯，恐局錢愈積愈多，久必霉銹。請援從前減鑪之例，於辛卯年起暫減爲八鑪十卯。計現存銅、鉛、點錫，除工料折耗，歲可鑄制錢三萬四千餘串，計歲支兵餉，不敷四萬二千餘串。即以小錢改鑄錢湊放，仍敷九年之用，並可餘存洋、滇銅二百一萬八千餘觔。通徹計算，於鑄務實有裨益。得旨：如所議行，咨部知之。（高宗八八一、二七）

（乾隆四〇、四、壬午）户部侍郎管錢法堂事金簡奏：查現存局錢甚屬充裕。……請將本年閏月加鑄四卯暫徹。從之。（高宗九八〇、五）

（乾隆四二、六、丙辰）户部議准：署雲南巡撫圖思德疏稱：大理局增鑪三座，加鑄三十六半卯，存錢充裕。應以錢作銀，加二成搭放兵餉。附近各廠工本，亦一律搭放。再有餘錢，易銀歸款。從之。（高宗一〇三五、六）

（乾隆四三、三、庚寅）是月，湖南巡撫陳輝祖奏：寶武局於乾隆三十七年以前，因修城建隄需項，節經加鑄充用。嗣因滇銅減買，遞壓卯期，復暫停加鑄。查該局額鑪二十座，今專辦正鑄，請減留十鑪，歸併辦理。至其配用鉛觔，向係黑、白各半，而鑄錢未能如式，并請全用白鉛。其所餘黑鉛，楚省現有應補軍需鉛彈，即以此撥買補額，均有裨益。下部知之。（高宗一〇五三、二二）

（乾隆四三、七、庚戌）諭軍機大臣等：滇省辦運銅觔事關鼓鑄，不可不從長籌畫。上年經李侍堯等會議，奏請酌減鑪座各條，經該部議覆准行。今年李侍堯陛見在京，曾將銅廠每年所獲不敷應用情形奏及，亦無善策。近裴宗錫又因額短運遲，急籌調劑，具摺陳奏，已交部覈議，然亦不過補偏救弊之計，未必果有益也。在滇省產銅歲逾千萬觔，本不爲少。第因生齒日繁，需錢日衆，自京局以至各省，逐漸加鑪加卯，致銅額日漸增多，每歲所需，幾倍於昔，相沿既久，自難輕議改弦。該省現在廣開子廠，另覓新礦，如果銅苗旺盛，採獲漸豐，可供各省之用，固屬美事，萬一仍不充裕，自難爲無米之炊。與其貽誤於將來，莫若豫籌於先事。因思減鑪減卯，自屬撙節銅觔之一法，但京局及諸大省市闤殷庶，錢文宜廣流通，倘或議及減鑪，恐錢價加昂，有礙民用，自不便輕事更張。若邊遠省分量爲減省，尚不至有病民之處。即如滇省，因錢多價賤，每銀一兩，可易制錢一千一百餘文，搭放餉錢，兵丁頗以爲苦。或竟從滇省先行減鑪，次及貴州、廣西諸小省，期於每歲銅觔供用無缺，得免採辦竭蹶，則是通盤籌計，實該省之急務也。若因滇省鑄錢餘息抵補從前廠欠，不肯議減，是又不然。餘息抵欠，本非正辦，且不值以公中之有餘抵積欠之不足。雖新舊廠欠爲數較多，亦當覈實清釐，分別辦理。如原領之廠戶尚存，及廠戶雖無，而原經手支放之員尚在者，自當勒限追繳。若原領之廠戶逃亡無著，自不應累及現在之廠戶代賠。且廠戶那新補舊，仍歸欠缺，即原支放之員，產絶人亡，亦不應累及後任之員代補。甚至令各屬攤賠，坐扣養廉，轉致藉口婪索，更於吏治有關。著李侍堯詳悉確查，舊欠有著者若干，即行勒限追繳；其無著者若干，據實奏聞，朕不難加恩寬免。第當令此後年清年款，勿再使逋欠誤公，方爲正本清源之道。李侍堯素能辦事，而又非沽名市惠之人，此事可擔當辦得。著將減鑪、廠欠二節悉心籌畫，據實具奏，候朕酌量定奪，勿稍涉游移，致日後棘手難措。李侍堯自能善體朕意也。將此傳諭知之，仍即由驛覆奏。尋奏：滇省各廠產銅扣去一分通商，實止九百數十萬觔，僅可資京局及本省鼓鑄應用，而於各省採買，缺數甚多。自應先從本省及貴州、廣西等省酌減鑪座，計每年可省銅一百一二十萬觔。俟採獲漸豐，再奏明復額。至廠欠工本多至累萬，現飭藩司確查在官在民，據實嚴辦。得旨：該部議奏。（高宗一〇六三、一五）

　　（乾隆四三、一一、庚戌）又諭：戶部議覆：李侍堯等奏滇省裁減鑪座，撙節銅觔，並查明各銅廠鑪欠，分別著賠二摺，已依議行矣。滇省銅觔，關係甚大，近年來因所產不敷所用，督撫等紛紛條奏，無非挖肉補瘡之見。遷就因循，迄無善策。該部議覆，亦未實有定見，不過依樣葫蘆。年復一年，積疲日甚，長此安窮。朕洞悉其情，若非改絃更張，斷難行之久遠。今年李侍堯來京，以其素能辦事，又非沽名市惠之人，可以擔當辦理，是以諭令悉心籌畫，據實覆奏，候朕酌量定奪，勿稍游移，復至日後棘手。此實朕正本清源之至意也。今李侍堯等於減鑪一項，未能將各省歲需銅實係若干，籌酌減鑪勻湊，俾此後各省採買之銅每歲總無虧短。自應查照部議，妥協籌辦，以期永遠遵行。至廠欠一項，朕前旨原令查明舊欠有著者，即勒限追繳，其無著者若干，據實奏聞，朕不難加恩寬免。原欲將舊案覈實清理，使將來新案年清年款不復絲毫欠缺，以杜挪抵彌縫之弊，計無逾於此者。今李侍堯等所奏仍未能善體朕意。如將有著無著之項概令攤賠，仍不脫從前陋習。試問承追以來已完若干？是名爲追賠，不過紙上空談，有名無實，又復何裨於事？若牽涉現任之員，即按限略完，更不免挪新掩舊，將見舊欠未淨，新欠又增，積弊伊於何底？至令現在之上司等攤賠，尤未平允。即如彰寶、錢度久已查抄家產，無可著追。若將二人名下應賠之項又攤派現任之李侍堯、裴宗錫名下代賠，伊等何辜，爲其代完賠項？於事理亦未允協。其餘皆可類推。若此次查辦仍不能徹底清釐，截然不紊，則李侍堯不得謂之能辦事矣。著傳諭李侍堯等，將舊有廠欠之項詳悉覈查，其有著者若干，即將鑪戶勒追，如逾限不交，查明家產抵補，未完之項，即於經手原放之員名下著追，無論現任在籍，亦俱勒限追繳。如不能完，即將家貲田產查封抵補，庶不敢遲迴觀望。其從前實係無著之項，查明若干，即據實開單奏明，候朕覈定，降旨豁免。此後新案，務須年清年款，毋許絲毫拖欠。如仍前牽混，該督撫即行查參，若稍瞻徇袒庇，惟該督撫是問，即著賠亦所應當。朕此次清釐，專在剔除積弊，即或應免無著之項稍多，亦所不惜。李侍堯不得存帑項爲重之心，畏首畏尾，復涉含糊，致負朕諄切訓諭之意也。將此由六百里傳諭知之。戶部原摺并發，仍著即行妥議，由驛覆奏。（高宗一○七一、一九）

（**乾隆四三、一二、戊辰**）廣西巡撫吳虎炳奏：粵西寶桂錢局設鑪十六座，現應採辦己亥銅觔。據滇撫咨稱，本年截數後無銅可撥，將來移咨赴買，約四十五年夏季方到。局銅不敷配鑄，請暫減三鑪，以十三鑪鼓鑄，滇銅充裕後，再行奏復。下部知之。（高宗一○七二、三四）

（**乾隆五六、一○、庚申**）又諭曰：［江西巡撫］長麟奏：……並請來春暫緩開鑪一節，……應照所請辦理。……如明歲停止局鑄後，錢價不致日賤，仍當照舊辦理。…由五百里速諭知之。（高宗一三八九、一六）

（**乾隆五八、一、庚申**）戶部議准：湖廣總督畢沅等疏稱：……又寶武局前因採買滇銅遲滯，遞壓五十二、三、四等年卯錢，題明分十年帶鑄。但現在錢多價平，嗣後照正額鼓鑄，已足敷用。所有遞壓卯錢請停帶鑄。從之。（高宗一四二一、二二）

（**乾隆五九、六、丁卯**）諭軍機大臣等：據畢沅等奏卯錢存積過多，請將寶武局鼓鑄歲額暫停一二年，俟現存錢文支放變賣將次完竣，再行奏請復額，按年鼓鑄等語。所奏似屬可行。昨因京城錢價過賤，已降旨令各督撫酌量情形。今據畢沅等奏請停止鼓鑄一摺，看此情形，不獨湖北一省局錢存積過多，即各省亦大概相同。其故總由鼓鑄局員多有額外私鑄小錢，以爲贏餘，藉資肥橐。而該上司亦不免從中分潤，是以陳陳相因，不願將鼓鑄停止。試思小民肩挑步販，爲數有限，即奸民私鑄，亦祇能於僻靜處所設鑪鎔化，能有幾何？乃各省小錢在在充斥，以致錢價日賤，商民交累，豈可不力爲整頓？除奉天、山東、河南、安徽、甘肅五省向未設局外，其餘各省均係開鑪鼓鑄，雖情形各有不同，其應如何酌量辦理？或仿照畢沅等所奏暫停一二年，或竟停止，或酌量減卯，及將搭放錢文改放銀兩，並動款收買錢文之處，各抒所見，悉心妥議具奏。且小錢充斥，川省尤甚。……該督撫務宜共矢天良，據實籌辦。……（高宗一四五四、二二）

（乾隆五九、六、丁卯）又諭〔軍機大臣等〕：昨因近日錢價過賤，酌籌調劑，已降旨各督撫，令其酌量情形。今日適據畢沅等奏請停止鼓鑄一摺。看來各省局錢積存過多，大概皆然。雲、貴兩省係出產銅、鉛省分，每年鼓鑄陳陳相因。……存積之多，自必倍於他省。……及貴州錢局，竟應俱行停鑄。（高宗一四五四、二三）

（乾隆六〇、二、壬午）山西巡撫蔣兆奎奏：山西寶晉局原設六鑪，前經議減二鑪。……查晉省每銀一兩，尚止易錢千文以內，市價未為昂貴，但局內存錢多至一萬數千串，已足敷貯備平價之用。……應將減存四鑪一併停止。下部知之。（高宗一四七一、三一）

（嘉慶四、一、丁亥）諭內閣：前因民間錢價日賤，飭令京局及外省俱各減卯停鑄。嗣後各該省所減之卯多已照舊鼓鑄，惟戶、工二局尚未復舊。現在京城錢價仍不能加增，可見調劑錢法不係乎減卯與否。且恐京局工匠人等曠閒日久，生計維艱。著戶部將從前停鑄之三十五卯先復十七卯，工部停鑄之三十卯先復十五卯。俟察看錢價貴賤情形，再行酌量辦理。（仁宗三八、二七）

（嘉慶四、七、己卯）諭內閣：前因民間錢價日賤，飭令京外各局減卯停鑄。本年春間，因京城錢價較昂，曾降旨諭令戶、工二部將所停之卯量為增復。自增卯以後，錢價仍未甚平，所有戶、工二局，俱著全復舊卯鼓鑄。（仁宗四九、一六）

（嘉慶一〇、五、甲申）又諭〔內閣〕：近年京師錢價昂貴，節經降旨查禁私販外出，並令戶、工兩局按卯鼓鑄，毫無短缺，而價值仍未稍為平減。風聞各省錢局不能如數鼓鑄，該督撫等並不實力查辦，以致日形短絀。前於嘉慶五年間，曾經降旨諭令停鑄省分概行復卯。其中有數省奏明不能遽復者，而每歲報部照舊鼓鑄者居多，無如承辦之員冀圖偷減工本，並不遵照定例妥為經理。名為開鑪，而其實仍未復卯。各省商賈市易流通，專賴京局錢文以資轉運。無怪乎局錢按卯鼓鑄，而錢數不見其增，錢價不見其減也！夫國寶所貴流通，若以天下之大盡仰給於戶、工兩局，是各省錢局竟成虛設，民間購買物件以銀易錢，虧失增倍，於閭閻生計大有關繫，不可不通飭查辦。著各該督撫等，將各省錢局應鑄錢文務令按卯如數鼓鑄，毋許有偷減虛報情弊。儻經此次曉諭之後，尚不激發天良，覈實辦理，一經發覺，或被人指參，必將該督撫藩司及管局之員從嚴懲治。其有將短鑄缺額等事據實呈告者，訊明所控確鑿，定加獎賞，以期蠹弊肅清，圜府充裕。各該督撫等不可視爲具文，自干重戾也。將此通諭知之。（仁宗一四三、二）

（嘉慶一九、六、丁卯）又諭［内閣］：户部議駁廣厚奏銅、鉛不敷額鑄，酌減鑪座，並免補鑄缺卯一摺。湖南省採辦供鑄銅斤，遞年短缺，自嘉慶十五年起，缺鑄至一百三十七卯之多。其採買滇銅漢鉛，均較他省爲近，何至遲延短缺日甚一日？顯係廠員等經理不善所致。該撫不督飭所屬，設法籌補，率請減鑪免鑄，殊屬不合。廣厚著傳旨申飭。即設法認真整頓，務依定額，按卯鼓鑄，並將缺卯趕緊籌補，以利國用。餘依議。（仁宗二九二、八）

三、官船修造

（順治二、閏六、壬午）工部議覆：巡漕御史劉明侯疏言：舊例額造漕船，如江南、浙江、江西、湖廣則於各原衛所成造，南京、江北、中都、山東則於清江廠、龍江關成造。近年以來，兵荒擾亂，商稅無出，請於臣部發帑，責委才幹司官督造。仍照例請差分司，以權關稅。庶將來成造之金錢，即可取用於抽分之稅額矣。疏入。得旨：巡漕御史確算奏行。（世祖一八、二）

（康熙一四、三、庚申）先是，岳州戰船遇風漂失。諭兵部曰：戰船經由長江，大將軍貝勒尚善等應嚴飭所司，加意防護，乃怠忽漂失，反爲賊資。嗣後戰船往返須以纜引，遇風則泊，倍加小心，爾部其速檄諭知。至是，尚善等奏風壞沙唬船五十餘隻，沉没戰船四隻，請敕撫臣速發修船物料。上復諭：沙唬戰船，行兵急需，關係重大。侍郎納布、巡撫張朝珍等速將修船物料委賢能官員送至岳州，亟行修理。岳州船兩次被風，如果停泊得所，風豈能壞？其嚴飭大將軍貝勒等務擇地停泊，善爲防護。（聖祖五三、一二）

（康熙一五、七、辛巳朔）定遠平寇大將軍和碩安親王岳樂疏言：逆賊船集長沙城下，我兵无戰船，難以破賊。請發江西得勝船十隻，及安慶、九江沙船五六十隻赴長沙。又長沙附近林木頗多，並乞敕巡撫韓世琦伐木造船。上諭：得勝船用之湖中，非長江所宜，其以岳州沙船轉送長沙，如安親王所請。著江西總督董衛國、巡撫佟國楨等採辦物料，僱募工匠，運赴長沙軍前，修造戰艦。如不敷用，江南總督阿席熙、安徽巡撫靳輔等速行採辦僱募，轉送江西，一并運致。仍預行安親王遣兵迎取，付韓世琦督造。（聖祖

六二、二）

（康熙一六、一、壬寅）征南將軍穆占疏言：臣抵岳州，相度形勢，江湖之間，非船不濟。今安徽巡撫造送沙船四十艘，於本月十五日到岳，應再發江南、荊州諸處沙船百餘艘，齊赴岳州軍前。……上命京口將軍王之鼎發沙唬船六十艘，隨帶礮械水手人役，量配官兵，護送至岳州。并靳輔所送船足百艘之數，以備安親王岳樂、將軍穆占取用。（聖祖六五、八）

（康熙一六、六、壬子）先是，安遠靖寇大將軍多羅貝勒尚善等疏言：得鳥船四十艘，即可破賊。上命江寧巡撫慕天顏如數速造，以資大兵之用。尋慕天顏疏言：所造鳥船甚多，必須時日，臣躬自督工，期以六閱月告竣。得旨：岳州需船甚急，若六閱月始竣，則秋冬已過，有誤破賊之期。慕天顏其晝夜并力，務於八月內竣工，遣往岳州。（聖祖六七、一〇）

（康熙一六、九、戊戌）先是，上諭議政王大臣等曰：逆賊吳三桂憑江湖之險，抗拒大兵，為日已久。若不速行剿滅，湖南民困，無有已時。聞逆賊多備鳥船戰艦，死拒我師，我師亦宜倍製鳥船、沙船，更令鹽船多載糧米，由岳江入洞庭，盡占江湖，斷賊糧道，夾攻岳州。如事屬可行，應遣賢能大臣官員會同督撫，尅期造船，多設水師營兵，同大兵齊進，期於一舉滅賊。但增船破賊，事關緊要，大將軍順承郡王勒爾錦、貝勒尚善等身在地方，與賊逼近，應否舉行，著速議以聞。至是，寧南靖寇大將軍多羅順承郡王勒爾錦等議：若令舟師入洞庭，盡占江湖，斷賊糧道，即合新舊船艦，亦不敷用。久泊風濤，我船不利。若泊於南潯港一帶，非並設陸路重兵，則我船不得傍岸，勢不能久占江湖，阻賊餉路也。但逆賊造船未已，長江關係最重，當賊舟漸增之時，我舟又非可驟得，若預行添造，甚屬有裨。鳥船、沙船可載數月之米，其鹽船似應停止。上命添造鳥船六十艘、沙船二百艘，戶部尚書伊桑阿赴江南，同該撫速行督造。俟船將告竣，更添發綠旗官兵。鹽船著停止。（聖祖六九、一〇）

（康熙一七、二、甲寅）先是，安遠靖寇大將軍貝勒尚善疏言：得鳥船四十艘，可以破賊。因令江南造船，如數送往。後尚善復奏：目前水小難行，俟三月後湖水既漲，添造之船，度亦告成。彼時酌量水勢，相機進取。……雖添造船成，又必旁借事端，稽緩時日。且公溫齊率往之兵，本令剿賊，非俾駐守荊、岳也。況添造之船難期三月必成。時漸炎暑，又逾進討之期。大將軍順承郡王勒爾錦、貝勒尚善等，其公同確議，添造戰船，可否擊破湖中賊艘，具以奏聞。至是，寧南靖寇大將軍多羅順承郡王勒爾錦疏言：臣等因遠隔汛地，船成之日，能破湖賊與否，未可遙度。且水漲遲早難定。臣等前疏曾謂如有可乘之機，則率兵渡江。頃者荆州相對沿江一帶賊勢稍減，臣請調將軍鄂內舟師并岳州沙唬船五十艘來荆州，臣等即帥師渡江進取。得旨：荆州滿漢兵數甚多，攻守未爲不足。倘調鄂內兵船赴荆，仍未能進取，則往返稽遲，反誤攻岳機會。鄂內兵船，不必調往。俟船成之日，即將溫齊所領及陝西調往之兵一併發赴岳州。尚善等其詳加籌度，務期破賊。（聖祖七一、二〇）

（康熙一七、三、庚子）安遠靖寇大將軍貝勒尚善疏言：岳州原有鳥船，又奉旨添造鳥船一百艘、沙船四百三十八艘。官兵自陸路分布外，餘配入鳥船、沙船，兵數不敷，須再調綠旗兵五千人。（聖祖七二、一六）

（康熙一七、九、辛亥）揚威大將軍和碩簡親王喇布疏言：茶陵、攸縣水陸俱通，衡州諸處，宜造戰船及小沙船百艘備用。議政王大臣等議如所請，令勸勉紳衿百姓輸助，速行營造。得旨：造船事關緊要，令刑部侍郎禪塔海於江南動支正項錢糧，備藥礮及需用器物，前赴茶陵諸處督理修造。前尚書伊桑阿帶往造船官員，仍令偕往。（聖祖七七、六）

（康熙一八、五、甲寅）先是，湖南用兵，令江南造鳥船百艘，送岳州軍前。至是，岳州既復，無須舟艦。上諭議政王大臣等：萬正色赴閩時，即令其領在岳鳥船并水手以行，至江南、浙江更選戰艦共百艘攜往，以資征剿。（聖祖八一、七）

（康熙一八、七、甲寅）湖廣提督徐治都疏言：設五板船一百艘，令彝陵鎮臣胡世英統之，以備水路。臣親調官兵，偕襄陽鎮臣，水陸並發，前赴歸州興安巴東形勝之地，剿撫逆賊。得旨：所用戰艦，督撫等委官速造，毋誤軍需。徐治都即偕彝陵、襄陽總兵官赴歸州諸處討賊，剿撫並用，速奏膚功。（聖祖八二、一〇）

（康熙一八、一一、壬子）先是，福建巡撫吳興祚請修理戰艦，上遣吏部郎中薩耳圖等往閩督修。至是，吳興祚又疏言：戰艦二百五十艘，見在修理，若待竣工齊發，恐誤風汛之期。請以修繕已畢者同新造鳥船配兵先發，餘俟薩耳圖等督趣告竣。上諭：戰艦乃破賊急需，其令巡撫吳興祚同薩耳圖等速行修治，無誤萬正色師期。（聖祖八六、一三）

（康熙一九、二、癸未）先是，命福建總督、巡撫、提督酌定進剿海寇機宜。巡撫吳興祚疏言：臣詢之習知賊中情形者云，賊艘雖多，不如我新造鳥船堅固便捷。今鄭錦悉調舟艦，皆在海壇齊集，宜乘風汛甚利，將士方銳，先攻取海壇，破賊藩籬，則廈門、金門自可乘勝而下。臣已與提臣萬正色決策，萬正色以水師直攻海壇，臣率標兵赴同安，同督臣姚啟聖、提臣楊捷調陸路兵，規取廈門。萬正色亦疏言：荷蘭國船遲速莫必，轉盼三四月間，南風一作，我舟師即難前進。今新舊大小船隻俱集定海大洋，撫臣吳興祚前來閱視，知其可用，臣已與決計進討。吳興祚率標兵馳赴同安，爲臣聲援；督臣姚啟聖、提臣楊捷調陸路兵，據圍頭以遏賊出入。臣定於二月初四日進取海壇。至是，萬正色疏報：臣統率官兵，由定海進發，於本月初六日抵海壇，賊乘舟逆戰，臣分前鋒兵爲六隊，直衝而入，親統巨艦繼之。又以輕舟繞出其左右，并力夾攻，礮火齊發，擊沉賊船十六艘，溺水死者三千餘人。餘賊潰遁，我舟師遂駐泊於海壇。上諭：今巡撫吳興祚、提督萬正色灼見賊勢，乘機進剿，已經克復海壇。將軍賴塔、總督姚啟聖、提督楊捷，其會商分撥滿洲綠旗水陸官兵，以策應進剿之師。（聖祖八八、二三）

（康熙二一、一二、辛巳）工部題：寧古塔將軍巴海等移咨修理戰船。得旨：寧古塔地方與羅刹甚近，戰船關係緊要，戶部尚書伊桑阿帶領良匠前往修理，前投誠入旗林興珠等係福建人，今著彼前往演習，庶有裨益。（聖祖一〇六、一六）

（康熙三一、五、庚戌朔）諭大學士等：遣往察看黃河之前鋒統領碩鼐等差回，奏稱察看黃河，自寧夏至潼關，皆可舟運。但龍王站一處，水勢陡絕，湍激不可行船。其間由陸路起剥十里，過水陸之處，即由船運，便可直至潼關西安矣。既如此，應差工部賢能司官一員，會同巡撫葉穆濟，於船窩裏地方造可載百石之船二百艘，至龍王站下停泊，預爲備用。又聞歸化城北翁俄等山產有材木，令遣八旗鐵匠、木匠，歸化城派出夫役，伐木鋸板，運至湖灘河朔津口，造裝載一百石之船二百艘。此造船所需鐵與油麻等物，自該部發往。船工既畢之後，將大同米石出殺虎口，轉運至湖灘河朔津渡泊船之處，俟彼時再議。造船之暇，自大同至湖灘河朔工所，其轉運之路，應察看詳明，預行料理。（聖祖一五五、九）

（康熙三三、一〇、己亥）復設江南淮安清江廠船政同知，改江寧廠船政，歸江寧管糧同知兼理。（聖祖一六五、九）

（康熙三九、四、丙寅）福建浙江總督郭世隆題：海船應修理，請速給物料價值，以便即行鳩工。得旨：朕去歲巡幸南方，郭世隆曾奏若不修理海船，巡察之事，必致有誤。著依該督所題修理。（聖祖一九八、二二）

（康熙三九、九、丙午）工部議覆：郎中薊賽所奏江南省鎮江等處修造船隻一疏。以後各省修理戰船，停其交與州縣官修理，該督撫揀選賢能道府等官，於左近地方，堅固監修。如修造不堅，未至應修年分損壞者，該督撫查參，除責令賠修外，仍交該部嚴加議處。其營弁將目船隻，不行敬謹看

守，以致損壞者，該督撫、將軍、提鎮等查參，亦交該部嚴加議處。從之。(聖祖二〇一、八)

（**康熙四二、一〇、甲戌**）諭大學士等：江南督撫提督著公同造洋船二十隻，俟來年春，令山東水師營官兵前往江南，取至山東候用。目前山東海盜非確係積賊，皆貿易之人，資本虧折，因肆行搶奪。可命學士常壽前往招撫，再令筆帖式三人往山東三路問賑濟事，並視民間情形，限第六日到京。朕自幼聽理政事，極其敬謹，時時惕厲於心。今已年艾，諸事更加戒懼，不敢稍有懈惰忽略也。(聖祖二一三、一五)

（**康熙四三、四、戊子**）山西巡撫噶禮疏言：臣遵旨查勘汾河，自河津縣至洪洞縣，船皆可行。惟自趙城至省城，石多灘淺，非製造小船，實難行走。應仿麻陽船式製造，始可濟運。下部知之。(聖祖二一六、四)

（**康熙五五、一〇、壬子**）諭大學士九卿等：…朕南巡過蘇州時，見船廠問及，咸雲每年造船出海貿易者多至千餘，回來者不過十之五六，其餘悉賣在海外，齎銀而歸。官造海船數十隻，尚須數萬金，民間造船，何如許之多？且有人條奏：海船龍骨，必用鐵梨笐木。此種不產於外國，惟廣東有之。故商人射利偷賣，即加查訊，俱捏稱遭風打壞。此中情弊，速宜禁絕。(聖祖二七〇、一四)

（**康熙五七、八、丁丑**）工部議覆：江南江西總督長鼐疏言：江南地方為江海要區，額設大小船隻皆為巡江巡海所必需，一日不宜空缺。所有各營船隻同時設造，大修小修，亦往往同時，無有更替，恐誤巡防。請嗣後各營船隻修造屆期，先修一半，仍留一半，在汛巡防，以俟續修。又修造之時，令布政使確驗，不許承修官員剋減工料，如所造之船不堪，將承修承堪各官參處賠修。如有捏報當修，冒領工價者，將捏報營官參處。均應如所請。從之。(聖祖二八〇、九)

（**雍正三、一二、己巳**）和碩怡親王等遵旨議覆：天津之海口為京師重鎮。滿洲兵丁令往天津駐劄，學習水師，於海防大有裨益。其撥派兵丁二千名之處，已經奉有諭旨，官兵駐劄地方，亦奉旨派出大臣前往相度，毋庸再議外。此所派兵丁，令八旗滿洲蒙古都統等於各該旗餘丁內挑選，每滿洲旗分各派二百名，設立三佐領，蒙古旗分每旗挑選五十名，設立一佐領，立為左右兩營。兵丁習練火器，為鳥鎗手，并設副都統一員，令其總管。滿洲旗分，應補佐領、防禦、驍騎校各三員，每翼補協領各二員。蒙古旗分，應補佐領、防禦、驍騎校各一員，每翼補協領各一員。再駐防滿洲兵丁，應補理事同知一員，筆帖式三員。其船隻令製造大趕繒船十六隻，小趕繒船十六只，酌量分配官兵，分爲兩班操演。其趕繒船各隨小船一隻，應令造杉板船三十二隻，僱募駕船頭舵水手，令兵丁學習熟練。從之。(世宗三九、二)

（**雍正六、一二、己亥**）工部議覆：盛京户部侍郎兼理奉天府尹王朝恩條奏：各省修造戰船，舊例解送總督親驗。總督或轉委中軍，以致監造文員每被需索，兼多徇隱。是以船隻工料皆屬虛糜，其實不能堅固。請嗣後修造戰船，各該督撫務須親驗。應如所請。得旨：戰船關係緊要，若僅委中軍驗看，或彼此瞻徇情面，不據實詳覆，致使物料柔脆不能經久。嗣後修造戰船，當造成之日，其船廠附近省城者，著在城之督撫、提鎮及布、按兩司親往驗看。其船廠離省遠者，著附近府城之文武大員公同驗看，務令修造堅固。倘有不能堅固及浮冒侵蝕等弊，即行題參治罪。庶承修之文職有所顧忌，不敢草率浮銷。而監工之武弁，亦可免借端需索之弊。著該部遵諭速行。(世宗七六、一四)

（**雍正八、二、乙丑**）諭内閣：向來外省各標營沙唬、趕繒等船，原令道員會同副將監督修造。道員遴委同知通判承修，副將遴委營都司守備監修。聞承修之員備辦物料，必經監修驗看，自千把以及遊副逐層需索。及如式修造，赴各標營交收，又有驗看勒掯之弊，迨交收之後，一任船隻棄置河干，雨淋日曬，船中器械繩索爲頭舵等人盜竊變賣，而該管將弁概不追究。夫始則借端勒索，後則聽其毀棄。豈非以承修之責專在文員，而監修之武弁置身局外，遂至視同陌路乎？此等錮弊，聞各處皆然，而京口將軍標下爲尤甚。嗣後修造標營船隻，著道員副將會同領價，道員遴委丞倅，副將遴委都守，協同辦理修造。如係將軍標下船隻，即遴委參領以下等官同領同辦。其船隻交收之後，在汛停泊，責令頭舵苫蓋澆洗。每歲令該管將弁出具印結，送督撫查核。如有陞遷事故，令其具結交代。至於修造船隻，有小修、大修、拆造之不同，是以工料多寡懸殊。今聞船未發廠，頭舵人等已將在船什物私行盜賣，即屆小修，亦必令其折換添備，甚屬不法。嗣後著將什物一併具册移交，如有短缺，將該管將弁及頭舵人等分別參追。總之各省船隻每當修造之時及交收之後，其中種種弊端，難以枚舉。今就朕所聞，頒發諭旨，在各省將軍、督撫、提督等悉心商酌，時加訪察，以除諸弊。倘諭旨中有難於奉行之處，亦著據實陳奏。(世宗九一、一九)

（**雍正九、一一、乙丑**）諭大學士等：山東登州乃濱海重鎮所轄地方遼濶，查該鎮本標及所屬兵丁除水師外，額兵二千餘名，似不敷用。……此四處兵應否酌量增添，爾等詳查議奏。尋議：……再查登鎮水師，現在共兵八百五十名，趕繒船十隻，艍船七隻，所轄海面島嶼甚多，往來巡哨差使頗繁。應添艍船三隻,兵一百五十名,以足一千之數。所添兵丁,務選熟於海道及通曉水戰之人,召募充補,艍船令山東巡撫委員監造。至各處應加守備千總等員及應建營房,令總漕、總河、登鎮會同該督撫詳悉定議。從之。(世宗一一二、六)

(**雍正一一、八、丁丑**)諭內閣:據巡臺御史覺羅栢修等奏稱臺灣修造戰船,例係匠役糾夥深入番社,採取木植,易生事端。嗣後請令番民自行採運,即在內地成造。朕思番社產木既多,若番民赴官售賣,按數給與價值,使之獲利,又無騷擾,伊自樂從。但不預先妥議規條,難以期其必得。又恐通事人等從中作姦,更滋弊竇。目前且向內地修造,其番人自行售賣之處,著該督撫悉心定議,妥協辦理。(世宗一三四、一四)

(**乾隆二、一〇、癸丑**)江南提督南天祥奏:預借工價,估造巡船。得旨:此事朕殊未悉。即如所奏云拆造銀九兩,十年一拆造,自五十五年以來,均未按期拆造。則拆造之項作何動用耶?其令新督臣詳議以聞。(高宗五五、一六)

(**乾隆三、二、庚寅**)[吏部]又議覆:調任江南總督慶復疏稱:江寧、蘇州、松江、鎮江、太倉五府州向無專管戰船廳員,但設總廠,以各該管道監修,委同知通判辦理,每致推諉遲誤。請以江寧府江防同知兼理江廠船政,松江府水利通判兼理蘇、松二廠船政,蘇州府海防同知兼理太廠船政,常州府水利通判移駐鎮江,改為鎮江府船政通判,專司船廠。其常州府水利事務,將武進、陽湖、宜興、荊溪四縣歸督糧通判管理,江陰、靖江、無錫、金匱四縣歸海防同知管理。各關防換鑄頒給。均應如所請。從之。(高宗六二、八)

(**乾隆三、七、辛酉**)工部議准:福建巡撫盧焯奏稱:閩省泉廠分修金門左右營、海壇右營戰船,向例於金門、海壇鎮標各遊擊內選派一員監督。其漳廠分修水師提標五營、南澳鎮標左營、銅山營戰船,即派水師提標中營參將監督。今水師提標中左二營戰船既經改歸廈廠,請將泉廠承修之船就近歸於水師提標中營參將監督。漳廠承修之船就近歸於水師提標左營遊擊監督。從之。(高宗七二、一五)

(**乾隆三、一二、庚寅**)兵部議覆:四川巡撫碩色疏言:彭山縣三江口至巫山縣鯿魚溪計程二千三百九十里,應設水塘六十六處。內舊水塘二十九處,酌移二十四處,旱塘改水八處。需哨船六十六隻,加重慶城外一隻,華陽傅家壩一隻,共六十八隻,舊有三十隻,應添三十八隻。請動支本年耗羨公用銀給造,每塘派兵四名,共二百六十四名。舊設塘兵共一百六十四名,

應添一百名，請於各協營內就近酌撥。應如所請。從之。（高宗八二、二七）

（乾隆五、七、丙申）工部等部議准：湖廣總督班第奏：楚省三湘七澤，水勢汪洋，江夏等處，江流湍激，險阨地方，均應設立救生船。通計各處，共用船九十一隻，估需工料銀四千九百四十八兩有奇，請於司庫公項銀內動支。仍照例三年小修，五年大修，屆歷十四年，如果朽壞，動項拆造。至水手工食，東湖、巴東二縣，當三峽下流，險阨尤甚，請每名年給銀七兩二錢，閏不加增。其餘各屬，俱照例月給銀五錢。需用若干名，令地方官按照船隻大小酌定數目，募充報部。懶惰偷安者責革；私索謝銀者，計贓以不枉法論罪；搶匿財物者，計贓以搶奪論罪，銀兩照追入官。從之。（高宗一二三、二四）

（乾隆六、二、乙丑）吏部尚書署兩江總督楊超曾奉諭查奏：戰船販賃貿易，江省並無此弊，惟修造不免苟且塗飾。請每年盤查軍械時一體查驗。得旨：總在汝等督撫提臣時刻留心查察耳。不然，雖詳定律令，究無益也。（高宗一三七、一三）

（乾隆六、三、丁亥）工部議准：閩浙總督宗室德沛奏：桅木為戰艦首重，購買艱難，挽運不易。委任微員恐致貽誤，請照雍正年間令各道採辦。除臺灣廠遠隔海洋，仍前辦理外，其興、泉、永道承修之泉廠令興、泉、永三府州協辦。汀、漳、龍道承修之漳廠令汀、漳、龍三府州協辦。鹽法道承修之福廠令延、建、邵三府協辦。從之。（高宗一三九、一七）

（乾隆六、一二、己亥）兵部等部議准：原署兩江總督楊超曾會議福建漳州總兵官黃有才奏：請將江南定海、崇明二鎮快哨船改照爛鼻頭船式。查江浙洋面，情勢不同。浙洋寬深無沙，出洋便可揚帆，毫無阻礙；江南則有山前暗沙，洋面較窄，沙線有礙，故設崇明四營小哨船，巡緝諸沙，並非隨帶外洋之用，未便議改。爛鼻頭船轉折便利，餞風騰駛，海船中之利快者，莫過於此。如舟師出洋哨捕，隨帶哨探，誠不可少。然水師有大隊，有正，有奇，方收先鋒哨探之用。此船樑頭不過一丈四尺，配兵不過三十名，設遇巨艦夾舟臨戰，何以禦敵？請將崇明鎮中、左、右、奇四營，並川沙、吳淞二營額設沙船內，輪屆拆造之年，每營各改造爛鼻頭船一隻，隨巡外洋，其原設小哨船九隻，留資內洋巡緝。從之。（高宗一五六、二〇）

（乾隆六、一二、辛亥）兵部議覆：浙江提督裴鋕奏：請定武員干預民事之處分。應如所請。嗣後兵丁有戶婚田土之事，與民結訟者，一面回明該管營員，一面赴有司呈告，聽候審斷。該營將備概不許收兵丁呈詞，加看移送。倘有違犯，照擅受民詞例議處。又奏：浙省水師，用頭號水䑸船、二號赶缯船、三号双篷舡船、四号快哨船，船身俱大，浅途汊港，势不能到。宁波各县有钓船一种，船身四丈，面梁六尺五寸，一橹两桨，不论风之顺逆，驾驶如飞。臣前任定海，率同官员捐备十一只，稽察巡查，甚为便利。请于水师各标营额设战船外，酌派钓船二只。亦应如所请。从之。（高宗一五七、一一）

（**乾隆八、七、丙戌**）工部议覆：署两广总督策楞奏称：广东通省外海战船向分四厂。内高、雷、廉三府属战船，在高州芷芛地方设厂成造。嗣因木植稀少，另设子厂于龙门地方，专造龙门协战船。其高、雷两府战船，仍在芷芛成造。惟是芷芛地处偏隅，所产木植有限，自设船厂，迄今已二十年，不独附近水次木植无余，即深山邃谷，亦渐无可采，恐误船工。应如所请。将芷芛一厂改设省城河南地方。高、雷二府属战船，届修造之期，驾赴厂所，仍令高、雷等府属文武大员监督修造，由该管道员查核估销。龙门子厂照旧办理。又调任总督庆复奏：修造战船，不必定用樃木，不如松、杉等料更为驾驶便益，且料易购买。亦应如所请。嗣后不必采用樃木，以致扰民误工。从之。（高宗一九六、一○）

（**乾隆八、一二、癸丑**）工部议覆：署两广总督策楞疏称：广省河南厂及芷芛厂新归省厂修造外海船只，原定监修之广南韶道、高廉道驻劄窎远。请将河南厂改归监运司经管，芷芛厂改归粮驿道经管。其府修内河船只，亦令该二道各半督修，不得仍前委佐杂千把微员料理。又本地木植稀少，请于六个月前委员领银购办。均应如所请。从之。（高宗二○六、七）

（**乾隆九、一二、壬申**）署两江总督协办河务尹继善奏：水师战舰，平时操防，有警御敌，所关甚钜。臣留心察访，其中积弊多端，司事之员，并未实心经理，验收亦不详细察查。近有狼山镇各营大小战船十只，具报完工，饬镇道赴厂验收，多不照原估。混用旧料者，合计偷减工价银二千余两。据承办官开报，各衙门书办及管船人等陋规浮费。除将同知严宗喆、都司袁文通严参究审外，查下江修造战船，共设江宁、苏、松、镇江、淮安、太仓等厂，今既查有侵蚀等弊，各厂已可概见。所有各项陋规，现已尽行革除，其必不能省之费。与其暗中侵损，无宁明定章程，于平余出色银内，酌量支用，并咨会将军、总漕、苏抚就近严查，于收工时遴员逐细验看，如有不符，即行严参究追。得旨：近亦有人议及此事，因汝等已参奏，故未颁发。然汝等亦不能免失察之咎也。（高宗二三一、一六）

（**乾隆一○、九、戊戌**）[闽浙总督马尔泰]又奏：澎湖一协为臺、厦扼要冲途，向设战舰三十六只，以供巡哨护送之用。现在被风击坏二十四只，应动项补造。该协目下乏船配驾，臣一面办理，一面具奏。得旨：所奏俱

悉，應上緊辦理者。(高宗二四九、二六)

（**乾隆一一、一、丁丑**）兵部議覆：漕運總督顧琮奏稱：鹽城營額設沙船四隻，備巡哨之用。但外洋水勢隨潮消長，難以豫定，造船惟在適宜。沙船平底方頭，體骨重大，不甚利便，且洋匪乘坐快船，搶風折戧，出入靡常。凡官兵巡緝，若非帶有外洋快哨船，萬難奮追。請將鹽城營二號沙船一隻改造外洋快哨船二隻，船長七丈，較沙船所短無幾，出洋入港，甚為利便。年例既當排造，以一改二，價無加增，船得實用。檄飭營縣及時辦料興工，無誤逾期。應如所請。從之。(高宗二五六、九)

（**乾隆一一、一二、辛巳**）刑部議：調任江蘇巡撫陳大受奏稱：參革江寧府江防同知嚴宗喆、狼山鎮標左營守備陞任東海營都司袁文通承造戰船，舞弊牽混一案。審得嚴宗喆、袁文通實無弊混侵隱等情，但造不如法，節省價銀，不即申報，應分別罰俸。其原參革職之案，可否准其開復？得旨：戰艦備水師操演防禦之用，關係緊要，全在修造如律，方能緩急足恃。而向來承辦文武員弁往往侵蝕分肥，至經管書役以及管船人等各有陋規，因而通同作弊，朦混報銷，修造概不如法。而該管上司，不過據結題報，肯實心查驗參揭者甚少，以致承辦之員恣意朋吞，視為故事。此本內尹繼善原參同知嚴宗喆、都司袁文通舞弊狡飾一案，所查節省銀兩先未報明，及至敗露，始行開出之處，甚為明確。而該撫陳大受承審，乃謂尚未報銷，原非侵隱，亦無弊混等語。獨不思題參在前，該員弁詳報在後，其為侵隱弊混，已屬顯然。即使寬其侵冒罪名，何得遽請開復？部議照覆，亦屬草率。似此已經發覺之案，尚為姑息優容，將來承辦各官益無顧忌，積弊何由漸除？嚴宗喆、袁文通俱不准開復。此旨可傳諭各督撫知之。(高宗二八一、八)

（**乾隆一二、一、癸卯**）軍機大臣等議覆：陞任福建巡撫周學健奏稱：閩省大小戰船共三百一十二隻。內趕繒大船約十分之六，雙篷等小船約十分之四。大船修造價貼比小船多數倍，**檣楫桅舵均加長濶**，**桅木購買尤艱**。又船身轉折不靈，終歲停泊，不若雙篷、艍、舢等船物料既省，駕駛更速。且閩、粵水師同屬大洋，粵省每戰船十隻，趕繒大船不過配用一二隻，餘俱艍、舢拖風等船，與閩省雙篷船丈尺相符。請勅下督撫提督，將通省原配趕繒大船照粵省酌量留配，其多餘巨艦即於屆期拆造各船內，漸次扣除，改造雙篷、艍、舢等船，不特帑項減省，材木亦不耗費。應如所請。其應作何扣除改造分配兵丁之處，交該督撫提督妥議。得旨：依議速行。(高宗二八二、一三)

（**乾隆一二、七、甲寅**）大學士等議覆：閩浙總督喀爾吉善等奏：前據陞任福建巡撫周學健條奏：閩省額設趕繒船請照粵省酌量留配，其餘改造雙篷等船。經軍機大臣覆准，行令分別裁改。查閩省洋面與粵省不同，非趕繒大船難期穩便，不能照粵省之例裁減大半。請略爲變通，將淡水營趕繒船六隻裁去四隻，其餘各營酌量情形，共裁二十二隻，改造雙篷、艇、舢等船，仍留大小趕繒船一百五十三隻。至周學健原奏，請於趕繒船拆造時漸次改造。查裁去趕繒船，既應改造，請照閩省水師旗營之例，先行變價充餉，所有應造雙篷等船，即動項興工，造竣交營差操等語。應如所請。從之。（高宗二九五、一五）

（乾隆一二、七、甲寅）［大學士等］又議准：閩浙總督喀爾吉善等奏稱：先經浙江處州鎮總兵苗國琮奏，濱海戰艦需用桅木採運維艱，請於閩、浙等省無稅官山雇覓種樹之人，多植松、杉等樹，令地方官勤加培護等語。查戰船木植自應設法栽培，惟雇覓種樹之人，必須先給工價，既種之後，乏人看管，易致損傷，設役巡查，徒滋擾累。該總兵所奏，似屬難行。請將查出無稅官山許民承種柴薪，聽其收管，樹已成材，照價給買。從之。（高宗二九五、一六）

（乾隆一三、九、癸亥）又諭曰：吳士端所奏各省戰船屆大小修時，請令營弁辦料鳩工，會同就近同知通判監修一摺。此奏雖爲節省帑項起見，亦不無庇護文員之意。所謂知其一不知其二。即如所云商人一船可經二三十年，營船九年，率即不可應用。不知國家立法，自應爲人留餘，不過戒其已甚焉足矣。詎可如商船自較錙銖耶？即如河工歲費數至鉅萬，河員何嘗不仰給於此？亦以當用而用，節省豈非美事，而朝廷立政，則當權宜。明季於一切經費皆裁減靳惜，此如山西富戶之固吝，有何足取。究之飽中貴之貪壑，今其寺墓林立，非取給於此乎？誠使各該管官留心稽覈，工歸實用，毋滋浮冒，則亦可矣。但各督撫不過照例覈銷，未必實心督察。嗣後著慎簡幹員，以察積弊，承修之例仍舊貫。吳士端摺并發。（高宗三二四、二八）

（乾隆一五、三、甲辰）兵部議覆：浙江乍浦滿洲水師營副都統覺羅額爾登奏稱：乍浦水師營額設戰船內，大、小趕繒船各九隻，遇風行走，緩急有用。惟南繒船四隻，船身短狹，迎風折戧，較趕繒船甚慢，於操演無益，且遇小修、大修、拆造三項工程，需費至二千五百餘兩之多。請將南繒船盡裁，估價充公。再每船額定綠旗水手，大趕繒六、小趕繒五、南繒四，請將南繒船應裁水手十六，並抽從前所汰水手二名，於大、小趕繒船內，每船添給水手一，作爲掌舵兵丁，期資實用。均應如所請。從之。（高宗三六〇、一）

（**乾隆二二、一、壬戌**）四川提督岳鐘璜奏：川省啯嚕棍匪出沒無時。嘉陵江自陝發源，直達楚省，沿江設立塘汛，並未議給哨船，行舟經過，汛兵無從盤詰。請於朝天汛、保寧府、順慶府、蓬州四處各設哨船一，並號旗、號籌，責汛兵上下巡查，彼此兌換旗、籌。並於沿江各塘製小塘船一，令塘兵不時巡查。報聞。（高宗五三一、二七）

（**乾隆二三、七、庚戌**）浙江巡撫楊廷璋奏：浙省杭州下河便民船一百隻，順治年間因閩省用兵而設，日久朽壞，乾隆十二年，存尚堪修整者四十隻，經撫臣題准，每年修費銀五百八十餘兩。查此項船隻終年停泊，間有撥用，仍須另雇舵工水手，較雇募民船轉多周折，額定歲修亦恐有名無實。況該處另有聽差站船二十四隻，設遇差繁，即以修費雇船添用。應請全汰。得旨：如所議行。（高宗五六七、二〇）

（**乾隆三三、五、丙申**）又諭：前據工部覈駁熊學鵬估變裁汰船隻一本。閱其情節，顯係承辦之員以多報少，希圖染指分肥。當經傳諭永德，另委妥員確實估報。今據該撫覆奏，果有寧紹台道方桂弊混情節，摺參革職審擬。並請定例，凡限滿拆造船隻，不得仍循部定估變成規，逐案委員據實確勘報部變價等語。所辦甚是，已如所議行矣。此等船隻俱係動用官帑修造，每隻不下數千金，即經歷年久，拆卸變價，亦何至每隻僅止數十金之少？其為官吏欺公肥橐，不問可知。今浙省明驗如此，則其餘各省已可概見。著將此通諭各督撫提鎮等，嗣後遇有屆限應行拆造船隻，悉照浙省所辦，嚴飭各屬悉心確估變價。務使物料皆歸實用，而帑項不致虛糜，毋任稍有中飽侵漁，自干咎戾。著為令。（高宗八一〇、一三）

（**乾隆三三、七、戊子**）軍機大臣等議奏：據兩江總督高晉議覆大學士陳宏謀條奏裁汰戰船一摺。江省戰船一百三十四，應裁艍、繒、沙唬船三十六，改造雙篷快槳船二十六，其舵水兵丁除派撥外，餘水兵四十四名併裁，承修請仍歸文員等語。應如所請。從之。（高宗八一四、三）

（**乾隆三三、八、癸酉**）軍機大臣等議奏：據閩浙總督崔應階議覆大學士陳宏謀條奏裁汰戰船一摺。福建省擬裁船三十九，改船一十一，浙江省擬裁船五十五，改船一十五，共裁改船一百二十隻。其雇覓民船渡載班兵之議，查臺郡米穀全賴民船販運，若再令渡載班兵，恐誤販糶，應毋庸議。至修造，請仍舊歸道府會辦。均應如所奏。從之。（高宗八一七、三）

（**乾隆三三、九、甲午**）兵部議奏：據兩廣總督李侍堯議覆大學士陳宏謀條奏巡察海口商船及裁汰戰船二摺。查粵東出海商船節經嚴定章程，毋庸更改。至戰船額設外海繒、艍、拖風、烏艕艟、哨船一百六十七，內河櫓、槳、急跳、快、哨、艖艍船三百八十，今請裁外海船三十二，內以繒船改造拖風船一，以繒、艍、拖風改設內河快船十。又請裁內河船五十六，內以櫓船二改造外海拖風船一，共裁船八十八，改造船十二。其承修戰船，粵省向責成道府，請仍照舊等語。俱應如所奏。從之。（高宗八一八、二一）

（**乾隆三三、九、甲寅**）諭軍機大臣等：前據李侍堯奏裁汰內河櫓、槳船四隻，共止估銀八十餘兩，並未將原造價值若干聲敘，因降旨該督查覆。今據奏到此項船隻共原造工料銀二百八十餘兩，現在估變銀八十餘兩等語。此項估變船價，較原造銀數已逾三分之一，自可毋庸查辦。若前此浙省估變船隻，較原造價值十分中尚不及一，大相懸殊。果查出承辦道員方桂朦隱情弊，即將伊革職治罪。是估變時，總當視原值為衡，方可定其有無侵隱也。著傳諭各督撫，嗣後遇有奏聞估變案件，即將原造價值隨摺聲明，以便覈定，著於奏事之便，傳諭知之。（高宗八一九、三二）

（**乾隆三四、一、丁亥**）諭軍機大臣等：征勦緬匪，由水路進兵，必需船隻。今派出署副都御史傅顯、護軍統領烏三泰，令其馳驛前往雲南軍營，監造船隻。著傳諭高晉，將湖廣善造船隻匠役多為挑選，妥協豫備。俟傅顯、烏三泰到日，即行交與伊等，由彼帶往。（高宗八二六、四）

（**乾隆三四、四、辛未**）諭軍機大臣等：昨據傅恒等奏稱蠻暮以北，野人山頂，可得造船木料，已令傅顯帶兵一二千名，前往修造等語。此項兵丁必須滿、漢兼派方妥。彼處修造船隻，若野人稍不恭順，即應立時勦辦。此等野人不可深信，恐其佯為恭順，陰通緬夷，務宜留心籌度。再前經降旨，著烏三泰在落卓一路進兵，已調伊為成都副都統。今傅恒復派令造船，則落卓一路須另派一幹練領隊大臣。至造船一事，朕徹夜思之，所關甚要。觀所進地圖，野人山西北即係賊人巢穴，相距甚近，倘野人陰通緬匪來侵，有誤船工，大有關係。必須重兵駐守，方可無虞。計今歲於七八月間進兵，此山既距進兵路近，瘴氣亦輕，莫若移兵屯劄於此，以為聲援。九月間，想船隻亦可造竣矣。如此辦理若何，可傳諭傅恒，令其察看地勢，相度事機，熟籌妥議具奏。此事甚要，朕時厪念也。（高宗八三三、五）

（**乾隆三四、一一、癸未**）兵部等部議覆：兩江總督高晉奏稱京口水師營戰船向隸鎮江府船政通判辦理，現在左右高資等營改歸督標，京口船隻應就近歸併江寧廠，交江寧江防同知兼辦。其鎮江府水利通判請專司河工，船政通判請改為糧捕通判，換給各關防。均應如所請。從之。（高宗八四六、一一）

（**乾隆三四、一二、壬子**）又諭：據傅恒奏滇省水師船隻用日無多，即有損壞，再四思維，於心實覺難安。請將用過物料價值及匠工人等所支各項查明賠補等語。所奏不可行。此次進勦緬匪兼用舟師，乃出自朕意，並非傅恒一人倡議承辦。且伊於造船一節任勞任怨，始能剋期集事。至船身大小尺寸與江路不能適合，原非可以豫料。若因此遽行引咎，自認賠補，撥之事理，既未允協，而將來遇有國家公事，大臣等誰復肯一力擔承辦理乎？傅恒所請賠補船隻之處，竟可無庸置論，並將此諭衆知之。（高宗八四八、一〇）

（乾隆三六、九、乙巳）工部議覆：浙江巡撫富勒渾奏稱：浙河舊設站船二十四隻，因舊式笨重，改造沙飛、太平等船，沙飛可裝餉鞘二十萬兩，太平可裝餉鞘十六萬兩。請將所需水脚，沙飛給九十兩，太平給八十五兩。應如所請。從之。（高宗八九二、二五）

（乾隆四二、二、辛酉）兵部等部議覆：署湖廣總督陳輝祖奏稱：洞庭協中號戰船十八隻，舊式底平身笨，淺瀨平流，既不能擊楫如意，衝風折餞，又不如小號船之旋折輕靈。請一律如小號船式成造，既適於用，兼可節省工料。應如所請。從之。（高宗一〇二七、一五）

（乾隆四二、七、癸巳）是月，浙江提督李杰龍奏：修造釣船，動項有限而名色繁多。請照製造軍裝例咨部報銷，毋庸專摺具奏。報聞。（高宗一〇三七、三一）

（乾隆五〇、四、戊申）諭軍機大臣等：本日據毓奇等奏四月初十日淮安一帶地方陡起暴風，大河等二十幫內有沉溺軍船淹斃人口等語。已降旨加恩賞卹矣。各省漕運，船身高大，固為愼重天庾起見，但一遇暴風，往往有沉溺傷損之事，究因船身過於高大沉重，棹軶維艱，人力難施所致，即其尋常軶運，加縴過閘，一切照料浮送，亦覺甚難。況幫船每隻運米不過五百餘石，商販船隻載米至千石者，其船尚不及糧艘之半。現在豫、東二省漕船尺寸即較他省為小，南漕各船自可量減船身尺寸，使行駛便利。雖一時未能全事換造，自可於各該船隻屆臨拆造時，將高寬尺寸仿照民船量為減損，則船身便捷，既可少意外之虞，而行走並能迅速，於漕運實有裨益。至運丁各有土宜，向例准其攜售，或於軍船之外，酌量隨帶載貨小船數隻，隨幫搭配行走，亦無不可。著傳諭漕運總督毓奇會同有漕省分各督撫，將各省幫船，或經行江湖，或僅由內河行走，酌量情形，悉心籌畫，酌定船式尺寸，詳悉妥議具奏。若此中或有格礙難行之處，不防據實具奏，不必因有此旨，稍存遷就。（高宗一二二九、五一）

（乾隆五〇、九、已未）又諭：據徵瑞奏北河剝船必須喫水不過二尺，仍可受載二三百石者，方為得用。現在開明丈尺做法清單，並燙樣進呈，以便江西、湖廣二省照辦等語。所辦甚好。北河楊村一帶多有橫淺，剝運船隻自應製造合式，方能行駛便利。今徵瑞燙樣貼說進呈，辦理頗爲周到。即將所進燙樣一分寄交吳垣，令其趕緊照辦。再著徵瑞照式燙樣一分，速送軍機處發往江西，令其照式成做。仍遵前降諭旨，先造一半，或三分之一，送到直省，自可無誤。其應造船隻數目及板片厚薄分寸俱經徵瑞酌定咨明，該督撫務飭承辦各員如式造辦，毋得草率貽誤。將此傳諭吳垣、舒常，並諭徵瑞知之。（高宗一二三八、三二）

（**乾隆五〇、九、壬申**）軍機大臣等議覆：湖廣總督特成額、湖北巡撫吳垣奏稱：南北兩省備造剝船，請於武昌、漢陽、長沙、常德等府聚木之處鳩工集料，責成漢陽、長沙等府縣分領承辦。仍令藩司永慶、秦承恩總催趕造，辦竣，將承辦各員於船旁刊刻何處成造字樣，如有草率浮冒，即行指參。應如所奏。得旨：依議速行。（高宗一二三九、二〇）

（**乾隆五〇、一二、辛巳**）諭：據特成額等奏派委漢陽府知府德泰承造剝船，已於十一月十五日造竣二百隻，其餘一百五十隻，十二月初間即可一律完工。又湖南長沙等縣陸續造竣一百三十六隻等語。此項剝船，該督等飭委知府德泰趕緊成造，於十二月初間即可全竣，辦理甚爲妥速。德泰現經該督派令押船運送直省，俟送至北河，著就近來京，交該部帶領引見。特成額、吳垣並著交部議敘。其該督等派出在工出力人員，亦著查明咨部，分別照例議敘。（高宗一二四四、九）

（**乾隆五〇、一二、丙戌**）諭軍機大臣等：……湖北省所造剝船，前據特成額奏，已經成造三百餘隻，派員運送直省。並著傳諭該督，飭令委員趕緊行走，務於明春開壩後即行遄進，迅速抵直，以便剝運北倉米石。除就近傳諭倉場侍郎外，將此諭令劉峩、特成額知之。（高宗一二四四、一四）

（**乾隆五三、四、庚戌**）又諭[軍機大臣等]：據劉峩、長麟奏德州境內程家莊等處間段古淺，均須起撥。現雇民船，分設五站輪番起撥。至南糧出閘後裝載尤重，請調楊村官撥船四百五十隻押赴德州，照東省現辦章程按站分設，以備起撥等語。亦祇可如所奏辦理。看此情形，東省撥船竟不可少，著傳諭浦霖、何裕城等，於江西、湖南即先動項，各造撥船一百隻，務於冬底春初派員送到東省，以期應用。所有撥船工料價值及運送之費俱罰令長麟按數賠繳。其撥船解到後，應如何分交沿河州縣收管，暨酌給經費之處，並著長麟按照直省原定章程妥議具奏。（高宗一三〇三、八）

（**乾隆五三、五、癸亥**）諭軍機大臣等：前因東省撥船竟不可少，已諭令湖南、江西兩省造撥船二百隻，送至東省安設應用。本日據巡漕御史和琳奏衛河古淺之處較多，其自臨清以至德州水程四百餘里，撥船二百隻不敷應用。從前造送直隸撥船每隻裝米三百石，喫水三尺餘寸，仍不能遄行，此次新造撥船請較定制節減寬長，以二百隻工料勻造三百隻，每船可裝二百石以外，縴挽既覺輕便，工價有減無增等語。所奏甚好。撥船爲遇淺起剝而設，期於迅速遄行，原以輕便爲貴。且據和琳奏，節減寬長，以二百隻之費改造三百隻，工價仍屬相仿，是費不增而應用寬裕。自應如所奏辦理。著傳諭何裕城、浦霖即照從前所辦撥船丈尺酌量收小勻造，一面估計具奏，一面即動項辦理，每省各造一百五十隻，於冬底春初送至東省安設。其工料一切，仍遵前旨，著落長麟賠繳。（高宗一三〇四、二）

（乾隆六〇、八、甲申）軍機大臣等議覆：署閩浙總督長麟等奏稱：閩、浙兩省設立水師營船，船身笨重，於外洋追捕不如商船得力，請於現有官船內，照商船式酌改百餘隻。查閩、浙設立水師營船，原爲海洋巡緝之用，必須輕利便捷。兩省現額設官船四百九十五隻，該署督等請擇已屆拆造大修及將屆大修者，依商船式，浙省酌改五十隻，閩省酌改八十隻，其改造工料，即以應支修費及舊船變價充用。應如所請。又稱：弁兵奉差出洋，所需口糧，浙省每年有奉裁馬乾銀二萬餘兩可以動用，閩省無項可支。請於藩庫酌撥銀二十萬兩，發商行息，每年可得息銀二萬四千餘兩，以爲出洋兵弁口糧之用。亦應如所請。至所稱本年閩省水師出洋捕盜，因官船笨重，雇備商船，所需船價及弁兵口糧，伍拉納先後飭提各庫銀六千五百兩，並賞借各營弁兵一月餉銀，均未奏明辦理，有違定例，請著落伍拉納照數賠繳。又稱：廈門廳墊發船價銀八千餘兩，係於穀價項下墊支，閩縣雇備商船，船價錢四百四十四千文，尚未發給，請於司庫閒款內提銀辦理。查伍拉納身任總督，於地方營伍貽誤廢弛，業經革職拏問，若僅將提用各庫銀兩并派出弁兵一月餉銀著落賠繳，不足示懲，應請將廈門廳發過船價銀兩、閩縣未發船價錢文一併著落伍拉納照數賠繳。得旨：依議速行。（高宗一四八四、一二）

（乾隆六〇、一〇、乙巳）兵部等部議覆：山東巡撫玉德奏稱：東省戰、艍船共十二隻，屆拆造者三隻，屆大修者三隻，船身笨重，請照閩浙例，俱改造商船式樣。所需價值，除應領修造銀兩及舊料拆變外，請於地丁耗羨內動支。又水師弁兵出洋巡哨，遇風不順，在島嶼寄椗，需用口糧無款可撥，亦請照閩省例，於藩庫撥銀三萬兩，發商一分生息，計每年得銀三千六百兩爲寄椗口糧，並添雇船隻之用。均應如所請。得旨：依議速行。（高宗一四八九、三七）

（乾隆六〇、一〇、丁未）又諭：據吉慶等奏請將戰船改小修造，已依議行矣。盛京錦州海船量亦遵照舊式成造，著琳寧台斐音存記，如遇拆造之年，俱照浙、粵民船式樣陸續改造。其吉林、黑龍江船隻不通海路，然亦恐笨重，不能適用，著交秀林永琨查訪，如須改造利便，即照盛京錦州例陸續改製，以歸實用。（高宗一四八九、四一）

（**乾隆六○、一二、庚寅**）又諭［內閣］：據蘇凌阿奏修造驛站船隻一摺。係內河應修船隻，自應覈實辦理。因思沿海一帶設立水師戰船，原爲海洋緝捕盜匪之用，全在船身便捷，若過於笨重，豈能追捕賊匪。可見此項戰船於外洋追匪捕盜不能得力，每屆修造，需費尤多，徒爲承辦之員開銷沾潤地步。節經降旨，令沿海各督撫將現有官船照依商船式樣一律改造，以爲外洋緝捕之需。著再通飭沿海各該督撫遵照前旨，將此項戰船輪屆拆造之年，俱照商船式樣一律改造，既於追捕盜匪駕駛靈捷，足資應用，而於修造浮費亦大有節省。該督撫等務當實力妥辦，以歸實用而省浮費。將此通諭知之。（高宗一四九二、一八）

（**嘉慶四、六、己丑**）諭軍機大臣等：吉慶奏稱米艇艙面寬大，可放大礮，粵省追捕盜匪，護送鹽船，皆用此項船隻，而運鹽各商亦以米艇出運，賊匪貪圖米艇便捷，運鹽者間被搶奪。查有麻辣船隻，船身較小，不能安放礮位，匪徒无所貪圖。已借項將運鹽米艇改造麻辣船一百隻等語。所奏非是。米艇較他船寬闊，有大礮可以禦賊，尚不能禁賊匪之搶奪，今改造麻辣小船，既无防禦火器，設遇洋盜，豈不更易劫掠？且吉慶之意，以小船不安礮位，使匪徒無可貪圖，殊不知賊匪遇船即劫，有何揀擇？若如該督所議，未能清盜劫之源，先自失禦盜之具。著傳諭吉慶，所有此項麻辣船隻，除業經借項改造者准其攙用外，其餘均停止打造，仍舊用米艇運鹽，以昭慎重。（仁宗四六、六）

（**嘉慶九、一一、乙酉**）諭軍機大臣等：……再據長麟奏稱伊在兩廣總督任內曾經製造米艇若干隻，並有商民捐辦若干隻，用以出洋捕盜，最爲便利等語。聞近年來，營官以船身損壞不便駕駛，地方官則以修費不貲，互相推諉，遂致終年停泊，日久徒歸朽廢。前經倭什布等奏，請將艚艓改造之米艇三十三號，懇於關鹽盈餘項下動支銀四萬餘兩修理，業經降旨准行。又據奏，該省初造米艇九十三號，今沿海東、中、西三路各有米艇數十隻，亦經軍機大臣議令將實存船數咨部查覈。那彥成到任後，即查此項米艇現在實有若干隻，如有損壞，即應督飭地方官上緊修整，以備出洋勤捕之用。至修船等項一切均需經費，前曾據倭什布等奏請將關鹽盈餘銀十四萬兩全數留存支用，又請於武職空缺養廉及田房稅羨項下每年約餘銀二三萬兩一併動用，亦經議准施行。仍著那彥成悉心設法，通盤籌畫，如該省尚有閒款可以留貯備用者，不妨奏明，歸入緝捕項下支銷。總須經費裕如，方可責成捕盜。即如海船舵工一項，聞好手多爲賊船雇用，蓋由小民趨利若鶩，在賊船中得受雇價較多，是以樂爲之用。若官爲雇用時亦酌加工價，伊等自必欣然就雇，方足資駕駛之力。那彥成惟當隨時妥籌，行之以實，轉不必稍存惜費之見，致有窒礙廢弛也。那彥成年富力強，受恩深重，尤應虛衷集益，整飭吏治，申嚴武備，緝除匪黨，肅清海洋，以副委任。將此諭令知之。（仁宗一三七、一五）

（嘉慶一〇、五、乙未）諭軍機大臣等：玉德奏酌籌臺灣防盜善後事宜，請添造大號同安梭船三十隻，著即照所請辦理。惟稱臺灣水師兵二千五百八十六名，今添兵船不敷配用，請將陸路兵内抽撥五百名改爲水師，此則不可。陸路有巡防緝捕之責，況以不諳水師之兵調充，徒歸無益。著玉德飭知臺灣鎮道，即於該處團練之鄉勇義民熟悉水師趫健得力者挑二三百名，入水師營伍，其應行支給錢糧及如何分隸各營，定立巡防堵禦章程，並著玉德飭交愛新泰等詳籌妥議具奏。將此諭令知之。（仁宗一四三、一四）

（嘉慶一〇、閏六、壬辰）諭内閣：前因玉德奏閩省改造戰船一節，據稱部臣於前次准銷例價，復又逐加駁減，當飭令該部明白回奏。兹據工部覆奏嘉慶五年，玉德將福州、泉州、漳州三廠分別大、中、小三號，照同安商船改造，事屬創始，是以部中即照該督册開船身丈尺，折算木料做法，覈減辦理。其時臺灣廠商船二十隻，尚未據該督造册請銷。嗣於嘉慶七年經工部奏定章程，查明何廠船隻，即照何廠原舊成規造報，以歸畫一等語。玉德此次請銷臺灣廠船隻，在部中奏定章程之後，並不按照成規比例覈辦所開各號梭繩丈尺斤兩，又率多虛糜浮冒，較之該廠成規竟至八九倍之多。似此日逐增加，漫無限制，惟藉口於近來料物昂貴，豫爲承辦人員侵冒地步，有意朦混，殊非覈實辦公之道。玉德著傳旨申飭。嗣後修造戰船各營廠，惟當遵照該部嘉慶七年六月内酌定章程，查照各廠成規覈實辦理，毋得稍有浮濫。（仁宗一四六、一一）

（嘉慶一〇、七、乙卯）諭軍機大臣等：據李如枚奏請造剝船一百五十隻，以速漕務而便商民，已照所請行矣。該監督因清口淤淺，是以奏請添設剝船，俾速漕運。該處河口爲咽喉重地，必須設法疏濬深通，往來船隻，始遄行無阻。若不及早籌辦，祇爲目前補苴之計，即多備剝船，亦屬於事無濟。本年甘省雨水較少，河勢直趨中泓，日見刷深，鐵保等正可趁此各工平穩之時將河口亟爲籌辦，實力疏通，俾糧艘商船均得往來通便。務期一勞永

逸，諸臻妥善爲要。將此諭令知之。（仁宗一四七、四）

（嘉慶一一、三、丙寅）諭內閣；鐵保奏查明河口剝船殘廢，據實參奏一摺。江南河口剝船，上年吳璥奏請添造船隻，裝濟漕運。朕即以剝船費帑修造，將來散交各處，無人經管，必致易於黦朽。今據鐵保查明淮關捐辦剝船三百號內，除風損尚未補造船六十一隻外，其應存船二百三十九隻，現在歸塢剝船五十六隻，船身滲漏，不堪剝米，各工運料船一百零三隻，其餘七十八隻全行損壞，不堪應用等語。此項船隻曾經兩次大修，又每年領銀歲修，如果覈實辦理，何至損壞如此之多。總由原修及接任各員草率廢弛所致，自應著落賠修，以示懲儆。所有淮關捐辦剝船三百隻，除報明風損有案各船准其照例修補外，其餘船隻即交裏河同知繆雋、外河同知張文浩，勒限兩月，修補齊全，另委妥員如數驗收。並著鐵保妥立章程，將修造各船或分地面，或分船數，派員經管，以專責成，至此次修造應用銀兩一概不准開銷。著落兩次原修及接任各廳員按在任年月久暫，分別賠繳，其已故之員，無可著追，即於現任及有官可補各員名下，如數攤賠。仍查取歷任廢弛廳員、經管委員及未經查出稟辦各道職名，交部分別議處，以爲廢棄官物，不實心經理者戒。（仁宗一五八、一九）

（嘉慶一一、五、庚午）諭軍機大臣等：溫承惠奏遵旨詢明閩省改造同安梭船一事，並會晤李長庚面商，請另造大同安梭船六十隻，以資緝捕等語。閩洋捕盜，全賴船隻駕駛得力，方於捕務有益。溫承惠現詢據水師將備，以必得大同安梭船六十號，其堅固與商船相等，方能駕駛得用，面商李長庚意見亦屬相同。自應照所奏辦理。著派委熟習船工將弁，會同文員監造。梁頭以二丈六尺爲度，務期料實工堅，足資衝風破浪之用。至所稱每隻必需銀四千兩，除准領米艇價值應銷銀二千六百餘兩外，每隻尚不敷銀一千三兩餘兩，著照所請，先於司庫借項應用，統在道府以上各官養廉內分年攤扣歸款。該撫現行知各屬，嗣後新造拆造商船，梁頭均以一丈八尺爲率，不許製造大船，以防蔡逆劫取。自當如此辦理。（仁宗一六一、二二）

（嘉慶一二、一二、甲戌）諭內閣：工部議覆：富俊奏請造送水師戰船，並催解應需修理船隻物料，以重海防一摺。金州水師營戰船十隻，於嘉慶十年即應將三號、六號船二隻照例大修。所需料物等項，先據該將軍題請行文浙省辦解，經工部題覆咨取，至今三年之久，節經該部嚴催，並不趕緊運送，以致修理遲延，船身黦朽，殊屬懈玩。試思部臣覆覈題奏依議准行各事宜，即與特旨交辦之件無異，前經諄切訓諭，何以仍視爲具文？外省積習相沿，即此可見。所有此項應需大修船二隻，因日久遲逾，已須另行拆造。即照部議，行令閩省如式趕造，於來年迅速解送金州水師營應用。其浙省承辦遲延及督催不力之各上司職名，著該撫查明咨部分別議處。所有本年應行大修頭、二、四、五號戰船四隻，所需料物匠役，業於上年題請行取，亦未據該省解送，並著迅速委員趕運，無再遲緩。嗣後各部院題奏准行之件，儻外省並不作速查照遵辦，任意遲逾，屢催罔應，一經參奏，必當從嚴懲處不貸。將此通諭知之。（仁宗一八九、一六）

（嘉慶一三、三、己酉）諭內閣：賽沖阿奏請分別修造臺灣哨船，並稱近年官兵出洋捕盜，每因舨隻低小，難以仰攻，應請酌量變通等語。臺灣戰哨各船攸關緝捕，與其多造小船，徒糜工料，莫若酌改大船，俾資得力。著將應行造補梭船十七隻裁汰，改造二丈三四尺梁頭大船八隻。其應小修之善字號船隻屢經駕捕，損動過多，並著照大修例價辦理，以便出洋捕盜之用。餘俱著照所請行。至臺灣班滿換回內渡官兵在洋遭風，淹斃漂沒至二百六十餘員名之多，情殊可憫，著加恩照例卹賞。（仁宗一九三、一四）

（嘉慶一四、六、乙巳）又諭［內閣］：百齡等奏查明登花船難於購料成造，仍請添造米艇，以期迅速竣工，俾資緝捕一摺。粵洋勦捕匪船，米艇具有成效，前此吳熊光忽以米艇不能遠出外洋，請改造登花戰艦二十號，往來外洋緝捕，將米艇全行收入內洋防守。現經百齡等查明，此項船隻所需桅舵大料因須在外番購覓，是以二年以來未能購得。且此時即購料成造，一經風浪掣損，將來亦無料換修，仍屬不能應用。況粵洋綿亘四千餘里，止仗此二十船之力，在外洋策應捕盜，寧不顧此遺彼？此皆吳熊光全無主見，不過逞其臆度之詞，妄思更改，而於空言陳奏之外，仍無實際，斷不可行。百齡等現已估計船身價值，計其一船所需足造米艇兩隻。請將原估登花船二十隻工料銀十五萬四千餘兩改設大、中、小米艇四十號，以期節浮糜而便駕駛。所議甚是，著即照所奏辦理。（仁宗二一四、二）

（嘉慶一五、一一、乙丑）諭內閣：松筠奏江西漕船量為改小，並造剝船隨帶一摺。江西漕船笨重，前經該撫酌擬將每年新造船隻丈尺量為收小，並將原帶剝船改為三百石剝船一隻，以資分裝。茲既據松筠等悉心察覈，利於輓運，自應如此辦理，統俟輪造之年陸續更換。至湖廣軍船較之江西少裝米石，若另行改小，誠恐經歷江湖，未能穩重。著交該省督撫察看情形是否仍舊，抑或倣照江西新定丈尺改造之處妥議具奏，再降諭旨。（仁宗二三六、一八）

（嘉慶一六、二、辛卯）諭內閣：同興等奏籌議湖廣漕船量為改小一摺。該省漕船向與江西一律辦理。茲據該撫等奏稱此次新造各船亦請倣照江西新定丈尺，船身輕便，輓運可期迅速。並照江西每漕船一隻准帶可裝三百石剥船一隻，以便分裝土宜運具等語。事屬可行，著照該撫等所請，准其將新造之船照江西糧艘成造，并帶剥船，其尚未輪屆改造船隻，毋許影射攜帶三百石剥船，以杜隱混。(仁宗二三九、一四)

（嘉慶一六、一二、丙寅）諭内閣：許兆椿奏江西承造河口剥船，請量加津貼緣由一摺。此項河口剥船，今冬屆當拆造之年，應交江西省承辦。據稱，江西因近年疊次代造各省剥船，物料昂貴，每船定價銀一百四十兩，實有不敷，請酌加銀四十兩等語。所奏自係實在情形，著即照所請辦理。至此項津貼銀兩，江省從前承辦剥船之初，因適有調劑旗丁銀米永遠濟運之款，該旗丁等曾經捐銀六千餘兩，湊辦剥船器具。此次該旗丁仍請照數捐出外，覈與現在所需津貼銀一萬一千二百兩之數，尚不敷銀五千餘兩。該漕督以此項剥船原係六省旗丁公捐之事，請將此項不敷銀兩，在於本年江蘇、安徽、浙江、湖南、湖北五省出運船四千餘隻，每船扣出調劑銀一兩二錢。此内如有因災減歇船隻，并請於下運補還，均著照所請行。並加恩准其先於江西藩庫內動墊銀一萬一千二百兩，發交委員，督丁趕緊拆造。其各省旗丁協貼銀兩著於明春解還，江西各丁應還銀兩自今冬起分作三年扣還，以紓丁力。嗣後此項剥船每屆十年成造，即照現定章程津貼辦理。(仁宗二五二、一八)

（嘉慶一九、五、己酉）諭軍機大臣等：馬慧裕、廣厚奏湖南承變原造剥船虧折銀兩，酌籌歸款一摺。此項河口盤淺剥船，先經松筠、吳璥、徐端等奏請行令湖南省分造，嗣經勒保等因船不合用，奏明酌留一二成，餘交湖南領回變價歸款。兹據奏稱前項剥船自運至江南，分派各州縣收管後，均拋置河干，日久損壞，器具不全，零星折變，虧折至二十萬六千四百餘兩之多，請於通省文職養廉内分攤歸款等語。湖南省分造剥船，本出自江南督河諸臣主見，該督等創議時並未悉心籌畫，冒昧奏請，以致窒礙難行，迨解到後，又不飭屬妥爲收管，致令漂泊損壞，均難辭咎。此時若將變價虧折銀兩全數責令湖南省賠補，殊未公允，應令江南、湖南兩省各半分賠。著百齡將從前創議成造之總督松筠、總河吳璥、徐瑞等，解到時委員查收之總督勒保、總河陳鳳翔等，及查驗收管各員一一查明，按照分賠一半銀十萬三千二百兩零，酌議多寡，分別著賠，開列清單具奏。其餘一半，著照馬慧裕等所請，於湖南省攤扣歸款可也。將此傳諭知之。(仁宗二九一、一二)

（嘉慶二四、一一、戊辰）又諭[軍機大臣等]：御史黄大名條陳粤東積弊一摺。……稱粤東承辦戰船員弁向有剋扣工料價銀成數之弊，因此戰船不能堅固，出洋弁兵益加膽怯。嗣後該督於此等船隻務須親行查驗，嚴禁剋

扣，有弊即參，以期有備无患。……將此諭令知之。(仁宗三六四、一五)

四、軍火製造

（順治一、二、丁卯）以創造紅衣礮功，授丁啓明爲牛錄章京。（世祖三、二〇）

（康熙一三、八、壬寅）諭兵部：大軍進剿，急須火器。著治理曆法南懷仁鑄造火礮。輕利以便登涉。（聖祖四九、六）

（康熙一四、一一、庚子）定遠平寇大將軍和碩安親王岳樂疏言：逆賊吳三桂聞臣進取長沙，必固守要害，非綠旗兵無以搜其險阻，非紅衣礮不能破其營壘。提督趙國祚久在行間，熟練火器，兼統綠旗兵三千，屯墾都督陳平有兵二千，乞俱令隨臣進討。其廣東送來紅衣礮甚重，路險難致，西洋礮輕利，便於運動，乞發二十具，爲攻勦之用。上諭：勦滅逆賊，平定湖南，俱賴安親王。練習宿將，及精兵、火器俱不可闕。提督趙國祚、都督陳平并所屬官兵悉依安親王所請。南懷仁所造火礮，著官兵照數送至江西，轉運安親王軍前。王不必待礮到始行，亟由吉安或袁州進發。(聖祖五八、八)

（康熙一六、三、乙巳）定遠平寇大將軍和碩安親王岳樂疏言：臣軍中礮小，且復無多，乞將吉安、荊州或西安大礮運至長沙，以便攻城。疏入，下議政王大臣等議。尋議：今時勢，攻取長沙，勦滅湖南逆賊，最爲要務。宜撥新鑄大紅衣礮二十具，令兵、工二部官員驛送南昌。自南昌至袁州，令江西總督董衛國撥兵護送，由袁州到長沙，令董衛國動支正項銀兩，多僱夫役，以備轉運。俟溫代至袁州，即管領此礮，與安親王所遣馱礮馬匹官兵一路同行。上諭：解送馬礮關係重大。將軍穆占親統官兵，赴袁迎接。倘未便親往，選同去大臣一員前來接應，直達長沙，勿致疎虞。(聖祖六六、一三)

（康熙一八、八、癸亥朔）諭議政王大臣等：攻擊海賊營壘，宜用火礮。內造西洋礮甚利，且輕便易運。可令湖廣巡撫張朝珍以湖廣所有西洋礮二十具，委官遞送福建總督姚啟聖軍前，用資勦禦。(聖祖八三、一)

（康熙一九、六、辛未）諭大學士等：直隸各省銅、鐵紅衣大小礮甚多，或遣部院堂官、賢能司官逐省察明大小礮數、丈尺觔兩，酌量每省應用者，以鐵礮存留，其銅礮及所餘鐵礮堪用者俱取至京，不堪用鐵礮悉令銷燬。可令議政王大臣等會議以聞。尋議政王大臣等議覆：應遣官分省察驗，並定嚴禁私鑄火礮之例。從之。（聖祖九〇、一五）

（康熙二一、四、丁亥）加欽天監治理曆法通政使南懷仁工部右侍郎銜，以製造礮位精堅議敘也。（聖祖一〇二、三）

（**康熙五四、一一、丁酉**）兵部議覆：山西太原總兵官金國正疏言：臣標下向無子母礮，今願捐造二十二位，分給各營操練。應如所請。上諭大學士等曰：子母礮係八旗火器，各省概造，斷乎不可。前師懿德、馬見伯曾請造子母礮，朕俱不許，此事不准行。（聖祖二六六、一）

（**康熙五七、五、戊辰**）諭議政大臣等：將軍傅爾丹等曾奏請大礮，今一百二十觔之礮造完八位，攜帶行走，甚是便利，駝隻亦可馱載，裝載之車已經造完。應發往何所，作何送到之處，爾等另行議奏。（聖祖二七九、五）

（**雍正五、四、丙午**）諭議政王大臣等：雍正三、四年以來，外省將軍、督撫、提鎮等多有請於該地方添設子母礮者，經議政王大臣及兵部議行。昨閱聖祖仁皇帝《實錄》內載山西總兵官金國正願捐造子母礮一疏，奉諭旨：子母礮係八旗火器，各省概造，斷乎不可。皇考必另有聖意，朕因不知當時曾有此旨，遂爾准行。今既已錯誤，應如何辦理，著議政王大臣定議具奏。尋議：子母礮原係內製，不便通給外省，前議准行，實臣等錯誤。今議盛京寧古塔、近海、黑龍江與鄂羅斯接壤，三處仍照前設立子母礮一百位，此外各省舊存子母礮及捐造者，悉令查明送部。至礮位係軍中必需之器，查各省每兵一千名，設立威遠礮四位，子母礮六位，應行令該將軍、督撫、提鎮查明本省礮位，咨明臣等按冊酌撥，以符原額礮位之數。若本省不足，或於鄰省移取，或動正項錢糧製造。得旨：各處應設礮位，俟撥給齊備之後，將彼地所有子母礮賫送來京交部。（世宗五六、二二）

（**雍正一〇、一一、庚子**）大學士伯督巡陝甘經略軍務鄂爾泰疏言：武備軍威，火器最重，貴速利遠，火藥宜精。若硝味不淡，炭體不輕，磺色不淨，而又配合不匀，工夫不細，則氣滯不靈，三軍難恃以爲勇。臣因經由邊郡，見各標營堡施放鎗礮火烟不直，且半濃黑，知製藥多不如法。曾經嚴飭，指示大略。惟是揀材置料，硝易而磺難，硝賤而磺貴，惜費省工，輒以藉口。而陝甘兩省素稱地不產磺，必赴外省採買，運費工價未免浩繁。肅州極邊，每磺一觔價值一錢至二錢不等，軍需要地，接濟維艱。查肅州嘉峪關金佛寺堡之所管汛地內南山隘口，抵朱魯郭，迤邐而西，有硫磺山一座，周圍四五十里遍產硫磺。環山遠近並無番夷住牧，若委員開採，依法煎熬，合算人工運費，每淨磺一觔值不過五分，而出產甚多，用之不竭，不獨便利軍需，亦足接濟陝甘兩省標營需用。事關邊陲武備，現與劉於義面商，委員經理。一面先支銀數百兩交總兵沈力學作本開工，理合奏聞。得旨：開採硫磺固於軍需有益，但行之日久，不無私販盜賣之弊。著署督劉於義飭令總兵沈力學派兵防護，實力稽查，俟開採足用後奏聞請旨。（世宗一二五、一三）

（乾隆五、一〇、丁卯）貴州提督王無黨奏：黔省山箐深險，無排兵布陣之地，故軍營利用，莫如火器。查子母礮一項，臣先於提標試放，多有不準者，現飭修整改造。必子礮與母礮圓徑不差釐毫，礮門堅穩，堂口光净，方資實用。並挑選礮手，專司熟習。業移行各鎮協營照式修整。又造有纏絲叉鎗一項，長三尺九寸，裝藥施放，可二百五十弓，甚有準頭。現已捐造四十桿，分配四營習熟。撫標及各協營亦有照式製造者。得旨：如此事事留心，實屬可嘉也。（高宗一二九、二五）

（乾隆七、二、己未）湖廣提督王無黨奏：湖省軍裝殘缺，向以買馬餘朋銀兩陸續領修，勢難畫一。請照黔省辦理，不拘動用何項，將餘朋銀兩按年補還。再演試本標子母礮、鳥鎗，均係口敞堂寬，食藥輕薄，不能致遠取準。現飭修造，并檄各營畫一整理。得旨：知道了。然須用之實際，若徒爲營員開銷之計，則將來汝不能辭其責也。（高宗一六一、二三）

（乾隆一〇、一、壬寅）兩廣總督那蘇圖奏：粵省鳥鎗製造演放皆不得法，因另創新式。令六營各造一百桿，臣仍不時考校，使嫻習純熟。得旨：是。時常留心，以期實效可也。（高宗二三三、一九）

（乾隆一一、閏三、乙丑）〔兩廣總督策楞〕又議覆：廣西提督豆斌奏稱通省鳥鎗輕重大小不一，請照陝省纏絲鎗式一律改造。并請借動藩庫銀兩，分作五年，在各營公費內扣還等語。查粤西鳥鎗舊式參差，難收實用，應如該提督所奏，一律改造。但廣西地丁錢糧現輪應蠲免，藩庫存項難以借動，惟西省額兵百名，祇扣二名，作爲公費。請自乾隆丁卯年爲始，另扣一名，每年通計，可得餉銀四千八百兩，作爲修造鳥鎗之費。統限兩年修竣，即各補足額。得旨：扣糧之說，不必開此例。若火器必應改造，俟過蠲免之年，爲借動之舉可耳。（高宗二六三、二四）

（乾隆一一、一二、庚寅）大學士管川陝總督公慶復等奏：籌備川省軍械事宜。一、鳥鎗宜添造纏絲大鎗。查川省各營鳥鎗，乾隆三年奏准改造纏絲體重六七觔不等，尚未能攻堅致遠。請於原設鳥鎗每百桿內添造纏絲大鎗十桿。每桿以十觔爲率，食五錢重藥，打五錢重子，按數分給各營演習。其原設鳥鎗，仍日行操演，不得廢弛。一、馬步弓箭，宜分別製備。查習射之弓均皆梢長面窄，原爲扯拉靈巧。川省征行，多係叢林深箐，並霧雨瘴烟，一經潮濕，必致歪斜無用。請於各營馬步兵丁每百名內另製短梢寬面弓二十張，俱要五六力以上，用纏筋生漆。戰箭酌量弓力長短配合改造，另換點鋼利鏃，翎花不必過大，用纏絲上油，以備應用。一、劕刀宜改爲雙手帶。查川省各營劕刀靶長刃寬，有名無實。請將各營劕刀均改造雙手帶式樣，刀長二尺五六寸，近刀盤處寬一寸二分，由刀盤漸次稍窄，以至刀尖更須銳利，背如魚脊，靶長一尺，加鋼精造。飭令刀法純熟之人教習，以收實用。得旨：著照所請行。（高宗二八一、二八）

（乾隆一三、六、庚辰）戶部議覆：四川巡撫紀山彙題進勦金酋籌辦軍務事宜。一、製大礮及鐵胎木礮所需煤、炭、鐵省城不敷，分飭各州縣購運。至調鑄礮鐵匠及於滇陝調取者，分別給安家銀及工食口糧。一、京頒大礮十位，運送之員分別給添備行裝銀，並鑼鍋帳房，及出口鹽糧。又九節礮十位，分撥各路，留一在省，照式製造。一、礮夫給安家銀並工食口糧。一、頒發九節礮尚不敷用，照式趕造十位。一、現鑄大小礮子七萬六千二百餘顆，鐵炭匠工並背夫照例給銀。又軍營所需銅鐵分行蒲江、邛州等處買解。一、自滇來川礮匠，時值嚴寒，請添給路費銀。又赴營修理道路之石匠、木匠各給安家銀。……一、章谷、札初二渡船隻不敷，應每渡造大船一隻。又馬邦軍營失陷，札果渡船沈江無存，應造大船二隻。均應如所議辦理。得旨：依議速行。（高宗三一七、二二）

（乾隆一三、閏七、戊寅）工部議覆：兩廣總督策楞疏稱：粵東需用硝不敷，請於南海、順德二縣試採。俟足敷補還挪項及各營操演之用，即將原採之增城等四邑內酌停二處。應如所請。至招商承辦，恐滋透漏，應令官辦。從之。（高宗三二一、三五）

（乾隆一三、一一、丙辰）〔大學士等〕又議准：閩浙總督喀爾吉善奏稱：營伍所需鎗礮、牌刀、盔甲、旗幟等項，每年陸續添造改製，而民間私造私藏之弊，不可不防。閩省山海奧區，外接重洋，尤宜加意。從前該省製造軍械，原於省城立局，後因距省遙遠之營盤運費多，守候稽遲，是以定例各營設局自製。然定例後，仍有僻遠之區難於購料覓工，仍向省城製造者。請將通省各營分為六局，省城之外，廈門、泉州、南澳、漳州、福寧五鎮各立一局，各按附近所轄營分歸併製造，餘各營概不準設局。至臺灣各營軍械，係奏准動支鹽羨輪年製換，例由理事同知製造交營。應如其舊。從之。（高宗三二八、二〇）

（乾隆一七、八、辛丑）工部議准：貴州巡撫開泰疏稱：黔省各標、鎮、協、營及各屯衛歲需硝觔，請三年開採一次，令承辦各官煎熬運局，各營衛按照年額分領，俟將次領竣，再行採辦。并於黔西州附近地方另躝新硐熬解，以備支用。至省府二局，舊庫窄狹，請在上下兩游適中之地添建硝庫二處。從之。（高宗四二〇、一四）

（乾隆一七、一二、戊戌）諭軍機大臣等：軍機大臣會同兵部議覆黃廷桂所奏礮局事竣，及舊礮照舊存留事宜一摺。已降旨依議。黃廷桂辦理此事，未免錯誤。陝甘各標營既距省遠隔數千里，又兼山路陡險，所有各項礮位，自應即於各提鎮駐劄地方就近改鑄，何必設局省城鑄造。今應行銷毀之舊礮，雖議令即在本營銷毀變價，而新鑄之礮位逐一遠行運送，豈不徒滋勞費耶？此雖永常在提督任內奏辦之事，黃廷桂統轄兩省軍務，到任以後，何亦竟未詳悉籌畫？著即遵照部議辦理。將此傳諭知之。（高宗四二八、一六）

（**乾隆二三、六、辛未**）又諭［軍機大臣等］：據黃廷桂奏稱甘肅現存礮位年久不堪應用，現在雇覓良工，趕造大神礮二三十位，請交松阿哩監造，就近演放，交臣轉解等語。軍營現需礮位自宜製作堅精。著傳諭松阿哩督同鎮道等員監視工匠加意鑄造。但必俟全數鑄就始行轉解，未免稽遲時日，且解送亦殊繁費，惟酌量鑄成三四位或五六位，即為一起轉解可也。（高宗五六五、六）

（**乾隆二四、一、丁未**）軍機大臣等奏：查呼倫貝爾打牲官兵應補造箭六萬五千餘枝。請交武備院，於應造十萬枝內如數借給，另造補數。報聞。（高宗五七九、二〇）

（**乾隆三三、四、丁卯**）又諭［軍機大臣等］：據阿里袞奏稱從前金川兵鑄造九節大銅礮，甚屬得力。此項礮分節易駝，即遇狹窄處所，亦可攜行。現咨阿爾泰選挑從前造礮匠役派監造官一同前往等語。但金川用兵以來，業經二十餘年，從前造礮匠役尚難必其有無。著傳諭阿爾泰，四川如有從前礮匠，即照阿里袞所奏，將匠役、監造官官一併遣往，如無舊時匠役及現在照式能造者，阿爾泰速行奏聞，將京內有善鑄造者派往。併傳諭阿里袞知之。（高宗八〇八、二一）

（**乾隆三三、五、辛丑**）又諭［軍機大臣等］曰：阿里袞等奏稱四川現無能造九節礮匠役，舊有礮十尊，請解永昌備用，移咨阿爾泰等語。昨據阿爾泰奏四川現無能造九節礮之匠，從前有造成礮十尊，如用，解送雲南。即經降旨，本年又不進兵，且不用礮，無庸解滇，惟以鉛子之輕重、礮之長短錄寫尺寸，隨時具奏。著傳諭阿里袞、阿爾泰仍遵前旨行，無庸解送永昌，如已起程，即聽其解送。（高宗八一〇、二六）

（**乾隆三三、六、壬戌**）諭軍機大臣等：據阿爾泰奏到九節銅礮圖說，按所開礮身礮子均較京城礮位加重。著傳諭阿爾泰，於川省現存銅礮十尊內，先將四尊運往永昌，交與阿里袞豫行演試。其礮子一項，據阿爾泰單開計重三觔以上，並未分晰銅、鐵。而京城所有礮子，純鐵者僅重一觔八兩，其銅包鉛子雖大小一樣，而分兩重至二觔八兩。若川省三觔以上礮子原係純鐵，則依銅包鉛法製造，分兩自可更重。況滇省銅、鉛素多，製用自必甚易。著阿里袞於收到礮位後，擇地做架木城，將兩種礮子演放試看，銅包鉛子是否得力，並此項礮位果否宜於攻打木城之處，即行明晰奏聞。再將川省餘礮應送應停酌量辦理。尋阿爾泰奏：遵旨將川省九節銅礮撥出四尊，配礮子四十個，委員妥解。至礮子重三觔以上，俱係純鐵製就。報聞。（高宗八一二、一二）

（乾隆三三、九、甲寅）浙江巡撫覺羅永德奏：浙省需用硝觔向俱附同營硝，由杭州協委員赴江、豫等省採買。嗣因該省產硝稀少，據傾銷餉課之銀匠等呈請自備資本，隨同營員前往，買運濟用。詎各匠自此以後，遂爾居奇壟斷。應請革除官匠，停其自買，仍照舊歸營採辦。得旨：如所議行。（高宗八一九、三五）

（乾隆三四、二、庚申）兵部等部議准：貴州巡撫良卿奏稱：黔省各營先後調撥進勦緬匪兵一萬三千名，所有防隘及陣亡、病故、遣回各兵，遺損軍裝器械，應補製修整。其現在留駐永昌兵九千餘，前經咨准督臣阿里袞覆稱業於滇省新製軍裝內撥給，毋庸再籌。餘陣亡，咨黔募補等兵三千餘。查黔省召募赴滇補伍新兵案內，製造鳥鎗、腰刀等項，除分給外，尚餘十之五，應以照數補給。所餘留貯各營，造册存案。遇損失需補時，照綠營自備軍裝例換給，按原值於各營公糧內扣留歸款。其弓箭、鳥鎗、藤牌、旗幟等項，營中現無製存，應動項給辦，以備調撥。從之。（高宗八二八、一五）

（乾隆三四、四、己未）經略大學士公傅恒奏：三月二十四日已抵雲南，詢問緬匪情形，專恃木栅抗拒我師，向來用尋常鎗礮攻取，無濟於事。臣訪聞茂隆廠一帶有善造大礮之人，將來進兵時，兵弁各帶銅、鐵一觔，遇攻栅時隨地暗鑄大礮，出其不意，自可立破賊寨。用過後，仍可鎔化攜帶。批：果破一二大寨，亦自如破竹之勢，賊望風而散矣。（高宗八三二、一一）

（乾隆三四、五、庚戌）貴州巡撫良卿奏：經略傅恒路過貴陽時，令臣覓鑄礮工匠數名。臣隨留心訪覓，有黔民王事成、甘聞捷等八名諳鑄大礮，試令鑄造驗放，實堪應用，現派員帶往軍前。得旨：嘉獎。（高宗八三五、一九）

（乾隆三四、六、壬申）經略大學士公傅恒等奏：鑄礮工匠現已熟悉，本月初五日製得大礮一位，用銅二千餘觔。中安大鐵子一，重十六兩，群子十餘，各重二兩。豎立木栅，約三里外安礮施放，礮子直衝木栅，復迸散山石，入土五六尺。若將模子略放，即三千觔重礮，亦屬易辦。查鑄礮先分節做成泥坯模子，臨時將模子封縫，埋入土坑，然後灌入銅觔，閱三時礮身可就，土坯必竢自乾，不可火烘。又中間所用鐵桿亦須豫造，用時將官員兵役分帶銅觔立時鎔化，即可成鑄。礮身熱退約須二日，掘取土坑以及鑽打火門統不過四五日，即可對敵施放。無論木寨、磚城無不應手立破。得旨：欣慰覽之。（高宗八三七、一五）

（乾隆三四、一〇、己巳）又諭：現在經略大學士傅恒等剋期進勦，火藥一項尤為軍營緊要必需之用，官兵等自騰越起程時，齎帶未必能寬裕。又未聞續有運送，臨時設有不敷，所關非小。著傳諭彰寶、明德將該處備貯火藥并應配鉛丸即速設法迅運至銅壁關一帶，聽軍營調取，即速運往應用。或所存不甚寬餘，即上緊如法配合，務在多多益善，毋得稍有延誤。明德近來疲玩成習，恐所辦緩不及時，彰寶頗知認真出力，於此事自必籌辦妥速。但前已諭令彰寶前赴老官屯，此時如已起程，則火藥一事，更屬明德專責。務須痛自淬厲，實力措運，以供急需，或可藉以稍贖往咎，若仍如辦馬辦糧之因循怠誤，明德自問當得何罪。仍將何日運往，約計若干，及如何運送之處，即行奏聞。（高宗八四五、二三）

（乾隆三六、一一、甲辰）大學士管四川總督阿爾泰奏：小金川因官兵連次克捷，遂踞約咱要隘，悉力固守。臣在軍營鑄成三千觔重大礮一位，食藥十二觔，配用生鐵礮子，重二十觔。二十三日擊其堅碉，目擊碉尖坍卸，兵丁勇氣加倍，從此儘力轟擊，一得險要，即與董天弼併力夾攻。又奏：前在約咱，因見尋常礮位不甚得力，是以趕鑄大礮，近已鑄成。日逐轟打，以大礮之力，原能打透碉牆，第賊匿碉內，礮勢一過，旋即在內填補。今復用靖遠劈山等礮，隨同大礮一齊迸發，使賊番不及補葺。且賊碉受礮處既多，被擊時復久，修築雖堅，必歸傾塌。并選勇壯官弁兵練伏於我碉之下，稍有傾塌可乘，即奮勇往奪。（高宗八九六、一一）

（乾隆三七、五、甲子）陝甘總督文綬奏：前督臣明山奏明陝甘軍械除本屬完整與尚可修理者仍留備用外，其炸裂廢壞之物銷毀變價。荷蒙俞允在案。今查估變冊開，熟鐵鎗刀等項每觔估銀數分，生鐵礮位每觔估銀數釐。緣此等非民間所用之物，故所值無多。但鎗礮刀刃等物雖皆破爛而本質可用，以之製造鎗礮，較荒鐵千觔，僅煉成淨鐵百餘觔，工料浩繁。現在陝西撫臣勒爾謹擬請製造鳥鎗一千桿，查甘省所存鳥鎗亦屬無多，亦請添造一千桿以備應用。與其採買荒鐵，不若由各營拆取，稱明觔兩，解送西安、蘭州二處，製造鳥鎗，實與戎行有益。得旨：嘉獎。（高宗九〇九、二八）

（乾隆三七、六、癸巳）陝西巡撫勒爾謹奏：西安寶陝局現存黑鉛六萬一千五百餘觔。從前陝局製錢，係高銅、白鉛、點錫、黑鉛配用，嗣因高銅稀少，委員採買金釵低銅，以高七低三配鑄，此項黑鉛，即無所用。若以之改造鉛丸，於軍務殊爲有益。再舊存火藥動撥無存，雖各屬尚有捐備火藥，但閱久火性減退，必須加料修製，始堪適用。現俱調解來省，分別試驗，一面採辦硝磺，趕緊製辦，以備軍需。得旨：嘉獎。（高宗九一一、三七）

（乾隆三八、一、辛亥）諭軍機大臣等：軍營鑄礮需銅不宜刻緩。現今溫福、阿桂兩路皆應趕鑄大礮，所需銅觔尤多。著劉秉恬加緊督催承辦人員，即速趕運軍營供用。至各處賊碉，需礮轟擊者多，而攻得一處，礮位難於移運，又須隨地另鑄。是各路均應酌量多貯銅觔，以備將軍等調取。若銅觔稍有不敷，即將錢局存銅暫行借用，亦無不可。所謂急則治其標，又當斟酌重輕，籌其先務也。再官軍上年攻勦賊卡，所鑄大礮，其曾經轟碉立功，加以封號者，自應存貯鎭守，不宜燬棄。若不過尋常施放，並未攻得碉卡者，仍可改作材料，移運應用，較爲省便。劉秉恬即當實力妥辦，溫福、阿桂、豐昇額並宜一併查照辦理。（高宗九二五、九）

（乾隆三八、一、己未）定邊右副將軍陞任尚書阿桂、領隊大臣副都統銜明亮奏：當噶爾拉山高路峭，艱於仰攻。臣等令各領隊及鎭將等將營卡日逐上移，距賊碉已不過二三里。所鑄食十六觔子之大礮已於十八日造成，其三、四號礮位亦俱運到，逼近賊碉，轟摧得力。（高宗九二五、二一）

（乾隆三八、二、壬戌）諭軍機大臣等：近聞西藏所用鐵鍋，因彼處地勢較高，不宜鑄造，皆由他處鑄成運送。推原其故，或因高處多風，鑄造不能堅固，亦未可定。礮之與鍋雖係兩物，而範金則同。溫福等所鑄之礮每易炸壞，諒以番境鮮有平地，而溫福等又不知此理，總於山上鑄造，徒費物材，不濟於用，朕深爲繫念。著傳諭溫福、阿桂、豐昇額等，此後鎔鑄巨礮，須擇卑下少風之地，妥爲成造。（高宗九二六、五）

（乾隆三八、二、甲申）定邊右副將軍尚書公豐昇額、參贊大臣副都統舒常奏：連日趕鑄大礮，施放甚爲得力，忽於旁午時炸裂。今鑄成食二十觔子大礮一位，與去冬所鑄食十六觔子之礮接續轟擊，乘此士氣奮揚，分道前進。（高宗九二七、二三）

（乾隆三八、閏三、己卯）諭軍機大臣等：豐昇額等奏進攻日旁。又據阿桂等奏分攻納圍、納扎木，殺賊各情形。……又豐昇額奏新鑄之礮同日忽俱炸裂，皆由銅質不净之故。已傳諭劉秉恬等妥辦矣。軍營所需大礮甚爲緊要，銅觔一到，即行趕鑄應用，自不肯多延時日。但鑄礮期於經久，而購辦銅觔原難必其十分純净，若鎔鍊不到，屢次炸裂，不能應手，則又莫如略寬其期，精鍊妥鑄，以資永遠利用。俗語所謂擔遲不擔錯也。此後鑄造礮位，應令工匠等細加試驗，如實係足色净銅，即行入鑪成造，若其中帶有鉛沙及將裂礮另鑄者，務宜淘鍊極净，再爲鎔鑄。毋止圖速成，不計工候，又致另煩鑪冶，轉多周折稽延。再豐昇額奏礮位輪流轟擊，各放十餘礮，即俱炸裂，而阿桂亦稱大礮轟擊過多，又經裂損。是礮之屢炸，未必非施放太急，不復察其冷熱得宜所致。即如鳥鎗連放數次後，鎗筩即熱，須待稍冷續放，方爲妥利。礮體較鎗身數百倍之大，熱更久而冷更難，若急於裝藥，不令消停，以火力逼熱銅，難保其不燥烈旁出，此亦自然之理。各路軍營用礮時，皆不可不加審慎。（高宗九三一、五）

（乾隆三八、閏三、辛巳）諭軍機大臣等：鑄礮銅觔，關係最爲緊要，自應購備净銅，以資利用。即銅色不能一律，亦當淘鍊極净，再行解往，方於造礮有益。今豐昇額軍營鑄成之礮屢經炸裂，皆由內地運送銅觔未純所致。承辦之員實難辭咎。著傳諭劉秉恬、富勒渾確查此項銅觔係自何員承辦，據實參奏。現在豐昇額軍營另鑄礮位，需銅甚急。著劉秉恬、富勒渾飭屬購辦純净足色銅觔，迅速解送應用。其温福、阿桂兩路，並著該督等一體辦理，毋得稍有貽誤。（高宗九三一、一〇）

（乾隆三八、一〇、癸巳）署四川總督、湖廣總督文綬奏：軍營火藥硝觔必須設法採辦，以資接濟。請於石砫之川硐子、琵琶硐，廣元之博子麻灣，筠連、高、珙等縣之烏雲、穿山、黃昌、雪花，合江之月亮、清涼、梁山，鄧都之仙女、昌雄等處招商採煎。工本每百觔以五兩爲率，較鄰省發運費用節省。報聞。（高宗九四四、二七）

（乾隆三九、四、己丑）盛京將軍弘昫、副都統額爾德蒙額奏：盛京舊有銅、鐵大小礮七十九，鳥鎗一千三百三十八，礮子六千八百，分貯臣等衙門，其中因潮濕銹朽者，礮三十九，礮子一千八百，鳥鎗俱不堪用。查盛京工程需用銅、鐵俱動正項採買，請將此項銹朽鎗礮等銷化備用。得旨：嘉獎。（高宗九五六、一二）

（乾隆三九、六、癸卯）又諭：現阿桂等分路進勦，而阿桂一路尤爲得力，自可剋期深入。若官兵攻至勒烏圍時，賊衆必更并力守拒，攻擊尤爲緊要。而制勝之道，自必用礮轟摧。但賊人碉卡石牆甚厚，礮力未必即能擊透。因思昔年曾以衝天礮擊賊，即俗所稱西瓜礮者，用之頗爲得力。若施放有準，礮子墜入碉中，隨藥烘發，碉內之賊，無難一礮而斃，較之拋擲大彈，豈不勝至百倍。現在派出乾清門侍衛阿彌達，令其馳驛送往軍營，但必須試演定準解往，方能得濟。阿彌達自熱河起身，至京尚需兩三日。著傳諭舒赫德、英廉即將所有西瓜礮取出試看，並於造辦處選派諳習機綫之人，於欽天監選派精於測量之人，同至演礟處所，約計賊碉高寬丈尺，縶縛木架，或就山岡處立架，使有高下形勢，比平地算演更準。如演放數礟，視其礟子俱能正墜碉架之中，藥線遲速俱能合法，則用之自必有效。可將派出之造辦處、欽天監人員辦給應得分例，俟阿彌達到京，即令帶領由驛前往。其解礟應用之車馬夫役並迅速傳知各該省按站遞送，毋稍稽誤。再衝天礟體重，自三百觔至三百八十觔不等，恐進棧以後，人夫運送，稍覺費力。此礟銅、鐵皆可鑄，現在軍營鑄礟銅、鐵源源運往，鑪匠俱可供用，止須按礟式大小製就木樣，令諳習成造施放之人齎帶應用之螺旋樂線及礟子烘藥等項，同往軍營，就近成鑄配用，則行程既速，應用尤為利便。至其四輪礟車更可至彼成造，祇須按其程式開明尺寸，作為小樣帶往，更覺省事。均著舒赫德、英廉豫為妥辦，俟阿彌達到京後，即令起程。至所需鑄礟銅、鐵必須鍊凈，方為有益。著阿桂於接奉此旨後，將銅、鐵豫鍊備用，則所派人員一到軍營，即可供鑄，尤為迅捷。並有賞給阿桂、豐昇額、色布騰巴勒珠爾大小荷包各一對，亦令阿彌達齎往。（高宗九六一、一一）

（乾隆四二、九、丁丑）又諭〔軍機大臣等〕：此次平定兩金川，攻碉擊寨，每資大礟轟摧。所有鑄礟工匠，聞其極為嫻熟。但大功告竣，恐該省或視為無關緊要，遂致日久失傳，亦未可定。雖國家嗣後斷無復有用兵之事，而此等行軍利器，不可一日不備。著傳諭文綬查明該匠，令其入伍食糧，以資養贍。並於本營挑選數人，令其授徒學習，以傳久遠。仍將如何酌辦之處，隨便奏聞。（高宗一〇四〇、一九）

（乾隆四三、三、己丑）工部議覆：大學士管雲貴總督李侍堯疏稱：滇省各標營需用硝磺向係營員自行採辦，應覈定章程，以杜偷漏。請將附近緬彝之騰越、龍陵、順寧、緬寧等處礦硐嚴行封閉，其餘出產硝磺處所自乾隆四十三年正月起，設廠募工採煎，解貯省局，定限五年封閉，俟將屆用完之二三年前，再行題開。合計五年內，需用硝四十萬觔，磺十五萬觔，其工本先於藩庫借發，俟一年後於該營公糧內覈扣，以原裁督標後營守備衙署作為局房。至各營現有存貯火藥，請挨次新陳易用，概以五年定額。均應如所請。從之。（高宗一〇五三、一六）

（乾隆四五、四、壬申）〔福康安〕又會同盛京工部侍郎德福奏盛京配造火藥事宜。查盛京每年應用火藥、烘藥一萬二千餘觔，黑龍江每年應用一萬餘觔。向例黑龍江需用火藥自盛京動用驛車由吉林遞送，今吉林既自配造，似可就近運往，但吉林所出之硝不敷兩省之用，且磺鉛等項仍由盛京採辦，不如將黑龍江火藥歸併盛京配造，照例解往。至盛京工部現貯火藥三萬一千五百餘觔，除盛京、黑龍江二處本年應用，尚屬有餘。惟查盛京礮位八門，應備存火藥一萬二千餘觔，烘藥一百二十觔，此内尚短火藥三千六百餘觔，烘藥一百一十餘觔，今於本年春季添造足數外，仍配造二年火藥貯庫。嗣後按年配造，出陳易新，則常有二年火藥備用。其添演鳥鎗，需用鉛子，現查工部庫貯尚足敷束三省九年之用，暫且無庸鑄造。惟礮位需用鐵子，應照礮口分寸，每位酌鑄存二百個。又盛京兵丁每年摻演並不演放礮位，竟同虛設。請選用礮四位，於春、秋二季如法演放。其需用鐵子，查將軍衙門舊有存者，先令擇用，俟回殘報銷，另請鎔鑄。報聞。（高宗一一〇五、一四）

（乾隆四六、三、癸未）武備院奏：庫貯成造梅針箭，前因存貯十萬五百枝，其未擰翎簧十萬枝，奏准停其黏擰。惟匠夫閑曠日久，技藝恐致生疎，仍應接續打造。查箭匠四十二名，向例每日造一百十枝，現存箭尚多，酌令每日接辦四十二枝，務使分外堅韌。至現辦數目較減，其每月由領侍衛内大臣派員查辦一次之例，應併請旨更定。得旨：所有庫中原貯已經成做梅針箭十萬五百枝，著撥五萬枝，分裝木匣，交西寧存貯安福艫艙内。如安福艫不能全貯，即分裝翔鳳艇艙内。所有艙底原裝載之物即按箭枝木匣分兩減去，並著西寧妥辦。其庫貯未擰翎簧箭十萬枝，著即黏擰五萬枝，抵補撥貯安福艫之數，再將所貯箭頭配造箭桿五萬枝，以補足原貯未擰翎簧十萬枝之數。其查驗箭枝，著於每歲四月、十月各奏派一次。（高宗一一二六、一一）

（乾隆四八、四、癸酉）兵部等部議准：山東巡撫明興奏稱：兗州鎮屬十四協營，現在操演礮位，惟劈山礮最爲得力，請將年久銹壞之佛郎機二十六位改鑄劈山礮。從之。（高宗一一七八、一六）

（乾隆四九、閏三、癸亥）烏嚕木齊都統海禄奏：向例各營舊存礮位内有不堪用威遠、子母等礮及損壞鳥鎗，一體銷煅。並於鐵廠添撥鐵觔，改造大神劈山礮，由内地調取匠役，經前任都統明亮奏明，嗣調到匠役二名，均稱但能打造鳥鎗、大神礮，向未製過劈山礮。因發給成式，令其照造，演放總未妥協。查明亮原擬各營應需大神礮二十九位，劈山礮一百二十七位，爲數過多。今覈實應造大神礮十七位，劈山礮一百零四位，計算鐵觔價值，炭火人工，較之内地糜費數倍。兼之所調工匠難得熟手。大神、劈山礮位爲軍營利器，製造必須精良。查内地涼州府匠役輻輳，產鐵充盈，從前曾經打造各礮位，應請移咨陝甘總督，轉飭涼州鎮，會同涼州府製造各礮位，運送至哈密等處，分給各營，實爲省便。報聞。（高宗一二〇二、一五）

（乾隆五三、二、壬戌）閩浙總督李侍堯奏：前因閩省添募新兵二萬，陸續添造鳥鎗一萬六千桿。今新兵業已議裁，此項多餘鳥鎗存貯，徒滋銹壞。查上年浙、粤兩省調赴臺灣官兵一萬三千餘名，節次打仗後，器械必多損失，請通融撥給，各兵歸營，毋庸動項另製。其原造工價，仍咨明兩省照數扣移歸款。得旨：所思周到。好。（高宗一二九九、二七）

（乾隆五三、三、壬辰）兩廣總督孫士毅、廣東巡撫圖薩布奏：赴臺勦匪之粤東滿漢兵丁共一萬三千五百名，現在分起內渡，軍械稍有損壞，即須補給。除鳥鎗一項已准閩浙督臣知會，現敷撥用，此外排刀、腰刀等項必須另製。查從前收繳民間鳥鎗，尚有未經改鑄，又各命盜案內凶器均係熟鐵，不須煅煉費工，較爲銛利，已飭通省各衙門逐一查繳，照數改造，並飭知粤西一體照辦。得旨：諸凡妥協。知道了。（高宗一三〇一、四四）

（乾隆五五、三、壬寅）又諭：據保寧奏稱伊犁各營兵丁所用角弓年深漸壞，該處購買維艱，請交陝西巡撫製造一萬一千餘張，陸續解交備用。又庫存箭枝亦多朽壞，並請暫動公項，於內地購買箭翎桃皮等物令兵丁製造等語。所奏殊屬未妥。伊犁乃極邊要地，駐防兵丁一應器械皆當堅利，至弓箭尤爲我朝利器，兵丁等皆宜自行製造。且京城及東三省、內外蒙古扎薩克所用弓箭俱係本處自行備辦，從未聞有他處代造者。我滿洲舊習以弓馬爲要務，所用向皆自製，保寧寧不知耶？且伊犁滿洲、索倫、錫伯、厄魯特等所用弓箭，又將誰爲代製？若如所奏，久之兵丁不惟不能自製，並騎射亦生疎矣。伊犁各營及綠旗兵丁內自有能造弓箭者，即使無多，儘可多派數人，令其學習。且箭翎桃皮等物皆口外所出，伊犁購之甚易，筋角膠鰾等類，伊犁每年既捕魚鹿，亦應敷用，何待內地辦解乎？現在所需弓箭，著暫由內地辦解一半，其餘著保寧於各營及綠旗兵丁內擇其能造弓箭者數人，令教習兵丁製補。不惟省內地代辦之繁，而兵丁等亦不失舊業，轉相傳習，尤於公務有益。保寧仍著傳旨申飭。（高宗一三五一、一九）

（乾隆五八、一、乙卯）軍機大臣會同大學士九卿議覆：欽差大學士公管兩廣總督福康安等奏酌籌藏內善後章程。……一、西藏官兵所需火藥，工布地方產磺，製造火藥較運從內地費省，請就近製運。其鉛丸火繩由川省運解。……均應如所請。從之。（高宗一四二一、一一）

（嘉慶二〇、一一、乙酉）諭軍機大臣等：常明等會議前後藏需用火藥均由川省製運一摺。已降旨依議行矣。藏中需用火藥，原額本止二千餘斤，嗣經松筠條奏，添設行操合操，每年需用火藥四千八百餘斤，加增至一倍有餘。此時前後藏應用火藥統歸川省採辦，工料腳價費用較繁。著喜明等查明西藏舊例，每年各營共操演若干次，自松筠奏添行操合操後，每年共操演若干次，悉心籌酌，將後添之行操合操次數量爲覈減，較之舊例次數仍屬加增。其每年動用火藥，約計以三千斤內外爲率，於製運略爲節省，而錢糧亦歸覈實。將此諭令知之。（仁宗三一二、五）

五、燒窯及其它

（順治八、一、己未）戶部尚書覺羅巴哈納等入奏事畢，上問曰：外間錢糧有無益之費否。巴哈納等奏曰：有。京師營建用磚，因臨清土質堅細，遣官一員燒造，分派漕船裝載抵通，又由五閘撥運至京，給與腳價。上曰：營造宮殿，京師燒磚儘可應用。若臨清燒造苦累小民，又費錢糧撥運，甚屬無益。況漕船載運漕糧，遠涉波濤，已稱極苦，再令裝載帶運，益增苦累，朕心甚爲不忍。臨清燒造城磚，著永行停止，原差官撤回。（世祖五二、一二）

（順治八、一、壬戌）江西進額造龍碗。得旨：朕方思節用，與民休息。燒造龍碗，自江西解京，動用人夫，苦累驛遞，造此何益？以後永行停止。（世祖五二、一六）

（順治一八、二、乙未）工部題：請停止臨清甄差。從之。（聖祖一、二三）

（乾隆三七、二、壬申）又諭曰：御史費南英奏請官設磚瓦、灰觔二廠，動帑辦造，以待各工應用一摺。所見不達事理。上年秋間，因雨水較多，官私房屋同時購料修葺，所有磚瓦灰觔，市價逐致加昂。然並非常有之事，遲俟一年半載，物料自可漸平，何必鰓鰓過計及此。摺內援引琉璃窯、木倉二處爲例，尤所謂儗不於倫，見理全不明晰。向來官設琉璃窯座，特爲官工所用陶埴式樣，本非民間所當用。即木倉存貯木植，亦由各省運到，如架木等件，儲備各處取支，並非以建造所資，一切巨楠細桷，悉行取給於此也。至磚瓦一項，如官工所用無多，即向民間平價購買，如城工爲數較夥，則管理工程處早已奏明，官爲燒造，又何庸慮及官民爭購，價值日增耶？至灰觔必由近山地方燒運，若設立官廠，其勢不得不仍取給於窯戶。伊等藉口官辦，於民用反致居奇。該御史所言，真乃知其一不知其二，於事皆不可行。原摺著發還，仍將此通諭知之。（高宗九〇二、一九）

（乾隆四三、一〇、癸未）又諭〔軍機大臣等〕：據蘇凌阿覆奏九江關窯工節省銀兩一摺。所奏殊未明晰，隨令軍機大臣傳詢全德。據稱向例每年於關稅項下動支銀一萬兩爲燒造窯器之用，各年實用銀七八千餘兩不等。又給發窰廠工價，俱用市平市色，按照庫銀每兩扣銀八分，已敷市間平色。覈計二項，每年約共節省銀二千餘兩，解交造辦處充公。此項每兩扣銀八分之處，誠非木榜所載，但歷任俱如此辦理，即蘇凌阿將來亦不能不如此辦理等語。自係該處實在情形。（高宗一〇六九、三三）

（乾隆五〇、八、乙酉）諭：據留京王大臣奏傳詢金簡、德成質對製造庫改設匠役一事，彼此辯駁，不能歸於一是，惟當以所費之多寡爲斷。既據金簡通盤覈算，添設石、鋸二匠，不致空曠縻帑，添設瓦匠一項，較之外雇，更爲節省，應如軍機大臣原議，准其改設等語。著即照軍機大臣原議完結。（高宗一二三六、二五）

六、開礦

（順治四、五、癸卯）甘肅巡撫張尚奏言：涼州上古城堡舊有小礦，歷朝開採，以資本地賞賚之需。後因闖逆肆亂，遂爾封閉。今復開採，四閱月來，計獲稅銀三百餘兩，成效足稽。仍請敕部酌議定額，以充軍餉。得旨：開採重務，未經奏聞，何得擅自舉行。張尚著議處，其奏內事情，該部酌議。（世祖三二、一）

（順治四、八、壬午）甘肅巡撫張尚坐擅開礦稅，降一級調用。（世祖三三、一九）

（康熙五二、五、辛巳）大學士九卿等遵旨議覆開礦一事，除雲南督撫僱本地人開礦，……不議外，他省所有之礦向未經開採者，仍嚴行禁止。（聖祖二五五、三）

（乾隆二八、一二、壬子）是月，四川總督阿爾泰奏：……成都煤炭遠由嘉定運售，腳重價昂。飭近省州縣查尋煤線，酌無礙處開井。崇慶、灌縣現在試採，產煤甚旺。（高宗七〇一、二三）

（乾隆四六、六、癸巳）又諭〔軍機大臣〕：據福康安等奏：乾隆四十五年分，滇省新舊大小各廠通共辦獲銅一千一百二十七萬餘觔零。覈查各廠年額應辦銅一千九十五萬餘觔，已多辦銅三十一萬餘觔。又奏將庚子第二運第一起趲運在途，其後五起，亦已辦竣發運各等語。滇省銅觔旺產，各廠采獲復有盈餘，自係該督等實力辦理，整頓得宜所致。各礦產銅，年產年獲，於每歲應辦之數稍有盈餘，足供轉輸，較前已有起色。至於天地自然之利，要當留其有餘，爲每年採獲之地，不可專務目前盡力搜獲，以致辦理太過，將來採挖，轉有盈絀不齊之處。著將此傳諭知之。（高宗一一三五、一四）

(**嘉慶九、七、甲寅**）諭內閣：松筠奏伊犁採鍊銅、鉛廠夫口食，總須哈什河南屯田收穫小麥二千石，方足一年之需。該屯向係派撥遣犯數十名前往耕種，不但不習耕作，致所收麥石不敷。……所有撥往種地之遣犯數十名，即著徹回，歸廠當差。（仁宗一三二、二二）

第三節　民間手工業

一、制鹽業

（一）各鹽區的開闢竈地池井，增產起科

1. 長蘆、山東

(**雍正四、九、丙午**）諭戶部：去年莽鵠立奏稱長蘆竈地久未清查，以致民竈爭控不已。請將竈戶灘地從前售與民人者，許其回贖。如無力者，仍許現在耕種之民收租納糧，俟原業竈戶有力之日，再行回贖等語。比經九卿議覆准行。近聞當年竈地轉售與民，其年分久遠有百餘年者，業主售主多半變更，即有子孫，當時價值多寡，亦俱遺忘。或有逃亡等戶，更無從質問，以致同姓影響之人，彼此爭贖，紛紛告訐，實滋煩擾。若必俟原業竈戶有力之日回贖，儻或始終無力，則此項地畝久久竟成民地，亦非清查竈地之良法。朕意以爲不若將竈戶賣與民人之地，交易年近，確有實據者，令竈戶備價取贖，其餘年久迷失之地，所有爭告無憑詞狀，該衙門俱行註銷。凡民人所有竈地，嗣後止許賣與竈戶永遠爲業，如有仍轉行典賣與民者，照盜賣官地律治罪，永以爲例。如此，則數年之後，竈地自漸歸於竈戶，而無不清之弊矣。（世宗四八、一八）

(**乾隆三、六、癸未**）戶部議奏：長蘆鹽政準泰奏：興國、富國、滄州、南皮、寧津、交河、東光、樂陵、嚴鎮、海豐等州縣竈場灘地業已丈清，併造冊送部。所有應徵銀兩照數按年徵收。應如所奏。至迷失竈地，東省係攤入民佃竈地項下徵收，今直屬雖無民佃另款名糧，應令該鹽政照例設法彌補，以臻畫一。從之。（高宗七○、七）

(**乾隆五、四、戊子**）長蘆鹽政伊拉齊疏報：山東永阜場新墾竈地並草蕩地五十二畝有奇。（高宗一一五、四）

(**乾隆六、三、乙酉**）長蘆鹽政三保疏報：越支場乾隆二年新墾鹽灘地四十畝。（高宗一三九、一○）

（乾隆六、三、己丑）長蘆鹽政三保疏報：濟民場乾隆四年墾旱荒竈地十一頃四十八畝有奇。（高宗一三九、一九）

（乾隆七、三、己丑）長蘆鹽政三保疏報：乾隆六年分，山東永阜場墾灘七幅，計池地十畝有奇。（高宗一六三、一九）

（乾隆八、三、癸亥）長蘆鹽政三保疏報：豐財場乾隆七年分，開墾灘地八十畝有奇。（高宗一八六、一〇）

（乾隆九、四、辛酉）户部議准：長蘆鹽政伊拉齊報：開石河場鹽鍋一十四面，每面納課一兩四錢，自乾隆九年爲始，照例徵收。從之。（高宗二一四、一九）

（乾隆一〇、四、戊申）户部議准：長蘆鹽政伊拉齊疏報：乾隆九年分，富國場墾竈地一十二畝，永阜場墾池地二畝，官臺場墾池地三畝，固堤場墾池地三十七畝三分，分年起科。從之。（高宗二三八、九）

（乾隆一一、一〇、甲子）户部議准：長蘆鹽政伊拉齊疏報：石碑場境内灤水東徙，開墾地二十八頃有奇，照例开科。從之。（高宗二七六、二）

（乾隆三一、五、庚寅）户部議准：長蘆鹽政高誠奏稱：石牌場從前鹹鹻不毛之地，漸被淡水浸透，堪以割取煎鹽。計地十二頃六十九畝，請照草蕩地每畝徵銀六釐例起科，即於今年爲始，按數徵收。從之。（高宗七六一、九）

（乾隆三二、二、乙未朔）長蘆鹽政高誠疏報：豐財場乾隆三十一年開墾官灘餘地一頃十畝有奇。（高宗七七八、四）

（乾隆三三、三、壬寅）長蘆鹽政高誠疏報：永阜場勸墾灘地七十四畝有奇。（高宗八〇六、二〇）

（乾隆三五、四、甲寅）長蘆鹽政李質穎疏報：乾隆三十四年分，西由場開墾灘地一頃二十畝。（高宗八五六、一三）

（乾隆三七、九、辛丑）長蘆鹽政西寧疏報：乾隆三十六年分，竈户開墾灘地七十四畝有奇。（高宗九一六、一九）

（乾隆三八、閏三、丙寅）長蘆鹽政西寧疏報：乾隆三十七年分，開墾永阜場灘地三十一畝有奇。（高宗九三〇、一〇）

（乾隆三八、九、己未）長蘆鹽政西寧疏報：王家岡場乾隆三十八年開墾竈地三十二畝有奇。（高宗九四二、七）

（乾隆四六、七、甲寅）諭：本日據伊齡阿奏長蘆所屬鹽場濱海竈地猝被風潮，現在親往查辦一摺，聲敘總未明晰。詳閱摺内所稱六月二十七日據豐財、蘆臺兩場大使禀報，六月二十日戌刻，該場風雨大作，海潮横漲，灘副全行淹沒，溝埂池埝衝打幾平，存坨鹽觔亦多被衝刷。當經派委青州分司查看屬實，由署運司孫泳詳請酌辦前來等語。長蘆所屬之豐財、蘆臺二場是否在山東青州濱海地方，抑或即在天津相近之處？若在天津，海口不及百里，何以二十日該場遇有風潮，遲至二十七日始據場員稟報？而伊齡阿又不即於次日前往，直至本月初九日，方親赴該場察看。覈其所奏情節，長蘆運司孫泳所報豐財、蘆臺二場似在天津，而伊所委青州鹽大使又似在東省地方。摺內前後，總未將天津、山東省分明晰聲敍，而於被風及稟報查勘月日，眉目又復不清。伊齡阿人尚明白，何此摺含糊若此。著傳諭伊齡阿，令其詳晰聲覆，並將如何查辦情形一併迅速覆奏。尋奏：豐財場坐落天津縣，蘆臺場坐落寶坻縣。青州分司亦駐天津城內。臣據稟報後，因人口並無損傷，惟灘地衝刷，必須詳細查辦，故先委分司履勘確切，始親往覆查。茲已將應修灘副委運司估計興修。得旨：覽。（高宗一一三六、三六）

（**乾隆五三、六、己未**）長蘆鹽政穆騰額疏報：石碑場墾復竈地二十三頃七十二畝有奇。（高宗一三○七、三八）

（**嘉慶六、四、辛未**）戶部題准：長蘆鹽政那蘇圖疏報：開墾石碑場新淤草蕩地二百二十四頃有奇，照例升科。從之。（仁宗八二、四一）

（**嘉慶一四、四、丙午**）戶部議准：長蘆鹽政伊昌阿疏報：樂亭縣石碑場開墾新淤竈地三十三頃三十八畝有奇，照例升科。從之。（仁宗二一○、三）

（**嘉慶一七、四、己巳**）戶部議准：長蘆鹽政祥紹疏報：蘆臺場開墾灘地一頃十三畝有奇，照例升科。從之。（仁宗二五六、二○）

（**嘉慶二○、一○、癸亥**）戶部議准：直隸長蘆鹽政廣惠疏報：蘆臺場開墾地一頃一十三畝有奇。山西巡撫衡齡疏報：寧遠廳開墾地七十三頃三十六畝有奇，照例升科。從之。（仁宗三一一、八）

2. 兩淮

（**雍正六、一一、壬戌**）戶部議覆：江南巡察御史戴音保條奏江南鹽務六款。一、竈戶之私煎宜禁。一、過壩之叢弊宜除。一、屯船之偷卸宜嚴。一、豪棍之窩頓宜究。一、巡防之要害宜明。一、審理之推求宜實。均應如所請。行文各巡鹽御史及該省督撫遵行。從之。（世宗七五、一一）

（**乾隆一○、一一、丁酉**）署兩淮鹽政吉慶奏：伍祐場試開池畦二十面，地脈生疎，產鹽不多。試鑄盤角二十七副，較鐅煎費省產多。請令商竈量力備資自鑄，報官察核。得旨：知道了。（高宗二五三、一九）

（**乾隆一九、七、庚子**）戶部議覆：兩淮鹽政吉慶奏稱：兩淮鹽俱係淋滷煎熬，全資蕩草，草有紅、白二種，白者力大，紅者稍次。產草極豐之年，向亦聽竈戶將紅草轉售，乃地棍奸竈每將白草私販出場，轉致煎鹽無資，應嚴禁。至該管官於蕩草出場向無處分，必須明定條例。應如所請。嗣後如有私販蕩草，將不行查禁之場員罰俸一年，分司、州、縣罰俸三個月。從之。（高宗四六九、一二）

（乾隆三三、一一、丁亥） 吏部議准：兩淮鹽政尤拔世奏稱：通屬西亭場產鹽不足千引，事務甚簡，接壤之金沙場所轄與西亭等亦屬簡缺，應裁西亭場大使缺，併金砂場辦理。又泰屬小海場止轄竈地四處，無庸專員，並應裁，附近丁溪場政務不繁，併歸管理。從之。（高宗八二二、六）

（乾隆三九、九、庚辰） 兩淮鹽政李質穎奏：今歲夏秋以來，各屬晴雨不同，雨澤霑足之處均獲豐收。惟泰州通判所屬富安等十一場坐落淮、揚二府被旱之東臺、興化、鹽城、阜寧等縣境內，各場蕩地草薪因受旱日久，長發稀疎，池鹵短少，煎辦維艱，田禾收成歉薄，已成偏災。臣現飭員確查各災戶，照例一體給賑，未完本年錢糧分別蠲緩，並酌借草本，以資攤煎濟運。得旨：知道了。一切詳妥爲之，毋致災戶失所。（高宗九六七、七九）

（乾隆五四、九、辛亥） 戶部奏：江蘇通州竈戶翟起麟呈控南北竈新淤沙地被民人元新成等混稱民地冒陞，撫憲業經具題。嗣經常鎮道勘明，該地實係竈業，撫憲因恐咨部與前題不符，復飭議詳。司道無所適從，懸案莫結等情。請交兩江總督審辦。得旨：此案著派伊齡阿、姜晟馳驛前往，秉公審擬具奏。（高宗一三三九、二九）

3. 兩浙、福建

（雍正六、二、甲午） 戶部議覆：福建總督高其倬條奏閩省鹽政事宜。一、謹產地之收曬。閩省鹽場，福清一場最大，其各團所產之鹽零散難稽。請建設總倉，令各團曬丁將所曬之鹽統歸一處封鎖，則稽查自易，且免雨濕水淹之患。莆田一場，各團滷窟並無遮蔽，應設法修砌，以資防護。至潯美、泂州、浯州、惠安、漳浦、南場、金坑、漳南、詔安等場，俱各委員整頓，期有實效。一、嚴銷地之售賣。閩鹽向係商行，後改爲官賣，近復用水客肩販。請暫令水客分認行銷，而以官運接濟，俟行之三年，有辦理無誤者，報部僉爲商人，再請發引以立成法。至存積鹽斤，照例於場鹽多產之時，官動課銀，就場收積，以備接濟。一、定鹽課之額數。閩省鹽課有額徵、公費二項，共徵銀一十七萬有奇。嗣後俱作正額，其額外溢行之鹽所獲銀兩，造爲盈餘報查。除支給鹽道暨各場官役公用外，餘俱造入盈餘册奏销，所有解部水脚，即於長價等項内撥給。一、酌辦理之人員。閩省舊設辦理鹽務各官，雍正二年悉行裁去，嗣後請於通省佐雜官内遴選廉幹之員，管理鈐束，仍不時遣員巡查。均應如所請。從之。（世宗六六、一三）

（雍正七、四、甲午）復設江南南滙縣下砂二場、浙江黄巖縣杜瀆場、永嘉縣永嘉塲場官各一員，裁江南金山衛浦東場場官一員。從浙江總督李衛請也。（世宗八〇、二〇）

（乾隆一、三、甲子）[大學士管浙江總督嵇曾筠]又奏：清釐鹽政事宜六條。一、請量添附竃以廣煎辦，即令正竃户丁分煎。一、發帑廣收餘鹽，以備接濟，並於杭州、紹興、蘇州、常州添築鹽倉。一、停止借給商帑，以免壓引誤課。一、聚團竃舍，並於舍外築垣安柵，以司啟閉。一、各場收買餘鹽，以六分運貯所倉儲備，從四分留場，以恤貧民。一、慎選差員，分路遊巡，以緝巨梟。得旨：朕細閱諸條，具見卿忠誠任事，悉心料理。嘉是之外，無可訓諭。著照所奏行。應具題報部者，仍具題報部可也。（高宗一五、三一）

（乾隆二、八、庚辰）福建巡撫郝玉麟疏報：福清縣海口、牛田二場墾復鹽地八十一頃有奇。（高宗四九、七）

（乾隆二、九、丁酉）閩浙總督銜專管福建事郝玉麟疏報：惠安場墾復鹽埕一百三坵，詔安港口等場墾復鹽埕一百四十四坵，鹽漏五十七口。（高宗五〇、三四）

（乾隆三、三、丙子）閩浙總督專管福建事務郝玉麟疏報：福清縣雍正十三年分，墾復鹽田一頃六十二畝有奇。（高宗六五、一七）

（乾隆三、四、乙酉）閩浙總督專管福建事郝玉麟疏報：詔安場墾築鹽埕一十六坵有奇。（高宗六六、六）

（乾隆三、五、癸亥）閩浙總督專管福建事務郝玉麟疏報：海口場墾復鹽地九十五畝有奇，園地三頃八十畝有奇。（高宗六八、一八）

（乾隆四、四、乙巳）浙江巡撫管理鹽政盧焯奏陳鹽務事宜。一、每場各發官秤，以杜侵扣。一、禁止奸商射利，昂價短秤。一、飭各州縣嚴拏大梟，至肩挑小販，概從輕減。一、嚴查鹽捕緝私，借巡滋擾等弊。一、禁兵獲私鹽，刑嚇取供，捏報邀功。一、通飭場員，催徵場課，毋許任意刑比。其滚單團差名色，嚴行禁革。亦不許竃户怠煎誤課。一、西路場竃舍向係臨時添建趕煎，掣後拆毁，請令留同正竃，一體煎配。一、修葺各場周圍牆垣。一、查拏奸商，不拘引課，私運開買後，通梟買私抵補。一、銷引定上、中、下三等賞罰。更有請者，蘇、松、常、鎮、泰五府州，邊海鄉場，爲浙私鹽門户，請勅下江蘇督撫諸臣實力巡緝。得旨：所奏各條，皆汝分內應辦之事。知道了。汝先有過刻之名，茲到浙，看來事事有從寬沽名之念。夫過猶不及，不及猶過，莫若執兩用中之妙也，汝其誌之。至所請勅令江蘇文武助汝之處，是，有旨諭部。（高宗九一、二〇）

（乾隆四、八、辛巳）陞任閩浙總督郝玉麟疏報：詔安場墾户沈進墾築鹽埕八邱，鹽漏四口。（高宗九八、一五）

（乾隆六、三、丁丑）閩浙總督宗室德沛疏報：福建詔安林頭場乾隆五年墾築鹽埕六坵，鹽漏三口。（高宗一三八、一八）

（乾隆一〇、三、乙酉）閩浙總督馬爾泰疏報：福清縣海口、牛口二場墾復鹽地一頃九十五畝有奇。（高宗二三六、一八）

（乾隆一一、一〇、戊子）諭軍機大臣等：巡撫常安所奏松江下砂等場雍正十年被潮坍荒蕩地積欠課銀，朕已加恩豁免。但實在坍荒淹廢之地固應蠲除，而潮退淤漲，即宜隨時開墾。年來衝壓坍荒，請免者多，而題報開墾升科之處甚少。可傳諭該撫留心查辦。將所有淤漲可耕之地查明勸諭，及時開墾，無致閒曠，於竈户場民當有裨益。（高宗二七七、一九）

（乾隆二一、三、辛卯）閩浙總督喀爾吉善疏報：福建惠安場乾隆二十年墾復鹽埕一百五十五邱，升科如例。（高宗五〇九、一五）

（乾隆二六、九、丙午）[户部]又議准：閩浙總督楊廷璋疏稱福建惠安場墾復鹽埕三百三十二坵，應徵課銀，照例徵收。從之。（高宗六四四、一七）

（乾隆三七、七、乙未）陞任浙江巡撫富勒渾疏報：乾隆三十六年分，慈谿縣竈户開墾沙塗一百二十五畝有奇。（高宗九一三、一九）

（乾隆三七、八、辛未）陞任浙江巡撫富勒渾疏報：乾隆三十七年分，大嵩場竈户開墾田地四百十五畝有奇。（高宗九一四、二〇）

（乾隆三七、九、庚申）陞任浙江巡撫富勒渾疏報：乾隆三十六年分，瑞安縣隻穗場新漲草塗三百二十七畝，請即抵該場無著坍課。從之。（高宗九一七、二二）

（乾隆三八、二、庚申）[吏部]又議准：調任浙江巡撫熊學鵬奏稱：仁和場鹽大使一缺，舊駐城外臨江鄉東北二十都地方，康熙十八年移駐省城，距所轄竈舍滷地二三十里以至六七十里不等。近年該處產鹽更旺，催課緝私，稽查最要，請仍移駐原地。從之。（高宗九二六、三）

（乾隆三八、七、乙亥）浙江巡撫兼管鹽政三寶疏報：慈谿縣鳴鶴場乾隆三十八年新漲沙灘地一千六百畝。（高宗九三九、一五）

（**乾隆三八、七、甲申**）浙江巡撫三寶疏報：仁和縣大嵩場乾隆三十八年墾築灘塗田五百七畝有奇。（高宗九三九、五三）

（**乾隆四○、四、庚辰**）浙江巡撫兼管鹽政三寶疏報：乾隆三十八年，寧波府慈谿縣鳴鶴場報升沙塗五百畝。（高宗九八○、三）

（**乾隆四○、四、辛卯**）浙江巡撫兼管鹽政三寶疏報：乾隆三十九年，蕭山縣錢清場西興盈圍報升沙漲地十五頃五十三畝有奇。（高宗九八○、一七）

（**乾隆四二、三、辛未**）閩浙總督鐘音疏報：浯州場墾復鹽埕三十二坵，升科如例。（高宗一○二八、一○）

（**乾隆四二、三、丙子**）浙江巡撫三寶疏報：慈谿縣鳴鶴場墾復沙塗五百五十五畝有奇。（高宗一○二八、一九）

（**乾隆四三、一一、戊戌**）浙江巡撫王亶望疏報：仁和場乾隆四十二年分開墾下則地一百畝有奇。（高宗一○七○、四五）

（**乾隆四五、五、戊戌**）浙江巡撫王亶望疏報：鳴鶴場開墾沙地一百四十三畝有奇。（高宗一一○七、七）

（**乾隆四五、一二、丁未**）浙江巡撫兼管鹽政李質穎疏報：仁和場開墾沙地七千六百三十七畝有奇。（高宗一一二○、四）

（**乾隆四五、一二、庚午**）浙江巡撫兼理鹽政李質穎疏報：鳴鶴場開墾沙地二百九畝有奇。（高宗一一二一、一五）

（**乾隆四七、六、戊寅**）閩浙總督管理浙江巡撫兼管鹽政陳輝祖疏報：仁和場仁和倉茶槽圍乾隆四十六年分漲沙六千四百八畝有奇。（高宗一一五八、一五）

（**乾隆四七、九、辛丑**）户部議准：閩浙總督署浙江巡撫兼管鹽政陳輝祖疏稱：仁和場新漲影沙蕩二千九百十畝有奇。請照備荒蕩起科，自乾隆四十七年爲始。從之。（高宗一一六四、二二）

（**乾隆四九、一一、癸亥**）浙江巡撫福崧疏報：仁和縣鳴鶴場開墾沙塗地三百三十六畝有奇。（高宗一二一八、二三）

（**乾隆五○、一一、丙辰**）浙江巡撫福崧疏報：大嵩場開墾塗田五頃四十八畝有奇。（高宗一二四二、一五）

（**乾隆五一、二、甲申**）户部等部議覆：閩浙總督雅德奏稱：福建同安縣轄之六小埕鹽場界連馬巷、南安各境，有附近居民於舊埕旁另開鹽坎。委員勘丈，將已未成坎各段落折坎成坵，共五千八百七十六坵，每年可產鹽九萬餘石，照舊埕原則，應徵銀五百八十七兩零。請就現開各坎收曬，額課即於本年按例起徵。再該處山海交錯，鹽埕散布，地面遼闊，若令地方官帶管，鞭長莫及，請專設大使一員，巡查彈壓，應建衙署及俸工役食等費，即於本場徵收長價銀內籌辦。應如所請。惟六小埕名目並舊徵課額，鹽課奏銷冊內無可稽查。從前彙入何款項造報，應令該督報部查覈。從之。（高宗一二四八、二三）

（嘉慶三、五、庚午）戶部議准：浙江鹽政蘇楞額疏報：仁和、石堰等七場開墾蕩灘塗地共三十五頃六十二畝，照例升科。從之。（仁宗三〇、四）

（嘉慶三、一二、乙未）戶部議准：浙江巡撫玉德疏報：定海縣開墾鹽課塗場三十七頃六十畝有奇，照例升科。從之。（仁宗三六、八）

（嘉慶八、九、戊戌）戶部議准：兩浙鹽政延豐疏報：仁和、海沙二場開墾蕩地五頃十九畝有奇，照例升科。從之。（仁宗一二〇、一〇）

（嘉慶一二、五、癸卯）戶部議准：兩浙鹽政常顯疏報：仁和、穿長二場原坍復漲竈地三千七十畝有奇，照例升科。從之。（仁宗一七九、五）

（嘉慶一二、五、壬子）戶部議准：兩浙鹽政常顯疏報：仁和、穿長、長亭、鮑郎四場新漲竈地三頃七十畝有奇，照例升科。從之。（仁宗一七九、二六）

（嘉慶一三、四、乙酉）戶部議准：兩浙鹽政三義助疏報：仁和、穿長、玉泉、鳴鶴四場開墾沙蕩灘田二千六百五十畝有奇，照例升科。從之。（仁宗一九四、一三）

（嘉慶一三、閏五、庚辰）戶部議准：兩浙鹽政三義助疏報：仁和、鳴鶴二場開墾沙地一萬一千八百三十畝有奇，照例升科。從之。（仁宗一九六、九）

（嘉慶一三、閏五、戊子）戶部議准：兩浙鹽政三義助疏報：仁和場開墾沙地五千八百二十畝有奇，照例升科。從之。（仁宗一九六、二四）

（嘉慶一四、四、丁巳）戶部議准：浙江巡撫阮元疏報：蕭山縣竈戶丈餘地四千四百三十七畝有奇，照例升科。從之。（仁宗二一〇、二六）

（嘉慶一七、一、甲午）諭內閣：汪志伊等奏查明閩省場員虛報鹽斤，請著罰賠繳一摺。閩省各場收曬鹽斤具有定額，例應考覈分數，分別勸懲。茲據該督等查明，浦東等場自乾隆四十六年以後紲收虛報，係由陰雨過多，埕坎荒廢所致。該省歷任場員因規避處分，以少報多，本應一例參革，但念事閱多年，前任倡首者多因事故離任，此時僅將現任者懲辦，亦不足以昭平允。著加恩均免其參處。所有各員內，除何蘊文一員虛報鹽價已經繳收，漆洛美、潘肇豐二員均已彌補外，其餘梁建昌等二十三員共虛報額鹽一百七十五萬一百三擔零，覈計曬價銀一十三萬六千兩零。著照該督等所請，於原報各員名下分別罰賠，勒限追繳。嗣後場員造報考覈時，著委員盤查結報，覈計未完分數，照例報部覈議，如再有仍前虛報等弊，即行參辦。（仁宗二五三、一三）

（**嘉慶一八、七、辛卯**）户部議准：兩浙鹽政常顯疏報：長亭、玉泉、鳴鶴、海沙四場新開塗田竈地一千七百三十九畝有奇，照例升科。從之。（仁宗二七一、三七）

（**嘉慶二〇、八、庚辰**）户部議准：兩浙鹽政廣泰疏報：仁和、石堰、穿長、長亭、鳴鶴五場開墾地七千六百六十九畝有奇，照例升科。從之。（仁宗三〇九、二四）

（**嘉慶二五、五、壬申**）户部議准：兩浙鹽政廣泰疏報：黃巖場開墾沙漲塗地六頃二十二畝，照例升科。從之。（仁宗三七一、四）

4. 兩廣

（**乾隆一、七、庚申**）兩廣總督鄂彌達疏報：惠州府屬墾築鹽町三十二漏。（高宗二三、一四）

（**乾隆六、二、己未**）兩廣總督馬爾泰疏報：廣東惠來縣隆井場古埕、平湖二柵新墾鹽埕十二漏五分。（高宗一三七、六）

（**乾隆二一、八、乙丑**）兩廣總督楊應琚奏：粵鹽行銷日廣，亟需設法墾闢。查高州府屬茂暉場可開生鹽田七百漏，電茂場可開生鹽田六百一十一漏，遞年就田灌曬，可得生鹽十餘萬包。查明俱係官荒，無礙民業，應給予附近民竈承墾灌曬，俟墾成日，計田納課。得旨：允行。（高宗五一九、二一）

（**乾隆三〇、六、己酉**）户部議准：兩廣總督李侍堯疏稱：電白縣電茂場業户黃嘉隆等報開築生漏七十一口，每漏徵銀一錢七分，請自三十年始起徵。從之。（高宗七三八、九）

（**乾隆三三、三、戊申**）兩廣總督李侍堯疏報：廣東歸善縣墩白場墾築鹽田三十二漏。（高宗八〇七、八）

（**乾隆三四、六、癸亥**）兩廣總督李侍堯疏報：本年電白縣電茂場開墾生鹽池漏六十八口。（高宗八三六、二六）

（**乾隆五二、四、庚申**）兩廣總督孫士毅疏報：廣東陽江縣雙恩場墾築生鹽漏三十八口。（高宗一二七九、一八）

（**乾隆五五、二、乙卯**）兩廣總督公福康安疏報：墾築廣東隆澳廠鹽田

二十四漏，升課如例。（高宗一三四八、一二）

（**乾隆五六、八、甲寅**）兩廣總督公福康安奏：惠州府屬大洲場，乾隆二十二年因該場額鹽較多，分設大洲柵，委員管理。近因該柵所管池漏田瘠丁疲，未能足額，而大洲場池漏整齊，曬丁殷實，歷係豐收，場柵原屬毗連，大使足資料理。請裁大洲柵，歸併場員管理。從之。（高宗一三八四、一九）

（**嘉慶四、一二、庚寅**）戶部議准：兩廣總督吉慶疏報：廣東茂名縣博茂場曬丁墾築生鹽池漏六十六口，照例徵課。從之。（仁宗五六、一二）

5. 河東、陝甘

（**雍正五、一二、乙巳**）陝西西安按察使兼管河東鹽政碩色奏報：十月初三日起至十一月十一日止，池鹽獻瑞，不需人力，自然滋生，多至七百萬餘觔，悉皆顆粒盤簇，味甘如飴，迥異常鹽。下部知之。（世宗六四、二八）

（**雍正六、一、辛巳**）戶部議覆：河東巡鹽御史碩色疏言：河東鹽池為山、陝、河南三省食鹽所關，其防水之池牆渠堰均屬緊要。查舊例於額引羨餘之內，每年動撥銀五千兩，歲修渠堰。而池牆一帶若不每歲補修，恐致大修之年倍多費用。請於添設餘引羨餘銀內，每歲再動撥六千兩，以三千兩作歲修池牆之用，以三千兩存貯運庫，積至五年，以作大修之費。則池牆渠堰俱可永保完固。此等工程，運同不能獨力兼營，請於附近州縣揀選幹員，凡遇修築之時，委用五六員協助監修，庶事有專責而工無怠誤。均應如所請。從之。（世宗六五、一九）

（**乾隆七、五、甲戌**）戶部議覆：河東鹽政尚琳奏稱：河東渠堰原以防衛鹽池，必須勘核工程平險，分別興修緩急，查輪修年分，祗擇應修處所，量加濬葺。是在輪修時，已修之處自當按例保固，以重責成；其未修之處，遇有水漲淤坍，若以未屆輪修不即整理，勢必日漸坍損，深為池害。應如所請。嗣後遇有輪修未屆，實不可緩各工，隨時借項興築。從之。（高宗一六七、三）

（**乾隆七、六、丁巳**）［戶部等部］又議覆：河東鹽政尚琳疏稱：唐縣引鹽向係豫省運商公辦，今若照廣西之例歸官辦理，則該縣距運城一千餘里，騾駝車載，稽察難周。若委官員，不特查驗費繁，更恐兵役作奸。查唐縣所開餘畦均係商自出貲澆曬。應如原奏，將唐縣引張責令該商收繳稽察，倘有遺誤，照例治罪。仍募殷商承充，其應用雜費，俟試辦一年後，果屬妥協，在於歸公銀內支給，其稽察之法，亦應如所題。……從之。（高宗一六九、二四）

（**乾隆一七、一〇、癸巳**）諭軍機大臣等：薩哈岱奏本年河東池鹽自五六月以來，風日燥烈，過於旱乾，以致池水缺少，又難儘力澆曬。迨至八月以後，陰雨連綿，地氣寒涼，不能成鹽等語。此奏殊屬不合，天氣非晴即雨，鹽池澆曬要在乘時趕辦。今據奏晴則燥烈，雨又寒涼，俱不能成鹽，然則何時而可耶？無非一味藉詞推諉，其不能實心辦理，於此可見。薩哈岱著傳旨申飭。（高宗四二四、七）

（**乾隆二〇、一〇、己巳**）河東鹽政監察御史西寧奏：本年池鹽被水歉收，經長蘆鹽政議准，長蘆額餘鹽觔通融接濟。現飭河南、山西商人備價購買。仍用河東鹽引輸課。報聞。（高宗四九九、四二）

（**乾隆二二、九、己未**）山西巡撫塔永寧奏：河東池鹽歲供山、陝、河南三省民食，近來連年缺產，今歲春夏雨多，池鹽倍歉，僅產七百餘石，尚不敷配補上年未銷額引。本年應配鹽五千二十餘石，雖已奉部議撥長蘆一千五百石，其蘆鹽萬不能運濟者，三省共有八十餘州縣。……非藉買運蒙古鹽無可接濟。（高宗五四七、三一）

（**乾隆二二、一〇、壬戌**）又諭〔軍機大臣等〕：前據那俊奏稱：河東池鹽歉收，請買運口外蒙古鹽觔。……著即一面籌辦買運蒙古鹽觔接濟，一面奏聞。但須令眾商公辦，並應定以限制，或半年，或數月之期，并定觔兩各數，方為妥協。……可將此傳諭塔永寧並那俊知之。（高宗五四八、七）

（**乾隆二二、一二、甲子**）諭軍機大臣等：戶部議覆河東鹽政那俊奏各商請借帑築堰墾畦一摺，已有旨交劉統勳會同塔永寧等詳細查明，定議具奏矣。河東鹽池係商人世業，遇有修築，向例該商等自行出貲辦理，該鹽政不過因從前部議內有行令酌量借項興修之語，遂為各商奏請。但商人借動帑項，修理伊等世產，若祇分年扣還原款，而竟不起息，鹽務中從無此例。商人非窮百姓之比也。著傳諭劉統勳查明，如果該商等實在無力，必需借帑興修，即奏明照數借給。其應如何照長蘆酌量起息，一併定議奏聞。或因該處屢被災傷，比長蘆略減分數亦可。（高宗五五二、一八）

（**乾隆二三、二、丙戌**）河東鹽政西寧奏：河東鹽池被水，畦地衝沒，前鹽政那俊會同巡撫塔永寧奏請借帑築堰開畦，覆准在案。查此時池水尚大，畦地半難施工，築堰徒費。康熙十九年因大池水淹，開六小池，嗣經封閉，現據各商認開，應令修復。畦地已涸者一併飭修，原議築堰暫緩。借帑除應修各工，餘給商添作資本，分年扣還。報聞。（高宗五五七、四〇）

（**乾隆二四、五、乙酉**）又諭：據山西巡撫塔永寧奏稱：晉省現在產鹽，所有購買鄂爾多斯蒙古鹽觔之處，著停止。（高宗五八六、一二）

（乾隆二七、九、己丑）山西巡撫明德、河東鹽政薩哈岱奏：河東鹽池地處低窪，四圍設有隄堰。查夏縣白沙河爲九峪十八岔水所滙歸，河身近山，沙土居多，所築南北兩岸土堰往往潰決。今年閏五月，陰雨水漲，上游衝決，各工在在危急，當經趕築堵禦，奈終係沙土，旋築旋衝，大爲鹽池之患。請將白沙河南北兩岸改建石工。得旨：如所議行。（高宗六七一、二一）

（乾隆二九、七、己卯）河東鹽政李質穎奏：河東自大鹽池外又有小池六處，散在解州之西，雖亦可澆曬，但去運城遙遠，查察難周，從來封禁。惟大池被淹，曾令各商就小池開曬，水退即封。乾隆二十二年因大池衝決，修復六小池澆曬，數年來收鹽甚少，實屬無益，而大池連歲豐收，配運有餘，應請將六小池照舊封禁。得旨：允行。（高宗七一五、二〇）

（乾隆三〇、九、丁酉）又諭［軍機大臣等］：據李質穎奏河東本年收鹽配引足額外，尚存鹽三千二百石有零，令各商加謹收貯，以備將來不敷年分補用等語。（高宗七四五、一四）

（乾隆三八、一〇、辛亥）諭軍機大臣等：瑞齡奏本年鹽池收成實數并新舊抵補情形一摺，未爲明晰。據稱，該處鹽池自三十二年歉收以來，計每歲俱有短額，歷係新舊通融，遞年接濟。似此年復一年，何時得以補足，殊不成事。該鹽政既稱上年鹽勱本有盈餘，則以之抵補舊額，其缺數自應漸減，或再遇盈餘之歲，逐漸抵補，積至數年以後，庶可陸續清理。乃上歲餘鹽除抵三十六年不足之數外，何以尚不敷鹽一千八百餘石，復須今歲新鹽補運，致本年復行缺額。是名爲盈餘，仍須那新補舊，缺項何由得清？殊非整理鹽法之道。著傳諭巴延三會同瑞齡，將前此缺額若干、何年盈餘若干、實在作何抵補情形詳晰聲敘，並將此後應如何妥辦，不致復有缺額之處，據實查明具奏。尋奏：河東鹽池自歉收後，歷係那新補舊，每年所出之鹽足敷正額，而餘引及帶銷之鹽每致不敷，是以通融那補。即有盈餘，仍歸欠缺。查鹽池西北舊有小鹽池六座，從前大池歉收，奏請開曬，應請仍照前例，於來春督令各商自備貲本，開煎彌補。下部議行。（高宗九四五、二一）

（乾隆四二、一〇、壬戌）是月，河東鹽政瑞齡奏：河東池鹽自三十二年歉收以來，歷係新陳抵補，通融接濟。近蒙調劑，今歲池鹽豐收，除補足從前缺數並配運額銷各項鹽引外，尚有盈餘鹽一千九百八十四石一百五引。至鹽池黑河工程，今春已挑挖三分之一，現飭各商集夫開挖，督催挑浚，務期及早完工。得旨：事在人爲，若此後經理不善，是誰之過耶？（高宗一〇四三、二四）

（乾隆四六、一、癸卯）山西巡撫喀寧阿奏：河東鹽務近年產鹽較旺，

而乏商紛紛告退，恐係私販潛售，致官引積壓，遵旨留心查察。……得旨：實力爲之，勿爲空言。（高宗一一二三、一九）

（**乾隆四七、七、癸卯**）又諭［軍機大臣等］曰：農起奏查閱鹽池情形一摺，內稱本年入夏以來，晴雨調勻，新鹽豐旺。現在堆貯新鹽已敷一年之用，此後尚有數月之期，可冀加倍豐收。一切召商承辦各事宜，統俟九月場工完竣，會同陝西、河南撫臣覈計成本，遵旨另行調劑妥議等語。該省產鹽豐旺，爲二十餘年來僅有之事，覽奏殊爲欣慰。但摺內所稱覈計成本，調劑妥議之處，該撫雖尚未奏明，朕揣度其意，似爲加價起見，此斷不可。商人承辦鹽觔，每以成本重大，配運維艱，懇請加價，冀圖得利。但商人多一分利息，即小民多受一分朘剝，況產鹽豐旺，雨水調勻，其澆曬刮收等事亦較易爲力，其鹽價祗當議減，不得議增。著傳諭農起將來與陝西、河南各省會議時，務須遵旨妥辦，以副朕惠愛元元之至意。（高宗一一六〇、二一）

（**乾隆五二、一二、甲辰**）又諭［軍機大臣等］：據明興奏收獲鹽池數目及配運事宜一摺。內稱河東大小鹽池今歲春間開工治畦起至秋後停工止，共收刮鹽二千一百六十六引，不敷鹽三千三十三石五十二引，查明實係五、六、七等月陰雨較多所致。請照例在於積年存餘陳鹽內撥補等語。晉省鹽務向來所產固不如別省之旺盛，但前經農起實力整頓，歷年收獲鹽觔有盈無絀，何以明興到任後，本年收刮鹽觔即致短少至三千餘石之多？幸而農起辦理妥協，積年收穫豐盈，存餘陳鹽尚有一萬三百餘石，足敷撥補。設使皆如該署撫所辦，則此項鹽觔日形短缺，遞年積壓，伊於何底？可見明興實屬無能已極，著傳旨嚴行申飭。嗣後務須實力妥辦，俾鹽務日有起色，不致短缺，方爲妥善。若再仍前怠玩，藉口年歲歉收，以爲委卸地步，朕必重治其罪，恐明興不能當其咎也。（高宗一二九四、一三）

（**乾隆五七、閏四、庚寅**）諭：……茲又據［山西巡撫］馮光熊奏現在該省鹽池產鹽旺盛，兩三月內發販鹽數較往年多至加倍有餘等語。是鹽課改歸地丁一事效驗甚速，竟可永遠遵行，商民均資利賴矣。（高宗一四〇三、一七）

6. 四川、雲南

（**順治一七、一〇、丙申**）四川巡按張所志條奏鹽政五事。一、三年開徵之例宜定。蜀省之鹽皆產於井，必相山尋穴，鑿石求泉，而井始成。開鑿艱難，每一井常費中人數家之產。應照開荒事例，三年以後起課，俾竈丁得沾微利，則開井者必多，鹽自廣而課自增矣。一、武弁抽索之擾宜禁。投誠武弁多沿陋習，剥削竈丁，有司官微力弱，難以控制。若非嚴加申飭，則丁逃井塌，勢所必至。一、宜申明敕諭。敕書内開載，凡貧窮小民負鹽易食者，不許苛求搜索。但恐姦民積棍乘機興販，改包射利，反虧國課。應定六十斤以下者准作易食零鹽，免其納課，六十斤以上者即作票鹽，仍令納課。一、鹽政宜有專轄。故明四川鹽政上有道臣，下有提舉，前因兵火以後，川北一隅鹽課無幾，故將鹽政歸併藩司。今三川盡復，鹽井漸增，必得一官專司稽察。查遂寧縣係行鹽孔道，舊制華池廠提舉司即駐遂寧，盤驗稽查。合無復設遂寧縣令，使本官兼攝鹽務，俟用鹽引之後，仍設提舉，不惟鹽政可無廢弛，而縣治亦可漸圖恢復。一、宜頒鹽課則例。蜀省兵火之後，册籍灰燼，今目下徵科，不得已將舊例裁減，暫行徵收，此亦一時權宜之計，非經久之法。請敕部查議，速頒則例，以便遵奉征收。下所司議。（世祖一四一、五）

（順治一七、一一、辛巳） 吏部議覆：四川巡按張所志疏言：四川遂寧縣向因地荒民稀，歸并蓬溪，今百姓既漸來歸，且係行鹽之地，應如按臣所請，復設縣令。從之。（世祖一四二、二三）

（雍正三、三、丁未） 户部議覆：湖北巡撫納齊喀疏報：荆州府巴東縣北紙倍溪地方忽湧鹽泉，居民煎煮，每日得鹽約二千餘觔。請照淮鹽行引，於楚北各州縣分銷。應如所請。從之。（世宗三〇、一三）

（雍正一三、一〇、丙寅） 户部議准：四川巡撫楊馝疏請：簡州新開鹽井一十三眼，應照例增引徵税。從之。（高宗四、七）

（乾隆二、六、甲子） 開淘四川射洪、南部、南充、樂至、資州、井研六州縣鹽井共一百四十四眼，歲產鹽七十七萬七千觔有奇。（高宗四四、九）

（乾隆三、九、癸丑） 户部議准：四川巡撫碩色疏報：屏山、富順、資州、井研、内江、南部、樂至、鹽亭、南充、北充、犍爲、威遠、忠州、大寧等十四州縣竈民開淘鹽井，請增給水陸引二千七十二張，行鹽便民。從之。（高宗七六、四）

（乾隆四、一、丁丑）［雲南總督慶復］又奏：滇省煮鹽柴薪多向他處購買，工本愈重，竈戶不免拮据。請於近井山場種樹，以備日後樵蘇之用。得旨：此亦可行之事也，但須極力查察，必使百姓不知種樹之滋擾，而暗受種樹之利益可耳。（高宗八五、一五）

（乾隆五、二、辛丑） 雲南巡撫張允隨奏：查安寧州地方有洪源井，麗江府地方有老姆井，均可開煎。每年可獲鹽四十萬一百二十一觔，定爲年額，於銷鹽各州縣中，酌量遠近，通融改撥，以之添補昆明、宜良、嵩明、

騰越等州縣不敷之數，民食不無裨益。得旨：此事若辦得妥協，實有益之事也。（高宗一一一、一三）

（**乾隆五、閏六、乙巳**）戶部議覆：署四川巡撫印務布政使方顯疏稱樂山、犍爲、三臺、射洪、資州、井研等六州縣開淘鹽井一百六十六眼，煎鍋四十二口，共徵稅銀七百九十一兩有奇，共應給水陸引一千一百四十五張，請於乾隆五年引餘內動給等語。查先據原任四川巡撫憲德疏稱：行鹽以部引爲憑，自應請頒行運。但該府州縣請引多寡不一，如必逐案差人赴部請頒，無論奔馳往返，實於民生日用鮮濟。理合題明，豫頒鹽引五千張，收貯巡撫衙門，俟有增引州縣，一面題報，一面即將部引給發。從之。（高宗一二○、二一）

（**乾隆五、閏六、丙辰**）〔吏部〕又議覆：署理四川巡撫方顯等疏稱：川省分設場員，應建衙署，并批驗所應設官廳哨船工料銀兩。原設潼川府通判移駐射洪縣，保寧府同知移駐南部縣，嘉定府通判移駐犍爲縣馬踏井，敘州府通判移駐富順縣鄧井關，夔州府同知移駐雲陽縣雲安廠。內除南部縣舊有李先復之子李繹入官房產一所，可作同知衙署，毋庸另建，應建衙署四所。忠州移澑州州判一員，簡州石橋井新設州判一員，樂至縣添設縣丞一員，每員應建衙署一所。新設鹽務大使十六員，巡檢一員，移駐巡檢二員，內除三臺縣葫蘆溪大使、射洪縣黃礁濠大使、蓬萊鎮大使、南部縣西河口大使、南充縣東觀場大使、雲陽縣雲安廠大使、犍爲縣牛花溪大使，并移駐建武巡檢、敦里八甲巡檢俱舊有衙署，毋庸另建，其應建大使衙署并彭水縣郁山鎮巡檢衙署共十所。又添設遂寧縣、重慶府、瀘州、嘉定府四批驗所，應各設官廳一座，哨船一隻。據嘉定批驗所經歷金璠詳報，嘉郡有府、雅二河，相距甚遠，向來府河在郡城外之保平渡設隘盤驗。請照舊於府、雅二河兩渡口設官廳哨船，以便盤驗，共應設官廳五處，哨船五隻。再潼川府通判原議移駐射洪縣，城內並無官基，亦無民地可買，請於縣屬之太和鎮場竈適中之地建署，其地基自行捐買糧民梁瑢祖遺地九畝四分七釐，原載應完糧銀二錢八釐應予開除。嘉定府通判原議駐馬踏井，今附近馬踏井之井竈寥寥，地非扼要，請移駐井竈繁多之太和縣場黃角井。中江縣新設大使原議駐劄盛家池，該地窵遠，並非盤驗衝衢，請移駐於胖子店。又犍爲縣王村大使以王村距所分管地方遙遠，請改駐河西附近水次之胡家場。又井研縣鹽井灣大使原議駐劄鹽井灣，該地僅有九井，非盤驗隘口，請移駐於千佛場。至各該大使向以就所駐之地議定銜名，今盛家池、王村、鹽井灣三大使雖請移駐，未改職守，應仍照原銜。均應如所請。從之。（高宗一二一、五）

（乾隆五、八、己酉）户部議覆：前署四川巡撫方顯奏：富順縣竈民開淘鹽井七十三眼，共產鹽一百二十五萬一千二百觔。配水引二百四張，陸引一百七十張，定地行銷。應納課税自乾隆五年爲始，照例徵收。應如所請。從之。（高宗一二四、一五）

（乾隆六、四、癸亥）雲南總督公慶復奏：滇省民夷生齒日繁，食鹽寖廣，前經購買粵鹽，并運川省引鹽，尚有缺乏。查於姚州廢井之旁沿河沙地挖獲滷源，鹽味濃厚，開濬成池，每年可得鹽二百萬觔。請即動項建竈鑄鍋，運薪募丁，俟煎有成效，另行覈題。再楚雄府黑井地方計有大井、東井、福隆井、新河井、沙滷井五區，歲煎額鹽八百萬觔。福隆一井出滷短少，以致缺額。請於姚州新開沙地未經定額之時，黑井照出工本，代煎四十萬觔，以補福隆之額。得旨：辦理甚屬妥協，可嘉之至。具見卿留心國計民生也。（高宗一四一、二四）

（乾隆六、五、庚午）諭曰：雲南總督慶復已命往廣東署理兩廣總督事務，伊在滇省奏明承辦之事，如……開挖姚安沙地之滷源，以增鹽觔，種種籌畫，皆係有關地方有裨民生之事。現在經理尚未就緒，慶復既經調任，署督張允隨自當接辦。（高宗一四二、五）

（乾隆六、九、辛卯）户部議准：四川巡撫碩色疏稱：雲陽縣各井歲共產鹽五十一萬一千餘觔。據湖北恩施、長樂、利川等縣認銷配增水引共八十九張，准於乾隆六年餘引内動給。每年應徵稅銀三百三兩，照數徵收。從之。（高宗一五一、一九）

（乾隆九、二、壬戌）[吏部]又議覆：雲南總督張允隨疏稱：姚安府沙地新開鹽井，錫名安豐，一切煎鹽事宜請歸併就近之白井提舉兼管。應如所請。從之。（高宗二一〇、二〇）

（乾隆九、三、甲午）户部議覆：四川巡撫紀山疏稱：樂山等縣開淘鹽井一百三十九眼，鍋六十二口，大寧縣額井内增竈二十六座，鍋七十八口，共增水陸鹽引二千一百八十八張。自乾隆八年爲始，應徵榷課并引税銀一千二百七十兩有奇。應如所請。從之。（高宗二一三、三）

（乾隆一〇、一一、丙子）户部議准：四川巡撫紀山疏稱：樂山、犍爲、彭水、西充等四縣竈民開淘鹽井十六眼，產鹽二十一萬四千三百六十觔，應配水引二十張，陸引二百十六張。自本年始，共徵税銀一百二十兩有奇。從之。（高宗二五二、二二）

（乾隆一〇、一一、丙戌）[雲南總督兼管巡撫事張允隨]又奏報：拆修安寧舊井，增築井臺，不令淡水浸入，滷味復鹹，每年可煎鹽四十二萬八千九百九十六觔，仍撥原銷之安寧、新興、峨峨三州縣領運。其因舊井滷淡，傍開新井，每年所出鹽一百萬觔，著運省添撥迤東各屬鹽少處行銷。報聞。（高宗二五三、八）

（乾隆一二、八、庚午）户部議准：四川巡撫紀山疏稱：川省閬中、南部、鹽亭、榮昌、富順、樂山、萬縣、綿州等八州縣竈民開淘鹽井八十五眼，共產鹽一百五十六萬二千三百九十觔，配增水引二百五十五張，應徵稅銀一千七十七兩有奇。請自乾隆十二年爲始，按數徵納，應用鹽引，於餘引内動給行銷。從之。（高宗二九六、一二）

（乾隆一二、一〇、己卯）户部議准：四川巡撫紀山疏報：犍爲、雲陽、西充三縣竈民開淘鹽井四十一，增竈八，添鹽鍋五十四，計產一千一百六十九引。請自本年始配引行銷，徵課如額。從之。（高宗三〇一、一一）

（乾隆一六、閏五、丙子）户部議准：雲南巡撫愛必達疏稱：洪源、新井二井原額煎鹽一百二十一萬六十觔，近因滷水短縮，不敷原額，祇煎鹽六十四萬四千四百九十六觔，并安豐、白井代煎三十萬觔，共九十四萬四千四百九十六觔，較原額固屬減少。第各處行銷，獲價銀七千九百四十一兩零，除完洪源、新井抵課，并發給官役養廉工食外，餘銀四百二十九兩。鹽額雖減，課款無缺。請自乾隆十五年爲始，照數供煎，餘銀造入盈餘册內，具題查覈。從之。（高宗三九〇、二〇）

（乾隆一六、一一、辛卯）户部議准：四川總督策楞奏稱：樂山、威遠、南部、西充、簡州、綿州、仁壽等七州縣竈民開淘鹽井一百七十四，請增陸引五百六十五張，於本年發川餘引內動給。自本年始，照例納課。從之。（高宗四〇三、二三）

（乾隆一九、二、癸卯）[户部]又議准：四川總督黄廷桂疏稱：樂山、西充、南部、閬中、鹽亭、綿州、萬縣、忠州、資州、内江等十州縣鑪民開淘鹽井一百四十六，配增水、陸二引七百二十張。請自十八年爲始，配地行銷，納課徵稅。從之。（高宗四五七、一〇）

（乾隆一九、四、乙酉）四川總督黄廷桂疏報：乾隆十八年分，大寧、綿州、彭水、西充等四州縣增竈，歲產鹽一百一萬六千六百觔。（高宗四六〇、九）

（乾隆二〇、七、己丑）户部議准：大學士管四川總督黄廷桂疏稱：富順、閬中、南部三縣開淘鹽井，請增引二百五十八張。應徵稅課，自二十年爲始。從之。（高宗四九三、二）

（乾隆二一、七、乙亥）户部議准：四川總督開泰疏報：綿州、犍爲、

榮縣等三州縣開淘鹽井，應增水引三百六十一張，陸引九百六十六張。應徵課稅，於二十一年入額奏銷。從之。（高宗五一六、一七）

（乾隆二一、八、戊午）四川總督開泰疏報：資州、犍爲縣開淘鹽井，應增水引九十六張，陸引九百一十八張。應徵課稅，於二十一年入額奏銷。（高宗五一九、一一）

（乾隆二一、九、丙寅）四川總督開泰疏報：灌縣、綿竹、汶川、華陽等四縣開淘鹽井，增邊引一千張，每歲抽課稅銀五百九十兩有奇。（高宗五二〇、二）

（乾隆二三、二、己巳）户部議准：四川總督開泰奏：雲陽縣開添鹽井，應增水、陸二百十六引，請於乾隆二十二年發川餘引內給銷課稅，即於是年起徵。從之。（高宗五五六、一八）

（乾隆二三、六、庚午）户部議准：四川總督開泰疏稱：資州等六州縣開淘鹽井，增設煎鍋，請增水、陸引共九百七十九張，課銀二千一百二十八兩，徵收造報。從之。（高宗五六五、三）

（乾隆二四、一〇、辛卯）户部議准：四川總督開泰疏稱：資州、犍爲、大寧、雲陽等四州縣開淘鹽井，增設煎鍋，請增水引三百五十一張，陸引八百五十六張。從之。（高宗五九八、二五）

（乾隆二六、二、己卯）［户部］又議准：四川總督開泰疏稱：綿州竈民開淘鹽井二眼，雲陽縣廠竈加産餘鹽八十八萬五千餘觔，應配水引一百三十張，陸引三百十張。請於乾隆二十五年餘引內動給行銷，按例權課。從之。（高宗六三〇、一二）

（乾隆二七、一一、丁亥）户部議覆：四川總督開泰奏稱：綿州、射洪、鹽亭、西充等四州縣新開鹽井一百十三眼，歲産鹽三十一萬七千八百六十觔。榮縣、犍爲、雲陽等三縣增煎餘鹽九十五萬九千五百九十觔。請添水、陸引一千零六張。應如所請。從之。（高宗六七五、一三）

（乾隆二八、三、丙子）户部議准：四川總督開泰奏稱：四川富順、射洪、開縣三縣開淘鹽井，增煎鹽觔，請增水引二十四張，陸引六百六十張。應權課銀造入鹽課冊內題覈。從之。（高宗六八三、五）

（乾隆二八、一〇、丁酉）户部議准：前任四川總督開泰奏稱：犍爲縣額鹽井添鍋六十七口，南部縣新井二十五眼，應如例權課。又犍爲縣并資州歲産鹽多，應增水引一百四十三張，陸引二千九百三十張，均於本年起課。從之。（高宗六九六、一五）

（乾隆二九、八、甲申）户部議准：四川總督阿爾泰奏稱：犍爲縣開淘鹽井幷額井內添鍋，共設鍋六十三口，每歲產鹽一百六十七萬餘觔，應配陸引三千六百五十張。其課稅自乾隆二十九年爲始，照數徵收。從之。（高宗七一六、八）

（乾隆三〇、一、丙子）四川總督阿爾泰等奏：綽斯甲布等九土司會攻金川，節次得勝，宜乘機鼓勵。現在賞需雖有代銷餘茶息銀湊集撥用，尙宜寬裕籌備。查川省惟犍爲、富順二縣近年鹽井旺盛，令竈戶於額引外，將存剩餘鹽儘數報官登册，由鹽道發給印票代銷，計每年可徵銀萬兩，彙解道庫，貯充賞需。得旨：如所議行。（高宗七二七、一四）

（乾隆三三、五、壬寅）四川總督阿爾泰疏報：射洪縣開淘鹽井一十三眼，歲產鹽三萬五千八百觔有奇。（高宗八一〇、二六）

（乾隆三六、二、壬申）戶部議准：大學士管四川總督阿爾泰疏稱：犍爲縣竈民何洪等開淘鹽井八眼，請照下井鍋例配引權課。定稅銀一百七十兩有奇，自乾隆三十五年徵收造報。從之。（高宗八七八、一）

（乾隆三九、九、戊辰）四川總督文綬疏報：犍爲縣開淘鹽井十八眼，歲產鹽一百十五萬觔，徵課如例。（高宗九六七、一四）

（乾隆四一、二、乙巳）戶部議覆：雲南巡撫裴宗錫疏稱：雲南復隆鹽井向未建倉，煎出鹽觔均暫貯竈戶家內，難免挪掩透漏之弊。請建蓋倉房二十間，官爲收貯。從之。（高宗一〇〇二、八）

（乾隆四二、一〇、癸巳）吏部議覆：大學士管雲貴總督李侍堯奏稱：滇省白鹽井所屬之白石谷井現與白井提舉同駐一方。該井滷水歷係架立木槽，流歸白井大使經管之觀音井，添補煎額，爲數無幾，本井大使並無專辦事。又黑鹽井所屬之復隆井距提舉駐劄地方路止十里，且有黑井大使與提舉同駐兼查，不必另置專員。是白石谷井、復隆井二處大使均屬冗設，請裁汰，各就近歸倂管理。應如所奏。從之。（高宗一〇四二、三）

（乾隆四三、三、己丑）戶部議准：四川總督文綬疏稱：犍爲縣竈民胡坤等開淘鹽井十八眼，匡仲朋等開淘鹽井十六眼，均請照下井鍋例配引權課。共定稅銀一千八百七十二兩有奇，自乾隆四十二年徵收造報。從之。（高宗一〇五三、一五）

（乾隆四三、一二、癸亥）四川總督文綬疏報：犍爲縣開淘鹽井二十四眼，徵課如例。（高宗一〇七二、二四）

（乾隆四七、九、癸丑）戶部議准：四川總督福康安疏稱：開縣報開膏谷鹽井一眼，設煎鍋十二座，又於本井內增設鍋五座，歲共產鹽十五萬六千四百觔。請增陸引三百四十張，自乾隆四十七年爲始，照例納課徵稅。從

之。（高宗一一六五、一〇）

（**乾隆五二、五、己丑**）四川總督保寧疏報：榮縣竈民謝笠等具報開淘長福、富泉二井，新設煎鍋四十九口，應納課稅銀二百四兩有奇。（高宗一二八一、一八）

（**乾隆五四、一二、甲寅**）戶部議准：四川總督李世傑奏：犍爲縣報開鹽井，自乾隆五十四年始，歲增課額三百十兩。從之。（高宗一三四四、三）

（**乾隆五六、三、丁丑**）戶部議覆：署四川總督保寧疏稱：犍爲縣竈戶新開鹽井七眼，每眼設煎鍋一口，俱係小井，請照下井鍋例，每口推課銀二兩。產鹽十八萬七千五百觔，應配水引二十張，陸引三百七十五張。據天全州新商趙大發等全數認增，與例相符。應如所請，自乾隆五十五年爲始，按年徵收奏銷。從之。（高宗一三七四、八）

（**乾隆五九、八、丙子**）暫署四川總督大學士孫士毅奏：犍爲縣新開鹽井十三處，設煎鍋二十六口，請照下則鍋例，每口榷課銀二兩，本年起徵。從之。（高宗一四五九、二九）

（**乾隆六〇、一二、甲申**）戶部議准：大學士署四川總督孫士毅疏稱：犍爲縣新淘鹽井二十眼，每井設鍋一口，歲產鹽一百七十四萬八千斤，除照下井鍋例榷課，並配引徵稅外，現據額商陳請，石砫廳額鹽不敷，願全數認增，以乾隆六十年爲始，納稅領引，赴永通廠配鹽，運該廳接濟民食。從之。（高宗一四九二、九）

7. 其他產鹽地區

（**乾隆二〇、一〇、丙辰**）又諭曰：富德奏稱：額爾齊斯之北有達布遜圖喇地方，係準噶爾、哈薩克、俄羅斯交界，其地產鹽。輿圖所載，額爾齊斯之北有鹽池，即其地也。（高宗四九九、三）

（二）各鹽區、竈地竈戶的遭災歉收和政府的蠲緩賑貸

1. 長蘆、山東

（**順治一五、五、壬子**）免山東十一年以前逃亡竈丁課銀。（世祖一一七、一八）

（**康熙四、七、壬子**）戶部議覆：長蘆巡鹽御史李粹然疏言：康熙四年東省旱災，現年錢糧盡行蠲免，竈地同爲被災之地，竈民同爲應恤之民，請將本年竈課銀一萬四千八百餘兩照例全免。應如所請。從之。（聖祖一

六、八）

（康熙一八、一一、丙午）免長蘆竈地本年分旱災額賦有差。（聖祖八六、一一）

（雍正一二、三、壬午）免直隸滄州、興國等十四州縣鹽場竈地雍正十一年分水災額課有差。（世宗一四一、六）

（乾隆二、閏九、甲戌）户部議覆：長蘆鹽政準泰奏：蘆臺等場被水竈户與民户一體賑濟。劉家店、王家墳離縣較遠，酌動存公銀委滄州分司就近賑濟。應如所請。從之。（高宗五三、二）

（乾隆二、一二、己亥）緩徵長蘆所屬被水災地本年秋、冬二季引課銀兩。（高宗五九、二）

（乾隆三、三、癸亥）免長蘆永利、富國、永阜、王家岡等四場水災竈地額賦有差。（高宗六四、一九）

（乾隆三、四、壬辰）免長蘆被水成災之蘆臺、富國、興國、豐財、起支等場，衡水、南皮、滄州、海豐、慶雲、青縣、鹽山、寧河、東光、靜海等州縣竈地額賦有差。（高宗六六、一三）

（乾隆三、一〇、壬午）[户部]又議：長蘆鹽政準泰疏報：興國、富國、豐財、嚴鎮等四場，滄州、衡水、青縣、河間等四州縣，本年水災竈户應准與民一體賑濟。衝塌房屋者，照上年蘆臺等場之例，酌動存庫餘平銀加意安頓。得旨：依議速行。（高宗七八、八）

（乾隆四、二、丙戌）免直隸滄州、衡水、青縣、河間四州縣，興國、富國、豐財、嚴鎮四場乾隆三年水災竈地額賦，并緩徵舊欠各有差。（高宗八六、一一）

（乾隆四、四、壬午）免長蘆興國、富國、豐財、蘆臺、越支、石碑、海豐、嚴鎮八場，青縣、滄州、鹽山、南皮、慶雲、東光六州縣乾隆二年被災竈地未完停徵銀一千四百九十五兩有奇。（高宗九〇、一〇）

（乾隆四、七、壬戌）長蘆鹽政安寧題報山東海豐縣歸并長蘆所屬之阜財、海潤、富民等場竈地二麥被旱情形。得旨：下部速議具奏。尋議：應令與民户一體賑濟。從之。（高宗九七、三）

（乾隆五、三、甲子）免山東霑化縣并永利、富國、永阜、王家岡四場乾隆四年分水災額賦有差。（高宗一一三、六）

（乾隆五、四、壬午）免長蘆所屬興國、富國、豐財、嚴鎮等四場及滄州、慶雲、衡水、南皮、青縣、海豐等六州縣乾隆四年分水災額賦有差。（高宗一一四、一八）

（乾隆六、五、甲戌）戶部議准：長蘆鹽政三保奏稱：天津府所屬境内之各州縣鹽場帶徵乾隆三、四兩年竈課錢糧，請照民糧例分作五年徵收。從之。（高宗一四二、一二）

（乾隆七、一一、癸酉）停徵直隸滄州九女河等村莊水災竈課銀一百八十八兩有奇，并未完帶徵銀五十七兩有奇。又停徵嚴鎮場、胡家莊等村莊水災竈課銀六十二兩有奇。（高宗一七九、五）

（乾隆八、二、乙巳）蠲山東西由場上年水災竈地應徵額賦有差。（高宗一八五、一二）

（乾隆八、二、甲寅）緩山東西由場上年分水災竈地蠲餘額賦，分年帶徵有差。（高宗一八五、二三）

（乾隆八、七、戊申）貸直隸滄州被雹竈户，並免本年分額賦。（高宗一九七、一六）

（乾隆八、一〇、丁巳）賑卹長蘆興國、富國、豐財、嚴鎮、海豐等五場及滄州、鹽山、慶雲、海豐、青縣、南皮、衡水、東光等八州縣旱災竈户，蠲免額徵。（高宗二〇二、二六）

（乾隆八、一〇、己未）緩山東臨邑縣被霜災民新舊額徵，又蠲長蘆永利、富國、濤雒等三場及海豐縣民佃竈地被旱災户本年額徵，各加賑卹。（高宗二〇二、二八）

（乾隆八、一〇、乙丑）賑長蘆寧津、交河、河間三縣旱災竈户，蠲免本年額徵。（高宗二〇三、三）

（乾隆九、二、庚申）免長蘆永利、富國、濤雒等三場并海陽縣竈地旱災額賦有差。（高宗二一〇、一七）

（乾隆九、二、辛酉）免長蘆興國、富國、豐財等三場并滄州、南皮、鹽山、慶雲、青縣、衡水、海豐、交河、東光、樂陵等十州縣被旱竈户災民額賦有差。（高宗二一〇、二〇）

（乾隆九、六、壬子）緩徵長蘆所屬興國、富國、嚴鎮三場。寧津一縣乾隆八年被旱，勘不成災竈課。又興國、富國、嚴鎮、海豐四場，滄州、南皮、鹽山、慶雲、青縣五州縣帶徵乾隆三、四兩年五分之一，并緩徵乾隆七年被水勘不成災舊欠竈課。（高宗二一八、五）

（乾隆九、七、甲申）長蘆鹽政伊拉齊疏報：東省舊冬雪少，本年春夏雨澤又復愆期，所屬海豐縣之永利、富國、永阜等場及王家岡竈地二麥被旱，請將無業貧竈户口附入各縣民籍，一體撫卹。得旨：該部速議具奏。尋議：應如所請。除照例一體撫卹外，仍將各場竈地成災分數，并應蠲應緩之

處，確勘具題。得旨：依議速行。（高宗二二〇、一一）

（乾隆九、一〇、壬申）恤長蘆屬慶雲縣旱災竈戶分別蠲緩額徵。（高宗二二七、一五）

（乾隆一〇、二、壬戌）免山東王家岡場竈地乾隆九年旱災額賦十分之一。（高宗二三五、七）

（乾隆一〇、三、戊寅）免直隸慶雲、鹽山二縣竈地乾隆九年旱災額賦有差。（高宗二三六、六）

（乾隆一〇、四、乙巳）長蘆鹽政伊拉齊奏：海豐、樂陵二縣夏麥被旱，秋禾歉收，額徵民糧奉旨准蠲。其場竈地畝，夏麥被旱，秋禾亦止六分，所有額徵竈課請照民糧一體蠲緩。得旨：下部速議。尋議：應如所奏辦理。從之。（高宗二三八、六）

（乾隆一〇、五、乙亥）戶部議覆：長蘆鹽政伊拉齊奏稱：永利、富國、永阜、王家岡四場並海豐縣竈地乾隆九年二麥被旱，勘明成災七、八、九、十分，共地一千二百一十一頃有奇，共應蠲免銀五百六十九兩八錢七分零，會同撫臣喀爾吉善疏請蠲免。嗣接部覆，該場縣竈地秋禾有無收成，未經聲明，不便遽准。今查王家岡秋禾被旱業經准免，永利場、海豐縣秋收六分，富國場、永阜場秋收八分，但場竈濱海地瘠，全賴麥收，仍請照民糧一例蠲免。應如所請。從之。（高宗二四〇、三）

（乾隆一〇、五、乙未）[戶部]又議覆：長蘆鹽政伊拉齊疏稱：永利、富國、永阜、王家岡四場並海豐縣二麥被旱，竈地內應徵錢糧業經蒙恩蠲免。所有蠲剩銀六百八十一兩二錢零，請分年帶徵，以紓民力。應如所請。按被災分數，照例分年帶徵。得旨：依議速行。（高宗二四一、一一）

（乾隆一〇、一〇、丙辰）戶部議准：長蘆鹽政伊拉齊疏報：慶雲、鹽山、滄州、海豐等四州縣，嚴鎮、海豐二場各竈地，並海豐場劉家莊等村淨竈地，秋禾被旱，除將被災貧竈與民一體撫卹，淨竈戶口，令場員安頓得所外，仍飭確勘成災頃畝分數，分別蠲緩。得旨：依議速行。（高宗二五一、四）

（乾隆一〇、一二、丁巳）戶部議准：長蘆鹽政伊拉齊疏稱：滄州、慶雲、鹽山、海豐等州縣歸併裁場竈地，及嚴鎮場、海豐場坐落滄州、慶雲、鹽山、海豐等州縣境內竈地，并海豐場劉家莊等村莊淨竈地秋禾被旱。除劉家莊等村莊離縣窵遠，淨竈戶口業經就場普賑、加賑外，其餘各州縣場被災竈戶應同災民一體撫恤。額徵銀兩，各按成災分數蠲免，蠲剩者，照例分年帶徵。得旨：依議速行。（高宗二五五、一四）

(乾隆一一、閏三、庚子）又諭：長蘆所屬各州縣場所有乾隆七、八、九年緩徵帶徵銀兩，今屆開徵之期。雖應依限催輸，以完正課，但念該處連歲荒旱之後，上年雖獲秋收，竈户究未充裕，若令其並完數年舊欠，未免拮据。著將長蘆所屬各州縣場應完乾隆七、八、九年帶徵緩徵銀一萬一千一百餘兩，自丙寅年起，分作三年帶徵，以紓竈力。該部遵諭速行。（高宗二六二、一一）

(乾隆一一、五、戊午）諭：直隸通省今年地丁錢糧已全行蠲免，其慶雲、鹽山二縣本年應徵竈課銀，例不在蠲免之内。朕念該二縣當積歉之後，屢次加恩，今雖得透雨，但收成尚難懸定，若此項竈課銀兩照例按期催納，民力未免拮据。著將慶雲、鹽山二縣本年應徵竈課暫緩徵納，俟秋收豐稔，該督奏明開徵。該部即遵諭行。（高宗二六七、一二）

(乾隆一一、七、乙卯）貸直隸滄州、鹽山、寧津、河間、東光等五州縣並興國、富國、豐財等三場旱災竈户。（高宗二七一、一〇）

(乾隆一一、八、丁卯）賑貸直隸青縣南皮、慶雲、衡水、冀州等五州縣并嚴鎮、海豐二場旱災竈户。（高宗二七二、七）

(乾隆一一、一一、辛亥）撫卹長蘆越支場水災竈民。（高宗二七九、一〇）

(乾隆一一、一二、庚午）諭：直隸慶雲、鹽山二縣竈課節年災緩並帶徵等銀，前經降旨，自丙寅年起，分作三年帶徵。但思二縣積歉之餘，元氣未能全復，若將分限帶徵舊欠一併開徵，以一年而完積年之欠，未免拮据。所有該二縣本年應起限帶徵竈課銀兩著緩至丁卯年，照原案起徵，俾緩舊徵新，以紓竈力。（高宗二八〇、一七）

(乾隆一二、三、甲午）免山東官臺、王家岡、西由三場竈地十一年分水災額賦有差。（高宗二八六、五）

(乾隆一二、七、丙辰）賑卹長蘆永利、富國、西由等三場旱災竈户。（高宗二九五、二一）

(乾隆一二、八、丙寅）賑卹長蘆海豐、寧津二縣旱災竈户。（高宗二九六、九）

(乾隆一二、一〇、丁丑）撫卹長蘆興國、富國、豐財、蘆臺、嚴鎮、海豐等六場，并滄州、南皮、青縣、衡水、慶雲、海豐等六州縣，及山東永利、富國、永阜、王家岡、西由、石河、信陽、濤雒等八場，本年水災竈户如例。（高宗三〇一、六）

(乾隆一二、一〇、辛巳）緩山東海豐縣並永利、富國、西由三場本年

旱災竈地應徵新舊額賦，並借給籽種口糧如例。（高宗三〇一、一四）

（乾隆一三、五、己酉）蠲免山東永利、富國、永阜、王家岡、西由、石河、信陽、濤雒等八場十二年分水災竈地額賦有差。（高宗三一五、三二）

（乾隆一三、六、庚申）戶部議准：署長蘆鹽政麗柱疏稱：山東永利等八場、海豐等二縣上年被水竈地，其額賦除按分蠲免外，應徵銀九百九十三兩零，請分年帶徵。從之。（高宗三一六、八）

（乾隆一四、四、戊戌）免山東王家岡、官臺、石河、西由四場乾隆十三年分水災竈地額賦。（高宗三三九、一五）

（乾隆一四、六、戊戌）緩徵山東王家岡、官臺、石河、西由等四場乾隆十三年分水災蠲剩竈地銀兩。（高宗三四三、一〇）

（乾隆一五、二、辛卯）緩長蘆滄州、鹽山、慶雲、海豐四州縣，興國、富國、海豐、豐財、嚴鎮五場乾隆十四年分水災竈丁額賦，並賑卹如例。（高宗三五九、八）

（乾隆一五、一〇、辛巳）撫卹直隸越支、興國、富國、豐財、蘆臺、濟民、石碑、嚴鎮等八場及山東西縣場本年水災竈戶。（高宗三七四、一六）

（乾隆一六、二、丙子）加賑長蘆西由場水災竈戶。（高宗三八二、一一）

（乾隆一六、二、辛巳）緩徵長蘆慶雲、青縣、衡水、興國、富國、豐財、蘆臺、嚴鎮等場水災竈戶額賦，並分別賑恤飢民。（高宗三八二、一五）

（乾隆一六、四、癸未）豁蘆屬興國、富國、豐財、蘆臺、濟民五場，石碑、草蕩、越支歸與豐潤縣管轄，並嚴鎮乾隆十五年分被水竈課應徵銀兩并予緩徵。（高宗三八七、六）

（乾隆一六、四、癸未）豁山東運屬乾隆十五年西由場被水竈課。（高宗三八七、六）

（乾隆一六、閏五、癸酉）卹山東壽光、掖縣、平度、昌邑、濰縣、利津等州縣及官臺、西由、永阜等場，本年水災，緩徵新舊錢糧，并予賚修屋，借給籽種。（高宗三九〇、一五）

（乾隆一六、七、己丑）賑卹山東平度州、掖縣及官臺、西由二場被水成災竈地貧戶，并暫豁鹻廢地畝額徵。（高宗三九五、二二）

（乾隆一六、一〇、壬寅）賑長蘆屬富國、興國、蘆臺、豐財、濟民、嚴鎮、海豐等七場本年水災竈民。（高宗四〇〇、一一）

（乾隆一六、一〇、癸亥）免山東官臺、西由二場，平度州、掖縣民佃竈地本年潮災應徵錢糧。（高宗四〇一、二二）

（乾隆一七、四、丁巳）蠲緩直隸永利、富國、永阜、王家岡四場乾隆十六年水災額賦有差。（高宗四一三、一九）

（乾隆一八、九、辛巳）署山東巡撫楊應琚奏報：武定府之霑化、海豐、利津等縣及西繇等場於八月二十三、四等日連遭淫雨，又值東北風大作，以致該縣場沿海一帶潮水漫入民竈，田穀被淹，兼有浸坍民舍，淹斃人口。又萊州府之昌邑縣亦被潮水漫入，民房人口間有損傷。臣即委員將被潮民竈地畝確勘成災分數，照例辦理。其房舍人口被傷之處，先行撫綏。得旨：按例撫卹，毋致失所。（高宗四四七、二九）

（乾隆一八、一○、戊戌）賑卹山東濰縣、霑化二縣永阜、永利、官臺、西繇、富國五場潮災竈戶。（高宗四四九、四）

（乾隆一八、一○、己亥）賑卹山東海豐縣本年水災竈戶。（高宗四四九、六）

（乾隆一八、一二、戊戌）貸直隸滄州嚴鎮場本年水災竈戶籽種。（高宗四五三、五）

（乾隆一九、二、壬寅）加賑山東永阜、永利、富國、官臺、西繇等五場乾隆十八年潮災貧竈有差。（高宗四五七、八）

（乾隆一九、四、己丑）蠲緩長蘆滄州嚴壩場乾隆十八年分旱災額賦。（高宗四六○、一○）

（乾隆一九、四、庚子）蠲緩山東海豐縣竈戶乾隆十八年分水災額賦。（高宗四六一、七）

（乾隆一九、五、丁酉）蠲緩長蘆屬永阜、永利、富國三場竈戶乾隆十八年分水災額賦。（高宗四六五、二）

（乾隆一九、九、己丑）豁免長蘆永利、富國二場潮衝竈地二十八頃有奇額賦，浙江仁和、富陽二縣潮衝田地七十四頃有奇額賦。（高宗四七二、二○）

（乾隆一九、一○、癸丑）撫卹山東惠民、陽信、海豐、商河、濱州、利津、霑化、蒲臺、搏興、高苑、樂安、平度、昌邑、膠州、高密、即墨等十六州縣衛，永利、富國、永阜等三場，及海豐縣民佃竈地本年水災飢民，並予緩徵。（高宗四七四、七）

（乾隆一九、一二、辛酉）撫卹長蘆海豐縣場本年水災竈戶，蠲緩鹽山、慶雲二縣，豐財、蘆臺二場額賦。（高宗四七九、三）

（乾隆二○、四、乙丑）免長蘆永利、富國、永阜三場，海豐一縣水災竈地額賦有差。（高宗四八七、八）

（乾隆二〇、一〇、壬子）賑卹山東鄒縣、滕縣、嶧縣、金鄉、魚臺、濟寧、嘉祥、城武、鉅野、蘭山、郯城、費縣、樂安、壽光、濰縣、利津、日照、濟寧衛、臨清衛等十九州縣衛，官臺、永阜、濤雒、王家崗等四場本年潮災飢民，并緩徵錢糧。（高宗四九八、二三）

（乾隆二一、四、己酉）免山東王家崗、永阜、濤雒三場乾隆二十年潮災竃地額賦。（高宗五一〇、二四）

（乾隆二一、八、丙午）免乾隆十年以前直隸慶雲縣舊欠竃課銀一百一十六兩有奇，海豐場舊欠竃課銀一百三十兩有奇。（高宗五一八、九）

（乾隆二二、六、丙子）緩徵長蘆王家崗、官臺二場乾隆二十一年分水災竃地錢糧。（高宗五四一、二）

（乾隆二二、一二、癸酉）賑卹長蘆青縣竃地秋禾被災竃戶飢民。（高宗五五二、三三）

（乾隆二三、三、己丑）蠲緩長蘆屬坐落青縣水災竃地額賦。（高宗五五八、五）

（乾隆二三、一〇、甲戌）賑直隸滄州、鹽山、青縣、衡水等四州縣，嚴鎮、海豐等二場本年水災飢民。（高宗五七三、一三）

（乾隆二四、一〇、乙未）撫卹長蘆滄州、南皮、鹽山、靜海、衡水、青縣等六州縣，嚴鎮、海豐、豐財、富國、興國等五場被水竃戶，並蠲緩額賦如例。（高宗五九九、九）

（乾隆二四、一二、甲午）加賑山東海豐、利津、霑化、樂安、平度、膠州、高密、即墨、德州衛、冠縣、臨清、館陶、夏津、武城、恩縣、臨清衛等十六州縣衛，永阜、永利、王家崗等三場本年被水被潮貧民。（高宗六〇三、一一）

（乾隆二五、六、己丑）户部議覆：長蘆鹽政官著奏稱：山東永利、永阜、王家崗三場並海豐縣竃地乾隆二十四年勘被潮災，除題請蠲免外，尚有按照分數餘剩應徵之課，仍請照例分年帶徵。應如所請。從之。（高宗六一五、六）

（乾隆二五、九、甲子）户部議覆：長蘆鹽政官著疏稱：海豐縣竃地并海豐場坐落海豐、樂陵二縣竃地被潮衝淹，不能墾種。所有應徵額糧，請照民地一例豁除。應如所請。從之。（高宗六二一、七）

（乾隆二五、一一、丁未）豁除山東永利、永阜二場並海豐縣乾隆二十四年分被潮衝塌場竃地五百十二頃二十二畝有奇額賦。（高宗六二四、九）

（乾隆二六、一〇、丁亥）賑長蘆屬滄州、南皮、鹽山、青縣、衡水、

海豐等七州縣，嚴鎮、海豐、蘆臺、豐財、富國、興國、濟民等七場被災貧竈。（高宗六四七、九）

（乾隆二七、五、乙未）賑卹長蘆屬滄州、南皮、鹽山、慶雲、青縣、衡水、海豐等七州縣及嚴鎮、海豐、蘆臺、豐財、富國、興國、濟民七場乾隆二十六年水災竈戶，并蠲緩額賦有差。（高宗六六〇、二）

（乾隆二八、四、乙未）蠲緩長蘆屬滄州、南皮、慶雲、鹽山、青縣、海豐、衡水等七州縣，嚴鎮、海豐、濟民、蘆臺、豐財、興國、富國等七場竈地竈丁乾隆二十七年分水災額賦有差，並予賑卹。（高宗六八四、一三）

（乾隆三〇、一〇、辛酉）賑長蘆屬滄州、慶雲、海豐等三場本年水災竈民。（高宗七四七、一二）

（乾隆三一、一〇、庚子）撫卹長蘆滄州、鹽山、慶雲、海豐等四州縣，嚴鎮、海豐等二場本年水災竈戶，分別蠲緩額賦如例。（高宗七七〇、八）

（乾隆三二、三、乙丑）蠲山東永阜場乾隆三十一年水災竈地額賦，蠲剩銀併予緩徵。（高宗七八〇、一二）

（乾隆三二、三、乙卯）蠲緩長蘆海豐場乾隆三十一年水災竈地額賦有差，其勘不成災之滄州、鹽山、慶雲、嚴鎮等四州縣場應徵錢糧併予緩徵。（高宗七八〇、三五）

（乾隆三二、四、壬子）蠲山東永阜場竈地一十八頃有奇乾隆三十一年水災額賦，並緩徵蠲餘銀兩有差。（高宗七八三、九）

（乾隆三三、一〇、辛酉）撫卹長蘆屬滄州、鹽山、慶雲、青縣、衡水等五州縣，嚴鎮、海豐、興國、富國、豐財、蘆臺等六場本年被水蟲災貧竈。（高宗八二〇、一八）

（乾隆三四、一〇、乙丑）賑卹長蘆滄州、鹽山、慶雲、青縣、衡水等五州縣，嚴鎮、海豐等二場本年旱災竈戶。（高宗八四五、九）

（乾隆三五、二、甲子）緩徵長蘆滄州、鹽山、慶雲、青縣、衡水、嚴鎮、海豐等七場乾隆三十四年旱災竈地三千八百二十五頃七十九畝有奇額賦。（高宗八五三、二）

（乾隆三六、三、乙巳）蠲長蘆屬滄州、青縣、慶雲三州縣，嚴鎮、海豐、興國、富國、豐財、蘆臺六場乾隆三十五年水災竈地額賦，並緩蠲餘及勘不成災地畝應徵銀兩有差。（高宗八八〇、七）

（乾隆三七、四、壬午）蠲免長蘆屬滄州、南皮、鹽山、慶雲、青縣、衡水、海豐等七州縣，嚴鎮、海豐、興國、富國、豐財、蘆臺等六場乾隆三十六年水災竈地額賦，其蠲剩銀兩並予緩徵。（高宗九〇七、八）

（乾隆三九、一〇、甲午）撫恤直隸滄州、南皮、鹽山、慶雲、青縣、衡水、東光等七州縣並嚴鎮、海豐、興國、富國、豐財、蘆臺等六場本年旱災竈戶。（高宗九六八、五七）

（乾隆三九、一二、戊戌）蠲緩直隸滄州、南皮、鹽山、慶雲、青縣、衡水等六州縣並嚴鎮、海豐、興國、富國、豐財、蘆臺等六場本年旱災竈戶額賦。（高宗九七三、七）

（乾隆四〇、一、癸丑）諭：上年東省秋田尚屬有收，惟壽光等縣沿海村莊於八、九月間偶被風潮，豆麥間有淹損。業經照例撫恤，並將成災六、七、八分之場地按次分別加賑，小民俱已得所。但念成災地畝昨秋未收菽豆等項，及所種麥苗均經被淹受傷，今歲春花不無失望。著加恩將壽光、樂安、濰縣等三縣並官臺、王家岡二場成災各村莊，無論極次貧民竈戶，於二月間，再加賑一個月，俾瀕海窮黎均沾愷澤。又山西之永寧州臨縣上年亦偶被山水，田禾幸未受傷，照例撫卹，民情已屬安帖。第被水之戶，今春或有應酌借籽種之處，亦著該撫確查妥辦，以普同仁。該部即遵諭行。（高宗九七四、一〇）

（乾隆四〇、三、壬申）蠲長蘆屬滄州、南皮、鹽山、慶雲、青縣、衡水六州縣，嚴鎮、海豐、興國、富國、豐財、蘆臺六場乾隆三十九年旱災竈地額賦，並緩勘不成災地應徵銀兩有差。（高宗九七九、一七）

（乾隆四〇、五、己未）蠲緩山東王家岡、官臺二場竈地乾隆三十九年水災額賦。（高宗九八二、二一）

（乾隆四〇、一〇、己丑）加賑直隸衡水、嚴鎮、富國、豐財、蘆臺等五縣場本年水災貧戶，併蠲緩額賦有差。（高宗九九二、二九）

（乾隆四〇、一一、丁丑）豁除山東官臺、王家岡鹹廢竈地五十四頃十五畝有奇額賦。（高宗九九六、九）

（乾隆四四、九、甲辰）賑恤長蘆所屬青縣被水成災竈戶。（高宗一〇九一、一三）

（乾隆四四、一一、己酉）賑直隸青縣本年被水竈地災民，併蠲緩額賦有差。（高宗一〇九五、一八）

（乾隆四五、九、乙巳）賑長蘆屬滄州、青縣二州縣，嚴鎮、興國、富國、豐財、蘆臺五場水災竈民。（高宗一一一五、二六）

（乾隆四六、四、丙辰）緩徵直隸天津、青縣二縣，嚴鎮、興國、富國、豐財、蘆臺五場乾隆四十五年水災竈地額賦有差。（高宗一一二八、二二）

（乾隆四六、一〇、丙戌）撫卹直隸滄州、鹽山、慶雲、青縣四州縣，

嚴鎮、興國、富國、豐財四場本年被水災民竈戶。（高宗一一四三、五）

（乾隆四六、一二、丙子）加賑山東鄒平、齊東、惠民、青城、陽信、海豐、商河、濱州、利津、霑化、蒲臺、滕縣、汶上、嶧縣、菏澤、單縣、城武、曹縣、定陶、博興、高苑、樂安、壽光、濟寧、金鄉、魚臺等二十六州縣、濟南、濟寧、臨清三衛、官臺、王家岡、永阜三場本年被水災民竈戶。（高宗一一四六、一七）

（乾隆四六、一二、戊寅）蠲緩直隸滄州、鹽山、慶雲、青縣四州縣，嚴鎮、興國、富國、豐財四場本年被水竈戶額賦。（高宗一一四六、二〇）

（乾隆四七、三、乙丑）蠲緩長蘆滄州、鹽山、慶雲、青縣四州縣，嚴鎮、興國、富國、豐財、蘆臺五場乾隆四十六年分水災竈地額賦。（高宗一一五三、一八）

（乾隆四七、八、丙戌）諭：據明興奏利津、昌邑等縣，王家岡、官臺、永阜、永利、富國等各場坨猝被海潮，田禾、房屋多有淹損，各場鹽包亦被衝消等語。該處田廬場坨猝被海潮衝損，災黎未免失所，著明興親身前往，督率地方鹽場各官詳加查勘，妥為撫恤，不可稍存諱飾，並將如何撫卹之處，一面奏聞，一面辦理，以副朕厪念災氓之至意。（高宗一一六三、一三）

（乾隆四八、六、乙酉）豁免山東永阜、永利、官臺、王家岡、富國等五場乾隆四十七年水災竈地一千一百六十八頃九十三畝有奇額賦。（高宗一一八三、一五）

（乾隆五〇、一二、辛卯）蠲緩直隸衡水縣本年水災竈地額賦有差。（高宗一二四五、三）

（乾隆五一、三、乙巳朔）蠲緩長蘆屬衡水縣竈地上年水災額賦有差。（高宗一二五〇、一）

（乾隆五五、一二、癸亥）蠲緩直隸滄州、南皮、鹽山、慶雲、青縣、衡水六州縣並嚴鎮、興國、富國、豐財、蘆臺、濟民六場本年水災竈地額賦有差。（高宗一三六九、四）

（乾隆五九、一一、壬寅）又諭：據徵瑞奏天津分司所屬豐財、蘆臺二場灘副被淹，請照例借給工本銀兩，以資修整等語。豐財、蘆臺二場因本年夏秋雨水較多，鹽灘圈埝被淹，自應趕緊修整。但竈戶貧乏居多，若盡自行修理，恐致貽誤，著加恩准其照例於運庫存銀內如數借給。仍令該鹽政督催各竈上緊修整，以資興曬，所有舊借未完第六限工本，著仍限明冬完交，現借工本銀兩即自六十一年冬間起限，按限歸款，以示體恤。（高宗一四六五、四）

（乾隆五九、一一、癸丑）是月，長蘆鹽政徵瑞奏：查看天津府屬靜海等州縣撫卹災民均已得所。津城粥賑四廠,逐日就食者二萬餘人,該道等經理周妥。得旨:今年爾等辦實可嘉,欣慰覽之。(高宗一四六五、二一)

(乾隆五九、一二、癸未)是月,長蘆鹽政徵瑞奏:天津本年被水村莊統計兩月賑過貧民竈戶七萬三千六百八十餘戶,民情極爲寧帖。得旨:覽奏稍慰。明年加賑,梁肯堂衹欲一月,朕令分別應兩月者加給兩月,汝以爲何如?(高宗一四六七、二一)

(乾隆六〇、閏二、癸未朔)諭曰:徵瑞奏長蘆所屬並無積欠,惟竈戶因災緩帶未完課銀共五千二百一兩零等語。前經降旨,將各省錢糧積欠並兩浙積欠竈課,及因災緩徵等項,俱經普行豁免。今長蘆竈戶未完五十七、五十九等年因災緩帶銀五千二百一兩九分二釐,並著加恩一體豁免,以示朕恩加無已至意。(高宗一四七二、一)

(嘉慶九、四、乙酉)緩徵直隸青縣嚴鎮場被水竈地鹽課。(仁宗一二八、二八)

2. 兩淮

(康熙三八、七、乙酉)以兩淮白駒等十四場竈戶屢被水災,免康熙三十七、三十八兩年應徵銀三萬三千六百兩有奇。(聖祖一九四、七)

(雍正二、一〇、庚寅)諭戶部:兩淮巡鹽御史噶爾泰奏稱:七月內,海潮衝決範隄沿海二十九場,溺死竈丁男婦四萬九千餘名口,鹽地草蕩盡被漂没。朕心憫惻,如同執熱。著即動鹽課銀三萬兩,委員分路賑恤,務使得所,不必該御史捐補。其未完折價錢糧四萬餘兩悉行蠲免,毋得仍稱帶徵名色,致累現在窮丁。該部遵旨速行。至淮商運行鹽觔,恐竈丁一時未能煎辦,應作何接濟民食,該部作速確議具奏。尋議:淮屬鹽觔缺乏,請令該御史將癸卯綱未掣之引與壬寅未完之引酌量掣給。除食鹽易銷之地照額給運外,其食鹽難銷地方,計其本年未能即銷之數,暫且扣存,留備明歲不敷之用。其甲辰綱補辦額引,請分於乙巳、丙午兩年置辦。從之。(世宗二五、一一)

(雍正九、二、戊申)免兩淮通、泰、淮三分司所屬莞瀆等五場雍正七年分水災折價銀兩有差。(世宗一〇三、一二)

(雍正一一、三、癸卯)免江南通、泰、淮三分司所屬豐利等二十五場雍正十年分水災額課有差。(世宗一二九、一三)

(雍正一二、二、壬子)又諭[內閣]:聞江南通州濱海地方上年秋收稍歉,現今米價昂貴,鹽場竈戶謀食維艱,將來青黃不接之時,尤不可不加賑恤。著署總河高斌即將通州鹽義倉存貯之穀酌撥數千石，委員分運各塲，設廠煮賑，再行酌量撥運平糶。至各塲竈戶有現在應徵折價錢糧，著一概暫緩，至秋成之後，再行徵收。（世宗一四〇、三）

（雍正一三、一〇、乙未）[管理兩淮鹽政布政使高斌] 又奏塲竈秋收情形。得旨：歉收塲內竈戶煎丁若有貧苦乏食者，汝當加意賑濟，毋使一夫失所。從前匿災惡習宜切戒之。（高宗五、四九）

（雍正一三、一一、癸丑）又諭[戶部]：朕即位之初，加恩海內民人，已降旨將雍正十三年以前各省民欠錢糧悉行蠲免，俾閭閻無催科之擾。因查兩淮鹽塲竈戶應徵折價錢糧亦有未完之項，當與民人一體加恩者。著該部即速傳諭總督趙弘恩、鹽政高斌，將雍正十二年以前舊欠若干一一查明，照地丁錢糧例奏聞蠲免。俾竈戶均霑實惠，毋使胥吏滋弊中飽。（高宗七、八）

（雍正一三、一二、戊寅）又諭：朕前聞淮分司所屬廟灣、新興、臨興、白駒、劉莊、伍祐等六塲今歲秋收歉薄，恐竈戶煎丁有貧苦乏食者，已曾於高斌奏事摺內諭令加意賑恤，毋令失所。今思冬春寒冷之際及明歲青黃不接之時，貧竈餬口維艱，不得不預為籌畫。著該鹽政高斌會同總督趙宏恩，將乏食竈戶煎丁遵照民賑之例一體加恩，務令均沾實惠，不許胥役地棍等侵蝕中飽。（高宗八、二九）

（乾隆一、九、庚申）賑兩淮分司所屬板浦、徐瀆等塲水災竈戶，併停徵本年分額賦有差。（高宗二七、一七）

（乾隆一、一二、癸酉）免兩淮莞瀆等三塲水災竈戶雍正十三年分額徵有差。（高宗三二、二四）

（乾隆三、一二、壬午）賑貸兩淮通、泰、淮三分司所屬鹽塲本年被旱竈戶。（高宗八二、七）

（乾隆四、四、辛丑）免江南通、泰、淮三分司所屬豐利等二十四塲乾隆三年被災應徵三年壓徵二年折價銀二萬一千一百七十六兩有奇。其餘應徵銀兩，照例分年帶徵。（高宗九一、一一）

（乾隆四、四、癸卯）免江南南匯縣下沙二三塲乾隆三年被潮成災蕩地銀七百九十四兩有奇。所有三年、四年分應徵銀兩分別帶徵。（高宗九一、一五）

（乾隆五、四、乙酉）免兩淮泰州所屬廟灣塲，淮安所屬板浦、中正、莞瀆、臨興等四塲乾隆四年分水災額賦有差。（高宗一一四、二二）

（乾隆五、四、戊子）諭：淮安濱海地方上年遭值水災，朕屢頒諭旨，蠲賑兼施，加意撫卹。今訪聞得淮安分司所屬之板浦、中正、莞瀆、臨興等場，泰州分司所屬之廟灣場及附近之安東、海州、贛榆、沭陽等州縣去年被災最重，直至秋間，積潦尚未消退，以致春麥不能播種，小民謀生無策。當此青黃不接之際，並無二麥登場，饔飧不給。雖現在將鹽義倉米石撥發平糶，而小民無力糶買，仍不免於飢餒，朕心深為軫念。應將各處被災之民再照上年散賑之例給賑一次。其在州縣地方，著該署督郝玉麟、巡撫張渠委員查辦。其在鹽場地方，著鹽政三保委員查辦。動用運庫減半餘平銀兩，事竣報部核銷。至被災州縣中有去年覓食外方之貧民今移送回籍者，亦應一體加賑，將飢民戶口重加查點，俾無遺漏。該督撫、鹽政等可仰體朕心，迅速辦理，務使窮民均霑實惠。（高宗一一五、三）

（乾隆五、一一、癸酉）緩徵江南淮安屬臨洪、興莊、板蒲、中正、徐瀆、莞瀆等場本年被旱、被潮成災額賦。兼賑竈戶。（乾隆一三〇、二一）

（乾隆六、三、甲午）兩淮鹽政準泰奏：臨洪、興莊、板浦、徐瀆、中正、莞瀆等場積欠乾隆元、二、三、四等年折價銀共一萬三千七百兩零，災餘竈力難紓，請寬年限。得旨：著以明年為始，三年帶徵。（高宗一三九、三三）

（乾隆六、一一、甲子）賑兩淮通州、泰州、淮安分司所屬掘港等二十七場被風潮災竈戶。（高宗一五四、三）

（乾隆七、五、辛未）免兩淮泰州屬廟灣場，淮安屬板徐、中莞、臨興等場乾隆六年分水災額徵銀三千六百六兩有奇，並帶徵竈欠銀四千三百十五兩有奇。（高宗一六六、二三）

（乾隆七、五、壬申）兩淮鹽政準泰奏：淮安屬莞瀆場竈民賑後乏食，請與海安貧民一體加賑一月。得旨：如所請行。該部知道。（高宗一六六、二五）

（乾隆七、七、丙戌）兩淮鹽政準泰奏：淮北各鹽場蕩地鹽池盡被水淹，竈戶停掃。一面委員查勘安撫，一面令運司籌撥銀米，速飭分司等查明災竈，先行賑卹。其沿河廬舍多被水浸，現委人員分查失業各戶，量動閒款銀兩，酌加周卹，以免流離。得旨：所奏俱悉。一切情形，不時奏聞。（高宗一七一、二七）

（乾隆七、一二、庚子）免江南泰州屬廟灣場被水災民乾隆六年折價銀二千一百五十二兩有奇，其緩徵銀一千四百三十四兩有奇，分作三年帶徵。至帶徵乾隆二年、五年折價銀，遞至癸亥、甲子年帶徵。（高宗一八〇、二一）

（乾隆八、二、甲寅）[江蘇巡撫陳大受]又奏：淮安、泰州、通州分司

所屬鹽場米價昂貴，窮竈艱食。臣於淮揚賑糧內劃撥三萬石，以備各場平糶。得旨：所奏俱悉。（高宗一八五、二八）

（乾隆八、二、甲寅）兩淮鹽政準泰奏：今春當雨雪積寒之後，鹽花不起。近今甫得煎曬，而糧草又復價昂，竈户乏力。當飭分司場員查明不在災賑之貧竈，設法借給口糧，勸諭上緊煎曬。並將舊存場鹽儘數出場，以濟民食。得旨：好。汝能辦此也。（高宗一八五、二九）

（乾隆八、三、丁丑）蠲淮安分司所屬板浦、徐瀆、中正、莞瀆、臨洪、興莊，泰州分司所屬富安、安豐、東臺、何垛、梁垛、丁溪、草堰、小海、劉莊、伍祐、新興等場上年分水災竈户應徵額賦有差，並緩帶徵歷年未完銀兩。（高宗一八七、一二）

（乾隆八、三、癸未）兩淮鹽政準泰奏：淮、泰兩屬場竈去秋被水，今春又雨雪連綿，不能煎曬。上年成災者，窮丁給賑已畢，即不成災者亦資本耗盡，雖官倉平糶，無以糴食。請照乾隆三年場竈借給麥價之例，查明實在貧竈窮丁，於存備運庫商人捐賑銀內先撥一萬六千四百兩，酌量借給，以資接濟，俟秋成扣收鹽價歸款。得旨：知道了。（高宗一八七、二一）

（乾隆八、四、丙午）諭：……又淮安分司所屬板浦、徐瀆、中正、莞瀆、臨洪、興莊等六鹽場所有乾隆二、三、四等年未完帶徵折價銀一萬六千三百六十餘兩，該督撫等因係鹽場名目，未曾歸入停緩之內。朕思海濱竈户輸納折價錢糧與民人無異，屢遭水患之餘，元氣未復。今屆麥熟啟徵，若令新舊錢糧一時并納，未免艱難。著與民户一例停緩，以示朕優恤民竈之至意。（高宗一八九、一二）

（乾隆八、五、甲申）諭大學士等：江南淮徐等處從前疊被水災，淮安分司所屬板浦、徐瀆、中正、莞瀆、臨洪、興莊等六鹽場所有乾隆二、三、四等年未完帶徵折價銀兩，朕已降旨，令與民户一例停緩，俟屢豐之後，再行分年帶徵。今聞泰州分司所屬鹽場亦皆坐落阜寧、鹽城、興化、泰州等處，所有廟灣、富安、安豐、東臺、何垛、梁垛、丁溪、草堰、劉莊、伍祐、新興等十一場上年被災亦重，竈户力量艱難。其未完乾隆二、三、五、六等年帶徵折價銀通計一萬六千六百七十二兩零，應與淮安分司所屬板浦等場一例停緩，以示優恤。其淮安分司所屬板浦等六鹽場尚有乾隆六年被災帶徵未完銀四千一百一十餘兩，彼地民户未完六年分丁地漕項，朕既已降旨停緩，此項未完折價錢糧亦准照民户一例停緩。該部即遵諭行。（高宗一九二、二）

（乾隆八、七、丁未）賑貸江南淮安分司所屬板、徐、中、莞、臨、興

等場被旱竈户，並緩徵七年及本年分折價錢糧。(高宗一九七、一五)

（**乾隆八、一一、庚辰**）加賑兩淮板浦、徐瀆、中正、臨洪、興莊、莞瀆各場續被秋旱民竈，分別蠲緩本年額徵。(高宗二〇四、五)

（**乾隆九、二、丁巳**）諭：上年江南淮徐所屬歉收之州縣，朕已諭令該督撫悉心體察，撫綏安輯，不使窮黎失所。但聞海州、贛榆二州縣地瘠民貧，又當積歉之後，其艱窘之狀，較之他處為甚。計賑濟之期，正二月便當停止，此時去麥熟尚遠，民食艱難，朕心軫念。著於原議之外，將極貧者加賑四十日，次貧者加賑三十日，以恤窮困。又聞鹽城、銅山、沭陽三縣其情形較海、贛為輕，而較他處則稍重，停賑之後，亦應量為籌濟，著該督撫商酌速辦。尋據兩淮鹽政準泰奏：淮安分司所屬莞瀆、臨洪、興莊等場上年被旱竈户係素不產鹽之地，惟以耕種為業，請照海、贛二州縣民户一體將極貧者加賑四十日，次貧者加賑三十日。得旨：著照所請行。該部知道。(高宗二一〇、一〇)

（**乾隆一〇、八、癸卯**）緩徵淮安莞瀆、臨洪、興莊等三場本年水災新舊鹽課，兼賑飢民。其災輕之板浦、徐瀆、中正等三場未完乾隆八年分借給麥價銀併行緩徵。(高宗二四六、五)

（**乾隆一〇、九、乙未**）賑兩淮泰州屬廟灣場水災竈户，緩徵鹽課。(高宗二四九、一四)

（**乾隆一〇、一一、辛未**）户部議准：署兩淮鹽政吉慶疏報：板浦、莞瀆、徐瀆、中正、臨洪、興莊等六場秋復被水，內不產鹽之莞瀆場夏災已卹，尚可緩至加賑；半耕半曬之臨洪、興莊二場，耕種竈户亦毋庸先賑，其業鹽竈户與專事曬鹽之板浦、徐瀆、中正三場情俱拮据，請無論極次貧，先行撫恤一月。其各場新舊折價錢糧並未完乾隆八年夏災借給麥價一併緩徵。得旨：依議速行。(高宗二五二、九)

（**乾隆一〇、一一、甲戌**）加賑兩淮廟灣場水災貧竈，並蠲緩本年壓徵及上年折價錢糧。(高宗二五二、一四)

（**乾隆一〇、一二、甲寅**）加賑淮北板浦、徐瀆、中正、莞瀆、臨洪、興莊等場水災貧竈，並分別蠲緩本年應徵上年折價錢糧，其乾隆八年夏災未完麥價銀緩至來年帶徵，本年並丙寅年帶徵七、八兩年折價銀緩至丙寅、丁卯年帶徵。(高宗二五五、九)

（**乾隆一一、八、戊子**）又諭：江南海州及沭陽、贛榆二縣頻年被水，小民生計艱難，其應徵地漕銀米已降旨停緩，俟屢豐之後，再行分年帶徵，惟是積歉之區，朕心厪念。今歲復遭水患，將來即遇豐收，新糧舊賦並徵，民力仍不免於拮据。著將海州及沭陽、贛榆二縣乾隆十年以前積欠地漕銀米概行豁免，其淮安分司所屬坐落海、贛二州縣之板浦、徐瀆、中正、莞瀆、臨洪、興莊等六鹽場乾隆十年以前未完折價帶徵銀兩亦一體豁免。俾瀕海災黎得霑實惠，以紓積困。該部即遵諭行。(高宗二七三、一五)

（乾隆一一、九、戊戌）賑兩淮海、贛二州縣屬板浦、徐瀆、中正、莞瀆、臨洪、興莊等六場被水竈户，並蠲緩新舊額賦。(高宗二七四、一一)

（乾隆一一、一二、丁亥）諭：江南淮、徐、海等屬災民，朕已特沛恩膏，令地方官妥協辦理。其鹽竈向不在加賑之內，但思各場多坐落被災州縣，雖與民户所業不同，亦當一體加恩，以示優恤。著將被災九分之莞瀆場竈户無分極貧次貧，概行加展兩月，被災八分之板浦、徐瀆、中正、臨洪、興莊五場竈户無分極貧次貧，加展一月。俾得接濟有資，以紓竈力，該部即遵諭行。(高宗二八一、一五)

（乾隆一二、九、乙卯）賑卹兩淮呂四、餘東、餘西、金沙、西亭、石港、掘港、豐利、角斜、拼茶、伍祐、新興、劉莊、廟灣、丁溪、草堰、小海、板浦、中正、臨洪等二十場本年分水災竈户，並予緩徵。(高宗二九九、二〇)

（乾隆一二、一一、庚戌）諭：今歲七月，江南地方猝被潮災，朕心深爲軫念，屢降諭旨，令該督撫加意賑卹。惟是賑濟月分至冬底已滿，離來春麥熟尚遙，恐窮黎仍不免嗷待之虞。著將蘇、松、太所屬被災最重之崇明極次貧民再加展三月，次重之鎮洋、寶山、太倉、上海及南滙之浙鹽場極次貧民竈俱加展兩月，又次之常熟、昭文極次貧民俱加展一月。其淮北所屬被水成災，雖較江以南稍次，但係積歉之區，其災重之海州、沭陽、邳州、宿遷、睢寧、銅山、沛縣、安東、桃源九州縣內，被災九、十分者極次貧民俱加展兩月，被災七、八分者極次貧民俱加展一月。其兩淮鹽場竈户亦著一體加恩。被災十分之莞瀆，九分之板浦、徐瀆、中正、臨洪、興莊，七分之伍祐極次貧民俱加展兩月；六分之新興極貧加展一月，次貧同五分之劉莊、廟灣極次貧民俱加賑一月。至衛軍貧生以及寄居場地之民户各隨坐落地方分別照例辦理，俾得有資接濟。該部遵諭速行。(高宗三〇三、七)

（乾隆一二、一一、丙辰）兩江總督尹繼善等奏：下江被災地方現已照例賑卹。除災輕州縣所得正賑均可支持外，其災重之區尚須加展，正在商酌奏懇。蒙諭令將吉慶所奏竈户加賑月分照民户酌量查奏，隨即札詢吉慶。據稱，伍祐一場災傷極重，新興場次重，若從蕩地計算，止成災七分、六分，例賑止兩月、一月。劉莊、廟灣二場止成災五分，例不加賑。但四場非於例外加賑，不足以資接濟，故先行密請。至通州淮安分司所屬被災七、八、九、十分之場竈應否格外加展，原俟賑務將畢，再看情形，并俟民戶大勢，一體斟酌等語。應如所請。將伍祐一場無分極次貧民俱加展兩月，新興之極貧加展一月，其次貧同劉莊、廟灣之極次貧俱加賑一月。其餘各場竈分別酌定加展月分，一併彙入民戶摺內辦理。得旨：覽。（高宗三〇三、一六）

（**乾隆一三、一二、庚寅**）豁江蘇崇明縣被風潮竈地。本年地丁項下編徵鹽課、水脚、隨徵珠車、灰場稅、備荒、雜餉等銀四千九百五十七兩零。（高宗三三〇、二三）

（**乾隆一四、九、丁卯**）緩徵江南淮安分司所屬板浦、徐瀆、中正、莞瀆併泰屬廟灣等場本年水災額賦。（高宗三四九、八）

（**乾隆一五、一二、戊寅**）加賑兩淮莞瀆、臨洪、新莊等三場本年水災竈戶，并蠲緩板浦、徐瀆、中正等三場額賦有差。（高宗三七八、一三）

（**乾隆一六、二、癸酉**）又諭：朕愛養黎元，惟恐一夫不獲，時巡所至，疊沛恩膏。前已降旨，將江省民賦積欠悉行豁免。更念兩淮竈戶僻處海隅，專以煎曬鹽觔爲業，其生計更窘於農民，殊深軫切。所有乾隆二年至十四年因災停緩帶徵各未完折價共銀四萬二千餘兩，著加恩照民戶例一體豁免，俾斥鹵編氓咸霑惠澤。該部遵諭速行。（高宗三八二、五）

（**乾隆一六、一〇、癸亥**）諭：據吉慶奏稱兩淮各場煎丁本屬窮民，專以煎曬鹽觔爲業。每因鹽觔不能接濟，向各竈戶重利借貸，以資日用，生計甚爲拮据等語。著該鹽政酌量於公項內動銀數萬兩，准其赴官借領，每年春借冬還，不必加息。務須妥協經理，俾濱海窮民咸沾實惠。（高宗四〇一、二一）

（**乾隆一八、八、戊子**）諭軍機大臣等：普福奏報淮北板浦等場被水淹浸一摺，殊未明晰。鹽場猝被水患，所有竈戶人等亟應查明賑卹。普福所奏僅係籠統約計之詞，其實在被災情形及鹽池廬舍被淹確數均未分晰。普福專司鹺政，一聞場竈被災，即應迅速前往，親加查勘，實力撫綏，乃不過按例檄委道員查辦。而該道李奇齡已據河臣奏稱，委令堵築邵伯東隄漫口，更屬緊要重大，必不能分身兼顧。若待文移往返，豈不致貽誤地方耶？普福係內務府世僕，何身躭安逸乃爾？著傳旨申飭，仍令將實在被災情形詳悉查明，據實奏聞。尋奏：查淮屬板浦、中正、臨興各場暨泰屬廟灣等場，緣六七兩月，霪雨連綿，湖河並漲，以致鹽地淹浸。當即委員分頭查勘，并先發銀八千兩，如各處鹽義倉穀不敷賑濟，即銀米兼賑。臣隨即起程至邵伯，適遇河臣高斌督築口岸，委李奇齡仍往淮北一帶照料工程，臣因伊兼理鹽道，是以著其就便巡查災務。臣一面由金灣六閘下河，至泰屬北七場，水陸兼程，遶至淮北三場，一路察看撫卹。查廟灣場地窪下，衆水匯歸，成災約有七分，其亭場廬舍並無坍塌，竈力尚可支持，毋庸先行撫卹，照極貧次貧例按期賑濟。至淮北之板浦、中正二場成災九分，臨興場成災八分，該處被災較重，亭池廬舍俱有淹没倒塌，照例先行撫卹一月，再照成災分數分別極貧次貧賑濟，并給修葺廬舍銀兩。現飭員趕緊妥辦，不敢稍躭安逸。報聞。（高宗四四四、一三）

（**乾隆一八、一二、丙戌**）又諭［軍機大臣等］曰：普福奏續勘被水情形一摺。據稱，富安、安豐、梁垛、東臺等四場成災六分，河垛、丁溪二場低窪之處成災六分，小海、草堰、劉莊、伍佑、新興等五場七分。先報成災八分之廟灣一場增至十分，以上富安十一場被災六、七分，請照例分別賑給。至廟灣一場已經賑過兩月、一月者，請再增賑兩月。各場應徵折價及借欠未完等項分析蠲緩，所需賑恤銀穀在於鹽義倉及本年商捐項下動支等語。吉慶此時已經抵任，將此速行傳諭吉慶，令其會同鄂容安、莊有恭查明，妥協辦理。務使場竈被災各戶均霑實惠，毋遺毋濫，以慰朕懷。（高宗四五二、八）

（**乾隆一八、一二、丁酉**）加賑江南淮安屬板浦、徐瀆、中正、莞瀆、臨洪、興莊、泰州屬廟灣等七場本年水災竈戶，並予緩徵。（高宗四五三、四）

（**乾隆一九、三、乙亥**）加賑兩淮富安、安豐、梁垛、東臺、河垛、丁溪、小海、草堰、劉莊、伍佑、新興、廟灣等十二場乾隆十八年潮災竈戶。（高宗四五九、一三）

（**乾隆一九、五、癸巳**）蠲緩兩浙廟灣場及小海、劉莊、伍佑、新興、草堰等五場，富安、安豐、梁垛、東臺、河垛、丁溪等六場竈戶乾隆十八年分水災額賦有差，其被災較重者賑卹兩月，房屋倒塌者給修費銀。（高宗四六四、二一）

（**乾隆一九、九、丁丑朔**）諭曰：吉慶奏通分司所屬角斜、拼茶、豐利等場竈地方八月初一日偶被風潮，草房間有倒塌，人口間有損傷，已照例撫卹，並給修費棺殮等語。煎丁猝被水災，情堪憫惻，若僅按例撫卹一月口糧，未免拮据。著查明各場被淹處所無力煎丁，於九月內再行加賑一月口糧，以示軫卹。該部即遵諭行。（高宗四七二、一）

（**乾隆二〇、八、甲寅**）諭軍機大臣等：盧見曾奏七月十四、五日風雨甚大，海潮溜入，通泰等屬場竈地畝多被水淹，而淮屬之板浦、中正等處受災更重等語。窮丁猝被水淹，亟需賑恤。該鹽政普福現在京師，著傳諭盧見曾，令其勘明被災戶口，實心查辦，妥協料理，務俾災黎均霑實惠，毋致一夫失所，以慰朕軫恤窮丁之意。(高宗四九四、一四)

(乾隆二〇、九、丙子) 又諭曰：盧見曾奏本年七月淮屬被水，房舍坍倒，秋禾淹漫各情形。竈丁猝被潮災，深堪軫念，著即速查明乏食窮丁，先行撫卹一月口糧。所有修葺殮埋之費，速行查明動給，毋致稍有失所。其本年竈戶應徵錢糧並著分別蠲緩，極貧戶口再行加賑。該督撫鹽政率屬實力辦理，務俾均沾實惠。至通屬之石港等十場及泰屬之富安等南五場雖被水較輕，而值此風潮，竈戶未免拮据，其無力窮丁並著一體賞給一月口糧，新舊欠項概緩至來年徵收，以紓丁力。該部遵諭速行。(高宗四九六、七)

(乾隆二〇、一〇、己巳) 是月，護理兩淮鹽政印務鹽運使盧見曾奏：本年淮屬各場被潮，池井淹漫，窮竈無力修整。照乾隆十二年例，飭令場員查明涸地，分別借給修整銀兩，限一年扣繳。得旨：嘉獎。(高宗四九九、四一)

(乾隆二〇、一二、己未) 加賑兩淮徐瀆、淮瀆、興莊、臨洪、板浦、中正、丁溪、劉莊、伍佑、草堰、小海、新興等十二場本年水災竈戶有差。(高宗五〇三、一二)

(乾隆二一、二、丁巳) 諭：江蘇上年被災地方俱已加恩展賑，鹽屬場竈坐落各州縣，情形與地方貧民無異，自應一體加恩。著將淮屬被災十分、九分之板浦、徐瀆、中正、莞瀆、臨洪、興莊六場，泰屬被災八分之廟灣一場，被災六分之丁溪、小海、草堰、劉莊、伍佑、新興六場，並未成災之南五場及通屬十場，分別極貧次貧應展賑者，照例按月展賑，應借給口糧者，俟秋收徵還。所有賑糧、銀米、兼支及賑銀加增之數，俱著照地方災民之例一體辦理。該督撫鹽政督率所屬實力奉行，務令災丁溥霑實惠。該部遵諭速行。(高宗五〇七、四)

(乾隆二一、三、丁酉) 緩徵江蘇石港、西亭、金沙、餘西、餘東、豐利、掘港、拼茶、角斜、呂四、富安、安豐、梁垛、東臺、河垛、廟灣、丁溪、草堰、小海、劉莊、伍佑、新興、板浦二十三場水災竈地乾隆十九、二十兩年應徵帶徵額賦，並借銀兩有差。(高宗五〇九、二三)

(乾隆二二、二、丁卯) 又諭：朕清蹕時巡，勤求民隱，而兩淮竈戶僻處海濱，生計勞苦，尤堪軫卹。所有乾隆十七、十八、十九等年停緩帶徵竈欠未完折價銀三萬八千餘兩，著加恩一體豁免，以普惠澤。(高宗五三二、一一)

（乾隆二二、八、癸酉）諭曰：普福奏兩淮鹽場於七月初三等日偶被風雨，亭場淹漬等語。淮、海二屬各場連年被水，今秋又復淹漬，雖現經照例借資撫卹，不致失所，但被浸亭場車戽需時，有妨煎曬，竈丁未免拮据。著加恩將兩淮竈户積年因災借欠口糧、籽種等項未完銀兩概行豁免，以示軫恤窮丁至意。（高宗五四四、三二）

（乾隆二四、一二、癸巳）諭：本年江蘇通、泰、淮三分司所屬之丁溪、小海、草堰、劉莊、伍佑、新興、廟灣等七場應納折價，著照被災十分之例，蠲免十分之七，其蠲剩錢糧分作三年帶徵。至泰屬南五場、通屬十場、淮屬三場被災較輕之處，亦著將應徵之項分作二年帶徵，以示體卹。該部遵諭速行。（高宗六〇三、四）

（乾隆二七、二、戊寅）諭：朕此次南巡，省方問俗，翠華所過，慶典時行。念兩淮竈户僻處海濱，生計殊爲艱苦。所有從前帶徵未完折價銀九千餘兩，著加恩一體豁免，以示優恤。（高宗六五四、一八）

（乾隆三〇、二、乙丑）豁除兩淮豐利場坍沒竈地四十八頃六十九畝有奇額賦。（高宗七三一、八）

（乾隆三三、一〇、戊寅）賑兩淮屬富安、安豐、梁垛、東臺、何垛、丁溪、草堰、小海、劉莊、伍佑、新興、廟灣等十二場本年旱災貧竈，並貸勘不成災之角斜、板浦、中正、臨興等四場竈户口糧。（高宗八二一、一九）

（乾隆三三、一二、乙亥）蠲免兩淮屬富安、安豐、梁垛、東臺、何垛、丁溪、草堰、小海、劉莊、伍佑、新興、廟灣等十二場乾隆三十二年應徵折價等銀四萬二千兩有奇，其角斜、板浦、中正、臨興等四場未完折價借給口糧均予緩徵。（高宗八二五、一〇）

（乾隆三四、一、庚戌）兩淮鹽政尤拔世奏：通州分司所屬各場俱坐落通泰、如皋等處，該州縣係屬災區，米價稍昂，酌議平糶鹽義倉穀。現飭各該場量户口多寡，先於附近鹽義倉內領穀，分廠出糶，不敷，再於各倉撥運協濟。報聞。（高宗八二七、一七）

（乾隆三四、三、己丑）兩淮鹽政尤拔世奏：泰州分司所屬十一場，海州分司所屬三場俱因災後糧價昂貴，請於各場附近之鹽城、板浦等鹽義倉內撥穀平糶。報聞。（高宗八三〇、九）

（乾隆三四、八、己巳）諭：江南海州所屬鹽場地方本年春夏雨水稍多，稻秋未免歉收，所有該屬上年借給口糧一萬餘石，若照例催徵，竈力不無拮据。著加恩緩至明年麥熟後徵收，以示體卹。該部即遵諭行。（高宗八四一、三）

（乾隆三六、九、丁卯）兩淮鹽政李質穎奏：淮北海州所屬板浦、中正、臨興三場，淮南通州所屬餘西、餘東二場先後被水，竈力拮據。據各該商等請於鹽義倉內借給一月口糧，來年商人買補。再板浦等三場竈戶有未完本年折價等款銀一萬一千五百八十兩，亦據淮北商人請兩年代完。得旨：如所議行。（高宗八九三、二六）

（乾隆三九、一〇、壬寅）賑貸江蘇富安、安豐、梁垛、東臺、河垛、丁溪、草堰、劉莊、伍祐、新興、廟灣等十一場本年旱災竈戶。（高宗九六九、二三）

（乾隆三九、一二、庚子）蠲緩江蘇富安、安豐、梁垛、東臺、河垛、丁溪、草堰、劉莊、伍祐、新興、廟灣等十一場本年旱災竈戶額賦。（高宗九七三、一三）

（乾隆四〇、一〇、戊戌）加賑兩淮石港、金沙、掘港、豐利、栟茶、角斜、富安、安豐、梁垛、東臺、河垛、丁溪、草堰、劉莊、伍祐、新興、廟灣等十七場本年旱災貧戶，蠲緩額賦有差，併蠲緩通州、泰州、海州三場本年旱災田地額賦。（高宗九九三、二五）

（乾隆四一、一〇、丙寅）戶部議覆：調任兩淮鹽政伊齡阿疏稱：板浦、中正、臨興各場被水成災，應徵錢糧分別蠲緩。應如所請。得旨：依議速行。（高宗一〇一九、一五）

（乾隆四三、一〇、己巳）又諭［軍機大臣等］：據伊齡阿奏九月十八日午刻，海州所屬三場地方風暴陡作，竟夜不息，潮水盛漲，漫入竈地，低處全被淹浸，惟較高處所池井僅留十之五六。各場竈戶房屋間有倒塌，人口並無傷損。一應鹽廩築埂抵禦，尚無疎失等語。板浦等三場夏間被旱，業經勘實成災七分，今又猝被風潮，近海竈戶恒業頓失，殊爲可憫。著傳諭伊齡阿，即速督率分司場員逐一確勘，照例撫卹，妥協辦理，務使窮竈均霑實惠，無任吏胥滋弊。將此由五百里諭令知之。仍即將查辦情形迅速覆奏，以慰厪念。（高宗一〇六八、三八）

（乾隆四三、一〇、乙酉）賑貸兩淮豐利、掘港、石港、金沙、餘西、餘東、呂四、興莊、栟茶、角斜、富安、安豐、梁垛、東臺、河垛、丁溪、草堰、劉莊、伍祐、新興、廟灣、板浦、徐瀆、中正、莞瀆、臨洪、臨興等二十七場本年旱災竈民，並予緩徵。（高宗一〇六九、四〇）

（乾隆四三、一〇、丙戌）兩淮鹽政伊齡阿奏覆：海州所屬板浦等場風潮暴漲，當即飭員酌動鹽義倉穀先行撫卹，所淹池井，董率竈丁戽洩，現經涸出復業。得旨：覽奏俱悉。（高宗一〇六九、四四）

（乾隆四三、一二、辛未）賑卹兩淮板浦並歸併之徐瀆、中正，并歸併之莞瀆、臨洪，并歸併之興莊等六場潮災貧民，並予緩徵。（高宗一〇七二、三八）

（乾隆四四、三、己丑）諭：江蘇上年被有偏災地方俱已加恩展賑。其鹽屬場竈坐落各州縣情形與地方貧民無異，自應一體加恩。著將淮海分司所屬被災九分之板浦、中正、臨興三場分別極貧次貧，應展賑者照例按月展賑，應借給口糧者酌量借給，俱著照地方災民之例一體辦理。該鹽政務督率所屬實力奉行，務使竈戶均霑實惠。該部遵諭速行。（高宗一〇七八、七）

（乾隆四五、二、丁巳）又諭：朕此次南巡，勤求民隱，翠華所過，慶典時行。而兩淮竈戶僻處海濱，生計殊屬艱苦。所有乾隆三十九、四十、四十二、四十三等年各場因災帶徵遞緩各未完銀三萬五千六百二十四兩零，著加恩普行豁免，以示惠澤。（高宗一一〇〇、七）

（乾隆四五、九、壬寅）緩徵兩淮栟茶場乾隆四十三年分水災未完折價銀兩。（高宗一一一五、二三）

（乾隆四六、七、戊午）又諭［軍機大臣等］：據圖明阿奏六月十八、九日秋潮漲發，所屬場竈有被災略重處所，濱海竈丁屋舍亦有傾圮之處。現飛飭監掣同知、分司、場員等分路查勘，先行撫卹等語。鹽政衙門並無應辦要務，所屬場竈既被風潮，圖明阿即當親往詳查，何得安居衙署，僅委屬員查辦？圖明阿不應如此。著傳旨申飭，仍著將被災情形如何，親往查勘辦理之處，據實覆奏。尋奏：臣遵旨先赴淮北，勘得積水已涸，池井、房屋亦漸修復，實不成災。惟該屬乃積歉之區，今又被潮，竈丁更形拮据。請借給修費并冬月口糧，兼將積欠分作二年帶完。報聞。又奏：臣隨赴淮南查泰州、通州二分司所屬二十場，多半積潦全消，攤煎如故，惟泰屬廟灣一場被潮最近，地淹屋倒，較各場稍甚。請照淮北緩徵例以紓竈力。再通州江中老沙、新沙有外來民人在彼佃種者被災較重，已據淮南各商義捐賙卹，無庸動項。報聞。（高宗一一三七、七）

（乾隆四六、一一、丁巳）賑卹兩淮廟灣、餘西、餘東三場本年被潮竈戶，並予緩徵。（高宗一一四五、九）

（乾隆四八、二、庚辰）賑卹兩淮海州屬板浦、中正、臨興三場乾隆四十七年分水災貧民，並緩徵竈欠銀兩。（高宗一一七五、四）

（乾隆四九、二、甲申）諭：朕此次南巡，勤求民隱，翠華所蒞，慶典時行。因念兩淮竈戶僻處海濱，亦應一體加恩，俾得均霑渥澤。所有乾隆四

十五、四十六等年各場因災帶徵遞緩未完銀七千九百餘兩，著加恩全行豁免，以廣惠澤。（高宗一一九九、一六）

（**乾隆五〇、四、乙巳**）諭：據全德奏海州分司所屬板浦、中正、臨興三場因去冬今春雨澤愆期，晴乾日久，產鹽有限，請將乙巳綱應徵錢糧懇恩緩徵等語。本年海州等屬雨澤稀少，麥苗未能長發，前已降旨將該處民戶錢糧概予緩徵。至各場竈戶人等亦因晴久土燥，產鹽未旺，丁力未免拮据。所有該竈戶等應輸乙巳綱錢糧亦著加恩緩至本年秋場產旺後再行徵收，以紓丁力。該部即遵諭行。（高宗一二二九、四〇）

（**乾隆五〇、六、乙巳**）諭：據全德奏泰州分司所屬伍佑、新興、廟灣三場坐落淮安府屬之阜寧、鹽城二縣地方，因天氣久晴，糧價昂貴，竈戶買食維艱，現撥鹽義倉穀石平糶等語。本年淮北各屬雨澤稀少，業經加恩將錢糧緩徵，並賞借貧民口糧，以資接濟。至該竈戶等因產鹽有限，口食拮据，自應一體加恩賑卹。所有伍佑、新興、廟灣三場乙巳綱應輸折價錢糧著緩至秋鹽產旺時再行徵收。并酌借一月口糧，俾無力竈丁得資口食。該部即遵諭行。（高宗一二三三、四一）

（**乾隆五〇、一〇、乙巳**）賑卹兩淮板浦、中正、臨興、富安、安豐、梁垛、河垛、東臺、廟灣、栟茶、角斜、丁溪、草堰、劉莊、伍佑、新興等十六場本年旱災竈民，並予緩徵。（高宗一二四一、一九）

（**乾隆五一、二、辛卯**）諭：據全德奏海州之板浦、中正、臨興三場極次貧竈現在正賑已完等語。海州場地上年被旱較重，曾經降旨給賑，俾災丁口食有資。今屆青黃不接之時，正賑已畢，該丁等生計不無拮据。所有海州之板浦、中正、臨興三場極次貧竈著再加恩展賑一月，其餘被災七分以下及勘不成災各場實在乏食貧竈亦著照例酌借口糧，以資接濟。該部即遵諭行。（高宗一二四九、五）

（**乾隆五二、一一、丁卯**）緩徵江蘇泰州廟灣場本年水災折徵銀糧，并賑卹板浦、中正、臨興三場貧民。（高宗一二九二、一五）

（**乾隆五三、三、甲申**）賑卹兩淮板浦、中正、臨興、徐瀆、莞瀆、興莊等六場乾隆五十二年水災竈戶，蠲災地額賦有差，蠲剩銀，並予緩徵。（高宗一三〇一、二三）

（**乾隆五四、一〇、己未**）又諭曰：全德奏廟灣場等處村莊間被黃水淹浸，現在雖經涸出，但場亭池竈正須修理，竈丁等未免拮据等語。廟灣等場地勢低窪，致被洩黃之水下注淹浸，雖經陸續涸出，而竈丁等修理場亭池竈，未能及時煎曬鹽觔，若將應完新舊錢糧一時並徵，竈丁等未免稍形拮据。所有廟灣場成災五分之十二莊本年應徵折價錢糧，著加恩照例分別蠲緩，其未完舊欠錢糧及借給口糧並著一併遞緩徵收。至勘不成災之七莊及海州三場本年應徵錢糧，並歷年因災帶徵錢糧及舊欠借給口糧，亦著展至來年麥熟後分作二年帶徵，以示朕軫念竈丁至意。該部即遵諭行。（高宗一三四〇、一〇）

（乾隆五八、一一、乙卯）諭：據董椿奏兩淮泰、海二分司所屬廟灣、板浦、中正、臨興四場竈地現屆嚴冬，滷氣不旺，產鹽較少，竈戶別無生業等語。兩淮泰州、海州所屬各場竈地本年因夏秋雨水稍多，收成歉薄，前經加恩，將應徵折價錢糧緩至來歲麥後分年帶徵。今時值嚴冬，該處產鹽較少，竈戶生業維艱，口食未免拮据。著加恩借給一月口糧，並於附近鹽義倉內撥借穀二萬七千七百九石八斗，以資接濟，仍俟來年麥收後照數徵收，買補還倉。該鹽政務須督率所屬實力妥辦，俾各竈戶均霑實惠，以副朕軫恤加惠至意。（高宗一四四一、一〇）

（乾隆五九、九、癸丑）諭：據全德奏泰州、海州各鹽場本年六、七、八等月連遇風雨，湖河並漲，低窪處所多有被淹等語。泰州、海州各鹽場因湖河滙注，多有被淹，雖雜糧蕩草現據勘明在五分以上，尚不成災，但煎曬已停數月，竈力不無拮据。所有本年應徵新舊折價錢糧著加恩緩至來年麥熟後開徵，分作兩年帶完。其板浦、中正、臨興、廟灣四場五十八年因災借給口糧亦著照例遞緩。又丁谿、草堰、新興、廟灣四場並著照例借給草本銀兩，於來年五月後分限一年內扣清。至東臺、河垜二場雖被水較輕，但所產蕩草歉收，亦著一併借給草本銀兩，以資煎熬而紓丁力。（高宗一四六一、三五）

（乾隆五九、一〇、壬午）諭曰：吉慶奏江蘇松江府、太倉州屬竈地八月間雨水稍多，收成歉薄等語。松、太等屬因積雨歉收，前據奇豐額等奏到，已降旨將應徵地丁漕糧概予緩徵。今該府州所屬竈地亦因雨水稍多，收成歉薄，若將應徵鹽課一律徵收，恐竈力不無拮据。所有松江府屬之青村、袁浦、橫浦、浦東、下砂及下砂二三等六場並太倉州屬之崇明場各竈地，暨該府州所屬之華亭、婁縣、奉賢、金山、上海、南滙、青浦、崇明等八縣低窪歉收田畝本年應徵鹽課錢糧，亦著一併加恩緩至來年秋收後帶征，以紓竈力。該部知道。（高宗一四六三、二三）

（乾隆六〇、閏二、丁未）諭：據蘇楞額奏兩淮各場緩徵折價銀並借給口糧應徵穀價銀共七萬九千一百五十兩零，均係因災遞緩之項等語。前經降旨，普免天下積欠錢糧，場竈積欠與民戶無別，所有兩淮應徵緩徵折價及借

給口糧穀價銀七萬九千一百五十兩零並著加恩一體豁免，以示朕施惠推恩，有加無已至意。（高宗一四七三、一六）

（乾隆六〇、一〇、己丑）又諭曰：……海州分司所屬板浦、中正、臨興三場……本係沿海瘠貧之區，今因夏秋雨水過多，間被淹浸。雖勘不成災，但將來冬令鹽花歸土，謀食維艱。若將折價錢糧照常徵收，竈力未免拮据。所有板浦、中正、臨興三場應徵本年壓徵五十九年折價錢糧著加恩緩至明年麥收後啟徵，分作二年帶還，俾海隅貧竈並臻寬裕，以示朕軫恤加恩至意。（高宗一四八八、二七）

（嘉慶一、一〇、壬午）賑兩淮海州板浦、中正、臨興三場被水竈戶，蠲緩新舊額賦有差。（仁宗一〇、一〇）

（嘉慶三、一〇、辛丑）賑兩淮板浦、中正、臨興三場水災竈戶，並蠲緩新舊額賦有差。緩徵富安、安豐、梁垛、東臺、河垛、丁溪、草堰、劉莊、伍佑、新興、廟灣十一場竈地額賦。（仁宗三五、七）

（嘉慶四、一、庚申）加賑江蘇豐、沛、銅山、邳、宿遷、安東、海、沭陽八州縣衛被水災民及兩淮板浦、中正、臨興三場被水竈戶。（仁宗三七、二）

（嘉慶四、九、癸未）賑兩淮丁溪、草堰、劉莊、伍佑、新興、廟灣、中正、板浦、臨興九場被水竈戶有差，並緩徵栟茶、角斜、豐利、掘港、金沙、呂四、餘東、餘西、石港、富安、安豐、東臺、梁垛、何垛十四場新舊額賦，貸富安、安豐、東臺、梁垛、何垛五場草本。（仁宗五二、三〇）

（嘉慶六、一〇、甲辰朔）緩徵兩淮海州屬板浦、中正、臨興三場被水竈戶新舊竈課。（仁宗八八、四）

（嘉慶七、六、己酉）展緩兩淮板浦、中正、臨興三場水災帶徵竈課。（仁宗九九、一一）

（嘉慶七、一〇、辛亥）賑兩淮板浦、中正、臨興三場被水竈戶，并蠲緩新舊鹽課。又緩徵丁溪、草堰、劉莊、伍佑、新興、廟灣六場旱災本年鹽課。（仁宗一〇四、八）

（嘉慶八、四、丁丑）賑兩淮海州屬板浦、中正、臨興三場上年被水竈戶，並緩徵泰州屬丁溪、草堰、劉莊、伍佑、新興、廟灣六場未完折價銀有差。（仁宗一一一、二一）

（嘉慶九、二、乙亥）緩徵兩淮板浦、中正、臨興三場六年未完折價銀。（仁宗一二六、二〇）

（嘉慶九、九、辛卯）緩徵兩淮丁溪、草堰、劉莊、伍佑、新興、廟灣、

板浦、中正、臨興九場被水竈戶新舊額賦。(仁宗一三四、六)

（嘉慶一〇、一、壬寅）貸兩淮板浦、中正、臨興三場被水竈戶一月口糧。(仁宗一三九、九)

（嘉慶一〇、九、戊寅）蠲緩兩淮富安、安豐、梁垛、東臺、河垛、丁溪、草堰、劉莊、伍佑、新興、廟灣十一場水災竈課，並給賑有差，緩徵板浦、中正、臨興三場歉收新舊額賦及口糧穀價。(仁宗一五〇、三八)

（嘉慶一一、一、己巳）展賑兩淮丁溪、草堰、劉莊、伍佑、新興、廟灣六場被水竈戶。(仁宗一五六、二六)

（嘉慶一一、五、丙辰）貸兩淮富安、安豐、梁垛、東臺、河垛五場上年被水竈戶草本銀。(仁宗一六〇、一三)

（嘉慶一一、九、丙辰）賑兩淮板浦、中正、臨興、丁溪、草堰、劉莊、伍佑、新興、廟灣九場被水竈丁。(仁宗一六六、二六)

（嘉慶一二、一、丙午）展賑兩淮板浦、中正、臨興、丁溪、草堰、劉莊、伍佑、新興、廟灣九場上年水災竈戶。(仁宗一七三、四)

（嘉慶一二、一二、己丑）緩徵兩淮富安、丁溪、草堰、劉莊、伍佑、新興、板浦、中正、臨興九場水災本年竈課。(仁宗一九〇、一七)

（嘉慶一三、二、辛未）加賑兩淮廟灣場被水災民，並命富安、丁溪、草堰、劉莊、伍佑、新興六場平糶倉穀。(仁宗一九二、九)

（嘉慶一三、一二、癸卯）賑兩淮丁溪、草堰、劉莊、伍佑、新興、廟灣六場被水被旱竈丁，並緩徵富安、安豐、梁垛、河垛、東臺、板浦、臨興、中正八場帶徵折價草本口糧銀。(仁宗二〇四、一七)

（嘉慶一四、一、壬申）展賑兩淮丁溪、草堰、劉莊、伍佑、新興、廟灣六場被水竈戶。(仁宗二〇六、一八)

（嘉慶一五、一一、己未）緩徵兩淮板浦、中正、臨興、富安、安豐、伍佑、梁垛、河垛、草堰、丁溪、東臺、新興、廟灣、劉莊十四場積歉貧竈新舊折價銀。(仁宗二三六、一一)

（嘉慶一六、九、壬寅）賑兩淮板浦、中正二場被水竈戶，並蠲緩新舊折價銀有差。(仁宗二四八、二四)

（嘉慶一七、一、丙子）展賑兩淮板浦、中正二場上年被水竈戶。(仁宗二五三、四)

（嘉慶一七、九、己亥）緩徵兩淮板浦、中正、臨興三場被水竈戶新舊額賦。(仁宗二六一、二七)

（嘉慶一九、一〇、戊午朔）緩徵兩淮栟茶、角斜、豐利、富安、安豐、

梁垛、東臺、河垛、丁溪、草堰、劉莊、伍佑、新興、板浦、中正、臨興十六場被水竈戶折價銀。(仁宗二九八、四)

(**嘉慶二〇、一、丁亥朔**) 貸兩淮富安、安豐、梁垛、東臺、河垛、丁溪、草堰七場上年被旱被水竈戶一月口糧，並劉莊、伍佑、新興三場草本。(仁宗三〇二、二)

(**嘉慶二一、九、甲子**) 緩徵兩淮板浦、中正、臨興三場水災新舊折價銀。(仁宗三二二、九)

(**嘉慶二五、一、己巳**) 緩徵兩淮富安、安豐、梁垛、東臺、何垛、丁溪、草堰、劉莊、伍佑、新興、廟灣十一場上年水災旱災折價銀。(仁宗三六六、一〇)

3. 兩浙、福建、廣東

(**雍正三、五、丙辰**) 諭戶部：去歲江浙海潮衝溢，沿海塲竈淹沒甚多。兩淮鹽政所屬地方經噶爾泰奏聞，朕即發帑賑恤，并將雍正元年、二年竈戶未完折價銀四萬餘兩悉行蠲免。其兩浙鹽政所屬地方，該巡鹽並未將被災之處題報。今謝賜履摺奏去秋海濤飄決情形，兩浙與兩淮無異，朕一視同仁，務使均霑膏澤。著將華亭、婁縣、上海、海寧、餘姚、蕭山、慈谿等縣雍正元年、二年未完塲課銀兩悉行蠲免。(世宗三二、一六)

(**雍正一〇、九、壬辰**) 諭內閣：今年江浙地方海潮驟長，沿海居民被水衝溢，朕已敕令該督撫等加意撫綏，毋使窮民失所。近聞江南南滙縣下砂頭二三場等處竈戶鹽丁被水者甚眾，著將商捐義倉及嘉興存貯米石動支賑卹，迅速料理，俾獲寧居。(世宗一二三、一一)

(**雍正一三、一二、癸酉**) 又諭 [總理事務王大臣]：朕前降旨該部，令傳諭江南督臣將雍正十二年以前兩淮塲課舊欠查明奏聞蠲免。今朕聞兩浙、山東、福建、廣東諸處各有舊欠塲課鹽折銀兩，事同一體，宜並施恩。著該部傳諭各該督撫等查明奏聞，一併豁免。(高宗八、一六)

(**乾隆一、一〇、甲子**) 戶部議覆：兩廣總督鄂彌達疏言：廣東鹽場竈曬各丁每丁定例納課二引，每引納銀二錢三分。至各丁名下近場田地，自按則編徵銀米。嗣因將竈丁名下原報墾復田塘等項一概俱作鹽田計算，每畝加增銀二分至五分不等，貽累實深。康熙三十二年間已酌將加增銀兩豁除一半，尚有應徵加增銀八千六百餘兩。查從前竈丁煎鹽自賣，不無餘利，今已發帑官收，各丁所領官價不敷養贍，請將此項全行豁除。應如所請。從之。(高宗二八、七)

（乾隆二、一〇、壬寅）户部議覆：大學士管浙江總督嵇曾筠疏報：仁和場、錢塘倉竈地上年八月間被潮衝卸四千七百八十畝零，計缺課稅銀二百五十二兩零，請自乾隆元年爲始，停其徵收。應如所請。從之。（高宗五五、二）

（乾隆三、五、己卯）工部議准：大學士管理浙江總督兼管鹽政事嵇曾筠疏言：松江府屬浦東、袁浦、青村、下沙頭二三場築塘，挖廢竈蕩地八千六百一十畝有奇，應徵正珠等銀八百四十兩有奇，請自雍正十三年爲始，一概豁免。從之。（高宗六九、二九）

（乾隆三、一一、癸丑）［户部］又議准：大學士前總理浙江海塘管總督事嵇曾筠疏報：江南南滙縣下沙頭二三場五團至九團等處秋間風雨交作，摧折草屋，禾豆均被損傷。請動支道庫餘平銀先與修葺，所有本年竈課暫請免徵，并支鹽義倉穀，於今冬來春分別賑恤。得旨：依議速行。（高宗八〇、一〇）

（乾隆五、七、癸未）停徵浙江仁和場錢塘倉乾隆四年分秋潮坍卸竈地課稅銀一百二十八兩有奇。（高宗一二二、二四）

（乾隆五、一〇、己未）户部議覆：浙江巡撫兼管鹽政盧焯疏報：松江府屬下砂場及下砂二三場雍正十年潮衝蕩地共三萬八千九百八十畝有奇，計缺課銀九百十七兩，照例題豁。應如所請。從之。（高宗一二九、一二）

（乾隆六、一〇、丙辰）除浙江三江場甲馬、寶盆、童東、朱儲四團潮坍草蕩六千三百二十七畝有奇，場六千弓有奇額課。（高宗一五三、一五）

（乾隆七、三、丁亥）户部議准：前署浙江巡撫宗室德沛奏稱：海沙、蘆瀝二場攤納西路場坍缺課銀非本場額課，應與豁除。從之。（高宗一六三、一四）

（乾隆七、四、丙申）户部議准：調任閩浙總督兼理浙江巡撫兩浙鹽政宗室德沛疏報：下砂場、下砂二三場自建築備塘，堵塞竇道，淹涸不常，產廢糧存，難承原科重賦。請照錢塘倉潮淹蕩地之例，減徵額課銀七千一百三十三兩零。從之。（高宗一六四、二二）

（乾隆七、八、辛卯）豁除浯州場塌陷鹽埕三百三十九坵額稅。從署閩浙總督策楞請也。（高宗一七二、一八）

（乾隆七、一一、戊午）賑浙江瑞安、平陽二縣及温、台、玉環沿海地方雙穗場蕩地水災飢民，並借給籽種。其瑞安、平陽雙穗場蕩地田禾損傷，停徵本年地丁場課及南米本折錢糧。（高宗一七八、八）

（乾隆八、一一、丁酉）户部議覆：署兩廣總督策楞疏稱：廣州府香山、海矬等場於乾隆三年七月內颶風吹倒寮倉，雨淋潮泛，消化鹽觔三萬一百九十三包，計帑本銀一萬二百餘兩。經前督臣鄂彌達、馬爾泰、慶復等查明漂失是實，先後題咨請豁，部議以該省是年並未報災，仍令勒追完報。查是年被風時，莊稼並未受傷，未經報災。又粵東鹽場向係商辦，竈丁領本煎曬，所收鹽觔遇風水災，例俱商人承認，嗣革去場商，歸官辦理，鹽俱發帑收買。場地俱在海濱，颶風潮水，自所必有。原應於歸官之初將應賠應撥之處詳議章程，乃從前恃鹽規充裕，羨銀得任意撥動，凡遇風潮衝失場鹽，俱在場羨及陋規銀內彌補，並不題報。今陋規俱已肅清，在外無可撥之項，而萬餘金帑項實難令竈丁賠補，請全行豁免。應如所請。從之。（高宗二〇五、一）

（**乾隆一〇、九、癸酉**）戶部議准：浙江巡撫常安疏稱：海寧縣許村場分給民三竈七新漲地畝於乾隆六年被潮衝決，租銀無可著追。請自乾隆六年為始，俱予豁免。從之。（高宗二四八、七）

（**乾隆一〇、一一、乙酉**）［戶部］又議准策楞疏報：濱海之海矬、香山、歸靖、東莞等四場猝被風雨，寮竈房屋鹽觔等項倒壞消化，煎丁間有淹斃。除委員會同各場大使確勘，照例分別賑恤外，其寮房等項，請於收鹽帑項內酌借竈丁修復。得旨：依議速行。（高宗二五三、六）

（**乾隆一一、二、甲寅**）戶部議准：兩廣總督策楞疏稱：海晏、矬崗、香山三場於乾隆十年八月內陡被颶風暴雨，潮水湧漲，消化鹽二千二百六十九包零，勘明屬實，共竈價銀八百二十八兩有奇，應請豁免，即於本年場羨銀內撥補還項。得旨：依議速行。（高宗二五九、一〇）

（**乾隆一一、六、己丑**）戶部議准：浙江巡撫兼管鹽政常安疏稱：三江、東江兩場坍沒草蕩灘場共缺正課銀五百五十三兩零，隨徵車珠銀九兩零，請自乾隆八年為始照數豁除。從之。（高宗二六九、二二）

（**乾隆一一、九、辛酉**）又諭：據浙江巡撫常安奏稱松江府屬下沙頭場又二三場并青村場蕩地所種晚禾忽生青蟲，稻穗多被蝕傷，收成頓減等語。今歲江蘇錢糧朕已全數蠲除，而場課例不在蠲免之內。此項被蟲場地如令其照例輸課，竈戶未免拮据。著將松江下沙等場本年場課按照被蟲地畝緩至次年開徵完納，以紓竈力。該部即遵諭行。（高宗二七五、一三）

（**乾隆一二、八、乙酉**）豁除浙江錢清場海潮坍沒上則田十四頃十五畝有奇額賦。（高宗二九七、一四）

（**乾隆一二、一〇、戊寅**）賑卹浙江海寧、海鹽、平湖、鄞縣、慈谿、奉化、鎮海、象山、定海、會稽、餘姚等十一縣風潮等災，永康、西安、松陽等三縣旱災，石堰、鳴鶴、穿長、龍頭、玉泉并江南青村、下砂頭二三場等八場潮災飢民，分別給予籽本，並葺屋銀兩。（高宗三〇一、八）

（**乾隆一四、一〇、甲午**）賑貸浙江錢塘、餘杭、海鹽、平湖、安吉、武康、鄞縣、慈谿、奉化、鎮海、象山、定海、山陰、會稽、諸暨、餘姚、上虞、嵊縣、東陽、義烏、麗水、玉環等二十二州縣廳，及鮑郎、海沙、蘆瀝、大嵩、清泉、鳴鶴、龍頭、穿長、玉泉、曹娥、石堰、金山，并江蘇橫浦、浦東、袁浦、青村、下砂、下砂二三場等十八場本年水災民竈。（高宗三五一、五）

（**乾隆一五、一一、壬寅**）豁除浙江蕭山縣西興永盈圍場海潮坍沒田地正課銀二百七兩有奇。從巡撫兼鹽政永貴請也。（高宗三七六、八）

（**乾隆一六、一二、辛亥**）賑貸浙江鄞縣、慈谿、奉化、鎮海、象山、定海、蕭山、諸暨、餘姚、上虞、嵊縣、臨海、黃巖、太平、寧海、天台、仙居、金華、蘭谿、東陽、義烏、永康、武義、浦江、湯溪、西安、龍游、江山、常山、開化、建德、淳安、遂安、壽昌、桐廬、分水、永嘉、樂清、瑞安、平陽、麗水、縉雲、青田、松陽、遂昌、宣平等四十六州縣，玉環一廳，臺州一衛，衢、嚴二所，大嵩、青泉、穿長、龍頭、玉泉、杜瀆、黃巖、長亭等八場本年旱蟲災民竈。（高宗四〇五、六）

（**乾隆一七、四、庚戌**）蠲緩浙江乾隆十六年分原報續報旱災之海寧、富陽、餘杭、臨安、昌化、安吉、烏程、長興、鄞縣、慈谿、奉化、鎮海、象山、定海、蕭山、諸暨、餘姚、上虞、嵊縣、臨海、黃巖、太平、海寧、天台、仙居、金華、蘭谿、東陽、義烏、永康、武義、浦江、湯溪、西安、龍游、江山、常山、開化、建德、淳安、遂安、壽昌、桐廬、分水、永嘉、樂清、瑞安、平陽、麗水、縉雲、青田、松陽、遂昌、雲和、龍泉、慶元、宣平、仁和、錢塘、海鹽、歸安、孝豐、山陰、會稽、新昌、泰順等六十六州縣，玉環一廳，杭、嘉、臺三衛，湖、衢、嚴三所，大嵩、龍頭、穿長、清泉、玉泉、杜瀆、黃巖、長亭、仁和、鮑郎、錢清、永嘉、雙穗等場額賦有差。（高宗四一三、一二）

（**乾隆一八、一〇、戊申**）免浙江錢清場、西興之永盈圍乾隆十七年被潮坍沒竈地額賦。（高宗四四九、二三）

（**乾隆二〇、三、丙子**）豁除廣東荒棄鹽田額銀三千八百四十五兩有奇。（高宗四八四、六）

（**乾隆二〇、五、壬寅**）[兩廣總督楊應琚]又奏：粵東產鹽生熟二種，竈丁灌曬熟鹽較生鹽工力尤費。查生鹽場分經前督臣分別籌捐，題請買穀，按年出借，以爲曬丁青黃不接之需，而熟鹽各場轉未議及，似覺偏枯。臣與鹽運使等公捐爲倡，各商亦極踴躍，共捐銀五千兩，按照場分大小、竃丁多寡遞年出借，於收鹽價內扣還。得旨：好。（高宗四八九、四一）

（乾隆二〇、九、己丑）撫卹浙江山陰、會稽、諸暨、餘姚、嵊縣、上虞、烏程、歸安、長興、德清、武康、安吉、仁和、慈谿、蕭山等十五州縣，東江、曹娥、金山、鳴鶴、下沙等五場，湖州一所本年被水貧民，給與口糧籽種，停徵新舊額賦。（高宗四九七、五）

（乾隆二一、三、癸未）豁免浙江錢清場坍沒地畝額賦四百十兩有奇。（高宗五〇八、二九）

（乾隆二一、五、己卯）蠲緩浙江曹娥、金山、下砂、下砂二三等四場乾隆二十年被災蕩塘塗田地額賦。（高宗五一二、二三）

（乾隆二二、三、癸丑）豁浙江錢清場蜀南、蜀北二團坍沒灘場地應徵額銀二百五十一兩有奇。（高宗五三五、一二）

（乾隆二三、一〇、癸亥）賑浙江錢塘、海寧、山陰、會稽、蕭山、諸暨、餘姚、上虞等八縣，仁和、曹娥、東江、石堰、金山、青村、下砂、下砂二三等八場本年水災飢民。（高宗五七二、一九）

（乾隆二四、四、庚申）蠲免浙江錢塘、海寧、山陰、會稽、蕭山、諸暨、餘姚、上虞八縣，曹娥、東江、石堰、金山、青村、下砂、下砂二三八場乾隆二十三年秋禾風災額賦，並予加賑。（高宗五八四、一九）

（乾隆二四、一〇、辛丑）撫卹浙江嘉興、秀水、嘉善、平湖、石門、桐鄉、安吉、歸安、烏程、長興、德清、武康、永嘉、樂清、瑞安、仁和、錢塘、海寧等十八州縣，嘉興衛，湖州所，雙穗、蘆瀝、永嘉、橫浦、浦東、下砂、下砂二三場、青村、袁浦等九場本年被水被蟲貧民，並給籽種口糧，停徵額賦如例。（高宗五九九、三九）

（乾隆二五、三、丁巳）蠲緩浙江仁和、錢塘、海寧、嘉興、秀水、嘉善、平湖、石門、桐鄉、安吉、歸安、烏程、長興、德清、武康、永嘉、樂清、瑞安等十八州縣，并嘉興衛，湖州所及雙穗、蘆瀝、永嘉、橫浦、浦東、下砂、下砂二三、青村、袁浦等九場乾隆二十四年水災蟲災田蕩額賦，分別賑卹。（高宗六〇八、一八）

（乾隆二七、四、戊寅）蠲緩浙江仁和、歸安、烏程、長興、德清、武康、會稽、諸暨、餘姚、上虞等十縣，湖州一所，仁和、曹娥、金山、下砂、下砂二三等五場乾隆二十六年水災額賦有差。（高宗六五八、二三）

（乾隆二七、一〇、甲寅）賑卹浙江仁和、錢塘、海寧、餘杭、石門、桐鄉、安吉、歸安、烏程、長興、德清、武康、孝豐、山陰、會稽、蕭山、諸暨、餘姚、上虞、杭州、湖州等二十一州縣衛所，仁和、曹娥、錢清、金山、青村、下砂二、下砂三等七場本年水災飢民竈戶，并借給籽種。（高宗六七三、一八）

（**乾隆二八、三、庚辰**）緩徵浙江仁和、錢塘、海寧、餘杭、石門、桐鄉、安吉、歸安、烏程、長興、德清、武康、孝豐、山陰、餘姚、蕭山、諸暨、上虞、杭州、湖州等十八州縣衛，并仁和、曹娥、錢清、金山、青村、下砂二三等七場水災額賦。（高宗六八三、一二）

（**乾隆三〇、二、戊申**）諭：朕巡幸江浙，啟鑾之初，降旨將江浙二省累年積欠銀糧全數豁除，而浙省所免之數較之江省尚少。兹當入疆伊始，疇咨民瘼，該省尚有未完款項，著再加恩，將浙江省乾隆二十六、七、八等年積欠未完漕項及仁和、袁浦等場未完竈課銀一萬八千六百餘兩，二十四、六、七、八等年因災緩帶，積欠未完南米，及借給各場竈戶倉米一萬八千九百餘石，二十六、八兩年錢塘、諸暨、玉環等廳借給農民緩徵穀及因災緩徵租穀一萬六千九百餘石概行蠲免。該督撫等其率屬實力奉行，務俾恩膏下逮，稱朕惠愛黎元至意。該部遵諭速行。（高宗七三〇、二）

（**乾隆三三、一、乙未**）浙江巡撫熊學鵬奏：溫州府所轄永嘉、長林、雙穗三場分隸永嘉、樂清、瑞安、平陽四縣，丁竈三千餘戶，男婦二萬數千人，向遇市米昂貴，即赴省城鹽義倉請借銀兩，買穀運往。但距省千有餘里，難以剋期接濟，請於鹽義倉項下劃銀二萬兩，交四縣買穀存貯府城倉內，不惟可以接濟三場，即鄰近之處州府亦可隨時撥濟。得旨：嘉獎。（高宗八〇二、一六）

（**乾隆三三、七、乙巳**）戶部議覆：兩廣總督李侍堯疏稱：香山縣鴉鵑、萌仔等圍鹽田四漏七分，因淡水侵注，不能煎鹽，請改築稻田。現丈明四十五畝有奇，照斥鹵例起徵，其鹽課銀豁除。應如所請。從之。（高宗八一五、一八）

（**乾隆三五、一〇、丙戌**）賑貸浙江蕭山縣錢清場本年水災貧民，並緩額徵。（高宗八七〇、三三）

（**乾隆三六、一、丙午**）諭：上年浙江濱海州縣猝遇風潮，間有被災處所，業經飭令該撫加意撫卹，分別議賑。至被災五分、六分之處，雖例不加賑，但當青黃不接之時，貧民口食未免拮据。著加恩將海寧縣之南沙公地，仁和、安吉、長興三州縣，仁和一場，查明被災極貧，除例給籽本外，於本年三月內加賑一月口糧，俾資耕作。其勘不成災之各縣場歉收田地貧民有願借倉穀籽本者，並酌量借給，於秋成後免息還倉。該撫其董率各屬實心經理，務使均霑愷澤，以副朕軫念窮黎至意。該部遵諭速行。（高宗八七六、三）

（乾隆三六、七、戊辰）浙江巡撫富勒渾奏：七月初三、四等日風雨交作，海潮盛漲，下砂頭二三場飄坍煎舍二十餘座，其無力竈戶酌借穀價，以資接濟。報聞。（高宗八八九、三二）

（乾隆三八、五、辛酉）豁免浙江蕭山縣錢清場坍沒各則竈田地一萬四百七十畝有奇額賦。（高宗九三四、四）

（乾隆四二、一一、癸亥朔）豁免浙江仁和場坍沒竈地課銀五百七十三兩有奇。（高宗一〇四四、三）

（乾隆四七、三、甲辰）豁浙江仁和場坍沒上則稅課蕩地七百九十四畝有奇額賦。（高宗一一五二、三）

（乾隆四七、六、丙寅朔）豁除浙江仁和場、仁和倉、三圍坍沒上則稅蕩二百五畝有奇額賦。（高宗一一五八、一）

（乾隆四八、三、庚戌）減除浙江省仁和場，扶基二圍、三圍、四圍潮衝坍廢蕩地五千畝有奇正稅。（高宗一一七七、一二）

（乾隆四九、閏三、癸亥）減豁浙江仁和場三圍潮坍正稅銀一百五十八兩有奇。（高宗一二〇二、一六）

（乾隆四九、閏三、乙丑）減豁浙江仁和場二圍潮坍正稅銀八十九兩有奇。（高宗一二〇二、二一）

（乾隆五二、六、庚戌）豁免浙江仁和鹽場被潮衝沒各則蕩地共一萬一千五百三十六畝額課。（高宗一二八二、二四）

（乾隆五九、一〇、癸酉）豁除浙江仁和場潮坍沙地一千六百一十八畝有奇額賦。（高宗一四六三、一〇）

（乾隆六〇、二、丁卯）又諭：據全德奏兩浙各縣場積欠竈課及因災緩徵等銀共六萬九千二百九十二兩，均係實欠在竈等語。前經降旨普免天下積欠錢糧，場竈積欠與民戶本無區別，所有兩浙積欠竈課及因災緩徵共銀六萬九千二百九十二兩並著一體加恩豁免，以示一視同仁至意。（高宗一四七〇、四八）

（乾隆六〇、閏二、甲申）緩徵福建漳州、泉州二府屬乾隆五十九年水災場竈額賦。（高宗一四七二、八）

（嘉慶六、八、丙辰）除浙江蕭山縣西興場坍沒竈地一百二十八頃七十七畝有奇額賦。（仁宗八六、一九）

（嘉慶九、四、戊子）除浙江仁和、西興二場坍沒地二百四十二頃有奇竈課。（仁宗一二八、二八）

（嘉慶一三、五、壬寅）除浙江仁和場坍廢蕩地五千九百五十畝有奇鹽課。（仁宗一九五、一二）

（嘉慶一四、三、丁丑）除浙江錢清場被潮坍卸地三十八頃四十二畝有奇額課。（仁宗二〇八、一六）

（嘉慶二〇、一、丁亥朔）貸兩浙下砂頭場、下砂二三場、青村、袁浦、橫浦、浦東六場上年被旱竈戶口糧。（仁宗三〇二、二）

（嘉慶二四、二、己卯）免江浙兩省各縣場竈戶積欠鹽課。（仁宗三五四、二〇）

4. 河東

（康熙二二、八、壬子）户部議覆：山西巡撫穆爾賽、巡鹽御史馬爾漢疏言：前撫圖克善清查鹽丁，將老少病廢盡行開報，迨鹽池水患，仍責鹽丁修築，以致力役交困，里甲包賠。今通計包賠一萬七千一百餘丁銀一萬五百餘兩，請行豁免。從之。（聖祖一一一、二二）

（康熙二八、閏三、丁未）免河東康熙二十八年分額徵鹽池地租。（聖祖一四〇、一六）

（乾隆七、四、甲辰）户部議覆：河東鹽政尚琳疏稱：河東產鹽，惟恃雨澤灌池，以資澆曬。近緣種地之後，土性日鬆，雨小則停注水畔，不能暢流，雨大則浮土下衝，反致河壅。滷水不充，產鹽自薄，當量為變通。應如所請。自乾隆七年為始，除池外地百八十六畝七分仍聽耕種外，將池內地暫停耕種，俟數年後，如果池水充足，產鹽漸多，再行禁止。所有商人額租麥六十石七斗零，穀九十一石零，應一併開除。從之。（高宗一六四、三九）

（乾隆二二、一〇、壬戌）又諭［軍機大臣等］：前據那俊奏稱河東池鹽歉收，請買運口外蒙古鹽觔，彼時因未悉池鹽缺產實在情形，是以兩經部駁未准。今觀塔永寧奏到鹽觔實在缺乏。三省八十餘州縣民食攸關，自應亟為籌畫。若俟部議到日方行辦理，恐不及事。著即一面籌辦，買運蒙古鹽觔接濟，一面奏聞。但須令衆商公辦，並應定以限制，或半年，或數月之期，并定觔兩各數，方為妥協。至從前那俊有請令范清注前往運買之奏，斷不可行。以衆商應辦之事，乃欲專令范清注一人辦運，是名為民間食淡起見，而暗中實為范清注添取鹽窩，情弊顯然。使被人參出，那俊即應治罪矣。可將此傳諭塔永寧並那俊知之。（高宗五四八、七）

（乾隆二六、八、乙未）山西巡撫鄂弼奏：汾州、平陽、蒲州、太原四府屬并絳、解二直隸州屬因秋雨河漲，被水凡二十州縣。細查被水村莊，一州縣内不過一隅，現查辦撫卹。再姚暹渠暴漲，漫開南隄解家灣，直抵鹽池。業會同鹽臣堵築平穩。得旨：覽奏俱悉，其有成災者，斷不可諱飾，須撫卹妥協，毋致失所。（高宗六四三、二四）

5. 四川、雲南

（雍正一三、一〇、甲戌）兵部議准：雲貴總督尹繼善疏言：……攸樂一帶地處邊瘴，四井夷竈產鹽較少，夷民生計不贍，應將鹽課銀兩照數豁除。……從之。（高宗四、三一）

（雍正一三、一二、庚午）户部議覆：四川總督黄廷桂等疏陳川省行鹽事宜。一、井竈鹽斤宜清釐核實。查樂山等十六縣坍枯鹽井共四百一十九眼，所有應徵井課銀七百五十七兩八錢四分一釐，應准豁除。……從之。（高宗八、一一）

（乾隆四、八、戊戌）諭：雲南黑、白、琅等鹽井舊有規禮銀二千八百餘兩，歸入公件項下，充爲公事養廉之需，在於每年發給薪本銀内扣解，在當日柴價平減，竈户猶能供辦。聞近年以來童山漸多，薪價日貴，兼之滷淡難煎，所領薪本不敷購買柴薪之用，竈户未免艱難，所當酌量變通，以示存恤。著將白、琅二井節禮銀二千六百五十六兩、黑井鍋課銀二百四十兩免其扣解，俾竈户薪本較前寬裕。所有公件項下不敷銀兩統於銅息銀内撥補放給。該部可即行文滇省督撫知之。（高宗九九、一八）

（乾隆六、四、己亥）户部議准：四川巡撫碩色疏請：所屬資州、井研、内江、大足、榮昌、榮縣、犍爲、樂山、江安、鹽亭、中江、南部、綿州、富昌等一十四州縣坍塌滲漏上、中、下鹽井共二百八十五眼，煎鍋二百八十一口。所有無著水引一百九十七張，陸引一千二百四十九張，號稅銀一千一百一十餘兩，請自乾隆六年爲始，照數豁除。從之。（高宗一四〇、六）

（乾隆九、四、己酉）户部議准：四川巡撫紀山疏稱：樂至、鹽亭、南部、威遠、樂山、犍爲、榮昌、資州八州縣坍塌鹽井一百五十眼，應徵課稅銀七百四十三兩零，請自乾隆九年爲始，照數豁除。從之。（高宗二一四、二）

（乾隆九、一一、甲午）賑恤雲南白鹽井被水竈民。（高宗二二九、五）

（乾隆一一、三、甲戌）賑給雲南白鹽井地方乾隆九年分災民，并豁除

補給各竈薪本銀四百七十八兩零。(高宗二六〇、一三)

（乾隆三三、四、丁亥）豁除四川中江、綿州、南部、榮昌、隆昌、內江、井研等七州縣坍廢鹽井一百三十三眼額課。(高宗八〇九、三二)

（乾隆三七、一一、丙申）豁除四川樂山、犍爲、威遠、忠州、西充、閬中、遂寧、中江、仁壽等九州縣乾隆三十五年坍廢鹽井一百七十眼引課銀九百三十兩有奇。(高宗九二〇、一五)

（乾隆四〇、九、辛亥）戶部議覆：湖廣總督署四川總督文綬疏稱：犍爲、南部、閬中、西充、遂寧五縣共坍塌鹽井三百四十二眼，請即封禁。其無著課稅銀二千一百二十一兩有奇一併豁除。應如所請。從之。(高宗九九〇、一〇)

（乾隆四七、四、丙戌）豁除四川南部、閬中、遂寧、中江、綿州、富順、酆都、彭水、樂山等九州縣坍廢鹽井共三百六十五眼額課。(高宗一一五五、一二)

（乾隆四九、八、壬辰）戶部議准：雲南巡撫劉秉恬奏：黑鹽井內之大新沙三井乾隆四十七年被水衝失鹽二十六萬八千餘觔，應補給薪本等銀五千四百五十三兩零，在於鹽務積餘項下照數動支。從之。(高宗一二一二、一四)

（乾隆四九、一〇、甲午）諭：據富綱等奏雲龍州地方沘江泛漲，致將金泉鹽井剝岸衝坍，井眼淤塞，鹽倉存貯鹽觔俱被淹消，竈戶田廬間有漂沒，現在查明撫卹等語。該州猝被水災，竈戶民居均有衝塌，情殊可憫。所有無業貧民著加恩給予一月口糧，先行撫卹。被淹房屋及衝失柴碼錫口等項均照例加賞。該督等即飭委妥員確查分給，務使被災民竈各霑實惠。至衝消鹽觔並著通融趕補，毋致有妨民食，以示朕軫卹災黎之至意。(高宗一二一六、三〇)

（乾隆五二、八、庚申）免四川犍爲、西充、三臺、南部、內江五縣乾隆五十一年分坍塌上、中、下鹽井額課一千一百零三兩有奇。(高宗一二八七、一九)

（嘉慶四、一二、甲辰）諭內閣：前據初彭齡參奏江蘭前在雲南巡撫任內，於抱母、恩耕等井被水衝淹有諱災不辦之事，當令軍機大臣詢問江蘭。據稱，恩耕井被水衝塌，曾經委員勘估興修，其抱母井沿河民房間有坍塌，人口亦未損傷，並未被有重災。曾令鹽道顏檢發銀三千兩，江蘭督同道府等勘明撫卹，實用銀一千餘兩。因此項銀兩向係鹽道及該管同知等捐辦，並不動支帑項，是以不准開銷等語。隨經降旨，令顏檢將辦理情形據實覆奏。茲據奏稱嘉慶元年六月內雨水稍多，山水驟發，以致二井咸被衝淹，貯倉鹽塊亦多浸失，民房衙署俱有坍塌，幸人口未有損傷，當經稟請督撫於鹽庫內酌動銀三千兩，委員前往撫卹，緣山水旋長旋消，其退甚速，江蘭於秋間往勘，未經細體被水情形，遂謂被水不重，不至成災。委員施廷良散放撫卹銀兩，疑其捏報，不准照數開銷。嗣因猍黑滋事，前任督臣勒保令顏檢隨同前往勷辦，經過該二井地方，目擊井上壩臺正在修理，衙署民房亦尚未一律修葺，且見屋柱水痕高至數尺，因知彼時被水原重。江蘭委令知州施廷良領銀撫卹實有其事，惟未將被水情形專摺陳奏，動項撫卹之後又未准開銷，亦係實情等語。覈其所奏情節，惟人口未有損傷一節與江蘭所稱相符，而該二井被水甚重，江蘭於秋間始經往勘，並未細體被水情形，亦未專摺陳奏，又將所動銀兩不准開銷，是江蘭竟不免有諱災情事。封疆大吏於地方偶有被災，自應據實奏聞，妥爲經理，不得稍有掩飾，以致災黎失所。江蘭前在滇撫任內，於抱母等井被水情形何以并未專摺陳奏，又不准動項開銷，其因何與顏檢覆奏不符之處，仍著江蘭明白迴奏。（仁宗五六、三四）

（嘉慶四、一二、丁未）諭內閣：本日召見顏檢將雲南抱母、恩耕等井被水一事詳悉詢問。據稱，嘉慶元年六月內因雨水稍多，山水驟發，以致二井咸被衝淹，雖人口未有損傷，而鹽塊多有浸失，衙署房間亦多衝塌，當經稟請勘辦。巡撫江蘭以雲南向不辦災，遂謂被水不重，未經特行具奏，並將撫卹銀兩不准開銷，辦理過刻等語。雲南雖係邊遠省分，而地方民瘼總屬一體，抱母、恩耕二井既經被水衝淹，自應據實查明，妥爲經理，何得以該省向不辦災爲詞，隱匿不辦。即云該處並未損傷人口，但彼時竈戶不能照常煎鹽，因未經報災，致有墮欠，在井官已不免追賠，而竈戶等尤爲苦累。是江蘭諱飾之咎實所難辭。著交部嚴加議處，以爲封疆大吏玩視災務者戒。（仁宗五六、三八）

（嘉慶五、一、癸未）諭內閣：江蘭歷任藩司巡撫，聲名平常，辦事任性，朕早已稔知，是以令其來京陛見。因彼時尚無別項劣蹟，將伊留京暫補兵部侍郎。嗣據初彭齡參奏，江蘭前在雲南巡撫任內，於抱母、恩耕等井被水衝淹有諱災不辦之事。令軍機大臣傳旨詢問，並令伊明白回奏，江蘭並不據實陳明，含混登答。曾降旨將江蘭交部嚴加議處，伊自當聽候部議，乃復具摺堅稱實無淹斃人口，嘵嘵置辦，已失大臣之體。然朕尚恐稍有屈抑，復諭令書麟詳查具奏，於部臣議請將江蘭革職之處暫改留任，俟書麟覆奏到日，再降諭旨。茲據書麟查奏，抱母、恩耕二井前被山水衝淹，井竈、民房、衙署、鹽倉皆被衝塌，淹斃男婦三十二名口，被災民竈三千四百餘丁口，衝坍房屋一千四百餘間。經地方官稟報，江蘭祇於辦理猓匪回省摺內聲明威遠一帶並無被水村莊，轉稱收成極其豐稔。書麟辦事素稱公正，所奏皆係實在情形，是江蘭竟係有心諱災，其咎甚重。封疆大吏，於民間水旱災祲自當據實速奏，以便降旨加恩撫卹，用甦民困，乃江蘭玩視民瘼，並未即時馳奏。其被災井竈，向俱奏明動項興修，而江蘭捏稱向係鹽道同管井同知大使等捐廉修辦，不動正項。其飾詞諱匿，尤爲百喙難辭。又署鎭沅州廣照，原估修理五井工料銀三萬五千一百餘兩，係將井臺木橋等項估計在內，其劉家井、大井二處原止估銀七百餘兩，而江蘭一併牽混，以致駁飭，與原估數目多寡懸殊，顯係有心苛刻。至威遠被災時，該同知孫峻德稟報江蘭，原稱衝去人丁十餘口，而江蘭摺內以孫峻德稟內並未敍及捐傷人口，更屬支飾。又猓黑滋事，皆由鹽斤墮銷，地方官按戶派買，借債繳課，蒙化等處刁民遂借此滋事，江蘭豫將此案卷宗抽匿，以爲消弭地步，情弊顯然。本應將江蘭革職，交刑部審訊，發往伊犂，但江蘭係屬鹽商，家貲豐厚，即發遣之後，亦必具呈請贖，轉似利其貲財。江蘭著加恩照吏部原議革職，即行回籍，並不准再行瀆辯及具呈捐項自贖等事。至伊子江平，伊曾奏請帶同在萬年吉地効力，今江蘭既經革職，若伊子仍留該處，恐無識之徒妄議，或有出貲助工之事，國家經費有定，亦不藉此區區，江平著即徹回。又書麟奏請將抱母、恩耕二井墮銷鹽課及墊用賑卹銀共五萬三千九百六十餘兩令江蘭賠繳一節，抱母、恩耕二井被災，若江蘭彼時據實奏明，自應照例停煎，焉有墮銷鹽課如許之多。此項虧短課項皆係江蘭諱災所致，既經該督等奏請著賠，所有前項銀兩著江蘭照數繳出，於回籍後即行措辦，解往雲南藩庫歸款，毋得延緩。（仁宗五八、二五）

（嘉慶八、一、丙申）免四川大寧縣鹽場被水竈戶課羨銀，並緩徵節年未完課銀有差。（仁宗一〇七、一八）

（嘉慶九、一、癸丑）蠲緩四川大寧場被水竈丁上年課羨銀。（仁宗一二五、二二）

（嘉慶一〇、三、癸丑）免四川大寧場被水竈戶上年課羨銀。（仁宗一四一、二一）

（嘉慶一一、五、庚午）免四川大寧縣被水竈戶上年課羨銀。（仁宗一六一、二三）

（嘉慶二四、一、乙卯）賑雲南抱母、黑鹽二井被水竈戶。（仁宗三五三、二二）

二、礦冶業

（一）金屬礦的開採情況

1. 各省的銅鉛礦

（1）雲南

（**雍正五、二、乙丑**）封禁雲南中甸銅礦，停止鼓鑄錢文。從總督鄂爾泰請也。（世宗五三、一八）

（**乾隆五、九、丁酉**）雲南總督公慶復奏：蒙自縣金釵廠銅礦最爲盛旺，今湖北採買滇銅二十餘萬，應將此項銅勅令其委員運楚，以充鼓鑄。再滇省各廠惟湯丹最旺，歲產高銅八九百萬及千萬勅不等，接近湯丹之多那廠產銅亦旺，但兩廠相連，工匠雲集，油米騰貴。現酌將多那一廠暫爲封閉，俟湯丹硐老，再行議開。得旨：所奏俱悉。卿自能辦理合宜，可免朕南顧之憂也。（高宗一二七、三四）

（**乾隆五、一一、壬申**）〔戶部〕又議覆：雲南巡撫張允隨疏請封閉羅平州屬卑浙、塊澤二處鉛廠。查該二廠既因外省鉛價日賤，客販不至，爐戶運銷又難，以致漸次停爐，官課無出。應如所請，暫行封閉。從之。（高宗一三〇、一二）

（**乾隆六、一一、辛巳**）戶部議覆：雲南巡撫張允隨奏稱：開化府屬黃龍山老巖銀廠自開採以來，原未旺盛，雍正五年至今，所獲課額不敷，俱將別廠盈餘撥補，且地接交趾，該國正當有事，誠恐奸匪潛滋。應如所請封閉。從之。（高宗一五五、九）

（**乾隆六、一二、辛亥**）戶部等部議准：署雲南總督雲南巡撫張允隨奏稱：省城、臨安二局鼓鑄所用倭鉛，向在曲靖府屬之卑浙、塊澤二廠收買，嗣因外省鉛價日賤，變價之鉛久不銷售，存廠鉛足供二局五年之用，經臣題明封閉。今二局共添鑪十五座，又開東川局二十座，應用之鉛已屬加倍，存廠運局，不敷所需。請將卑浙、塊澤二廠仍行開採，所獲鉛勅按例抽課，餘鉛收買供鑄。又東川府屬之者海地方亦產鉛礦，距東局尤近，現今開採，如能旺盛，另疏具題。請即將卑浙、塊澤二廠仍舊開採。從之。（高宗一五七、一〇）

（**乾隆八、一二、辛未**）〔戶部〕又議覆：雲南總督張允隨疏稱：滇省大理府自雍正五年停止鼓鑄，十餘年來，迤西一帶錢少，兵民零星交易不便。

該地產有銅礦，應請設法開採。設爐十五座，每年需銅二十八萬餘觔，即以所出之銅供鑄，不敷，再將迤東各廠銅觔添撥。鉛、錫等項，於各廠運往。統計每清錢一千文約需工本六錢有零。每年可鑄出錢六萬餘串，照例搭放兵餉。所需局房，舊地已改考棚，並擇地建蓋。應如所請。從之。（高宗二〇七、一五）

（乾隆九、四、丁丑）雲南總督張允隨奏：滇省每年運京正耗銅六百三十餘萬觔，本省臨、東以及黔省鼓鑄共需銅八百餘萬觔，惟賴各廠旺盛，始能無誤。近年湯丹等廠產銅較少，因思於附近金江地方豫覓旺廠，先行試採。嗣據東、昭二府報稱，金江北岸大山頂阿壩租地方產有礦苗，當飭煎樣，與湯丹廠成色無異，隨給工本銀三千兩，煎揭蟹殼銅，除抽課外，餘銅每觔給價六分收買。自乾隆八年十二月十五日起至九年正月十三日止，共收過四萬五千餘觔。茲又發工本銀一萬兩，以便接續開採。查阿壩租甫經開廠一月即獲四萬餘觔，且離金沙江小江口銅房不遠，較湯丹水運尤便。再大理府地方前經奏請設鑪開鑄，歲需銅二十餘萬觔，因滇省旺廠皆在迤東，若由迤東運往，未免多糜腳價。茲得迤西麗江府產有旺礦，試採頗多，又查順寧府打盹山廠前因知府張珠經理不善，未能旺盛，今另委員設法調劑，較前大旺，二廠銅觔儘可敷大理鼓鑄之用。得旨：甚善之舉。知道了。（高宗二一五、三六）

（乾隆一一、六、庚辰）戶部議覆：雲南總督兼管巡撫事張允隨疏稱：東川府屬之者海鉛廠礦砂旺盛，離東局止二站，開採供鑄，腳價甚屬節省，請照卑塊鉛廠事例收買抽課。應如所請行。至所定運腳，查自廠至局，路止二站，因何每鉛百觔給運腳銀三錢，應令查明報部。從之。（高宗二六九、四）

（乾隆一二、三、己未）雲南總督兼管巡撫事張允隨奏：滇省湯丹、大水、碌碌三廠產銅漸少，臣再三籌慮，惟有乘三廠尚足供用之時，於附近東、昭兩府躧覓礦苗，招徠開採。現已試採數處，每年約得百餘萬觔，將來日漸豐旺，即可以盈補絀。（高宗二八七、二三）

（乾隆一三、二、甲申）雲貴總督張允隨、雲南巡撫圖爾炳阿奏：滇省新開之大雪山銅廠自路徑開通之後，廠民雲集，嶅洞多獲大礦，月可辦銅六七八萬觔不等，較上年春夏已加倍有餘，歲可出銅百萬觔，日見旺盛。又多那一廠礦苗深厚，月出銅五六七萬觔。得旨：欣悅覽之。此皆卿調劑有方也。（高宗三〇九、五九）

（乾隆一四、五、己未）戶部議准：雲南巡撫圖爾炳阿疏稱阿發廠礦砂

衰竭，難供開採，應封閉。從之。(高宗三四〇、二三)

（**乾隆一四、七、丙寅**）又諭［軍機大臣等］曰：張允隨奏稱現在該省辦銅各廠較之乾隆十年、十一、十二等年多獲銅二百餘萬觔等語。滇省所產銅觔上供京局鼓鑄，下資各省採買，出產旺盛，固屬有益，但天地生財，止有此數，今增至二百萬觔，未免過多。若輾轉加增，或因開採太過，易致涸竭，不若留其有餘，使得常盈不匱，寬裕接濟，庶爲可久。將此傳諭該督知之。(高宗三四五、一一)

（**乾隆一五、一、己酉**）軍機大臣等奏：大學士張允隨前奏滇省廠銅較前多獲二百餘萬觔，請撥銀辦貯。經傳旨詢問，今覆稱請仍照原議撥銀一百萬兩，可多辦銅一百餘萬觔等語。查每年增銅至一百餘萬之多，恐採取太過，有傷銅苗，應無庸議。得旨：是。(高宗三五六、五)

（**乾隆一六、四、庚午**）雲南巡撫愛必達奏：滇省銅廠惟湯丹、大水、碌碌三處最旺，向係管理銅務糧儲道在省遙制，僅委雜職一員，同該道幕友家人赴廠經理，諸弊叢生，致多廠欠。請嗣後各委現任同知、通判或試用丞倅等官往駐，辦理發銀收銅一切事務，月給養廉銀三十兩。報聞。(高宗三八六、三)

（**乾隆一六、一一、庚午**）戶部議准：雲南巡撫愛必達疏稱：古學廠礦砂已盡，請即封閉。移鑪罩安南、兀庫二處，就近開採。從之。(高宗四〇二、六)

（**乾隆二〇、三、庚子**）雲貴總督碩色、雲南巡撫愛必達奏：滇省產銅向惟東川府屬之湯丹、大水、碌碌三廠最旺，武定府屬之多那廠次之。近來湯丹等大廠硐深礦薄，多那亦產礦日少。查有多那廠附近之老保山產礦頗旺，月辦銅四萬餘觔至五萬餘觔不等。又湯丹之聚寶山新開長興硐，日可煎銅六百餘觔，九龍箐之開庫硐，日可煎銅千餘觔。又碌碌廠之竹箐老硐側另開新硐，礦沙成分頗佳。均應作爲子廠。得旨：好。(高宗四八五、一六)

（**乾隆二三、六、戊午**）封雲南彌勒州屬發雜鉛廠。從巡撫劉藻請也。(高宗五六四、五)

（**乾隆二四、二、庚辰**）雲貴總督愛必達等奏：據大碌廠民於附近大銅廠之路南州大興山蹦得旺礦，成分甚高。自二十三年三月開採，至本年二月即獲銅觔百一十餘萬。嶆礦情形尚在大銅廠上。近年辦銅不敷濟運，從前積銅添補將盡，得此接濟，於京外鼓鑄有裨。得旨：嘉獎。(高宗五八一、三九)

（**乾隆二九、八、戊子**）戶部議覆：陞任雲南巡撫劉藻奏稱：通海縣逢

里山廠產有黑鉛，試採有效，應准開採，照多寶等廠例抽課。從之。（高宗七一六、一二）

（**乾隆二九、一二、戊戌**）吏部等部議覆：雲貴總督劉藻奏稱：滇省湯丹、大碌兩銅廠坐落東川府屬會澤縣境內，比歲以來，產銅日旺，廠衆益增，兩廠不下二三萬人。（高宗七二五、一〇）

（**乾隆三一、七、壬申**）大學士管雲貴總督楊應琚奏：滇省礦廠甚多，各處聚集砂丁人等不下數十萬，每省流寓之人聞風來至，以致米價日昂。請嗣後示以限制。將舊有之老廠、子廠存留開採，祇許在廠之週圍四十里以內開挖礁硐，其四十里以外不准再開，庶客户課長砂丁人等不致日漸加增。再現在滇省各廠每年約可辦獲銅一千二三百萬觔，內解赴京局及本省鼓鑄，并外省採買滇銅，共約需一千二百餘萬觔，所餘不過數十萬觔。若外省儘數加買，勢必入不敷出。請將各省採買滇銅除乾隆十九年奏定之額仍聽按年買運外，如有請豫買一運以及加買并借買數十萬觔之處，概不准行。又舊廠既有界限，將來開採年久，難保無衰歇之處，更應留有餘以補不足。查省城、臨安、東川新舊各局除正鑄之外，又經奏准加鑄，將餘息銀兩為湯丹、大碌等廠加添銅價及永順普洱防邊之用，共歲需銅一百七十餘萬觔。今滇省正鑄之卯儘足敷搭放兵餉，接濟民用，其加價一項，應即在外省採買滇銅盈餘銀兩內撥用，本省加鑄各項亦可酌量停止。請將永順等處防邊經費所有加鑄之卯及東川新局加鑄一項仍行酌留，其餘各局加鑄概行停止。即以所餘之銅留備將來不足之用。得旨：如所議行。（高宗七六四、七）

（**乾隆三三、三、丁巳**）陞任雲南巡撫鄂寧奏：滇省開採銅廠，經前督臣楊應琚奏准，祇許在舊廠週圍四十里內開挖礁硐，其四十里外不准再開，以節耗米浮費。查舊有老廠、子廠，近年因硐老礦微，銅觔較前大減，若非多開新廠，趲辦添補，實不足敷撥用。且新開子廠仍係素識苗引之民移舊廠丁夫往彼開挖，即或另有招募，亦不過衰廠之砂丁聞有新開旺廠，舍彼趨此。是雖多開一廠，而廠民並未加增。前督臣楊應琚以為因此耗米，原未籌畫確實。請仍循舊例，無論離廠遠近，均聽開採，不必拘定四十里以內之限制。得旨：如所議行。（高宗八〇七、一九）

（**乾隆三三、九、乙未**）協辦大學士公副將軍署雲貴總督阿里衮、雲南巡撫明德奏：滇省銅廠三十餘處向係糧道專管，布政司無稽覈之責。金、銀、鉛廠二十九處又係布政司專管，本地道府概不得過問。均屬未協。請將各處金、銀、銅、鉛廠如係州縣管理者，責成本地知府專管，本道稽查如係府廳管理者，責成本道專管，統歸布政司總理。至糧道既不管銅廠，事務太簡。查驛鹽道管驛站鹽務，政事頗繁，請將驛鹽道所轄之雲南、武定二府改歸糧道管理。所有該道等應換印信咨部換給。得旨：如所議行。（高宗八一八、二二）

（**乾隆三四、七、癸卯**）户部議准：調任雲南巡撫喀寧阿疏稱：通海縣逢里鉛廠砂盡礦絶，應請封閉。從之。（高宗八三九、一五）

（**乾隆三五、二、庚戌**）吏部議覆：經略大學士公傅恒奏稱：雲南外連夷疆，地方遼濶。從前欲藉大員彈壓，設郡至二十三府之多。今諸夷向化，緬酋歸誠，原設冗繁。應如所請，雲南府爲省會，大理府爲提督駐劄地。曲靖、臨安、楚雄、昭通、澂江屬邑俱多，東川爲礦廠最勝之區。（高宗八五二、六）

（**乾隆三五、九、辛酉**）封閉雲南通海縣屬獅子山白鉛廠，從巡撫明德請也。（高宗八六九、四）

（**乾隆三八、六、丁巳**）署雲貴總督彰寶奏：雲龍州之大功山，平彝縣之香冲，禄勸縣之獅子山，大姚縣之力蘇箐礦砂豐旺，試採煎煉，睆色俱高，均可設立新廠。遴委專員駐劄山場，專司攻採。酌發工本銀三四萬兩，分貯廠所。其鑪户辦獲銅觔仍照九渡箐等新廠以一分通商例辦理。其印委各官出力者亦照例議敍。得旨：嘉獎。（高宗九三七、五〇）

（**乾隆四〇、一、戊寅**）雲南巡撫李湖奏：滇省湯丹、碌碌、大水、茂麓四廠自乾隆三十七年清釐之後，各廠領本辦銅，並無墮欠。惟前督臣彰寶奏開九渡等新廠係初闢山箐，尋砂挖硐，工費較大，現在逐款清查，使無懸宕。並將衰竭之廠停採封閉，以免虧墮。報聞。（高宗九七五、二二）

（**乾隆四一、二、乙卯**）户部議准：雲南巡撫裴宗錫疏稱：發古、萬象等廠兼辦箐口、革浪河、茨營山等處銅觔，採獲漸多，無從堆貯。請於發古廠建蓋官房十二間，萬象廠建蓋官房十間。從之。（高宗一〇〇二、三八）

（**乾隆四二、六、癸卯**）户部議准：署雲南巡撫圖思德題稱：建水縣普馬舊廠之大黑山另開槽硐，鉛砂豐旺，就近撥臨安局鼓鑄。價值運費照舊廠章程辦理。從之。（高宗一〇三四、一三）

（**乾隆四二、九、壬辰**）大學士管雲貴總督李侍堯、雲南巡撫裴宗錫等奏：請嗣後銅廠廠務悉歸地方官經管，即繁劇地方離廠較遠，正印官不能照料，亦宜改委州縣丞倅等官經理。各廠現委雜職概行徹退，酌量地方遠近，廠分大小，分派各府廳州縣及試用正印人員接手承辦，實力採煎。如果辦銅寬裕，奏請議敍。倘有短缺，即行參處。得旨：嘉獎。（高宗一〇四一、二四）

（乾隆四六、二、癸酉）雲南布政使江蘭奏：滇省銅廠近因額短運遲，遴員躬勘山場，督率開採。惟滇民貲本微薄，司事者恐日後賠累，吝於發本，匠夫朝集暮散，致少成效。現飭委員查覈，如錘鏨器具及日用薪米有力難自辦者，即令隨時稟報，酌給工本接濟。得旨：好。知道了。（高宗一一二五、二六）

（乾隆四七、二、丁酉）署雲南巡撫劉秉恬奏：滇省歲辦銅觔攸關京外鼓鑄，請於老廠附近之區另開子廠，以裕其源。並嚴禁私鑄，以節其流，庶無虞耗竭。得旨：是。持之以久，實力爲之。（高宗一一五一、二八）

（乾隆五七、六、丙申）又諭曰：富綱等奏請勅賜廠神封號一摺。近年各廠辦獲銅觔較每年額數多至四百餘萬，自屬山靈呈瑞，理宜列在祀典，錫之封號，用答神庥。著封爲裕源興寶礦脈龍神，並著該督撫於廠地相度處所建設總廟，春秋致祭，並交該部載入祀典。其大小各廠聽其自行立祠，其神牌祠額即照所定封號一律繕寫。（高宗一四〇七、二〇）

（乾隆五七、九、乙卯）封閉雲南開化府屬三家銀礦。從雲貴總督富綱請也。（高宗一四一三、一〇）

（乾隆五八、七、壬寅）諭軍機大臣等：昨據譚尚忠面奏銅廠情形，復令軍機大臣詳加詢問。據稱雲南各廠近年以來產銅豐旺，若不官爲收買，恐啟鑪户等私賣盜鑄情弊。且各廠每年豐歉不齊，亦須趁此豫爲購備，更可源源供運。但正銅額價止有此數，不敷收買額外銅斤之用，曾與富綱、費淳商酌，似應加請工本，以資接濟。現在富綱等詳細查明，續行具奏等語。此項加買額外之銅共若干斤，現在分貯何處？而派撥工本後，設遇廠銅歉產之年，所添銀兩不妨作爲下年之用。著傳諭富綱，即率同藩司通盤覈算，據實具奏，以便交部覈議。（高宗一四三二、一七）

（乾隆五八、九、丁巳）諭軍機大臣等：户部議覆富綱奏添撥工本銀兩採買餘銅一摺，指出逐條俱是，已依議行矣。據富綱奏年來銅廠豐旺，除應辦額銅之外，多辦餘銅借款墊發，已墊給工本銀一百餘萬兩等語。近年銅廠豐旺，固應及時收買，但該省每年額銅應辦一千五十九萬餘觔，而逐年借項採辦餘銅又有一千三百四十餘萬觔，除供各省採買外，其每年解運京銅祇須六百三十三萬餘觔。是該省積存餘銅已屬不少。今又添撥工本一百萬兩，隨時採買，又應得餘銅一千餘萬觔。若不隨時搭解運京，縱使在滇堆積成山，亦屬無用；即便搭解運京，亦覺過多無用處也。且該督奏稱自乾隆五十一年起至五十七年止，已陸續派撥工本脚費一百餘萬兩，俱於別款暫爲借墊。滇省藩庫應存地丁等項銀兩不過數十萬，該省軍餉銅本在在皆需協撥，此項借款又從何處墊發？從前並未報部，究係借動何款？而自此項派撥銀兩，以後如何按款歸還？若將添撥銀兩歸還前項動款，又何以爲將來收買餘銅之用？該督摺内均未分晰聲敘，是該督所請借項添買餘銅仍屬有名無實，不過爲目前那用之計。又該省局存錢文，現據户部查出積存一百五萬餘串，以後每年自必續有存積。似此日積日多，徒滋貫朽。今既欲添買餘銅，何以不即將此項存積錢文動撥應用？即使滇省錢價較賤，不敷添撥之數，而即以報部錢價一千二百文計算，已屬抵撥有盈，何以該督亦並未計及？且此項錢文與其存積局内，何不於各省赴滇採買銅觔時即將此錢文發給，抵作銅觔。則滇省錢文既不致積壓無用，而各省又可省鼓鑄之煩，豈不一舉兩便？前經户部將此行查各省，俱稱運用滇錢恐於工本有虧，不便配用。此亦係各省因局鑄多有盈餘，若領用滇錢，不能獲利，藉稱工本有虧，原不可信。此事前令譚尚忠會同入議，而於此等情節亦均未能深悉登覆。著富綱、費淳將户部摺内指出各條逐款詳晰查明，據實覆奏，再行覈辦，毋得迴護干咎。（高宗一四三七、一六）

（乾隆五九、一〇、丙辰）又諭：御史王城奏寳泉、寳源二局現已減卯，雲、貴、四川、湖廣等省亦停止鼓鑄。請暫行停減採挖銅、鉛，以杜私鑄等語。雲、貴、四川等省現在正需籌辦停鑪及收繳小錢各事宜，頭緒紛繁，若復封閉礦廠，地方官何暇常川前往查驗。且封廠之後，奸民惟利是趨，勢必有潛往採挖等事，是所謂封廠，仍屬有名無實。況廠徒人數衆多，礦廠一經封閉，此等無業貧民餬口無資，更恐滋生事端。王城所奏止知其一不知其二。但該御史既有此奏，著交與雲、貴、四川各督撫，將所言是否可採，或應如何在各該廠設法稽查，倍加嚴密，以防透漏，於廠務更爲有益，一併悉心妥議具奏。（高宗一四六二、五）

（乾隆六〇、二、辛酉）又諭：前因御史王城奏現在雲、貴、四川、湖廣等省停止鼓鑄，請暫行停減採挖銅、鉛，以杜私鑄。特降旨交該督撫等將所言是否可採，或應如何設法稽查，悉心妥議。嗣經孫士毅、姜晟覆奏四川、湖廣兩省銅、鉛各廠均請照舊開採，經部議覆准行。今據福康安奏稱滇省採辦銅觔，雖京局各省分別減卯停鑄，而年額仍須照舊解運。且廠民尋苗躧獲一廠，費本開挖，始能成磏獲礦，若封閉停採，即成廢硐，將來開挖更爲費力。況每廠砂丁不下千計，一旦失業無歸，必致流而爲匪，甚或潛蹤私挖，又圖私鑄。是杜弊轉足啟弊等語。此事王城陳奏時，朕早慮及。現在籌辦停鑪及收繳小錢各事宜，頭緒紛繁，若復封閉礦廠，奸民惟利是趨，勢必潛往採挖，仍屬有名無實。況廠徒人數衆多，一旦失業，更恐滋生事端。王城止知其一不知其二。今據福康安等奏到各情形，果不出朕之所見，是該御史所奏，於事斷不可行。所有滇省各銅廠自應照舊開採，毋庸封閉。惟當飭各廠員實力整頓，加意稽查，不使稍有短絀透漏，庶諸弊可以肅清，而廠徒亦不至失所，於廠務實有裨益，方為妥善。（高宗一四七○、三三）

(2) 貴州

（**乾隆一、七、庚申**）［吏部］又議覆：經略苗疆貴州總督兼巡撫張廣泗奏：遵義縣小洪關鉛廠硐老山空，開採無益，應准封閉。從之。（高宗二三、一四）

（**乾隆二、二、戊子**）［貴州提督王無黨］又奏：夷地開廠，米糧食物壟斷叢奸。銅、鉛二項為鑄局所需，自不可禁。銀、錫等廠宜因地因時，以為開閉。得旨：據云，銅、鉛為鑄局所需，不可禁，則銀、錫亦九幣之一，其可即行禁採乎？且禁銀、錫之廠，則為此者將轉而求之銅、鉛之場矣。遊手耗食之人如故也。此奏雖是，而未通權。（高宗三七、二六）

（**乾隆二、三、甲寅**）［戶部］又議准：貴州總督張廣泗疏稱：黔省大定府屬之馬鬃嶺鉛廠洞老山空，爐民日漸稀少，題請封閉。從之。（高宗三九、一四）

（**乾隆二、七、己丑**）戶部議覆：貴州總督張廣泗疏稱：普安縣屬之丁頭山鉛廠年久採煉無出，應請封閉。從之。（高宗四六、六）

（**乾隆三、一二、癸未**）［戶部］又議：貴州總督兼管巡撫事張廣泗疏報：黔省辦運鉛觔，部議停運一年。未奉部文之先，已將己未年正耗鉛觔改由貴陽直運楚省，請仍照舊解京。查威寧一路，有江、安、浙、閩四省。承辦銅觔人員並商馱貨物均於此處雇運。馬匹無多，腳價必貴，是以議令停運一年。該撫既稱改由貴陽，並無擁擠，應准照舊解部。又疏稱京局銅、鉛乃每年必需之物，己未鉛觔雖改由省城一路辦解，運存之鉛業已無多，此後仍由威寧辦運，究虞擁擠。請於黔省較近水次兼產鉛礦之地招商開採，收買接濟。應如所請。從之。（高宗八二、九）

（**乾隆四、六、辛丑**）貴州總督張廣泗奏：遵義府屬綏陽縣月亮巖地方產有鉛礦，鐵星坪版坪產有煤塊，並無干礙田園廬墓，應請開採，照例納課。下部議行。（高宗九五、一四）

（**乾隆五、四、己卯**）［戶部］又議准：貴州總督兼管巡撫事張廣泗疏請開採綏陽縣屬月亮巖鉛礦，並遵部前議，令民間自備工本，前往開採。所出鉛觔官商分買，如出鉛一萬觔，照例抽課二千觔，其餘八千觔，官商各買一半。核算每年收買，連抽課約可收鉛百萬餘觔，即由月亮巖分路解運，其不

敷辦解京局之鉛仍於蓮花、硃砂二廠收存鉛內撥運。從之。（高宗一一四、一四）

（**乾隆六、四、丙申**）［大學士等］又議覆：署貴州總督張允隨奏稱：月亮巖所獲餘鉛業經題請官商分買。一切發給工本必須人員經管。應如所請。將現設鐵星坪坂二處坐廠抽收官二員照從前各廠例給養廉。從之。（高宗一四〇、二）

（**乾隆六、九、己巳**）［戶部］又議准：署貴州總督雲南巡撫張允隨奏稱：黔省威寧州屬致化里產有銅礦，砂引頗旺。現開礦硐七十二口，內有十四口已獲百餘萬觔，招廠民二千餘名，設爐二十座，採試有效，應准其開採。課稅照例二八抽收，餘銅歸官收買，每百觔給價銀七兩。從之。（高宗一五〇、九）

（**乾隆七、四、戊午**）貴州總督兼管巡撫張廣泗覆奏：署督臣張允隨原奏威寧州屬銅川河銅廠可期旺發。今開採一載，總因礦砂淡薄，報獲無多。又原奏大定府屬樂貢里杓底地方產有水銀，可期旺發。今開採九月，苗引全無，廠民星散。其遵義府屬抵水廠雖有礦砂，亦甚微細，數月不效。惟婺川縣屬之大巖山試採有效，現亦照引鏨取，並修文縣屬紅、白二廠較前產稍多，均可望有旺機。臣復查威寧州之兄姑地方出有水銀、硃砂，現在飭令試採。（高宗一六五、三一）

（**乾隆七、五、丁卯**）［戶部］又議准：貴州總督兼管巡撫張廣泗奏稱：黔省之格得、八地及銅川河等廠均產銅觔，較購運滇銅實多節省，亟應上緊開挖。況銅川河廠經原署督張允隨奏明山形厚大，可期發旺，不但足敷黔局之用，應令該督轉飭廠員加意調劑，務使旺盛，以供鼓鑄。從之。（高宗一六六、一四）

（**乾隆七、五、庚辰**）［戶部］又議准：貴州總督兼管巡撫張廣泗疏稱：銅廠之旺衰視民力之多寡。現據銅川河銅礦各戶因工本不敷，停爐甚眾。請暫照格得、八地二廠例一九抽課，俟將來礦砂大旺，再照二八抽收。從之。（高宗一六七、一一）

（**乾隆一〇、八、丙寅**）戶部議准：貴州總督兼管巡撫事張廣泗疏稱：黔省每年辦運京局及川、黔兩省鉛觔爲數甚多，各處鉛廠開採日久，出鉛不敷。查大定府屬之猓木底產有鉛礦，現已試採，請照蓮花廠之例，每鉛百觔抽課二十觔，即令水城通判總理廠務設押運人役，照例支給養廉工食。至收買餘鉛，向例每百觔給價一兩三錢，竈民工本尚虧，請酌增一錢。從之。（高宗二四七、六）

（**乾隆一〇、九、乙亥**）戶部議准：貴州總督兼管巡撫事張廣泗疏稱：

黔省丹江所屬濟川地方出產鉛礦，可以開採，請照例二八抽課，變價解部。至掛丁等處僻處苗地，雜徑甚多，請添設巡役稽查，其人役工食等項，照例支給。從之。（高宗二四八、九）

（乾隆一一、一二、癸酉）户部議准：貴州總督兼管巡撫張廣泗疏稱：楓香廠出鉛微薄，請封閉。從之。（高宗二八〇、二一）

（乾隆一四、四、己亥）户部議准：貴州巡撫愛必達疏稱：威寧州屬大化里新寨地方黑鉛礦廠甫採旋衰，難期旺發，應封閉。從之。（高宗三三九、二〇）

（乾隆一四、四、庚寅）[户部]又議准：貴州巡撫愛必達疏稱：遵義府屬月亮巖鐵星坪廠硐老山空，爐民星散，應封閉。從之。（高宗三三八、三七）

（乾隆一五、三、甲辰朔）户部議准：貴州巡撫愛必達疏稱：普安州羅明廠出鉛甚少，開採無效，請封禁。從之。（高宗三六〇、一）

（乾隆一五、一〇、庚寅）封閉貴州威寧州新寨白鉛礦。從前任巡撫愛必達請也。（高宗三七五、九）

（乾隆一五、一〇、甲午）封閉貴州威遠州格得、八地銅礦。從前任巡撫愛必達請也。（高宗三七五、一八）

（乾隆一六、四、甲戌）户部議准：貴州巡撫愛必達疏稱：黔省水城通判所屬猓木底鉛廠已空，應封閉。請於茨沖地方就近煎燒，照例抽收，每百觔以一兩五錢變價解庫。從之。（高宗三八六、八）

（乾隆一六、七、乙酉）[户部]又議覆：貴州巡撫開泰奏稱：黔省威寧州屬勺錄地方產有銅礦，業經查明，並無妨礙田園，請募民開採。應如所請。照例九一抽課，餘銅每百觔給價八兩收買，其辦事人役工食即於銅課項下支給。從之。（高宗三九五、一三）

（乾隆二一、二、癸亥）户部議准：貴州巡撫定長疏稱：水城廳茨沖地方白鉛廠開採年久，硐老山空，應如所請封閉。從之。（高宗五〇七、一二）

（乾隆二七、七、辛巳）户部議准：前署貴州巡撫吳達善疏稱：都勻縣永勝坡鉛廠出鉛有限，請封閉。從之。（高宗六六七、一〇）

（乾隆三一、六、丙辰）户部議准：貴州巡撫方世儁奏稱：清平縣永興廠山形豐厚，礦鉛旺發，試採有效，應請設廠開採。每百觔抽課二十觔，除每年支給各營操演鉛觔外，餘即撥運該省錢局鼓鑄。從之。（高宗七六三、七）

（乾隆三七、三、壬寅）户部議准：調任貴州巡撫李湖等奏稱：威寧州屬媽姑廠近年出鉛，不敷抽買額數。躏得附近之猓布戛地方礦質濃厚，無礙民田廬墓，試採有效，請附作媽姑子廠。一切抽買事宜照媽姑廠例辦理，工本於媽姑廠額鉛本內動支。從之。（高宗九〇四、一四）

（乾隆四二、三、戊辰）[戶部]又議覆：貴州巡撫裴宗錫疏稱：普安州屬連發山產有白鉛，現在開嶇試採，獲礦頗旺，每月約出鉛四五萬觔，應准其開採。仍照例抽課採買，以資鼓鑄。從之。（高宗一〇二八、四）

（乾隆四二、五、甲午）四川總督文綬奏：准貴州撫臣裴宗錫咨稱：松桃廳屬大豐廠煎鉛煤不適用。查川省秀山縣之厚薄灣產煤堪用，宜移鑪就煤煎鍊。報聞。（高宗一〇三三、二二）

（乾隆四三、一、辛卯）貴州巡撫覺羅圖思德奏：大定府地方採有鉛礦，約每年可得鉛五十餘萬觔，當命名爲大興廠。至松桃廳試採之大豐廠，迄今一年，僅獲鉛二十餘萬觔，礦竭無成，應及時封閉。報聞。（高宗一〇四九、二五）

（乾隆六〇、一一、辛酉）戶部議覆：貴州巡撫馮光熊疏稱：威寧州屬陳家溝銅廠向供大定局鼓鑄，今已停鑄，該廠仍令威寧州採辦，俟積有成數，就近撥湊滇銅運京。查滇銅運京，每運九十四萬餘觔，今陳家溝廠每年出銅七萬觔，積五六年亦不足一運之數。應令該撫照例抽收，按年運貯州庫，俟數敷一運，徑行題明解京。從之。（高宗一四九〇、一六）

（乾隆六〇、一一、乙丑）封閉貴州普安州連發山鉛廠。從巡撫馮光熊請也。（高宗一四九一、八）

（嘉慶一、九、丙辰）以硐老山空，封閉貴州月亮巖新寨等礦廠。從巡撫馮光熊請也。（仁宗九、五）

(3) 湖南

（乾隆四、二、丙午）調任湖南巡撫張渠奏：楚省錢昂，辦銅甚艱，因委員察勘前撫臣趙宏恩所開銅礦，如常寧縣之銅盆嶺，桂陽州之石壁下，綏寧縣之耙沖，俱已刨試有效。他若桑植縣之水獺舖，桂東縣之東芒江亦產銅砂，但桑植係新闢苗疆，桂東又不通水路，俟相度機宜，妥議具題。得旨：既然試驗有效，當悉心詳酌之。汝今赴蘇，將此事悉告之後任，令其極力料理，以期有裨鼓鑄可也。（高宗八七、二二）

（乾隆四、八、甲辰）[湖南巡撫馮光裕]又奏：湖南商人何興旺等九起情願自備工本，赴桂陽等州縣之馬家嶺等處試採礦砂，現已准其開採。但此次開採原爲鼓鑄便民，首重在銅。湖南鉛多銅少，若一准並開，必致盡赴採鉛而開銅無人。現飭開得鉛礦即行封閉。如果已費工本，許其另躧有銅引苗，報採成廠，以補所費。得旨：所奏俱悉。若能多得銅，實屬美事，不可畏難而止。若滋事而紛擾，則好事不如無也。再與督臣詳商。(高宗九九、三二)

（乾隆五、一、辛未）湖南巡撫馮光裕奏：綏寧縣之耙冲採試銅礦，係前任撫臣趙宏恩、張渠歷委躧勘，並無妨礙田園廬墓。詎商人甫經開採，即有高寨、雷團二寨。苗頭楊月卿等忽捏關礙風水，不容採試，更合地連大寨姚和卿等聚衆肆行，較鳳凰永綏之苗勢尤猛烈。臣札商督臣請旨撥兵，臨壓三寨，指名勒獻凶苗，以懲苗風。再聞綏寧之芙蓉里苗人聽信廣西義寧縣奸匪李天寶傳播妖邪，最恐滋蔓。倘綏寧軍興，可以一舉兩得。得旨：知道了。相機而行，毋致僨事可也。(高宗一〇九、一七)

（乾隆七、一、庚寅）[湖廣總督孫嘉淦] 又奏：查桂陽、郴州屬舊開銅礦不礙田廬，又無苗猺雜處，可以復開。其餘試采之處有名無實，俱應封禁。得旨：所奏俱悉。(高宗一五九、一三)

（乾隆八、二、丁未）戶部議准：前任湖廣總督孫嘉淦疏稱：郴州、桂陽州礦廠銅、鉛夾雜，地非苗猺，尚可開燒。抽得稅額併收買商銅，於鼓鑄國帑均有裨益。從之。(高宗一八五、一五)

（乾隆九、八、甲戌）[署湖廣總督鄂彌達] 又會同湖南巡撫蔣溥奏：靖州屬之綏寧縣地方出產礦砂頗旺，請開採鼓鑄。得旨：若在他處，又何不可之有。綏寧相近苗地，何不爲久遠之圖，而但顧目前之小利耶？不准行。(高宗二二三、二九)

（乾隆一〇、二、壬申）[湖南巡撫蔣溥] 又奏：郴、桂二州銅礦出產未能充裕，現於隔遠苗疆內地委員刨採銅、錫。得旨：此等事須詳酌妥爲之，斷不可圖近利而忘遠憂也。(高宗二三五、一八)

（乾隆一二、一二、丁丑）[軍機大臣等] 又議覆：湖南巡撫楊錫紱覆奏廣西巡撫鄂昌請開採綏寧縣耙冲嶺銅礦一摺。據稱出礦山既不寬，刨驗銅砂又屬低下，且深處苗穴，於田畝民食俱有所礙。應如所請，毋庸開採。從之。(高宗三〇五、一四)

（乾隆二二、一一、丙辰）又諭 [軍機大臣等]：湖南靖州屬耙冲地方產有銅礦，陳宏謀任巡撫時曾與辰沅靖道黃凝道議令招商試採，旋即封禁。昨已據該撫將商人採出交官銅勸交錢局鼓鑄，奏到允行矣。耙冲地方本係苗疆，自以安靜爲是。陳宏謀等既令試採，旋復封禁，是否從前試採之舉不無冒昧草率？富勒渾於此事想當留心，可即查明，據實奏聞。(高宗五五一、二四)

(乾隆三七、九、甲寅) 湖南巡撫梁國治奏：常寧縣屬大腴山、白泥塘等處銅、鉛礦廠砂苗已盡，難以開採，應請封閉。從之。(高宗九一七、一三)

　　(乾隆四四、四、癸未) 吏部議准：湖南巡撫李湖等疏稱：直隸郴州一缺向係部選，該州壤接廣東，為滇、黔、川、楚等省赴粵孔道，本境有銅、鉛、煤、錫等礦，所轄永興、宜章、興寧、桂陽、桂東五縣悉稱難治。請照府屬州縣兼三兼四要缺例，改由在外題補。再寶慶府理猺同知一缺向因苗頑未靖，移駐彈壓，定為苗疆要缺，在外題補，近則苗猺無多，與內地人民無異，請刪去苗疆字樣，改歸部選。從之。(高宗一○八一、二四)

　　(4) 四川

　　(雍正一○、四、丁未) 諭內閣：從前四川建昌總兵官趙儒條奏開採會川、寧番等處鉛、銅各廠。彼時朕即不以為然，詳問該撫憲德，據憲德回奏，極言有利無害，是以交部議行。乃兩年以來並無成效，徒滋煩擾。著將原請開採人員交部察議具奏，所開礦廠著封閉，其開採商民，該地方官妥協辦理，令其各回本籍。(世宗一一七、一○)

　　(乾隆七、三、丁卯) 戶部議准：四川巡撫碩色奏稱：建昌、永寧二道所轄銅、鉛廠礦苗甚盛，不礙田園廬舍，除例給廠費外，現議委員專司抽課，取具商匠結冊，查核銅數彙報。其長寧、雲陽等處產黑白鉛礦，應准一體開採。從之。(高宗一六二、一二)

　　(乾隆一○、六、壬寅朔) 戶部議准：四川巡撫紀山疏稱：煎爛白銅，必需紅銅有餘，方可點撥。建昌紅銅各廠因油米昂貴，夫役寥寥，迤北礦廠上年四月水淹，出銅較減，每月所獲尚不足川省鼓鑄之數，焉有餘銅點化白銅？請將黎溪白銅廠暫行封閉。從之。(高宗二四二、一)

　　(乾隆一○、七、庚辰) [戶部] 又議准：四川巡撫紀山會同川陝總督公慶復疏稱開採銅礦事宜。一、樂山縣屬之老洞溝，宜賓縣屬之梅子凹出產銅礦，均應開採。請各委佐雜幹員管理廠務，其一切發價、運銅等事即交各縣就近經管。一、報採各商土著流寓不一，應令地方官查驗殷實良商取結保送。所有抽收課耗銅觔照建昌廠之例辦理。一、礦廠夫匠眾多，應設頭目分隸，更擇幹練者一二人為商總，稽查私銅漏稅諸弊。一、廠員公廨請於鹽羨銀內動支修建。至月費向分三等議給，今銅礦新開，上、中、下一時難定，請暫照中廠之例，酌給月費銀二十兩。一、廠商奸良不一，爐竈私賣，弊所不免，應令廠官責成巡役稽查。從之。(高宗二四四、一三)

（乾隆一一、二、壬戌）户部議覆：四川巡撫紀山疏稱：覆查沙溝、紫古咧二銅廠礦內夾産銀星，採煉維艱，與全出金銀者不同。已委員試驗，詳計實虧商本，難以照會典四六之例抽課，請照前議以二八抽收，用紓商力。應如所請。從之。（高宗二五九、二一）

（乾隆一六、二、乙酉）户部議准：四川總督策楞疏稱：梅子凹銅廠産銅衰薄，應封閉。從之。（高宗三八三、二）

（乾隆一六、五、癸丑）諭軍機大臣等：據尹繼善奏稱川省樂山縣老洞溝銅廠自清釐之後，每年可獲銅六七十萬觔等語。所辦甚爲妥協。向來京外鼓鑄，洋銅而外惟仰給滇銅，艱於採運，誠令多得數處旺廠，廣資接濟。地方窮民亦得藉以傭工覓食，於民生大有裨益。若謂川省向有啯嚕子爲地方之患，恐開採銅廠或致滋事。不知此等匪徒即不開廠，任其流蕩失業，尤易爲匪。惟在經理有方，善爲彈壓，不致生事滋擾，俾銅觔充裕，鼓鑄有資，將來錢價亦可漸平。此摺已交該部速議，可傳諭尹繼善，令其加意經理，將來策楞迴任，亦告知之。（高宗三八九、一）

（乾隆二〇、八、己巳）户部議准：大學士管四川總督黃廷桂疏稱：天全州屬大川銅廠磧深礦薄，應封閉。從之。（高宗四九五、一八）

（乾隆二〇、九、癸酉）户部議覆：大學士管四川總督黃廷桂疏稱：鹽源縣篾絲羅銅廠礦砂旺盛，應准開採。從之。（高宗四九六、四）

（乾隆二〇、九、丙子）户部議覆：大學士管四川總督黃廷桂疏稱：平武縣天臺山黑鉛廠礦砂旺盛，應准開採。從之。（高宗四九六、九）

（乾隆二〇、九、己丑）户部議覆：大學士管四川總督黃廷桂疏稱：會理州黎溪白銅廠出礦旺盛，應准開採。從之。（高宗四九七、四）

（乾隆二二、一〇、戊子）四川總督開泰奏：川省舊開礦廠向係藩司兼管，其新開榮經縣呂家溝等廠，經前督臣策楞奏委川北道周琬專司其事，該員旋由臬司陞授藩司，歷任皆兼廠務，其應歸何衙門專管之處，未經明定章程。兹周琬陞授貴州巡撫，布政使徐垣業經到任，所有新舊各處礦廠應請統歸藩司總理，以昭畫一。至各廠距省遙遠，地方官以爲無關考成，未免泛視。應責成各該道府直隸州督率各州縣不時稽察，有侵隱透漏、擾累商民情事，立即揭報。倘扶同不報，一併嚴參。得旨：如所議行。（高宗五四九、三七）

（乾隆二四、一〇、丙午）四川布政使吳士端奏：樂山縣舊銅廠日久産薄，附近新磧開採商人多因資本不繼，數月後即停採。他商頂開，原商輒阻撓，至股商不前，坐棄地利。請嗣後無力停歇者以三月爲期，原商不准復

開，聽廠員募股商頂挖。撓阻滋釁者，杖八十，枷號一月，遞籍收管。報聞。(高宗五九九、五四)

(**乾隆二四、一一、庚申**) 開採四川榮經縣盤隴山黑鉛礦廠。從總督開泰請也。(高宗六〇〇、三四)

(**乾隆二八、一〇、丙申**) 封閉四川平武縣天臺山銅礦。從前任總督開泰請也。(高宗六九六、一四)

(**乾隆三八、一、庚戌**) 諭軍機大臣等：前以兩金川賊衆恃險拒守，其鎗礮所用火藥鉛丸產於何地，或購自他處，抑由內地偸漏各情節，曾諭前任總督文綬查辦具奏，其覆奏亦未明晰。而軍營所訊俘獲番衆供詞言人人殊。茲澤旺解送到京，訊據供稱小金川素不產硫磺，其鉛觔向來原有鉛礦在美諾、僧格宗相近之勒博地方，從前曾經開過，因開採後年歲不好，遂即封了。後來所用鉛觔係購自木坪、三雜谷等處。至金川向有磺廠，其鉛子聞於附近綽斯甲布等處購買等語。木坪、三雜谷、綽斯甲布等處俱係內地土司，兩金川所用火藥即使未用兵以前陸續購買，亦不能豫備數年之用，其中自不無番夷私行偷賣。今小金川全境蕩平，該處向日所用火藥鉛丸如何製購，無難確詢得實。如勒博等地境果產有鉛觔、硫磺等項可供製配火藥者，即當就近採辦應用，可省內地遠道解運之繁，更屬便益。著傳諭劉秉恬即速查明妥辦，據實具奏。至金川所用鉛、鐵既有買自綽斯甲布之供，尤宜設法嚴禁。況現由此路進兵，軍火所需更關緊要。且綽斯甲布隨征土練等各有應給備用火藥鉛丸，恐該處番人等於關支後私行省減，轉售賊番，則與藉寇兵而齎盜糧何異！更不可不加意嚴防。著並諭豐昇額、舒常曉諭該土司，嚴飭各土練等凜守法度，不得將火藥鉛丸絲毫偸漏，致干重究。豐昇額仍於軍營嚴密訪察，如查有偷賣之事，即行盡法嚴懲，以示炯戒。並著劉秉恬於附近金川賊境各處飭屬實力嚴查申禁，不可稍有疏懈，將此遇軍報之便，一併諭令知之。尋劉秉恬奏澤旺所供鉛礦，據思巴寨寨首溫布稟稱，澤旺父湯朋曾於科多橋地名安博落山挖過，尚有舊硐基址等語。查安博落在美諾、僧格宗之間，看來即係澤旺所供之勒博地方。已飭調工匠試採，如果苗旺，即當趕製鉛丸，以資軍火。至番夷私行偷賣之弊，已嚴諭金川連界各土司毋許偷漏，違者即實嚴刑。並懸立重賞傳諭帶兵頭人等徧示諸蠻，令互相覺察，如有能告發私賣子藥鉛鐵者，賞銀一百兩。俾知所賞倍於所賣，當必爭相查訐，不嚴自絕。報聞。(高宗九二五、六)

(**乾隆四九、閏三、癸未**) 軍機大臣議覆：四川總督李世傑奏：川省銅礦現查西昌縣金馬廠、冕寧縣金牛廠、會理州金獅廠產銅旺盛，請派員管理，以專責成。其沙溝廠、紫古唎廠、篾絲羅廠年久山空，應行封閉，並令刪去舊廠名色，免滋牽混影射之弊。……應如所請。……從之。(高宗一二〇三、二三)

(乾隆五一、四、丁亥) 戶部議准：調任四川總督李世傑疏稱：鹽源縣屬甲子夸、豹子溝、月花樓銅鉛等廠近年產銅無幾，抽收乾銅課銀不敷供支。該處要隘有巡役十二名，足可盤查，請將原設外委一員、兵十名裁徹。從之。(高宗一二五二、二二)

(乾隆五二、一二、己酉) 封閉四川酉陽州大興、洪發二銅鉛廠。從總督保寧請也。(高宗一二九五、八)

(乾隆五五、三、庚子) 署四川總督孫士毅奏：……銅鉛各廠，如寧遠、樂山、榮經、石柱等處出產漸衰。現委練員經理，並飭各廠員招覓子廠開採。……報聞。(高宗一三五一、一〇)

(乾隆五五、六、戊寅) 開採四川馬邊廳屬銅大、雷波廳屬分水嶺二處銅廠。從調任總督孫士毅請也。(高宗一三五七、二五)

(乾隆五八、一〇、丙子) 戶部議覆：署四川總督惠齡奏：川省近年產銅不旺，已飭管廠各員實心經理，並廣躧子廠隨時報驗，尚恐不敷鼓鑄。應如所請，飭承辦官遇銅價平減時酌量買備。從之。(高宗一四三九、四)

(5) 廣東

(乾隆四、六、甲辰) 兩廣總督馬爾泰奏：英德縣長崗嶺開礦煉銅，內有煉出銀兩，請歸該商工費之用。又河源縣銅礦貼近銀山，及英德縣之洪磜礦出銀過多，恐謀利滋事，應請封禁。得旨：所奏俱悉，惟在實力行之。但所謂銀礦應閉之說，朕尚不能深悉。或者爲開銀獲利多，則開銅者少乎？不然，銀亦係天地間自然之利，可以便民，何必封禁乎？卿其詳議以聞。(高宗九五、二一)

(乾隆六、三、甲午) 左都御史管廣東巡撫事王安國、兩廣總督馬爾泰奏：粵東開採銅山實屬無益。礦砂出產甚微，砂汁甚薄，得銅無幾，所得不償所費，應急停止。得旨：該部知道。(高宗一三九、三九)

(乾隆七、四、丁巳) 諭軍機大臣等：廣東巡撫王安國參奏開採銅礦挪移倉穀虛懸帑項一案，部議係何員給發，令該督核擬題覆。……尋奏：查銅礦一事，係前督臣鄂彌達、馬爾泰題准動項墊給，馬爾泰任內接辦發銀。因辦理不妥，以致官商視爲畏途，經王安國奏請停止。臣以事因督撫遷延所致，請將各廠支過銀兩即於原給發之督撫名下追賠。……得旨：所奏俱悉。

(高宗一六五、二一)

（乾隆九、四、丁丑）［署廣東巡撫廣州將軍策楞］又奏：粵省番禺等三十州縣俱有產礦山場，大概鉛砂多於銅砂，微有金銀夾雜。粵東地處濱海，民間生計窘迫，非無小補，又可供本地鼓鑄。惟查從前礦廠規條，委員經理，定以二八抽課，另收餘銅以供養廉。誠恐未開廠以前，先已那動帑項，既開以後，所收不敷公用，而抽收太多，有虧商本，仍前隨採隨停，轉致與民無濟。計惟令本地有司督同商人先行試採，其作何抽課，應否設立廠員，俟辦理就緒，酌量題奏。得旨：所奏俱悉。(高宗二一五、三五)

（乾隆九、六、己巳）江西道監察御史衛廷璞奏：臣見兩廣總督馬爾泰等議覆布政使託庸奏請粵東開礦一摺。查明廣州等府報出銅鉛及夾雜金銀砂等礦共二百餘處。又稱山場在叢山疊嶂，人迹罕到之區，現在招商試採等語。夫以二百餘處之山場一時並採，臣竊以為未盡善也。蓋開採必視乎商力，粵東僻處天末，土著之殷富者通省不過數家，至外來流寓如洋行、鹽行雖有數千家，而殷富者亦不過數家，餘皆那移補苴，虛張聲勢，非如兩淮、山右之擁巨貲者，雖經小虧折而無損也。更有一種無藉之徒，典賣現在之產，希圖未然之益，合什伯小分為一大股，官驗則有銀，興工則有銀，一或失利，坑陷多人，蕩產破家，勢所必有。請飭下督撫將各府州屬礦山各擇一二處先行試採，果有成效，方漸次舉行。是有利則異時之利甚長，無益則目前之害尚小也。且粵東山海交錯，形勢異於他省，米價亦復騰貴。雖據稱以本地之土人應本地之力作，米價似不致貴，然現在山場二百餘處，將來續開者又不知數十百處，安得如許無業之人以供其用？其附近鄰省者勢必潛入山場，商方藉其力，誰肯驅之使去？則米價未必不因此致貴也。誠莫如先行試採數處，徐觀後效，使各礦聚集之人亦可以少分其勢。奏入，諭軍機大臣等：此摺抄錄寄與馬爾泰、策楞，令其議奏。(高宗二一九、五)

（乾隆九、六、辛未）江南道監察御史歐堪善奏：臣見兩廣總督馬爾泰等議覆前任藩司託庸奏請粵東開礦一摺，凡開採條項以及防範事宜，臚列詳明，似屬可行。顧臣生長粵東，知此事斷不可行。粵省環山距海，黎猺雜處，數十年來安堵皆由勤耕力穡，民有常業。故雖有宵小，無由起釁。若深山巨谷大興廠役，商人獲利，尚難相安，倘各商虧本，工丁良頑不齊，人衆難散，或乘此暗通海寇，勾引黎猺，騷擾百姓，防範難周。且承商既多，或因山場隘口爭訟鬬毆，囂凌莫紀。至於開礦之處雖云無礙田舍，而其中或經胥役捏報，有司查訪難周，以致被累居民爭競肆起，亦未可知。此未然之情形不可不慮。至託庸奏稱以本地之土人應本地之力作，不致人多糧貴。竊思粵省田畝雖少，而山河海濱種植雜糧蔬果，皆可爲餬口之資。是以頻年米貴，小民得勤本計，藉以謀生。今大興力役，愚民貪圖傭值較耕作稍優，勢必拋荒本業。賈誼雲："一人耕之，十人聚而食之，欲天下無飢，不可得也。"至稱潮、韶、肇等府礦山不下數百處，則所需工丁不下數十萬人矣。夫此數十萬人者平日皆勤耕力種，非盡游手好閒者也。開礦多此數十萬工丁，則南畝少此數十萬農夫，以數十萬之衆，日勤本計，尚恐民食艱難，乃盡驅之工役，欲米糧不貴，豈可得乎？雍正十三年，廣東總督鄂彌達、巡撫楊永斌奏請開礦，九卿議覆准行，世宗憲皇帝以有妨本務，特諭停止。夫當日年穀順成，尚慮開採累民，況邇來米價騰踴，去歲截漕十萬石運粵接濟，米價每石尚至二三兩不等。今歲元氣未復，復使營營工作，致荒本計，其何以堪！伏乞乾斷，飭令停止。奏入，諭軍機大臣等：歐堪善奏摺可抄寄與廣東督撫馬爾泰、策楞悉心定議，務期妥協無弊，不可拘執前見。（高宗二一九、一一）

（乾隆九、七、乙酉）戶部議覆：兩廣總督馬爾泰、署廣東巡撫策楞條陳粵東開採礦廠，召商抽課各事宜。一、據廣州府屬番禺等縣報銅礦十二，鉛礦二十二，銅鉛礦砂三；韶州府屬曲江等縣報銅礦五，鉛礦二十七，銅鉛礦砂三；惠州府屬博羅等縣報銅礦十六，鉛礦十，鉛礦兼有銀砂者五；潮州府屬海陽等縣報銅礦六，鉛礦七，銅鉛礦砂十五，又銅鉛礦砂雜有金銀砂者十四；肇慶府屬鶴山等縣報銅礦二，鉛礦五，又銅鉛礦砂九，金礦九；羅定州屬西寧縣報銅鉛礦砂五；連州及連山縣報銅鉛礦十七，銅礦一；嘉應州及長樂等縣報銅礦四，鉛礦六，現勘明於田廬無礙，即召商試採。第每銅百觔實需工本十二兩有奇，若照洋銅每觔一錢四分五釐交官收買，除百觔內抽課二十觔外，工費不敷。應如所請。飭該督定議報部。一、銅礦原本無銀，間雜銀屑，爲數甚微。現酌議何等以上抽課，何等以下免抽。應如所請，俟確查定議。其餘銅鉛仍照例二八抽課。一、定例每縣召一總商承充開採，聽其自召副商協助。一縣中有礦山數十處遠隔不相連者，每山許召一商。倘資本無多，聽其夥充承辦。應如所請。如礦少砂微，並令居民開採抽課，一并按季按月彙報。一、每山設一山總，每隴設一隴長，約束稽查。每工丁十人設一甲長管領，應募者取保互結。亦應如所請。飭該管官嚴行防範。從之。（高宗二二○、一一）

（乾隆九、八、癸丑）大學士鄂爾泰等議覆：御史李清芳奏稱錢法一事。鼓鑄全賴銅觔，粵東前年開採，官價定以每觔一錢，後因商人工本不敷而止。現廣東、福建俱開鑪鼓鑄，而銅觔皆從滇省運至，所費不貲。倘因時制宜，令其工本敷裕，則楚粵近地所產，省費何啻數倍？應如所請量加。俾商人踴躍赴公，官銅自無匱乏。至摺內稱每銅百觔，輸納正課二十觔外，一半官買，一半聽商自賣，則民用有資，私煅之弊自絕。查民間銅觔果多，自不肯犯法私煅，況現在原不禁商售賣，所奏應無庸議。從之。（高宗二二二、一五）

（乾隆九、九、癸卯）兩廣總督那蘇圖奏報到粵日期，并請訓諭。得旨：……至兩粵開採一事，頗為目下急務。蓋不開採，銅觔何由得裕？而辦理稍有不妥，諸弊叢生，有利什而害百者。不可不加之意也。（高宗二二五、三〇）

（乾隆一九、三、丙寅）戶部議覆：前任廣東巡撫蘇昌疏稱：豐順縣屬李樹灣、東邊角二處鉛山礦砂旺盛，准商開採。從之。（高宗四五九、一）

（乾隆二六、二、乙酉）戶部議准：廣東巡撫託恩多疏稱：豐順縣屬東邊角鉛山招商復採礦砂，試有成效，請准開採。照李樹灣之例抽課。從之。（高宗六三〇、二三）

（乾隆二六、八、己巳）封閉廣東大埔縣打禾坪鉛礦。從巡撫託恩多請也。（高宗六四二、七）

（乾隆二七、九、癸未）戶部議准：前任廣東巡撫託恩多疏稱：豐順縣扛猪排、牛角袋二處鉛廠石堅礦盡，應封閉。從之。（高宗六七一、七）

（乾隆三四、九、癸未）戶部議准：廣東巡撫鍾音疏稱：香山縣桑枝林、大灣、二灣等鉛山試採旺盛，應給照充商開採。從之。（高宗八四二、七）

（乾隆三六、九、癸亥）工部議准：廣東巡撫德保奏稱：嘉應州屬大禾坪鉛山原報山頭寬廣之處今開時際、寶興二壩，獲砂有效，堪以採挖，請照例銀、鉛并抽。從之。（高宗八九三、一八）

（乾隆三八、二、戊子）封閉廣東豐順縣雙山崠銀鉛礦。從巡撫德保請也。（高宗九二七、三〇）

（嘉慶四、三、戊子）兩廣總督吉慶奏：廣東採挖黎地石碌銅斤，試辦一年，額已短缺，且該處濱臨洋海，多人煎採，恐致滋生事端，似應亟行停止。其省局鼓鑄，仍請運用滇銅。得旨：所辦甚妥，所見極是。仍用滇銅，不必開採。（仁宗四一、三五）

(6) 廣西

（雍正六、一二、丙申）戶部議覆：廣西巡撫金鉷疏言：桂林府屬潦江等處各礦請召募本地殷實商人自備資本開採，所得礦砂以三歸公，以七給商。其梧州府屬之芋莢山產有金砂，請另委員辦理。再粵西貧瘠，銅器稀少，如開採得銅，並請價買，以供鼓鑄。均應如所請。從之。（世宗七六、一二）

（**乾隆二、一、戊午**）戶部議准：廣西巡撫金鉷疏稱：懷集縣銀、鉛併出之汶塘山礦廠各壠並無砂斤，題請封禁。從之。（高宗三五、六）

（**乾隆二、五、癸巳**）戶部議覆：廣西巡撫楊超曾疏報：粵西各屬向出銀、鉛、銅礦，今南寧府宣化縣屬之淥生嶺試採鉛礦有效，並無礙民間田園廬墓及毗連交趾，逼近廣東之處題請開採。應如所請。從之。（高宗四二、八）

（**乾隆二、六、庚辰**）戶部議准：廣西巡撫楊超曾疏稱：懷集縣屬有銀、鉛並產之荔枝山礦，原有開殘舊壠，並無干礙民間田園廬墓，試採有效，請准開採，照例抽課。從之。（高宗四五、六）

（**乾隆四、五、己酉**）戶部議准：廣西巡撫楊超曾疏稱：粵西恭城縣、上陡岡、伸家猺、禾木嶺、蓮花石等處礦開日久，壠深砂微，不敷支用，應請封閉。從之。（高宗九二、五）

（**乾隆七、五、丁亥**）［戶部］又議准：廣西巡撫楊錫紱疏報：懷集縣屬之荔枝山礦壠殘沙竭，開採不效，請封閉。從之。（高宗一六七、二二）

（**乾隆八、三、辛巳**）［戶部］又議准：廣西巡撫楊錫紱疏請開採恭城縣大有朋山鉛礦。從之。（高宗一八七、一三）

（**乾隆一〇、七、癸未**）戶部議准：署廣西巡撫託庸疏稱：粵西各處銅廠因官買餘銅過多，商人未能獲利，以致開採寥寥，鼓鑄不敷。請將各廠所出銅止以三分抽課，餘銅七分聽商自賣，俾得踴躍開採，課銅亦可充裕。從之。（高宗二四四、一七）

（**乾隆一〇、一一、己巳**）戶部議准：署廣西巡撫託庸疏稱：恭城縣屬之豬頭嶺鉛礦經商試採，煉砂出鉛，鉛內分出銀及蜜陀僧，請准開採。即照該縣大有朋山例，鉛及蜜陀僧每百觔抽正課二十觔，撒散三觔，銀一兩抽正課一錢五分，撒散三分。從之。（高宗二五二、五）

（**乾隆一二、八、丙子**）諭軍機大臣等：據署廣西巡撫鄂昌奏稱桂林府屬義寧縣龍勝以內之獨車地方與湖南綏寧縣連界，該處有耙冲嶺坐落楚地，銅礦甚旺，應行開採等語。朕思開採一事雖有益於鼓鑄，每易於滋事。而界接苗疆，辦理尤宜慎重。今所奏綏寧一帶即係苗猺地方，必悉心詳查，徹始徹終，細加籌酌，將來開採之後，萬無一失，方可舉行。若於苗疆稍有未便，斷不可因目前之微利，啟將來之患端。不如慎之於始，照常封閉，以杜

聚集奸匪之漸。可將此摺抄寄湖南巡撫楊錫紱，令其加意查察，將應否開採之處，據實奏聞。(高宗二九七、三)

（乾隆一三、四、己卯）戶部議准：署廣西巡撫鄂昌疏稱：陽朔縣屬石灰窰廠出產銅砂，先經開採。去年入秋以來無砂可採，應行封閉。從之。(高宗三一三、三六)

（乾隆一四、九、丙午朔）封閉廣西懷集縣將軍山銀、鉛、銅廠。從巡撫舒輅請也。(高宗三四八、一)

（乾隆一七、四、辛酉）開採廣西思恩縣屬幹崗山白鉛廠。從巡撫定長請也。(高宗四一二、六)

（乾隆二四、一〇、庚子）開採廣西思恩縣盧架山黑白鉛礦。從巡撫鄂寶請也。(高宗五九九、二九)

（乾隆二八、五、庚辰）戶部議准：兩廣總督李侍堯、廣西巡撫馮鈐等疏稱：蒼梧縣金雞頭山廠產銅旺盛，請募商採辦。銅百觔抽課二十觔，餘銅一半商售歸本，一半官爲收買。從之。(高宗六八七、一四)

（乾隆三〇、二、庚午）[戶部]又議准：廣西巡撫馮鈐疏稱：粵西慶遠府屬河池州響水廠銅礦開挖有年，地力漸薄。委員查勘，近年產銅衰，應封閉，從之。(高宗七三一、一六)

（乾隆三一、七、辛未）戶部議覆：廣西巡撫宋邦綏疏稱柳州府屬融縣四頂山開採白鉛礦砂，抽課各事宜。一、四頂山產白鉛礦砂，因無煤炭，不能煎煉成鉛。查羅城縣屬冷崗山躧有煤路，可以運往，就煤煎煉。自乾隆二十九年四月試煎起，至三十年十一月止，共抽正課撒散白鉛十四萬七千餘觔，請准開採煎煉。照例每煉鉛一百觔，抽正課二十觔，撒散三觔。一、冷崗廠陸續起鑪四十四座，煤壠三十二處，工丁及買賣人等漸衆，其鉛礦自融縣運至牛鼻墟，另換小船撥運抵廠，稽查巡防，登記造報，在在需人。應添設書記二名，巡攔八名，巡役四名，照依盧架廠之例支給工食，在抽收撒散鉛觔變價銀兩內報銷。一、課撒鉛觔，自冷崗廠至臨桂縣蘇橋一路運至省局。查臨桂縣南陡河道業已修復，鉛觔運至蘇橋，即可由水路運省局，較蘇橋旱路可以節省。計自廠至局，每鉛每觔共需水路運腳銀二錢三分一釐。如遇錢局需鉛甚殷，或值秋冬南陡河水涸，仍請雇夫挑運，運費在鼓鑄工本銀內報銷。一、該廠雖開採有效，尚未大旺，應召募殷商協辦。將採煤煉鉛、抽收課撒、調劑商鑪事務責成羅城縣知縣就近兼管督察，其四頂山採煅工丁、水陸腳夫船戶責成融縣知縣彈壓稽查，不必另設廠員。俟大旺日，再設專員管理。均應如所請。從之。(高宗七六四、五)

（**乾隆三六、八、己巳朔**）户部議准：廣西巡撫陳輝祖奏稱：慶遠府思恩縣屬幹崗山鉛廠礦砂荒廢，應封閉。從之。（高宗八九〇、一）

（**乾隆三八、五、甲申**）封閉廣西恭城縣屬回頭山、山斗岡二場銅鉛廠。從護巡撫布政使淑寶請也。（高宗九三五、二一）

（**乾隆三八、九、甲戌**）户部議准：廣西巡撫熊學鵬奏稱：融縣四頂山出産白鉛礦砂，前經奏准於縣屬鑼西地方設廠，就煤煎煉。今該廠煤已挖盡，無憑煎煉，應請將鑼西煤廠封閉。從之。（高宗九四三、一三）

（**乾隆三八、一〇、壬子**）户部議准：廣西巡撫熊學鵬疏稱：思恩縣屬盧架山白鉛廠開採日久，寶礦空乏，應請封閉。從之。（高宗九四五、二八）

(7) 陝西、甘肅

（**乾隆四、四、乙巳**）甘肅巡撫元展成奏請開涼州等處山礦鉛砂，以資操演標營火器之用。得旨：知道了。行此等事，須有才識之人，恐汝中材，不能妥辦也。試爲之。（高宗九一、二三）

（**乾隆九、九、癸卯**）［川陝總督公慶復］又會同陝西巡撫陳宏謀奏：查陝省河山四塞，舟楫鮮通，錢文流通甚少，價日昂貴，惟當開採銅觔，鼓鑄接濟。茲有寶玉堂、王家梁、竹林洞、銅洞坡、青子溝五處驗有銅信，現有商民等情願自出工本，先行採試。并聞華陰縣屬之華陽川産有鉛礦，應請一并開採，以供搭配鼓鑄。得旨：若不滋擾而可多得銅觔，自是好事，總須妥協爲之。（高宗二二五、二九）

（**乾隆一〇、一、壬寅**）甘肅巡撫黄廷桂奏開採皋蘭鉛礦緣由。得旨：知道了。開礦之事利害相半，必爲之妥，方受其益也。（高宗二三三、一八）

（**乾隆三九、五、辛巳**）諭軍機大臣等：畢沅奏寧羌州地方試採銅礦一摺，已經該部議覆准行。陝省既産有銅礦，如果躧探得實，開採有方，足資本省配鑄，可省赴滇脚價，自屬甚便。但礦廠初開，經理殊爲不易，其砂線之是否旺盛，能否源源濟用，必須確切躧訪，真知灼見，方可舉行。周居安等呈請一面之詞，恐難全信。即覆勘有因，亦不宜輕率從事，必須先爲試辦，且勿遽涉聲張，俟試採數月後，果係礦砂旺産，供用有餘，於以裨公務而利民生，自爲一舉兩得，即應經久議開。雖前人未曾辦及，而地不愛寶，因時而出，亦富鏊所常有。如甘肅之採鍊金沙，行之有效，未嘗不善。若其原呈之處不過偶露銅苗，一經試採，即不能應手而得，仍歸有名無實，則工作繁費，恐致徒勞。而礦徒群集，易聚難散，皆不得不慎之於始。倘試採無效，亦不妨奏明停止，斷不可稍有迴護。再其地爲入川孔道，且境屬漢中，毗連楚省，山硐容易藏奸，即使銅廠果開，其查察亦宜盡力，況現在軍務尚未全竣，一切釐剔之法，更宜加倍周詳。即將來凱旋以後，其於川省嘓匪之混入者，尤當加意稽防。如能化莠爲良，固屬好事，否則不可容留滋蔓。此皆開礦時之必當先事熟籌者。所謂有治人，無治法。惟在該撫董率該道府切實措施，功過皆令有所專責，則承辦者自不敢玩忽因循。畢沅自簡用封疆以來，辦事頗爲認真，尚堪倚任。此等地方公事固不可過於顧慮，坐失自然之利；亦不得急於求效，致昧未然之防。畢沅當善體朕意，實心妥辦。仍將試採後是否可以長行之處據實覆奏。將此傳諭知之。（高宗九五九、二一）

（乾隆四六、五、庚子）封閉陝西定羌州、略陽縣新舊兩銅廠，從署陝西巡撫畢沅請也。（高宗一一三一、二二）

（乾隆五一、六、甲午）戶部尚書仍管陝甘總督福康安奏：安西廳屬英峨峽、松子巖地方自停採鉛觔以來，迄今十有餘載，庫貯鉛觔截至去年年底領賣全完。茲查英峨峽鉛苗仍旺，又州屬普城山亦產鉛苗，現在試採，英峨峽每日可得一百餘觔，普城山每日可得一百三十餘觔，應准其開採。再甘省標營需用鉛觔向俱在安西州庫領買，但距肅州六百里，口內領買多費腳價，莫若兩處分貯，將英峨峽鉛觔令商人運交安西州庫，普城山鉛觔照前年採買礦觔例徑由廠所運赴肅州，俾領買各就其便，價值照三十六年每觔銀六分例辦理。再口外山廠不便久開，俟兩廠採足四十萬觔之數，即行停止。得旨：如所議行。（高宗一二五七、一五）

（乾隆五二、九、甲申）封閉甘肅西和縣中山嘴銅礦。從署陝甘總督勒保請也。（高宗一二八九、九）

（乾隆五四、八、庚午）封閉甘肅英峨硤、普城山鉛廠。從總督勒保請也。（高宗一三三七、四）

（乾隆五七、三、辛未）諭軍機大臣等：據秦承恩奏漢中府屬略陽縣興隆灣地方露有銅苗，商民王兆熊等呈請自備貲本試採。現已委員親往該處勘明，將挖出礦砂如法煎鍊，成色與滇省高銅無異。請予限二年試採，如果旺盛，另行題請開採等語。開採銅礦係天地自然之利，陝省略陽地方露有銅苗，既據該撫委員勘明該處銅砂旺盛，山深境僻，無礙田廬，自應立限開採，以資鼓鑄。但銅廠爲利之所在，且該處界連楚蜀，五方雜處，設或派委非人，不但開採無效，轉恐無藉游民從中漁利，於事無益。著傳諭該撫務須派委妥員悉心籌辦，並慎選人夫如法開採。務使銅砂日加旺盛，源源不竭，足供採取。仍督率地方官不時留心稽查，毋使牟利之徒藉端滋事，方爲妥善。（高宗一三九八、二）

（乾隆五七、八、庚午） 陝甘總督勒保奏：安西州屬普城山廠鉛苗旺盛，開採有效。請令採辦四十萬觔，分貯安西、肅州，以備各營搆運。仍令馬蓮井州判就近赴廠管理。下部知之。（高宗一四一〇、五）

（乾隆五七、一〇、乙未） 陝西巡撫秦承恩奏：陝省漢中府略陽縣興隆灣地方露有銅苗，前經奏准試採，當即揀員督率如法採取。自本年三月起至九月底止，煉出凈銅四萬九千餘觔，成色與滇銅無異，自應實力開採，以資鼓鑄。批：好事。又稱：將來砂旺夫增，必須嚴禁游民滋事。又批：是。（高宗一四一五、三二）

（乾隆六〇、三、己未） 封閉陝西略陽縣興隆灣銅礦。從陝西巡撫秦承恩請也。（高宗一四七四、二三）

(8) 新疆

（乾隆二七、一、庚戌） 諭軍機大臣等：海明等據阿克蘇阿奇木色提巴勒氏等呈稱現在採銅回人一百户，伯克二員，不敷差遣，請添設伯克一員，回人二百户，每年交銅二千八百三十餘觔等語。著照所奏辦理。至採銅回人所有應交官糧，准其豁免，俟鼓鑄既足，停止採銅時，再行按户徵收，不必分派回人等代爲完納。（高宗六五三、一）

（乾隆二七、二、癸酉） 又諭〔軍機大臣等〕曰：達桑阿奏玉古爾、庫爾勒之伯克等因阿克蘇採銅伯克等加倍交納銅觔，情願增派採銅回人四十名等語。阿克蘇地廣，需用錢文處多，因允該伯克等所請，添派採銅人户。玉古爾較阿克蘇甚小，若多採銅觔，恐滋紛擾，可不必添派。（高宗六五四、一一）

（乾隆二七、四、辛未） 諭軍機大臣等：永貴等奏稱回部鼓鑄錢文，仍須採礦，方足應用。現派員役率領回人三十名，在碩爾布拉克等處試採，得銅頗旺，復添派回人，裹帶口糧，前往採辦等語。昨據達桑阿請多採銅觔，曾諭以恐累回人，不必添派。今永貴之意與達桑阿相同，回部新鑄錢文尚多，採銅原非急需，著暫緩辦理。（高宗六五八、一三）

（乾隆二七、四、戊寅） 諭軍機大臣等：永貴、海明、和其衷等奏稱阿克蘇所添採銅回人因豁免伊等應交糧石，呈乞代奏謝恩。又稱各城回人等添採銅觔以四年爲限等語。採辦銅觔，原以裕官兵、回人之用，自當從容辦理。惟就現在所得之銅源源鼓鑄，即稍有遲滯，亦無甚關係，何必添派回人，勒定年限？昨諭達桑阿等不必添採銅觔，永貴似尚未奉到，故如此陳奏。至永貴等所奏回衆僉稱情願連年添採銅觔之處，大臣等面詢回人，伊等焉敢以不願爲詞？即謂回人愛重新錢，亦事之所有，但既非鑄錢賞給伊等，且仍收其普爾，又令其採銅爲鼓鑄之資，謂皆出於本願，恐未必盡然。凡事當權其輕重緩急，不可張皇欲速。著傳諭永貴等知之。（高宗六五八、二一）

（**乾隆三七、九、辛亥**）伊犁將軍舒赫德奏：伊犁附近之沙喇博和齊山出產鉛勳，節年開挖，所需工役口糧俱係撥派遣犯耕種，衣履器具皆效力之員自備。近來鉛礦漸旺，且此山逼近厄魯特，自委員辦理以來，回人即不敢偷採。是既獲鉛勳，并可防杜私挖。但所撥遣犯多頑梗不馴之徒，以廢員委辦廠務，不足彈壓。請擇屯田官員內才幹者一員，責成承辦。撥屯田兵四十，以供驅策。派遣犯一百，令其一半開礦，一半種地，衣食均可無缺，牛力籽種官爲撥給。官員三年期滿議敘。至遣犯果實力開採，凡免死減等，例應五年爲民者請減二年，三年爲民者減一年，或原案較輕，八年准免罪回籍。得旨：如所議行。（高宗九一七、七）

（**乾隆三八、一、丁酉**）又諭：據安泰等奏今年烏什採挖紅銅兵丁三百名俱各奮勉出力，除交正項銅勳外，多交銅五千四百勳，請將官員、兵丁議敘賞賚等語。著照所請，官員等交部議敘，兵丁等賞給一月鹽菜銀兩。（高宗九二四、二二）

（**乾隆三八、一二、庚戌**）諭：據綽克托等奏稱本年採挖紅銅兵丁三百名，除應交正額外，多得銅勳五千八百五十勳。請將官員議敘，兵丁等賞給鹽菜銀兩等語。著照所請，官員等交部議敘，兵丁等各賞給一月鹽菜銀兩。（高宗九四九、二二）

（**乾隆四四、二、癸酉**）伊犁將軍伊勒圖等奏：伊犁鑄錢，每歲由南路各回城辦銅配鑄，搭放兵餉。嗣因烏什庫存停運葉爾羌銅，並喀什噶爾舊存銅先後運到，奏明加鑄。復因加鑄銅盡，奏明委員赴哈爾海圖地方試採，現計獲銅九千一百餘勳，請每歲撥一千五百勳，交寶伊局加鑄。報聞。（高宗一○七七、三）

（**乾隆四五、一一、乙未**）又諭：據伊勒圖奏現在伊犁管理攜眷綠營兵丁之官員等僅足分派各屯城管理種地事務，其出派刨採鉛場官員不敷委用。請將都司呼克申暫留管理，移咨勒爾謹於內地遊擊都司內派一員，三年一次更換等語。都司呼克申此際如滿五年，即派員更換，若尚未年滿，俟五年後，勒爾謹再照伊勒圖所奏派員更換。嗣後五年滿時，派員更換之處，著爲令。（高宗一一一九、六）

（**乾隆四九、三、丙午**）又諭：據伊勒圖奏鉛廠効力遣犯八年期滿之潘善長等十四名，摘錄案由，可否准令一體回籍一摺。詳閱單內，有原犯情節稍輕及本發伊犁充當苦差之王蘗、賈棟、扎坤珠、蘇元章四名，已用硃筆圈出，准其回籍外，至其餘潘善長等十名，係改發伊犁給兵丁爲奴之犯，其原犯情節較重，即使該犯等發遣爲奴後，果能奮勉自効，投入鉛廠出力，當差有年，准其在彼爲民，已屬寬貸。若與僅止充當苦差者一體准令回籍，未免漫無區別。嗣後應如何酌定條例？分別在彼爲民及准回原籍之處，著交刑部另行妥議具奏後，潘善長十犯即照新例辦理。尋議：嗣後解到遣犯，先派入廠效力，情罪重大者，定以五年期滿，止准爲民，毋庸在廠，永遠不准回籍；其情輕者，五年期滿，如願爲民，一體安插，如願在廠損資效力，再限十年，期滿令其回籍。從之。（高宗一二〇一、一二）

（乾隆四九、七、丙辰）兵部議覆：喀喇沙爾辦事大臣福祿條奏派設卡座，駐劄官兵，稽查鉛廠各事宜。一、庫穆什阿哈瑪産鉛之山設卡三座，每卡駐劄外委把總一員，兵三名，以資巡查。一、進廠地方駐劄外委把總一員，兵五名，以上所需官兵，由城守營備差官兵内酌派。一、原具呈採鉛商民内委課長一名，幫辦課長一名。遇鉛廠鬥毆等事，會同外委把總管束辦理。應行呈辦事件呈報該處辦事大臣辦理。一、招募民夫齊全後，即於挖鉛商民内擇人老成去得者，每五十名揀派頭目一名，以資彈壓。一、民人刨獲鉛觔由課長查明數目，呈報辦事大臣，給票帶往別城售賣。如查出無票私鉛，應比照盜掘銅、錫等礦砂，計贓准竊盜論，將鉛觔估值定罪。一、鉛廠應辦一切事件，責成辦理糧餉司員每季將收過稅銀數目造冊報印務處查明，咨户部查覈。仍令該大臣歲底查明添裁人數，收過稅銀，彙總奏銷。均應如所請。從之。（高宗一二一〇、七）

（乾隆五二、四、乙卯）又諭〔軍機大臣〕：據保泰奏都蘭哈喇地方不可挖鉛，請即禁止等語。此等處所與扎哈沁部落相近，倘聚集多人挖鉛，均係無藉貧民，不免滋生事端，理宜嚴禁。但不可有名無實，聽其私行偷挖，保泰等務須嚴行禁止，仍不時出派官兵搜查。倘有擅自偷挖者，一經發覺，從重辦理，以示懲儆，切不可因循塞責。將此併諭永鐸知之。（高宗一二七九、六）

（乾隆五六、一二、辛丑朔）諭：據富尼善奏本年採收紅銅除正額之外，又多交五千四百觔，請將官兵鼓勵辦理等語。著照富尼善所奏，將該管遊擊德海交部議敘，兵丁等各賞給一月鹽菜銀兩。（高宗一三九二、一）

（嘉慶一九、五、乙未）諭軍機大臣等：松筠等奏鎮西府奇臺縣之大石頭產有銅礦，宜禾縣之羊圈灣即都蘭哈拉產有鉛礦，請令烏嚕木齊糧餉處額外主事鳳鳴、提標左營遊擊祥順及升任阜康縣知縣楊畯、呼圖壁巡檢馬曾裕督率商民實心試採，如礦砂旺盛，即行具報抽課等語。著照松筠等所請，即令鳳鳴等督率商民試行開採。如果礦砂旺盛，能於國課民生兩有裨益，即奏立規條，永遠遵辦。若開採無效，亦即奏明停止，不可迴護。將此諭令知之。（仁宗二九〇、一〇）

（**嘉慶二〇、四、己未**）又諭〔內閣〕：據長齡等奏試採都蘭哈拉鉛廠，約計每年可得銀四五萬兩，應交課銀一萬餘兩，於經費未能多為節省，應即遵旨封閉等語。新疆地方總以鎮靜為本，不宜輕易更張。都蘭哈拉開採鉛廠，所得課銀不過一萬餘兩，於經費實屬無裨。該處與土爾扈特等處接壤，恐聚集多人，或致越境偷挖金砂，滋生事端。著將存廠鉛砂趕緊鎔盡，即將該廠永遠封閉，嗣後不准再請開採。其廠地給還扎哈沁公托克托巴圖，設卡稽查，仍按季派員會哨，嚴密巡察。（仁宗三〇五、七）

(9) 其他各省

（**康熙四九、一、辛巳**）工部議覆：盛京工部侍郎席爾圖疏言：錦州採鉛，請改於遼陽州採取。應如所請。得旨：採鉛事情，前因白爾克條奏，自遼陽州改往錦州大碑嶺等處。今又因席爾圖所奏，議仍在遼陽州採取。前所奏是，則今所奏非，今所奏是，則前所奏非。一切事務，該部當據理剖斷，分別是非定議，乃止據見在條奏，草率議准，殊為不合。凡部院及督撫官員更換一人，皆如此頻更舊例，貽誤必多。著嚴飭行。此事著再行確議具奏。尋議：自改在大碑嶺等處採鉛以來，將近十年，鉛觔足用，今席爾圖不思事之有無裨益，題請更改，甚屬不合，應交吏部議處。從之。（聖祖二四一、一五）

（**康熙四九、四、丁巳**）吏部遵旨議覆：錦州大碑嶺等處採鉛奉行已久，今盛京工部侍郎席爾圖請改歸遼陽州採取，紛更成例，殊屬不合。應降二級調用。從之。（聖祖二四二、六）

（**雍正五、二、壬申**）禁止遼陽州、開原縣二處金、銀、銅、鉛等礦廠，永遠不許開採。從奉天將軍噶爾弼請也。（世宗五三、二二）

（**雍正三、二、甲午**）江西巡撫裴率度遵旨摺奏：查廣信府之封禁山相傳產銅，舊名銅塘山，明代即經封禁，其中樹石充塞，荒榛極目，並無沃土可以資生，亦無頑民盤踞在內。此山開則擾累，封則安寧，歷有成案。康熙五十九年鉛山匪類擒獲之後，此山搜查二十餘日，並無藏匿。據實奏聞。得旨：當開不得因循，當禁則不宜依違。但不存貪功圖利之念，實心為地方興利除弊，何事不可為也。在秉公相度時宜而酌定之。（世宗二九、二二）

（乾隆一〇、五、己卯）［户部］又議准：江西巡撫塞楞額疏稱：調任巡撫陳宏謀條奏廣信府之廣平山出産鉛礦，募夫開採。今查該山開挖至八九丈，用工本三千五百餘兩，真苗未得，請停止。從之。（高宗二四〇、一一）

（乾隆一一、四、乙未）山西巡撫阿里袞奏：交城、陽城、平定、盂縣、平陸等州縣勘有銅、鉛、礦所，飭屬招商試採，俟有成效，再將開採鼓鑄事宜列款具題。得旨：開礦固屬便民之舉，而滋擾則不可。一切留心，毋致生事可耳。（高宗二六五、三二）

（乾隆一一、五、甲寅）諭大學士訥親：前據阿里袞奏太原府屬之交城等處勘明銅、鉛等礦，俱與民間田舍邱墓毫無妨礙，現令殷實礦商雇夫開挖。查明附近里民連環具結，一切外來游手不得混雜其中。俟試採半年之後，果有成效，另行具題等語。朕以開礦固屬便民，而滋擾則不可，已於伊摺内批諭矣。但開礦一事，非本地有業之民所願，惟游手無賴之徒藉此獲利。聚集多人，往往易致滋事。爾可將此等情形傳諭阿里袞知悉，令其遴委幹員，嚴加約束，並令其時刻留心，善爲經理，勿致絲毫滋擾。（高宗二六七、五）

（乾隆一二、一〇、庚申）户部議覆：前署山西巡撫宗室德沛疏稱：交城縣之張家山、王家山、木股溝，陽城縣之松脚山并邊傍子洞，盂縣之王子、均才、温家等山，平陸縣磨兒嶺之三成、洋溢二洞線斷砂微，不敷工本，請准封閉。至交城縣之馬鞍山并邊傍新開子洞金金溝，平定州之銅題山黑、白鉛礦各一，砂線近來俱旺，試採有效，請開採抽稅如例，餘鉛酌量官收。責冀寧道總理稽查，嗣後如砂微質薄，仍咨部封閉。又晉省鼓鑄，現需白鉛四十一萬五千觔，本省礦産尚難即時敷用，仍請委員赴楚採買。均應如所請。從之。（高宗三〇〇、三）

（乾隆一五、九、甲子）封閉山西馬鞍山、金金溝二處鉛廠。從巡撫阿里袞請也。（高宗三七三、一三）

（乾隆三九、三、戊午）户部議准：署湖廣總督湖北巡撫陳輝祖奏稱：施南府屬咸豐、宣恩、來鳳三縣銅槽五十餘處，現獲積砂，鍊有净銅，足資鼓鑄。查與田園廬墓無礙，應請招商試採。又督採伊始，請將武昌知府姚棻調補施南，併將原任知縣等留辦礦廠。從之。（高宗九五四、一〇）

（乾隆四五、六、壬戌）江西巡撫郝碩奏：江西各營操演所用黑鉛向在湖南購備。現聞楚省産鉛不敷撥應。據長寧縣報，所屬土名大礃、楊梅坑並附近之鐵絲壆、雲屯尖等處勘有鉛苗，無礙田園廬墓，有商人揭兆慶呈請開採。經贛南道往勘屬實，應令試採半年，俟礦砂旺盛，設廠抽課。報聞。

(高宗一一〇八、一五)

（乾隆四五、七、丁亥）江西巡撫郝碩奏：江西各營需用黑鉛向在湖南購備，而該省産鉛不旺，日後亦難撥應。今查贛州府長寧縣所屬大礤、楊梅坑、鐵絲壘、雲屯尖等處，現據勘明產有鉛砂，請准試採半年，如果礦砂旺盛，即照例設廠抽課。報聞。(高宗一一一〇、二〇)

（乾隆四六、七、辛酉）封閉江西長寧縣大礤、楊梅坑、鐵絲壘、雲屯尖等鉛廠。從巡撫郝碩請也。(高宗一一三七、二一)

2. 鐵礦

（康熙三三、一二、丁酉）上駐蹕遵化州鐵廠地方。（聖祖一六五、一九）

（雍正一〇、七、庚戌）諭內閣：楚南所屬地方山嶺重復，産鐵之處甚廣，採取最易，凡農民耕鑿器具與窮黎之衣食皆藉資於此，雖歷來飭禁，而刨挖難以杜絕。但廢鐵出洋，例有嚴禁。楚南地方産鐵既多，外來射利商販每於就近設爐錘鍊，運赴湖北漢口發賣，或由漢口轉運兩江遞販，以致出洋亦未可定，不得不立法查察，以防其漸。著湖廣督撫與兩江督撫會同悉心妥議，本地應否准其刨挖，關口如何稽查，務期民用有資而弊端可杜，庶公私兩有裨益。(世宗一二一、一九)

（乾隆七、五、甲子）戶部議准：湖廣總督孫嘉淦疏稱：先是興寧縣民需用鐵觔，須自粵東販運，跋涉維艱。近勘該縣屬夏里、江口、東安、流坡等處産有鐵礦，請就近開採，以濟民用。從之。(高宗一六六、八)

（乾隆七、一一、乙酉）浙江巡撫常安奏：遂昌縣之小洞源，天台縣之天封山，青田縣之朱山等處俱有鐵礦砂坑。或瀕臨海澨，或僻在深山，俱易滋匪。且有定海縣羊山地方孤懸海中，密邇大洋，亦産鐵砂，若一經開採，則偷販出洋，貽患匪細。應一併嚴行禁止。得旨：好。甚是。(高宗一七九、二七)

（乾隆一〇、四、丁未）戶部議覆：福建巡撫周學健疏稱：閩省延平、汀州二府，永春、龍巖二州屬，沙縣、尤溪、永安、長汀、歸化、上杭、大田、漳平等八縣開煽鐵爐，年納爐餉，請自乾隆八年爲始。經前撫劉於義題准部覆，行令查明有無未便。今查並無妨礙田園墳墓，所雇人夫俱非外來流民，鑄出鐵觔亦止鑄造農具。沿海口岸，員弁嚴查，不致透漏外洋。應如所題，准其開煽輸課。從之。(高宗二三八、九)

（乾隆一〇、五、辛巳）戶部奏：署湖廣總督鄂彌達咨稱：宜都縣之橫磺鐵礦雍正十二年因地僻礦稀，照舊封禁。漢洋鐵礦從前未據開報，今復奉文行查。該縣親詣二廠查勘，均屬腹裏，毫無妨礙，委非奸商射利營求，似應聽民刨挖。仍照原題二八抽課。應如所咨辦理。從之。（高宗二四〇、一六）

（乾隆一一、六、乙酉）户部議准：浙江巡撫常安疏稱：雲和縣向有產鐵砂坑，每年徵稅銀五十八兩，解司充餉。但開採日久，或致藏奸，現飭封禁。其額徵解坑爐稅銀兩請自乾隆十一年起照數豁除。從之。（高宗二六九、九）

（乾隆一六、六、甲寅）大學士等議覆：兩廣總督陳大受奏稱海陽、大埔、羅定、東安、鎮平五州縣鐵爐十座，應徵餉銀三百一十三兩。嗣因先後停歇，地方官設法撥抵，乾隆六年以後，長寧、龍門等州縣續開爐座，除抵舊額，每年剩銀一二百兩不等，留司庫公用。請將現增之爐餉按年報部，其無著餉銀准予豁免等語。（高宗三九三、四）

（乾隆一六、一二、壬寅）户部議准：湖廣總督阿里袞疏稱：湖北橫磺、漢洋二處鐵礦砂炭已盡，應即封閉。從之。（高宗四〇四、一三）

（乾隆一九、二、癸卯）户部議准：廣東巡撫蘇昌疏稱：豐順縣之南溪山坪、黃硃坑鐵鑪二座，委係山童木盡，鑪煅停熄，餉銀無著，請豁除。從之。（高宗四五七、一〇）

（乾隆二〇、七、癸未）户部議准：大學士管四川總督黃廷桂疏稱：鄰水縣碑牌口、陳家林、藍家溝三處鐵礦旺盛，應開採。從之。（高宗四九二、一三）

（乾隆二〇、一一、戊寅）豁除廣東豐順縣原興坑鐵鑪一座額銀。（高宗五〇〇、二〇）

（乾隆二一、四、丁卯）兩廣總督楊應琚等奏：陽山縣屬羣門槽等處路旁有從前開設鐵廠時遺剩鑪渣數十萬勛，加工鎔化，可獲鐵少許，向經封禁。緣該處距城窵遠，有附近貧民掘取運售，而猺人輒伺中途搶奪。應請於該縣屬之淇潭堡官爲設廠，將鐵渣刨運，雇募貧民給予工價，一面招商販售。除已調設巡檢一員駐劄，仍飭文武差撥兵役巡查，毋使透漏。得旨：如所議行，嚴禁聚衆生事可也。（高宗五一一、二九）

（乾隆二六、一一、壬戌）户部議准：廣東巡撫託恩多疏稱：豐順縣屬地腳下礦廠年久礦盡，應封閉。從之。（高宗六四九、三二）

（乾隆二六、一二、戊辰）户部議准：雲南巡撫劉藻疏稱：昭通府大關屬椒子壩產有鐵礦，堪鑄農器，請開採。從之。（高宗六五〇、九）

（乾隆二七、五、壬子）烏嚕木齊辦事侍郎旌額理等奏：查烏嚕木齊屯田農具皆由内地運送，未免繁費。訪之舊厄魯特等，聞喀喇巴勒噶遜、昌吉河源等處向曾產鐵。隨飭吐魯番公素賚瑪派回人採鐵沙百餘勱，鑄試尚可供用。但伊等僅能鎔鑄犂鏵，錘鍊刀鎌等器，未為熟習。因行文楊應琚，調取匠役數名前來製造，俟屯田兵丁等熟習後，即行發回。報聞。（高宗六六一、三）

（**乾隆二九、五、丙子**）戶部議准：四川總督阿爾泰奏稱：屏山縣李村、石堰、鳳村三處產鐵，應請開礦採取。從之。（高宗七一一、一一）

（**乾隆二九、五、戊寅**）戶部議准：四川總督阿爾泰奏稱：屏山縣利店、茨黎、榮丁三處產鐵，請開礦採取。從之。（高宗七一一、一三）

（**乾隆三〇、二、戊子**）戶部議准：四川總督阿爾泰疏稱：江油縣木通溪、和合洞等處鐵礦試採頗旺，應准商開採。照珙縣上羅基例十分抽二。稅鐵變價自本年為始，徵貯司庫，按年報部，撥充兵餉。從之。（高宗七二八、一二）

（**乾隆三一、五、辛卯**）戶部議准：四川總督阿爾泰奏稱：宜賓縣鐵礦試採有效，應設鑪二座，每鑪夫九名，每日每名獲砂十勱，煎鐵三勱。除夏、秋雨水浸硐不能採取外，春、冬二季可煎獲生鐵九千九百二十勱。應照例抽取稅鐵，變價撥充兵餉。從之。（高宗七六一、九）

（**乾隆三三、九、甲寅**）江西巡撫吳紹詩奏：南安府屬上猶縣營前地方山場寬廣十餘里，鐵砂遇雨，自山流出，附近貧民淘取，每名每日可得砂百勱。請召募殷實商人設廠收買，置鑪抽稅，令該處縣丞就近管理。報聞。（高宗八一九、三四）

（**乾隆三八、三、乙卯**）開採四川興文縣斗毛巖鐵礦。從前任總督文綬請也。（高宗九二九、一七）

（**乾隆四九、七、甲戌**）軍機大臣議覆：署烏嚕木齊都統圖思義奏：烏嚕木齊鐵廠人犯挖礦種地，共需三百名，請嗣後於新到人犯內擇其悔過安分者，准令入廠補額。應如所請。從之。（高宗一二一一、八）

（**乾隆五四、閏五、丁亥**）軍機大臣議覆：烏嚕木齊都統尚安奏鐵廠之設，原以濟屯田農具之用。舊例於遣犯內擇年力精壯者二百名，以一百五十人挖鐵，五十名種地，供挖鐵人犯口糧。至一切雜費，於遣犯內酌募有力者，每年捐貲三十兩，以供廠費，定以年限，與挖鐵種地各犯一體咨部，分別為民回籍。惟是開廠之初，捐貲人犯約有百餘人或七八十人，每年除用外，尚有贏餘。至四十八年後，其能捐銀者僅十餘人或七八人不等，不敷所用。嗣後請不必拘定三十兩之數，或二十兩，或十餘兩，俱准其呈報。並揀派効力廢員一人明白勤慎者，令專管廠務二年，所有遣犯捐貲不敷，責令該員捐墊。如辦理妥協，年滿時將其出力之處具奏請旨等語。臣等公酌，遣犯捐貲或二十兩或十餘兩之處，必須酌定章程，以示區別。其三十兩者仍照向例年限外，其二十兩、十餘兩者量加年限，方爲平允。仍交該都統酌議具奏。至所稱於効力廢員中揀派一人管廠，二年後具奏請旨，應如所奏行。從之。（高宗一三三〇、三）

（**乾隆五五、五、丙申**）開採雲南威遠廳屬西薩猛烈鄉鐵廠。從巡撫譚尚忠請也。（高宗一三五五、一）

（**乾隆五六、二、丙寅**）户部議覆：前署四川總督保寧疏稱：洪雅縣屬山梯黨老林溝等處産有鐵礦，勘明無礙田園廬墓，試採有效，堪設鑪二座。除夏、秋雨水浸硐，不能採取，春、冬二季應獲礦煎鐵九千七百二十觔。照十分抽二例，抽税一千九百四十四觔，每觔變價銀二分，共銀三十八兩八錢八分。請自五十五年爲始，按年徵收解庫充餉。應如所請。仍飭該管文武員弁巡查，毋得透漏侵隱滋事。從之。（高宗一三七三、一二）

（**乾隆五六、一〇、癸卯**）封閉四川興文縣葛藤山斗毛巖鐵礦。從總督鄂輝請也。（高宗一三八八、三）

（**嘉慶五、閏四、丙寅**）又諭〔內閣〕：祖之望奏審訊桂東縣民扶咸欽呈控李羽儀等窩留逃犯、私開鐵廠等事，俱屬虛誣，將扶咸欽問擬軍罪一摺已交該部覈議具奏矣。扶咸欽因挾李羽儀等從前控拆鍋廠之嫌，架捏重情，赴京呈控，自應按律坐誣，抵以軍罪。其扶家嶺等處山地所開鐵廠亦當查明飭禁，永絕争端。（仁宗六五、二二）

（**嘉慶一九、九、甲辰**）又諭〔軍機大臣等〕：……又據該御史〔陶澍〕奏沅陵縣大油山金礦有聚衆偷挖之事，安化等處鐵礦深曲，窩藏盜竊等語。開採礦廠易滋事端，並著該撫轉飭該屬，即將大油山偷挖金礦匪徒設法遣散，仍將該礦永行封禁。其各處應採鐵礦不時彈壓稽查，毋致藏奸滋事。（仁宗二九七、九）

（**嘉慶二〇、五、丙午**）又諭〔內閣〕：昨據高杞奏廢員奇玖派管鐵廠，捐資鼓勵，多獲鐵斤。刑部奏定派管鐵廠廢員兩年期滿，如果妥協，准於定例內酌減三年。奇玖在戍已經四年，辦理出力，不敢壅於上聞等語。摺內未將廢員在戍若干年方准奏請之例先行敘明，朕閱之即覺其朦混。當交刑部查例具奏。發往新疆廢員原犯軍流從重改發者定限十年，期滿遵例奏聞。奇玖犯事原案係由流罪改發烏嚕木齊，到戍甫屆四年，即援管理鐵廠酌減三年之例，亦尚不應釋回。高杞朦混具奏，殊屬取巧邀譽，著交部議處。奇玖准其於十年內酌減三年，除已滿四年外，再過三年，由該都統具奉請旨。其多獲

鐵斤之該管文武員弁，照例交部議敘。(仁宗三〇六、一三)

3. 金銀礦

(順治一、一一、丁亥) 登萊巡撫陳錦請開臨朐、招遠礦洞。命暫行開採，不爲例。(世祖一一、四)

(順治二、一、庚戌) 戶部議覆：山東巡撫方大猷疏請開長清等處礦，每月彙報充餉。從之。(世祖一三、一一)

(順治二、六、丁丑) 停開採招遠縣芝山銀礦，允登萊巡撫陳錦請也。(世祖一七、一四)

(康熙四五、四、丙辰) 湖廣總督石文晟疏言：……上諭大學士等曰：石文晟前劾土司田舜年，何不同此摺一并具奏，乃作兩次參劾？又摺內不言兩巡撫，專請交提督審問，此必有故。從前吳三桂自水西烏蒙土司地方進兵取雲南，因知其地產銀，遂於康熙初年奏請進剿水西，後得其地，分爲四府。我軍於是役亦大有損傷。今此事雖小，斷不可生事。爾等將前後奏摺及土司呈詞抄發湖南巡撫趙申喬、湖廣提督俞益謨，令其不必會同商議，各出己見，作速具奏。(聖祖二二五、七)

(乾隆三、一、壬午) ［大學士管川陝總督事查郎阿］又奏：安西邊外釣魚溝地方聞有聚衆偷挖金沙事，經安西鎮總兵豆斌委都司曹懋學帶兵緝拏，俱已聞風逃遁，該鎮復派兵前往，獲犯二百三十八名，俱係前次逃匿，探知官兵回營，仍復聚集者，現委員嚴訊究擬外，仍飭該鎮不時體察。至曹懋學有無賣縱情弊，另行查參。得旨：知道了。觀其聚集多人，則向之疏縱，不問可知。然此次朕姑不究，再有似此之事，則卿等亦不能辭其責矣。至曹懋學即非賣縱，亦必係一無用之弁，又何疑慮而不參處，以爲屬員之戒乎？此件殊欠妥協。(高宗六一、一五)

(乾隆三、一二、癸未) ［戶部］又議：陞任廣西巡撫楊超曾疏言：粵西蒼梧縣屬之金盤嶺金礦即係雍正九年封閉之芋莢山傍壠。乾隆二年准令商人試採八日，得毛金六十九兩有奇。應令開採，並照從前芋莢商辦之例，每金一兩抽課金二錢，外抽撒散三分，爲管廠官役盤費工食及部中飯食等用。查金盤嶺金礦既稱試採有驗，自應准其開採。但稱二八抽稅，與原任巡撫金鉷原奏三分納稅不符，即援芋莢之例，亦因壠空砂薄，工本不敷後，始暫議二八抽收，並非成例。金盤嶺金礦甫經開採，不宜遽爲此請。且從前亦未報有抽收撒散，俱應令該撫詳悉聲明，以憑核議。從之。(高宗八二、八)

(乾隆五、三、戊辰) 戶部議准：貴州總督兼管巡撫事務張廣泗疏稱：

威寧府屬之白蠟廠銀礦硐老山空，題請封閉。從之。（高宗一一三、八）

（乾隆五、一〇、己酉）户部議覆：原署廣西巡撫安圖疏稱：蒼梧縣金盤嶺金礦近年出砂甚少，商本不敷，官課無出，應准暫行封閉。從之。（高宗一二八、一四）

（乾隆八、一二、丁卯）户部議覆：貴州總督兼管巡撫事張廣泗疏稱：天柱縣相公塘、東海洞等處出產金砂，地係曠野，並無干礙民田廬墓。前令商民試採，已有成效，請准開採，照例抽課。暫令天柱縣就近督採，俟旺盛再議委員兼管，添設書役。所抽課金估照成色變銀充餉。應如所請。惟每金一兩抽課三錢，及於抽課之中支給廠費，俱與成例不符，應令該督另行妥議辦理。從之。（高宗二〇七、六）

（乾隆一一、閏三、庚子）户部議覆：貴州總督兼管巡撫張廣泗疏報：天柱縣屬相公塘東海洞金廠自乾隆八年開採，至十年以後，礦砂淡薄。廠民工本虧折，日漸散去。相應取結保題封閉。應如所請。從之。（高宗二六二、一三）

（乾隆一一、閏三、癸卯）户部議覆：貴州總督兼管巡撫事張廣泗疏報：思南府屬之天慶寺大河之西九皇閣一帶山內，土人挖石淘砂，可得金末。如有自備工本，情願承辦者，准其續開具報，照例納課。又天慶寺山嶺之後即係銅仁地界，亦屬深山，并無田園廬墓，聞有金苗可採，亦聽民人試採，俟有成效，具報升課。均應如所請。從之。（高宗二六二、一八）

（乾隆一四、三、丁丑）［四川總督策楞等］又奏：瓦寺土司出入內地向由汶川索橋，有縣營稽察，甚爲嚴密。土司惡此迂途，於桃關外番漢界河之間自建索橋，直走成都，計程兩日，離縣營甚遠，村落寥寥，漫無防範，已傳該土司面飭拆毀。又瓦寺素產銀礦，內地人民因桃關有橋可通，私往開挖，與土司均分，聚至三百餘人。若概行查拏并參處土司，不特人多不能盡罰，且軍務甫竣，正安輯番境之時，不宜啟其疑懼，亦嚴飭土司，自行查拏爐頭，枷示於番漢交界處，俟一二年後再釋。餘人押逐回籍，以示懲儆。得旨：所辦甚是。知道了。（高宗三三七、三〇）

（乾隆三〇、四、壬申）户部議覆：雲南巡撫常鈞疏稱：開化府屬麻姑金廠新舊塘共十五口，定爲十五牀，每牀酌定十五人，月納課金一錢三分。年久塘空金盡，請照錫板金廠之例，自乾隆二十九年正月始，將張百福等原領之八牀開除，其餘七牀仍按月徵收。應如所請，准其開除。從之。（高宗七三五、一〇）

（乾隆三七、一一、庚申）諭軍機大臣等：理藩院具奏：據阿拉善王羅布藏多爾濟報稱伊等游牧哈布塔海哈拉山等處地方有民人偷刨金砂，不聽蒙古等驅逐，轉用鍬斧將蒙古等趕回，請交勒爾謹嚴加查辦等語。已依議行矣。此事前經羅布藏多爾濟報部時，曾經該部行文該督嚴行禁止，何至又有數百人結夥前往哈布塔海哈拉山茂呼都克地方任意刨挖金砂？似此目無法紀，勒爾謹所司何事？皆由伊並未嚴飭所屬，而地方官又不以此爲事，不行嚴拏，以至於此。著傳諭勒爾謹，令其明白回奏。仍將不以爲事之員查明參奏。至此等民人膽敢持拏鍬斧，逞凶抗拒，亦甚可惡。著勒爾謹務須嚴加查拏，從重治罪，以示炯戒。（高宗九二一、三四）

（**乾隆三七、一二、戊子**）又諭：昨以蒙古阿拉善王游牧之哈布塔海哈拉山等處地方有民人偷刨金砂，持械逞凶之事，曾傳諭勒爾謹將此等越境滋事奸徒嚴行究訊，從重治罪，不得稍存姑息。適阿拉善王羅布藏多爾濟因年班到京，以此詢及。據稱，此地因出產金砂，常有民人越界偷挖，屢次驅逐，不能止息。恐人衆滋事，今情願將此地交出，聽地方官永行封禁，庶不致再生事端等語。蒙古游牧山場因有出產金砂，奸民牟利競赴，什伯成群，甚至持械逞強，此風原不可長。但該處既有金礦發現，乃因此而遂荒棄其山，亦未免因噎廢食。即如各處產銅地面一經開採，未嘗不聚多人。特因官爲經理，易於彈壓稽查，自可不致別生事釁。況金銀等礦乃地產精華，自無不行發露之理。開採一事，原因天地自然之利，爲之加意節宣，特在人之善爲妥協辦理耳。已令羅布藏多爾濟於回伊游牧時路過甘肅省城，將此情節面告勒爾謹，即會同羅布藏多爾濟前往查勘，詳細商酌。如該地出產金砂果屬盛旺，既可官爲募民開採，仍彼此妥議，立定規條。勒爾謹派出地方明幹大員一人，羅布藏多爾濟亦派出屬下之妥幹章京一人在彼經理。仍照礦廠之例官爲抽課，而所抽下之課項並不妨照八溝之例，酌賞該王子三分之一。如此立法調劑，奸民既得饜其嗜利之心，攘竊競鬭之風，轉可不禁自止，於事頗爲兩便。如該地產砂本屬無多，不值開採，即可如羅布藏多爾濟所奏聽其將山場交出，官爲永行封禁。勒爾謹務同該王子和衷確查，妥議具奏。此旨暫存，俟羅布藏多爾濟起程時令其帶往，面交勒爾謹閱看辦理。（高宗九二三、四五）

（**乾隆三八、三、己未**）陝甘總督勒爾謹奏：哈布塔海哈拉山等處產有金砂，奉諭察看是否可供開採，與阿拉善王羅布藏多爾濟會同商辦。查金砂衰旺，試採方知。臣當即派同西寧府知府奎明帶佐雜千把各二員，兵役各十名，羅布藏多爾濟派同參領那親帶領催二名，兵十名，於二月二十五日同赴該處，公同履勘，試採兩日。將民夫一百五十名分爲十起，每起採得金砂一錢者賞銀二錢，令該府逐日登記，半月彙送臣衙門查驗。俟一兩月後，是否盛旺及應開應閉情形，據實具奏。報聞。（高宗九二九、二六）

（**乾隆四二、八、壬戌**）陝甘總督勒爾謹奏：哈布塔垓哈喇山開採金砂近年愈少，應請封禁。並派弁兵巡查，以杜偷挖。本年課金九兩四錢有奇，請全數賞給阿拉善王羅布藏多爾濟。報聞。（高宗一〇三九、一七）

（**乾隆四七、二、丁丑**）諭軍機大臣等：據車布登扎布等奏喀爾喀地方挖金民人現聚五百餘衆，因派額外筆帖式多爾濟扎布等前往驅逐等語。蒙古地面聚集五百餘人，斷非一時驟致。且係何省之人，該處產金，伊等又何由得知，著傳諭奎林，查明具奏。尋奏：查係陝、甘、山西等處民人陸續聚集，現已盡行驅回。詢問蒙古等，尚無勾引分金情弊。請嗣後於口外接壤處所設卡嚴查。得旨：奎林所奏殊屬糊塗。喀爾喀離內地遙遠，若非蒙古等圖利招引，民人何由知彼處有金，前往刨挖耶？奎林惟聽人言，輒欲苟且了事，著傳旨申飭。（高宗一一五〇、一三）

（**乾隆四九、一、乙巳**）烏嚕木齊都統海祿奏：古城迤北瑚圖斯地方拏獲私開金廠各犯治罪。（高宗一一九七、五）

（**乾隆四九、五、甲子**）諭：據海寧奏稱舍楞呈報瑚圖斯山私行挖金之民人三十餘名，即行差人前往緝拏，業經逐出。續將拏獲復來之七十餘人審訊，彼此抵賴，並不實供。請將王成枷號三個月，其餘按起發回原籍，嚴行約束等語。海寧所奏甚屬含糊。據舍楞初次呈報，業將私行挖金之三十餘人追逐，究係逐往何地，並何人逐去之處，摺內並未聲明。既將復來之七十餘人拏獲，其三十餘人又如何逐往何地？至瑚圖斯山聚集人衆，私行挖金，皆由不豫行嚴禁所致。似此游牧地方致集多人，與其動衆緝拏，發遣原籍，不若平素即著坐卡官兵並舍楞等嚴行查禁。若不隨時將遊民陸續逐去，至人衆聚集，難保不生事端。著交海寧嗣後嚴飭坐卡官兵，勿著民人出卡，以致聚集人衆，留心嚴禁辦理。至舍楞所辦若果妥協，酌量賞給緞匹。著照所奏行。（高宗一二〇六、二三）

（**乾隆四九、七、丁卯**）諭軍機大臣等：據圖思義奏節次拏獲私挖金砂人犯二百餘名，現在分別辦理，並飛咨伊里布，查明附近瑚圖斯要隘處所酌量添設卡座數處，每處派外委一員，撥兵十名，輪流更換稽查等語。設卡稽查，自屬圖思義等應辦之事，但從前該處豈未設有卡座，稽查出入？且上年甫經海祿查辦拏獲多人，何以此次私挖金砂人犯又有二百餘名之多？可見全在該管大員，平時能督率守卡弁員稽查嚴密，遊手好閑之徒自不敢私行偷挖。若稍存大意，不能隨時防範，雖添設卡座，亦屬無益。所謂有治人無治法也。著傳諭圖思義，務宜董率所屬實力防閑，使匪徒等不能乘間私行出入，方爲妥善。不得因業經添卡安兵，遂爾疎懈，以致再滋弊竇。將此傳諭圖思義，並遇便諭伊里布知之。（高宗一二一〇、二九）

（乾隆五〇、七、癸酉）又諭〔軍機大臣等〕：據德文奏色黑斯烏察克地方拏獲崔學莫一名，訊係皐蘭縣人，在口外傭工。上年五月回家，路遇涼州人王發，告知沙州有金廠兩座，囑其前往幫同偷採，後聞和闐所產金沙較好，欲往和闐被獲。並據崔學莫供，止到過沙州小金廠，見廠內有二百人，聞大廠內有三百人。現將該犯解送陝甘總督查辦等語。內地民人私往口外，聚集多人，偷採金沙，久經查禁，乃沙州地方，崔學莫供有偷採金廠兩座，是否竟係奸民私開金廠，抑或本係官廠，該犯等潛赴偷採，均須逐一查明。該處係肅州與鎮迪道所屬交界地方，本應陝甘總督會同烏嚕木齊都統彼此設法稽查，方不至復有透漏，但奎林現赴伊犂，永鐸甫經前往署事，恐其辦理未能妥協，或致滋擾。鎮迪所屬地方亦係總督管轄，呼應較靈，此事著交福康安督飭該處員弁嚴密訪緝，如果有聚衆偷採情事，即行查拏懲治，勿任滋生事端。所有崔學莫一犯並著嚴切審明，定擬具奏，或有當與永鐸商辦之處，亦可咨會辦理。（高宗一二三五、三〇）

（乾隆五一、三、癸酉）軍機大臣等議覆：陝甘總督福康安奏：甘肅敦煌縣沙州地產金砂，前經獲辦偷挖各犯，並聲明詳勘後，官爲開採。茲查沙州南北兩山土雜金砂，雖節年封禁，貧民趨利如鶩，難免偷挖，不若官明立廠募夫，照烏嚕木齊金廠例，夫五十設夫頭一名，給票入山試採，儘收儘報，並派文武員弁彈壓。應如所請。並令試採兩三月後，統覈得金多少，再酌定規條奏辦。從之。（高宗一二五一、二五）

（乾隆五一、四、戊戌）軍機大臣議准：陝甘總督福康安疏稱：敦煌縣沙州南北二山深崖邃壑，每有金沙攙雜土內，無業貧民潛往偷挖，誠恐日久滋釁。請明立官廠，令地方官出示招募人夫，俟春夏之交給票入山。按烏嚕木齊開設金廠例，每五十名設夫頭一名，遴派文武員弁彈壓。將採出金砂儘數儘報，俟兩三月後統覈成效，酌定條規，奏明辦理。從之。（高宗一二五三、一七）

（乾隆五五、九、癸未）〔烏嚕木齊都統尚安〕又奏：從前昌吉縣南山金廠產金較少，經臣奏明，移於北山試採。自募夫立廠以來，每月產金數目較南山稍多。但該處與從前封閉古城瑚圖斯山毗連，恐夫役越境偷採，難以巡查，請將北山金廠封閉，新募夫役全行徹去，以靖地方。得旨：允行。（高宗一三六二、一三）

（嘉慶五、七、丁亥）以硐老山空，封閉雲南永昌府屬茂隆銀廠。從總督書麟請也。（仁宗七一、七）

（嘉慶六、三、甲申）諭內閣：軍機大臣議駁保寧等奏請開採金砂一摺，所駁甚是。塔爾巴哈台所屬各處金礦乾隆年間曾經伍彌烏遜等奏請採挖，欽奉皇考諭旨，令將達爾達木圖等處刨挖金砂之處嚴行禁止，即實力遵行，尚恐不免有偷挖之弊。今若官爲開採，勢必招集多人，奸良莫辨，並恐內地甘涼一帶遊民紛紛踵至。此等無藉之徒，聚之甚易，散之則難，於邊地殊有關繫。此事本係保寧令貢楚克扎布、松筠前往察看，奏請開採，而主見必係松筠所出。伊前此再三懇弛私梟私鑄，其事斷不可行，經朕降旨嚴飭。今採金之議仍然膠執前見，沾沾目前小利，並不計及久遠。保寧等輒附和其言，聯銜具奏，均屬非是。保寧、貢楚克扎布、松筠俱著傳旨申飭。仍著保寧等將產金處所嚴行封禁，勿令偷挖滋事。（仁宗八〇、一五）

（嘉慶九、四、戊辰）以硐老山空，封閉雲南紅坡、吉咱、樂吉古銀廠。從巡撫永保請也。（仁宗一二八、八）

（嘉慶一三、閏五、庚辰）封閉甘肅迪化州南山金廠，以礦老山空故也。（仁宗一九六、九）

4. 錫礦及其他

（乾隆三、二、壬子）兩廣總督鄂彌達奏報：拿獲博羅縣橫山地方偷挖礦徒。得旨：知道了。奸徒聚衆至八九百人之多，爲日有半年之久始行發露，拿獲到案，汝等地方大吏竟恬不爲怪，亦可笑之事也。（高宗六三、二一）

（乾隆三、二、壬子）署廣東巡撫王謩奏報：博羅縣橫山地方礦徒偷挖錫沙，爭佔鬭毆，得旨：知道了。粵東現今又有開礦之議，此風斷不可長，所當時時留心訪察者也。（高宗六三、二一）

（乾隆三、三、癸丑朔）諭：……上年十月內，有奸匪董老大等窺伺博羅縣出產錫礦易於偷取，賄買把總林士英、典史姜明德縱容盜挖。又有奸匪黃肇等入山爭佔，互相格鬭，致傷多命。此處離提督衙門不過百里，而張天駿平時漫無覺察，及至事發難掩，又欲曲爲遮蓋，草率完結。似此怠玩養奸，重負朕委任封疆之意，特降此旨，嚴行申飭，令其悔過自新。倘不知悛改，仍蹈前轍，朕必從重處分。（高宗六四、一）

（乾隆三、三、壬午）署廣東巡撫王謩奏：博羅縣橫山地方礦徒聚衆偷挖錫沙，所有拿獲勘過緣由。得旨：知道了。所當不時留心，毋謂已經察過一次，遂置不問也。（高宗六五、二八）

(乾隆五、八、丁卯)〔户部〕又議覆：署廣東巡撫王謩奏：粵東每年額解户、工二部廣錫十五萬觔，現在市價昂貴，照部定價值不能採買。查惠州等府屬原有錫山，請令辦銅各商自備工本，酌開三四處，得錫一百觔，照例二八抽收，以二十觔交官起解，以八十觔歸商作本。每年所抽之數，除額解十五萬觔外，如有盈餘，儘數解部存貯。如不足額，照例動項採買餘錫凑解。應如所請。從之。(高宗一二五、一四)

(乾隆七、四、戊午)〔户部〕又議准：左都御史管廣東巡撫王安國疏請：將該省錫礦於原奏開採一二處外再開一二處，並將廣、韶、肇三府勘有產錫山場即令採試，以備將來惠屬各縣錫山採徧之後，另移旺處開採。從之。(高宗一六五、二四)

(乾隆一三、二、乙亥) 湖南巡撫楊錫紱奏：桂東縣錫礦在縣城西三十里，旁近民田，山已開殘，出砂有限，應封禁。報聞。(高宗三〇九、一七)

(乾隆三五、九、壬子) 又諭〔軍機大臣等〕：據户部奏乾隆三十四年江蘇省吳縣採辦錫價，每觔請銷銀一錢九分，經部准銷銀一錢七分一釐。而現在福建省請銷錫價，到部咨內，聲明江蘇省知會時價每觔實銀一錢四分二釐三毫。多寡互異，其中顯有虛捏浮冒等語。該省解部錫觔同係三十四年採辦，同在吳縣地方，其照會福建時價既係一錢四分零，何以報部請銷又係一錢九分？承辦之員顯有朦混冒銷情弊。該撫因何率行覈轉，著傳諭薩載即速徹底清查，據實覈辦，仍即明白回奏。(高宗八六八、一〇)

(乾隆五六、六、壬戌) 封閉湖南宜章縣羊牯泡沙盡錫廠。從巡撫馮光熊請也。(高宗一三八一、七)

(二) 非金屬礦的開採情況

1. 各省的煤礦

(1) 奉、吉、黑

(乾隆五、九、丁酉)〔大學士等〕又議覆：奉天府府尹吳應枚條奏奉天應行事宜。……一、採參刨煤之事請預爲經理。……至遼陽州等處煤窰，據該府尹奏稱現在刨煤一千餘人，俱係另編保甲，從無滋事。請取具管業旗人保結，准其暫採，將來若去一名，募本地旗人一名補數，漸次澄汰等語。但恐外省民人聚集煤窰，仍爲流匪假托之地，應統限五年，設法散遣回籍。……得旨：刨煤一事，著照該府尹所請行。餘依議。(高宗一二七、二四)

（乾隆三九、三、丁巳）盛京將軍兼内務府大臣宗室弘晌奏：奉天遼陽境内惟恃白西虎山煤窑分給，但開挖年久，未能似前豐裕，而開原、廣寧、牛莊等城運用絡繹，價長數倍。復州等城距窑數百里，運致維艱。查白西虎山迤南之鷂子峪，復州所屬之五虎嘴均屬產煤地方，並無關礙陵寢風水，應請招募旗人自行出貲開採，由臣會同府尹各給印照一紙，造具夫役名姓册報地方官查覈，照例徵收税銀，作爲正項。得旨：可行。知道了。（高宗九五四、八）

（乾隆四二、八、戊午）封閉復州屬五虎嘴、元台子等處煤窑。從盛京將軍宗室弘晌請也。（高宗一〇三九、一一）

（乾隆四三、二、己酉）工部議准：盛京將軍宗室弘晌疏稱：寧遠所屬茨兒堡原採煤窑，刨挖無效，請嚴行封閉。從之。（高宗一〇五一、九）

（乾隆四五、一二、己未）工部議准：前任奉天將軍宗室弘晌奏稱：錦州屬之松嶺子邊門界十三莊煤窑六座開採日久，煤線斷絶，應請封閉。從之。（高宗一一二〇、二〇）

（乾隆四六、三、丁酉）封閉奉天遼陽州黃旗溝等四處煤窑。從將軍索諾木策凌請也。（高宗一一二七、一三）

（乾隆四六、閏五、己未）封閉奉天府錦州孔家房身、清河嘴、蒲草泡煤窑五座。從盛京將軍索諾木策凌請也。（高宗一一三三、五）

（乾隆四六、閏五、戊辰）封閉奉天府錦州毛祁屯煤窑。從盛京將軍索諾木策凌請也。（高宗一一三三、一二）

（乾隆五一、七、辛未）封閉奉天省義州屬七里河煤窑。從盛京將軍宗室永瑋請也。（高宗一二五九、二八）

（乾隆五三、七、庚辰）封閉奉天府遼陽州黃旗溝煤窑。從將軍慶桂請也。（高宗一三〇九、一九）

（乾隆五六、八、己巳）封閉盛京松嶺子邊門界內沙鍋屯煤窑。從將軍嵩椿請也。（高宗一三八五、二三）

（乾隆五七、一〇、己巳）封閉遼陽州窑子峪煤窑二座。從盛京將軍宗室琳寧請也。（高宗一四一四、一三）

（乾隆五九、九、庚寅）封閉遼陽州屬新洞溝煤窑。從盛京將軍宗室琳寧請也。（高宗一四六〇、一三）

（乾隆五九、一〇、丁丑）封閉奉天遼陽州屬東柳塘煤窑。從盛京將軍宗室琳寧請也。（高宗一四六三、一七）

（嘉慶二〇、一、己丑）諭內閣：富俊奏吉林煤斤仍請試採一摺。吉林旗民生齒日繁，木山採伐漸遠，取薪不易，自係實在情形。著准其於缸窰、胡家屯、營盤溝、田家屯即半拉山、丁家溝、波泥河六處開採煤斤，以裕旗民生計。仍責成該將軍妥立章程，約束稽察。如辦理不善，以致滋生事端，惟該將軍是問。(仁宗三〇二、三)

(**嘉慶二一、三、戊申**) 又諭〔內閣〕：工部奏駁吉林於營盤溝相連山坡開採煤窰一摺，所駁是。吉林前經奏准開採煤窰六處，其缸窰等五處產煤豐旺，已足供旗民日用之需。至營盤溝一處試採無煤，即應照例題請封閉，乃於相連之西南山坡換給執照開採，易啟影射朦混之弊。著即封閉，將執照徹銷，以符定制。其缸窰等五處煤稅均著於開刨之年起納。(仁宗三一七、一九)

(**嘉慶二一、七、癸丑**) 又諭〔內閣〕：富俊等奏營盤溝西南山坡煤窰仍請照舊開採一摺。吉林產煤處所已准開採缸窰等五處，其營盤溝一處試採無煤，復於相連之西南山坡開採，經部議駁，降旨令其封閉。茲該將軍等又復陳請開採。吉林少此一處煤窰，於旗民生計有何妨礙？所奏不准行。富俊向於公事好固執己見，著傳旨申飭。所開西南山坡煤窰仍著封閉，不准奸徒私採，該將軍等毋許再行瀆奏。(仁宗三二〇、四)

(2) 直隸

(**康熙二八、五、戊辰**) 刑部題：釁嶺溝地近陵寢，有關風水，民人徐度忠私開煤窰，應充發，其總領以下各官並降罰有差，所開之窰永行禁止。上曰：風水處俱築牆立界，釁嶺溝去陵十三里，離風水較遠，將此等處俱稱有礙風水，則此十三里內，所有村井將如之何？一概皆禁，將來何所底止？著問明欽天監官再議具奏。尋議：挖煤窰之處雖與風水無礙，但挖窰非樵採可比，應行禁止。從之。(聖祖一四一、七)

(**康熙三七、一一、丙戌**) 都察院等衙門會議：宣化總兵官白斌於惡棍周尚庫等爭奪煤窰，率衆執械傷人一案，並不發官兵擒拏，有玷職守，應革職。從之。(聖祖一九一、五)

(**乾隆一、二、壬辰**) 〔禮部〕又奏：昌瑞山附近地方開設窰座，有礙山川脈絡。請勅下工部，飭令填實。從之。(高宗一三、二七)

(**乾隆四、二、丁酉**) 工部議覆：直隸提督永常疏請三道溝等處開挖煤窰，應令該提督會同直隸總督確查於地方有無滋擾，并令欽天監委員相度於行宮有無妨礙，再行定議。得旨：古北口外三道溝等處請開煤窰，朕祇期於地方並無滋擾，兵民實有裨益。至於行宮，不過暫時巡幸之所，其有無妨

礙，不必議及。餘依議。（高宗八七、四）

（乾隆六、二、壬戌） 工部議准直隸總督孫嘉淦疏：張家、獨石二口邊地最寒，居民稠密，所需煤炭倍於他處，柴薪稀少，不敷炊爨。請於張家口外之土木等處獨石口外之東槽碾溝等處開採煤窰。從之。（高宗一三七、九）

（乾隆六、六、癸卯） 工部等部議覆：直隸總督孫嘉淦奏稱：承德州屬之三道溝等處開採煤窰，向例需領部照，開採之人皆觀望不前。查産煤之所，如熱河八溝四旗煤山，俱在圍塲之南，而土木槽碾等処亦俱在大壩之內。現今壩內土田皆已開墾。其出口貿易之人，係各地方官給與照票往來，採煤之人，事同一例，原可無庸部票。且開採煤窰，聚集人多，若令執有部票，恐不受地方官約束。請令地方官擇本地殷實商民報明開採，給與照票出口，窰成之日報明藩司，給與牙帖，承充開採。應如所請。從之。（高宗一四四、一三）

（乾隆二六、九、癸亥） 諭軍機大臣等：口外熱河地方人烟輻輳，日用浩繁，比來柴薪一項採購既多，市直頗貴。聞附近山塲多有産煤之處，而地方有司向慮聚衆滋事，寧持封禁之議，未免因噎廢食，不知興利防弊，惟在董事者經理得宜，自足以資彈壓。如京師西山一帶煤廠甚多，何未見生事耶？著交總督方觀承，令其查勘明確，酌定規條，試行開採，以裨生計。所有應行責成地方官及一切經理事宜，悉心妥議具奏。（高宗六四五、一九）

（乾隆二六、一二、己巳） 直隸總督方觀承覆奏：口外熱河廳屬蟒牛窖等六處，四旗廳屬添財溝等七處，喀喇河屯廳屬虎道哈溝、鵓鴿溝二處，八溝廳屬高兒廠等三處塔子溝廳屬柏樹溝等三處皆有煤苗。請將各山塲分界設窰，募殷實民戶取地方官印結，送熱河道給票開採。俟煤旺時，地方官詳司給帖，准充納稅。該管道及各廳仍親查彈壓。得旨：允行。（高宗六五〇、一〇）

（乾隆二六、一二、庚午） 諭：近京西山一帶産煤之處甚多，現在已開窰口率以年久深窟，兼有積水，以致刨挖維艱，京城煤價漸爲昂貴。著工部、步軍統領、順天府等各衙門會同悉心察勘煤旺可採之處，妥議規條，准令附近村民開採，以利民用。（高宗六五〇、一一）

（乾隆四三、四、丙辰） 直隸總督周元理疏報：民人曹丙照認採廟兒梁官山煤窰，曹高義認採大吉口北溝官山煤窰，現俱煤旺窰成，請准其認充給帖，納稅開採。下部知之。（高宗一〇五五、二四）

（乾隆四三、五、壬午） 直隸總督周元理疏報：民人景安民認採潘家口汛土窰子山塲內煤窰，煤旺窰成，請准其認充給帖，納稅開採。下部知之。

（高宗一〇五七、一二）

（**乾隆四五、九、癸未**）軍機大臣等議覆：密雲副都統都爾嘉奏請於懷柔縣北陰背山開採煤窰一摺。查陰背山舊有出煤蹤跡，如果無礙民間田廬墳墓，產煤旺盛，不惟滿兵生計有益，即懷、密一帶商民均霑其利。事屬可行，應令地方官招商試採，逾年照例升課，倘試採無效，仍請封禁。從之。（高宗一一一四、九）

（**乾隆四六、一二、辛巳**）又諭：京師開採煤窰，爲日用所必需，近聞煤價較前昂貴，推原其故，皆因煤礦刨挖日深，工本運脚既重，窰户無力開採，呈請地方官封閉，經工部覆題覆准者甚多，於民間生計大有關係。現在西山一帶產煤處所尚有未經試採者，著步軍統領衙門會同順天府、直隸總督派委妥員前往逐細躎看，無礙山場，照例召商開採。一面咨部，一面奏聞，以副朕籌計民生之至意。該部遵諭速行。（高宗一一四六、二六）

（**乾隆五三、五、戊辰**）開採直隸豐寧縣四道溝後官山煤窰。從總督劉峩請也。（高宗一三〇四、九）

(3) 廣東

（**乾隆二七、九、壬午**）工部議覆：前任廣東巡撫託恩多疏稱：連州坑尾沖煤山煤坭已盡，餉項難完，請封停豁免。應如所請。從之。（高宗六七一、六）

（**乾隆三〇、六、辛未**）工部議准：調任廣東巡撫明山疏稱：龍門縣商人劉永和承開囊寫油柑嶺等處煤山，係從前未經題明。請每年認輸餉銀四十兩，准其開採。從之。（高宗七三九、一三）

（**乾隆三二、三、戊寅**）工部議准：廣東巡撫王檢疏稱：粵東花縣中洞煤山前據商民呈報開採，每年認輸餉銀六十兩。今試採已驗，應即定爲額餉。仍飭將工丁編立保甲，併令該地方文武各員按季查察結報。從之。（高宗七八〇、三四）

（**乾隆三三、一一、庚寅**）工部等部議准：廣東巡撫鐘音疏稱：平遠縣屬羊子嶺等處煤山開採年久，壠深煤盡，應請封閉。從之。（高宗八二二、一〇）

（**乾隆三四、八、辛未**）工部議准：廣東巡撫鐘音疏稱：陽山縣高橋底等處煤山採挖日久，並無出產，應請封閉。從之。（高宗八四一、九）

（**乾隆三五、二、乙亥**）工部等部議准：原任廣東巡撫鐘音疏稱：樂昌縣屬產仔嶺煤山山光煤盡，請停採免課。從之。（高宗八五三、一八）

(乾隆四四、一〇、丁丑) 封閉廣東花縣中洞煤山。從巡撫李質穎請也。(高宗一〇九三、一五)

　　(乾隆四五、五、庚辰) 工部議覆：廣東巡撫李質穎疏稱：陽山縣商民陳嘉潤前經承認開挖縣屬橫基石等處煤山，每年輸餉銀四十兩。茲因該商病故，山煤亦已罄盡，請將山場封禁，其額徵餉銀豁除。應如所請。從之。(高宗一一〇六、七)

　　(乾隆四六、九、乙丑) 開採廣東開州屬蕉坑煤窑。從巡撫李湖請也。(高宗一一四一、一七)

(4) 新疆

　　(乾隆二六、一、庚午) 陝甘總督楊應琚奏：哈密爲新疆南北兩路之總滙，所需柴薪向採附近山場，暨荒灘所產瑣瑣木今則漸採漸遠，離城每至二百餘里，商民購買維艱。又緣烟户日繁，城内竟無隙地，居民堆積柴薪頻遭火患。臣聞距城一百二十里之他石克山產有煤塊，即飭招商訪採。節據採獲煤三十五萬餘觔，該處場廣線旺，價值自必日平，較之柴薪實多省節，其各屯防處所亦請一律察勘開採。得旨：好。(高宗六二九、二一)

　　(乾隆二八、一、辛酉) 又諭〔軍機大臣等〕曰：明瑞等奏稱伊犁駐防屯田官兵及貿易商民日以增多，所有附近薪木俱經取用，樵採之處漸遠。今查勘洪郭羅鄂博有產煤之地，已傳示兵民等有願行開採者，聽其前往等語。開採煤窑以接濟日用，自屬要務，但兵民既皆往採，則群聚雜處，不能無爭鬭之事，更當留心約束。且伊犁爲厄魯特故地，蒙古風俗，以游牧資生，若居處飲食竟似直省，駐防官兵則日久漸至頹惰。著傳諭明瑞等，將索倫、察哈爾兵丁令其照常游牧，即滿州兵丁亦不宜常居城市，仍令其兼以游牧爲事，即可撙節薪芻，而伊等亦不忘本業，甚有裨益。著即遵照辦理。(高宗六七八、五)

　　(乾隆四八、一、辛酉) 伊犁將軍伊勒圖奏：伊犁崆郭羅鄂博一帶地方出產石煤，現在商人承充窑户。查明實在開挖者二十四座，應照盛京抽税例，計每歲徵銀三百二十四兩零，於乾隆四十七年起按數徵收。報聞。(高宗一一七三、二〇)

　　(乾隆五八、一二、壬申) 諭：今歲塔爾巴哈台屯田遣犯每名收穫計細糧十石以上，而採煤人等亦屬奮勉出力。著將該管屯官照例交部議敍。至耕種地畝及採煤人等，俱著每日加賞麥麪一觔。(高宗一四四二、一四)

　　(嘉慶一一、六、戊戌) 又諭〔内閣〕：松筠奏塔爾巴哈台換防官兵需用燒柴一項採買維艱，請於伊犁烏嚕木齊商民內雇覓能看煤苗之人，前來該處北山產煤處所勘明開採。又據稱出差打圍、巡查邊界及派往坐卡、巡查開齊各項差使之官兵等所領馬匹間有倒斃，即須撙節鹽菜銀兩買補應用。請將庫貯房租項下賞借銀三千兩以資口食，仍分年歸款等語。塔爾巴哈台燒柴稀少，官兵採買難艱，未免有妨生計。北山既查有產煤處所，自當雇覓商民，勘定煤苗開採，以資各官兵日用之需。但該處密邇邊界，採煤夫役日集衆多，不可不加之防範。著達慶等派委明幹妥員前往採煤處所嚴密稽查，毋任滋事。至所奏該官兵等尚須撙節鹽菜銀兩買補馬匹，亦當量爲調劑辦理。著照所請，即於房租項下准其領借銀三千兩，交糧餇駝馬兩處章京採買布匹，換易哈薩克大羊一萬隻，分給額魯特牧放。照例於經牧第三年爲始，取孳分別給與出差坐卡侍衛官兵，俾贍生計。仍著於孳生羊隻內分作六年變價歸款。(仁宗一六三、六)

(5) 蒙古

(乾隆三九、一二、壬辰) 諭：據索琳奏稱察哈爾鑲藍旗游牧內有德布色克地方，民人呼爲平頂山，彼處出有煤苗，招商開窰，於歸化城居民甚有裨益等語。開挖煤窰自屬有益之事，即謂聚集多人，有礙於蒙古游牧，亦視該管官彈壓如何耳。如京師即賴西山煤窰，天地自然之利，豈可棄耶。著察哈爾都統常青等公同詳查，開窰後，果於蒙古民人有裨，即著招商開挖。其應如何彈壓，作價徵稅之處，一併定議具奏。(高宗九七二、二〇)

(乾隆四〇、三、丁丑) 是月，署山西巡撫巴延三奏：查平頂山坐落察哈爾地方，曾經都統常青勘明煤苗顯露之處可得窰二十八座，既與游牧無妨，並於附近歸化城之蒙古民人均有裨益。應請招商試採，以收地利。報聞。(高宗九七九、二五)

(乾隆四二、三、癸未) 又諭〔軍機大臣等〕：上年因索琳奏稱德布色克地方平頂山產有煤苗，請招商開採。當經降旨，令常青、巴延三會同覈查定議具奏。茲據巴延三等奏稱，平頂山所產煤苗，刨試之初線路尚寬，久而壠口稍深，漸次微細，開鑿深入，俱係煤石相間，難以成窰，應請封閉等語。平頂山煤苗微細，即開採亦屬有名無實，自應封閉。但既經查明實在情形，何以不即時具奏，遲待試採一年，始知迄無成效，所奏亦屬遲延。可將此諭令常青、巴延三等知之。(高宗一〇二九、六)

(乾隆五六、七、丙申) 諭軍機大臣曰：丹巴多爾濟在喀喇沁地方開窰挖煤，不遵部駁，私用民人銀兩。該旗有署扎薩克一切事件，竟不許署扎薩克主持，誤聽下人之言，任意辦理。署扎薩克格勒克薩木嚕布因而畏懼交迫，竟至自戕。特命福長安及盟長索諾木巴勒珠爾前往查辦。今據福長安等奏，到彼查詢屬實。丹巴多爾濟著先革職，交慶桂押解來京，命阿桂金簡交慎刑司看守。俟福長安等查明此外有無妄爲之處，續奏到時，再行降旨定罪。此内丹巴多爾濟之梅楞伯布岱現在京師，著寄諭阿桂，將伯布岱派員拏解喀喇沁，交福長安等質審。丹巴多爾濟雖由年輕嗜利，不以署扎薩克爲事，究因惑於下人之言所致，此輩理應查出，重治其罪，著併傳諭福長安按名查出，毋使一名漏網，嚴行定罪具奏。（高宗一三八三、二〇）

（乾隆五六、七、丁酉）諭軍機大臣等：據熱河道全保將私在喀喇沁地方商同開挖煤窰之民人龔廷玉拏獲取供具奏等語。龔廷玉著交地方官速行解交福長安質審辦理外，昨日福長安摺内有丹巴多爾濟既如是私取民人銀兩，開挖煤窰此外不免别有營私事件之語。如有，福長安等自應徹底查明，速結具奏，斷不可徇情。此案訊明，福長安等一面具奏，一面即起程前來，不必等伯布岱解到，儘可將伯布岱解赴熱河審辦。（高宗一三八三、二五）

（嘉慶一一、一一、壬戌）諭内閣：恒伯奏洪果爾托洛海山產煤甚旺，民人内有情願前往挖取者，請旨限以三十人前往開採等語。所奏非是。口外蒙古地方向無開挖煤窰之例。洪果爾托洛海山在扎哈沁牧界之北，伊等平時雖不在彼住牧，如准民人挖煤，相沿日久，民人積衆，難免不滋生事端。所奏不准行，並著申飭。（仁宗一七一、八）

(6) 其他各省

（順治一〇、五、癸未）免三山煤稅，並裁造辦大炭主事一差，著爲令。從工部尚書劉昌請也。（世祖七五、二一）

（乾隆四、六、辛丑）貴州總督張廣泗奏：遵義府屬綏陽縣……鐵星坪版坪產有煤塊，並無干礙田園廬墓，應請開採，照例納課。下部議行。（高宗九五、一四）

（乾隆四、七、己酉）工部等部議覆：護理湖南巡撫布政使張璨疏稱：湘鄉、安化二縣開挖煤廠，監收礦斤。煤廠散處外鄉，監視官刻不可離，請各設主簿一員專司廠務，并增設書辦擇地建署。應如所請。從之。（高宗九六、五）

（乾隆五、二、丁丑）大學士趙國麟奏：請勅下直省督撫，凡產煤之處，無關城池龍脈及古昔帝王聖賢陵墓，并無礙隄岸通衢處所，悉聽民間自行開採，以供炊爨，照例完稅。地方官嚴加稽查，如有豪强霸占，地棍阻撓，悉置於法。得旨：大學士趙國麟此奏，著各省督撫酌量情形，詳議具奏。尋據直省各督撫陸續題報，經工部議覆，除福建、湖北、廣西等省素不產煤，應無庸議，江南、江西、浙江、四川等省間有產煤處所，或久經納稅，或係納糧民地，例免抽稅，均應照舊辦理，無庸另議外，惟查直隸總督孫嘉淦疏稱：口外地寒，居民稠密，柴薪稀少，亟應開採煤窯。但向例需用部票，人多觀望不前。查出口貿易之人係各地方官給與照票，採煤之人，事同一例，原可無庸部票。請嗣後即由該地方官給票出口，俟窯成之日，報明藩司給與牙帖，酌定稅額咨部。又山東巡撫朱定元疏稱：勘得所屬州縣有煤可採並無關礙者係屬民地，請以地主爲窯戶，係屬官地，請以領帖輸稅之人爲窯戶，各聽開採，以利民用。又山西巡撫喀爾吉善疏請：將歸化城等處煤窯八十餘座盡行開採，其經管防範之處仍照理藩院議奏之例辦理。又湖南巡撫許容、甘肅巡撫元展成各疏稱：查明所屬產煤處所均無關礙，請聽民試採，免其抽稅。又廣東巡撫王安國疏稱：查得所屬產煤處所皆可召商開採，請酌定稅額，自一二十兩至一二百兩不等。均係各就地方情形議覆，應如所請辦理。其續有題報者，另行議奏。從之。（高宗一一〇、六）

（**乾隆六、八、壬子**）［工部等部］又議覆：山西巡撫喀爾吉善奏稱：前因歸化城請開煤窯，將內地煤炭禁止出口。查大同、朔平二府屬之豐川衛、寧朔衛、鎮寧所、懷遠所與歸化城距遠，現在該城煤窯尚未流通，若先將內地煤炭禁止出口，則衛所無從購買。應如所請，准其暫行出口，俟歸化城所開煤窯流通，仍照例禁止。從之。（高宗一四九、六）

（**乾隆六、一二、甲午**）工部議准：山西巡撫喀爾吉善奏稱：請將歸化城等處煤窯八十餘座盡行開採，其經管防範之處遵照雍正二年並乾隆四年理藩院議覆歸化城開採煤窯之例辦理。應准其開採。或令兩翼開採均分，或令蒙古開採之處應令都統酌辦。從之。（高宗一五六、七）

（**乾隆一〇、一一、丙戌**）工部議准：兩江總督尹繼善等奏稱：上江鳳陽一帶州縣毘連豫省，粟麥花豆根萁難供炊爨，且連年被災，民力拮据。查懷遠、鳳臺二縣交界之舜耕山煤線頗旺，懷邑外窯地方向曾採煤，乾隆四年封禁。宿州之徐溪口亦有山產煤，無關城池龍脈等項，俱應令民開採。於採煤處照保甲法各設窯頭，並遴員稽查彈壓。從之。（高宗二五三、七）

（**乾隆一一、三、壬辰**）諭戶部右侍郎傅恒：據汝兄傅清奏請踏看藏內附近山中產煤處所等語，此並非伊任內應辦之事。蓋因該處駐劄綠營人等欲藉此希圖獲利，開挖銀礦，亦未可定。即該處柴薪價值昂貴，實有產煤山廠，亦當作伊自己主見。告知彼處人等，京師之人皆係挖煤燒用，汝等何不尋產煤處所挖取？實伊等有益之事。其挖與否聽其自便可也，奚用具奏請旨耶？況西藏乃極邊之地，非內地可比，其生計風俗自當聽其相沿舊習，毋庸代為經理。所奏非是，汝可寄信曉諭之。（高宗二六一、二二）

（**乾隆一六、閏五、丁丑**）工部議准：湖南巡撫楊錫紱疏稱：長沙府屬湘鄉、安化二縣磺煤雜礦，自乾隆十二年開採以來，計發過公項銀四千四百八十九兩零，除所收磺變價外，尚餘六萬八千三百觔，可供數年之用。應暫封閉，俟銷售完日復開。從之。（高宗三九〇、二三）

（**乾隆二四、七、丁丑**）［陝甘總督楊應琚］又奏：甘省肅州居民向藉雜木雜草以供炊爨，邇年商賈輻輳，需用尤多，砍伐殆盡，居民遠赴北山樵採，往返輒數百里。查肅州東北鄉鴛鴦池一帶出產石炭，且距城僅七十餘里，應請酌借工本，招商開採。得旨：如所議行。（高宗五九三、三七）

（**乾隆二八、三、庚午**）山東巡撫阿爾泰奏：……蓬萊、棲霞等處有煤礦，飭縣訪開。（高宗六八二、一七）

（**乾隆三五、四、乙丑**）諭：工部奏山西鳳臺縣民聶全、常義順呈稱伊等開鑿煤渠，情願照直省熱河等處輸稅。經部飭駁，並訊據實情，意以一納官稅，則窑渠界連開地即可不准他人開採。陽借輸稅為名，實欲私圖利已。其人必非安分之徒，請交山西撫臣嚴行約束等語。聶全等既結伴來京具呈，並訊有欲杜他人私開之供，如此存心詭詐，斷不止豫為將來牟利計，必已有侵占民地情弊，藉此以圖掩飾其非，不應僅交地方官約束了事。著將聶全等押交該撫鄂寶，令其詳悉查辦具奏。（高宗八五七、三）

2. 硝磺

（**雍正七、一一、丙戌**）諭内閣：私販硝黃，禁約甚嚴。聞湖廣永順之耶里等處與川省連界地方素產焰硝，土人以煎熬為業，外省小販多以布鹽雜物零星換易，運至梅樹地方分發。而私販者即於此處僱船裝載，分往各處發賣，以致附近之苗人得以偷買，私製火藥。此皆州縣有司疎忽怠玩之故。著四川、湖廣該督撫等轉飭該地方官嚴行查禁，儻有犯者，按律治罪。若地方官仍玩忽疎縱，著即題參議處。（世宗八八、一五）

（**乾隆一、一、乙卯**）［總理事務王大臣］又議覆：河南巡撫富德疏稱：開、歸、陳、汝四府產硝，民間向有硝行。上年閏四月間，經原任督臣王士俊以硝醶有鹽，奏歸鹽商收買，由是利歸商人，累及百姓。今請倣直隸現行之例，官硝照舊發價，民間自相交易。至鄰省需用，齎批赴買，但飭各地方嚴查私販出境。應如所請。從之。（高宗一一、一三）

（**乾隆二、七、戊申**）工部議覆：署河南巡撫尹會一疏稱：豫省硝觔自改聽民間交易以來，殊於貧民有益，惟是每當鄰省採買之時，數多不易足額，及至買畢，又硝多無從出售，貧民煎熬度日，轉覺生計難資。請嗣後產硝地方聽收硝行客運往售賣，仍將硝觔數目及運賣處所稟明州縣官，給發印結，以憑關會查驗等語。查採辦硝觔最嚴夾帶，今若聽行客販運，恐不肖商行易啟將多報少，私行夾帶等弊。且如江、浙兩省皆近海濱，湖廣地方苗猺雜處，倘有透漏，所關尤鉅。應仍令遵照定例，不許私販出禁。從之。（高宗四七、一九）

（**乾隆四、六、甲辰**）〔兩廣總督馬爾泰〕又奏：請開增城縣硝廠爐三十座，暫借司庫銀一千兩，給該縣添設硝爐，以廣熬煎。並陽山地方聽民挖煎，照價收買。數年後，火藥必能充裕。得旨：此奏甚當，如所請行。（高宗九五、二一）

（**乾隆六、一二、丁未**）工部議覆：湖南巡撫許容疏稱：湘鄉、安化二縣於乾隆二年開採煤磺各廠，今解庫硫磺外尚存十二萬觔零，銷售曠日。請將有磺煤廠暫行封閉，俟現存硫磺銷完後，再請開採。至湘、安二縣原各設主簿一員，仍請存留稽查偷採。應如所請。從之。（高宗一五七、三）

（**乾隆七、五、癸未**）工部議覆：署兩廣總督慶復疏稱：粵省貯備三年火藥，現據委員運回西硝，與陽山縣收買民硝并新爐煎辦，業經足數，應將新爐停止。惟舊爐二十座，附近陳土早經採盡，須赴鄰郡買運供煎，需費較繁。請每百觔增給價銀二錢，並陽山縣挑運硝泥脚價亦一體加給。再增城縣舊爐現亦採辦甚艱，應仍收買陽山縣民硝，以充營匠之用。均應如所請。從之。（高宗一六七、一七）

（**乾隆九、一、壬寅**）吏部議准：湖南巡撫蔣溥疏稱：湖南湘潭縣永寧司巡檢距縣匪遙，印捕各官可以兼顧。湘鄉、安化二縣主簿前因開煤收礦，添設稽察，今已停採煎，現在並無專司，均應裁汰。從之。（高宗二〇九、一一）

（**乾隆一〇、一〇、辛丑**）工部等部議准：陝西巡撫陳宏謀疏稱：同官縣陳爐鎮等處煤井兼產磺渣，除煤井仍聽民自行開採外，其磺渣令經紀自出工本煎熬。各營並各州縣行户有需用硫磺處，稟明官司，給與印照售買。經紀所領司帖依酒行例每年輸稅銀一兩，私售者照例治罪，地方官分別參處。從之。（高宗二五〇、七）

（**乾隆一七、七、丙子**）大學士等議覆：陝西布政使張若震奏稱：直省地方遼濶，窮民多就山澤謀生，其中恐有奸匪煽惑愚民，請豫爲防範稽查。

其歷久封禁之山，不許奸民捏端開採墾種。又户部尚書蔣溥奏私挖硝磺一項，亦請嚴加申禁各等語。查各處深山大谷，凡係種蔴、種靛、挖礦、開煤、樵採、捉捕各項民人會聚之處，或有匪徒竄伏，應令各督撫通飭所屬州縣勘明申報，該管巡道會同營員等夏、冬二季親查。至閱久封禁之山，産硝産磺之地，並令嚴行查禁，如有奸民偷挖情弊，即將地方官弁參處。從之。（高宗四一九、六）

（乾隆一七、八、甲辰）大學士等議覆：雲貴總督碩色奏稱古州營歲需硝觔，請就本地採辦，設法稽查等語。查古州各苗寨出産地硝，未便棄爲苗人所有。應官給價值，收買煎熬，以供古州鎮屬三營及朗洞下江等營之用。并責成古州道查禁，勿令偷漏滋擾。疏縱，揭參。從之。（高宗四二一、一）

（乾隆二〇、二、乙丑）吏部尚書仍管四川總督黄廷桂奏：川省需硝，向在重慶設局，於川東所屬南川、彭水、酉陽三廠採辦。但南、彭二廠洞老土淡，酉陽雖新，所產甚微。江油縣有硝洞八，無礙田廬，請開採。報聞。（高宗四八三、一〇）

（乾隆二一、五、壬辰）工部議准：陝西巡撫盧焯疏稱：同官縣陳鑪鎮等處新舊煤井磺盡，無從設鑪，應停。從之。（高宗五一三、一二）

（乾隆二二、一、丁未）吏部議覆：山西巡撫明德奏稱：陽曲、陽城二縣磺礦甚旺，陽曲之王封村，陽城之東冶鎮各設巡檢一員專司，職卑難於彈壓，而礦地遼濶多歧，巡查難徧。至營汛武職如陽曲屬太原營，汛廣兵單，陽城止設縣城外委一員，更屬鞭長莫及。請裁王封村巡檢，移太原府同知駐其地，移東冶鎮巡檢駐攔車鎮，其東冶鎮以攔車鎮同知移駐，不時查察。並請於撫標、太原及潞澤各營守備内每季派委分路巡查，至各省民用磺觔，請令無磺各省督撫除採辦官磺外，再附辦民用之磺，分發各屬需用。晉省無磺各州縣亦照此辦理。均應如所請。從之。（高宗五三〇、二九）

（乾隆二四、一一、庚戌）諭軍機大臣等：據德文奏稱内地所送鉛子火繩尚足敷用，惟火藥無多。查庫車附近出産硝磺，可以採取配合，給與臺站卡座官兵，其舊存火藥，加意照看，收貯備用等語。庫車附近既産硝磺，較之内地運送更屬近便。看來阿克蘇等處或有出産，亦未可定。可傳諭舒赫德、楊應琚留心查勘採取，以備軍需。（高宗六〇〇、二）

（乾隆二四、一二、癸未）又諭〔軍機大臣等〕曰：楊應琚奏庫車附近採買硫磺，宜立法官辦，回人不得擅取私藏等語。所見殊失大體。此在緑旗陋習，以爲如此立法，足見其區處精詳，殊不知回部新隸版圖，以土著之人取土著之物，或即向官兵轉售，以圖微利，亦情理之常，安能盡行禁絶。若謂不許私藏便可防患，其事與撫納降人先收兵器之見等耳。且現在官兵進勦回人，戰則勝，攻則取，前此何嘗不產硝磺，又何嘗禁其採取耶？所謂民可使由，不可使知，非惟事有難行，抑亦理所不必也。著傳諭該督知之。（高宗六〇二、一二）

（**乾隆二五、一、庚午**）參贊大臣舒赫德等奏：查阿克蘇出產硝磺，曾派回人十戶採取交納，又行文阿桂酌增數戶，以供阿克蘇、烏什駐防兵之用。至葉爾羌所用火藥，於沙爾呼勒、托郭斯謙採磺，以葉爾羌所產之硝配造，其鉛子於和什喇布製造。和闐所用火藥，於克勒底雅取硝，於塔克取磺配造，其鉛子於阿克蘇、葉爾羌採造。喀什噶爾附近產硝，亦由沙爾呼勒取磺配造，於特爾克製造鉛子。現在各城駐防兵共五千三百名，內鎗礮手三百餘名，一年所需火藥約八九千觔，即分派各城回人採辦。其如何定價抵補，伊等應交糧石，俟次年辦交時酌議具奏。嗣後需用火藥、鉛子停內地運送。報聞。（高宗六〇五、八）

（**乾隆二六、五、乙卯**）軍機大臣議覆：陝甘總督楊應琚奏稱：皋蘭縣屬騷狐泉之磺廠久經封閉，現在各標營火藥不敷，查該廠磺砂旺盛，仍請招商開採。應如所請。從之。（高宗六三七、三）

（**乾隆二六、六、癸巳**）又諭〔軍機大臣等〕：據楊應琚奏：烏嚕木齊辦事大臣兩次咨取硝磺等因，前經降旨，令軍營大臣等如用火藥，即於本處採取硝磺，間有一二不產硝磺處所，亦宜由近地取用，既省輓運，兼屬便易。著寄信駐劄烏嚕木齊大臣等嗣後仍遵前旨，各就附近地方採用，不必取給內地。（高宗六三九、一八）

（**乾隆二六、八、己丑**）工部題准：署兩廣總督廣東巡撫託恩多咨稱粵東歲硫磺，前於乾隆十七年奏准在英德縣屬猫耳峽等處開採，二十一年採畢封礦。今將次用完，請照前開採。從之。（高宗六四三、一三）

（**乾隆二六、九、甲辰**）駐劄烏嚕木齊副都統安泰等奏：……又厄魯特等報知昌吉產硝，特訥格爾產磺，隨飭配造火藥，尚屬可用。報聞。（高宗六四四、一三）

（**乾隆二八、一、丁丑**）大學士等議准：湖南巡撫陳宏謀奏稱：湖南湘鄉、安化二縣所產硫磺官為收買，除營中歲需火藥外，積存八萬四千餘觔。應如所請，令鄰省赴買流通。至硝觔並請於出硝時即動官項買貯官局，定價咨鄰省買運，民間自無私硝。從之。（高宗六七九、三）

（**乾隆二八、四、己丑**）諭軍機大臣等：鍾音奏現在巴里坤所餘火藥二萬四千餘觔。據提督五福咨明楊應琚定議，駐防巴里坤中、左、右三營應行豫備三年火藥，即於巴里坤現存火藥內支取，已將所有火藥全交五福，以備兵丁操演之用等語。從前既據楊應琚遵照部文議定，即將此項火藥存貯巴里坤備用。而鐘音又云全交五福，以備兵丁操演，所奏殊未明晰。邊疆要地，儲備火藥自應充裕，此項火藥既供操演之用，又將何項以爲儲備耶？著傳諭楊應琚等查明據實具奏。再巴里坤現在移駐提督，需用火藥較多。其附近地方有無出産硝磺，足資採用之處，該督等可彼此咨商，廣爲查勘。如能就近採辦，亦可省内地輓運之繁。著一併傳諭該督撫知之。尋奏：儲備火藥，操演動用後仍需補貯。巴里坤應貯三年火藥，現在庫貯足敷。哈密存火藥甚多，又可隨用隨補。是以臣楊應琚議將巴里坤現存火藥備用，臣鐘音、臣溫敏奏明全交五福備操。但動用缺數，例應遞年補額。查安西玉門縣屬牛尾山産有硝磺，已經開採試鍊。工本外加以運費，較之運自肅州邊外尚有節省。應責成地方官募商採辦資用。報聞。（高宗六八四、三）

（**乾隆二九、七、己卯**）工部議准：河南巡撫阿思哈奏覆：河内縣李封等村六窑出産銅核甚旺，可煉硫磺，供營汛地方之用，應准開採。從之。（高宗七一五、一六）

（**乾隆三一、二、戊午**）又諭〔軍機大臣等〕：前因烏什出産硝磺甚旺，曾降旨令多爲採辦，除備該處需用外，並令運至各處備用。至今未據覆奏，伊等或係僅計烏什敷用，未經多辦，是有畛域之見矣。平定準部回疆，雖各處分駐大員，實則事同一體。著傳諭永貴等即多爲採辦備用。又安泰、雅郎阿赴烏嚕木齊領取硝磺鐵勔，伍彌泰等雖曾供給，然伊摺内有採辦人少，僅足供本處支用之語。亦未免意分畛域。雅爾、科布多、烏嚕木齊俱我之地方，儘可多派人夫採取，若謂採辦硝鐵人多，則耕種之兵不敷，即由内地多派兵丁，亦無不可。並著傳諭伍彌泰等知之。（高宗七五五、一〇）

（**乾隆三三、七、己亥**）工部議准：兩廣總督李侍堯奏稱：粵東採取硫磺現存無幾，請將前次封閉之英德縣屬猫耳峽等處山場仍行開採。從之。（高宗八一四、三九）

（**乾隆三六、九、庚子**）工部議准：廣西巡撫陳輝祖奏請復開鎮安府天保縣黃泥坡磺礦。從之。（高宗八九二、九）

（**乾隆三八、五、丙子**）定邊右副將軍尚書阿桂等奏：遵查金川地方産硝甚多，産磺頗少。前年金川侵占革布什咱境内之默資溝爲出磺之地，賊人刨挖甚多，自有積存。至屯練土兵素習爲鎗，若遽令其不用爲鎗，不但番衆生疑，即攻奪碉卡，難資得力。惟有嚴飭將弁防查，並禁默資溝地私挖，稍有透漏，嚴行治罪。諭軍機大臣等：前此因軍營火藥關係緊要，恐番眾私相售賣，諭知各路將軍，此後土兵毋庸給與爲鎗。今據阿桂奏，所見亦是，此事原當慎之於始，從前既已遍給，此刻自難復改。溫福等各路均仍照舊辦理，但須留心實力嚴查，不可泥於土兵愛惜鉛藥之一言，遂爾漫不經意，致令私售作奸。（高宗九三五、八）

（乾隆四〇、八、乙巳）護湖南巡撫布政使覺羅敦福奏：湘鄉、安化二縣開採硫磺，存積充裕，請將該二縣磺礦封禁。下部知之。（高宗九八九、三四）

（乾隆四二、九、乙丑）大學士管雲貴總督李侍堯奏：火藥爲營中利器，防禦先資，所關甚鉅。滇省歷來辦理惟聽各營自行差弁，向驛道衙門請票，徑赴各州縣採挖。地方官因係營員承辦，雖有督煎之名，其實並不過問。煎熬數目即不報覈，挑運經由亦無盤查，其間採多報少，販賣走私，難保其必無。至配用支銷亦不按依演鎗次數覈定需藥若干，以致各營配製參差不齊，因之年久備貯外，尚有陳積。查廣東磺山係題明召商開採，採足即封。其硝勶亦皆地方文員召商煎辦，歲有定額，與硫磺並解省局。各營請買時，報明總督衙門，行藩司給照，赴局領買，彙價歸款，經過汛口查覈。此外花礆鋪匠並酌定額數，赴司領照買用。即鎗兵每名每月演放幾次，每次演放幾出，用藥若干，加以合操與演放礆位，皆各有一定之數。臣現行司倣照詳議章程，如緬寧、騰越等處逼近緬地，自應永行封禁，交地方文武官嚴密稽查。其出產硝磺處所令該地方官會營勘明結報，召商承辦，就各營需數，採備數年，即行封閉。俟用完請開。設立省局，驗收支放，給照查覈。再黔省各營支放火藥，臣現咨會提臣倣照滇省畫一辦理。得旨：嘉獎。（高宗一〇四〇、四）

（乾隆四九、一、癸巳）陝甘總督李侍堯奏：甘省營制既多，近又添補額兵，歲需磺勶。應寬爲備貯。向於皋蘭縣騷孤泉地方開採，現查磺苗已衰，不敷供用。查玉門縣牛尾山，前經奏明開採，分貯肅州、玉門二處。擬將肅州磺勶撥運三十萬，存貯蘭州，如騷狐泉採磺不敷，即於此內售給。至肅州運缺磺勶，即令在牛尾山招商採買。肅州爲新疆門戶，亦可備關外撥用。玉門地方亦屬緊要皆應貯備寬裕。俟採足停止。其開採事宜照原議章程辦理，并責令該處鎮道稽查。報聞。（高宗一一九六、六）

（乾隆五二、八、己亥）閩浙總督李侍堯奏：漳州一帶出產硫磺，匪徒私挖煎販，現經地方官拏獲究辦。諭軍機大臣等：硫磺一項爲軍火要需，該犯等膽敢私行煎挖販賣，或被海洋盜賊買製火藥，以供刼掠，或奸民輾轉販售，透入賊中，皆所必有，不可不從重治罪。所有拏獲之地方官亦當記功陞用。至該省既有產磺地方，自應開採煎用，乃歷任督撫並未查辦，而營中額用硝磺轉向湖南遠省採買，其本地土磺一任奸民私行煎挖，輾轉售賣，以供盜賊刦掠之用。雅德、富綱、富勒渾俱任浙閩督撫，於此等地方事務關係軍營火藥者既未能查出，就近採辦，而於奸民挖煎售賣又漫無覺察，以致私販紛紛，所司何事？除富勒渾業經革職治罪，令留京辦事王大臣就近傳諭詢問，令其自行登答，至雅德、富綱前在閩省時，地方事務廢弛若此，均令其自行議罪，並即據實明白回奏。（高宗一二八六、八）

（**乾隆五二、一〇、癸卯**）直隸總督劉峩奏：據霸昌道同興稟稱昌平州屬之雞冠崖僻處萬山中，商人採有磺砂，試煎成效。查直隸綠營各駐防歲需磺一萬餘觔，均赴山西採買，今若准該商開採，自可就近收買，以省繁費。得旨：知道了。但禁其滋事及胥役滋擾可耳。（高宗一二九〇、一四）

（**乾隆五三、二、庚戌**）工部議准：湖南巡撫浦霖奏稱：湖南原貯硫磺除本省節年支用並現撥閩省外，存貯無多。請將湘鄉縣產磺煤礦勷項開採。其煤聽民買用，磺則官為收買，俟酌量收積，足敷數年之用，仍行封閉。從之。（高宗一二九九、二）

（**乾隆五三、五、壬午**）諭軍機大臣等：磺觔採自山中，如果開採時毫無透漏，則該省民人製造花爆以及打取牲畜配用火藥又從何而來？即此次賊人鎗礟內所用火藥不少，豈盡由搶奪所得？可見開採磺山，雖派員駐劄，仍不能保無透漏，此事惟在該督撫等平日嚴加查察，總期先於軍火無虧，即或民間鋪戶之所需不能悉行禁絕，亦當防其太甚。至臺灣地方向產磺觔，前據逆犯林爽文供稱將牆上年久石灰煎熬成硝，在北路生番山裏私換硫磺，配作火藥等語，生番山裏既產硫磺，則奸民不但可以向其私換，或幫同偷採，亦未可定。現據福康安奏，將臺灣民間私用鳥鎗繳回銷燬，改鑄農器，而私換硫磺及偷採之弊尤應嚴切查禁。著傳諭福康安務飭該地方官嚴密稽查，勿任仍前疎縱。並著李侍堯、徐嗣曾各於內外時刻留心查察，不得日久生懈，滋弊生事。（高宗一三〇五、一五）

（**乾隆五三、六、癸卯**）欽差協辦大學士、陝甘總督辦理將軍事務公福康安奏：軍營存剩火藥鉛彈，現建火藥局，酌留應用，餘俱運回內地。至閩省需用磺觔，經李侍堯查明上杭縣郭車鄉礦產儘足敷用，已將淡水磺山封閉。得旨：所辦均為妥協，即照所奏辦理。其磺觔一項，既查明上杭縣地方所產已敷各營軍火之用，則臺灣淡水磺山自不必復行開採，現經福康安等嚴行封禁。但恐該處仍有私行偷採及官吏等庇縱透漏情事，並責成巡查之將軍

督撫等一體嚴查。如有似此情弊，即行參奏治罪。（高宗一三〇六、三〇）

（乾隆五三、七、庚辰）開採福建上杭縣郭車鄉大巖背山磺礦。從總督李侍堯請也。（高宗一三〇九、一九）

（乾隆五四、一、丙寅）諭軍機大臣等：據奎林等奏拏獲私越挖磺之紀品、王義等犯審擬一案，已批交該部覈擬速奏矣。臺灣淡水地方土產硫磺，向禁民人私採，乾隆五十二年七月內守備羅禮璋查出私磺四百觔，犯俱逃逸未獲。今經石門汛弁兵拏獲各犯，究出紀品等在大屯山後夥同煎挖磺土各情節，是內地奸匪偷渡挖磺之事從前原未能禁絕。今磺山地方雖已據福康安奏明封禁，並於石門要路添設汛兵防守，但該處山場寬廣，汛兵稽察未周，日久或致疎縱，不可不嚴行巡查防範。著傳諭福康安即嚴飭淡水地方文武督率弁兵，於近山近海地方嚴密稽查，並著奎林等不時查察，勿任日久疎懈，致有私藏販買之事，以期綏靖地方。（高宗一三二〇、一二）

（乾隆五六、三、甲辰）閩浙總督覺羅伍拉納奏：福建省上杭縣大巖背山產有磺礦，經前督臣李侍堯奏明開採，並查明該山場每歲約得磺五萬觔。閩省歲需磺一萬六千觔，計採兩年，可備六年之用。今自五十二年十一月起至五十四年十二月止，共收獲十萬觔，業經採煎足數，應行停止封禁。下部知之。（高宗一三七五、三五）

（乾隆五七、三、己卯）諭曰：福康安奏到藏後採辦火藥鉛丸，以資應用。旋據濟嚨呼圖克圖並扎薩克堪布喇嘛噶布倫等查明布達拉現存火藥二千四百餘觔，鉛子二萬八千觔，並交出大小礮三十餘位，聽候運送軍營。又據各寺喇嘛及噶布倫等將自養馬匹交出，經福康安選得健壯好馬一百匹，一併先送軍營等語。此次征勦廓爾喀，原以保護黃教、輯寧衛藏。前據福康安奏，達賴喇嘛督率各呼圖克圖等採辦糧石牛羊，幫出烏拉，甚為踴躍。節經傳旨獎諭。茲復據濟嚨呼圖克圖等將布達拉舊存火藥、鉛丸、礮位並畜養馬匹一併交出應用，足見急公忱悃。已降旨令福康安分別賞賚，用示嘉獎。火礮、馬匹俱係行兵要用，現據福康安查明藏地本產硝磺鉛觔，一面就近採辦，並添買良馬數百匹，以備乘騎。所有達賴喇嘛處及各呼圖克圖噶布倫等處交出火藥、鉛子、礮位、馬匹等項，著福康安查明，酌給價值，以示體卹藏地有加無已至意。（高宗一三九八、一三）

（嘉慶一一、八、己亥）諭軍機大臣等：吳熊光等奏查明粵省硝黃情形，籌辦透漏一摺。據稱粵省產黃各廠煎解年久，時虞缺乏。查有夷船壓艙鹹沙一項亦可煎硝，曾經辦理有案，且洋船壓帶硫黃例准收買，壓艙鹹沙較之倭黃更多，若收買不盡，尤易透漏，似應倣照辦理。應請俟夷船進口時，即將壓艙鹹沙及所帶黃斤一併飭商認買，俟二項充足，可備一二年之用，將黃廠封閉，硝廠亦一併暫停採煎等語。硝、黃二項例禁綦嚴，今盜船火藥甚多，自應設法嚴防，杜其接濟。著如所奏辦理。但盜船之接濟，其途甚多，如營汛兵丁即有將火藥賣給盜船之事。前經節次降旨，令於濱海各處嚴密稽查，該督等仍當諄飭各營縣實力奉行，方可以杜盜源而靖洋面。將此諭令知之。（仁宗一六五、二九）

3. 其他礦產

（康熙五二、五、辛巳） 大學士九卿等遵旨議覆：開礦一事，除云南督撫僱本地人開礦，及商人王綱明等於湖廣、山西地方各僱本地人開礦不議外，他省所有之礦向未經開採者，仍嚴行禁止。其本地窮民現在開採者姑免禁止。地方官查明姓名記册，聽其自開，若別省之人往開，及本處殷實之民有霸占者，即行重處。上曰：有礦地方，初開時即行禁止乃可，若久經開採，貧民勉辦貲本，爭趨覓利，藉爲衣食之計，而忽然禁止，則已聚之民毫無所得，恐生事端。總之天地間自然之利，當與民共之，不當以無用棄之。要在地方官處置得宜，不致生事耳。（聖祖二五五、四）

（雍正一〇、三、乙酉） 四川巡撫憲德奏言：紫古唎廠開礦之初，忽有蠻夷數百，將商人砂丁攔途刦殺四十五名。臣就近移咨建昌鎮臣趙儒差兵嚴緝，儻或夷人猖獗，必需添兵征勦，應聽督臣派遣外，臣請暫駐建昌，會商料理。四川總督黃廷桂奏言：紫古唎廠開礦商人被番蠻刦殺一案，由於官商網利，越界至水墨崖開採礦砂，以致激變生事。臣已行令鎮臣趙儒，飭委遊擊沈國卿帶兵六百名，駐劄適中扼要之地，調取番目，宣布國威，曉以利害，勒令擒獻凶首。若敢抗拒負固，即將官兵分佈駐劄，守禦要隘。俟秋成之後，派調漢土官兵前往勦捕。奉上諭：建昌等處開採之舉，由於趙儒之陳奏且稱開採若行，則窮民可得養贍之資，而蠻人亦得挖礦以餬口等語。後經部議，行令巡撫憲德查奏。隨據憲德等議准開採，朕始降旨允行。年來外省督撫之奏請開採以便民利用者，朕皆嚴切訓諭，務令本地民情相安，絲毫不擾，而後可以舉行。況建昌蠻夷地方，尤宜加意慎重。今紫古唎廠開挖伊始即有夷人刦殺之事，則該管官員之辦理不善可知。雖云官商越界採取礦砂以至激變，假若該督撫董率有司平日善於化導，俾番衆奉法畏威，實心嚮化，即偶然取砂越界，何至敢肆行刦殺耶？巡撫事務繁多，憲德查賑事竣，著仍回省城，不必留駐建昌。黃廷桂所奏調取番目，勒獻凶首，如取抗拒負固，即添兵勦捕。著照所奏行。（世宗一一六、一八）

（乾隆八、一二、乙丑）戶部議覆：貴州總督兼管巡撫事張廣泗疏稱：南籠府屬坡岉、板堦地方開採硃砂雄黃，應照二八抽收之例，每百觔抽課二十觔。所抽課砂課黃價值不能豫定，應令管廠人員照依時價變賣，於年底分晰造冊報部。再二廠地皆僻壤，砂黃售賣必須解省招商，需用腳價雜費請即在於抽收砂黃課價銀內與各員役養廉工食一律開支。均應如所請。從之。（高宗二〇七、三）

（乾隆一六、三、戊戌朔）兵部議准：直隸總督方觀承疏稱：喀喇沁公所轄之青石嶺，土默特貝子所管之五頂山、青溝、湯頭溝等處舊有十九礦洞，雖曾勘封，恐有偷刨，請就近責成該扎薩克等帶蒙古官兵巡緝，不力者，官參處，兵懲治。從之。（高宗三八四、二）

（乾隆三七、五、丙辰）諭軍機大臣等：據富明安等奏鄖陽府屬竹山縣地方山中出有松石，請官爲分別辦理，並將查獲偷挖民人黃天佑等審擬照例發落等語。向來產礦山場例應立法封禁，原以地方無藉之徒易致招集滋事，不可不防其漸也。今楚省竹山所產松石事屬創始，將來禁止偷挖及官爲開採，自屬應行事宜。至民人等當科條未定之先，見山澤効珍，刨取以爲己利，其情尚屬可原，若一嚴行追究，殊非情理之平。著傳諭該督，令將嗣後應定規條妥協經理，儻經明切申禁，而奸民輒敢違令偷挖，自當執法懲治。所有現獲之黃天佑等俱著免其審擬發落。（高宗九〇九、一一）

（嘉慶四、五、辛巳）命停止和闐產玉之哈拉哈什、桑谷樹、雅哈琅、圭塔克四處開採。（仁宗四五、一四）

三、其他手工業

（雍正九、三、己巳）吏部等衙門議覆：浙江總督李衛條奏江南蘇郡地方營制事宜。……一、各處青藍布匹俱於蘇郡染造，踹坊多至四百餘處，踹匠不下萬有餘人，多係單身烏合，防範宜嚴。請照保甲之法設立甲長、坊長，與原設坊總互相稽查。一、踹匠多係外來傭作，必由人引進，號曰包頭。應著落包頭查明來歷，取具互結，送駐防文武員弁存案，以便稽查。均應如所請。從之。（世宗一〇四、五）

（雍正九、一二、癸巳）廣東布政使楊永斌條奏：定例，鐵器不許出禁貨賣，而洋船私帶禁止尤嚴。粵東所產鐵鍋每連約重二十觔。查雍正七、八、九年夷船出口，每船所買鐵鍋少者自一百連二三百連不等，多者至五百連併有至一千連者。計算每年出洋之鐵約一二萬觔，誠有關係。應請照廢鐵之例一體嚴禁，違者船戶人等照例治罪，官役通同徇縱，照徇縱廢鐵例議處。嗣後，令海關監督詳加稽察。至商船煮食器具，銅鍋砂鍋俱屬可用，非必盡需鐵鍋，亦無不便外夷之處，於朝廷柔懷遠人之德意並無違礙。得旨：鐵觔不許出洋，例有明禁，而廣東夷船每年收買鐵鍋甚多，則與禁鐵出洋之功令不符矣。楊永斌所奏甚是。嗣後稽察禁止及官員處分、商人船戶治罪之處悉照所請行。粵東既行查禁，則他省洋船出口之處亦當一體遵行。永著爲例。（世宗一一三、三）

（**乾隆七、一、庚寅**）江西布政使彭家屏奏：分咨勒追各前司應賠穀石，通飭州縣，錢糧不許銀匠包傾包解。得旨：好。勉力爲之。（高宗一五九、一三）

（**乾隆九、一一、癸卯**）［雲南總督張允隨］又奏：……滇省向無蠶桑之利，布匹亦取給外省，通飭各屬製造機軸，教令紡織，十餘年來，漢夷婦女皆能習熟。（高宗二二九、二二）

（**乾隆一四、六、丁丑朔**）諭軍機大臣等：據布蘭泰奏查看地方樹木情形一摺，內稱黑峪關口外有千松背山，係古北提督屬汛，現有附近居人樵採。又鮎魚關、大安口、黃崖關、將軍關各口外荒蕪之地曾報明地方官開墾，鎮羅關、牆子路、小黃崖口、大黃崖口、黑峪關各口外之樹株疎密多寡不一。民人領取地方官印票爲據，出口樵採等語。鮎魚關等處地畝開墾始於何時？該督等曾否奏明升科？其地畝廣袤若干？口外似此報墾之處共有幾何？著傳諭那蘇圖，令其詳悉查明具奏。再千松背山等處附近紅椿聚集多人樵採樹株，亦屬未便，自應設法稽查。現在該處民人如何樵採，及該地情形若何，亦著一并查明具奏。（高宗三四二、一）

（**乾隆一六、七、庚午**）軍機大臣等議奏：臣等遵旨，將民間禁用銅器一事與總督尹繼善悉心酌議。竊思制錢日用所需，欲錢法流通，市價平減，必先使銅無耗。民間販銅有限，用器無窮，其出於私燬明甚。今請銅器之現在民間者仍聽民用，不必收買，以致抑勒交官之弊，惟此後毋許復造。銅器舖及工匠等悉令改業。已成器者定限變賣，至未經成器及民間廢銅，願繳者，州縣設局，就銅之高低定價之多寡，隨到隨收。第從前但禁黃銅，奸匠將諸銅攙和染色，制錢仍可銷燬，且紅銅加以倭銅即成黃銅，弊端未絕。并請無論黃、紅、白銅，概禁制器。從之。（高宗三九四、七）

（**乾隆四〇、一、丙寅**）諭軍機大臣等：近日閱米芾墨蹟，其紙幅有"勤有"二字印記，未能悉其來歷。及閱內府所藏舊板《千家注杜詩》，向稱爲宋槧者，卷後有"皇慶壬子，余氏刊於勤有堂"數字。皇慶爲元仁宗年號，則其板是元非宋。繼閱宋板古《列女傳》，書末亦有"建安余氏靖菴刊於勤有堂"字樣，則宋時已有此堂。因考之宋岳珂相臺家塾論書板之精者稱建安余仁仲，雖未刊有堂名，可見閩中余板在南宋久已著名，但未知北宋時即以"勤有"名堂否？又他書所載明季余氏建板猶盛行，是其世業流傳甚久，近日是否相沿，并其家刊書始自北宋何年，及"勤有堂"名所自，詢之閩人之官於朝者，罕知其詳，若在本處查考，尚非難事。著傳諭鐘音於建寧府所屬訪查余氏子孫現在是否尚習刊書之業，并建安余氏自宋以來刊印書板源流，及勤有堂昉於何代何年，今尚存否，或遺蹟已無可考，僅存其名，并其家在宋時曾否造紙，有無印記之處，或考之志乘，或徵之傳聞，逐一查明，遇便覆奏。此係考訂文墨舊聞，無關政治，鐘音宜選派誠妥之員善爲詢訪，不得稍涉張皇，尤不得令胥役等借端滋擾。將此隨該督奏摺之便諭令知之。尋奏：據余氏後人余廷勷等呈出族譜，載其先世自北宋遷建陽縣之書林即以刊書爲業，彼時外省板少，余氏獨於他處購選紙料，印記"勤有"二字，紙、板俱佳，是以建安書籍盛行。至"勤有堂"名相沿已久，宋理宗時有余文興，號勤有居士，亦係襲舊有堂名爲號，今余姓現行紹慶堂書集，據稱即勤有堂故址，其年代已不可考。報聞。(高宗九七五、三)

（乾隆四一、一〇、乙卯）諭：據曹學閔奏請禁水烟一摺雖屬無關緊要，但火烟已屬無益，因相沿日久，未便飭禁，今更流爲水烟，尤非所宜。著交步軍統領衙門暨五城御史概行禁止，並著甘肅等省一體飭禁。(高宗一〇一九、三)

（嘉慶一九、三、癸丑）諭軍機大臣等：蔣攸銛等覆奏粵省查辦匪徒情形一摺。粵省地廣民稠，良莠不齊，全在地方官實力整飭，以期漸革澆風。摺內所稱六浮山及回肚面山二處有商人黃大通等鐵廠、鍋廠三座，每處工丁一二百名，因恐人衆難於稽查，俱飭令封禁，令該商將各工丁妥爲遣散等語。所辦尚未妥協。上年陝省南山匪徒即因木商停工乏食而起，粵省山內鐵、鍋等廠，該商等久已利爲恒業，而工丁等亦藉以謀食。今驟加封禁，此數百名失業工丁豈一二商人即能將其散遣，俾無失所？此等無藉游民轉致流而爲匪。所有此數處廠座無庸封禁，應官爲設立章程，或編造丁册，令該商等遞加保結，地方官再按季考察，使各貧民有餬口之地，又不致藏垢納汙，方爲正辦。(仁宗二八八、一三)

第四章　商人和手工業工人

第一節　各業知名商人的社會地位及其活動

一、全國各地富商分佈概況

（**乾隆九、六、己巳**）江西道監察御史衛廷璞奏：……粵東僻處天末，土著之殷富者通省不過數家，至外來流寓如洋行、鹽行雖有數千家，而殷富者亦不過數家，餘皆那移補苴，虛張聲勢，非如兩淮、山右之擁巨貲者，雖經小虧折而無損也。（高宗二一九、五）

二、糧商與臺站

（**雍正八、一、戊寅**）諭內閣：雍正六年內，湖南布政使趙城摺奏湖南現貯倉穀共計六十餘萬石之多，又有收捐穀石，本省可云有備。但楚南地勢卑溼，積貯既久，不無霉爛之虞，請分撥別省，令其來楚運往，以免霉變等語。朕將此摺撥與戶部議奏，經戶部議稱，應行文江浙督撫，令其詳酌，如有應需穀石之處，即委員往楚轉運，朕降旨俞允。隨據兩淮巡鹽御史噶爾泰摺奏據兩淮商人黃光德等具呈，情願出資將湖南積穀三十餘萬石照依原買之價交納湖南藩庫領運，隨地隨時售賣，仍將所售價銀交納運庫等語。隨經王國棟題明，將雍正三年動帑所買穀一十六萬二千餘石照原價每石三錢四分九釐給商交價運售。此湖南巡撫布政使及兩淮巡鹽御史前後具摺辦理之案也。今據湖廣總督邁柱奏稱今年湖南岳、常二府之臨湘、武陵等十州縣微欠雨澤，臣等豫為綢繆，動用公項銀一萬兩買米備糶。而貯倉之現穀與其照原價以給商，不若留俟來年春夏照原價平糶，以濟本地之民食。似應飭商暫停領賣，俟明年無需用之處，仍聽該商領運等語。朕思向因湖南撫藩皆言地方積穀甚多，難以久貯，奏請分撥別省運售，以免霉變，是以兩淮商人有赴楚領運効力急公之請。今商人既已交價，而邁柱又稱楚南需米備糶，應請飭商暫停領賣，是湖廣督撫藩司前後自相矛盾也。湖南現貯穀六十餘萬石之多，欲分撥別省以免霉變，則本省府縣有需米之處，正可將此奏聞平糶，以濟民食，而邁柱乃云正在動用公項銀一萬兩買米備糶，是邁柱之奏又自相矛盾也。且邁柱又稱此時飭商停運，俟楚省不需米穀之時，仍聽該商領運等語。是米貴之時則令商人停運，而米賤之時則令商人領賣，亦甚非情理之平。朕意此米穀中必有虧空情弊。至於噶爾泰既代商人具奏，而又不為伊等行催楚省，歸結其事，亦屬不合。查從前噶爾泰代眾商具奏領運之時，原有隨時隨地售賣之語，今江浙具獲豐收，米價甚賤，湖南既有需米之州縣，著該商仍照前議領米，即於湖南需米之處照時價糶賣，不許地方官抑勒商人，亦不許商人高擡價值。儻商人獲有餘利，聽其自取，不許交官。如此則淮商領米得以貿易，而楚省積穀仍得流通，於商民均有裨益。湖廣督撫等即遵諭行。（世宗九〇、三）

（**雍正一三、一〇、癸未**）總理事務王大臣議覆：內大臣海望奏：現今大兵駐防鄂爾昆，所有軍營官駝數萬別無所用。若以給臺站蒙古運米，則運價大省，於蒙古生計有裨。請自歸化城至鄂爾昆編臺站三十二，每臺給官駝一百五十隻，三班更代，日以駝五十隻運米一百石，每年計八閱月，可運米二萬四千石。臺兵原額六十名，今增丁役二十，以四十名輪班運米，其運米之月加給銀一兩，在臺參領章京驍騎校等各加銀三兩，領催加銀二兩，牽駝往來，每臺給官馬三十匹。統計每年運米需費及增給蒙古官兵錢糧、添補駝馬等費共需銀十二萬九千餘兩，較商人范毓馪之運價可省銀十八萬有奇，較都統丹津等之運價可省銀十二萬有奇。其臺站應如何移置，令總管五十四辦理。尋經五十四奏言，自歸化城至鄂爾昆設臺站三十二，用丁役八十，駝二百隻；自張家口至歸化城設臺站八，用丁役四十，駝一百隻。其原設腰站應徹者，悉行裁徹。從之。（高宗五、一四）

（**乾隆四、二、丙午**）兩江總督那蘇圖、兩淮巡鹽御史三保奏：江省當青黃不接之時尚須平糶加賑，因動支庫銀二十萬兩給運鹽商人，於江廣產米口岸埠頭採買，即將回空鹽船裝載，限三月內陸續運到。得旨：此舉甚善。知道了。（高宗八七、二〇）

（**乾隆一三、一二、甲午**）刑部右侍郎兆惠、署四川巡撫班第奏：現在添調官兵，糧應急籌。……查松潘一路向雇烏拉直運黨壩，費亦較省，後因無米停徹。聞該處可採辦青稞炒麫，已飛飭該同知等速為採買，運黨壩軍營。其甲索一路不足之處，或由黨壩渡河濟運，或交大商分住包運。俟王鎧、範清注到營，再為酌定。現今各路大兵尚無分派確數，……應俟分派既定，再從長籌議。然加糧必須添夫，內地夫役久勞，既難多調，而在官在民，亦多煩費。惟有仍令於各州縣分任長運，立限到營，並令王鎧、范清注二人分派承運，報聞。（高宗三三〇、四一）

（乾隆一三、一二、丁酉）前任四川布政使高越奏：現駐軍營官兵夫役月需米二萬一千餘石，今添滿漢官兵，加運夫人等，約添二萬餘石，自本年十二月至明年五月統需二十五萬石，現在中書范清注認運七萬五千石，郎中王鏜七萬五千石，并前未運竣之米全數到營，可得二十餘萬石。（高宗三三一、一五）

三、領引鹽商

（乾隆二、一、戊午）閩浙總督銜管理福建事務郝玉麟奏：閩省奏給鹽商生息銀兩，伊等趁息數倍，應照舊一分六釐起息，以資兵丁賞給。得旨：此摺甚是。原應因地制宜者，著照卿所奏行。（高宗三五、九）

（乾隆七、九、戊午）兵部議准：直隸總督高斌奏稱：天津、滄州二處應添駐滿兵一千二百名，所需加築圍牆、建造衙署營房約估工費不下五六萬兩，原存該營生息銀不敷動撥。請於司庫地糧支用，於庫項內撥銀三萬兩，交運使轉發商人營運，一分起息，以敷歲需恩賞弁備、新添滿兵開賞之用。再添建各工，需帑數萬，工程重大，該地方官未能諳練，并請簡命內務府或工部司員，會同天津道估計監造。得旨：依議，不必簡派司員。（高宗一七四、四）

（乾隆九、四、壬戌）天津水師滿營都統福昌等奏：賞給兵丁滋生銀三萬兩，陸續將本銀交庫外，現餘銀八萬九千八百餘兩。經高斌奏請將錢、布、油、醬等四舖關收。只存典當、估衣、弓箭、染房等舖，皆減為一分五釐息，所存銀三萬兩，交鹽運使轉交天津殷實商人等，按一分生息。臣等查每年所得利息現雖敷用，而添駐兵到時，一切需用既增，若不另籌滋生之計，必至不能接濟。若將現存本銀在此生息，又恐難以獲利。請將現有銀一萬兩仍交鹽運使轉交天津殷實商人，按一分生息。嗣後再剩銀兩即交此處兵民酌量生息，可以久遠有益。奏入，報聞。（高宗二一四、二〇）

（乾隆一一、二、庚子）兵部議覆：廣州將軍錫特庫等疏稱：八旗馬乾餘銀五千七百兩，原奏交鹽道借商二分生息，營運足數後，其原本仍留道庫生息，充修軍裝。今軍裝業經全修，此後不過隨時粘補，需費無多，請減生息之數，每兩以一分五釐起息，俟息銀充裕，另行題減。應如所請。從之。（高宗二五八、六）

（乾隆一九、一二、甲戌）江西巡撫范時綬奏：捕役躧緝竊賊，若有罰無賞，勢難禁絕作奸。查九、贛兩關舊存平餘銀一萬八百餘兩，請動支一萬兩，交省埠鹽商生息，每年可得銀一千二百兩，以為賞需。得旨：便如此辦

理，亦恐不能盡絕捕役作奸。況天下各省捕役多矣，皆似江西如此辦理，始能緝賊乎？（高宗四七九、二三）

（乾隆二二、一〇、壬戌）又諭［軍機大臣等］：前據那俊奏稱河東池鹽歉收，請買運口外蒙古鹽觔。彼時因未悉池鹽缺產實在情形，是以兩經部駁未准。……至從前那俊有請令范清注前往運買之奏斷不可行。以衆商應辦之事，乃欲專令范清注一人辦運，是名爲民間食淡起見，而暗中實爲范清注添取鹽窩，情弊顯然。使被人參出，那俊即應治罪矣。可將此傳諭塔永寧並那俊知之。（高宗五四八、七）

（乾隆二二、一二、甲子）諭軍機大臣等：户部議覆河東鹽政那俊奏各商請借帑築堰墾畦一摺。……河東鹽池係商人世業，遇有修築，向例該商等自行出貲辦理。該鹽政不過因從前部議內有行令酌量借項興修之語，遂爲各商奏請。但商人借動帑項修理伊等世產，若祇分年扣還原款，而竟不起息，鹽務中從無此例。商人非窮百姓之比也。著傳諭劉統勳查明如果該商等實在無力，必須借帑興修，即奏明照數借給。其應如何照長蘆酌量起息，一併定議奏聞，或因該處屢被災傷，比長蘆略減分數亦可。（高宗五五二、一八）

（乾隆二七、三、甲辰）諭：此次南巡，兩淮辦差商衆業已降旨獎賞，而浙商亦有承辦差務，巡省所至，宜一體加恩，以敷慶澤。著將嘉、松、寧、紹等所運銷引鹽每引各加五觔，以一年爲限，俾民食足而商力紓。稱朕恤商愛民至意。（高宗六五六、一五）

（乾隆二七、六、丁未）軍機大臣等議奏：宗人府滋生銀兩借給旗員，取息一分，原爲宗室等婚喪事件賞項，旗員藉此銀兩又可免重利負貸。但係正項，絲毫不能拖欠，須按季坐扣。又遇婚喪事件賞借俸銀，下季即全行坐扣，借項時雖可接濟，扣還時實不免拮据，不得不另爲籌畫。查宗室等婚喪賞項一年約需銀三萬五六千兩，八旗官員婚喪借俸一年約需銀二萬五六千兩，請在宗人府撥銀二十萬兩，户部撥銀三十萬兩，交兩淮鹽政高恒分借商人，一分起息，解交户部，爲宗室等賞項及旗員借俸之需，其旗員借支滋生銀兩之處，即行停止。至未完滋生銀兩免其利息，借過俸銀展限坐扣，以示體卹。得旨：宗人府滋生銀兩著停止借給，其未完舊欠及借過俸銀著加恩免息展限坐扣。但旗員俸銀無幾，養贍家口，行走差使，恐已不敷，如遇婚喪事件，更慮拮据。嗣後竟停止借俸，量加賞項，其如何賞給之處，軍機大臣速行議奏。（高宗六六五、二）

（乾隆三四、一、己酉）又諭［軍機大臣等］曰：高誠奏長蘆生息銀兩請仍留領運，以濟商本一摺，前經降旨，將各處生息銀兩概行停止，原爲此項名目非政體所應有,是以降旨不令存留。高誠此奏,乃因該處商力本屬單薄,而官項起息又輕,商等可以藉此轉運,以沾餘利,情形實與別處不同,自當格外加恩,停其收繳。但將舊稱更改,定爲賞借項款,不得仍存生息字樣,斯爲並行不悖。將此傳諭高誠知之。(高宗八二七、一四)

(乾隆三五、一〇、辛卯)諭:據色布騰巴勒珠爾奏稱獎賞火器營兵丁銀十萬兩,毋庸置產,請賞借八旗官員,以一分起息等語。所奏非是。旗員有事或畏私債利重省用不借,即借而償還之期尚可寬緩。若官銀利輕,借時甚便,定限坐扣,益無養贍之資,甚至新陳相因而不能償者,該旗大臣代賠,勢必爲官項所累。從前傅恒曾以旗員有事借俸,無益生計入奏,經朕加恩,停其借俸,各按品級定以恩賞之項。各省滋生銀兩官爲貿易生息,亦非政體,是以降旨撤回,即賞借鹽商滋生銀兩,亦曾降旨撤回,續經商衆屢請,始酌量賞借。今賞火器營銀兩置產則久而弊生,著賞借兩淮鹽商生息。除此內已經置產銀兩照色布騰巴勒珠爾所奏分作五年償還外,餘交內務府,該大臣咨會李質穎於彼處商人應交內務府銀內存留十萬兩,即賞借商等以一分起息解交,該營由內務府支領,庶於兵丁實有裨益。(高宗八七一、四)

(乾隆三五、一〇、壬辰)諭軍機大臣等:……因思從前停止各省生息銀兩時,曾經兩淮商人懇請仍照前賞借以裨生計,是商人借帑營運於伊等甚爲有益。著傳諭李質穎,即於兩淮應解內務府銀兩內扣銀十萬兩,酌量分給各商,照從前賞借款項之例一分起息,每年所得息銀解交內務府收貯,以備火器營支用。(高宗八七一、七)

(乾隆四一、三、壬辰)諭:朕因兩金川全境蕩平,蕆功奏凱,恭奉皇太后安輿臨蒞山左,詣岱拈香,告成闕里。所有東省商衆祗候迎鑾,歡忭具徵誠悃,用宜特沛渥恩,俾霑慶澤。著加恩將山東商人本年應徵乾隆四十、四十一兩年引票正項銀三十六萬七千七百餘兩,又未完借項銀二十四萬兩,自本年奏銷後起限,分作八年帶徵,以示優卹。該部即遵諭行。(高宗一〇〇五、一〇)

(乾隆四六、二、庚午)又諭〔軍機大臣等〕:據阿桂等覆奏查詢陳虞盛、王燧上年辦差侵漁,不出商辦及各員幫辦兩項等語。看來伊等貲財竟係侵蝕商捐居多。浙省商人踴躍辦公,固屬分所宜然,但陳虞盛、王燧藉差侵漁,商力或未免疲乏,不可不加體恤。有無應行加恩之處,著傳諭阿桂等將該省鹽務情形悉心籌畫,或於鹽引內酌量加增,或竟於查抄及認罰項內酌量賞給銀兩,俾商力得資充裕之處詳悉妥酌,據實具奏,候朕酌量加恩。(高宗一一二五、二一)

（乾隆四九、五、癸未）又諭〔軍機大臣等〕：據全德奏清查運庫錢糧一摺，內稱伊齡阿任內批准溢借商人銀七十六萬八千餘兩，並未奏明咨部。又另摺奏商借生息銀兩，於乾隆四十七、八、九年分共借過銀四百六十三萬兩，除按引歸還銀二百二十九萬九千餘兩外，尚未完銀二百三十三萬餘兩。又據商人江廣達等稟伊齡阿任內，去冬今春，購買玉器等各項欠帳約計銀六十餘萬，現據各買賣人等索討等語。查伊齡阿到任兩年之間，即有應辦公事，何至商借至四百數十萬兩之多，此外復有溢借之庫項七十六萬餘兩，並未奏咨。又有購買物件私欠銀六十餘萬兩，亦並未向全德言及。前項皆無歸著，其故殊不可解。全德摺著發伊齡阿閱看，令其將如何備抵歸著之處據實逐一明白回奏，毋得絲毫隱飾。至其購買玉器等件既係商辦，朕沿途所收無幾，其餘若現在仍留揚州，即著據實開單奏聞，以便飭交全德查明，劃抵公項，若已隨帶來京及此外別有應行交納之項，據實奏出歸公，以備抵款。（高宗一二〇七、五三）

（乾隆四九、六、丁亥）諭軍機大臣等：前據全德奏伊齡阿任內批准溢借商人銀七十六萬餘兩，並未奏明咨部。又商借生息銀四百六十三萬兩，除按引歸還二百二十九萬外，尚未完銀二百三十三萬餘兩。又商人江廣達代伊齡阿購買玉器等項公帳銀約六十餘萬兩，現據各買賣人等索討等語。當經降旨詢問伊齡阿，以伊到任兩年之間何以借支未完銀兩有如許之多？又私欠銀兩因何並未向全德言及，致前項現無歸著？令其逐一明白回奏。本日據伊齡阿覆奏兩淮向有賞借銀兩，各商每年領借，事有大小，用銀不無多寡，均有原稟原詳文案可查，其溢借商人銀兩，係衆商辦理廟工、船隻、道路等項之用，由運司據情轉詳批准。至江廣達等購買物件皆出自商衆誠心。曾據江廣達面稟尚欠銀六十萬兩，因商衆等僉稱支用屬實，始行批准給領。所有各項支借銀兩俱有文稟可憑。因交代恩迫，未暇告知全德，實係疎略等語。此事前據全德奏到，意似係伊齡阿任意支發，又不與后任交代清楚，以致公私拖欠。今據伊齡阿覆奏，批借銀兩俱有案卷可查，且向係隨用隨歸，並不具奏咨部。伊二人所奏互異，事關庫項，不可不查詢明確。若將此事交與薩載查辦，該督與伊齡阿係屬兒女姻親，恐未免意存迴護。閔鶚元平日辦事尚屬持正，著傳諭該撫即速赴揚州傳喚總商，並提集運司衙門案卷逐一清查，秉公據實具奏。伊二人究竟孰是孰非，毋得稍有偏袒迴護。伊齡阿奏摺並著鈔寄閱看。（高宗一二〇八、九）

（乾隆四九、六、己酉）諭軍機大臣等：據閔鶚元奏遵旨前赴揚州，將伊齡阿鹽政任內各商領借各卷宗逐一查覈。緣兩淮運庫從前陸續奉發賞借本銀共一百五十六萬餘兩，例聽商人隨時禀借，按引收納歸款，遇有商人接濟課運辦公事件，均准借支，總不離借本之外。本年有應辦工程等事，較之常年借數稍增，統計至乾隆五十年均可一律交清，不致懸宕無著。全德因借放銀款，較之原本有溢，是以據實具奏。運使倉聖裔於商借之項先則據情詳借，復因溢額較多，扣留四十萬兩未發，俱屬因公起見。至伊齡阿因商人辦公動借正款並不奏咨，實有不合。應請與始詳後扣之倉聖裔一併交部議處等語。此案伊齡阿任内批借商人銀兩，俱有卷宗領狀可憑，尚無挪移捏冒情弊，是伊齡阿於此事竟屬無過。惟據全德所奏商人代辦玉器一節，已將伊齡阿於本年南巡途次所進節次貢單發交閔鶚元查對，除伊齡阿自有物件外，其商人代辦之件曾經進呈未收者，若伊齡阿已交還商人領回，則此時物件自在揚州，設或伊齡阿離任時竟將物件存留帶回，則伊便有不是。著傳諭伊齡阿即將本年商人代辦貢物經朕駁出，有無帶回京中之件據實詳晰開具清單，明白奏出。伊齡阿具有天良，經朕加恩詢問，自無絲毫虛捏也。所有現在閔鶚元所請將伊齡阿、倉聖裔議處之處，著加恩寬免。至全德初到鹽政之任，因商借溢額過多，遽行陳奏，舉動未免過當，著將此旨並閔鶚元原摺鈔寄伊齡阿閱看。併諭閔鶚元、全德知之。（高宗一二〇九、二一）

（**乾隆五〇、九、辛亥**）諭曰：徵瑞奏據長蘆商人呈請捐銀三十萬兩，備造剝船一千餘隻，並請賞借庫項，各商按引均攤，分限十年歸款等語。此項船隻所需板片木料較多，直省恐不能應手，即著徵瑞開明丈尺數目，知照特成額、吴垣、舒常，令該督撫等於湖廣、江西二省遴派妥員，各趕造五百餘隻，以供剝運。其應用帑項若由長蘆解往，徒滋煩費，即著特成額等各於該省耗羨閒款等項内各動支銀十五萬兩辦理，工竣據實覈銷。所有長蘆商人分限十年應歸之款，著徵瑞按限催繳。（高宗一二三八、七）

（**乾隆五〇、一二、乙巳**）兩廣總督富勒渾奏：粵東省河商欠鹽價通計三十一萬餘兩。查此項商欠緣先期支帑收曬，挈配後，於鹽價内歸還，是帑本輾轉在場，所以隨徵隨欠。現在通盤清釐，將正雜各欠一概劃清，請自五十一年爲始，於每季交納新價時連舊欠帶交，按限催徵，年清年款。得旨：有治人無治法。勉爲之。（高宗一二四五、二二）

（**乾隆五〇、一二、乙巳**）［兩廣總督富勒渾］又奏：粵東運鹽艚船招募修復，現得一百餘號，可裝鹽十五萬餘包。惟是商疲本薄，所需場本水脚應籌款接濟。除將運庫存公各項借動飭發外，請賞准於四十九年徵存課銀内酌留十萬兩，陸續給發曬本，以速配運。得旨：好。知道了。（高宗一二四五、二二）

（乾隆五二、八、甲子）是月，長蘆鹽政穆騰額奏：每年蘆商裝運豫省引鹽，由天津運至大名府屬之龍王廟白水潭等處，水淺河狹，必須另雇撥船轉運。每值豫省運京豆麥及軍戶撥糧同時並雇，船戶因此居奇，商費不貲，甚至覊阻逾歲，貽誤課帑。今該商等情願捐造撥船一百五十隻，專運引鹽，請先於運庫存款內動支排造，分限二年，隨引完納。得旨：可行。知道了。（高宗一二八七、二四）

　　（乾隆五三、三、癸亥朔）賜長蘆、山東商人食。（高宗一三〇〇、一）

　　（乾隆五四、八、癸酉）户部議覆：兩淮鹽政全德奏稱定例每引加餘息三錢，第各商辦運，每引需成本十一二兩不等。趕運緊急，多係借本接濟。若僅得餘息三錢，按月覈算，每月不及三釐之息，殊屬不敷。請嗣後如成本甚輕，給以二分之息，重則給以一分之息等語。該鹽政所請增數較多，臣等酌議，於原額三錢外，如成本較輕，每引餘息加二釐，重則加一釐。從之。（高宗一三三七、一三）

　　（乾隆五五、三、辛卯）軍機大臣議准：山東巡撫覺羅長麟奏稱：東省城垣有前經列入緩修者新城等四十一處，今閱多年，應及時修築。懇於東省地丁報撥款內借銀二百萬兩，交蘆東兩處商人承領生息，爲鉅工之費。其工自五十六年秋季起，至五十九年春季止，將各府屬分初二三限，以次興辦。得旨：依議。其應修初限城垣，即著於本年秋季興工。（高宗一三五〇、一八）

　　（乾隆五五、八、庚申）諭：今歲朕八旬慶節，率土臚歡。現在來京祝嘏臣民俱已疊沛恩施，同霑愷澤。所有承辦慶典之浙江商人志切呼嵩，亦宜一體加恩，用昭嘉獎。著將該商等本年應交柴塘生息銀十二萬兩於五十六年爲始，分作三年帶完，以示朕錫福施恩至意。（高宗一三六〇、二四）

　　（乾隆五七、七、庚申）諭：據內務府議駁穆騰額奏長蘆商人本年應交帑利不准分限緩交一摺，固屬照例辦理。但念長蘆商眾貲本微薄，本年雨澤愆期，麥收稍歉，引鹽不能暢銷，以致商力拮据，該鹽政所奏，尚屬實在情形。此次姑從所請，將本年應交帑利銀三十五萬六千餘兩著加恩緩至本年奏銷後起限，分作三年帶交全完，以紓商力。嗣後不得援以爲例。（高宗一四〇九、一四）

　　（乾隆五九、五、甲午）又諭〔户部〕：户部議駁兩浙鹽政全德奏浙商應輸閩餉等款銀兩，請分限十年帶完一摺，仍令各照原限完納，固屬照例辦理。但浙商貲本微薄，此項外輸銀兩，若於正課之外責令一併交納，恐商力轉輸不繼，辦運未免多艱。所有浙省商人應完閩餉、藏餉外輸等款銀一百九

十萬兩，著加恩自甲寅年爲始，分限五年完納清款，以示格外體恤至意。（高宗一四五二、一一）

（**乾隆五九、一二、甲寅朔**）又諭〔軍機大臣等〕曰：梁肯堂覆奏蘆東鹽價改爲賣銀，酌籌辦理情形一摺。據稱初接徵瑞札商之時，亦以改賣銀兩，商人獲利浮多，未免病民，曾經詳晰咨詢。嗣准徵瑞札覆，以商人應交正課外，尚有雜課餘引帑利運費等項，覈計商人賠折實須一百餘萬兩等語。此論不過蘆東商人因現在錢價較賤，易銀交課，不無賠折，商力難支。設以商之正課而論，或量爲變通，俾得營運有資，不致虧本，其事尚可准行。若以內府帑利而論，則係商人應交內府借項，與民無涉。朕惠愛黎元，屢次蠲租貸賦，不惜帑金億千萬兩，豈肯爲商人應交內府些須帑利，轉將鹽價加增，致民受困之理？其事斷難准行。況此項帑銀原係該商等自行懇請借給者，並非官派其借，出於商人勉强也。且帑利祇係一分起息，爲數甚輕，若商人等於民間自行借貸，焉得如此輕息？是商人已受其利矣。況從前借給時本係銀兩，並非錢文，此時何得以易銀耗折，牽合藉口？現在錢價雖賤，然從前商人領帑之時，據稱紋銀一兩可易錢八九百文，以此覈算，則該商等彼時自得利已多。其官借帑項爲日已久，節經加恩帶緩，即就帑利言之，其所稱每年交納數目亦不應至如許之多。是梁肯堂並未深悉原委，祇據徵瑞一面之詞，代爲附和。著傳諭徵瑞，將應交課帑及帑利各項實數清冊，帶同經手總商數人親自來京，聽候軍機大臣會同覈辦。將此諭徵瑞，即令其速來，並諭梁肯堂知之，若梁肯堂現無要事，即來同議更好。（高宗一四六六、二）

（**嘉慶五、一、癸未**）諭內閣：江蘭歷任藩司巡撫，聲名平常，辦事任性，朕早已稔知，是以令其來京陛見。因彼時無別項劣蹟，將伊留京，暫補兵部侍郎。嗣據初彭齡參奏，江蘭前在雲南巡撫任內，於抱母、恩耕等井被水衝淹有諱災不辦之事。令軍機大臣傳旨詢問，並令伊明白回奏，江蘭並不據實陳明，含混登答。曾降旨將江蘭交部嚴加議處，伊自當聽候部議，乃復具摺堅稱實無淹斃人口，曉曉置辯，已失大臣之體。然朕尚恐稍有屈抑，復諭令書麟詳查具奏，於部臣議請將江蘭革職之處暫改留任，俟書麟覆奏到日，再降諭旨。兹據書麟查奏抱母、恩耕二井前被山水衝淹，井竈、民房、衙署、鹽倉皆被衝塌，淹斃男婦三十二名口，被災民竈三千四百餘丁口，衝坍房屋一千四百餘間，經地方官稟報，江蘭祇於辦理猓匪回省摺內聲明威遠一帶並無被水村莊，轉稱收成極其豐稔。書麟辦事素稱公正，所奏皆係實在情形，是江蘭竟係有心諱災，其咎甚重。……至威遠被災時，該同知孫峻德稟報江蘭原稱衝去人丁十餘口，而江蘭摺內以孫峻德稟內並未敘及損傷人口，更屬支飾。又猓黑滋事，皆由鹽斤墮銷，地方官按戶派買，借債繳課，蒙化等處刁民遂借此滋事。江蘭豫將此案卷宗抽匿，以爲消弭地步，情弊顯然。本應將江蘭革職，交刑部審訊，發往伊犁，但江蘭係屬鹽商，家貲豐厚，即發遣之後，亦必具呈請贖，轉似利其貲財。江蘭著加恩照吏部原議革職，即行回籍，並不准再行瀆辯及具呈捐項自贖等事。至伊子江平，伊曾奏請帶同在萬年吉地効力，今江蘭既經革職，若伊子仍留該處，恐無識之徒妄議，或有出貲助工之事，國家經費有定，亦不藉此區區，江平著即徹回。又書麟奏請將抱母、恩耕二井墮銷鹽課及墊用賑卹銀共五萬三千九百六十餘兩令江蘭賠繳一節，……著江蘭照數繳出，於回籍後即行措辦。解往雲南，藩庫歸款毋得延緩。（仁宗五八、二五）

（嘉慶一三、九、甲申）又諭〔內閣〕：賽沖阿等奏福州滿營及水師旗營修械需費並操演賞項不敷，酌議籌款生息一摺。福州駐防八旗及水師營額設軍械既因存貯日久，未能整齊如式，自應籌款修造，以肅戎政。著照所請，准其於藩庫存貯旗營馬價內動撥銀二萬兩，發交鹽法道交商一分生息，所有應行修理改造器械需用銀兩即於此項內動支。該將軍等務須督率所屬，分別緩急，撙節辦理。餘銀仍著歸還馬價原款，交司庫存貯。其操賞一項，亦應於息銀內籌撥還額。至兵丁出口買馬及尋常差使，例借公項不敷盤費，自應於生息項下酌量動用，以卹兵艱。惟所稱幼丁隨眾操演，每名每月酌給銀三錢之處，殊屬取巧。市惠幼丁，隨眾操演，豫備將來編隸營伍，即技藝嫻熟，亦不過量加獎賞，若技藝生疏，並不必加之懲責。原以該幼丁等係屬閒散，與入伍食糧者不同，今若每名每月概予銀三錢，是又爲幼丁增添錢糧，恐滋冒濫。此一節著不准行。（仁宗二〇一、二二）

（嘉慶一七、一一、辛巳）諭內閣：本日內務府議奏長蘆鹽商義和泰懇借運本銀兩一摺，已依議行矣。摺內引照乾隆五十一年商人王世榮請借帑銀原案，敍稱奉高宗純皇帝特旨准借，措詞殊未審慎。（仁宗二六三、一七）

（嘉慶一九、七、己酉）諭內閣：百齡等奏請借撥淮鹽加價銀款交商生息，以爲邳宿運河歲挑工用一摺。邳宿運河爲漕艘北上經由要道，每歲挑河築壩約需銀五萬餘兩，向由河庫籌款給發，並無專款可動。著照該督等所請，准其於兩淮引鹽徵存癸酉年三釐加價項下動撥銀六十萬兩，發交淮商鮑有恒、張廣德等承領，按月一分生息，解交河庫存貯備用。除歲挑邳宿河道需銀五萬餘兩外，其餘銀二萬餘兩即以歸還原款，俟原款繳完後，另作正項動用。（仁宗二九三、二七）

（嘉慶一九、一〇、壬申）諭內閣：那彥成奏酌動節省馬乾銀兩，交商生息，以爲添派隨扈兵丁盤費一摺。直隸各營兵丁遇朕祇謁兩陵及巡幸木蘭，派出承應差使，所需盤費向於節省馬乾銀内支給。所有本年議添兵丁應支盤費，除已於馬乾銀内動用外，著照所請，即在藩庫餘剩節省馬乾銀内提出銀二萬兩，發交保定、天津兩府鹽當各商，以一分生息，遇閏加增，解交直隸藩庫，以爲每年添派兵丁盤費之用。其阿哥致祭陵寢暨前往熱河派出當差兵丁所需盤費並著一體支給。（仁宗二九八、一五）

（嘉慶二〇、三、庚子）諭内閣：那彥成奏運庫存貯鹽斤加價銀兩懇請交商生息一摺。著照所請，准其將長蘆運庫現存加價銀六十餘萬兩内撥出五十萬兩，交長蘆鹽政發商承領，按月一分生息。每年息銀六萬兩，即由鹽政委員解交藩庫兑收，以五萬兩辦理水利，以一萬兩作爲每年恩賞官兵及整理各兵衣履鞍馬之用。水利銀兩照例報部覈銷，其獎賞官兵一款由藩司造册報總督衙門查覈。（仁宗三〇四、一二）

（嘉慶二一、四、甲戌）諭内閣：巴哈布奏湖南省幫丁情形，懇恩酌借銀兩，量爲津貼一摺。前因浙江漕船運丁債累，降旨查詢有漕省分有無閒款可以酌借，調劑疲丁。兹據該撫奏，該省幫丁等素稱疲乏，運道較他省尤長，費用繁多，稱貸辦公，時形竭蹷。加恩著照所請，准其於司庫備貯項下賞借銀五萬兩，發給漢鎮岸商承領，按月一分行息，每年息銀六千兩，以二千五百兩解司歸還原借本款，其餘三千五百兩均勻散給各丁。俟二十年後本款全數歸還外，所有岸商承領銀五萬兩仍令長年生息，每年息銀六千兩，即儘數分給各幫，俾丁力咸臻寬裕，以裨運務。（仁宗三一八、一二）

四、洋商（行商）

（雍正二、一〇、己亥）廣東巡撫年希堯奏報暹羅國王入貢稻種果樹等物，應令進獻，并運米來廣貨賣。……得旨：暹羅國王不憚險遠，進獻稻種果樹等物，最爲恭順，殊屬可嘉，應加獎賚。其運來米石令地方官照粤省現在時價速行發賣，不許行户任意低昂，如賤買貴賣，甚非朕體恤小國之意。嗣後且令暫停，俟有需米之處，候旨遵行。其壓船隨帶貨物一概免徵稅銀。（世宗二五、二〇）

（乾隆三、一一、戊寅）［浙江巡撫盧焯］又奏請：借動鹽法道庫鹽義倉項下銀五萬兩，照洋商領帑辦銅之例，查明殷實之商，取具保結，借給本銀，不取利息，令赴外省買米，運至浙省災區糶賣。明年麥熟，交還本銀。報聞。（高宗八一、三三）

（乾隆一四、四、丙午）諭軍機大臣等：據尹繼善奏稱王鍇領過乾隆十二年熬茶夷貨，應變還帑本十四萬六千餘兩，定限一年交還。因上年運到時已過發賣之期，未能依限清完，請照伊九年所領夷貨分限三年完納之例，准其於三年內陸續完納等語。前因王鏜世受國恩，罔思急公報効，承辦夷使交易，積欠陝甘庫帑十萬四千餘兩。經該部參奏，是以降旨著照數加倍罰，補還欠項，仍加恩准其分十年完納。今此次所領乾隆十二年夷貨，該督復請援九年之例，分限三年歸款，該員現在捐輸四川軍糧，且伊辦理夷貨亦歷有年所。著傳諭尹繼善准其分限三年交清庫帑。至此後辦理夷貨之處，不必令王鏜承領。該督可查照舊例，或另行招商承辦，或應官辦，妥酌奏聞。至王鏜於此項夷貨既已展限，倘仍不能如期完楚，帑項攸關，王鏜亦必有應得之罪，決不姑貸。（高宗三三九、三一）

（乾隆三九、五、壬午）大學士伯兩廣總督李侍堯奏：船商馮萬興裝載貨物，領照前往咖喇吧貿易，因風漂至安南，仍將原貨載回。（高宗九五九、二七）

（乾隆四一、一一、壬辰）諭：刑部議駁李質穎咨稱革監倪宏文賒欠英咭唎國夷商嗡等貨銀萬餘兩無還，議將倪宏文改擬杖流監追一摺，已依議行矣。此案李質穎辦理甚屬錯謬。外國夷商販貨來售，內地民人與之交易，自應將價值照數清還。若因拖欠控告到官，尤宜上緊嚴追給領，並將拖欠之人從重究治，庶免夷人羈滯中華，而奸徒知所懲儆。今倪宏文拖欠夷商貨銀數至盈萬，實屬有心誆騙遠人，非內地錢債之案可比。至所供落價虧本及賒與客販，舟覆貨沉等語，均係狡詞支飾，豈可憑信？乃該撫僅將倪宏文減等擬徒援赦杖責，殊屬寬縱，又令該犯戚屬互結保領在外，設法措繳，是倪宏文仍可藉端延宕，徒使夷商旅居守候，而貨本終歸無著，豈為平允？幸而部臣議駁，改擬監追，若竟朦朧照覆，則是地方官庇護內地奸商，而令外夷受累，屈抑難伸，其事實乖平允，殊非體卹遠人之道。李侍堯久任封疆，於撫馭邊夷事宜辦理向為妥善，此等賒欠夷商貨本之案，自應督撫會同訊辦，以期允協，乃竟置若罔聞，惟任李質穎草率定案，咨部完結，殊屬非是。李侍堯著傳旨申飭。至李質穎平日尚能認真辦理，何以審擬此案荒唐若此？著交部察議。並著速飭承追之員先將倪宏文監追，轉飭該犯原籍查產變抵，照數給與夷商收領。其不敷之數，勒限一年追清，如限滿不能全完，即令該省督撫司道及承審此案之府州縣官於養廉內按數攤賠。即傳朕旨，賞給該夷商清賬歸國，勿使向隅。其各員所賠之數，俟倪宏文名下追出抵還。仍將倪宏文照部議發配，并將遵照辦理緣由即行具摺覆奏。（高宗一○二一、八）

（乾隆四二、四、辛丑）諭：據李質穎奏革監倪宏文賒欠英咭唎國夷商貨銀一萬一千餘兩，監追無著。經伊胞弟倪宏業、外甥蔡文觀代還銀六千兩，餘銀五千餘兩，遵旨於該省督、撫、司、道及承審之府、州、縣官照數賠完貯庫，俟夷商喴等到粵給還，並請將倪宏文即照部議發配等語。倪宏文赤手無賴，肆行欺詐，賒欠夷商貨銀多至累萬，情殊可惡。而其應交銀兩半係伊弟伊甥措繳，半係地方官代賠，伊轉得脫然無累，僅予發遣，實不足以蔽辜。倪宏文著發往伊犁，永遠安插，以示懲儆。（高宗一〇三〇、九）

　　（乾隆四七、一一、壬寅）又諭〔軍機大臣等〕：據雅德奏審擬龍溪縣民王三陽昧吞蘇祿國貨價，並誣賴王四簡欠銀，囑令扣留一案，已批交該部議奏矣。此案王三陽侵吞蘇祿國托售貨價銀兩，又誣賴他人欠項，寫信與該國王，令其照數扣抵，其爲昧良嫁禍，狡詐不法，已屬顯然。業據該撫督率屬員訊得確情，自應將王三陽按律問擬。其所欠貨價銀兩並於該犯名下，照數追出，給還該國王收領，方爲允協。乃閱雅德所擬覆蘇祿國檄文内有歸咎該國王所托非人，又輕信王三陽一面之詞，扣存他人銀兩，並囑廈門同知著追辦理，均屬未協等語。內地奸民誆騙該國王貨價銀兩，該國王何由豫知王三陽實係匪人？且接信後將銀兩扣留，仍將原信寄交廈門同知查辦，則是該國王並無不是之處。中國懷柔遠人，自當示以大公至正，即債欠細事，亦當爲之剖別是非，令其心服。今所擬檄文內轉歸咎於該國王之辦理錯謬，是即明朝陋習，護内地民人而賤外國，屈小邦，及至釀成事端，又怕人侮，屈意從之，殊屬非是。除將原文令軍機大臣另行刪改發回，諭以該國寄信廈門同知，有内地民人王三陽負欠貨價不還等情，轉稟到本督部堂，當經立飭提拏王三陽到案，奏明大皇帝，將王三陽嚴審究追，從重治罪外，查該國自雍正五年奉表通貢以來，復節次遣使輸誠，敬修職貢，大皇帝嘉爾傾心向化，恩禮有加。該國雖遠處海隅，久在聖朝怙冒之内，今既有内地奸商侵昧貨銀，自應著落嚴追，從重究辦。已於王三陽名下追出原賣貨價銀，除償還該國扣收王四簡、楊得意共銀一千一百零五圓外，尚餘貨銀一百六十五圓，并王三陽未賣小珠一粒，同寄送廈門同知，燕窩五觔，一併附交該國收領。嗣後該國如遇銷售貨物，務須查明誠實殷商，現銀交銀，庶不受奸商誆騙，以副聖主懷柔遠人之至意。著將此傳諭雅德知之。（高宗一一六八、二一）

　　（乾隆四七、一一、庚申）諭軍機大臣等：刑部奏請將侵吞蘇祿國王貨價，並誣賴欠銀之龍溪縣民王三陽定擬絞候一摺。王三陽係内地商民，輒敢將蘇祿國王託銷貨價侵蝕番銀至一千二百餘圓，情罪甚爲可惡。現在已過秋審，著將該犯即行處絞。至中國撫馭外夷，遇有内地不法之徒在彼滋擾，尤當嚴示懲儆，方足以服外夷之心。著傳諭雅德，俟王三陽正法時，傳知該國

在閩夷人，令其在旁觀看，俾知中國於在外滋事之犯斷不稍爲寬貸，且使貿易商民共知儆畏。（高宗一一六九、一五）

（**乾隆四九、一〇、甲申**）又諭〔軍機大臣等〕：據孫士毅等奏洋商潘文巖等不能防範哆囉瑪當家，任由蔡伯多祿來往勾通，情願罰銀十二萬兩等語。已准其認罰，並令將此項銀兩解交河南漫工充用矣。（高宗一二一六、六）

（**乾隆五一、四、癸未**）諭：據富勒渾奏廣行商人潘文巖等稟稱，聞江浙一帶現有荒歉，動撥帑金賑濟，商等情殷報效，願捐銀三十萬兩，以資公用，請在藩庫借支起解等語。所奏殊可不必。上年江浙、河南、山東、湖廣等處被旱地方較多，節次降旨蠲免，並不惜數百萬帑金，以爲災黎賑卹之用。今富勒渾以商人潘文巖等願捐銀三十萬兩輒以入奏，殊屬見小，封疆大吏於地方緊要事件自應實心整頓，乃富勒渾意存見好，殊非朕委任之意，試思各省賑濟銀兩俱出自帑金，先後已盈數百萬，亦何用此商人些微捐助爲耶。該部傳諭富勒渾知之。（高宗一二五二、一六）

（**乾隆五六、四、癸酉**）又諭：據福康安等奏行商拖欠番夷貨價，嚴審定擬，分別追還一摺，內稱……據喝𠯊唎治等呈控，該商欠交番銀四十萬一千六百餘圓，合銀二十八萬九千一百餘兩，請將吳昭平革去職銜，從重發往伊犁當差。家產業經查封，共估值銀五萬九千三百餘兩，除抵該商名下所欠關餉銀兩外，餘銀五千八百餘兩先給夷人收領，尚欠貨價銀二十八萬三千三百餘兩，現據原保各行商蔡世文等情願限五年內分作六次代還等語。行商吳昭平於乾隆五十四年揭買夷商貨物，價值久未清還，欠銀至二十八萬餘兩之多，情殊可惡，自應照所擬發遣示懲。至所欠銀兩……將估變家產餘銀先給夷商收領，不敷之數……即於關稅盈餘銀兩內……先行給與夷商收領，再令各商分限繳還歸款。（高宗一三七七、二五）

（**乾隆五八、一一、庚寅朔**）諭軍機大臣等：浙省解到前與英咭唎夷商貿易郭端之子郭傑觀，經軍機大臣審訊，郭傑觀祇係訓蒙鄉愚，並無與英咭唎交通勾結情事。且伊父郭端前與夷商經手交易，鋪戶銀兩俱被夷商拖欠，此時鋪戶等自不肯再向夷商貿易。而英咭唎貨船此後已不准再到寧波，亦無從與該處民人交結。郭傑觀著交原解官帶回省釋，仍著吉慶飭知該地方官隨時留心查察，毋令滋事。（高宗一四四〇、一）

（**乾隆六〇、七、丁卯**）諭軍機大臣曰：朱珪等奏洋商石中和拖欠夷貨價銀，審擬具奏一摺，已批該部議奏矣。……此案石中和積欠夷商貨銀除變產抵還外，尚欠五十九萬八千餘兩，爲數實屬過多。現據該夷商呈控，

業經照例懲辦,將無著銀兩令通行分限代還,自可依限清理。(高宗一四八三、七)

(**嘉慶二○、一二、甲戌**)諭內閣:章煦等奏審訊攻訐入祀鄉賢不公一案大概情形一摺。此案盧觀恒以洋商致富,未曾讀書,兼有毆兄一事,經章煦等訊明,徹出鄉賢祠,所辦甚是。其劉華東妄刊草茅坐論,亦有應得之罪。章煦因與原保盧觀恒之前任廣東藩司趙宜喜係兒女姻親,奏請迴避。著將此案交熙昌會同蔣攸銛秉公審訊,有無營求賄囑情弊,分別定擬具奏。章煦現已派令管理刑部事務,著將其餘交審各案與熙昌迅速審擬完結,即行回京供職。(仁宗三一四、一二)

第二節　普通商人、手工業者群眾的社會處境與活動

一、對官府賦役壓迫的應對

1. 破壞鹽法販賣私鹽

(**康熙四四、五、壬申**)諭大學士等曰:朕頃者南巡,見直隸、山東兩省販私鹽、鑄私錢者甚多,此二事大不便於民。傳諭該部嚴行禁止。(聖祖二二一、五)

(**康熙四六、一二、丙戌**)刑部議覆:漕運總督桑額察審運丁張季友等抗拒巡捕私鹽,將張季友擬充軍,情罪不符,應駁回。上諭大學士等曰:漕船往來河道運丁人等夾帶私錢私鹽,並裝載一切貨物,遇有稽察員役,輒抗拒傷人,放火誣賴,沿途商民船隻悉被欺凌,種種不法之事甚多,湖廣安慶運丁尤甚。朕以南巡屢經河路,運丁凶惡知之甚詳。今張季友等偷裝私鹽,顯被拏獲,反敢抗捕,強橫如此。漕運總督倘不嚴察懲處,則運丁恣意橫行,必致重為民害。桑額所審此案甚屬朦混,顯有偏徇。著該督再行確審,作速定擬具奏。又諭曰:桑額居官尚好,待下極寬,故運丁皆愛戴之。然而運丁勞苦但可加惠而已,若橫行不飭,反致縱肆矣。昔王樑任總漕時,運丁略有過惡,即責四十板,不少寬恕,故運丁皆畏王樑,今桑額待運丁不嚴,一味用寬,人不知畏,凡用人行政不可偏於寬,亦不可偏於嚴,寬嚴適中,始可謂善也。(聖祖二三一、二二)

(**康熙五六、三、庚申**)諭大學士、學士、九卿等:總督、巡撫、提督、

總兵官皆可密奏，地方有事，即當據實奏聞。前者四川之民流往貴州地方者甚多，貴州巡撫密奏，可知四川巡撫能泰之無能。江南三江口地方，朕曾駐蹕，此處鹽賊藏於蘆葦之處甚多，地方官並不查拏。至於山東地方，鹽賊於沿村買賣之處散鹽於百姓，公然勒取重價，以致官鹽壅塞不行，商旅受害，地方官並不查拏，亦不據實申報。此中賊首旗下逃人甚多，朕差兵百人往拏矣。此等事必待朕親聞差人往拏，地方官職守何事？皆係不實心効力，以至於此。（聖祖二七一、一六）

（**康熙五六、三、己卯**）上諭大學士等曰：今地方官總不實心辦事，如……山東鹽賊余大麻子本係偷盜陵上金鑪案內人犯，逃在山東，為偷販私鹽賊首，千百成群，公然開店買賣，人多畏懼，不敢與抗。其行刦之事亦甚多。巡撫、總兵亦未奏報，朕問往來之人，皆雲山東地方鹽賊甚多，有害行旅。朕差人密拏，悉已擒獲，山東人無不驚悦。即賊犯亦自首服云："若非欽差嚴緝，地方官斷不能拏獲我等也。"（聖祖二七一、二七）

（**康熙五九、二、戊戌朔**）刑部題：直隸各省有鹽梟就撫之後復行販賣私鹽者，應將本犯解部，充發和布多烏蘭古木地方，其從前受撫出結之地方專汛兼轄各該管官俱照失察例議處。從之。（聖祖二八七、一〇）

（**康熙六〇、二、壬辰朔**）諭大學士等：山東巡撫李樹德以拏獲興販私鹽巨賊王美公等一案奏聞。伊等假標將軍名目，聚黨行凶，妄亂犯法。若將此事批出，發科到部另議，則致遲延。著都統托賴、侍郎張廷玉、學士登德作速前往，會同該撫鎮嚴行夾訊，宜正法者於三月前即在彼處正法，宜發遣者著伊等帶至京師，發往和布多烏蘭古木地方。（聖祖二九一、七）

（**康熙六〇、二、己未**）差往山東審事都統托賴等疏言：臣等嚴訊興販私鹽巨賊王美公等一案。王美公、李君錫、曹龍章、王天九、王盛西等糾黨行劫，拒殺兵丁。寧陽縣捕役徐欽九不行緝拏，反與曹龍章等私通書信。安邱縣人鞠士林帶領張元皓等三十五人，黨隨王美公等行劫。俱係情實。已將首犯王美公等五人照例斬決梟示，將徐欽九、鞠士林照例斬決。再訊代徐欽九寫私書之寧陽縣書辦于淵及為從行劫之張元皓等亦俱係情實，應將于淵、張元皓等解至京師，交與刑部，照例僉妻，即發往和布多烏蘭古木地方。奏入，報聞。（聖祖二九一、一二）

（**雍正一、七、庚寅**）諭倉場侍郎：糧運關係國儲，必須遄行無阻，始得及早抵通。……且天津一帶地方向有販賣私鹽等弊，糧船不許停泊，火速趲行，直抵通州。（世宗九、一五）

（**雍正五、五、己卯**）刑部議覆：福建巡撫毛文銓疏報鹽梟彭瑞仁等致死鄭建如一案。查彭瑞仁拒捕殺人，明係大夥私販，應令該撫訪拏夥黨，并將失察各官查參。得旨：部駁甚是。毛文銓前任貴州巡撫時，朕聞其全不實心任事，降旨調回。時因福建巡撫員缺，朕見毛文銓奏對明白，且歷外任已久，因諄切開導，冀其悛改前非，伊亦感悔流涕，是以授爲福建巡撫。詎意下愚不移，到任之後沽取虛名，一切刑名錢穀事件全不實心辦理，以致地方姦徒橫行，官吏恣意作弊，倉庫亦多虛懸。每次陳奏地方事務，俱屬虛詭支吾，朕燭照其姦，屢加訓飭，今又以私梟拒捕殺人之案稱爲零星小販，並不究訊夥党，查參失察各官。似此曲法縱姦，大負朕委任之意，有玷封疆重任，甚屬可惡。毛文銓著解將軍任留閩，將此案務須據實審明定擬具奏。（世宗五七、一五）

（乾隆一、三、甲子）〔大學士管浙江總督嵇曾筠〕又奏：私販鹽梟，藉端生事。得旨：此事天津亦有之。經督臣李衛奏過，已頒發諭旨矣。似此雖小民之無知，亦屬有司之不能料理合宜之所致也。屬員中有應參奏者，即應指明參奏，以警其餘。（高宗一五、三一）

（乾隆一、四、癸巳）是月，江南總督趙宏恩奏拏獲鹽犯。得旨：緝拏私梟，絲毫不可寬縱。看來該縣辦理似覺過軟，即卿亦不可稍存姑息也。（高宗一七、二三）

（乾隆一、四、癸巳）江蘇巡撫顧琮奏拏獲私鹽及執旗開市一案。得旨：此事汝等辦理殊屬不濟，較之李衛不及遠矣。可與趙宏恩共觀之。（高宗一七、二六）

（乾隆一、五、庚申）諭總理事務王大臣：……即如鹽禁稍寬，乃朕優恤窮民之意。而直隸、江、浙、閩、廣諸省私梟鹽棍輒敢招集無藉之徒肆行無忌，現在查拏究處。然此不過編戶小民不能深悉朝廷德意，一時觸法犯禁，猶可云愚昧無知。（高宗一九、二一）

（乾隆一、五、癸亥）江南總督趙宏恩、兩淮鹽政尹會一覆奏丹徒鹽梟插旗糾衆情形。得旨：不謂汝等未經陳奏，謂趙宏恩所奏之詞半屬粉飾，未如大學士嵇曾筠之據實不諱耳。（高宗一九、三〇）

（乾隆一、五、癸亥）〔江南總督趙宏恩〕又奏辦理鹽梟情形。得旨：緝拏鹽梟一案，汝始終辦理，總過於姑息一邊，不知縱盜養奸非所謂寬也。戒之戒之。（高宗一九、三〇）

（乾隆五、閏六、戊辰）刑部奏：據長蘆鹽政伊拉齊議覆太僕寺少卿魯國華奏：查豫、東兩省幅員遼濶，窮鄉僻壤，或有查賑未遍，以致饑民隨和鹽徒販私之處，亦未可定。應令河東兩省撫臣轉飭各該地方官嚴行防範，於

被災戶口詳加查核，分別賑卹。其實係鹽匪，嚴行究治。從之。（高宗一二一、一九）

（乾隆六、三、乙亥）刑部議覆：兩淮鹽政準泰奏：積慣梟徒串同奸竈共販私鹽，被獲到官，不實供出賣鹽竈戶，反將殷實良善誣扳索詐。承審官聽其狡飾，含混結案，致積梟奸竈兩無顧忌。請將各官即按鹽犯罪之輕重，照不取緊要口供例分別議處。應如所請。從之。（高宗一三八、一六）

（乾隆七、一○、乙卯）［江蘇巡撫陳大受］又奏：嚴緝藉災販私之梟徒曁密察積梟窩藏處所，豫爲處置解散。至各處流民有過江赴豐稔地方趁食者，飭各屬聽其自便，隨地安插稽查。得旨：所奏俱悉。（高宗一七七、二三）

（乾隆九、二、丁巳）又諭：朕聞閩省地方因循廢弛之習不獨有司爲然，武職各官尤甚。衙門兵役均有緝捕查拏之責，文職衙門之壯捕豈能如營汛兵丁之衆多。遇有大夥梟販，武職弁兵自應首先擒捕，方不至於兔脫。乃上年十月內，晉江縣梟販莊鬍三等持械押護私鹽二百餘擔，兵役攔截擒拏，竟被殺傷兵丁，將器械奪去，又十一月內長樂縣江田地方梟販陳德賜等八十餘人，哨捕向前擒拏，反被剝衣捆打，巡兵繼至，見梟販勢衆，不敢擒拏，盡被走脫。其餘十數人及數人一起之私梟在地方肆行者甚多，而弁兵捕獲者甚少。朕所聞如此。鹽梟既敢抗玩，則其他聚衆不法等事一任其疎縱可知。著總督那蘇圖、巡撫周學健加意整頓，體國家設兵衛民之意，大破從前積習，嚴飭弁兵，緝奸禁暴，以靖地方。倘或仍蹈前轍，將弁兵嚴加處分，毋得姑容。尋據那蘇圖等奏：沿海販私奸民處處都有，至大夥私梟，聚衆至八九十人及百餘人之多，兵捕四路查緝，勢力渙散，猝然相遇，衆寡不敵，上前擒捕，轉致損傷。欲清梟販之源，當思捕緝之法。查各梟私挑往來出沒定有經由之要隘要津，能於津隘處所酌撥兵役，併力遊巡，梟販或知斂跡。但沿海產鹽之處地界遼濶，津隘頗多，非各處汛防之諳練員弁不能熟悉。現在除莊鬍三、陳德賜等多人俱已拏獲外，復移行提鎮協營司道等確核妥辦。并飭令查保甲以防窩頓，嚴場竈以杜私售。得旨：知道了。諸事皆當如此上緊料理方合。（高宗二一○、一一）

（乾隆一三、四、庚辰）諭軍機大臣等：據福建水師提督張天駿奏稱洋面拏獲賊匪鄭掌等八名，內鄭掌係偷販私鹽，監禁越獄，復獲問流，淮安安插，又兩次在配逃回，今糾合林卓等七人，希圖出洋爲匪，咨明督撫飭審等語。鄭掌屢次脫逃，復聚集多人，希圖出洋爲匪，其心叵測，與尋常在配逃回之流犯不同。可傳諭喀爾吉善等，此案務須從嚴辦理，將首從各犯逐一究

審，并飛飭查拏黨與，毋得稍有疎縱，草率完結。（高宗三一三、三六）

（乾隆一五、七、庚午）河南巡撫鄂容安奏：拏獲汝寧、南陽各屬私販棍徒，殃民首惡嚴審辦理緣由。得旨：足見留心察吏安民，甚嘉悦覽之。（高宗三六九、二六）

（乾隆二四、七、己未）又諭〔軍機大臣等〕：據阿思哈奏信豐縣刁民二十餘人在大庾縣寨下地方搶奪南埠鹽船，又於藍村地方搶奪續運鹽船等語。夥黨私販，已干法紀，乃敢糾合多人持械逞凶，搶奪官運鹽船，並因從前私販蕭士美等拒捕格傷身死，明言因命報仇，尤屬不法。此等棍徒實爲地方重蠹，若不痛加懲治，無以遏戢刁風。著傳諭阿思哈，即將拏獲各犯嚴行審究，從重辦理，毋得稍存姑息。（高宗五九二、一六）

（乾隆二八、五、甲子）又諭〔軍機大臣等〕曰：楊廷璋等奏寧海縣劣監梅世英等窩庇梟犯，率衆拒捕潛逃一案。鹽梟干犯法紀，拏獲之後復糾衆搶奪，已屬不逞之尤。梅世英等以衿監膽敢挺身窩庇，率族拒搶，直傷官役，且甘心挈眷逃匿，以抗王章，其情理又豈尋常罪犯所有？知縣王連祗知瞻顧考成，計圖掩飾，知府保全又以庸懦無能，不即嚴拏，坐令該犯等肆行無忌。地方尚安用此守令爲耶？著傳諭該督撫等，此等凶惡重犯一門濟惡，即當按其情罪盡法懲治。不得援首從常例，僅於其家定擬一人伏法，致逆黨稍稽顯戮，庶頑孽知所儆惕，於法紀人心均爲有益。該府縣等亦即嚴行查參，以示不職之戒。可將此一併詳諭知之。（高宗六八六、一〇）

（乾隆二八、六、丁亥朔）諭軍機大臣等：據楊廷璋奏海寧縣鹽梟拒捕案內，窩犯毆官之梅世英等先後拏獲審擬等語。辦理甚爲迅速。梅世英等以衿監窩匿私梟，復率族拒捕搶犯，直傷官役，且膽敢挈眷竄逸，其爲蔑法肆惡，行同梟獍，似此頑孽凶徒，充其伎倆，何所不爲？若不盡法懲治，何以儆凶頑而申法紀？著傳諭楊廷璋等，按其情罪，速即嚴審定擬，不得援首從常例，致濟惡之逆黨稍稽顯戮。其緝拏要犯之員能於旬日悉行弋獲，不致兔脫，頗屬急公奮勉。著該督撫查明首先拏獲之員，出具考語，送部引見。不可循外省習氣，以協緝多人籠統開報。庶實在出力者得以有所獎勸，而因人成事之員不致妄希非分。並將此傳諭知之。（高宗六八八、一）

（乾隆三〇、五、乙未）諭軍機大臣等：昨據富尼漢奏稱沂水縣有鹽徒聚集二三百人在地方滋事，該縣會同千總前往查拏，詎鹽徒持械拒敵，打傷縣役二名，並將該縣等所擒捕打倒之鹽梟三名亦被搶去，四散奔逃。該縣等現在尾追擒拏等語。已批令嚴拏重處，毋致漏網，並令將因何致事之故查明速奏矣。此等匪徒，若祇係挑販私鹽，何至聚集二三百人之多，敢於持械拒捕，必有致釁之由，諒非邂逅聞拏，烏合滋事。或該處奸民本屬刁悍，聚集已久，遇事輒爾恣橫，而地方官平日既姑息養奸，臨時復經理不善，均須徹底根究。崔應階現在濟寧一帶查河，相距沂水不遠，著即前往嚴行查辦。至陞任知府宋敞，朕因其資俸已深，人亦似乎可用，是以量加遷擢，但該員在沂已久，若果能留心整頓，必不致梟棍橫行。此案與宋敞任內有無干涉，及該員在任時是否實心，并新授知府曾否接印任事及如何辦理之處，並著即速查明，據實覆奏。將此傳諭知之。（高宗七三七、八）

　　（乾隆三〇、六、乙巳朔）諭軍機大臣等：崔應階覆奏沂水縣鹽徒滋事緣由一摺。內稱，鹽徒乘地方官公出，挑取私鹽，雇覓鎗手，公然赴集肆賣，巡役前往查拏，即煽誘趕集鄉民隨同搶奪等語。可見此事起釁由地方無大員彈壓所致。朕向來巡幸地方，恐地方大吏齊來迎鑾，以致境內乏員經理，屢次降旨禁阻。即如今歲南巡，沿途諄切告誡更不啻再三。乃不知善體朕意，以地方事務為重，致生此等搶奪事端，該撫實不能辭咎。所有聚衆滋事鹽徒雖已拏獲三十餘人，據稱首出要犯數名現在分路追拏，是首犯尚未弋獲，該撫務督率員弁極力擒捕，毋使漏網稽誅。至趕集鄉民，當鹽徒肆橫時，即不能協同官役查拏，亦應各守本分，安靜無擾，乃轉因其煽惑，竟從而附和搶奪，其情亦屬可惡。將來審擬定案，務當研究隨同犯法之人，嚴加懲治，以示炯戒，斷不可稍存姑息，致令脫然事外。再此案該撫既稱事起近日，又云尚屬宋敞在任之時，則是鹽徒不法，三四月間諒已漸有端倪，從前何以並未奏聞？豈地方有司因案情重大隱匿未報，抑該撫業有所聞，因事未敗露，遂欲有意消弭，化有事為無事耶？又據奏，宋敞於五月十六日起程赴沂，距東省地方官在境上送駕時已一月有餘，宋敞理應或回沂州料理任內未完事件，或即赴新任，乃於何處逗留，遲至如許之久，始回原任交代？著傳諭該撫崔應階，將各項實在情由一併查明具奏。（高宗七三八、一）

　　（乾隆三〇、六、戊申）諭軍機大臣等：昨據崔應階奏沂水縣鹽徒滋事緣由，已於摺內批諭。如果事在正二月間，何以並未奏聞？今據高誠摺奏益都、壽光、臨朐、沂水、蒙陰、博山等縣自本年二三月間，即有鹽徒拒捕傷人之事共三十四案，俱經商人報縣有案等語，果不出朕所料，已降旨將崔應階交部議處，並地方各官嚴加議處，宋敞即行解任，聽候部議矣。此等聚衆滋事之鹽徒全獲後，固當嚴行懲治，以儆凶頑，即附和之鄉民因利私鹽價賤，群相買食，致為奸徒煽誘，隨從搶奪，刁風亦不可長。昨已諭令詳鞫嚴懲，該撫務徹底根究，不可稍存姑息，顢頇了事。將此傳諭知之。高誠摺及清單一併鈔寄閱看。（高宗七三八、七）

（乾隆三二、一一、庚申）安徽巡撫馮鈐奏：據和州知州詳報，在陳橋洲大江中間拏獲海口沙船一隻，裝載私鹽。訊據各犯供稱係由關東錦州二島口私運，由海口進通州，直抵和州。查海船出口例將船戶、水手姓名、籍貫開載照單，以備各口查驗。今該犯等結夥多人越海私販，保無爲匪不法情事。除一面提解各犯到省嚴訊外，並查取各口失察職名，分別叅參。得旨：知道了。又批：嚴審定擬。至失察各口更不宜輕縱，應會該督者，會商嚴辦。（高宗七九九、二二）

（乾隆三八、七、丙子）諭：據三寶奏審擬孝豐縣監犯陳永加等賄通禁卒，糾合同禁人犯越獄脫逃一案，請將陳永加及禁卒王永、許武均即行正法，丁松牙等分別定罪一摺。此案陳永加以私鹽拒捕毆殺兵丁之犯，罪本應斬，乃敢賄通禁卒，結夥同逃，自應決不待時。王永、許武身充禁卒，膽敢與重囚交好，貪得衣食銀兩，糾約同逃，情罪甚爲可惡。前經該撫奏報案犯全獲時，已諭令迅速審明此三犯，照新疆改遣脫逃例，即行正法奏聞，該撫奉到前諭後，自必遵照辦理。至流犯丁松牙、杖犯章毛娘、劉麻子、施芳賢等，當陳永加糾約之時，輒皆應允賄囑禁卒，同重犯結夥越獄，實屬黨惡藐法，與尋常輕罪監犯自行乘間脫逃，未與禁卒賄謀者不同。該撫僅照常例擬以充發杖徒，不足示儆。著該部改擬死罪，入於本年秋審情實。至另案收禁之施貴選於陳永加約會同逃，並邀其共飲時，屢次執意不允，尚係馴謹畏法之輩，自當就其應得本罪量減一二等。分別勸懲，以示平允，且使所在獄囚知狡脫者必罹刑章，守法者得邀原減，於除奸宥過之中即寓慎重囹圄之道，該部一併定擬具奏。（高宗九三九、一六）

（乾隆四二、一〇、壬戌）又諭曰：國泰奏：嶧縣知縣吳瀋詳報該縣界溝地方有私販九人，各推鹽車一輛，拒捕傷斃巡役，仍推車而逸，查緝無蹤。密委中軍參將飛赴該處督緝務獲，並確查實在情形。據參將稟稱，訪得私鹽小車四十餘輛，鹽犯四十九人，由麗家渡過河回南，已獲夥犯二人，俱係江南邳州人。並據兗州府知府稟稱，審訊所獲夥犯實係四十九人，各犯往南逃走，該縣因往西北追捕，致被逃逸，俟查明再行參奏等語。鹽梟如此結夥橫行，可見該縣平日於地方事務漫無經理。且犯已往南逃，該縣不即詢察明確，轉向北追捕，致令遠颺，實屬無能溺職。又以四十餘犯捏報九人，更屬欺飾。吳瀋著即革職，留於該處協緝。嶧縣爲水陸要衝，又常有鹽梟出沒，員缺緊要，著該護撫於通省知縣內揀選一員調補。（高宗一〇四三、二〇）

（乾隆四二、一一、辛巳）諭軍機大臣曰：薩載等奏陸續拏獲東省鹽梟案内逸犯十一名。其李二賴歹實係幫同孫二漢毆傷巡役之犯，質訊明確，即行處斬梟示一摺。該督等督飭屬員協緝鹽犯，多而且速，尚屬認真。惟據各犯所供姓名，有與東省供詞不同，自應兩省會商覈實，分頭緝捕，其首犯孫二漢尤須嚴緝速獲，餘犯務須全數獲得，勿使一名漏網。至閱李二賴歹供單內稱係領郯城縣張莊鹽店票子買鹽等語，既向鹽店領票買鹽，似非私販，何以復糾夥潛行，拒捕搶犯？其故殊不可曉，或於正票觔數之外夾帶私鹽，故爾糾衆滋事，不可不據實究明。其各犯之鹽又係買自何處，夾帶私鹽若干，抑所賣盡係私販，亦須逐一訊明，通行覈辦。又李二賴歹供路遇李順等六人，齊到嶧縣固園，住徐寡婦家，見孫二漢等，共四十八九人，有四十六把車，孫二漢起意到河北賣鹽，並云仗人多不怕查拏等語。徐寡婦家若止係尋常歇店，安能容留如許人車，且鹽徒皆不約而同前往投宿，其人必積慣窩藏梟販，坐地分贓。此等匪惡犯婦，結案時當從重辦理，不可因係孀婦，稍存姑息。又各犯同載私鹽，渡河售販，東省豈竟漫無盤詰，聽其糾夥販私，毫無忌憚？亦屬不成事體。因憶乙酉南巡時，該省沂水縣曾有私販拒捕之事，今又有如此聚衆鹽案，可見從前未曾妥辦善後事宜，致奸民習爲故常，復蹈法網，不可不設法稽防，以杜後患。著交國泰於此案獲犯結後逐一詳覈，酌定章程具奏。尋奏：郯城與江南海州、贛榆鹽灘逼近，場多鹽賤，例准老少男婦挑負發賣，鹽梟藉此收買販私。康熙年間曾設海贛同知，駐兩省接壤之大興鎮，查緝私鹽，兼管河務。又設千總一員，兵五十名，該同知管轄分巡。雍正十二年，因同知既管河務，改隸河工，即將緝私事歸沂州府通判管理。近又因該同知河務簡少，而泇河通判工程較多，陞改同知，該同知改爲通判去海贛銜，專司河務，已無緝私之責。沂州通判不兼海贛銜，未能越境稽查。千總微弁，難資彈壓。請將駐大興鎮之通判復改爲海贛通判，兼管河務，仍轄千總，專司巡緝海州、贛榆、嶧縣及蘭山、郯城等處私鹽。時赴灘場稽查竈户，毋許額外多煎，倘有私鹽透漏越境，即將通判參處。……再郯城崇逢集居民多而離縣遠，請令商人添設子店便民，藉杜私販。至海贛竈户應編保甲稽查，現劄會兩江督臣飭運司妥辦。得旨：所奏是。該部速議具奏。尋議：應如所奏。從之。（高宗一〇四五、六）

（**乾隆四二、一二、辛丑**）諭軍機大臣等：山東嶧縣地方鹽梟聚衆一案，經該撫國泰馳往督緝。前諭令署兩江總督薩載前往邳州會緝，節據該督撫奏，兩省獲犯三十餘名，業經陸續審訊，將要犯隨時正法，從犯分別外遣，並諭令將逸犯十餘人上緊勒緝務獲，諒可不致漏網。昨據國泰奏續獲要犯宋四夸子等一摺。嚴訊該犯等，供係在海贛交界之處零星偷買老少鹽，積有一二百觔不等,先後裝車推買等語。因思山東曹、沂一帶鹽梟之案已經屢犯。由於其地與海贛鹽場相近,而各場所出餘鹽舊例原爲贍䘏貧乏之用,日久遂爲奸民牟利之資。即或嚴爲查禁,非肩挑背負不許出場,而此等梟衆無難私雇窮人在場如數攜出,彼即從旁收買,一落其手,仍可積少成多,販行無忌。是此例不除,流弊終難盡絕,不可不通盤籌畫,以期妥善也。且此等肩挑背負之鹽,期使瀕海貧戶稍獲微利以謀生,乃積久法弛,窮民之霑潤有限,奸販之影射寖多,竟以老少之利源變而爲私梟之弊藪,可不急改弦更張乎?朕意與其存此例以滋弊,莫若去此例以防奸。自應將各鹽場所出餘鹽,窮民肩挑背負,歲可獲利若干,通行覈計,即照數官爲收買,散給貧民。其一切肩挑背負之例悉行停止。則貧民仍得倚以餬口,奸徒無得藉以犯科,實爲兩便。其收買之鹽或仍給商領銷,或併聽商買用,務使挑負之衆仍免向隅,而場竈所餘亦無狼藉,正本清源之道,莫過於此。著傳諭有鹽各省分督撫及各鹽政等將如何設法辦理之處,就各省實情,公同悉心妥議,詳晰覆奏。又如湖廣省向多川廣私販,陝甘省向售蒙古私鹽,與此等情形又復不同,或係積久相安,或應另爲籌辦,務按各實在情形妥爲籌議。朕意籌度如此,但各省地方及場竈情形未能深悉其事,是否可以行之有益而無弊,著各督撫會同各鹽政按該處實情斟酌妥善,據實覆奏,不得因朕有此旨,稍存遷就也。將此通行傳諭知之。(高宗一〇四六、一〇)

(**乾隆四二、一二、乙卯**)諭軍機大臣等:據國泰奏稱嶧縣鹽梟拒捕一案,訊首犯孫二漢之子供稱,伊父曾説要往東邊一帶逃走等語。登萊地方海面與盛京相對,該處民人渡海前往者正多,該犯或溷跡偷渡,亦未可知。著寄諭弘晌出派妥幹員弁加意訪查,毋致漏網。並將國泰原摺鈔寄弘晌閱看。(高宗一〇四七、一〇)

(**乾隆四三、五、庚申朔**)又諭〔軍機大臣〕曰:寅著奏據鹽城縣稟報,四月十九日有南來鹽船二三十隻,蜂擁往西門,及知縣、守備前往查拏,衆犯登岸持械,放火燒橋,戳斃營兵一人,戳傷胥役三人,經官兵施放鳥鎗,衆始退逃。當拏獲鹽船十六隻,獲犯張信元等男婦十四人,鎗斃鹽犯三人。現在寅著已親往該處查拏首夥各犯,並飭鄰境州縣并力協緝,一面移知督撫等語。鹽梟敢於持械拒捕,放火燒橋,傷斃兵役,不法已極,其船多至二三十隻,匪徒必聚至百人以外,似此糾衆肆行實爲可惡,不可不速拏務獲,嚴加審訊,盡法多治數人,以示懲儆。(高宗一〇五六、二)

(**乾隆四三、五、癸亥**)諭軍機大臣等:鹽城縣私梟拒捕燒橋,傷斃兵役一案,前據寅著奏報,已諭令楊魁星速馳赴該處查拏審辦。兹據楊魁奏接據該縣稟報，即日起程馳赴鹽城，督率道府及地方文武上緊跟拏要犯務獲，據實審辦等語。自應如此認真速辦。此案鹽梟敢於糾集多人，裝船二三十隻，肆行私販，且敢持械拒捕，放火燒橋，並將官兵傷斃，實屬目無法紀，不可不及早全行弋獲，嚴加刑訊，多辦數人，並於該處即行正法，以示懲儆。現在曾否將要犯全獲，訊得實情，勿稍延緩，致令遠颺漏網，至各犯所裝鹽船但云自南而來，並不言及來自何處，其前往西門亦不言其去欲何往，殊未明晰。薩載等務須逐一查明，以便易於根究。至鹽船二三十隻已獲十六隻，其未獲者尚餘一半，船行非單身逸犯可比，更易追拏，今各船自應悉行就獲，即棄船逃竄之犯亦當上緊追捕，勿使遠逸倖免。再昨歲山東私鹽案內尚有首犯孫大漢脫逃未獲，或該犯仍在此案鹽梟內，糾聚多人，故行抗拒，亦未可定，果爾，其情罪尤為可惡。薩載等即將已獲各犯切實嚴訊，務得實情，如果孫大漢在內，更須即速嚴緝就獲，加重治罪。薩載、楊魁審辦此案，務須實力嚴懲，多辦數人，即應行末減者亦當發伊犁等處為奴，不可稍存姑息。至鹽城距淮安甚近，德保駐劄淮城，自應早得信息，何以遲至五六日後始行具奏？至此事雖非總漕專責，而地方既有鹽梟拒捕大案，德保亦不得諉為無過，並著薩載等於訊明此案後，一并查議具奏。其鹽城縣知縣康杰、守備周光中一聞鹽梟拒捕，即帶兵役前往查拏，並即開鎗擊斃梟徒，立擒首夥各犯，並獲多船，尚屬能事，並著薩載等於結案後將該二員送部引見。此旨著由六百里發往。薩載等即將現在獲犯訊辦情形，迅速由驛覆奏，並諭高晉、德保知之。（高宗一〇五六、九）

（乾隆四三、五、丁卯）諭軍機大臣等：據寅著奏拏獲鹽梟首犯季光祖、王三，夥犯沈自洪，并現在嚴拏逸犯等因一摺。此案鹽梟聚集多船，持械拒捕傷斃兵役，情節甚屬可惡。寅著既將首犯拏獲，自應嚴加審訊起意拒捕及私鹽由何處販來，欲往何處私賣各情節，先行具奏。乃寅著僅奏獲犯及查驗船隻橋梁情形，並未訊取該犯等供詞同奏，足見其糊塗不曉事。寅著著傳旨申飭。此案已交薩載、楊魁前往查拏審辦，並據高晉奏明，亦已馳赴鹽城查辦。著傳諭該督等將現獲各犯嚴訊私販原委及拒捕各確情，即行具奏。並訊明夥犯，上緊嚴拏務獲，從重究治，毋使一名漏網，並多辦數人，以示懲儆。將此由五百里諭令知之。（高宗一〇五六、一五）

（乾隆四三、一〇、戊辰）又諭〔軍機大臣〕：本日勾到江蘇省情實人犯，內有鹽梟拒捕二案餘犯張信元等七名，覈其情節稍輕，是以未勾。梟徒敢於糾眾私販，持械拒捕，傷斃兵役，不法已極，不可不盡法處治，以示懲儆。所有為首糾夥及同惡相濟動手各犯已在該處正法示眾，至其隨同在場各犯擬以監候入於秋審情實，固屬罪所應得。第念張信元、陳有富、李榮先、朱孔祥、王添明、呂二、鄒理順等七犯雖係隨眾同行，臨時並未動手，尚可量從末減，故未予勾。但此等人犯究非安分之徒，若僅令久禁囹圄，恐眾人不知畏懼。著傳諭楊魁於接奉勾到部文，將此未勾之張信元等七犯與勾決各犯俱行綁赴市曹，俟他犯行刑畢，即集眾宣朕諭旨，以此案人犯罪皆自取，朕尚念其未敢隨行動手，不即予勾，實係法外之仁。並將各犯綁押，遊示四門，派委明妥之員到處明白曉諭，使愚民觸目警心，未始非辟以止辟之意也。今年此等人犯既不勾，明年自然亦不勾，總令牢固監候每年皆當如此辦理，仍每年奏明，庶刁民久而知畏。將此諭令知之。(高宗一〇六八、三六)

（乾隆四六、一〇、丙子）又諭〔軍機大臣〕曰：閏正祥奏太和汛巡兵盤獲私鹽船隻，行至十里溝，有梟犯執械圍船拒捕，毆傷兵丁落河一摺。訊據拏獲案犯王希榮、王應禮，供出魏三麻、王佑、王兆坦、王希孔、馬之夢等合夥在豫省紙店集販買私鹽，俱係太和、阜陽二縣人，現在拏獲首夥四名，餘犯未獲等語。此等販買私鹽梟犯屢經嚴辦，乃王希榮等膽敢帶領多人執械拒捕，毆傷巡兵，實屬目無法紀。著傳諭薩載等嚴行查究，將未獲各犯按名督緝，盡法懲治，以昭儆戒。至訊據該犯供稱向在豫省合夥販買，是該省必尚有伊等夥黨為之窩頓售賣。阿桂現在河南，可以就近督率查辦。著傳諭阿桂、富勒渾嚴飭地方各員弁實力緝拏，毋使一名漏網。所有閏正祥奏到摺著鈔寄閱看，并諭該撫農起知之。(高宗一一四二、一三)

（乾隆四六、一〇、庚辰）諭軍機大臣等：農起奏據壽春鎮閏正祥札知九月十七日太和縣汛兵盤獲私鹽船一隻，行至十里溝，復被鹽犯夥眾奪回，並將兵丁打落下水等情。隨知會河南、山東各撫一體堵緝，並兼程親往督辦，現已將夥犯並船戶緝拏到案。其首犯魏三麻併下手毆兵之王兆坦亦經阜陽縣知縣海柱拏獲，止有王希占等七名在逃等語。自應如此辦理，已於摺內詳悉批示。其現獲首夥各犯魏三麻、王兆坦、王應禮、王希榮、張連登等，著即速親提，審究私鹽來歷及拒捕實在人數，一面奏聞，一面審明即行正法，以示炯戒。所有拏獲首犯之阜陽縣知縣海柱尚屬能事，著送部引見。至在逃之王希占等七名，現又續獲幾人，其未獲者，著該撫嚴飭各屬實力查拏，毋使一名漏網，恐此外尚有隨同為匪之犯，務須嚴密躧緝，拏獲到案後，一併嚴行訊究，盡法懲治，不可稍存姑息之見，將就完案。將此由五百里傳諭知之。(高宗一一四二、二三)

（乾隆四九、六、辛卯）又諭〔軍機大臣〕曰：李世傑奏拏獲彭縣私販拒捕傷人之伍長子等，分別斬梟發遣一案，已批交該部議奏矣。此案雖非該省嘓匪搶刧滋事可比，但伍長子等越境私販鹽觔，經官商雇人巡查盤獲，輒敢起意拒捕，殺傷數人，其凶惡實與匪徒無異。該省經查辦嘓匪，大加懲創之後，爲時無幾，乃復有此等鹽梟拒捕之案，自係該督辦理稍懈，不能如前加意整頓地方所致，乃僅將疏懈之咎諉之該管地方官，豈不思彭縣地方獨非該督所管轄乎！李世傑著傳旨申飭。嗣後務宜督率所屬於地方事務實力整頓，如或因有此旨，將來遇此等案件，遂意存隱飾，不行奏聞，則獲咎更大也。（高宗一二〇八、二一）

（**乾隆五六、二、甲子**）又諭〔軍機大臣等〕曰：畢沅等奏拏獲私梟拒捕首夥各犯，審明定擬一摺，已批交三法司覈擬速奏矣。該犯唐光烈等膽敢越境販私，逞凶拒捕，實屬目無法紀。馬定甎等率領各該縣營分投追捕，將首夥各犯全行拏獲，尚屬認真緝捕。除鎮將道府大員毋庸加恩外，其追捕出力之各該縣營員弁，著福寧查明咨部議敘，以示鼓勵。至此案私販入境，即經兵役截拏，迨被該犯等拒捕，殺傷兵役，該營縣旋即隨同追拏，獲犯尚爲迅速，所有疏防失察各員弁著加恩免其參處，仍令留心巡緝，以期私販净絕，官引暢銷，方爲妥善。再私梟唐光烈等既於上年十二月十二日破案，旋經拏獲，畢沅等自應即日提省審明速奏，何以於本年二月初八日始行定案奏聞？辦理未免失之延緩。嗣後遇有此等案件，當隨事迅速審辦具奏。將此傳諭福寧，並諭畢沅知之。（高宗一三七三、一〇）

（**乾隆五六、二、辛未**）又諭：據孫士毅等奏審訊販賣私鹽各犯。據供，或在海州等處池竈收買餘鹽，或在洪澤湖邊窰溝、曾家嘴二處半途接買。現已飛咨全德，查明海州小房子等處是否均係板浦場所管，再行參奏。所有各犯供出未獲之同夥船戶及竈丁秤手等均經四路緝拏務獲等語。海州小房子等處産鹽池竈俱係專設場員經理，存積餘鹽豈容稍有透漏，今該犯等所賣私鹽多從該場販賣，顯與竈戶通同作弊，即該場官亦不得諉爲不知。乃全德平日惟以官引滯銷指爲地方官查禁私梟不力，紛紛陳奏，豈知該犯等所賣私鹽竟係從場竈販出，是地方官即竭力緝私，而竈戶轉將官鹽出售，何以杜私販而絕弊源？全德於所屬各場並不認真整頓，實力訪查，以致竈戶等敢於私行售賣。及至私鹽充斥，官引不能暢銷，祇以地方官查緝疏懈爲詞，意存推卸，甚屬不公。全德著嚴行申飭，並交該衙門議處，以示懲儆。嗣後各鹽政務須嚴飭各該場，將所積餘鹽毋許竈戶等稍有透漏，使私梟無從販買，其弊自可漸除，而官鹽不致日有壅滯。至窰溝、曾家嘴兩處私鹽，該犯等供係向攬頭秤手轉買，該處並非鹽場，安得有攬頭秤手？恐亦係官廠人役通同舞弊，自應查拏到案。究明來自何場與失察竈丁私賣餘鹽之各場員等，一併嚴參究辦。其同夥船户竈丁秤手並零星接販之人俱當查拏務獲，徹底根訊。著孫士毅等將全案人犯逐一研鞫，務得實情。其場員有無知情賄縱，及沿途經過地方員弁兵役有無得贓包庇情事，一併嚴審定擬具奏。（高宗一三七三、一八）

（**乾隆五六、五、乙酉**）諭曰：刑部議覆江蘇省拏獲鹽犯謝鴻儀等，分別治罪一摺。案内孫元梅以監生窩頓私鹽至四千觔以上，恃符庇匪，未便因其係屬監生，即得免其爲奴，應將該犯改發黑龍江，給披甲人爲奴等語。所奏是，已依議行矣。該部議從重，原係遵朕諭令改者。向來監生犯事，罪應發遣者，例祗發往當差，與平人爲奴者不同，定例本未允協。監生捐銜者多，即實是監生，既名列成均，理宜畏法自愛，若以定例從寬，輒敢恃符玩法，較之無知愚民尤爲不肖。且既犯罪斥革，即與平人無異，豈得因其原屬監生，即免爲奴，致滋輕縱？嗣後監生犯事有似此情節較重者，俱照平人一律辦理。至在籍候選之進士、舉人及其餘舉貢生員皆屬身列衣冠，名登黌序，若能安分守法，立品讀書，爲小民倡率，原當加以體貌，別於齊民。倘恃符縱肆，自蹈刑憲，是即不知君子懷刑之義，爲士林所不齒，免其加倍治罪已屬法外施仁，復轉較平人從輕定擬，何以明刑弼教？嗣後進士舉貢生員等如祗係尋常過犯，不過行止敗類者，仍照舊例辦理，若係黨惡窩匪卑污下賤者，著俱照平人之例問擬，以示懲儆。（高宗一三七八、一五）

（**嘉慶五、一、癸未**）特諭山東、江、浙各督撫，朕聞濱臨江海一帶鹽販較衆，頗少忌憚，内中恐有被賊難民或裹去復出者，或棄賊逃回者，既失舊業，無所依賴，附客船順長江而下甚易，陸續聚集，亦未可定。此等窮民若僅數十人，賴私販存活，於鹽務尚無大損，原不必過事搜求，但聞近來有聚至三五百者，儻愈久愈多，地方官更不敢過問矣。況東南之人浮而不實，易於流動，一夫疾呼，百夫響應，儻別滋事端，爲害匪淺。是在良有司設法查辦，緩急得宜，過緩則恐難圖，過急又恐生變。須付託賢能州縣勤訪密察，亦防患於未萌，暗弭奸宄之要務，不可視爲泛常也。又聞浙江紹興、海寧接界之江灘上聚匪數百，頗爲過往客船之累，近雖有拏獲，尚未盡清。地方官每因案重則處分亦重，諱匿不報，因此盜風未能斂戢。各該督撫須共矢忠貞，安良除莠，以國事爲家事，化有事爲無事，無事固不可生事，有事亦不須畏事，佐朕之不逮，庶幾漸臻郅治歟。特諭。（仁宗五八、二四）

（**嘉慶一〇、二、己卯**）諭軍機大臣等：據方維甸、蔡廷衡覆奏阿拉善販鹽情形一摺。據稱，蒙古鹽斤自乾隆五十一年以後，旺沁班巴爾妄行干請，准令水運赴晉，改易舊章。五十九年鹽課改歸地丁，從此運鹽道路不分疆界，阿拉善營運日廣，勾引奸商，串通吏役、漢奸等，惟利是圖，偷越販賣，並有違例販木、販糧、頂買官引、售買私茶等事，實屬牟利無厭，不可不嚴行查禁。從前蒙古……船隻鹽斤定有數目，銷售地方均有界限。上年經晉撫伯麟議定章程，奏明辦理。現在山西、陝西均已設卡巡防，其甘肅磴口裝載處所自應派員驗放，設卡處所查有逾額鹽斤船隻不准放行，自無從偷越，亦不必如內地之緝拏私販，紛紛懲治也。至木植以資造船之用，准令購買九千根，糧石為運鹽水手食用，每月准帶二百石，從前定數本屬寬裕，今影射多帶者轉增至數倍，應飭沿河地方官稽覈，如有多帶，概行截留，並治本商等以應得之罪。其私茶一節，報認茶商均著申明定籍，嚴禁吏胥勾串，自可漸次清釐。(仁宗一四〇、二七)

（嘉慶一九、五、丁未）又諭〔軍機大臣等〕：御史王嘉棟奏山東沂水蒙陰地界屢有私梟聚眾搶劫鹽店，毆傷巡差，積案纍纍。上年冬間，竟有戕斃巡役孫殿魁，及將巡差閻韋剜去右眼、割去左耳之事，該商等稟報迄今正犯未獲。私梟益無顧忌，聚至百數十人，攜帶鳥鎗器械，每逢市集之期，裝載私鹽，公然設場售賣，竟與官鹽無異等語。……著同興即嚴飭該管地方官上緊督緝，務將傷差正犯獲案，按律嚴辦。其有大夥興販攜帶鳥鎗器械梟犯，並著地方文武員弁會同設法查緝，毋稍玩視，致滋事端。該撫一切留心整飭，若仍前怠泄，恐不能當其咎也。將此諭令知之。(仁宗二九一、七)

（嘉慶二〇、一一、甲申）諭軍機大臣等：朕聞川東一帶私梟充斥，漢州、彭山、什邡、犍為、廣元、昭化、忠州等處梟徒白晝聚黨，千百為群，搶劫鹽店。嘉慶十七年七月間，有鹽大使虞廷幹在雲陽縣地方出場查井，被梟徒拉出轎外，剝衣毆打，捆擲山澗。該大使赴訴夔州府，知府置之不問，該大使忍辱而罷，此事並未據該省奏聞。川省鹽梟如此肆行，日久黨徒眾多，必致滋生事端，於地方殊有關繫。著常明即將虞廷幹被毆一事查明，據實具奏。該處近日鹽梟情形是否斂戢，應如何設法辦理，俾無業貧民各有生計，不致專以販私為業。其凶橫不法者如何設法擒捕，俾知儆懼，務令日久相安，勿得因循怠玩，坐視養癰貽患也。(仁宗三一二、二)

（嘉慶二二、八、丁丑）又諭〔內閣〕：御史蔣詩奏河南紅鬍匪徒之外又有一種名為白喫，藏匿南汝光一帶，或負販私鹽，或糾眾為盜。安徽捻匪餘棍每在江南、山東、河南交界處所乘間劫奪等語。此等匪徒朝東暮西，潛匿各境，最為閭閻之害。著江南、安徽、山東、河南各督撫嚴飭所屬，實力查拏，並於鄰境交界地方不分畛域，互相稽察，務期凈絕根株，以戢奸暴而安良善。(仁宗三三三、五)

2. 對制錢的私銷私鑄

(**康熙二三、七、戊辰**) 諭刑部、都察院及監察御史等官：近見奸徒……私燬制錢，鑄造小錢，爲首之人不曾拏獲，致牽連之眾，見禁刑部獄中。皆由五城巡捕、三營步軍不行嚴緝之故。設立監察御史、巡捕三營官員、步軍副尉、步軍校及步軍統領總尉等官，所司何事？爾等必曉諭該管官弁將爲首之人嚴加稽查，盡行拏獲。若有疎縱，或旁人首告，或朕訪出，將爾等照錢法堂司官員議罪例處分。所司官員毋得借此緝拏之端妄行擾害良民。（聖祖一一六、二〇）

(**雍正六、一、癸酉**) 諭內閣：朕於雍正二年即聞直隸滄州地方有偷鑄私錢之匪類，因飭令總督李維鈞嚴行查拏，伊回奏已經嚴查，並無私鑄。今步軍統領阿齊圖奏稱，番役因公前往滄州，拏獲私鑄之劉七等夥黨多人，並獲私鑄器皿。觀此，則滄州奸民私鑄之弊由來已久，而地方大吏漫無覺察，今始敗露。夫私鑄錢文，大干法紀，且私錢不息，則錢法不能畫一，而銷燬制錢等弊皆由此而生，何以便民間之用？畿輔近地尚有此等奸民，則各省遠方安保必無此弊。著通行申飭，倘直省督撫中有似此疎縱者，一經察出，必照溺職例處分。（世宗六五、八）

(**雍正一〇、四、己酉**) 刑部議覆：安徽巡撫程元章疏言：亳州、壽州私鑄兩案俱起於雍正七年夏秋間，或鑄一月，或鑄二三月，即行停止。亳州案內，爲首之柳四、丁林公及匠人陳三良、潘瑞等應擬斬立決，傭工炊爨之柏雲、唐章，知情鄉約之李維，買錢使用之李大回子等均應擬絞立決。壽州案內，受賄不報之捕役蘇標應擬絞監候，商同私鑄，未經鑄成之貝爾明、楊聖遠等俟獲日另結。俱應如所請。得旨：亳州、壽州等處奸民私鑄錢文，經朕訪聞確實，於雍正七年秋間敕令步軍統領差役前往，拏獲多人，則其合夥私鑄爲時已久，事理顯然。今該督撫等將各案查審具奏，俱稱私鑄起於雍正七年之夏秋，或鑄一月，或鑄二三月，即行停止，朕體察情由，其中顯有草率支飾等弊。私鑄大干法紀，若督撫究問疎忽，將來何以示懲。至於亳州案內柏雲、唐章、李維、李大回子等俱以知情不報擬以立絞，又覺太重，況壽州案內，受賄疎縱之捕役蘇標止於擬絞監候，則柏雲等之罪不應在蘇標之上。又亳州案內，有商同私鑄，因無人掌爐，未經鑄成者，亦應酌量議減。此數案內私鑄日期及錢文多寡之處，著該督撫再加確審，務得實情，不得草率結案。其情罪稍有可原之人，分別治罪，亦著另行審結。（世宗一一七、一二）

（乾隆二、四、丁亥）河南按察使隋人鵬疏報查拏私鑄錢文、私造賭具案件。得旨：覽。一切刑名案件務須依限速結，以免無辜拖累之苦。然又不可疎忽，致有失出失入之咎也。（高宗四一、三六）

（乾隆五、三、庚午）［安徽巡撫陳大受］又奏：阜陽縣拏獲容留私鑄之紀明亮，鳳臺縣拏獲謀害人命之吳桂、吳英、陶二等八犯，現已批飭審究。得旨：此事辦理殊屬可嘉。（高宗一一三、一三）

（乾隆七、三、己丑）江西巡撫陳宏謀奏：拏獲私鑄首夥。得旨：好。勉力妥協爲之。（高宗一六三、二一）

（乾隆一四、一、甲子）又諭［軍機大臣等］：據福建巡撫潘思榘奏稱制錢攸關民用，各省開鑪鼓鑄，期於泉布流通，源源利賴。乃不法舖戶竟敢剪邊易換，奸商越省興販至八九十千之多。現據閩縣、侯官、長汀三縣拏獲奸販鄭梅梅等，並起有剪邊錢文及器具碎銅等項，飭發司府嚴審定擬等語。制錢爲民生日用所必需，奸棍營私射利，敢將錢質剪銼，偸販外省，以致錢文日少，錢價益昂，殊屬不法。閩廣既有此弊，他省或不能無。著傳諭各督撫，令其轉飭各屬員留心稽察。如有前項弊端，立即查拏究處，以示懲警。事關錢法，定例綦嚴，毋得視爲具文，虛應故事，亦不得任聽胥役藉端滋擾。（高宗三三二、四九）

（乾隆一四、三、戊午）刑部等部議覆：福建巡撫潘思榘疏稱：民人賴膽私造鉛錢，除擾和行使各輕罪不論外，應照私鑄爲首例擬斬決。得旨：刑部議覆此案與昨所題湖南羅朝倫一案同係私鑄，而一擬斬決，一擬斬候。雖私鑄例內原有銅鉛砂壳之分，但條例既殊，援引反難畫一，議法者轉得高下其手，以出入人之生死。若以爲斬決之例過重，因增出砂壳一條，則既同一私鑄，何不歸併斬候，以從輕比？朕意私銷之罪應重於私鑄，而外省題到案件多屬私鑄，並未見有拏獲私銷之案，可見私銷較難查拏，而私鑄之人未必不即係私銷之人，地方官辦理私鑄之案，從不究及私銷，殊非禁遏奸匪之道。嗣後私銷應照私鑄之例一體研鞫查禁。其作何另行妥辦定議之處，著九卿詳悉定議具奏。（高宗三三六、二六）

（乾隆一四、四、癸巳）又諭：制錢爲民用所必需，私鑄私銷均干嚴例，而私銷之罪浮於私鑄，其難於緝獲亦較私鑄爲甚。邇來錢價踊貴，皆私銷之故，棍徒潛處作奸，形跡詭秘，地方兵役幸能躐緝，而得之良非易事，自應按律定擬以挽其頹。今署蘇撫雅爾哈善具題上元縣民陳彥章私燬制錢一案，雖按例擬以斬決，復爲聲明燬錢僅止二次，爲數無多，情有可原等語。夫陳彥章燬錢既經二次，已屬積慣私銷，祇圖射利，罔顧法紀之犯，尚有何情之可原？而該署撫之意，乃欲爲之祈寬重辟耶？雅爾哈善素有沽名邀譽之習，經朕屢加訓飭，毫不悛改，而此疏尤爲舛謬，著交該部嚴察議奏。（高宗三三九、一）

（乾隆一四、五、辛未）諭軍機大臣等：據廣東巡撫岳濬奏增城縣奸民謝錫奇等違禁私鑄，拒捕毆差一摺。該縣陳綬來辦理此案，固屬庸懦無能，不稱司牧之任，但奸民未經治罪，遽將該縣參革，則未足以肅官常，而先已長民風之刁惡，於輕重緩急之宜殊有未協。著傳諭岳濬將此案作速嚴究。（高宗三四一、一五）

（乾隆一六、九、辛卯）諭軍機大臣等：開泰奏普安縣紅藤箐地方奸徒私鑄錢文一摺。看來私鑄必由私銷，而私銷治罪例嚴，私鑄尚得秋後處決。地方官查獲奸徒，往往以私鑄定案，而私銷之由即不復深究，乃向來積弊。此案務將私銷實情徹底嚴究，不可草率。況在深山密箐之中聚集多人，且賄買里長地棍，通同庇護，種種不法，其情罪重大，於地方實有關係。開泰已起身赴京，著即飭交該護撫從嚴辦理。（高宗三九九、二〇）

（乾隆一八、六、丙戌）諭軍機大臣等：從來錢文私銷之弊甚於私鑄，是以律載罪名較重。朕前經降旨，令各省督撫實力嚴查，乃近年來拏獲私鑄者尚或有之，拏獲私銷者殊少，蓋因地方官不過奉行故事，私鑄易於犯案，而私銷非實心訪察，難以根尋，遂致奸徒漏網耳。今日進呈本內，河南巡撫蔣炳題訪獲私鑄，究出私銷一案，辦理甚屬可嘉，可見伊於地方諸事尚屬留心。至刑部覆張師載訪獲翦邊私鑄案，該犯等既將制錢翦邊改鑄，即與私銷無異，但此案爲首之犯已歸入私鑄案內，問擬斬候，是以照部議完結。可傳諭各督撫，嗣後應飭屬詳悉確查，嚴行究審，不特現獲盜銷之案固應治以本罪，即私鑄之案或有私銷情弊，務須究出實情，按律定擬，不得以私鑄混行結案。（高宗四四〇、二）

（乾隆一八、一〇、辛亥）江西按察使范廷楷奏：翦邊制錢向例分別十千上下定擬。竊思十千以下或因發覺日早，爲數無多，或因問官草率，任其狡飾，法輕易犯，不足杜奸。臣現審崇仁縣鄧集風私鑄一案，究出剪邊情由，將該犯即照私銷例定擬，並請勅部通行各省照辦。得旨：是。（高宗四四九、二八）

（乾隆一八、一一、庚申）諭軍機大臣等：今日刑部進呈議覆河南巡撫蔣炳訪獲私鑄一本。蔣炳因訪拏私鑄究出私銷，將聽從銷鑄之李紹臣依銷毀制錢爲從例，擬絞立決，所辦甚爲合宜。從來錢文私銷之弊甚於私鑄，然私鑄易於發覺，而私銷非實心訪察，難以根尋。前經降旨，令各督撫飭屬嚴查，而近年來拏獲私鑄，不過就案完結，未有能實力根查，於私鑄之中究出私銷者。積習因循，徒使奸徒漏網，何以示懲？嗣後各該督撫等均應照蔣炳所辦嚴飭各屬實力奉行，務須究出銷燬確情，按律定擬，不得混行結案，可於伊等奏事之便，再行傳諭知之。(高宗四五〇、一三)

（乾隆三二、九、庚申）諭軍機大臣等：據明德奏拏獲長洲縣民王裕元等私銷制錢，分別治罪一摺，已批交三法司覈擬速奏矣。私銷之罪重於私鑄，而此等人犯別無器具蹤跡，躧緝更難得實。所有拏獲此案罪犯之守備韋永福、把總蔡飛鵬看來尚屬能事，著明德即將該員弁等出具考語，送部引見。(高宗七九五、一七)

（乾隆三三、二、乙酉）諭：前據江寧將軍富椿奏：據協領錫蘭泰、八十等呈報，查出步甲明阿圖勾引私鑄民人劉七等僦賃馬甲額勒登房屋，將明阿圖交地方官審擬，並將該協領等參奏。朕即以富椿所奏不甚明晰，降旨令高晉查明此事，如實係該協領等查出呈報，則是幹員，何得參奏？若地方官先行查拏，而富椿以該協領等查出具奏，則竟屬欺誑矣。今據高晉覆奏上元縣知縣杜世祥拏獲私鑄民人，稟知將軍，交協領錫蘭泰等將旗人明阿圖、額勒登拏交地方官查辦等語。竟不出朕之所料，富椿含糊具奏，甚屬無恥，著交部嚴加察議，錫蘭泰等亦著交部察議。(高宗八〇五、二五)

（乾隆三三、九、癸卯）諭軍機大臣等：本日閱刑部進呈四川省秋審招冊內，九卿等從緩決改入情實者至有四起之多。如張運開因忿爭追毆，輒用刀戳人殞命，楊玉先以錢財細故砍殺胞弟，彭谷隆因妬姦生釁，持斧傷人，段廷章邀人私鑄鉛錢，數在十千以上，俱屬法所難逭，九卿改擬甚是。阿爾泰久經封疆，於秋讞大典何以寬縱若是？念其向來辦理諸事尚能實心，姑從寬免其交部，著傳旨申飭。嗣後覈辦刑名案件，務須細心酌覈，期得情法之平，毋再意存姑息，致干咎戾。(高宗八一九、四)

（乾隆三三、一一、庚子）諭軍機大臣等：聞江南、江西等省民間行用制錢內多有攙入剪邊小錢者，雖經地方官查禁，其風總未能止息。此等匪徒敢將制錢私自剪邊銷毀，殊干法紀。雖間有查出治罪者，不過民間零星使用。究之伊等所剪錢邊碎銅非另鑄私錢，即改造器皿，售賣時必有蹤跡可尋，若即將零銅鎔化總賣，亦必有銅舖向其收買。市井細民安得盈千累百之銅，其形跡更易於推究。若於此嚴密訪拏，方為正本清源之道。著傳諭高晉、彰寶、馮鈐、吳紹詩等即督飭所屬實力上緊緝拏，務將窩主及售賣店家嚴行追訊，使奸徒無從潛匿，以杜根株，毋得僅以具文塞責。(高宗八二三、一)

（乾隆三四、五、丙午）諭軍機大臣等：據永德奏浙省查獲小錢案犯内有陳茂榮等，係廣東潮陽縣人，現住縣城南門外海邊嶺口，於上年十二月内裝載小錢，從粵省航海，帶至乍浦等語。此等奸徒存積小錢，運浙消售至數百千之多，其中必有夥局私鑄及銷燬官錢、鎔化改造情事，非尋常轉販攙用者可比。即應密緝嚴拏，務期要犯盡獲，不得稍有漏網。現據永德奏，已咨粵省查辦。著傳諭李侍堯、鐘音即按各該犯住址速行緝拏到案，研訊確供，毋任支延狡卸。有應知會浙省者，一面速行知會查辦，有應解犯質訊者，即遴委妥員小心管解，毋令兔脫自戕。至陳茂榮販運小錢多至如許，其中必有私鑄窩囤之人，在粵省豈竟無行使犯案，何以從未見該督撫奏及？或案情發覺，該督撫曲爲消弭，或潛匿作奸，地方官漫無稽察，皆非實力辦公之道。著李侍堯等即行詳切查明，據實覆奏。（高宗八三五、一三）

（乾隆三四、六、戊辰）又諭〔軍機大臣等〕：前因浙江等省攙用僞薄小錢，傳諭各督撫實力查禁。近聞各處民間仍前行使，此風並未止息，而蘇州地面爲尤甚。可見督撫等奉到諭旨，不過多張告示，一時塞責，官民均視爲具文，其於正本清源之道，究未悉心籌畫也。在小民彼此交易錢文，原難一一加之搜剔，其錢行舖户乃錢所匯集之處理應設法查辦。若將所有小錢竟行勒令交官，致伊等貲本有虧，轉恐利計錐刀之徒巧於藏匿，如照小錢分量折中定價，按數收買，其法最爲兩便。但聞胥吏人等從中舞弊，或有將交官之錢仍行夾雜使用，自圖餘利者，似此積蠹相沿，奸弊何由整剔。嗣後凡給價交官之錢在省城現有鑄局者，莫若即令交到之日立即令其入鑪鎔化，即各屬州縣亦令於公署設立銅鑪，當時如法傾銷，倘不肖書吏尚有潛爲隱匿存留者，該管廠員及州縣等即當查明，治以官法，有通同徇隱者，督撫即行參處，如此，庶小錢可以净盡，而閭閻亦不致滋擾。其私鑄私翦及窩頓販賣之人仍應加緊訪拏治罪，不得因專辦鎔錢一節轉致稍有懈弛。仍將各省現在行使小錢情形有無止息之處據實具摺奏聞。（高宗八三七、五）

（乾隆三四、六、乙亥）又諭〔軍機大臣等〕曰：永德奏浙省查獲小錢一案，據供有廣東潮陽縣人陳茂榮於上年十二月從粵省航海帶至乍浦等語。已傳諭李侍堯、鐘音照該撫咨開住址實力嚴行查緝，徹底根究矣。但廣東距浙甚遠，陳茂榮所有小錢無難就近行使，何必遠涉海洋，赴浙銷售，此必吳七事發到官，捏招遠省無賴之人，希圖狡飾，亦未可定。且積錢至數百千之多，其中必有本地奸徒夥局私鑄，並銷燬官錢情事。江浙地面犯案最多，則銷鑄之犯自必潛匿該處。即如去年江蘇巡撫彰寶查辦私鑄案犯，供出行家舖户俱在浙江海寧縣長安鎮翁家埠等處，乃其明驗。著傳諭永德，一面將案内

各犯悉心推鞫，務得確情，並設法嚴密查拏，使私鑄窩販要犯均無漏網，毋任藉詞狡展，致稽延時日。（高宗八三七、二三）

（乾隆三四、七、甲午）諭軍機大臣等：據李侍堯等覆奏陳茂榮及私鑄匠人等俱已拏獲究擬。並稱粵省私鑄之案每歲多有拏獲，隨時審明，按律定擬完結等語。所奏殊未確實，已於摺內批示矣。私鑄小錢敢於公然窩頓販運，其作奸已非一日。設果如該督等所云時有拏獲，何至毫無畏忌若此？且陳茂榮一案經浙省發覺，朕傳旨詢問，始行緝獲，則地方官平日之漫無覺察，且該督等之不以爲事，概可想見。不但失察之州縣應行查參，即李侍堯、鐘音亦應附摺奏請交部議處。將此傳諭知之。（高宗八三八、二四）

（乾隆三四、七、乙巳）〔浙江巡撫覺羅〕又覆奏：審得吳七家小錢實係廣東人陳茂榮存貯，非近地夥鑄之錢，亦無銷毀官錢之事。得旨：此不過外省彼此相推諉之陋習，殊難信也。即如江蘇小錢皆云來自汝浙省，汝等爲督撫大臣，而如此居心行事，朕復何望？實愧之。（高宗八三九、二〇）

（乾隆三四、八、戊寅）又諭〔軍機大臣等〕：據李侍堯等覆奏查辦粵省行使小錢摺內所稱，現在錢舖易換錢文，每千文有唐、宋、元、明古錢一百餘文，行用已久，似應免其查禁，俾錢價不致昂貴等語。所辦殊未妥協。前代錢文閱時既久，存者應已寥寥，豈有唐、宋、元、明錢文至今尚盈千累萬，與現在制錢一體流行之理。此必係私鑄之徒知偽造國寶將干重罪，因而變爲狡計，假託前代名目肆行銷鑄，既顯售其攙和射利之奸，又得陰蓋其盜鑄制錢之迹，其爲害於錢法尤甚。若以聽民自便之故不行查禁，留此罅隙，致若輩益得潛蹤滋弊，豈正本清源之道？著傳諭李侍堯等將該省行使古錢之處一併嚴行查禁，其現在所有古錢概令照小錢之例交官鎔燬，仍酌量給價。該督等其飭屬實力辦理，務俾私鑄根株永遠杜絕，而閭閻不致滋擾，方爲妥協。李侍堯向稱能事，近每覺姑息不認真，宜改之。著將此傳諭知之。（高宗八四一、二三）

（乾隆三八、六、戊申）諭：據陳輝祖奏宜昌府知府席芑、署東湖縣知縣楊朝宗於截抄宋元俊之子宋崿舟次貨物並不嚴密清釐，以致失去同舟之張永烈銀兩，據稟不問，並將船户水手私販錢文濫行給領不究，任聽胥役乘機索詐。迨經飭查，仍復朦朧具覆，請旨革職審擬等語。席芑、楊朝宗著革職交與該撫，提同案內有名人犯，一併嚴審定擬具奏。（高宗九三七、一二）

（乾隆三八、九、甲戌）諭軍機大臣等：閱刑部進呈安徽省秋審冊內陳孝等私鑄錢文一案，又胡克己、胡克昌致斃胡孔賢父子一案，又張二扎死宋恒一案，裴宗錫所辦均未妥協。私鑄錢文之案係陳孝起意，伊叔陳掄聽從入夥,該撫原擬陳掄已故,輒援罪坐家長之條,以陳掄當其重罪,將陳孝僅擬杖流,是何意見?經刑部議駁,始行改正。(高宗九四三、八)

(乾隆五二、六、壬寅)諭軍機大臣等:據奎林奏將私行銷毀制錢,鑄造普爾錢之回人密爾啞等定擬具奏一摺,已依議行矣。回人等膽敢作此不法,自因獲利甚厚。伊犁地方如是,烏什、葉爾羌、阿克蘇等處皆設局鑄錢,理宜一體悉心訪查,務將私燬制錢者嚴緝究辦。喀什噶爾地方曾否開鑄,如亦經設局,應令明亮等嚴查私燬。所有伊犁、烏什、葉爾羌、阿克蘇等處現鑄錢文及回疆普爾錢各行取數文,遇便呈覽。(高宗一二八二、九)

(乾隆五二、六、戊午)諭軍機大臣等:據明亮等奏鄂斯璊遣伊屬人將私鑄普爾錢之爲從回匪薩木薩克等四人拏獲,審明照例定擬,並行知塔琦,將已回葉爾羌回人呼圖魯克蘇丕、圖爾第蘇丕緝拏等語。鄂斯璊急公如此,甚屬可嘉,著加恩賞給大荷包一對,小荷包一對。所有拏獲回匪即照明亮等所擬完結。呼圖魯克蘇丕等既回至葉爾羌,著塔琦即將伊等查拏,照例審辦。從前鄂斯璊曾拏獲私鑄回匪呢雅斯,經朕賞給大緞,今又查出此案,葉爾羌亦必有似此藐法私鑄者,色提巴爾第務宜留心躧緝,果能飭屬嚴查,朕當照鄂斯璊一例加恩,但不可濫及無辜也。(高宗一二八三、一〇)

(乾隆五五、三、甲辰)又諭〔軍機大臣等〕:前據孫士毅奏川省地方向有攙和小錢之弊,請定價收買銷燬,另行改鑄制錢。已降旨傳諭該署督嚴禁私鑄,以絕弊源,並令四川、雲貴鄰近各省一體嚴行查辦矣。昨叩閽民人呂鳳翔具控呈詞內有陝西安康縣私鑄小鐵錢一款,可見陝西地方竟有奸民等私鑄之弊。又聞浙江商民市易亦多將破爛小錢攙和行使,其弊與川省相同,不可不嚴行查辦。從前整頓錢法,曾經通行飭禁,不得擅用小錢,近年以來地方官視爲具文,因循不問,遂致小錢充斥,夾雜行使。奸民等希圖射利,必至私毀制錢,將一文改鑄數文,質地輕薄,殊干例禁。但相沿日久,若一時嚴行查禁,恐市肆錢價驟昂,於小民生計亦有關係,自應將破爛小錢收買改鑄。其尚堪行用之錢,定以易換價值,使之無利可圖,行之以久,爲之以實以漸,其弊不杜自絕。斷不可稍事張皇,使市儈聞之,居奇昂價。至奸民等既能私鑄,必致私銷,弊源實在於此。各督撫務須不動聲色,督飭所屬密行查禁。倘再顢頇不辦,使小錢仍復流通,則惟該督撫是問。除就近面行傳知梁肯堂、長麟外,將此諭令各省督撫知之。(高宗一三五一、二六)

(乾隆五五、四、癸亥)又諭〔軍機大臣等〕:本日浦霖覆奏到查禁私錢二摺。朕初閱其第一摺內稱訪查郴桂等屬及滇、黔下游商販處所,嚴禁偷鑄夾帶等弊,先後拏獲私鑄六起,咨部完結,現在奸民頗知斂戢等語。朕即疑其所言未必皆實，且所稱拏獲私鑄六起，亦從未奏聞，已於摺內批示。及閱其第二摺內稱民間日用小錢久已剔除，其餘官板制錢因行使日久，稍有邊幅不整及顏色微黯者，現飭呈繳給價，解局改鑄等語。是其所奏前後自相矛盾。可見該省官局鼓鑄已不能如式，久有小錢夾雜行使，官錢且然，安能使民間私鑄小錢查禁淨盡耶？各省設立官局鼓鑄錢文，大小輕重本有一定之制，自應遵照京局寶泉、寶源式樣勔秤，如法鼓鑄。民間既概用官錢，則私鑄小錢自無從夾雜行使。乃該撫始則稱民用商販無偷鑄夾帶之弊，言已不實，繼又稱官板制錢有邊幅不整及顏色微黯之處，則是官鑄已有小錢，不啻自行呈告，大屬不可。著傳諭浦霖，務須督飭所屬實力查辦。先清其官鑄之源，始能杜私鑄之弊，不得仍以顢頇了事。至畢沅管轄二省，湖南官鑄既有小錢，湖北官局有無鼓鑄不能畫一之處，及民用商販是否禁絕私錢，前經降旨詢問，何以尚未覆奏？著傳諭該督，將官局鼓鑄及民間偷鑄、商販夾帶之弊，如何嚴行查禁之處據實覆奏，不得視為具文，致壞錢法也。（高宗一三五二、二三）

（**乾隆五五、四、甲子**）又諭〔軍機大臣等〕：前因江、浙、四川、湖廣、陝、甘、雲、貴等省多有私鑄小錢，業經通飭各省嚴行查禁。昨據浦霖覆奏稱官板制錢因行用日久，稍有邊幅不整及顏色微黯者，飭令地方官毋得挑剔太奇，以致市儈居奇昂價等語。可見小錢淨盡之語本未確實。各處錢局鼓鑄錢文，大小輕重本有一定之制。在京錢局專有錢法侍郎稽查辦理，是以向來俱係如式鼓鑄，並無弊竇。外省錢局有係臬司及他道專管者，總在督撫實力查察，庶局員不敢任意舞弊。若專委該司等漫無整頓，恐有不肖之員或竟藉鑄小錢，希圖多得羨餘，從中漁利。總之外省督撫果能嚴飭所屬，認真辦理，原可諸弊肅清。即如近來漕務遲滯，經朕嚴行飭辦，本年漕運始得迅速抵通。可見地方應辦事務必須朕降旨督飭方肯留心辦理，及事過之後，仍復因循玩忽，又安用督撫大吏為耶？嗣後除京師行用錢文俱係寶源、寶泉二局鑄造，向無攙和小錢，並直隸、山東業經面諭梁肯堂、長麟實心辦理外，著再傳諭各省督撫，所有鼓鑄局錢務須各督撫實力稽察，毋任局員稍有弊混，其民間私鑄尤須隨時嚴辦，毋得視為具文，一奏了事。倘私鑄未能淨絕，而官板制錢又復不能如式，一經查出，朕必將該督撫一併治罪。至民可使由，不可使知，該督撫惟當妥為辦理，毋令胥吏藉以滋擾，市儈聞風居奇，方於國計民生均有裨益也。（高宗一三五二、二六）

（**乾隆五五、四、己巳**）又諭〔軍機大臣等〕：前據浦霖奏查禁小錢摺內稱先後拏獲私鑄六起，現在奸民頗知斂戢，無須官為查禁等語。朕即疑所言未必皆實,而挐獲私鑄亦未據該撫專摺奏聞,茲交刑部查明。浦霖任内挐獲私鑄共有六案,俱係咨部完結,則是湖南各屬奸民私鑄小錢,犯案者已不一而足,其餘僻遠地方私銷私鑄之弊豈能悉行禁絶?今浦霖因到任後曾經挐獲六起,即以爲奸民已知歛戢,無須官爲飭禁,各屬等必致心存怠玩,不復嚴行查辦,甚或諱飾不報,更屬不成事體,前已降旨通行飭禁。著再傳諭浦霖,務須實力嚴查禁絶,勿謂已辦六案塞責,遂以私鑄净盡,竟不留心查禁也。(高宗一三五三、一六)

(乾隆五五、四、庚辰) 雲貴總督富綱、雲南巡撫譚尚忠奏:……再查滇省銅鉛各廠砂丁貪私賣得價,奸民因以盜買私鑄。現嚴飭廠員留心稽查,毋許偷漏。並將廠民應得商銅酌增價值,官爲收買,俾其有利可圖,不致暗中走漏。得旨:似汝等中材祇可如此辦理,去其已甚可也。(高宗一三五三、四三)

(乾隆五六、一、庚子) 諭軍機大臣曰:長麟奏訪挐收藏小錢之黃甲一犯,訊係此項小錢從湖北開張緞店之屈恒太、鍾嘉茂處得來。查驗背面清字,多係寶黔、寶雲、寶源字樣,現在咨明湖廣、雲、貴各省確查嚴辦等語。所辦好。小錢攙雜流行,於錢法大有關礙,節經降旨,通諭各督撫一體認真嚴禁。乃黃甲、屈恒太等並不遵例繳銷,膽敢輾轉藏寄,若各省奸商從而效尤,則官爲收買查禁之例仍屬有名無實,不可不嚴究以絶根株。其小錢背面所鑄寶黔、寶雲字樣,自係雲、貴二省私鑄,由湖廣流行到蘇。該二省向來有私鑄小錢之弊,雖經上年嚴定章程,通行禁止,而地方官奉行不力,積弊未能一時肅清。著譚尚忠、額勒春嚴飭所屬上緊查挐,勒限呈繳。如再視爲具文,該處奸商仍將小錢私行販賣,一經查出係寶黔、寶雲字樣,惟該省督撫是問。至寶源係工部錢局字樣,官鑄斷無此等小錢,想係奸商等見通行錢文内有寶源字樣,私銷倣鑄,并著湖廣督撫逐一根查,此樣小錢究竟何處私鑄,嚴辦示儆。……將此各傳諭知之。(高宗一三七一、一七)

(乾隆五六、三、丙子) 諭:上年孫士毅奏川省地方向有攙和小錢之弊,請定價收買銷燬,另行改鑄制錢。節經降旨通諭各督撫一體收買查禁。乃奉行未久,本年正月内,據長麟奏稱在蘇州地方訪獲收藏小錢,訊係由湖廣、雲、貴流行到蘇,復降旨令該省根查嚴禁。本日又據姚棻奏挐獲在吳城鎮沿河一帶擺賣錢桌之龔洪烈等,起出小錢六十二千,現在嚴行訊究等語。可見各省私銷私鑄之弊雖屢經飭令設法禁止,而小民趨利若鶩,地方官又不認真查辦,或且局錢不能如式,以致奸民影射,積習難除,即官爲收買之例,亦屬有名無實。此事總在督撫等行之以實,要之以久,而於官局不任透漏舞弊，始能盡絕根株。若不能正本清源，即定例綦嚴，亦復何益？嗣後各督撫務須一體嚴行飭禁，毋得日久懈弛，僅以查無私鑄一奏塞責。若經此次飭諭之後再有小錢攙雜流行，惟該督撫及管錢局之員是問。將此通諭知之。（高宗一三七四、三）

（乾隆五六、三、丙子）署江西巡撫姚棻奏：本年正月，據新建縣知縣等訪得吳城鎮錢桌有私攙小錢之弊，隨委員密往查拏，於龔洪烈等家起出小錢六十二千，俱係舊錢。經飭司提犯嚴訊。據供，因見官買每制錢一換小錢五，該犯等起意用制錢一換小錢三，小民樂於私售，積有成數，即在沿河擺桌攙用，並非私鑄轉販。批：即非私鑄，亦當嚴處。又奏：制錢一文換小錢五文係本省定價，奸商等因而作弊，請仍照部例，按觔兩給價，小民自不肯私換。至吳城鎮距省不遠，既經拏獲，恐各處未敗露者尚多，現嚴飭各屬查辦。批：行之在人，爾等不實辦，定例何益？又奏：江西界連廣東、福建、浙江、湖南、湖北地方，嚴飭各該縣督同營汛實力堵緝。得旨：以實爲之，不可以一奏了事。（高宗一三七四、四）

（乾隆五九、八、癸酉）又諭〔軍機大臣〕曰：吉慶覆奏酌籌錢法情形一摺。內稱浙省小錢多由湖廣、江西一帶客販攙和，私運來浙。嚴飭管稅官役於稽查商稅時嚴行查察，拏獲二起，均不過數千文。當經照例責懲，錢文入官等語。浙省既有客販攙和夾帶之事，他省自必大略相同，何以自查禁小錢以來，從未見各省有奏及拏獲私販小錢，治罪入官之案？可見不過虛應故事，並未實力稽查。著再傳諭各該督撫於本境私鑄奸民固應嚴密搜查，盡法懲治。即外來私販，尤應責成水陸入境地方州縣及關津稅口仿照吉慶所辦嚴密查拏，毋得仍前偷漏，致干咎戾。（高宗一四五九、一三）

（乾隆五九、九、丁亥）諭軍機大臣曰：畢沅奏拏獲邪教案犯陳金玉、陳光玉及王大烈等一摺。是此案搶匿各犯皆已就獲。本日據福康安奏拏獲桐梓縣私鑄要犯劉榮厚等一摺，所辦好。就福康安所奏情形，此案聚夥私鑄竟在貴州地方，非馮光熊所能辦。現在邪教一案，統計四川、陝西、湖北三省獲犯業將及二百名，而首犯已在湖北地方拏獲。搶匿之陳金玉弟兄亦俱就擒，易於辦理。著再傳諭福康安，如伊接奉前旨已回至襄陽一帶，即就近將現獲邪教各犯速行審明具奏，再往滇省。如已過重慶至桐梓一帶，目下雲貴錢法諸務正關緊要，福康安即當逕往貴州，將私鑄一案督率審辦，俟大局明白，亦即由該處速赴新任，較爲便捷。至邪教一案，川省所獲皆非正犯，看來此案起事非在湖北，即在河南。昨已將福寧補授湖廣總督，其才尚足倚辦。所有邪教一案著專交與福寧，駐劄湖北、河南交界地方董率辦理，究出首犯嚴辦。並將供出之牛八、朱紅桃搜緝務獲,以副委任。其川省所獲之謝添繡等並著福康安酌量,如無關緊要,即留於川省,交與孫士毅審明定擬,如有應行質訊之處,即解往湖北,交與福寧歸案審辦,以期案犯得以速結,方爲妥善。其湖北拏獲要犯之委員等若有實在出力者,交與福寧,於定案時查明咨部議敘。將此由六百里各諭令知之。(高宗一四六〇、四)

(乾隆五九、九、甲午)諭軍機大臣曰:福康安奏拏獲私鑄匪犯,審辦大概情形一摺。據稱,該犯等開鑪私鑄,所用銅、鉛自係該處官廠奸商透漏,或係水摸人等撈獲盜賣等語。此事弊端自當不出此數條,現在此案首夥各犯俱已拏獲,惟當切實根究,以清弊源而示懲儆。但該犯等糾夥多人,私行改鑄,除現獲各犯外,恐尚有逃竄潛匿者,福寧應飭所委員弁搜捕净盡,毋使倖逃法網。其曾石保一犯聞拏逃逸,經兵丁李廷賡搜獲擒縛,尚爲出力,應酌量獎賞,授以把總之職,以示鼓勵。所有署桐梓縣范崑即行革職嚴審。惟此案據劉榮厚供,去年十月內即與曾石保商量收買小錢,私鑄取利,是該犯等私鑄已及一年之久,該撫馮光熊及司道府並該管之鎮協營汛並未查拏,所司何事?著福康安即行詳悉查明,一併據實嚴參辦理。看來馮光熊竟不能勝巡撫之任,俟福康安查參到日,候朕另行簡放。至私鑄一案,現在拏獲首夥各犯已有二百餘名,而邪教一案,川省及陝西、湖北先後獲犯業已將及二百名,此外在逃及究出未獲之犯尚多。以兩案合計,不下五六百人,審明後自當嚴辦示懲。但私鑄一事,不過無業奸民觝法牟利,尚無聚衆拒捕等事,其邪教各犯亦祇係愚民惑衆騙錢,俱尚非重大案件可比,若概予駢誅,於心究有所不忍。將來定擬時,此兩案爲首起意之犯自當按律問擬,其爲從夥犯在邪教案內者,應發往黑龍江等處,給索倫達呼爾爲奴,其私鑄案內者即可發往回疆,庶於懲創之中仍寓矜恤之意。又據福康安奏私鑄人犯審明定擬後,邪教一案亦可趕緊完結等語。所辦甚好。……且貴州地方恐不僅此私鑄一事,尚有亟須整飭事件,福康安若遠駐他省,雲貴總督事務乏人督辦,殊深厪注。福康安竟應由重慶迅速馳赴新任,將應辦事宜實力整頓,方足以副委任。……將此由五百里傳諭知之。仍著將查拏私鑄於何日業經辦竣,何日即由重慶馳赴雲貴新任之處,迅速具奏。(高宗一四六〇、一九)

(乾隆五九、一一、戊子)諭軍機大臣曰:奇豐額奏拏獲販賣小錢人犯張世揚等,訊據供稱係買自湖北漢口鎮開張船行之劉天泰鋪內。現將該犯等枷號,並飛咨福寧,提拏劉天泰到案,訊取確供,俟移咨到日再行定罪等因一摺。所辦好。私鑄小錢起自四川、湖廣一帶,屢經降旨飭令嚴拏究辦。現當整飭錢弊,功令森嚴之際,劉天泰等敢於存積小錢,私相售買,販運至二百餘串之多，可見私運小錢總在水路一帶，而湖北漢口鎮尤爲衝要之所。現在張世揚等販運小錢，行至江南地方即被拏獲，則漢口地方屯匿小錢必不止此，不可不徹底查辦，以清積弊。現在邪教案犯諒已辦竣，著傳諭福寧即親赴漢口鎮，提訊劉天泰，嚴究供情，從嚴定擬，並查此外有無屯貯，一體嚴拏懲辦，俾奸民知所儆畏，用盡根株。其現獲之張世揚等犯並著奇豐額於福寧知會到日一併按例從嚴定罪。至長洲縣知縣於私販人犯過境即能拏獲稟解，尚屬留心，著送部引見，以示鼓勵。(高宗一四六四、七)

3. 走私木植

(**乾隆三、一〇、己亥**) [提督步軍統領鄂善] 又參奏：山西木商王承耀私囑工部瓦作張德興轉賄本部主事盛安，將木廠仍移峪口。盛安已經工部參革解部，其中情節請交部究擬。得旨：前覽工部所奏，似盛安自行檢舉。今據步軍統領鄂善等參奏，盛安代人說事受財，俱經自認。揆此，顯係盛安知此事已被步軍統領拏獲，冀徼倖免罪，在該堂官處具呈。似此詭計巧飾，殊屬可惡。盛安著交部嚴行定擬具奏。(高宗七九、五)

(**乾隆五、五、戊辰**) 山西巡撫覺羅石麟奏：查建設綏遠營房等項砍伐穆納山存留木植，原因歸公運賣，竟有民人私將此木運出，拴簰由黃河放下。隨即委員於保德州地方攔住木簰三百四座，估計價值銀共該五萬二千七百九十兩有奇，俱應變價充公。嗣訊簰戶陳養溥，係工商任士宏等處轉售，俱已照例懲治。其現在簰戶水手人等約有三四千人，血本全虧，均難回籍，情殊可憫，應酌給砍價運費水腳銀兩，需銀三萬六千九百十兩有奇，即在召商變價銀內動撥散給。得旨：此皆汝平日無能之所致也。且聞此事官吏無不受賄，而汝不知，汝做巡撫，所司何事？此旨一到，即將始末徹底嚴察，一面參革辦理，一面奏聞。(高宗一一七、二五)

(**乾隆一一、五、甲子**) 山西巡撫阿里袞覆奏段士英等採辦穆納山木植一案。查口外大青山與穆納山同產木植，大青山准商出貲砍伐，穆納山久奉封禁。乾隆元年，綏遠城興建城工衙署營房，於穆納山招商砍運，後因黃河凍結，令該商段士英等就近在大青山買用，是以穆納山存剩木植二十八萬有餘。乾隆四年，前撫臣石麟議定運至托克托城等處招商購買，仍給砍價。後經拏獲陳養溥等偷運木植，將陳養溥擬罪，木植入官，招商孫旺等認買，續查出穆納山存剩木植甚多，將工商段士英等陸續私賣木板入己價銀，照數監追，數載未繳。嗣奉旨交臣等審擬，臣等以段士英私賣木植銀係奉官採辦，原有應得之砍運各價自當酌給，以抵應追之數，餘銀再行著追。至所稱趕辦城工木料俱從大青山購運，腳價未給，部議按依大青、穆納兩山各半均分，酌給扣抵。又該商運至托克托城河口木植私賣銀，臣等議給砍運價外，餘銀追繳。部議原價太少，令再確查。此段士英應追銀兩盈千累萬，未完之由也。至招商孫旺等認買木植並無朽爛，現委員作速會辦。其穆納山餘剩木植十三萬六千零業飭另行招買，並委員前往確查，有無朽爛，據實題報。此案延今十餘載，文牘紛繁，臣等遵旨趕緊辦理，不敢稽遲。得旨：此事汝所辦殊屬寬從，汝固無他，屬員中必有作弊者，可留心。又批：既盈千累萬，何不派員查封其家產。將來定案時，餘者給還，而任其展轉延挨耶？（高宗二六七、二七）

（乾隆一四、五、壬戌）欽差戶部尚書舒赫德奏：臣由黃螂所沿金沙江而行，於黃草坪見江灘北岸有木縶數筏。查北岸懸崖峭壁一線可通，皆涼山生苗地界，毗連阿都沙嗎、陸格、陸耀所轄諸夷，與中國隔絕，不應內地民人在此縶筏。隨詢據稱係江西、湖廣人領票入山伐木，於水口滾放縶筏出賣，有在內停住一二年者等語。此等商民深入狹地，年久人多，難保無勾結煽誘情事。查此一帶苗界係四川建昌所屬，前項停住商人應作何著令速歸，并嗣後給票採木，查禁私越之處，請勅該總督查酌，具奏辦理。奏入。下策楞、岳鍾琪議奏。尋奏：查建昌所屬之雷波衛地方遼濶，其獅子村等三處產本最多。乾隆四年，有商民在村貿易松杉，欲由金江運往重慶，必須於渝關上稅，當向藩司衙門請照准砍，即由管理渝關之重慶府給照前往在案。惟該處距涼山生番四百餘里，向未設汛，稽察稍疎，不免滋事。應出示嚴禁，并通飭各該衙門嗣後概不得給照。行令建昌道每年巡查一次。得旨：著照所議，實力行之。（高宗三四〇、二五）

（乾隆一七、二、辛丑）又諭〔軍機大臣等〕曰：阿思哈奏穆納山存積木植請免變價一摺，甚屬非是。木植存積年久，雖不無朽腐，然以二十七萬餘千之多，豈無因其材料堪供改削者？該道廳等希圖省事，草率具詳，該撫即據詳奏請，其於實在情形究未經目覩，不過懸虛指說。外省辦理諸事，往往如此。且穆納山木植現有商人赴內務府具呈情願承辦，若果危崖絕壁，挽運維艱，則商人等亦復何所利而為之？已交內務府大臣等酌議。著傳諭阿思哈，令其親身前往，詳查確勘，即將此項木植交與商人等一併承辦，毋許該道廳等稍存迴護之見，故意留難。如內務府委派官員及商人等因承辦官木或致滋生事端，亦不可稍有姑容。至所辦新木，除辦運官用外，其商販木植應作何給與該扎薩克等山價之處，著阿思哈酌量定議辦理。再綏遠城有空閒房屋，前據阿里袞奏請交商拆毀，現今曾否盡行拆毀，並令阿思哈就便速赴該

處，會同該將軍逐一查明。如已經拆毀，則毋庸置議，若尚有未拆房間，即著停其拆毀，一併隨摺奏聞。(高宗四○八、二○)

（乾隆一七、二、壬寅）軍機大臣等議覆：山西巡撫阿思哈奏：穆納山存木實係朽爛，請免變價。但其中豈無尚可改削者？現在京工需用，商人武璉等具呈往穆納山採運，其價比圓明園定例節省十分之二。俟各工應用之餘，聽其市賣，以歸商本。應交工部發票，內務府派司官同往，該撫委員指山採木，倘前項存木有可用者，即改削載運。新木除官用外，照例給還山價。得旨：依議。又諭：此事若專令岱文帶同商人前往，伊係內務府微末之員，恐其偏向承辦商人，且亦不能彈壓。著派通政使麒麟保前往，會同巡撫阿思哈妥協查辦。該將軍富昌亦著就近協同辦理。其應如何給與蒙古山價之處，一併酌量定議奏聞。(高宗四○八、二六)

（乾隆二八、六、甲寅）諭曰：方觀承奏：據熱河道良卿報稱，富貴山等處木植有木商呂均成領票砍伐，現經該廳員等查其堆放木植有在封禁界牌以內者，恐不無越界影射情弊。著侍郎安泰帶同工部司官一員由驛前往，著熱河道派廳官一員隨往查勘辦理。(高宗六八九、一九)

（乾隆三五、一二、壬午）又諭〔軍機大臣等〕：據刑部奏馬成兒等偷砍木丁一案。現據馬成兒供稱易州民人佟偉與杜學義出錢糾令入山砍伐，給價收買，尚未弋獲等語。佟偉等出錢糾砍木丁，代為收買，均係案內緊要人犯。著傳諭楊廷璋速飭各屬，將佟偉、杜學義各犯上緊查拏務獲，委員押解來京，以便質審，毋得稍有遲滯，致令聞風遠颺。所有刑部原摺並寄閱看。(高宗八七四、一七)

（嘉慶八、七、丙午）諭軍機大臣等：祿康奏據福建龍巖州人連任率首告興京高麗溝地方有二萬餘人砍伐樹木售賣之事。並據供稱，伊於六月間到彼，見有二萬餘人支搭窩棚六百餘座，設有鐵匠爐座，打造大船，運販木料，官兵不能查禁。並探聽得為首係劉文喜、秦士雷、鮑有祥、張九、孫有交、顧學彥六人等語。興京一帶為陪都重地，若果有無賴匪徒在彼聚集多人，搭蓋窩棚爐座，打造船隻，砍伐樹木售賣，殊干法紀。策拔克……迅速前往盛京，一路不可宣露，密將此旨交晉昌、巴寧阿閱看，公同商酌，挑帶兵丁，與巴寧阿同赴高麗溝地方詳細訪緝。但不可透漏消息，以致奸民等聞風遠颺，無可究詰。至辦理此案，祇須將為首之犯查明，按名拏獲，照律治罪，其餘夥犯俱著酌量分別懲辦，不可多事株連。並將疏防官員查參。至連任率來京首告，或因訛索起釁，或希圖入夥不遂所願，挾嫌呈控。現已飭知兵部將連任率解交策拔克質訊。如訊出另有別情，亦當治以應得之罪。其查

出木植自應全數入官，應如何運送，作何用處，並將來如何安設卡倫，一併詳議具奏。將此密諭知之。(仁宗一一六、三二)

（嘉慶八、八、癸亥朔）諭軍機大臣等：策拔克等奏前赴盛京查辦劉文喜等砍伐木植一案。盛京爲陪都重地，既有無賴匪徒在高麗溝一帶聚集，搭蓋窩棚，私砍樹木等事，自應嚴飭各卡倫留心查禁，使奸民知所斂戢。巴寧阿到任未久，且非伊專管，自難加之責備，若晉昌則在彼有年，且係盛京將軍，稽查地方及各處卡倫皆其專責。今接奉前旨，僅稱悚惶駭異，可見伊於高麗溝地方偷伐木植一案竟全未聞知，所司何事？現據德瑛奏，除高麗溝之外，尚有韭菜園、三道浪頭兩處，晉昌均未查及，太覺不成事體。晉昌著先傳旨申飭。至策拔克等選派協領珠瑃額、恒福改裝易服，潛率番役星赴該處設法偵緝，並恐奸民等將木植運赴天津等處海口販賣，飭令沿海一帶旗民地方官嚴密訪拏，所辦俱是。該處藏匿奸民甚至有打造大船運販木植之事，策拔克等此次必應徹底查辦，將首犯逐名拏獲，按律定擬，其餘爲從各犯分別懲治。此番查辦之後，該處斷不容再有奸民藏匿滋弊。其天津登萊青各海口，諭令直隸、山東各督撫飭屬嚴查，如有奸民運木到彼，即令盤拏，其中儻有劉文喜等六人，並令解赴盛京，歸案審辦。將此諭令知之。(仁宗一一八、四)

（嘉慶八、八、丙子）諭軍機大臣等：策拔克等奏查辦偷砍木植情形一摺。據稱在遼陽州所屬地方搜獲私伐黃松木植二千四百餘件，又興京城廠邊內查出木植甚多，不可勝數等語。現在策拔克等尚未至高麗溝一帶，而遼陽、興京等處據該佐領等呈報查獲私砍木植已有如許之多，可見此等藏奸處所正不一而足。從前琳寧在將軍任內，曾查出高麗溝地方有偷砍木植之事，僅將窩棚燒燬，驅逐奸民，並未將該管官員參奏辦理，已屬過於疏縱。迨晉昌到任後，亦曾分路查拏，辦過數次，但總未嚴參究辦，更覺疲軟無能，以致該管各員日漸怠玩，而奸匪等毫無畏懼，日聚日多，竟敢肆意偷竊，顯干例禁。晉昌係盛京將軍，稽察地方及各處卡倫皆其專責，今卡內卡外均有偷砍木植之案，實難辭咎。著與該管之副都統一併交部嚴加議處。至興京城守尉慶祥、通判景會、鳳凰城城守尉賡寧、岫巖通判崇福有守關之責，乃該管地方偷砍木植至數千餘株之多，其咎甚重。均著解任，交與策拔克等嚴加訊鞫。該管兵役及該員等有無受賄故縱情事，仍一面將案犯劉文喜等上緊嚴拏務獲，到案後向該犯等嚴切根究，是否該處兵役得錢賣放，抑竟係該管官員通同舞弊，令其據實供吐。如祇係兵役賣放，則該員等尚不過失察，儻竟係該員等得賄故縱，必當按名嚴參治罪。將此諭令知之。(仁宗一一八、三五)

第三節　手工業工人的生活與鬥爭

一、手工業工人群衆的生活情況

1. 官府爲鑄錢所開發銅、鉛礦中的工人情況

①官府對爲鑄錢而開礦的持續計議

（**順治九、一二、辛酉**）工部奏言：直隸保安人王之藩忽倡開礦之議。查故明萬曆時差官開礦，徒虛工本，無裨國計。而差官乘機射利，偏肆索詐，掘人塚墓，毀人田廬，不勝其擾。前事甚明，應嚴行禁止。（世祖七〇、二四）

（**康熙二一、八、庚子**）九卿議准土司田舜年請開礦採銅。上曰：開礦採銅，恐該管地方官員借此苦累土司，擾害百姓，應嚴行禁飭，以杜弊端。（聖祖一〇四、一二）

（**雍正四、二、癸酉**）諭大學士等：凡違禁偸刨封禁礦砂等律，漢人發邊衛充軍，旗人解部枷責。朕思發遣治罪，滿漢應同一律。從前定例將徒流等罪之旗人改折枷責，今可否更改與漢人畫一之處，著大學士會同八旗都統及滿洲漢軍之九卿確議具奏。（世宗四一、九）

（**雍正四、一〇、丁卯**）戶部議覆：黃銅器皿除三品以上官員准用，民間樂器、天平、法馬、戥子及五勐以下之圓鏡不禁外，其餘文武各官軍民等所有舊存黃銅器皿限三年內悉交官領價，收藏打造者照例治罪，並請通行各直省一體嚴禁。得旨：依議。其各省禁止銅勐之處，且先於直隸八府及各督撫駐劄之省城試行之。（世宗四九、一〇）

（**乾隆九、五、丙戌**）諭軍機大臣等：前據部選藁城縣知縣高對呈請自備工本，開採礦廠一事，戶部議令發與喀爾吉善查議。朕思此事於地方甚有關係，必不可行。可寄信前去，即停止，並不必聲張。直隸總督高斌尋奏：前准戶部密行藁城縣知縣高對請自備工本，於嶧、滕、費及淄、沂、平陰、泰安等山開採銀、銅、鉛礦。臣查山左開礦之說，聞明嘉、萬間到處開採，積歲無獲，官民重困。至我朝康熙五十八年，巡撫李樹德奏請開濟、兖、青、登四府礦場以佐軍需，聖祖仁皇帝恐其擾民，差部員六人前往，試看無益，即停止。蓋開採礦砂向惟行於滇、粵邊省，若山左中原內地從未舉行，而沂鎮、泰安山屬岱嶽，費、滕、嶧縣地近孔林，更屬不宜。且開鑿之處，

官役兵弁必有不能不擾民之勢，若致開掘民間廬墓，更易滋怨。況利之所在，易集奸匪，爭鬪之釁必生。更可懼者，去冬彗星所指，僉稱在齊魯之方，今開礦適當其地，是於事則無利而有害，於地方則甚不宜，於輿情則甚不願。若必俟試行無益而後中止，萬一有奉行不妥之處，將爲盛德之累。得旨：所奏甚是，朕竟爲舒赫德所欺。有旨諭喀爾吉善停止矣。（高宗二一六、一五）

（**乾隆九、一〇、癸酉**）兩廣總督那蘇圖等奏：承准廷寄御史衛廷璞、歐堪善條奏二件，請停緩開採礦山，奉旨交臣等定議。臣抵任後，即與臣策楞詳查案卷，并備詢屬員，博採輿論。竊惟粵東礦廠自康熙三十八、九年以來，議開、議停已非一次，臣等身膺重寄，何敢好大喜功，創此無益之舉。苐敷政有體，當衡其輕重緩急，補偏救弊，而歸於至當。若兩御史所奏，雖因息事寧人起見，而臣等仰承下問，不敢不據實上陳。查粵省山海交錯，五方雜處，兵、民、商賈在在需用錢文，鼓鑄一事，萬難緩待。而銅觔之産於東洋者，江浙等省紛紛購買，尚慮虧缺，其産於滇南者額解京局，及供應本處與川、黔等省鼓鑄，豈能源源接濟？今粵東現有礦廠棄而不取，非計之得也。議者謂礦廠一開，奸良莫辨，海寇黎猺刧壠踞山，事屬可慮。伏惟久道化成，數十年來鯨鯢絶跡，必無意外之慮。即如雲南夷猓雜處，粵西苗獞交錯，頻年開礦，並未滋事，惟在司事文武彈壓有方，便可杜絶。況粵東山多田少，民人雖有胼胝之能，苦無耕作之地，與其飄流海外，作奸爲盜，何如入山傭趁，使俯仰無憂。是開採非特爲鼓鑄計，兼可爲撫養貧民計也。若云本省米穀有限，丁衆食指浩繁。查産米地方遠則江楚，近則粵西，皆一帆可達，購鄰省之米，養本省之人，有何食貴之慮。臣等隨時調劑，斷不使粵民向隅，如臺臣所云因開礦而米價即貴也。似宜將現在報出銅、鉛各礦先行試採，自廣州、肇慶二府起，由近至遠，以少及多，砂旺即開，砂弱即止。其衰旺緣由及應開、應停作何抽課之處，容試採之後陸續奏聞。至金、銀二礦民多競趨，恐其先金、銀而後銅、鉛，轉於鼓鑄有礙，應請停止，照舊封閉。其餘各項事宜悉照戶部議定章程辦理，毋庸更改。得旨：大學士會同該部議奏。（高宗二二七、二四）

（**乾隆九、一〇、癸酉**）署廣東巡撫廣州將軍策楞奏：承准廷寄御史衛廷璞、歐堪善條奏二件，請停緩開採礦山，奉旨交臣定議。查粵省人稠境窄，賴此産礦山場，乃天地自然之利，如果經理得宜，於民生殊非小補。且現議開爐鼓鑄，銅觔不敷，與其遠購鄰封，何如近取本地？惟是金、銀並採，或啓紛爭之漸，自應將銅、鉛等礦先爲試行，將來揀選砂旺山場開採，其金、銀礦仍概行停止。督臣那蘇圖到任後，與之詳加商酌，意見相同。其餘吏治官方，民情土俗，並水師營汛之疲玩，鹽務商欠之混淆，亦一一告知，不敢以事非本任，遂爲諉卸。得旨：好。汝二人和衷辦理，以期地方日有起色，庶政以次畢舉，將來吏治民安，海疆寧謐，方慰朕懷也。（高宗二二七、二六）

（乾隆九、一二、癸亥）大學士等議覆：兩廣總督那蘇圖等奏請：粵東開採銅、鉛以裨鼓鑄，先於廣、肇二府近處礦廠試採，俟有成效，再行定議，漸次舉行。至金、銀二礦原與鼓鑄無涉，仍舊封閉。應如所請。從之。（高宗二三一、七）

（乾隆一九、一一、甲辰）湖南巡撫胡寶瑔奏：郴、桂二州銅、鉛各廠向係專員董理，一年期滿更替。但礦務繁多，驟易生手，弊竇滋生。請先期選派新員，令赴廠與舊員協辦，俟熟悉一切，然後屆期接替，免致交代疎漏。得旨：覽奏俱悉。（高宗四七七、二六）

（乾隆二〇、六、壬申）大學士仍管四川總督黃廷桂奏：川省開採銅、鉛，收買脚價，向在雜稅項下動支，僅足敷用。現又新開甲子夸、蔑絲羅等廠，約於雜稅外須撥添銀二萬兩。查有鹽茶耗羨及截曠養廉二項下可以借支，鑄錢易回成本後即可歸款。下部知之。（高宗四九一、三一）

（乾隆四二、一、丙申）貴州巡撫裴宗錫奏：從前試採鉛廠，奏明在案。茲查松桃廳屬巴壩山一處即名大豐廠，地近楚省，遵義縣屬新寨一處地近川省，所產純係白鉛，礦砂盛旺，足資撥運。請以大豐廠鉛全撥楚省額運，新寨鉛酌撥京運一百餘萬觔，較蓮花、福集廠辦理既易，兼可節省水陸脚費四萬餘兩。其蓮花、福集二廠減運鉛觔仍照數積貯。得旨：嘉獎。（高宗一〇二五、四七）

（嘉慶四、四、丁未）又諭內閣：朕恭閱世宗憲皇帝硃批諭旨，於開礦一事，深以言利擾民爲戒。聖訓煌煌，可爲萬世法守。朕每繹思莊誦，誌之於心，因無人以此陳請，未經明諭。今有宛平民潘世恩、汲縣民蘇廷祿呈請在直隸邢臺等縣境内開採銀礦，給事中明繩輒據以入告。故特降旨宣示，使知朕意。夫礦藏於山，非數人所能採取，亦非數月所能畢事。必且千百爲群，經年累月，設立棚廠，鑿砂煎鍊。以謀利之事聚游手之民，生釁滋事，勢所必然。縱使官爲經理，尚難約束多人，若聽一二商民集衆自行開採，其弊將無所不至。此在邊省猶不可行，而況近依畿輔？他府猶不可行，而況近地大名？各該處向有私習邪教之人，此時方禁約之不暇，顧可聽其糾聚耶？且國家經費自有正供常賦，川陝餘匪指日即可殄平，國用本無虞不足，安可窮搜山澤，計及錙銖？潘世恩、蘇廷禄自因現在開捐，揣摩迎合，覬覦礦苗，思擅其利，乃敢藉納課爲詞，以小民而議及帑項，實屬不安本分，俱著押遞本籍，交地方官嚴行管束，毋許出境滋事。至給事中明繩，若係巡城，祇當聽斷詞訟，遇有此等呈詞，亦應飭駁。況伊並非巡城，且係宗室，今以開礦事冒昧轉奏，明係商人囑託，冀幸事成分肥而已，殊屬卑鄙。朕廣開言路，非開言利之路也。聚斂之臣，朕斷不用。明繩摺著擲還，並著交部議處。（仁宗四三、三）

（嘉慶六、九、庚子）諭內閣：慶傑等奏查勘銅苗情形一摺。前據明安等奏大興縣民人張士恒等呈稱平泉州屬四道溝、雲梯溝等處有銅苗透出，請自備工本開採等語。朕即知其事不可行，又涉言利，是以未即允准，特降旨令慶傑等查奏。兹據慶傑等奏稱查得雲梯溝地方係喀喇沁王滿珠巴咱爾名下山場，舊有洞口四座，係民人竊挖，該處銅苗甚覺微細。又四道溝地方舊有洞口一座，亦係民人竊挖，該處銅苗較旺，但不知能否經久，請令試採等語。該二處山場久經封禁，現在詳悉查勘，亦未見實有可以開採之處，其事斷不可行。蓋開採俱係無業游民攢湊資本，互相邀集，趨利若鶩。儻已聚集多人而銅苗漸竭，彼時何以遣散，豈不慮其滋生事端？即或開採獲利，而該處地方與蒙古山場相連，使蒙古等以內地官民專爲牟利起見，於國體殊有關繫。況現在戶、工二部鼓鑄事宜需用銅斤照例由滇省起解運京，儘屬充裕，本無須另籌開採，何必輕爲此舉耶？所有平泉州屬四道溝、雲梯溝等處產銅山場新舊洞口俱著永遠封禁，不准開採，並責成地方官嚴加查察，毋許再有私行偷挖之事。朕自親政以來，屢經諭止臣工不准言利，而內外臣工實心確信朕言者固多，然心存觀望猶豫者不少。彼意總以爲決不因言利獲咎，即蒙議處申飭，聖意總覺能事，後必見好，是直不以朕爲賢君，視爲好貨之主矣，諸臣何苦必欲以此嘗試耶？上年胡季堂有奏請在直隸大名地方開設鉛廠一摺，朕未經批發查勘，即不准行。本年明安先有奏請開採木植之事，此次又率據該商人所請奏開銅礦，謂非言利而何？在商民等無知見小，計及錙銖，而明安即據以入奏，此必輕聽屬員慫慂而成。明安受恩深重，自不應有冀圖沾潤情事，然亦不可不防其漸。而該商等具呈懇請時，若非於所屬員弁及書吏人等輾轉賄求，何能逕將所請之事達於明安，代爲奏請？此種情弊豈能逃朕洞鑒乎？嗣後臣工等惟當洗心滌慮，毋得輕啟利端，假公濟私，妄行瀆奏。將此旨通諭中外知之。（仁宗八七、二二）

（嘉慶一二、一、丁卯）諭內閣：本日據誠存奏有宛平縣民人杜茂封投遞呈詞，請於順德府屬之邢臺、內邱地方開採銀、鉛各礦一事。山場開採例禁綦嚴，商民等違例營求，不但事不准行，俱有應得罪名。誠以開採一事不獨有妨地脈，且雇夫刨挖均不過游手好閒之徒，將來日聚日多，互相爭競，所獲之利有限，而流弊無窮。杜茂封無知牟利，冒昧瀆呈，實屬大干厲禁，本應即照例治罪，但伊既力請試採，若不將各該山場斷乎不可開採之故帶住週歷指駮，尚無以折服其心。杜茂封著該部解往直隸，交署總督溫承惠，酌派大員即帶赴邢臺、內邱一帶，週歷伊原呈內所稱有礦山場，詳悉指示，面加駮訊，使其無可置辯，再治以應得之罪。（仁宗一七三、一七）

②官府各個鑄錢局的開辦

附：錢局所屬銅廠總理的貪污案

（乾隆六、八、辛丑）諭：前因錢局工役給發錢文，以致爐頭鑽營，滋生事端，是以降旨仍給發銀兩。今據署侍郎三和奏稱七月給發工價之時，匠役藉稱不敷應用，四廠俱各停爐。隨行詳悉曉諭，西、南、北三廠俱遵照開爐，惟東廠內有翻沙匠童光榮唆使諸匠，不肯支領工價。因磨錢匠張文倉不聽唆使，彼此角口，童光榮即行凶將張文倉戳傷，雖未殞命，不法已極，現在拏交大興縣審訊等語。夫錢局改發銀兩係朕降旨辦理之事，其中或有不敷之處，管理錢法之堂司官自必妥議奏請。該匠役等理宜靜聽，乃敢違背朕旨，擅自停爐，復行凶傷人，此較之外省罷市之惡棍情罪更為重大。僅交大興縣審訊，不過照尋常金刃傷人律完結，殊不足以蔽辜。且以工匠而敢於停爐逞凶，暗中不無指使之人，著將童光榮拏交刑部，嚴加審訊，從重治罪。（高宗一四八、一四）

（乾隆六、八、壬戌）是月，履親王允祹等奏錢局西廠匠役吶喊情形。得旨：此等刁風甚屬可惡。京師之地且如此，何以示四方？著舒赫德等嚴訪為首之人，務必重處，以警其餘。（高宗一四九、一六）

③官府各鑄錢局的工役

附：官府各鑄錢局所屬銅廠總理的貪污案

（乾隆三三、七、庚寅）又諭：據明德奏雲南糧儲道羅源浩總理銅廠，於各廠銅觔多有透漏，並不加意嚴查，且於積欠銅本又不實力著追，甚屬昏庸不職。其借補東川府湯丹通判程之章廢弛銅務，均請革職等語。羅源浩著革職，交與該督撫等，將摺內情節據實詳悉究審。程之章亦著革職，其有無經手情弊，該督撫等一併究明查辦。（高宗八一四、八）

（乾隆三三、七、壬辰）諭軍機大臣等：據明德奏雲南糧儲道羅源浩總理銅廠，於各廠銅觔多有透漏，並不加意嚴查。又前此積欠銅本七萬六千餘兩，並不實力著追，實屬昏庸不職等語。已降旨革職，交與該督撫等查究矣。羅源浩一人，朕知之最深。伊前任浙省道員，朕於南巡時，因湖南省京員甚少，將伊補授京堂。乃召見奏對之次，伊並不踴躍感恩，轉有瞻戀外任之意，是以令其復補道缺。乃伊惟知圖得養廉，仍不實心供職。銅廠係其專司督辦之事，既不能嚴查透漏銅觔，而廠內工本又不上緊清釐，因循玩忽，居心卑鄙，深爲溺職負恩。著傳諭該督撫等，如羅源浩於此案內果審有染指虧空之事，自應嚴行治罪。即使本身尚無侵漁，而所發工本銀兩，鑪户等不能交官還款之項，一併著落羅源浩名下，勒令按數賠償，以示懲創。倘伊一時未能清繳，即著留於該省嚴追，不得令其回籍，轉得脱身事外。將此詳悉傳諭阿里袞、明德知之。（高宗八一四、一三）

（乾隆三三、九、丙申）諭軍機大臣等：據阿里袞等奏請責成該管道府專管廠務及統歸布政司總理一摺，已批如議行矣。至原參糧儲道羅源浩總理銅廠，於銅觔多有透漏，及未追積欠銅本至七萬六千餘兩一摺，已降旨革職查究。並令將應行交官還款之項著落羅源浩名下，勒令按數賠償，以示徵創。今復據阿里袞等奏各廠有弊無弊漫無證據，甚至奸商侵蝕工本，以致乏費停採，窮民失業，帑項虛懸等語。此皆從前辦理不善所致，羅源浩固罪無可寬，而劉藻在滇最久，鄂寧莅任年餘，均有督辦銅廠之責，何以並未查明，及早劾參妥辦？以致廠務廢弛，國帑虛懸。所有羅源浩應行追繳之項倘將來不能如數賠償，即著劉藻家屬及鄂寧名下照數分賠，以清帑項。尋奏：羅源浩等實係辦理不善，尚無染指情事，其積欠銀，議令羅源浩分賠一半，各廠員分賠一半。倘實不能如數，再著落劉藻家屬及鄂寧名下分賠。報聞。（高宗八一八、二四）

（乾隆三三、一二、丙辰）又諭〔軍機大臣等〕曰：明德查奏羅源浩應賠銅廠銀兩一摺。內稱即係限內全完，仍不准其開復，程之章等各員如於一年完項，照例開復。而另片內又稱均俟交賠完日方准回籍等語。顯係該撫意存姑息，急欲爲伊等開脱。所辦非是。羅源浩爲人朕所素知，前於浙省道員任內曾經加恩補授京堂，乃召見奏對，意並不知感激，惟欲貪戀外職養廉。及將伊復用道員，一味戀棧因循，竟不實心任事，以致銅廠廢弛日甚，任聽屬員透漏作弊，甚致銅本有虧，亦不上緊鏟剔。其溺職負恩，初非尋常失察應賠官項之人可比。前經降旨甚明，是論羅源浩之情罪，即將應賠之項按限全繳，尚當交部治罪，以示懲儆，豈徒不准開復，遂足蔽辜。但此時伊若自知餘罪無可解免，則應交官賠項，勢必怠玩不前，是以暫且停其交議。傳諭該撫，看其完項情形，如不甚踴躍，即將伊監禁著追，事畢時再行奏請治罪。至程之章等均係專司銅務之人，任意濫放虧帑，亦有應得之罪，如拖延不完，并著監追。俟伊等交完官項之日，一併具奏請旨。著將此詳諭明德知之。（高宗八二四、四）

（乾隆三四、六、甲戌）諭軍機大臣等：戶部議駁明德奏分賠銅觔一摺，已依議行矣。此項分撥各省銅觔原在應運京銅數內截留，自應按照原議，分作二年補解京局。乃明德摺內並未將截留銅觔作何補運之處詳晰聲明，已屬含混。至原撥銅觔既給自湯丹廠，即應照湯丹廠每百觔六兩四錢之價定數追賠，何以轉照青龍等廠每百觔五兩一錢有零者定價，致短賠銀至二萬七千四百餘兩之多？顯係為屬員等避重就輕，尤屬非是。明德近來辦事頓不如前，朕屢加訓飭，冀其悛改，何以辦理此案尚深染外省惡習，顢頇錯謬若此？明德著傳旨嚴行申飭，仍照部駁情節另行妥議速奏。並諭傅恆知之。（高宗八三七、一七）

（乾隆三四、八、庚戌朔）諭：前據明德查奏滇省缺額銅觔定價分賠一摺。將湯丹、大碌二廠之銅照青龍等廠中價分賠，又不將截留京銅分年帶運之處詳悉聲明，經部議指駁，因即飭諭明德，令其查明覆奏。今據奏稱去年一年所產之銅僅敷鼓鑄，是以未經帶運等語，尚在情理之內。即前摺未經聲敘，亦可寬恕。至湯丹、大碌與青龍等廠價值多寡懸殊，乃從前率據該司開送中價，遽行入奏，經朕傳旨詢問，明德亦更無可置辯，自認從前辦理錯謬。明德著交部議處。其另單所開歷任分賠銀數仍著該部詳覈著追。（高宗八四〇、一）

（乾隆三四、八、庚戌朔）諭軍機大臣等：據明德覆奏本年不能帶運補解京銅，及湯丹等廠分賠銅觔率照青龍等廠定價短少緣由一摺。已於摺內批示，並交部議處矣。明德僅據該司所議之價，不加詳覈，遽行列奏，咎固難辭。而該司可以湯丹、大碌二廠應賠之銅輒照青龍等廠等價，以致數目短少，顯有瞻顧歷任上司及袒徇同官屬員之意。該司究係何人，未據將姓名列入，殊未明晰，或尚係宮兆麟任內之事，或係錢度到任後所辦，抑係署任之員定議辦理，著傳諭明德，即速查明，據實覆奏。（高宗八四〇、二）

（乾隆三四、八、己卯）署雲貴總督明德奏：參革糧道羅源浩并廠員汪大鏞、孫焯、程之章、陳昌元等，應賠湯丹、大碌二廠銀兩均屬拖延，請監禁著追。得旨：外省監禁著追有名無實。將此五人嚴拏，送交刑部治罪。（高宗八四一、三一）

（乾隆三四、一〇、丙子）又諭〔軍機大臣等〕曰：明德奏審明虧缺碌碌廠銅觔之參革知州鄒永綏按律問擬斬候一摺。初以摺內虧缺情節不過如此，已批交該部議奏。及閱鄒永綏供單內有所少之銅實是該員多報之銅，此語已非情理所有。月報銅觔多寡自有確數，該員身司銅務，豈肯自行浮開數目，以致日後查出短少之理？人雖至愚，亦不應出此。又稱銅本銀兩，存貯在庫絲毫無虧。其言尤不足信。安知非該員一聞盤查之信，設法彌補，巧爲掩覆地步？如此疑竇種種，明德並不逐節徹底研訊，竟行錄取浮供，希冀顢頇了事。可見明德一味模稜昏憒，竟已無所用心，此案亦難望其審明完結。著將明德原摺并供單一併交與彰寶秉公究審，定擬具奏。（高宗八四五、五〇）

（乾隆三六、一一、癸卯）諭曰：羅源浩名下應賠銀兩雖經陸續全完，但已在一年限外，且伊尚有應追分賠辦運銅觔腳價銀及攤賠馬生龍虧空運腳銀，兩項俱未完交。著再予限一年，俟其依限完繳後，該部奏聞請旨。（高宗八九六、一一）

④雲南官辦銅廠的廠丁——挖銅工人

（乾隆二二、一二、丁亥）[雲南巡撫劉藻]又奏：滇省銅廠之大者莫過於湯丹、大碌，近因硐深炭遠，油米昂貴，採辦漸艱。蒙恩兩次加增價值，廠民之積困稍甦。而細察情形，尚有應行調劑之處。緣每歲京外需銅約一千一二百萬，而各廠所出不過千萬。京銅雖無缺誤，此外恒苦不敷。此銅觔之應行籌畫也。又湯丹、大碌兩廠歷係先銀後銅，上季放出之銀，下季收銅還項。人衆則奸良不一，歲久則尾欠難免，積少成多，遂成廠累。此帑項之應行清理也。今銅觔既須儘力多辦，而豫放之工本奏銷之未完，又須陸續歸清，償舊圖新，究難寬裕。查大碌一廠積疲較湯丹爲甚，現選幹員前往徹底清理，於廠民之急公者鼓勵之，疲玩者革除之，放銀收銅，絲絲入扣，勿使再增新欠。更宜廣覓新嶆，多開子廠，以爲儲盈補缺之計。至油米等項，廠民不能於賤時購買，每有擡價賒欠之累。今宜責成廠員多爲儲備，照賤價發領，以紓其力。則廠民踴躍攻採，辦銅自必加多。銅多則餘息日增，舊欠日減。總期調劑有法，國帑無虧。得旨：好。知道了。汝竟解事，孰謂徒埋頭讀書者耶？（高宗五五三、四四）

（乾隆三四、一二、壬申）軍機大臣等會議：大學士陳宏謀奏……廠夫係食力之民，必須豫發工本以資採辦等語。應如所請。仍令該撫飭所屬銅廠，責成課長出結，按期交納，逾限勒追，如有虧缺，令該管廠員及課長分賠。從之。（高宗八四九、一六）

（乾隆三四、一二、癸酉）諭軍機大臣等：昨據永德奏請浙省停辦滇銅，而大學士陳宏謀又有請停洋銅之奏。二說俱未允協，已經軍機大臣會同戶部議駁矣。至陳宏謀奏豫發工價一節，意欲援爲歷來銅廠虧缺解免，所見非是。但慮及該督撫等或有懲於前事，不肯照常豫發，則辦銅必須周章，自爲近理，已據議覆允行矣。雲、貴兩省辦理銅、鉛，節年多有虧短遲誤之處，皆由經管大員等經理不善。如滇省道員羅源浩並不力爲清理，以致積欠纍纍，是以將伊革職追賠治罪。又有黔省之知州劉標甚至從中侵蝕，並有該上司需索分肥之事，現在革審究治。經此番懲創之後，督撫等當董率司道及專管之員力爲整頓，勿令復蹈前轍，自可使積弊一清。至廠夫採辦銅、鉛，若不豫給工價，一切皆無所資，勢難責其墊辦。設或該督撫等存畏首畏尾之見，慮及日後干連賠累，不肯照前豫發，所謂因噎廢食，於銅務實屬有礙。著傳諭該督撫，嗣後應給工價時，仍行豫發，但須按期追令完繳，以清年款，毋任屬員拖延。至向來遲緩之故，亦由廠員督飭不前，乃往往藉口於雇覓夫馬艱難及米食燈油不能充裕，多方委卸，其意未免以爲近年承辦軍需，不能兼顧。銅、鉛缺誤其來已久，前此未辦軍務之時又將何辭以解？著該督撫等悉心妥協籌辦，務令各項供用無乏，俾銅、鉛皆得源源接運，以濟京局及各省鼓鑄。如仍奉行不力，稍有稽延虧少，惟承管之督撫司道是問。將此切諭知之。（高宗八四九、一九）

（**乾隆三六、一、戊申**）戶部等部議覆：署雲南巡撫諾穆親奏調劑銅廠事宜。一、湯丹、大碌二廠辦供京銅，前撫臣劉藻奏准豫放一季工本，每百觔扣收餘銅五觔。近年廠員恐收銅未能全完，不敢將工本陸續豫發，廠民致多拮据。請嗣後酌准豫發兩月工本，每百觔扣收餘銅六觔，計三年內扣清，豫發之項，下月仍照上月辦銅數目給發等語。查各廠產銅無定，遇出銅較少仍如數扣收，即形竭蹶，廠民轉得藉口拖延。應令該撫通盤籌畫，另行具題。一、廠員新舊交代，有前任豫發工本，新任多不肯接受承催，而鑪戶從中射利，弊竇叢生。請嗣後責令新任一體催辦，仍如本任例。覈其已未完各數，照鹽課分別議敘議處。一、滇省多產銅之處，地方官報開新廠向無獎勵，未免任意遷延，請嗣後於報開新廠內，有每年獲銅二十萬觔以上者，紀錄一次；三十萬觔以上者，紀錄二次；四十萬觔以上者，紀錄三次；五十萬觔以上者，加一級；八十萬觔以上者，准奏請陞用。如開廠年久無效，查明實係廠員玩忽，隨時參奏。一、廠員散在各屬，離省窎遠，惟該管道府耳目易周。請嗣後責成考覈，去留改委聽其詳辦。均應如所請。從之。（高宗八七六、五）

（**乾隆三六、一、己酉**）諭軍機大臣等：戶部等部會議諾穆親調劑銅廠事宜各條，已依議行矣。朕覽此內豫發工本，扣繳餘銅一款，從前劉藻辦理時，係豫放一季工本銀兩，每銅百觔每月扣收餘銅五觔。所借多而所扣少，廠民自覺寬裕，所以能如期完繳。今諾穆親止請豫放兩月，而每月扣至六觔，是借項較前既少，而扣數轉多，廠民沾利無幾，豈所樂從？且分限僅有三年，又較劉藻前此所定五年、十年之期加迫。恐承領各户此時即存畏難之見，或致觀望不前，而日後藉口遷延，更所不免。辦理未爲妥協。錢糧出入固宜慎重，而銅務關係鼓鑄，尤在始事之調劑得宜，方可行之永久。著傳諭彰寶會同諾穆親，就各廠實在情形另行詳酌妥議具奏。尋奏：查從前豫借一季工本，因銀數較多，寬其年限，然年限太久，轉易生玩。今豫借兩月工本，並無利息，鑪民已多霑惠。惟每百觔帶扣六觔，誠恐力有不繼，即勒限三年，亦覺爲期過迫。請將豫借之數仍以兩月爲止，於每百觔帶扣五觔，約四年內可以扣完。下部議行。（高宗八七六、七）

（乾隆三八、閏三、戊辰）又諭〔軍機大臣等〕曰：彰寶等請將湯丹、碌碌等四廠欠項在於應領工本內每銅百觔扣銀五錢等因一摺，經户部議駁，已如所議行矣。該督撫因鑪户廠丁等積欠較多，欲爲籌一善後之計，俾得稍紓其力，寬裕辦銅，其意未嘗不善。但前據該督撫議定，各廠户每辦銅百觔扣收五觔，以抵豫放工本，覈計每銀百兩已扣五兩，又領銀百兩扣平一兩，以抵無著欠項，尚且謂其無力攻採，今復每銅百觔扣銀五錢，合計每百兩又扣銀七兩五錢，所扣愈多，則所得愈少，辦銅更爲拮据。而扣所得之數，完應追之項，何異剜肉補瘡？舊欠雖完，新欠又積，適啓鑪户苟且遷延之病，久之並恐於銅務有礙。况該督撫既經釐定章程，設法整頓，此後所放工本自可不至拖欠。何如將各廠積年舊欠稍寬其期？或即將前項扣平銀兩陸續彌補，或於此外另籌善法歸還，但無不可，何必爲此移新掩舊之下策乎？再前歲滇省請開新廠，曾准照黔省以餘銅一分聽廠户等自售，伊有利可圖，辦公得濟。既已試行年餘，成效若何？再此各廠之旁亦俱有子廠可開，若查明堪供煎採，令廠户等添採礦銅，則利益更饒，辦銅必更寬裕，又何虞舊欠之不能清額乎？著傳諭彰寶、李湖即速悉心熟籌，另行妥議具奏。（高宗九三〇、一六）

（乾隆四四、二、戊午）又諭曰：户部議覆李侍堯等奏滇省裁減鑪座，撙節銅觔，并查明各銅廠鑪欠將可否邀免之處請旨二摺。所有廠欠未完無著銀八萬四千三百餘兩，又廠欠經放之員，産盡而上司亦無可著追銀三萬三千九百六十四兩零，又銷過銅價廠欠在十分之一以內銀十八萬二千九百九十七兩零，俱著加恩豁免。餘依議行。此次查辦之後，期於徹底清釐，使將來新案年清年款，不許復有絲毫拖欠。該督撫務須董飭屬員實力整頓，一切那抵彌縫之弊嚴行杜絕。如敢仍蹈前轍，除將廠員及該管之道府等嚴行治罪外，惟該督撫是問。(高宗一〇七六、八)

（乾隆四九、六、庚寅）諭：户部會同福康安議覆雲貴總督富綱等查明通省廠欠一摺，請於各廠員鑪户名下分別追賠。自係照例辦理。第念滇省採辦銅觔不得不豫發工本，以資接濟，鑪户等係無業貧民，逋欠自所不免。從前李侍堯任內查明實在廠欠確數，奏請辦理，曾特降恩旨，豁免銀三十萬餘兩。今據富綱等奏，四十三年以後各廠虧欠五十餘萬兩，係實欠在民，並非官為影射，自屬實在情形。且該省辦運銅觔，自辛丑趲運以來，每年依限掃幫，辦理尚為妥速。所有此次無著廠欠銀三十九萬餘兩，著加恩竟予豁免。其有著銀十二萬餘兩，著照所請，於各領户名下照例著追。(高宗一二〇八、一六)

（乾隆五二、一、甲午）刑部議准：雲南巡撫譚尚忠奏稱：雲南通省徒犯向例就昆明等州縣所設多羅、松林等十二驛發配，日積日多。非群集為匪，即起意脫逃，請照軍流人犯派撥之例，於通省州縣內，不拘有無驛站地方，均勻酌配。又情重徒犯，例發各鹽井、鉛廠當差。但滇省各廠均僻處山箐，竈丁鑪户人眾雜遝，本難管束，若再以作奸犯科之徒集最易藏奸之地，恐勾串鑪竈，私熬私煎，轉致遺誤額課。請將定發各井廠之例一併停止。均應如所請。再各省無驛之州縣較多，嗣後徒犯均應照滇省之例，於通省州縣均勻派撥。從之。(高宗一二七三、二七)

（乾隆五五、四、己卯）軍機大臣等議覆：伊犁將軍保寧奏稱：伊犁、烏嚕木齊二處為奴罪犯將及二千名，人數眾多，不無滋事。請照舊例，擇情罪稍輕者，令其採挖銅、鐵，在廠傭工踰五年為民，十年准回原籍，予以自新，庶人數不致壅積，邊地亦得寧謐。應如所請。較別項發遣人犯加重踰十二年，如果奮勉無過，該將軍等報部查明，令回原籍。從之。(高宗一三五三、四〇)

（乾隆五六、二、癸丑）又諭曰：富綱奏銅廠積欠實數，酌籌捐補一摺。內稱乾隆四十九年清查以後，截至五十四年年底止，辦獲銅七千餘萬觔，共長支工本銀五十二萬七千七百餘兩，俱係實欠在民，並無官虧影射捏報等弊。此內有著銀十二萬九千三百餘兩，在原領該鑪户名下勒限追完。其無著廠欠銀三十九萬八千四百餘兩，請於通省養廉內分年攤捐彌補。再從前兩次清查有著廠欠尚有未完銀十一萬九千二百餘兩，實俱無力完繳，亦應歸入通省養廉內接續攤扣等語。滇省採辦銅觔，不得不豫發工本，以資接濟。鑪户等多係無業貧民，日積月累，逋欠自所不免。前於乾隆四十四年、四十九年查明實在廠欠無著確數，曾降恩旨豁免。今據富綱奏，四十九年以後至五十四年廠欠無著銀兩委係近年物價增昂，用費較多，致成積欠，並非廠員侵冒，自屬實在情形。且該省辦運銅觔，每年依限掃幫，採辦尚屬妥速。所有此次廠欠除有著銀十二萬九千三百餘兩仍令勒限追完外，其無著銀三十九萬八千四百餘兩著即加恩豁免。至從前兩次清查有著廠欠尚未完銀十一萬九千二百餘兩，究係該省催追不力所致，所有此項銀兩，即著於該督撫、藩司及經管廠務之道府養廉內攤扣完補。（高宗一三七二、一九）

（乾隆六〇、閏二、丁亥）諭：前經降旨，將各省節年民欠普行豁免，令各督撫查明具奏。茲據福康安等奏滇省錢糧並無民欠，惟銅廠積年各戶共欠銀四十九萬七千七百餘兩等語。此項銅廠欠款固不在錢糧民欠之例，但該鑪戶人等食力營生與齊民無異。此次特沛殊恩，將小民積欠廓然一清，共遂含哺之樂。所有雲南銅廠各鑪戶人等節年長支欠銀四十九萬七千七百四兩零，亦著加恩一體豁免，以示逾格推恩至意。（高宗一四七二、一三）

（乾隆六〇、閏二、丁亥）諭軍機大臣等：據福康安等奏滇省銅廠積欠一摺，已降旨加恩全行豁免矣。銅廠工本銀兩均關帑項，不容絲毫拖欠，年清年款。乃因此項積欠銀兩每逾數年即藉清查邀恩豁免，歷任督撫及管廠各員恃有恩免常例，遂任聽鑪戶等遞年積壓，拖欠不交，所辦實屬因循。茲當普免天下積欠，施恩錫慶之時，姑准所請，將廠欠一體豁免。著傳諭福康安等，嗣後惟當認真查辦，按年清款，倘再仍前拖欠，不能復思藉詞寬免也。（高宗一四七二、一三）

（嘉慶九、一一、丁酉）免雲南猓匪滋擾之麗江府屬迴龍廠上年銅課。（仁宗一三六、一四）

（嘉慶一三、一二、庚戌）免雲南各銅廠舊欠銀。（仁宗二〇五、六）

（嘉慶一五、一二、庚寅）免雲南銅廠民欠工本銀。（仁宗二三七、一一）

（嘉慶一六、一二、乙卯）免雲南銅廠民欠工本銀。（仁宗二五一、一一）

（嘉慶一七、一二、甲寅）免雲南銅廠民欠無著工本銀。（仁宗二六四、一七）

（嘉慶一八、一二、丁未）免雲南銅廠民欠工本銀。（仁宗二八〇、二五）

（嘉慶二一、二、乙卯）免雲南銅廠民欠工本銀。（仁宗三一六、五）

（嘉慶二二、一、乙丑）免雲南銅廠民欠無著工本銀。（仁宗三二六、一四）

（嘉慶二二、一二、甲戌）免雲南銅廠民欠工本銀。（仁宗三三七、七）

（嘉慶二三、一二、甲子朔）免雲南銅廠民欠工本銀。（仁宗三五一、二）

（嘉慶二四、三、癸卯）免雲南蒙自縣屬銅廠民欠工本銀。（仁宗三五五、一二）

（嘉慶二四、一二、癸丑）免雲南銅廠民欠工本銀。（仁宗三六五、三四）

2. 民間礦業中的工人情況

①熱河民間的違禁采銅

（嘉慶一四、八、庚子）諭內閣：薛大烈奏查拏平泉州地方私採銅斤各犯一摺。薛大烈昨經派赴八溝查辦時，伊因嘉慶六年平泉州四道溝曾出有銅礦，奏請開採未准，恐係該處防禁不嚴所致，當密委李學周等馳往訪查，現將偷挖銅沙之徐振等盤獲，且亲往將礦銅查出。薛大烈能於多年舊案記憶明確，辦理不致費手，尚屬能事，薛大烈著交部議敘。查拏銅犯之雲騎尉李學周，外委陳大榮、史文國均屬出力，著以應升之缺先儘升補。其現獲各犯著解赴熱河，交軍機大臣會同行在刑部審擬具奏。逸犯沈平、李禄等著熱河道平泉州嚴緝務獲，歸案審辦。所有四道溝銅礦著該地方官出示嚴禁，並隨時巡察，毋任奸民偷挖，致干咎戾。至平泉州麟昌隨同弋獲案內人犯，雖查辦認真，但究係伊所屬地方有偷挖銅斤之事，未便即予甄敘，俟審明定案後再行降旨。（仁宗二一七、一二）

②川藏邊民違禁運販硝磺、鐵砂

（乾隆一二、一、庚申）管川陝總督大學士公慶復、四川巡撫紀山奏：訪得川東有華銀一山，內産硝磺，綿亘三百餘里，界聯重慶府之巴縣、合州，順慶府之岳池、鄰水，深山密箐，人迹罕到，竟有匪棍聚衆滋事，密飭道府查拏。現據鄰水縣將巨魁龔瘋子、曹蜂子、彭老五、陳矮子弋獲，究出招集匪類偷挖硝磺，并奸盜行凶等事。又獲夥犯張仕俸等十數名，現在嚴審究擬，餘黨聞風逃散，將茅棚盡行燒毀。檄飭文武不時游巡，并飭道府查勘山勢，應否於要處移駐員弁彈壓稽查，俟會勘妥議具奏。得旨：是。此皆安靜地方之要圖，所宜妥辦者也。（高宗二八三、二二）

（乾隆二一、一〇、壬午）諭軍機大臣等：據吳進義奏稱拏獲私販硝磺、鐵砂之匪犯一摺。硝磺、鐵砂係違禁之物，乃夤夜偷漏出口，現獲硝磺至二十九馱，鐵砂至四馱之多，非尋常私販可比，必別有賊匪勾通之處。此案交與方觀承，將買自何地，販往何方，一一嚴行究出実在情節具奏，毋任狡飾，其已獲二犯著該提遴委幹員解送，勿令中途兔脱，並畏罪自戕。未獲各犯速飭弁兵分途嚴緝務獲，庶奸徒不致漏網。所有拏獲私販之弁酌量獎賞，以示鼓勵。著將此傳諭方觀承、吳進義知之。(高宗五二五、三)

(乾隆五八、一、乙卯) 軍機大臣會同大學士九卿議覆：欽差大學士公管兩廣總督福康安等奏酌籌藏内善後章程。……一、藏内各寨番衆供應烏拉夫馬，達賴喇嘛等向多濫給免差照票。又噶布倫、戴綳及大喇嘛等莊户亦多求免差稅牌票，請嗣後概行撤銷，惟實著勞績者，令達賴喇嘛告知駐藏大臣給票。其番民挑定額兵，亦由駐藏大臣及達賴喇嘛給票免差，事故革退繳銷。一、衛藏各寨地方雖統於達賴喇嘛，而户民增減去留無從稽覈，請嗣後令達賴喇嘛將所管大小廟喇嘛造册，並令噶布倫將衛藏所管地方及呼圖克圖等所管寨落户口一體造册，於駐藏大臣衙門及達賴喇嘛處各存一分備查。一、青海蒙古王公等差人赴藏，延喇嘛誦經，向不盡禀知駐藏大臣，請嗣後令西寧辦事大臣行文到藏，由駐藏大臣給照，咨明西寧辦事大臣互相稽覈。一、喇嘛番目人等向多私用烏拉，請嗣後惟公事差遣准禀明駐藏大臣及達賴喇嘛給以印票，標定號數，沿途照用。……一、西藏官兵所需火藥，工布地方產磺，製造火藥，較運從内地費省，請就近製運。其鉛丸火繩，由川省運解。一、達賴喇嘛賞給噶布倫、戴綳等官房莊田，向有事故缺出，不交後任者，請查明隨任交代，不准私占。一、喇嘛支領錢糧向多先期透領，請嗣後按期支放，違者究治。一、各寨徵收租賦向多牽混，請嗣後令商卓特巴按年立限嚴催，清交商上，並查實絶户荒田，隨時豁賦。……一、廓爾喀貢使進京道長，請每遇貢期令該酋長豫禀駐藏大臣，以便駐藏大臣及四川總督派員接替護送。均應如所請。從之。(高宗一四二一、一一)

③京西窑戶人衆棲宿火房

(乾隆七、四、戊戌) 刑部議覆：順天府府尹蔣炳奏稱：京城失業游民棲宿火房，原有稽察之例，第恐開設覓利之徒容留匪類，請敕下五城御史及順天府轉飭大、宛兩縣各司坊官，遵照雍正十二年、乾隆二年定例，實力稽查。倘仍留匪類，如有犯強竊案件者，分別有無知情分贓，照竊盜同居之父兄人等例治罪，保甲人等照所管内徇匿爲盜之人例，分別責處。又五城地方遼闊，每多盜竊案件，若將刺責等犯概發大、宛兩縣收管，恐稽察難周。請嗣後安插人犯，除大、宛兩縣仍照例稽查外，如屬五城，令司坊官一體稽查點驗。再宛平縣所屬西山門頭溝地方開窑人衆，易於滋事，且恐逃犯混雜其中。應令該縣設立印簿，給發窑户，將各項傭工人等按月一報巡檢查考，并飭西路同知就近稽查。如該窑户不行開報，照脱漏户口律治罪。若在開窑地方或聚衆逞凶，致成人命，將本犯按律治罪外，該窑户照總甲容留棍徒例治罪。均應如所請。從之。（高宗一六四、二四）

（嘉慶四、一二、己丑）又諭［内閣］：……西山煤窑最易藏奸，聞該處竟有匪徒名爲水工頭者，往往哄誘良人入窑，驅使慘惡致斃，殊有關繫。著順天府會同步軍統領衙門派委妥員，密爲查訪，如有此等棍徒，即行查拏具奏，按律治罪。（仁宗五六、一一）

（嘉慶一二、二、己卯）又諭〔内閣〕：據順天府衙門奏拏獲包攬水工、虐使貧民之棍徒宋義忠等，請旨究辦一摺。此事朕從前即有所聞，曾經飭諭查拏，兹拏獲包攬棍徒，並驗取被虐工人傷痕屬實。地方官私設班館，擅用非刑，酷虐民命，尚例應嚴禁。今宋義忠等以鄉曲平民，敢於附近京城地方私置鍋伙住房，安設棘牆，圈禁工人，毒毆陵虐，致有傷殘，實屬頑忍不法。著交刑部提犯嚴審，定擬具奏。其鍋伙房屋棘牆著順天府飭知地方官即行拆毁。嗣後並著地方文武官員留心查訪，如有似此設立窩局，酷虐貧民者，即報明嚴拏，按律究治。（仁宗一七四、一九）

（嘉慶一五、一、乙亥）諭内閣：本日朱理、宋鎔奏會同檢驗煤窑水工李凱屍身並無傷痕，委係因病身死等語。前此步軍統領衙門具奏李凱身死，訊係夏太等毆斃，並請將營員量予獎勵，顯係輕聽屬員藉事邀功。禄康、英和、本智著交部察議。所有訪查案犯之遊擊史善載、守備李明亮、把總田勇福開復處分，即行徹回，毋庸查辦。著刑部提同案犯確加研審，並將程六等綽號是否自行編立，抑係旁人捏造，訊明定擬具奏後，再降諭旨。尋奏上。得旨：向聞開設煤窑之人率多橫凶不法。此案除李凱屍身驗明無傷，實係因病身死，毋庸置議外，致程六、白三、周才、楊二均係受雇鍋伙，在窑經管水夫，何以衆工遂爲編造綽號？自係平日暴戾殘刻所致。且李凱雖不死於傷，然該犯等究曾將伊毆打，顯非安分之徒。刑部於棍徒擾害地方例上減爲杖一百，徒三年，札發順天府定地充徒，尚覺稍輕。程六、白三、周才、楊二均著發往吉林充當苦差，以示懲儆。（仁宗二二四、一九）

④雲、貴民間銅、鉛礦廠

（乾隆一七、七、辛未）又諭［軍機大臣等］：據陳宏謀奏稱雲、貴銅、鉛、銀、錫等廠工作貿易多係江楚之人，向聞犯罪脱逃者往往竄入藏匿。馬朝柱籍隸楚省，壤址毗連，設或竄匿各廠，鄉民類聚，殊難辨識。請飭雲貴總督嚴密稽查等語。此奏似有所見。馬朝柱身爲逆首，自知罪大惡極，本地難容，潛竄鄰省各廠，希冀偷生，亦情之所必有。著傳諭碩色、愛必達、開泰，令將馬朝柱年貌詳悉開列，督率廠員嚴密查察，妥協辦理，毋俾首惡得以容隱，致有漏網。（高宗四一八、二三）

（乾隆四九、八、癸卯）諭軍機大臣等：據伊齡阿奏，據寶源局監督恩慶等稟稱自乾隆四十四年以來，雲南解京銅質低潮，不敷配鑄，每月於應發鑪頭額銅之外，多發銅觔搭配，日積月累，竟有八十餘萬觔之數，統計折耗銅十二萬九千八百餘觔，請著落分賠。並將現存夾雜鐵沙銅塊五十餘萬觔逐一查驗，實在有銅若干，其餘不足之數，著落雲南歷年承辦各員賠補等語。前經戶、工兩部以滇省解到銅觔不足成色，將積年所存餘銅搭放鼓鑄，並屢次行文該省督撫，令飭承辦各員務將銅觔煎煉足色，解京以供配鑄。茲伊齡阿奏，寶源局自四十四年以來，每月於額銅之外多發銅觔，搭配鉛、錫合鑄，現在統覈銅數，已耗折十二萬九千八百餘觔。總因該省運到銅觔成色低潮，不敷配鑄所致。如此年復一年，將來伊於何底。且工部銅觔業經屢有耗折，其戶部積存歷年餘銅亦屬無幾，若仍復因循遷就，勢必有妨鼓鑄。滇省自四十四年以後，各廠採辦銅觔甫能復卯，且節據富綱等奏，該處硐老山深，不能一律煎煉精純，此次姑著加恩，免其治罪。但京鑪鼓鑄如此掣肘，必須設法籌辦，方可不誤錢法。著傳諭富綱、劉秉恬即嚴飭各廠辦銅官員於採辦銅京時，必須加工煎煉，傾足向來例定成色，方許運赴鑪店解京，如仍有煎不足色、攙雜鐵沙充額，到京後一經戶、工兩部查驗參奏，朕必將富綱、劉秉恬及辦銅各員治罪。該督等勿謂銅觔復卯便可塞責，竟不復督飭廠員加意煎煉也。至該省產銅地方或果係山深硐老，不能一律採辦高銅，即著該督等估驗虧短成色若干，照依部額，每萬觔酌加耗銅若干，點交運員一併解京驗兌，並於奏報京銅開幫摺內聲明。此係朕代為酌籌之一法。若銅色果能純淨，即無須另議加耗也。富綱等務詳悉熟籌，即將如何辦理之處具摺覆奏。工部錢法堂原摺著發交閱看。（高宗一二一三、七）

（乾隆五三、九、丙戌）又諭［軍機大臣等］：昨據戶、工二部管理錢法衙門具奏寶泉、寶源二局自乾隆四十九年查辦鐵砂銅觔後，陸續挑出不堪鼓鑄低銅共一百四十餘萬觔等語。特命軍機大臣帶同滇省道員賀長庚眼同煎鑄，並詢據該監督等稱向例每礶用銅、鉛、錫共二十七觔，鑄錢四十枝，每枝錢四十四文，共應得錢一串七百六十文。今將挑出低銅照例配用，寶泉局僅鑄得整錢一百五十四文，寶源局僅鑄得整錢二百四十文。就兩局現在情形而論，其未成錢文之低銅幾至十之八九，何至折耗如許之多。因思京中鑪頭匠役鼓鑄錢文，從中舞弊，勢所不免，即監督等亦恐未能盡燭其情偽。但户、工二局自五十年後挑出低銅積至一百四十餘萬之多，若邊行著落賠補，在鑪頭匠役等必以爲銅色低潮，而辦銅之員又以爲弊在鑄局，且委員運到銅觔如果不堪鼓鑄，原准隨時駁回，勢必彼此互相推諉，不足以折服其心。著傳諭富綱、譚尚忠即派委經理廠務錢局之道府二員，帶領本省熟習鑄錢匠役四名馳驛來京，赴户、工二局眼同鼓鑄。如所鑄錢文較本局多至幾倍，是京中鑪頭等鑄錢積慣舞弊，即當重治其罪。若該省匠役所鑄錢數亦與京中相仿，則是該省銅色本低，歷來辦銅之員不能辭咎，而運銅至京交收時，該侍郎監督等並不驗明是否足色，濫行收兑，亦有應得之咎，自當著落分別賠補，以示懲儆，而昭平允。其道府帶銅匠即著速奏。將此由五百里諭令知之。尋奏：臣等即遴選熟悉廠務迤東道恩慶、永昌府知府宣世濤二員，帶鑄匠四名，并添帶煎匠二名，剋日馳驛起程。得旨：知道了。此一試，兩處之弊皆明白矣。（高宗一三一三、三七）

　　（**乾隆五四、一、戊寅**）户部、工部奏：前因滇省銅色低潮，難供鼓鑄，請勅該省督撫揀派道府大員，帶同鑪匠來京煎試，今雲南委員迤東道恩慶、永昌府知府宣世濤等帶匠來京。得旨：著派阿桂、和珅、王杰、福長安、董誥、彭元瑞每日輪流二人前往錢局，督率該監督及滇省委員等眼同煎試畢，再行分別辦理。（高宗一三二一、一一）

　　（**嘉慶二一、六、庚申**）諭内閣：户部寶泉局東廠匠役訛索爐頭，喧鬧滋事，該監督文禄等平日辦理不善，臨時又不能約束，侍郎成格等率將增復料錢許給匠役三成，辦理亦屬輭弱。文禄、象曾業經交部嚴加議處，其寶泉局監督著常格、溫承惠充補。（仁宗三一九、三）

　　（**嘉慶二一、六、乙亥**）諭内閣：御史蕭鎮奏工部寶源局匠役停爐誤鑄，挾制官長，請嚴行懲創，並錢法侍郎因循不奏，請旨查辦一摺。工部寶源局匠役欲分調劑爐頭料錢，互相争鬧，係五月初旬之事。該監督不能彈壓，許以回堂分給，該堂官派員前往曉諭，該匠役復敢恃衆逞刁，守閉廠門，先後將派員放出。該錢法侍郎彼時即應據實奏聞，查拏懲辦，乃佛住等於五月十六日朦混奏請，將料錢分給匠役，以圖將就了事。該匠役等益肆無忌憚，復逼令爐頭代還借項。至六月初六日，户局匠役亦聞風效尤，將爐頭圍繞逼脅，勒分錢文，經成格等奏請嚴拏，交部審辦。此後朕屢次召見佛住、吳烜，分別詢問工局近日情形，該侍郎等均以安静無事回奏，於該匠役等滋事始終無一字奏及。直至於今，工局仍有停鑄未開之爐。經御史蕭鎮訪聞參奏，是該侍郎等既經朦混於前，又復欺飾於後，佛住、吳烜始則畏葸無能，繼則將就朦蔽，俱著交都察院嚴加議處，一二日内即行具奏。其監督良禧、馬瑞辰、周維垣,並派往曉諭之司員柏齡額、周廷授俱著軍機大臣傳訊具奏。至户局匠役祇於圍逼爐頭,在大使廳前喧鬧,工局匠役公然守閉廠門,將司官扣留,尤屬目無法紀。著英和帶同番役即刻前往寶源局,立將滋事爲首之匠役賈喜子等拏交刑部,嚴審治罪。(仁宗三一九、八)

(嘉慶二一、四、丁丑)諭内閣:錢局匠役係微末小人,貪得無厭是其常態,全在該侍郎等平日督率監督,申明約束。此次工局增復料錢,本係賞給爐頭之項,該匠役等妄生覬覦,即屬不安本分,自當立予責枷示,俾知懲創。佛住等率領司員齎旨發交閱看,辦理已失之輭弱,及該匠役等仍不遵奉,將該司員監督等留於局内,關閉局門,求索不已,其時並欲該侍郎等到局,設佛住等進局,亦被遮留,更復成何事體?該匠役等似此貪昧肆妄,佛住等並不據實奏交刑部治罪,輒將增復料錢朦混奏請酌成分給,調停了事。朕屢次召見,詢問工局情形,佛住等均奏稱極爲安靜,希圖掩飾,實屬因循疲玩已極。似此庸碌具臣,斷難姑容,佛住、吴烜著照部議即行革職,以爲滿漢侍郎不實心任事者戒。(仁宗三一九、九)

3. 粤、陝失業工人先後聚衆與官府勢力進行的反抗鬥爭

(康熙五二、五、庚辰)又諭〔大學士等〕曰:提督康泰奏稱蜀省一碗水地方聚集萬餘人開礦,隨逐隨聚,現在差官力行驅逐等語。朕念此等偷開礦廠之徒皆係無室可居,無田可耕乏産貧民,每日所得錙銖以爲養生之計。若將此等乏産貧民盡行禁止,則伊等何以爲生?果如滇省礦廠所出頗多,亦可資助兵餉,此處所出無多,該地方文武官員作何設法,使窮民獲有微利,養贍生命,但不得聚衆生事,妄行不法,似屬可行。爾等與九卿會同速議具奏。(聖祖二五五、三)

(雍正二、九、戊申)又諭〔兩廣總督孔毓珣〕:爾任广西巡撫時,與提督韓良輔會奏大金、蕉木等山礦徒地方官不能驅逐,添調官兵防汛。今廣西巡撫李紱摺奏有外省無藉礦徒流入蕉木山,隨飭賀縣知縣會同富賀營守備帶兵三路並進,驅入廣東。又稱廣東梅崗、宿塘等處礦徒梁老二聚集多人,汛兵子弟亦多附和,巡檢不能防緝等語。據此,廣東既有巢窟,雖從廣西暫驅出境,亦復何益?此關係地方利害,爾總督全粤,宜會同兩省巡撫、提督設法驅除解散,毋因前曾奏請開礦,小有回護,以致慢忽因循。且聞所聚礦徒已有名目,將來爲害不輕,非比一二窮民偷採,或可法外寬宥,斷宜速行嚴禁解散,無使滋蔓。督撫身任封疆重寄,職在戢暴安民,如應提調官兵處,悉心籌畫而爲之,不可姑息省事,貽害地方。務期整飭寧謐,以副朕意。

(世宗二四、八)

　　(**雍正三、一、戊辰**) 諭兩廣總督孔毓珣：廣西蕉木山塲常有礦徒騷擾，雖屢經驅禁，而巢窟尚在，廣東終難安靖。聞蕉木山路共有四汛，在廣西者三，在廣東者一，兩省汛兵各宜盡心防緝，不得坐視推諉。嗣後著該管文武官分地查核，以專責任。或礦徒從某地來不能稽察，或已至某地不能擒逐，或逃入某地不能堵截，即將該管官弁題參議處。(世宗二八、一三)

　　(**雍正九、二、丙午**) 兵部議覆：雲、貴、廣西總督鄂爾泰疏言：兩廣交界有礦賊盤踞，兩省官員互相推諉，以致宵小肆行，良民被擾。請於潯州、南寧等府要害處所添設塘汛，並就近抽撥兵丁，召募鄉勇，使各相防守。庶汛地各有專責，匪類無計潛藏。應如所請。從之。(世宗一〇三、一〇)

　　(**乾隆三七、一二、己丑**) 諭軍機大臣等：勒爾謹查辦蒙古哈布塔海哈拉山等處民人偷刨金砂，持械逞凶一案，所辦殊屬未協。此等游手奸民敢於糾衆私越蒙古游牧地界，刨金牟利，甚至持械逞凶，實屬不法，自當嚴行究治，以儆凶頑。乃前此既拏獲一百餘犯，其中豈無倡首滋事之人？若嚴行根究，無難即得實情，乃該督輒以訊無逞凶抗拒之犯從輕完結。嗣據員外郎巴揚阿又報有多人潛往，並用鍬斧攙回蒙古之事，可見該犯等因地方官未經嚴究，以致更相效尤。該督既飭委鎮道分路查拏，何致不能弋獲一犯，轉以聞拏畏懼，均已散歸爲詞，顢頇了事，尤非情理。著傳諭勒爾謹，即將此案現有人犯嚴訊持拏鍬斧逞凶滋事情由。如或正犯在逃，並當查出姓名，嚴拏務獲，究出倡首之一二人從重治罪，俾奸民知所畏懼，不得過爲姑息，并不得稍存迴護，自干咎戾。仍將作何訊究確情據實覆奏。將此飭諭知之。(高宗九二三、四八)

　　(**嘉慶一、六、丁亥**) 諭軍機大臣等：據伍彌烏遜奏派委侍衛官員等前赴塔爾巴哈臺所屬之達爾達木圖、烏蘭托羅輝等處禁山巡查，適有偷挖金兩之人甚衆，獻出金沙六十餘兩。現在先派官一員率兵往拏，伊隨後即赴彼確查等語。嚴察新疆產金之地，特恐匪徒聚衆妄滋事端，今派委官員往查，衆人皆知畏懼，獻出金沙，尚屬遵法。此時伍彌烏遜如已親往辦理，自必妥善。儻派兵往拏，設偷金之人恃衆拒捕，轉不成事。嗣後惟於此等處所增設卡座，嚴行查禁，務使不致聚集多人與哈薩克、布嚕特等交結，方爲妥善。儻有一二流離貧民偷挖金兩，斷不可照此辦理，致滋事端。著傳諭伊犂將軍、烏嚕木齊都統等一體遵照。(仁宗六、七)

　　(**嘉慶一八、一二、乙巳**) 諭軍機大臣等：本日據朱勳奏報前月二十九日陝西岐陽縣三才峽地方有匪徒四五百人持械掠食，旋經竄至盩屋縣山內獨獨河一帶，裹脅民人東竄，計有八九百人。又小王潤亦有賊三百餘人搶掠糧食，並有旗幟刀矛。現經該撫派員與總兵吳廷剛兩面堵勦等語。陝省地方又有匪徒滋事，雖據奏係飢民掠食，但已有千人之眾。現已有旨，諭令長齡帶兵來陝督辦，一俟滑城攻克，著高杞即帶領西安滿兵，並酌帶陝甘兵一二千名由潼關取道，速赴南山，幫同長齡勦辦。（仁宗二八〇、一九）

（嘉慶一九、一、丙寅）又諭〔軍機大臣等〕：陝省三才峽等處匪徒滋事，大率因年荒穀貴，飢民掠食，糾集既多，遂敢焚劫村聚，抗拒官兵。現當遏絕亂萌，自不能不懾以兵威，而原起釁之由，總因地方官不卹民艱，以至小民近於飢寒，不能稍沾賑卹。及至釀成事端，興師動眾，國帑所費，轉致不貲。此等貽誤地方之員實堪痛恨。著長齡查明陝省鳳翔一帶上年災歉實在情形，是否州縣匿不稟報，抑該撫藩等接據稟報，並不查勘奏聞。俟軍務完竣之日，秉公據實參奏。（仁宗二八二、四）

（嘉慶一九、一、壬午）又諭〔內閣〕：上年冬間據陝西巡撫朱勳奏稱，岐山縣三才峽地方有飢民聚眾滋事之案，查係萬五為首，該逆等因木商停止工作，無處傭工，輒敢糾人焚掠，不法已極。當派長齡、楊遇春前往督辦。本日據長齡等奏稱萬五股匪經吳廷剛帶兵連次追勦，殲獲匪黨多名，該逆窮蹙奔潰，由太白老林竄入盩厔山內。長齡等復派副將達凌阿、參將丁永安帶兵協勦，於山內設伏以待。該逆竄出寬溝，伏兵鎗箭齊發，該逆身帶鎗傷，經眼目縣役江貴認明擒獲，餘匪勦除凈盡等語。萬五一犯乘機倡亂，實為首惡，茲經官兵臨陣生擒，餘黨悉數殄除。一月以來，均係吳廷剛奮力追勦，不予以暇，該逆無路奔逃，故得迅速成擒。吳廷剛著加恩交部，照軍功例從優議敘。達凌阿、丁永安探蹤設伏，能將首逆生致，實屬奮勉，達凌阿著加恩賞加總兵銜，丁永安著加恩賞加副將銜，仍交部照軍功例從優議敘。其縣役江貴賞給八品頂帶入伍，以外委即補，以示獎勵。（仁宗二八三、九）

（嘉慶一九、一、辛卯）諭軍機大臣等：陝省山內匪徒滋事緣由，上年十二月間朱勳初次奏報即稱該匪等係木廠傭工之人，因停工乏食，糾夥搶糧，以後每次奏報亦均以飢民為詞。而焚掠傷人，擾害日甚，且裹脅人數動輒數千，旗幟鎗礮無所不有。試思鎗、礮二項豈能倉猝製辦？今計每次接仗，官軍搶獲者為數不少，又如騾馬一項，楊遇春勦殺麻大旗一股即奪獲七百餘匹，該匪等沿途搶劫，亦豈能如此之多？看此光景，恐非盡屬飢民。地方官迴護平日失察處分，託詞卸過，必須大加懲創。著長齡詳細確查，此事如係飢民，則地方官有諱災之罪，如係邪教，則地方官有失察之罪，務將確情秉公具奏，毋稍含混。（仁宗二八三、二四）